Friedrich Schlie

Die Kunst- und Geschichts-Denkmäler des Grossherzogthums

Mecklenburg-Schwerin

4. Band

Friedrich Schlie

Die Kunst- und Geschichts-Denkmäler des Grossherzogthums Mecklenburg-Schwerin
4. Band

ISBN/EAN: 9783743429468

Hergestellt in Europa, USA, Kanada, Australien, Japan

Cover: Foto ©ninafisch / pixelio.de

Friedrich Schlie

Die Kunst- und Geschichts-Denkmäler des Grossherzogthums

Mecklenburg-Schwerin

Die

Geschichts-Denkmäler

des Grossherzogthums

Mecklenburg-Schwerin.

Im Auftrage

des Grossherzoglichen Ministeriums des Innern

herausgegeben

von der

Commission zur Erhaltung der Denkmäler.

IV. Band:

Die Amtsgerichtsbezirke

Schwaan, Bützow, Sternberg, Güstrow, Krakow,
Goldberg, Parchim, Lübz und Plau

bearbeitet

von Geh. Hofr. Prof. Dr. Friedrich Schlie,

Museumsdirektor.

Zweite Auflage.

Schwerin i. M. 1901.

Druck und Verlag der Bärensprungschen Hofbuchdruckerei.
Kommissionär K. F. Köhler, Leipzig.

Vorrede.

Das Arbeitsverhältniss in den Vorarbeiten zum vierten Bande der Mecklenburgischen Kunst- und Geschichtsdenkmäler, welcher die Amtsgerichtsbezirke Schwaan, Bützow, Sternberg, Güstrow, Krakow, Goldberg, Parchim, Lübz und Plau umfasst, ist dem beim dritten Bande ähnlich. Die erste Revision der den Vertrauensmännern der Kommission übergebenen Fragebogen in den Amtsgerichtsbezirken Plau, Lübz, Goldberg, Schwaan und in dem grössten Theile der Bezirke Parchim, Sternberg und Bützow, soweit sie überhaupt ausgefüllt waren, also beziehungsweise auch deren Ergänzung, ist von Herrn Geh. Regierungsrath Schildt vorgenommen worden; die im Bezirk Krakow und dem grössten Theile des Bezirks Güstrow von Herrn Geh. Archivrath Grotefend. Doch war in den Klöstern und Städten, auch in Güstrow und Parchim, wo Herr Pastor Wilhelmi (jetzt in Hamburg) vortreffliche Vorarbeiten geliefert hatte,[*] ebenso in Bützow und besonders in Rühn. noch Vieles und Wesentliches übrig geblieben, woran vom Verfasser die erste Hand gelegt werden musste. Ebenso ist die Schluss-Revision in allen neun Bezirken des vierten Bandes von ihm und seinen Reisebegleitern ausgeführt worden. Als solche wechselten auch diesmal die schon in den früheren

---

[*] In Güstrow für den Dom und in Parchim für die Marienkirche.

Vorreden genannten beiden Herren Hofmeister und Stuhr mit einander ab. Sie waren es, die dem Verfasser besonders die Vergleichung der Glocken-Inschriften und somit das für seine Konstitution etwas schwierige Besteigen der Kirchthürme abnahmen. Während diese auf den Thürmen waren, pflegte der Verfasser alles, was es unten in und an der Kirche gab, zu beschreiben oder zu vergleichen und festzustellen. Ausser den genannten beiden Herren hat auch Seine Excellenz Herr Generalleutnant von Haeseler viele Male an den Reisen durch unser schönes fesselndes Land theilgenommen. Nachdem diese Reisen nunmehr beendet sind (auch die in den wenigen für den fünften Band noch übrig bleibenden Amtsgerichtsbezirken), erfüllt der Verfasser hiermit gerne seine Pflicht, seinen Begleitern von Herzen zu danken und zu wünschen, dass ihnen die gemeinsamen Erlebnisse in Stadt und Dorf, in Feld und Wald, an den Seen und an der Küste, in gastlichen Schlössern, Pfarrhäusern und Wirthshäusern unseres Landes, in ebenso angenehmer Erinnerung bleiben mögen wie ihm selber.

Bei der Ergänzung der Nachrichten über das Prähistorische hat auch für die in diesem Bande enthaltenen drei kurzen Abschnitte der Abtheilungsvorstand der Sammlung vaterländischer Alterthümer im Museum, Herr Oberlehrer Dr. Beltz, wieder die besten Dienste geleistet. Ebenso haben bei der zeitraubenden Lesung der Druck-Korrekturen, wie früher, die Herren Grotefend und Hofmeister fördersamst mitgeholfen.

Aber am wenigsten darf der Verfasser einen Mann vergessen, der sich, nächst der das Werk in jeder Weise fördernden Kommission und ihrem Herrn Vorsitzenden, besonders um die möglichst vollkommene typographische Erscheinung des Ganzen die grösste und erfolgreichste Mühe gegeben hat: es ist der jetzige Inhaber und Chef der Bärensprungschen Hofbuchdruckerei, Herr Kommercienrath Francke. Möge er hier die Versicherung entgegennehmen, dass dem Verfasser die vieljährige gemeinsame Arbeit mit ihm Zeit Lebens eine der angenehmsten Erinnerungen sein und bleiben wird. Die Lichtdrucke, welche unter seiner unermüdlichen Leitung entstanden sind, erregen weit über die Grenzen des engeren Vaterlandes hinaus die grösste Aufmerksamkeit.

Endlich muss der Verfasser erwähnen, dass er darnach gefragt worden ist, wer denn eigentlich die Geschichts-Uebersichten schreibe, die Inschriften behandle, u. dgl. m. Dies ungefähr so, als ob man von einem Museumsdirektor im Grunde genommen nicht mehr als die erforderlichen kunstgeschichtlichen Bestimmungen erwarten dürfe. Der Verfasser kann hierauf nur erwidern, dass, wenn ein anderer und nicht er selber der Bearbeiter der genannten Theile gewesen wäre oder noch wäre, es doch wohl eine unstatthafte Undankbarkeit von ihm sein würde, diesen Anderen nicht zu nennen. Im Uebrigen ist anzunehmen, dass, wer auf Eigenart der Schreibweise achtet, bald merken wird, dass von Anfang bis zu Ende Alles aus Einer Feder geflossen ist. Der Verfasser nimmt somit die Verantwortung für die ganze Arbeit auf sich allein. Indessen bekennt er gerne, dass unter den vielen Tausend Mosaiksteinen, aus denen dieses Werk zusammengesetzt ist, ihm auch während der Bearbeitung noch manches Steinchen bald von Diesem, bald von Jenem freiwillig zugetragen worden ist. War es von irgend welcher Bedeutung, dann ist es mit Nennung des Gebers erwähnt worden. Sollte dennoch hie und da etwas Werthvolleres dieser Art vergessen sein — was aber kaum der Fall sein dürfte — dann bittet der Verfasser um Entschuldigung. Absichtlich ist es nicht geschehen.

Hierbei ist freilich zu bemerken, dass der Verfasser manche von den ihm angebotenen Beiträgen hat bei Seite legen oder auch gelegentlich nachdrücklicher abweisen müssen als dem Geber und ihm selber lieb war. Handelte es sich doch darum, neben dem bekannten Hauptzweck des Werkes besonders dessen Lesbarkeit im Auge zu behalten und durch möglichste Zurückdrängung alles Nebensächlichen dafür zu sorgen, dass das Ganze nicht zu einem byzantinischen Sammel-werk anschwelle. Auf keinen Fall war daher mehr aufzunehmen als aufgenommen worden ist. Der Verfasser hat das Bewusstsein, hierin bis an die Grenze des Zulässigen gegangen zu sein. Er gesteht deshalb, dass er bei manchen minderwerthigen Kirchen und Kapellen Anfangs daran dachte, sie ganz von der Beschreibung auszuschliessen. Allein um nicht den Schein ungerechter Bevorzugung zu erwecken, auch um im Grundgerüst des Aufbaues mit einer gewissen Gleichmässigkeit vorzugehen, und — zuletzt — um zu beweisen, dass wenigstens allenthalben Nachschau gehalten worden sei, ist hie und da in der Erwähnung von nebensächlichen Dingen weiter gegangen worden als nöthig war. Wenn trotzdem — oder vielleicht gerade deshalb —

bald dies, bald das, ein Messingbecken, ein Zinnleuchter, ein neusilbernes Geräth von jener mittelmässigen Berliner Fabrikwaare, womit
unsere alten Kirchen in neuerer Zeit schon viel zu sehr überschwemmt
sind, ein vergessenes Glasbildchen, eine auf dem Kirchenboden oder
anderswo versteckt gebliebene Schnitzfigur, eine auf dem Pfarrhofe
oder im Pfarrgarten übersehene alte Kornquetsche, die einst als
Weihwasserbecken diente, u. dgl. m.   zur Nachachtung empfohlen
wurde, so habe ich in der Regel geantwortet Gut, dass es da ist
und bewahrt wird. Aber nur keinen Nachtrag! Nur nicht Alles!

   Ob z. B. ferner in der Zeichnung eines Zinnstempels seine Umrahmung gelegentlich einmal aus einem Kreis zu sehr in ein Oval
oder umgekehrt aus einem Oval zu sehr in den Kreis gerathen ist,
darauf kann es nicht ankommen. Das Wesentliche sind die Initialen
des Meister-Namens, das Ortszeichen und auch die die Niederlassung
oder den Eintritt in die Zunft andeutende Jahreszahl, wenn sie da ist,
weniger schon die (besonders in älteren Stempeln viel gebrauchten)
Haus- oder Familien-Marken. Mit Feststellung dieser Thatsachen ist
aber dann auch beinahe Alles geschehen, was vom Standpunkt der
Wissenschaft zu wünschen oder zu empfehlen ist. Denn in den
meisten Fällen wird es für statistische Forschungen ausreichend sein,
wenn mit Hülfe einer Anzahl von Stempel-Abbildungen des Denkmäler-
Werkes an diesem oder jenem Platz im Lande, in dieser oder jener
Zeit, die Blüthe eines Betriebes oder Gewerkes im Allgemeinen nach-
gewiesen werden kann. An Biographien von einzelnen Zinngiessern
wird, wenn nicht ganz besondere Umstände und Verhältnisse dazu
Anlass geben, Niemand jemals denken. Fast möchte ich hinzufügen:
Hoffentlich nicht!

   Und wie bei den Zinngiessern, so steht es auch bei den übrigen
Kunsthandwerkern in Betreff der von uns gefundenen Spuren ihrer
Thätigkeit. Das Hauptergebniss ist und bleibt immer dies, dass wir
an solchen Plätzen wie Rostock, Wismar, Güstrow, Parchim u. a. m.
für gewisse Zeiten Meister nachweisen können, die mit ihren Leistungen
hinter dem, was anderswo in Deutschland geschaffen wird, in keiner
Weise zurückstehen. Deshalb ist es gut, dass uns die Gold- und
Silberschmiede vom XVI. Jahrhundert her fast immer mit ihren Stempeln
entgegentreten. Doch würde es zu kostspielig geworden sein, von
jedem Stempel eine Zeichnung in jener Art und Weise herstellen zu

lassen, wie sie Mark Rosenberg in seinem trefflichen Werk Der
Goldschmiede Merkzeichen eingeführt hat und von Anderen nach-
geahmt worden ist. Für uns musste eine einfachere Art genügen.
Es kommt hinzu, dass, da bei den mecklenburgischen Gold- und
Silber-Arbeiten Urheberschaft und Zeit fast immer aufs Sicherste fest-
zustellen waren, es ein überflüssiger Luxus gewesen sein würde, den
Meister- und Stadtstempel jedes Mal in einer Zeichnung wiederzugeben.
Es haben daher in vielen Fällen bildlose Angaben in gewöhnlicher
Druckschrift genügen müssen. Im Uebrigen hat der Verfasser selber
die Vorlagen zu den im Bilde wiedergegebenen Stempeln geliefert,
dabei aber leider nicht hindern können, dass bei der Wiedergabe im
Druck bisweilen fremde Züge eingedrungen sind. Diese wollen daher
vorläufig mit Nachsicht geduldet werden.*)

Schade, dass Bildschnitzer und Tischler ihre Werke so selten
signiert haben, auch Steinmetzen, Maurer- und Baumeister. Wir sind
daher über diese weniger gut als über jene unterrichtet. Freilich hat

---

*) Hierfür einen eigenen Zeichner anzustellen oder auf die Dörfer zu schicken,
würde ungewöhnliche Kosten verursachen und zu dem Gesammt-Aufwande für das
Werk in keinem Verhältniss gestanden haben. Es kommt hinzu, dass ein Zeichner,
der im Uebrigen mit den mecklenburgischen Goldschmieden und ihren Werken nicht
eingehender bekannt gewesen wäre, von den nicht immer voll und ganz einge-
schlagenen Stempeln wahrscheinlich Zeichnungen geliefert hätte, bei denen des
Korrigierens und wiederholten Nachsehens kein Ende gewesen wäre. So ist z. B.
der Rostocker Goldschmied Leonhard Reuss, ein zwar nicht häufig vorkommender,
immerhin aber doch mit Werken seiner Hand ein paar Male sicher nachzuweisender
Künstler aus der ersten Hälfte des XVIII. Jahrhunderts, ein Mann, dem es auf
eine genaue Ausprägung des L in seinem Namen nicht ankommt. Das L gelangt
häufig nicht über das I hinaus. Trotzdem aber ist und bleibt er **Leonhard Reuss**,
denn einen Rostocker Goldschmied **I R** giebt es im ganzen XVIII. Jahrhundert
nicht. Die Rostocker Meister Lorenz Johann Röper und Jochim Georg Rahm aber,
die diesem Jahrhundert angehören, haben ihre wohlbekannten, stets sich gleich-
bleibenden Stempel, die nicht damit zu verwechseln sind. In solchen Fällen also,
wo die Stempel mangelhaft waren, habe ich auf eine Wiedergabe durch Zeichnung
verzichtet. Und ich bemerke dies ausdrücklich, um wissbegierige Alterthumsfreunde,
die auf diesem Gebiet nicht ausreichend orientiert sind, vor zeitraubenden Skrupeln
und unpraktischen gelehrten Auseinandersetzungen, den Verfasser des Werkes aber
vor überflüssigen Anfragen zu bewahren. Denn die Zahl Derer, welche wirkliche
Hauptsachen von minderwerthigen Nebensachen nicht unterscheiden wollen oder
können und häufig früher in die Schranken treten als gut ist, scheint grösser zu
sein, als man eigentlich denken sollte.

es nur bei unseren hervorragenderen Kirchen, Burgen und Schlössern einen Sinn, auf baugeschichtliche Fragen näher einzugehen, nicht auch bei einer grossen Zahl von Landkirchen, deren Architektur jeder Bedeutung ermangelt. Der Verfasser wird daher bei allen Denjenigen, die ihm aus Rechnungsbüchern und anderen Aufzeichnungen unberücksichtigt gebliebene baugeschichtliche Notizen über Ausbesserungen oder auch Aenderungen und Neuerungen schickten, denen er beim besten Willen keine Bedeutung beizulegen vermochte, nicht immer Zustimmung gefunden haben. Er bedauert das, aber es liess sich nicht ändern, wenn einmal ein fester Plan zur Durchführung kommen sollte.

Ebenso schien dem Inhalt von Museen und Schlössern und noch mehr dem wandelbareren Privatbesitz gegenüber die möglichste Zurückhaltung geboten zu sein. Aus unserem Museum ist z. B. nur das aufgenommen worden, was einst längere oder kürzere Zeit hindurch mecklenburgisches Kirchengut, Gemeindegut, Zunftgut u. dgl. war, nichts Anderes. Wenn aber, um mit Beispielen fortzufahren, ein jüngerer lebhafter Alterthumsfreund unseres Landes allen Ernstes dem Verfasser die Frage vorlegt, warum er nicht die in den achtziger Jahren des vorigen Jahrhunderts in Dargun wieder aufgefundenen und ins Schweriner Schloss versetzten flandrischen Tapisserien aufgenommen habe, so muss er darauf antworten, dass ihn, wenn er dies gethan hätte, mit Recht der Vorwurf der Plan- und Zügellosigkeit getroffen haben würde. Ja, wenn es sich bei diesen Kunstwebereien um die Darstellung specifisch mecklenburgischer Vorwürfe handelte, dann hätte sich vielleicht noch darüber reden lassen. Aber dass die Geschichten des römischen Sertorius, eine Reihe Allegorien, Verdüren u. dgl. m., womit diese Tapisserien angefüllt sind, die von durchwandernden oder nur zeitweise in Mecklenburg stationierten fremden Künstlern geschaffen wurden, von den Zielen und Zwecken der mecklenburgischen Kunst- und Geschichtsdenkmäler himmelweit entfernt sind, sollte eigentlich von Jedermann sofort eingesehen werden.*) Wo wäre da die Grenze geblieben? Wenn der Verfasser

---

*) Schon bei der Wiederauffindung dieser echt flandrischen Teppiche hat der Verfasser darauf aufmerksam gemacht, dass auf ihnen der Name des **Marcus de Vos** (nicht **Martin** oder **Merten**) vorkomme. Dagegen steht auf den von Lisch, M. Jahrb. XXI, S. 305 (vgl. Mithof, mittelalt. Künstler. S. 327) genannten, im Museum aufbewahrten alten Thierbildern dreimal **F. de Vos** und nur einmal **Merthen de Vos**.

solchen und ähnlichen unüberlegten Wünschen nachgegeben hätte, so wäre seine Arbeit ohne allen Zweifel einer Uferlosigkeit verfallen, die sehr verhängnissvoll hätte werden müssen. Nichts wäre leichter gewesen als zehnmal soviel zu schreiben als geschrieben worden ist, über jede Stadt, über jedes Dorf, über jede Kirche. Aber darauf kam es nicht an, es handelte sich vielmehr darum, immerfort im Auge zu behalten, dass bei einem Werk wie dem vorliegenden, sehr leicht das Mehr zu einem Weniger werden konnte, weniger aber in den meisten Fällen soviel wie mehr bedeutet. Es sind ohnehin der Bände genug. Deswegen hat sich auch der Verfasser in den Pastoren-Verzeichnissen, über deren Anlage und Behandlung er schon in der Vorrede zur zweiten Auflage des ersten Bandes einige Andeutungen gegeben hat, der grössten Kürze befleissigt.*) In der Geschichte eines Ortes neben der weltlichen Entwicklung den geistlichen Kulturträger nicht zu vergessen und zugleich für das auf vielen Pfarren in besonderen Schriftstücken aufbewahrte lokalgeschichtliche Material aus den im Grossherzoglichen Archiv vorhandenen Kirchenakten eine hie und da vielleicht nicht unwillkommene Ergänzung**) zu bieten, oder wenigstens doch auf diese Archiv-Akten aufmerksam zu machen: das sind die Gründe, die zu den genannten Verzeichnissen für die Dörfer und kleineren Städte geführt haben. Auf Vollständigkeit aber kann schon deshalb kein Anspruch erhoben werden, weil, wie oft im Texte gesagt worden ist, das Grossherzogliche Archiv nicht über das gesammte einschlägige Material, das durch das ganze Land verstreut ist, verfügt. Aus Sekundärquellen aber, wie Schröder, Cleemann u. a. m., Namen hinzuzufügen, deren Primärquelle nicht bekannt ist, erscheint nicht immer unbedenklich. Macht doch z. B. der treffliche Cleemann das eine Mal einen Hagenower Bürgermeister und das andere Mal

---

Daraufhin hat Herr Reichsantiquar Hildebrand in Stockholm dem Verfasser mitgetheilt, dass der Name des **Marcus de Vos** auf mehreren Suiten von Tapisserien in Stockholm vorkomme, dass aber der Elieser-Rebekka-Teppich im Schweriner Museum, nach dem Inventar der im Jahre 1581 mit Herzog Christoph von Mecklenburg vermählten schwedischen Königstochter Elisabeth, von **Jürgen von der Heyden** verfertigt worden sei. Es dürfen somit die alten Irrthümer über diese Teppiche nicht mehr weiter verbreitet werden.

*) Dort ist gesagt, warum die Verzeichnisse aus den Städten grösstentheils fortgelassen sind.

**) Z. B. für die allenthalben anzulegende und fortzuführende Pfarr-Chronik,

den Anfang eines mittelalterlichen Hymnus in einer Glocken-Inschrift
o pastor aeterne o clemens zu einem Pastor! Sterne Clemens
heisst dieser Unglückswurm! Vgl. Damm.

Vollkommenheit ist freilich nicht möglich, und irren bleibt
menschlich: deshalb wird der Verfasser für jede Verbesserung eines
thatsächlichen Versehens oder jede Berichtigung eines wirklichen Irrthums allzeit dankbar sein. Aber zu weiteren Material-
Aufnahmen in den Text und in die Nachträge wird er sich nicht ent-
schliessen, höchstens dann, wenn ein gar nicht abzuweisender wirklich
dringender Anlass dazu vorliegt.

Schwerin, im Januar 1901.

Friedrich Schlie.

Inhalts-Verzeichniss.

Verzeichniss der Illustrationen.

Schwaan, nach Zeichnung von G. Daniel.

Amtsgerichtsbezirk Schwaan.

Die Stadt Schwaan.[1]

eschichte der Stadt. »Gegeben im Pfarrhause der Stadt Schwaan (datum in domo dotis oppidi Swan): so heisst es in jenem von den Herausgebern des mecklenburgischen Urkundenbuches ins Jahr 1276 gesetzten alten Pergament, durch welches Herr Heinrich von Werle den Hermann Koss mit den Gütern Teschow und Kossow belehnt.[2] Aber auch die dieser Zeit voraufgehenden Urkunden des XIII. Jahrhunderts, welche Schwaaner Verhältnisse behandeln, lassen erkennen, dass der Ort seit langem kein gewöhnliches Dorf mehr war, sondern neben der sieben Kilometer südlich am rechten Warnow-Ufer gelegenen geschichtlich merkwürdig gewordenen und damals von den Herrn von Werle bewohnten Burg Werle-Wiek einen bevorzugten festen Platz mit besonderem Gerichtssitz für die umliegende Landschaft

Geschichte der Stadt.

[1] Als »Ort des Sywan« (Siwan, Swan) deutet schon die dem Bischof Boguphal von Posen beigelegte polnische Chronik den Namen der Stadt: »item Swanowo a nomine proprio; Swan enim dicitur id quod vocatus«. Vgl. Wigger, M. Jahrb. XXVII, S. 128. Mit dieser Deutung harmoniert die der Bezeichnung Sywanof laz« als »Wald des Sywan« in jener Urkunde vom 27. März 1232 über die Grenzen des Landes Bützow, in der uns zahlreiche, zum Theil längst verlorene wendische Ortsnamen allerlei topographische Räthsel aufgeben. Vgl. M. U.-B. 398. Kühnel, M. Jahrb. XLVI, S. 130. Rudloff, M. Jahrb. LXI, S. 321. 325. Koppmann, Beitr. zur Gesch. Rostocks I, 4, S. 21—28. Diesen Deutungen gegenüber können nun wohl die immer noch herrschenden Phantasien von der »Göttin Siwa im Lindenbruch« allmählich in den Hintergrund treten. Vgl. M. Jahrb. II B, S. 130. Raabe - Quade, Meckl. Vaterlandsk. I, S. 449.

[2] M. U.-B. 1409: .... cum quodam annulo aureo, subsecuto pacis osculo ac recepto fidelitatis homagio per interpositum juramentum.

darstellte und gelegentlich auch den genannten Herren des Landes zur Voll-
ziehung von Staatshandlungen diente.[1]) Schon im Jahre 1232 kommt ein
Pfarrer Berthold von Schwaan vor, dessen Zeit die jetzt noch stehende Kirche
angehören kann, die, wie man aus dem Testament des Gärtners Johann Friso
zu Rostock vom Jahre 1269 ersieht, dem heiligen Paulus gewidmet war.[2])
Mit neun anderen Kirchen der Umgegend, die namentlich aufgeführt werden,
wird die Schwaaner Kirche am 1. Januar 1270 vom Bischof Hermann zu
Schwerin der Oberaufsicht des Bützower Kollegiatstiftes und damit zugleich
dem Archidiakonat überwiesen, das der dortige Dekan auszuüben hat.[3]) Aber
die Tage der Zugehörigkeit der Stadt zum Hause Werle, mit dem sie seit
der ersten geschichtlichen Theilung des Landes unter Borwin's I. Enkel verbunden gewesen sein wird, sind gezählt.[4]) Mit der Ermordung Heinrich's
von Werle am 8. Oktober 1291 durch seine Söhne beginnt der Streit um
dessen Landestheil.[5]) Dabei erfährt auch Schwaan zweimal die Wechselfälle
des Krieges, indem es einmal von Fürst Heinrich von Mecklenburg erobert,
das andere Mal aber diesem wieder mit Hülfe der Rostocker durch die
Mannen von Nikolaus II. von Werle entrissen wird.[6]) Das Endergebniss des
Krieges ist, dass im Friedensschluss vom 31. Oktober 1294 das Land Schwaan
mit seiner gesammten Vasallenschaft unter die gemeinsame Oberhoheit der
Rostocker und der Werler Fürstenlinie gestellt wird.[7]) Doch ist dies Zwitter-
verhältniss nicht von langer Dauer. Als der letzte Fürst von Rostock, Nikolaus
das Kind, durch unbedachte Handlungen verschiedener Art alle seine Verwandten
wider sich aufgebracht und, um sich gegen sie zu schützen, die Oberlehnsherrschaft des dänischen Königs mit Erfolg angerufen hat, da wird im
Schwaaner Präliminarfrieden vom 22. Juli 1301 und in dem darauf folgenden
endgültigen Rostocker Frieden vom 1. August 1301 die Werlesche Hälfte von
Stadt und Land Schwaan zum Lande Rostock gelegt, und beide stehen von
nun an unter der Hoheit der Rostocker Fürstenlinie und unter der Oberhoheit
der dänischen Könige.[8]) Dies Verhältniss aber hindert den thatkräftigen
Fürsten Heinrich den Mecklenburger nicht im Mindesten, sich während der
Fehde zwischen Rostock und Dänemark (1311 und 1312) noch bei Lebzeiten

---

[1]) M. U.-B. 1247. 1268. 1367. 1409. 7220. Vgl. auch 1919 und 2745. Dazu Lisch,
M. Jahrb. XXI, S. 218 (Urk. vom 1. Juli 1439). Ueber die Burg Werle derselbe: M. Jahrb. VI,
S. 88 ff. VIB, S. 72. XII, S. 414. XXI, S. 59 ff. Rudloff, M. Jahrb. LVIII, S. 14, Anmkg. 5.
Ferner Boguphal's Chronik bei Wigger, M. Jahrb. XXVII, S. 128. Kirchberg bei Westphalen, Mon.
med. IV, S. 763 (Kap. CXIX).

[2]) M. U.-B. 406. 1153.

[3]) M. U.-B. 1178.

[4]) Rudloff, Hdb. II, 1, S. 25 und 26. Kirchberg bei Westphalen, IV, S. 767 (Kap. CXXIV).

[5]) M. U.-B. 2134. Vgl. Rudloff, Hdb. II, S. 84 ff.

[6]) Kirchberg bei Westphalen, IV, S. 828—830 (Kap. CLXXII und CLXXIII).

[7]) M. U.-B. 2299. Die Anmerkung zu Urkunde 3234 enthält eine Unrichtigkeit. Die Eroberung Schwaans fällt nicht in das Jahr 1307, sondern auf den 8. September 1293. Vgl.
Rudloff, Hdb. II, S. 88.

[8]) M. U.-B. 2745. 2748. Vgl. dazu die späteren Urkunden, die von diesem Doppelverhältniss
Kunde geben: 3223. 3234. 3239. 3755. 4015 u. s. w.

des Rostocker Nikolaus als Statthalter der Lande Rostock im Namen des dänischen Königs an dessen Stelle zu setzen und im Polchower Frieden vom 7. December 1312 die Huldigung der stolzen Stadt entgegenzunehmen.[1]) Und seit dieser Zeit sind die Mecklenburger nicht wieder gewichen, weder aus dem Lande Rostock noch aus dem von Schwaan.[2]) Die Könige der Dänen freilich, sehr wohl den Werth der Oberlehnsherrlichkeit erwägend, dabei auch fürchtend, dass diese Herrlichkeit, wie in anderen Fällen, leicht zu einer Larve werden könne, hinter welcher der Kleinere geschickt seine Macht verberge, sorgen dafür, dass ihre diesmal ziemlich mühelos erworbene Superiorität nicht in Vergessenheit gerathe. Dafür giebt es urkundliche Zeugnisse aus den Jahren 1322, 1323, 1329, 1350 und aus späterer Zeit.[3]) Auch die von Werle nennen den König Christoph ihren Herrn und verbinden sich (unter Zustimmung des Königs!) mit anderen Neidern und Feinden des Mecklenburgers zur Wiedergewinnung von Schwaan und anderen Festungen.[4]) Aber umsonst; die Regierung bleibt fest und sicher in Heinrich's und seiner Nachfolger Händen. Die Stadt Schwaan, welche am 26. April 1315 einen Fürstentag unter Vorsitz des dänischen Königs in ihren Mauern gesehen hatte, empfängt von jetzt an die Besuche der Mecklenburger.[5]) Unter den weltlichen und geistlichen Angelegenheiten des XIV. Jahrhunderts sind folgende hervorzuheben. Am 17. Januar 1329 giebt Fürst Heinrich dem St. Claren-Kloster zu Ribnitz das Patronatsrecht über die Kirche zu Schwaan.[6]) Diese erhält am 6. December 1342 eine Filiale in der auf Bitten der Einwohner von Mistorf, Wiek, Göldenitz und Rukieten neu gegründeten und erbauten Kapelle zu Mistorf.[7]) Um dieselbe Zeit sind die von Barnekow im Pfandbesitz eines Theiles der Einkünfte aus der Vogtei Schwaan, die im letzten Viertel des XIII. Jahrhunderts von Georg von Karin als landesherrlichem Vogt verwaltet worden war.[8]) Von 1344 an finden wir dort Arnold von Gummern als Vogt sitzen.[9]) Am 13. Februar 1353 hat in Schwaan die Erneuerung des Landfriedens zwischen den Herzögen von Mecklenburg und den Herren von Werle statt.[10]) Am 6. Jan. 1358 werden zwei von dem verstorbenen Stadtpfarrer Meynardus in der Kirche zu Schwaan gestiftete Vikareien mit Einkünften aus viereinhalb Hufen sowie

---

[1]) M. U.-B. 3576.

[2]) Am 30. Mai 1361 erhält Rostock die Münzgerechtigkeit u. a. auch in Schwaan: M. U.-B. 8903.

[3]) M. U.-B. 4353. 4358. 4443. 4446. 5066. 7076 A u. B. Vergl. auch König Christian's IV. Verhältniss zur Stadt Rostock im Jahre 1640: Bd. I der Meckl. Kunst- u. Geschichts-Denkmäler, S. 179 (180).

[4]) M. U.-B. 4353. 4358.

[5]) M. U.-B. 3755. 4486. 5546, 7712. 10039. 11535. 11653.

[6]) M. U.-B. 5017. 5193.

[7]) M. U.-B. 6252.

[8]) M. U.-B. 1283. 1893. 6022. 6448.

[9]) M. U.-B. 6546. 6821. 7063.

[10]) M. U.-B. 7712. Auch an dem mecklenburgisch-pommerschen Landfrieden vom 21. April 1371 ist Schwaan als Stadt besonders betheiligt: M. U.-B. 10190.

drei halben Katen und einem halben Hopfenhof zu Vorbeck ausgestattet.[1]) Am 9. April 1360 erfolgt die Ordnung des Verhältnisses der als zweite Filiale erbauten Kapelle in Göldenitz zur Mutterkirche in Schwaan.[2]) Am 23. Juni 1358 weist Herzog Albrecht die von Bülow an, für alle Unkosten, die sie in seinen Diensten bei der Belagerung der Züleschen Burg Lassau erlitten, sich am Hause Eickhof und der Vogtei Schwaan, die ihnen schon seit mehreren Jahren verpfändet worden, schadlos zu halten. Auch verpflichtet sich der Herzog am 4. April 1372, bei Lebzeiten des Bischofs Friedrich von Bülow (✝ 1375) Haus, Stadt, Land und Vogtei Schwaan mit der Drenow, Kröpelin und der Abtei Doberan, sowie den Eickhof mit der Vogtei nicht wieder einzulösen.[3]) Doch führt dies nach dem Tode des Bischofs und noch bei Lebzeiten des Herzogs Albrecht zu langwierigen und heftigen Streitigkeiten mit dem Schweriner Bischof und Domkapitel, die nach des Herzogs Tod mit dessen Söhnen, den Herzögen Heinrich und Magnus, wieder aufgenommen werden, zuletzt aber im Sande verlaufen zu sein scheinen.[4]) Das letzte, was aus dem XIV. Jahrhundert zu berichten sein möchte, ist, dass 1381 Johann Moltke to Fütendorpe« und 1389 Heinrich Moltke als herzoglicher Vogt das ausgedehnte Schwaaner Gebiet zu verwalten hat.[5])

Im dritten Jahrzehnt des XV. Jahrhunderts sitzt Otto Vieregge als herzoglicher Vogt auf der Feste zu Schwaan. Damals (es ist im Jahre 1436) ereignet sich jene bekannte Vergewaltigung des Lübecker Dompropstes Barthold Rike durch Freunde des ihm verfeindeten Ritters Matthias von Axekow. Sie nehmen den Domherrn auf holsteinischem Grund und Boden in der Nachbarschaft von Lübeck gefangen und schleppen ihn nach Schwaan ins Burgverliess (ad castrum Zwan Ottonis Viereggen), wo er bald darauf stirbt.[6]) Bei der nachfolgenden Sühne soll sich auch die mecklenburgische Herzogin Katharina zu einem Reinigungseide herbeigelassen haben, der den Verdacht der Theilnahme an dieser ihren genannten beiden Vormundschaftsräthen zur Last gelegten That aufhob. Dass sie aber, wie hie und da zu lesen ist, in Schwaan ihren Witthumssitz gehabt habe, beruht auf einem Irrthum. Denn Akten und Urkunden enthalten darüber ganz andere Angaben.[7]) Ebenso irrthümlich ist die gleiche Annahme bei der im Jahre 1477 verwittweten

---

[1]) M. U.-B. 8443.

[2]) M. U.-B. 8740.

[3]) M. U.-B. 8494. Vgl. dazu 7797. 7798. 8044. 8045. 8118. 8632. 8920. 9588. 9908. 9910. 9925. 10059. 10309. 10310. 10315. Dazu Rudloff, M. Jahrb. LXI, S. 262—264.

[4]) M. U.-B. 10903. 11011. 11012. 11197. 11198. 11199. Vgl. Rudloff, Hdb. II, Seite 495 ff. 508 ff.

[5]) M. U.-B. 11347. Dazu Lisch, M. Jahrb. XXXVIII, S. 237. Ferner M. Kunst- u. Gesch.-Denkm. III, S. 706.

[6]) Deecke, Mittheil. aus dem Memorialbuch des Lübecker Domes, fol. 192 a und 200, im M. Jahrb. XXI, S. 188 ff. Vgl. Rudloff, Hdb. II, S. 627. Den Grabstein des Matthias von Axekow in Doberan s. in M. Kunst- u. Gesch.-Denkm. III, S. 673.

[7]) Vgl. Rudloff, Hdb. II, S. 588. 593 ff. 621. 628. 649 ff. 664. 738.

Herzogin Dorothea.[1]) Beide Herzoginnen werden gelegentlich auf der Burg zu Schwaan geweilt haben. Von der Herzogin Dorothea weiss man z. B., dass sie am 8. November 1449 (also bei Lebzeiten ihres Gemahls) von Schwaan aus einen Brief an den Bischof Nikolaus Böddeker richtete.[2]) Noch viel weiter gehen die irrigen Annahmen bei der Herzogin Elisabeth, der Wittwe des Bischofs Magnus und späteren Gemahlin des Herzogs Ulrich. Von ihr ist vielfach zu lesen, dass sie Schwaan von 1550 an als Wittwensitz innegehabt und das ehemalige Schloss an Stelle der alten Burg neu erbaut habe.[3]) Aber nichts von dem. Als sie 1550 Wittwe geworden, wünschte sie allerdings statt des Schlosses zu Grabow, das ihr zugewiesen war, das zu Schwaan zu beziehen. Aber es wurde nichts daraus, weil der alternde Herzog Heinrich, der noch 1551 auf einen Leibeserben hoffte, seiner dritten Gemahlin, der sächsisch-lauenburgischen Herzogin Ursula, mit der er sich erst 1551, kein volles Jahr vor seinem Tode, vermählte, Schwaan als Wittwensitz vorzubehalten wünschte.[4]) Aber weder die eine noch die andere nimmt den Schwaaner Sitz ein. Herzogin Ursula geht nach Minden, und Herzogin Elisabeth nach Dänemark, von wo aus ihre Angehörigen die Verfechtung ihrer Witthumsrechte in die Hand nehmen.[5]) Als sie aber 1556 als Gemahlin Herzog Ulrich's zurückkehrt, da theilt sie mit ihm den Wohnsitz in Güstrow. Von hier aus mag sie dann mit dem ihr in ausserordentlichem Maasse eigenen Wirthschaftstriebe auch für die Instandhaltung des Schwaaner Schlosses aufs Allerbeste gesorgt haben, das ja in dem Landestheil lag, der nach dem Ruppiner Machtspruch vom 26. Juli 1556 dem Herzog Ulrich zugefallen war.[6])

---

[1]) Vgl. Rudloff, Hdb. II, S. 816.

[2]) M. Jahrb. XXIV, S. 226. Ueber Dorothea's Leibgedinge vgl. Rudloff, Hdb. II, S. 816.

[3]) Raabe, M. Vaterlandsk. I (1857), S. 351. In der Quade'schen Bearbeitung (1894), S. 449. Balck, im Oeffentl. Anz. d. Aemter Bützow, Güstrow und Schwaan, 1868, Nr. 8. S. unten Anmkg. 6.

[4]) Vgl. Rudloff, Hdb. III, 1, S. 132. Dazu Wigger, M. Jahrb. L, S. 280.

[5]) Eine vorläufige Einigung zwischen Schwiegervater und Schwiegertochter erzielt der Herzog Johann Albrecht durch den »Schwaanschen Abschied« vom 28. August 1551.

[6]) Vgl. Rudloff, Hdb. III, 1, S. 108. 117. 132. 157. 194. 234. III, 2, S. 59. — Werlauff, M. Jahrb. IX, S. 128—130. — Lisch, M. Jahrb. XXXV, S. 4. 9. 19. 24. 27—30. — Akten im Grossh. Archiv. — Franck, A. u. N. Meckl. XI, S. 50. Die seit Raabe, M. Vaterlandskunde I, S. 351, öfter wiederkehrende Annahme, dass die Herzogin Elisabeth die Erbauerin des Schlosses zu Schwan sei, ist ein Irrthum, der auf einer Verwechslung mit dem Schloss zu Grabow, ihrem Leihgedinges-Sitz, beruht. In dieser Beziehung muss man sich auf die Angaben in den Leichpredigten von 1587 verlassen, die mit den Akten aus jener Zeit, soweit wie sie der Verfasser zur Hand hatte, übereinstimmen. David Chytraeus sagt in seiner am 23. November 1586 im Dom zu Güstrow gehaltenen Lobrede auf die Herzogin (1587 durch Stephan Müllmann zu Rostock gedruckt): »Denn jr Fürstliches Leibgedings Hause zu Grabow hat sie, dem Fürstlichen Stammen Meckelnburg zu ehren, auff jr eigene vnkosten gantz zierlich vnd herrlich von grund auff erbawet. (Nam et Graboënsis praefecturae Arcem sua industria sumptibusque elegantissime distinctis ad commoditatem et splendorem regium conclauibus ex fundamento extruxit.)« Ebenso Franciscus Oemichius in seinem Reimgedicht »Das Christliche leben vnd seliger Abscheid von diesem jammerthal der Durchleuchtigen Hochgebornen Fürstinnen

Am Schwaaner Schloss bessert im Uebrigen schon Herzog Magnus im Jahre 1494, er lässt die Kapelle darin mit Lüneburger Glas (wahrscheinlich Glasmalereien) versehen, und Herzog Heinrich, der zweimal, 1526 und 1532 (nach einem Brande) die Privilegien der Stadt bestätigt, und gelegentlich hier auch verweilt, sorgt 1535 und 1538 von Doberan aus für Wiederherstellung der Festungsgräben.[1]) Die ebengenannte Kapelle wird auch in der Beschreibung des Schlosses von 1640 genannt, die von allen sonst vorhandenen die ausführlichste ist. Aus ihr ersieht man, dass das Schloss ein mit Thürmen, Erkern, Schornsteinen und Wetterfahnen reichlich ausgestatteter Bau war. Doch hören wir bei dieser Gelegenheit, dass er zwei Jahre vorher von den Schweden und den Kaiserlichen arg verwüstet worden war.[2]) Von weiterer Reparaturen ist 1673, 1695, 1700 u. s. w. die Rede. Vom gänzlichen Abbruch des Schlosses aber auf Befehl des Herzogs Karl Leopold und von der Wegschaffung seiner Baumaterialien berichten Akten des Jahres 1718. Nur ein alter Thurm soll noch über die Mitte des vorigen Jahrhunderts hinaus geblieben sein.[3]) Zeichnungen und Risse freilich scheinen nirgends davon aufbewahrt zu sein.

Unter den späteren Schwaaner Vögten des Mittelalters mag jener Gerhard Frese genannt werden, dem die mit ihrem Landesherrn, dem Herzog Magnus, hadernden Rostocker im Jahre 1485 kurzer Hand den Prozess machten, indem sie ihn, der im Auftrag seines Herrn Rostocker Strandgut geborgen und vorläufig mit Beschlag belegt hatte, unerwartet aufgriffen und sammt seinen Knappen enthaupten liessen.[4])

———

vnd Frawen, Frawen Elisabeth, geborn aus Königlichem Stam zu Dannemarck, Hertzoginnen zu Mecklenburgk. Datum Gustrow den 24 Nouembris Anno 86:

> ›Sonderlich gab sie gut achting
> Auff jhr verordent Leibgeding,
> Vnd hat dieselbe also gebawt,
> Das, wehr sie ehmals hat beschawt,
> Vnd sie nu ansicht in besundern,
> Sich mus darüber sehr verwundern,
> Vnd loben solche schön gebew
> Die also sein gemachet new
> Auff jhr vnkost vnd weißheit gros,
> Die sich da allenthalb gibt blos.‹

Aber bestimmte Daten über den Grabower Schlossbau waren in den uns zugänglichen Akten nicht zu finden. Im Jahre 1603, nach Herzog Ulrich's Tode, weilt auch Herzog Karl auf dem Schloss zu Schwaan. Er nimmt hier die Urfehde des Marten von Plessen entgegen, der auf Veranlassung des Hauptmanns Dietrich von Stralendorff zu Neukloster wegen unbekannter Ursache fünf Jahre lang in Schwaan gefangen gehalten war: Balck, Oeffentl. Anz. d. Aemter Bützow, Güstrow und Schwaan, 1868 (Nr. 8).

[1]) Akten im Grossh. Archiv (Schwaaner Schloss). — Weitere Privilegienbestätigungen giebt es von 1580, 1606, 1611, 1640 (Gesuch an Herzog Adolf Friedrich), 1704 und 1741. — Lisch, über den lippeschen Bund, M. Jahrb. XX, S. 87. 88. 105.

[2]) Balck, a. a. O.

[3]) Balck, a. a. O. — Der ehemalige Schlosshof ist jetzt Amtshof.

[4]) Vgl. Rudloff, Hdb. II, S. 848 ff. — Ein Verzeichniss der Schwaaner Amtshauptleute von 1569 an giebt Balck a. a. O. 1867, Nr. 27.

Ungleich friedlicheren Charakters ist ein anderer Vorgang, der heute kaum als Staatsaktion verzeichnet werden würde, damals aber, nachdem die Buchdruckerkunst noch nicht allenthalben geübt wurde, für das Land eine grosse Bedeutung hatte: es ist der am 17. September 1522 zu Schwaan vollzogene Kontrakt zwischen den Rostocker Brüdern zum gemeinsamen Leben und dem Schweriner Domkapitel über ein zu druckendes Brevier.[1]) In Schwaan (Cygnea) war es auch, wo ein paar Jahrzehnte später die wegen arger theologischer Zänkereien wider den Rath aus der Stadt Rostock vertriebenen beiden Prediger Tilemann Heshusius und Peter Eggerdes im Herbst des Jahres 1557 Musse fanden, über das Unheil nachzudenken, das sie sich und Anderen mit ihrer zügellosen Zunge angerichtet hatten.[2])

Aus dem XVII. Jahrhundert mag berichtet werden, dass bei der mit grossem Aufwande vom Herzog Hans Albrecht II. zu Güstrow am 28. Juli 1616 hergerichteten Tauffeier seines Sohnes Karl Heinrich von der Stadt Schwaan zwanzig Mann zur Aufwartung gestellt wurden; dass Wallenstein bei seinem Abzuge aus Mecklenburg in seiner letzten »Kammer- und Hof-Verordnung« vom 20. Juli 1629 seiner Gemahlin Isabella, »Herzogin zu Mecklenburg, Friedland und Sagan,« die Einkünfte aus dem Amte Schwaan von Trinitatis an anwies und deshalb alle Beamte und Amtsdiener in Pflicht nehmen liess; sowie dass im Sommer des Jahres 1675 der grosse Kurfürst bei seiner Verfolgung der Schweden durch Mecklenburg mehrere Wochen hindurch die Stadt Schwaan zu seinem Hauptquartier gemacht hatte, den Rostocker Bürgermeister Matthias Liebeherr zweimal bei sich empfing und von hier aus sowohl Vorstösse, z. B. nach Warnemünde, unternahm, als auch mit dem dänischen König Christian V. eine Zusammenkunft in Gadebusch hatte.[3])

Unter verschiedenen Feuersbrünsten war die vom 14. August 1631 eine besonders grosse, über welche der damalige Pastor Zacharias Bröckelmann eine Predigt im Druck veröffentlichte; eine andere, gleichfalls denkwürdige,

[1]) M. Jahrb. IV, S. 255—258.
[2]) Julius Wiggers, M. Jahrb. XIX, S. 73.
[3]) Lisch, M. Jahrb. VI, S. 146. XXXVI, S. 51. — Franck, A. u. N. Mecklenburg XIV, S. 282. 283. — von Meyenn, M. Jahrb. LIX, Q.-B. III, S. 26—30 (Rühner Chronik von 1654 bis bis 1693): »Anno 75 da die Schwedische armee bei Ratenow und Fehr-Bellin geschlagen und sich nach Pommern reteriret, und der kuhrfurst von Brandenb[urg] ihnen gefolget, hatt er den marsch über Neuwstatt, Crivitz und Sternberg genomen und sich in daß Eickvier jenerseiten der Warnow gesetzet, so den 9. Julij geschehen.   An selbigem dage seint auch ihre durchl. hertzog Johann Georg gestorben. — Den 13. ist der kuhrfürst wieder aufgebrochen und haben daß haubtquartier zu Schwan genomen. — Den 11. 7bris haben jhr d. die kuhrfurstin zu Schwan besuchet. — Den 20. ist der kuhrfürsten daselbst aufgebrochen. — Der kuhrfürst hatt auf jhr durchl. der Princesse ansuchen daß ambt Rühne mit einquartirung und alle kriegeslasten verschonet, deßgleichen der keyserl. general Kob auf deß kuhrfürsten ordre auch gethan. — Auf jntercession deß kuhrfürsten hatt daß königl. dänische corpus, so Wismar blocquiret gehalten, daß amht auch verschonet und seint deßfalß salvaguarden gegeben. — Auch ist auf königl. ordre jn währender belagerung von Wismar verschonet. — Den 12. Xbris haben jhr. durchl. die Princesse die konig von Dennemarck zu Meckelburg besuchet.«

war die vom 21. auf den 22. September 1735, in welcher der Amtsbauhof niederbrannte und im Ganzen zweiundvierzig Gebäude eingeäschert wurden; aber die grösste war die im Sommer des Jahres 1765, in welcher die ganze Stadt bis auf die Kirche verheert wurde.

Ausser dem schon genannten Pfarrer Berthold erfahren wir aus den bis jetzt veröffentlichten Urkunden noch folgende Namen von Pfarrern des Mittelalters: Swider (1243. 1244), Wilhelm (1261), Heinrich Goldoge (1302),· Meinhard (1337–1344), Joh. Rabode (1349–1368), Albert Cruse (1423–1445),[1]) Nikolaus Möller (1476) und Nikolaus Stropert (um 1492). Um 1534, auch noch 1541, ist Joachim Bützow Pfarrer in Schwaan, dem das Kirchlehn von der Ribnitzer Aebtissin (s. o. S. 3) verliehen worden.[2]) Um 1586 ist der Kirchherr Zacharias Scheffer gestorben. Am 19. December 1586 befiehlt Herzog Ulrich, dass Georg Arend sein Nachfolger werden soll. An Arend's Stelle tritt 1598, ebenfalls von Herzog Ulrich berufen, Reinerus Brockmann, den wir noch 1623 im Dienst zu Schwaan finden. Später, zwischen 1631 und 1656, ist dort Zacharias Bröckelmann als Pastor nachzuweisen. Er umspannt aber vielleicht einen noch grösseren Zeitraum. Ihm folgt am Weihnachtstage 1661 Johann Maass. Nach dessen Tode wird Joachim Müller Pastor, von 1676 bis 1701 (⚹ 28. April). Es folgen Friedrich Nikolaus Idler (1702 bis 1705 1706), Joachim Prüssing (1706--1719), Joh. Peter Burghardi (1720—1734), Heinrich Karl Engel (1735—1759), Präpositus Schweder (1760 bis 1777), Pastor J. W. Schultze (1778--1797), Joh. Ernst Friedrich Erdmann (1798–1814). Ueber die Nachfolger im XIX. Jahrhundert s. Walter a. a. O.

Die Kirche.

Baubeschreibung. Die beigegebenen Pläne und Zeichnungen weisen aus, dass die Kirche ein charakteristischer Bau aus der Zeit des Ueberganges vom romanischen zum gothischen Stil im Anfange des XIII. Jahrhunderts ist. Man sehe den platten Abschluss des Chors, die älteren romanischen Schlitzfenster und Lisenen, den Rundbogenfries auf der Südseite des Chors, den nachfolgenden frühgothischen Kleeblattbogenfries auf dessen Nordseite, auch die entsprechenden Unterschiede in den aufsteigenden Friesen

[1]) Zu Cruse's Zeit giebt es langdauernden Streit wegen Beihülfe zum Kirchenbau in Schwaan, deren sich die Einwohner von Gross- und Klein-Grenz, Wilsen, Bröbberow und Wiendorf zu erwehren suchen. Dergleichen Dinge spielen auch 1492 zur Zeit des Schwaaner Kirchherrn Stropert. Damals ist also auch die Kirche zu Gross-Grenz eine Filia von Schwaan.

[2]) Im Visitationsprotokoll von 1541 wird er als ein ziemlich gelehrter Mann bezeichnet, ›hat ein Eheweib, hat aber einen hastigenn Kopf‹. — Im Uebrigen war am Tage des heiligen Blasius 1396 (3. Februar) zwischen dem Könige Albrecht von Schweden und der Aebtissin des St. Claren-Ordens, seiner Tante, der Herzogin Beatrix, ein Vertrag gemacht worden, nach welchem die Bestellung des Geistlichen zu Schwaan abwechselnd vom Kloster und vom Landesherrn vollzogen werden sollte.

der beiden Ostgiebel, in dem des Chors den romanischen Rundbogen, in dem des Lang-hauses den abgetreppten gothischen Zickzack-fries mit ihm parallel gelegten abgetreppten Rauten, sowie endlich die achttheiligen steilen Kuppelgewölbe des Schiffes mit Rundstabrippen,[1]) die im Scheitel des Gewölbes von einer kreis-förmigen Schlussrippe aufgefangen werden, und

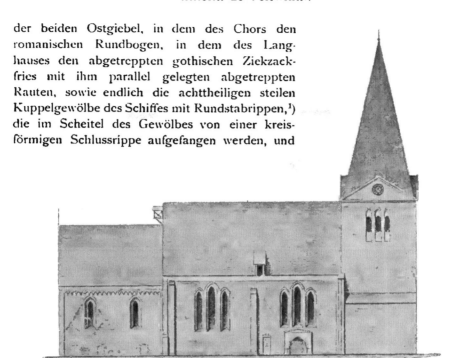

Kirche zu Schwaan.

denen gegenüber die einfacheren Kreuzgewölbe des Chors mit zugespitzten Rippen weniger ursprünglich erscheinen. Als jüngere Zuthat ist ein neu-

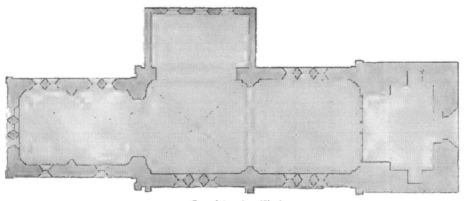

Grundriss der Kirche.

gothischer Anbau auf der Südseite des Langhauses zu erkennen, der im Jahre

---

[1]) In einem dieser Gewölbe sind die kleineren Mittelrippen zwischen den Diagonalrippen in je zwei einander entgegengestellte Kreuze aufgelöst.

1830 mit Hülfe alten Baumaterials errichtet wurde, das man theils aus dem Durchbruch der Südmauer, theils aus dem Abbruch zweier Anbauten auf der Nordseite gewann, die dafür zwei schwächlich gestaltete Pfeiler erhielt. Im Westen ein massiger Thurm, dessen Giebel und Helm unter der Einwirkung des klassicierenden Stils, dem auch das Portal auf der Nordseite zu verdanken ist, vor ungefähr sechzig Jahren zu leiden gehabt haben. Wie der der Schwaaner Kirche zukommende alte Thurm des XIII. Jahrhunderts einst aussah, lässt sich am besten an dem in der westlichen Nachbarschaft der Stadt gelegenen wohlerhaltenen mächtigen Thurm in Neukirchen gewahr werden.

Ostseite der Kirche.

Innere Einrichtung. Triumphbogen-Gruppe. Von der **inneren Einrichtung** der Kirche ist ausser der **Triumphbogen-Gruppe**, die, wie man an der Abbildung sieht, nicht die Stelle einnimmt, welche ihr von Rechtswegen zukommt, nur der sechsseitige **Taufbecken-**

Inneres der Kirche zu Schwaan.

Taufbecken-Behälter. **Behälter** aus grauem Sandstein nennenswerth. In den Feldern sechs vergoldete Relief-Figuren: der segnende Christus mit der Weltkugel, Johannes der Täufer und die vier Evangelisten. Die Inschrift lautet: **WOL DAR GELOVET**

Taufbecken-Behälter.

VNDE GEDOFT WERT DE WERT SALICH WERDEN · MARCI 16. Ein Deckel ist nicht mehr vorhanden.

Ueber diesen Taufstein findet sich in einem alten ·Kirchenbuch﹀ aus dem Ende des XVII. Jahrhunderts folgender Eintrag: ›Der Taufstein samt der Dekke und Galerie ist ano 1589, wie er jetzo noch im Stande ist, gebauet worden und hat gekostet laut Register de Anno 1588 biß 1589 — 36 f. 21 ßl. Dazu hat das ganze Kirchspiell geleget 10 f. 20 ßl. Der Taufstein an sich ist gehauen aus grauem Stein und mit eisernen Klammern zusammengefüget. Di Deckel aber ist von Holz.« Dazu eine Randbemerkung von späterer Hand: Anno 1710 ist der Taufstein, so unten in der Kirchen stand gehoben und vorm Altar gesetzet. Di Gegitter, so zum Theil untüchtig ist weggethan und zur Kirchen nutzen verbrauchet.«

Orgel. Vom Prospekt der alten **Orgel** hat sich eine Zeichnung erhalten, welche zeigt, dass er von einem tüchtigen und geschmackvollen Meister der Renaissance am Ende des XVI. oder Anfang des XVII. Jahrhunderts entworfen war.

Sandstein-Tafel. An dem südlichen Pfeiler des Triumphbogens, an welchem ehemals die Kanzel stand) jetzt steht sie an der Nordseite), sieht man eine **Sandsteintafel** eingemauert, deren Relief einen vor dem Kreuz des Erlösers knieenden alten Mann zeigt. Oberhalb seines Hauptes ein Täfelchen mit den Siglen **G S M S G** und der Erklärung: **GOTT SEI MIR SÜNDER GNÄDIG ·**

AÑO 1598 HABE ICH SIMAN HASE DISEN PREDIGSTOL ZV GOT EHREN
GEBEN.¹)

Alter Orgel-Prospekt.

Grabsteine.   Vor dem Altar liegen zwei **Grabsteinplatten** mit der Abbildung von
Geistlichen. Der eine hat die Umschrift: anno dñi mccclrr ipo die bͤⁿ bar-
tolomei apoſtoli ↄ | . . . . | huius ecclefie plebanuß or · p eo; ²)

¹) Dieser Simon Hase ist fürstlicher Gärtner gewesen.
²) Es könnte der Stein des Johannes Rabode sein (s. o.).

der andere giebt noch viel weniger her: anno dñi . . . . die Marie Magdalene & magister iohes lem . . . (?) cujus anima requiescat in pace amen.

Im Thurm hängen drei **Glocken**. Die grösste (Dm. 1,44 m) hat die mit kleinen Rosen durchsetzte Inschrift: **WIR VAN GOTTES GNADEN CAROL HERTZOGK ZV MECHELNBURGK M · REINERUS BROCKMANNUS · H · BARTELDT SCHELE · H · IOCHIM SCHIPMAN · H · KLAGES KORTE · H · ELIAS WILKEN · ANNO 1603.** Hierunter zwei Meisterzeichen:

Die ältere mittlere Glocke (Dm. 1,43 m), hat die Inschrift: O · R · E · X · E · L · O · R · I · E · V · E · R · I · U · U · M · P · A · D · E · A M E R. — Die dritte Glocke (Dm. 0,95 m) zeigt oben unter der Haube: **SOLI DEO GLORIA · JOHANN VALENTIN SCHULTZ ME FUDIT IN RO-STOCK.** In der Mitte das mecklenburgische Wappen: **V · G · G · CHRISTIAN LUDEWIG DUX REGNANS MECKL ·** Auf der entgegengesetzten Seite: **HEN · CARL ENGEL PAST : ET PRAEP : C : S : — MICH : ANDR : WILL-GOHS P · T · CONSUL ET OECONOMUS ANNO 1754.** –- Ausserdem im Giebel des Schiffes noch eine kleine Glocke (Dm. 0,55 m) ohne Inschrift.

Kleinkunstwerke. 1. 2. Silbervergoldeter gothischer Kelch auf sechs-passigem Fuss. Am Knauf der Name IhЄSVS. Als Signaculum am Fuss die aufgelöthete Figur der hl. Maria mit dem Leichnam des Herrn auf dem Schoss. Dahinter zwei gekreuzte Schwerter. Der hl. Maria gegenüber als Tartschenschild eingravirt eine von einem Pfeil durchbohrte Traube. Auf den übrigen fünf Blättern des Fusses eingravirt die Inschrift: **D : I : PIL : ME : FIERI : FECIT : AD ✚ MISSA : CŌPASCI[1]) ⁕ VIR : MARIE ✕ ANNO 1520.** Dazu eine silbervergoldete Patene. Keine Stempel.

Von diesem Kelch berichtet das Kirchenbuch: »Da denn zu merken, dass dieser Kelch anno 1585 von Claus, Peter und Jacob Pielen halb der Kirchen zu Schwaan und halb der Kirchen zu Sterneberg ist verehret worden, und die Kirche zu Schwaan der Kirche zu Sterneberg herausgegeben 10 f., wie es die obgedachten Piele verordnet haben. Ist also selbiger Kelch bei hiesigen Schwanischen Kirchen verblieben laut Kirchen-Register von anno 1585 biß 1586.«

3. 4. Grosser silberner Renaissance-Kelch auf rundem Fuss, der mit sechs getriebenen Buckeln versehen ist. Am Knauf statt des Jesus-Namens sechs Engelsköpfe. Dazu eine einfache Patene. Rostocker Zeichen: Ⓡ Ⓒ𝖥 **(Claus Floris)**. — 5. 6. Grosser silberner Kelch. Am Fuss die Inschrift: **A⁰ 1745 TEMPORE PASTORIS ENGEL HIC CALIX SVANENSIS IN ALIAM ET**

¹) Statt »compassionis«.

Glocken.

Kleinkunst-werke.

MELIOREM FORMAM TRANSFUSUS. Kelch und Patene mit den Zeichen des Rostocker **Daniel Halbeck.** 7. 8. Silbervergoldeter kleiner Kelch auf fünfseitigem Fuss, mit bogenförmig eingezogenen Seiten gothischen Stils, aber im faltenförmig gestalteten Knauf mit romanischen Anklängen. Am Knauf fünfmal der Buchstabe **K.** Auf dem Fuss das Brustbild des segnenden Heilandes und

Kelch (1).

Kelch (3).

das Wappen der Familie **VON BARNEKOW.** Ein werthvolles Stück aus dem Anfange des XIV. Jahrhunderts. Die dazu gehörige silberne Patene ist in der Mitte mit einem Agnus Dei geschmückt. Keine Werkzeichen. — 9. 10. Zwei silbervergoldete Oblatenschachteln; die grössere von länglicher Form hat auf

Kelch (7).

dem Deckel über der Jahreszahl **1736** ein verschlungenes Monogramm *G. J. B.* mit einer Krone darüber und die Werkzeichen 🅖 🄻🄼 des Güstrower **Lenhard Mestlin**; die kleinere ein eingraviertes Agnus Dei und die Jahreszahl **1836**, dazu den Meisterstempel (COHN). — 11. Neues Ciborium, gestiftet von **L. KRUSE SENIOR SCHWAAN, 26. JUNI 1888.** BEHRENS. — 12. Neue Taufschale von **Giese**-Schwerin. Der Name des Judas Ischarioth, der ursprünglich darauf stand, ist 1896 in den des St. Matthias umgeändert worden. — 13. Neue Weinkanne, gestiftet von **E. BAHLMANN**. Berliner Fabrikat von DR. C ERNST. — 14. Im Langhause hängt ein Kronleuchter aus Messingguss mit Gravierungen, gestiftet von dem Ehepaar **KASTEN KREMPIN** und **ANNA LACHMUNDS AÑO 1670**. — 15. Im Chor noch ein Kronleuchter. — 16—19. Vier Armleuchter aus Messing.

Das Kirchdorf Wiendorf.[1])

Der Name Wiendorf wird wahrscheinlich mit dem im XIII. Jahrhundert genannten Geschlecht der Herren von Wiendorf, die als Vasallen in den Ländern Rostock und Werle auftreten, auf irgend eine Art zusammenhängen. Aber bei der ersten urkundlichen Erwähnung des Dorfes im Jahre 1356 werden sie dort nicht genannt.[2]) Vielmehr erfahren wir, dass Einkünfte aus dem Dorfe, die Herr Nikolaus von Werle seinem Bruder Bernhard überlässt, um sie dem letzten Willen ihres Vaters Johannes gemäss der Güstrower Domkirche zu überweisen, vorher von Johannes von Sprenz und noch früher von den Gebrüdern Heinrich und Martin, den Distelowen, zu Lehn getragen worden. Die dadurch entstandenen Abgaben sind 1802 auf die Güstrower Amtskasse übernommen worden. Vom Güstrower Amt ist Wiendorf 1829 an das Amt Schwaan verlegt worden. Im Jahre 1666 verliert das Dorf für 800 Thaler Land an die von Drieberg auf Klein-Sprenz.[3])

Als Filia der Schwaaner Kirche wird die Wiendorfer im Visitationsprotokoll von 1534 genannt.

Kirche. Die Kirche ist ein mit älteren und neueren Strebepfeilern bewehrter gothischer Backsteinbau des XIV. Jahrhunderts auf einem Felsenfundament und bildet ein einschiffiges Langhaus mit flach abschliessendem Chor, der als solcher baulich nur durch den Triumphbogen im Innern hervortritt und nach aussen hin einen mit Blenden verzierten Giebel zeigt. Im Westen ein einstöckiger Thurm mit vierseitigem Pyramidenhelm. Die jetzigen Spitzbogenfenster stammen von einem Durchbau im Jahre 1839 her. Dagegen

Geschichte des Dorfes.

Kirche.

---

[1]) 3 km östlich von Schwaan.

[2]) M. U.-B. 8182.

[3]) Balck, Anz. f. d. Aemter Bützow etc. 1868, Nr. 11

haben die Portale ihre Ursprünglichkeit bewahrt. Auf der Nordseite der Kirche ist im Jahre 1839 eine einfache Sakristei angebaut. Im Innern sind Chor und Langhaus mit flach gespannten Gewölben bedeckt, der Chor mit einem, das Langhaus mit zweien. Dieser Wölbung entspricht der Triumphbogen, welcher fast einem Kreis-Segment gleichkommt. An der Nord- wie an der Südwand, da wo die Rippen beider Gewölbe aufsteigen, sieht man als Konsole oder Kragstein ein phantastisch gebildetes Menschenantlitz.

Figuren.   Aus einem alten Altarschrein werden noch einige **Figuren** in der Kirche aufbewahrt, eine hl. Maria mit dem Christkinde, eine kleinere Madonna, eine Annaselbdritt-Gruppe, ein Paulus ohne Kopf, ein Johanneskopf und eine Figur ohne Kopf. Es sind gute spätgothische Figuren von Dreiviertel-Lebens-

Altar-   grösse. — Vor der Eingangshalle liegen zwei alte **Altarplatten**, jede mit fünf
platten.   Weihekreuzen. — Die Fenster in der östlichen Chorwand enthalten einige
Scheiben- kleine **Scheibenmalereien** (Reiter, Auferstehung Christi, Christus mit Kreuz
malereien. und Kelch, Daniel in der Löwengrube) mit Unterschriften. Man erkennt noch **JACOB WILKEN** und **MICHEL SCHO ..**

Glocken.   Im Thurm drei **Glocken**. Die grösste (Dm. 1,14 m) ist zur Zeit des Pastors **MÜFFELMANN** 1868 von **Hausbrandt** in Wismar umgegossen worden. — Die zweite (Dm. 0,96 m) mit den Namen des Pastors **J. W. SCHULZ** und der Vorsteher **J. KÜCHENMEISTER** und **H. BORGWARDT** ist im Jahre 1743 von **Otto Gerhard Meyer** in Rostock gegossen worden. — Die kleinste (Dm. 0,66 m) trägt nachstehende Minuskel-Inschrift: ḥelp ✚ god ✚ vnde ✚ maria ✚ anno ✚ domini m·ccccłxxxiiii, dazu das nebenstehende Giesserzeichen. — Endlich ist noch eine ganz kleine Glocke vorhanden, (Dm. 0,40 m) mit der Minuskel-Inschrift: o ḥelp got vnde maria △ anno dni mcccc vnde xix.

Kleinkunst-   **Kleinkunstwerke.** 1—4. Zwei silbervergoldete Kelche von derselben
werke. Form wie der gleichalterige in der Kirche zu Schwaan, mit der Inschrift: **AO 1745 TEMPORE PASTORIS ENGEL HIC CALIX WIENEDORFFENSIS IN ALIAM ET MELIOREM FORMAM TRANSFUSVS.** Vom Rostocker Goldschmied **Daniel Halbeck.** Dazu zwei silberne einfache Patenen. — 5—8. Vier zinnerne Leuchter in Form von Säulen auf einer achtseitigen schweren Basis, alle vier **1839** gestiftet von den Juraten **J. WISCHMANN, H. WISCH-MANN** und **P. HARDT.** Sie haben sämmtlich den Stempel des Rostocker Zinngiessers **Hans Christoph Reincke.**

Das Filial-Kirchdorf Mistorf.[1]

Am 27. April 1294 ist von sechs Mistorfer Hufen die Rede, welche Frau Geschichte
Mechthild von Malchin von den Herren von Werle zu Lehn getragen des
und die nun auf Grund einer Stiftung des verstorbenen Güstrower Probstes Dorfes.
Gottfried an die Vikareien des St. Caecilien-Domes übergehen.[2] Von einer
ähnlichen Sache hören wir im Sommer des Jahres 1333: wiederum sind es
sechs im Besitz der Brüder Arnold und Johann von Neuenkirchen sich befindende Mistorfer Hufen, die auf Grund einer Stiftung mehrerer Familien
(derer von Weltzin, Spornitz, Langemann oder Lankemann, Neuenkirchen,
Wittenburg und Rudolphi) zur Abhaltung von Seelenmessen an die St. Georgen-
kirche zu Parchim gelangen.[3] Drei Jahre später, den 22. Oktober 1336, wird
in den Bergen bei Mistorf ein Landfriedensbündniss zwischen den Fürsten
Johann II. und Johann III. von Werle auf einer Seite und Fürst Albrecht
von Mecklenburg auf der anderen Seite beurkundet und besiegelt.[4] Wie
dann unter dem Schwaaner Pleban Meinhard im Jahre 1342 zu Mistorf eine
Filialkapelle erbaut wird, ist oben S. 3 bereits erzählt worden.[5] Am 12. November 1371 verpfändet Fürst Lorenz von Werle für die Summe von 300 Mark
lübischer Pfennige die Bede, den Zehnten, den Münzpfennig, das grosse und
kleine Gericht und die meisten Dienste aus Mistorf an den Knappen Hermann
Selig.[6] Endlich erfahren wir, dass der letzte Fürst von Werle, Wilhelm, princeps
Slavorum, dominus de Werle, das Aussterben seines Hauses vor Augen sehend,
am Abend vor St. Peter und Paul (also am 28. Juni) des Jahres 1423 an dem
der hl. Mutter Maria und den ebengenannten beiden Aposteln gewidmeten
Altar in der Kapelle zu Mistorf, das nur zwei Kilometer von der alten Stammburg des Hauses entfernt liegt, eine Vikarei zum ewigen Gedächtniss seiner
Vorfahren und seiner nächsten Verwandten und damit des ganzen Hauses
Werle errichtet. Er bewidmet sie mit Einkünften aus den beiden Nachbar-
dörfern Rukieten und Goldewin, und auch der Mistorfer Dorfschulze, der

[1] 7 km südlich von Schwaan. Nach Kühnel, M. Jahrb. XLVI, S. 95, ist »Mist« = Ort
des Mik, Mika, Miča.
[2] M. U.-B. 2288. Vgl. 2221. — Die Pachtabgabe der Bauern an die Dom-Oekonomie
ist erst 1789 von der Güstrower Amtskasse übernommen worden. S. Balck, Anz. etc., 1868, Nr. 3.
[3] M. U.-B. 5440. 5446. 5448. — In wieweit hiemit eine jährliche Abgabe aus der
Schwaaner Amtskasse von 1 Thlr. 31 Schill. 2 Pfg. Mistorfer Grundpacht an die St. Georg-Kirche
zu Parchim zu verbinden ist, muss dahin gestellt bleiben: Balck, a. a. O.
[4] M. U.-B. 5704. M. Jahrb. VII, S. 259. VI, S. 92.
[5] M. U.-B. 6252.
[6] M. U.-B. 10250. Die von Selig (Seleghe, Zehlege, Selige, Zelige) werden 1400 aufs
Neue im Besitz von Mistorf und Rukieten bestätigt. 1582 erlangt auch Volrad Dessin Einkünfte
aus beiden Dörfern. Nach ungedruckten Urkunden.

»burgimagister Eggert Millies giebt eine Hufe dazu.[1]) Diese Urkunde und deren Bestätigung durch den Bischof Nikolaus am 12. Oktober 1445 sind die letzten Nachrichten, die wir aus dem Mittelalter über Mistorf besitzen.[2]) Der Vikar, welcher um diese Zeit die Sacra in Mistorf für den Schwaaner Pfarrherrn besorgt, heisst Petrus Smit.[3]) Wann Mistorf wieder ganz ins fürstliche Domanium zurückgekehrt ist, scheint nicht bekannt zu sein.[4]) Der dreissigjährige Krieg nahm das Dorf sehr hart mit. 1861 wurde hinter dem Schulzengarten am Ufer des neu ausgetrockneten Sees ein altes Thurmfundament aufgedeckt, in dem sich Brandschutt, Thorangeln, Sporen und ein mittelalterliches Trinkgefäss befanden.

1858 ist Mistorf vom Güstrower Amt an das Schwaaner Amt abgegeben.[4])

Kapelle. Die Kapelle von 1342 steht noch heute. Sie ist ein kleiner, aus grossen Ziegeln aufgebauter, mit Strebepfeilern bewehrter und im Innern flachgedeckter gothischer Bau mit Schluss aus dem Achteck. Ein Dachreiterthürmchen sitzt auf dem westlichen Firstende, der eine kleine **Glocke** mit der Inschrift **SOLI DEO GLORIA** in sich birgt, die 1794 von **J. V. Schultz** zu Rostock gegossen ist. — Auf dem Dachboden noch ein alter gothischer **Schrein**. — Als **heilige Gefässe** sind zu nennen: ein silbervergoldeter Kelch, laut Inschrift 1799 von der Gemeinde geschenkt, und eine silbervergoldete Patene, ohne Inschrift. Beide haben als Stempel das Güstrower Stadtwappen und die Namens-Initialen des Goldschmieds **Joh. Christian Fortdran**.[5]) Ausserdem vier neusilberne Altarleuchter, laut Inschrift 1854 geschenkt von **JOHANN DAVID HARDT** und **MARIA SOPHIA HARDT**.

Kapelle.

Glocke.

Schrein.
Heilige
Gefässe.

[1]) Lisch, M. Jahrb. VI, S. 96.

[2]) In allen vorstehenden Urkunden handelt es sich, wie die in diesen angegebenen Nebenumstände mit zweifelloser Sicherheit ergeben, um das Dorf Mistorf bei Schwaan. Wenn aber auch der am 12. März 1249 genannte Kaplan des Fürsten Borwin, Johannes plebanus de Mistisdorph (M. U.-B. 622) und ferner der am 21. September 1376 genannte »her Johan Rücze, perrer thv Misstorpe« (M. U.-B. 10928) als Pfarrer des Dorfes Mistorf bei Schwaan angesprochen werden und Lisch sogar so weit geht, aus der ersten Urkunde den Schluss zu ziehen, dass Mistorf einst eine Mutterkirche hatte (M. Jahrb. VI, S. 96), so ist dem der Inhalt der Urkunde vom 6. December 1342 geradezu im Wege. Es ist daher unbedingt richtiger, für die beiden Kirchherrn Johann ein anderes Mistorf zu suchen, nämlich das gleichfalls unter Werlescher Oberhoheit stehende »Mystorpe in deme lande tome Kalende«, d. i. Hohen-Mistorf: vgl. M. U.-B. 3721. 6252. Auch ist es folgerichtig, dass, wenn die Urkunde 9580 auf Hohen-Mistorf bezogen wird, auch 10928 dahin gewiesen wird.

[3]) Nach ungedruckten Urkunden im Grossh. Archiv.

[4]) Balck, Oeffentl. Anz. f. d. Aemter Bützow, Güstrow und Schwaan 1868, Nr. 3.

[5]) Vgl. Crull, M. Jahrb. LXIII, S. 150.

Das Filial-Kirchdorf Göldenitz.[1]

Am 18. Oktober 1285 verkauft Fürst Nikolaus von Werle das Dorf Göldenitz (Goldeniz) an den Güstrower Dom zur Errichtung und Ausstattung von Vikareien.[2] Indessen ist es nicht die ganze Feldmark, die an den Dom übergeht; der alten Adelsfamilie Selig (Salege) verbleibt noch bis zum Jahre 1316 ein Antheil.[3] Später, am 29. April 1336, findet eine Rückerwerbung von Göldenitzer Einkünften durch die Herren von Werle aus den Händen des Domkapitels statt.[4] Wie sich dann sechs Jahre darauf die Göldenitzer Einwohner an dem Bau der Mistorfer Filialkirche betheiligen und im Jahre 1360 selber eine erhalten, ist oben S. 4 bereits erzählt worden.[5] Inzwischen verfügen die Herrn von Bülow, als Pfandinhaber der Vogtei Schwaan um diese Zeit, über die Bede aus Göldenitz.[6] Und 1368 erwerben die Rostocker von den Herren von Werle das Recht, auf den zusammenstossenden Feldmarken der Dörfer Göldenitz und Niendorf einen Ziegeleibetrieb mit uneingeschränkter Ausfuhr anzulegen.[7] Von dieser Zeit an erfahren wir lange nichts über Göldenitz. Als zum fürstlichen Domanium gehörendes Dorf kommt es zwei Jahrhunderte später an den Güstrower Landestheil. Und nun hören wir, dass von 1632 an durch einen Kontrakt mit Herzog Hans Albrecht II. die von Driberg auf Klein-Sprenz in Göldenitz Besitz erwerben und zuletzt durch Uebernahme einer Schuldforderung des Heinrich Levin von Linstow und seines Schwiegervaters Johann von Restorff, die beide Forderungen an den Herzog haben und für die ihnen Göldenitz verpfändet worden war, das ganze Dorf erlangen, thatsächlich schon von 1654 und förmlich (confirmatione Caesarea) von 1660 an. Die von Driberg sind dann bis zur Wiedereinlösung des Dorfes und Gutes durch die Kammer im Jahre 1781 im Besitz geblieben. Seit 1849 gehören Hof und Dorf zum Grossherzoglichen Hausgut.

Kapelle. Die Kapelle zu Göldenitz steht seit dem Jahre 1360. Sie zeigt sich als ein im Innern flachgedecktes kleines einfaches Gebäude, das von grossen mittelalterlichen Ziegeln auf einem Fundament von Felsen aufgebaut ist. Auf dem Westende sitzt ein kleiner hölzerner, mit Schindeln

Marginalia: Geschichte des Dorfes.

Marginalia: Kapelle.

---

[1] 5 km südöstlich von Schwaan. Nicht zu verwechseln mit dem zum Amt Ribnitz gehörigen und im Rostocker Distrikt gelegenen Dorf Göldenitz, das 1332 von der Familie Axekow an die Rostocker Patrizierfamilie Rode kam. Vgl. M. U.-B. 5356. 5359. 6983. 11228. 11229. Balck, Anz. etc. 1867, Nr. 50. Lisch, M. Jahrb. VII, S. 11.

[2] M. U.-B. 1817. Vgl. 2185. 8428.

[3] M. U.-B. 3819. 3820.

[4] M. U.-B. 5660. 5662.

[5] M. U.-B. 8740.

[6] M. U.-B. 6496.

[7] M. U.-B. 9780.

gedeckter Dachreiter vom Jahre 1835. Die Fenster sind viereckig, fast quadratisch und nur wenig nach innen abgeschrägt. In der Südwand eine jetzt
zugemauerte Thür mit Rundbogenschluss. Die im Gebrauch befindliche Thür
an der Westseite dagegen zeigt einen ausgesprochenen Spitzbogenschluss. —

Glocke. Im Dachreiter eine kleine **Glocke** von etwa 0,35 m Dm, die schwer zu
erreichen ist. Sie soll vor etwa vierzig Jahren umgegossen worden sein. —

Heilige
Gefässe. An **heiligen Gefässen** sind ein silberner Kelch und eine silberne Patene im
Gebrauch, beide vom Goldschmied **Steusloff**-Güstrow, 1847.

Das Kirchdorf Kambs.[1]

Geschichte
des
Dorfes. Dass in Kambs um 1269 bereits eine Kirche ist, geht aus einem testa-
mentarischen Vermächtniss des Rostocker Gärtners Friso hervor.[2]
Ein Jahr später stellt sie der Bischof Hermann von Schwerin unter den Bann
des Bützower Probstes.[3] Den 24. November 1284 verleiht Fürst Heinrich
von Werle der Jakobi-Kirche in Lübeck das Eigenthum von zwei Hufen in
Kambs, deren Erträgnisse der dortigen Vikarei des Hildebrand von Mölln zu
Gute kommen sollen, über deren Verleihungsrecht im Jahre 1312 weitere
Bestimmungen getroffen werden.[4] Das ist alles, was wir aus dem frühen
Mittelalter über Kambs wissen.

Kambs war schon 1550 theils Hof, theils Bauerndorf. Von neunund-
zwanzig Bauerstellen gehen zwanzig im dreissigjährigen Kriege unter, die
übrigen neun werden im Jahre 1700 gelegt. 1815 wird die frühere Meierei
Friedrichshof als selbständiger Erbpachthof von Kambs abgetrennt.[5] Seit
1849 gehört Kambs zu den Pachthöfen des Grossherzoglichen Hausguts.

Aus dem Kirchenvisitationsprotokoll von 1535 erfahren wir, dass »Er
Joachim pharher zu Cambs yst ein vngelert, blind, vnverstendig man vnd
gancz vngeschickt zum seelsorger«, und aus dem Visitationsprotokoll von
1541/42 ergiebt sich, dass der Kambser Pastor ein vom Schwaaner Kirchherrn Joachim Bützow bezahlter Miethpriester ist, dessen Zeit und Kraft mehr
für die Kirche zu Schwaan als für die von Kambs ausgenützt wird. 1539
will Herzog Heinrich, dass der Kambser Pastor (mit vollem Namen heisst er
Joachim Dankward) seine Pfarre verlassen soll, aber der Bisthumsadministrator
Magnus verwendet sich für ihn. Freilich ohne Erfolg. Denn 1541 finden

---

[1] 6½ km südwestlich von Schwaan. Kühnel, M. Jahrb. XLVI, S. 64, leitet den Namen
Campiz (Camptze, Campetze) vom altslavischen Wort kapa, poln. Kepa (= Flussinsel) ab.

[2] M. U.-B. 1153.

[3] M. U.-B. 1178.

[4] M. U.-B. 1932. 3517.

[5] Balck, Anz. f. d. Aemter Bützow, Gustrow und Schwaan 1868, Nr. 1.

wir ihn bereits in Kavelstorf und 1542 in Kambs den Jakob Monhard, immer freilich noch als Miethpriester des Schwaaner Kirchherrn.[1]) Um 1587 wird Andreas Lücke berufen, er ist 1608 noch im Dienst und verwaltet auch die Grenzer Kirche und Gemeinde, obwohl diese, die angeblich einstmals eine Mater-Kirche gewesen, schon seit langen Zeiten als Filia der Schwaaner Kirche behandelt wird und deshalb einen Theil ihrer Einkünfte an den Schwaaner Kirchherrn abzugeben hat.[2]) Um 1625 wird Matthias Rötger (Rutgerrius) als

Kirche zu Kambs.

Pastor zu Kambs und Grenz genannt, um 1631 Bernhard Giessenbier. 1640 ist sein Nachfolger Georg Keibelius gestorben. 1642 wird Georg Willebrandt Pastor zu Kambs, er ist auch 1668 noch im Dienst. Um 1671 aber finden wir dort seinen Schwiegersohn Georg Nammacher (Namenmacher). Es folgen nun Johann Gevekoth (Gevekott) von 1682 bis 1693; Kaspar Martin Böttcher von 1693 bis 1728;[3]) Joachim Friedrich Böttcher, der Sohn, von 1729 bis 1745; Daniel Heinrich Heuckendorf von 1748 bis 1761; nach sechsjähriger Vakanz Ernst Jakob Schmidt von 1768 bis 1798; Johann Stephan Graupner von 1799 bis 1814. Ueber die Nachfolger im XIX. Jahrhundert s. Walter a. a. O.

Kirche.   Die Kirche hat einen Chor aus dem Anfang des XIII. Jahrhunderts, dessen Fenster freilich schon im XV. Jahrhundert eine Umänderung im damals herrschenden gothischen Geschmack scheinen erlitten zu haben. Langhaus und Thurm aber sind neu, beide sind in den sechziger Jahren dieses Jahrhunderts vom Baurath Krüger erbaut worden. Das alte Langhaus war

Kirche.

---

[1]) Wenn übrigens die Angabe in einem Aktenstück vom 6. Juli 1674 richtig ist, hatte Dankward schon 1541 einen Nachfolger in Johannes Strüve.

[2]) Diesem verkehrten Verhältniss wird erst 1661 ein Ende gemacht, es verursacht aber noch langandauernden Streit. S. Kambser Kirchen-Akten.

[3]) Sein Grabstein liegt noch im Chor der Kirche.

ein Fachwerkbau, ebenso der frühere Thurm. Auf der Nordseite die alte gewölbte Sakristei. Auf der Südseite eine ebenfalls alte, d. h. wohl dem XV. Jahrhundert angehörende gothische Eingangshalle, die einem in den Innenraum der Kirche führenden frühgothischen Portal mit hübschen Rundstäben und Hohlkehlen vorgebaut ist. Im Innern ist der Chor mit einem Kreuzgewölbe geschlossen, dessen Rippen aus den schmalen Langseiten von Backsteinen bestehen und daher eckig erscheinen.[1]

Altar-
aufsatz.

Der **Altaraufsatz** ist ein spätgothisches Triptychon aus dem XV. Jahrhundert. Im Mittelfelde die gekrönte hl. Maria mit dem Christuskinde auf dem Arm, in einer Strahlenmandorla und auf dem Monde stehend. Oben in

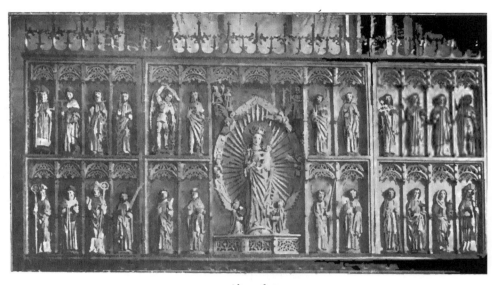

Altaraufsatz.

den Ecken Moses beim feurigen Busch und Ezechiel vor der verschlossenen Pforte.[2] Zu beiden Seiten in zwei Reihen übereinander die zwölf Apostel und zwölf andere Heilige, unter denen man den Erzengel Michael und ferner die Märtyrer Stephanus und Laurentius, Mauritius, Dionysius, Erasmus, den hl. Antonius und die hl. Maria Magdalena erkennt. Auch die Bischöfe Nikolaus, Martin, der hl. Jodocus und der hl. Benedikt oder Bernhard mögen dabei sein. Auf der Rückseite der Flügel befinden sich vier gute, doch restaurationsbedürftige Malereien auf Kreidegrund aus der Leidensgeschichte: das Gebet in Gethsemane, der Judaskuss, die Verhöhnung und Verurtheilung (Pilatus sich die Hände waschend).

[1] Vgl. die Beschreibung des früheren Zustandes der Kirche bei Lisch, M. Jahrb. XXVII, Seite 207 ff.

[2] M. Kunst- u. Gesch.-Denkm. III, S. 593.

Ausserdem ist in der Kirche ein alter schmiedeeiserner **Taufständer**, hübsche Arbeit. — Vor der Thurmthür der Rest eines alten **Taufsteins**.

Taufständer.

Taufstein.

Die ehemalige **Kanzel** gothischen Stils, die älteste im Lande und sicher noch der vorreformatorischen Zeit angehörend, befindet sich im Grossh. Museum zu Schwerin.

Ehemalige Kanzel.

Im Thurm zwei **Glocken**, eine neue und eine alte. Die neue Glocke (Dm. 1,19 m) ist 1865 von dem Hofglockengiesser **P. M. Hausbrandt** in Wismar gegossen worden.[1] — Die zweite Glocke (Dm. 1,05 m), welche alt ist, hat keine Inschrift.

Glocken.

Ehemalige Kanzel (im Grossh. Museum).

Kleinkunstwerke. 1. 2. Silbervergoldeter gothischer Kelch auf rundem Fuss und mit sechseckigem Knauf, auf dessen Rauten der Name ᶤᶰᵉᶳᵘᶳ angebracht ist. Als Signaculum am Fuss die aufgenietete Kreuzesgruppe. Ueber dem Knauf und unter ihm am runden Schaft ein Band mit der wiederkehrenden phantastischen Bildung eines Thieres mit Menschenkopf. Die für diesen Kelch verwendete Patene gehört ursprünglich nicht zu ihm. Keine Zeichen. — 3. 4. Silbervergoldeter neugothischer Kelch, laut Inschrift gestiftet

Kleinkunstwerke.

[1] Ihre Vorgängerin stammte von 1605 und trug den Namen des Herzogs Karl als des Patrons der Kirche sowie den des Pastor Andreas Lücke und des Glockengiessers Michael Westphal.

Kelch (1).

vom Grossherzog **FRIEDRICH FRANZ II. 1845.** Stempel vom Rostocker Gold-
schmied **Kerfack.** Die dazu gehörige Patene von 1845 hat jedoch andere
Zeichen: 🏛 DENITZ. — 5. Kreisrunde silberne Oblatenschachtel, alt, ohne
Werkzeichen. – 6—9. Vier zinnerne Altarleuchter, gleich denen in Grenz,
von **JOCHIM GOTTHARD CARL GARDELIN,** geb. 1765, gest. 1846, gestiftet,
zwei von ihnen mit den Werkzeichen des Rostocker Zinngiessers **Hans
Christoph Reincke** (1799), zwei mit denen des Güstrower Zinngiessers
W · H · (1842).

Das Filial-Kirchdorf Gross-Grenz.[1])

Geschichte
des
Dorfes.

Schon am 17. Mai 1278 erwirbt das Kloster Doberan im Dorfe Grenz
Besitz an Grund und Boden aus den Händen der Fürsten Heinrich
und Johann von Werle und fasst mit der Zeit trotz missgünstiger Nachbarn,
die ihm seine Rechte und besonders, wie die Knappen von Ziesendorf, den
Fischfang im Mühlenteich zu schmälern suchen, immer festeren Fuss im Dorf,
theils durch weiteren Erwerb von Land, theils durch Ausdehnung seiner
Rechte über die Bede und das höchste Gericht, worin es die Gunst des
Johann Moltke erfährt, der um die Wende vom XIII. zum XIV Jahrhundert
schon von der Werleschen Herrschaft her und nachher unter den bekannten
veränderten Regierungsverhältnissen (s. o. S. 3) unter der Oberlehnsherrschaft
des dänischen Königs ausgedehnte Pfandrechte in der Vogtei Schwaan besessen
haben muss.[2]) Aber auch die Mecklenburger, Fürst Heinrich und Herzog
Albrecht, beweisen sich in dieser Richtung dem Kloster ebenso unausgesetzt
gnädig und willfährig.[3]) Am 14. Oktober 1471 findet in Gross-Grenz, das
ungefähr auf halbem Wege zwischen der bischöflichen Residenz Bützow und
der Stadt Rostock liegt, eine Zusammenkunft zwischen dem Bischof Werner
und dem Rath zu Rostock in Rostocker Angelegenheiten statt.[4]) Vom 16.
auf den 17. Oktober 1631 übernachtet hier der Wallenstein'sche Statthalter
Graf Berthold von Wallenstein.[5])

Nach der Säkularisation des Klosters Doberan finden wir Gross-Grenz
als landesherrliches Domanialdorf beim Amt Schwaan.[6]) Dass, wie im Visitationsprotokoll von 1662 gesagt wird, die Kirche zu Gross-Grenz einst eine
Materkirche war, ist urkundlich nicht zu erweisen. Ueber die kirchlichen
Verhältnisse s. bei Kambs.

---

[1]) 5 km nordwestlich von Schwaan. Den Namen Grenize verbindet Kühnel, M. Jahrb. XLVI,
S. 57, mit dem altslavischen Worte greda — freier Platz, Tenne.

[2]) M. U.-B. 1464. 1828. 2497. 2512. 2829. 3321. 3322. 6424.

[3]) M. U.-B. 4900. 8044. 8045.

[4]) M. Jahrb. XVI, S. 232 ff.

[5]) M. Jahrb. XXXVI, S. 47.

[6]) Balck, Anz. f. d. Aemter Bützow, Güstrow und Schwaan 1867, Nr. 51.

Kirche. Die Kirche ist ein mit Strebepfeilern bewehrter gothischer Backsteinbau des XIV. Jahrhunderts in Form eines langen Vierecks mit Chorschluss aus dem Achteck. Im Westen ein drei Stockwerke hoher viereckiger Thurm aus starkem, aber baufällig gewordenem Mauerwerk, mit einer aus vier Schildgiebeln entwickelten achtseitigen Helmpyramide.[1] Die Fenster der Kirche sind spitzbogig, die Eingangsthüren aber nach älterer Weise rundbogig geschlossen. Im Innern ist die ganze Kirche mit gothischen Kreuzgewölben geschlossen, an welchen birnförmig profilierte Rippen zu bemerken sind, der Triumphbogen aber bildet einen Rundbogen. An der Nordwand des Chors die Sakristei, ein Neubau.[2] Der die Kirche umgebende Kirchhof ist mit uralten Feldsteinmauern umgeben, die beiden Haupteingänge aber sind in späterer Zeit mit steinernen Thorbauten versehen.

Altar und **Kanzel** sind neu. — An der Nordwand des Chors ist die alte **Triumphbogen-Gruppe** angebracht. — In der Sakristei ein noch heute gebrauchter **Opferstock** von Eichenholz mit eisernem Beschlag. — An der inneren Südwand des Chors sind drei viereckige, schwarzgrün glasierte Formziegel eingelassen, von denen zwei das Bild eines Löwen und der dritte das eines Drachen zeigen. — In den Fenstern einzelne Scheiben mit **Glasmalereien**: Brustbild eines Mannes, anscheinend das des Melanchthon (das Bild daneben, einstmal wohl Luther vorstellend, ist ausgefallen). Männliche Gestalt mit einer Fahne, darunter der Name **HANS GRUNDGRIEPER**. Weibliche Gestalt, einen Vogel auf der rechten Hand, darunter **JOCHIM SWEDER**. Engel mit Schwert in der Rechten, darunter **MICHAEL DENSOW**. Männliche Figur, ein Kreuz in der Linken haltend, ohne Unterschrift.

Im Thurm zwei **Glocken**. Die grössere (Dm. 1,06 m) ist laut Inschrift im Jahre 1772 von **J. V. Schultz**-Rostock umgegossen worden. — Die zweite (Dm. 0,24 m) ist ohne Inschrift.

Kleinkunstwerke. 1. Silbervergoldeter gothischer Kelch auf sechspassigem Fuss. Am Knauf der Name IHθSVS, oberhalb des Knaufes am sechsseitigen Schaft derselbe Name noch einmal, unterhalb des Knaufes der der hl. Maria. Am Fuss eingraviert ein Weihekreuz und die Inschrift: **GROTEN GRENTZE · ANNO : 1·6·0·8.** Keine Werkzeichen. — 2. Silbervergoldeter Kelch. Unten am Fuss eingraviert: **DER KIRCHE ZU EHREN UND SICH ZUM ANDENKEN VEREHRT VON JOCHIM HEINRICH HARDER HUSMANN VON LÜTTEN GRENTZ DESSEN EHEFRAU ELSABETH GEB · BEHM 1798.** Vom Rostocker Goldschmied **Joh. Martin Brunswick.** — 3. Silber-

Marginal notes: Kirche. / Altar und Kanzel, Triumphbogen-Gruppe, Opferstock. / Glasmalereien. / Glocken. / Kleinkunstwerke.

---

[1] Der Thurm sieht aus, als ob er ursprünglich zu einer älteren Kirche des Uebergangstypus und nicht zu der jetzt stehenden gothischen Kirche gehört haben möchte. Doch lässt sich hierüber nichts Gewisses sagen.

[2] Beim Abbruch der alten Sakristei im Jahre 1843 ward ein schmaler Papierstreifen mit Schrift aus dem XV. Jahrhundert gefunden, enthaltend die Vorladung eines Everd Everdes aus Bröbberow durch den bischöflichen Offizial Nicolaus Frysow. Vgl. M. Jahrb. VIII, S. 243.

vergoldete Patene mit eingraviertem Weihekreuz, ohne Stempel. — 4. Zinnerne schwere Oblatenschachtel, langoval, ohne Zeichen. — 5. Silbervergoldeter grosser Kelchlöffel. — 6. Taufschale von Messing, neu. — 7—10. Vier schwere zinnerne Leuchter auf achteckigem Fuss, mit der Jahreszahl **1842** und mit den Werkzeichen des 1799 ins Amt getretenen Rostocker Zinngiessers **Hans Christoph Reincke.**

Das Kirchdorf Buchholz.[1])

Geschichte des Dorfes.

Als Parochie und Kirchdorf tritt uns das bei Schwaan gelegene Dorf Buchholz, aus dem die Rostocker Familie Groenenhagen einen Theil ihrer Einkünfte bezieht, urkundlich zum ersten Mal um die Mitte des XIV. Jahrhunderts entgegen.[2]) Der Kirchherr heisst um 1359 Dietrich Pape, drei Jahre später aber finden wir Burchard Wale an seiner Stelle, der als solcher auch noch 1367 vorkommt.[3]) Als zum Rostocker Archidiakonat gehörig wird die Kirche im Zehnten-Register von 1470 aufgeführt.[4]) Das sind alle Nachrichten des Mittelalters über Buchholz. Als landesherrliches Domanial-Bauerndorf wird es wohl von jeher (nachweislich von 1550 an) zur Schwaaner Vogtei oder zum Schwaaner Amt gehört haben.[5]) Um 1534 heisst der Kirchherr Johann Boye, der drei Jahre früher von Herzog Heinrich berufen ist. 1541/42 ist Jochim Stampe für ihn da, der sehr gelobt wird. Er siedelt aber bald nachher nach St. Nikolai in Rostock über. Sein Nachfolger Jochim Möller wird 1545 bei einem Streit im Kruge erschlagen. Um 1577 amtiert in Buchholz ein junger funfunddreissigjähriger Pastor Johann Dreier. 1611 aber wird Daniel Küther (Kuther) als im Dienst ergrauter alter Pastor bezeichnet. Er erhält in seinem Schwiegersohn Christian Coppenius (Kopp) einen Nachfolger († 1651), dieser wieder einen solchen 1649 in seinem Schwiegersohn Matthias Behn (Behne), der 1669 stirbt. Es folgen 1670 Daniel Hahn, 1675 Christoph Glüer, 1695 Joh. Heinr. Sparmann I. († 1742), 1732 Joh. Sparmann II. († 1770)[6]) und 1770 Joach. Joh. Hartwig Friedr. Quandt († 1807). Ueber die Nachfolger im XIX. Jahrhundert s. Walter a. a. O.

Kirche.

Kirche. Die im Jahre 1878 eingeweihte Kirche ist ein stattlicher Neubau auf der Grundform des Kreuzes, mit Chor und hohem Thurm.

Kanzel, Altar und Gestühl. Altarbild.

Kanzel, Altar und **Gestühl** sind ebenfalls neu. Das **Altarbild** »Christus am Kreuz« ist 1883 von **Elisabeth Strempel** gemalt.

[1]) 9 km nördlich von Schwaan.
[2]) M. U.-B. 7436. 7655. 7656. 7739.
[3]) M. U.-B. 8630. 9038. 9615 B.
[4]) M. Jahrb. XXI. S. 22.
[5]) Balk, Anz. f. d. Aemter Bützow, Güstrow, Schwaan 1867, Nr. 43.
[6]) Von beiden besass die alte Kirche zu Buchholz ein Bildniss. Auch hatte sie ein Vieregge'sches Epitaph vom Ende des XVII. Jahrhunderts.

In der Sakristei drei gut geschnitzte **Figuren** eines gothischen Trip- Schnitz-
tychons:[1]) die hl. Gertrud, das Modell einer Kirche tragend, der Evan- Figuren.
gelist Matthaeus mit Beutel und Buch und eine andere männliche vollbärtige
Figur mit einem Buch. — In den Gängen der Kirche noch einige aus der Grabsteine.
alten Kirche herübergenommene **Grabsteine** ohne Bedeutung.

Im Thurm drei **Glocken.** Die grösste (Dm. 1,27 m) ist 1815 von Glocken.
Valentin Schultz in Rostock gegossen worden.[2]) — Die zweite (Dm. 0,95 m)
ist 1821 von demselben **Valentin Schultz** gegossen worden. — Die
dritte hat keine Inschrift, wohl aber das nebenstehende Zeichen
des **Rickert von Mönkehagen.**

Kleinkunstwerke. 1. Silbervergoldeter gothischer Kelch mit dem Kruci- Kleinkunst-
fixus als Signaculum und mit dem Namen **IHESVS** am Knauf. Unter dem werke.
Fuss und an der Kupa die Inschrift: **HINRICH BESE ZV WAERSTED.**[3]) Der
Kelch hat die Werkzeichen des bald nach 1632 ins Rostocker Goldschmiede-
amt eingetretenen **Peter Steffen**: (T) (PS). — 2. Silbervergoldeter Kelch mit der
Inschrift: **MARIA SOPHIA HEDEWIG MÜLLERN ANNO 1743.** Vom Rostocker
Goldschmied **Daniel Halbeck.** — 3. Silbervergoldeter Kelch, am Fuss ein-
graviert: **E · V · E · V · P ·**[4]) Von demselben Goldschmied wie 2. — 4—6.
Drei silbervergoldete Patenen. Die eine mit einem eingravierten Kranz am
Rande, darin über einem Herzen Christus mit dem Kreuz und das Jesus-
Monogramm **I H S**. Alle drei ohne Werkzeichen. — 7. Silberne Oblaten-
schachtel, rund. Auf dem Deckel das eingravierte Buchwald-Bülow'sche
Allianzwappen: über dem gekrönten Buchwald'schen Bärenkopf die Initialen
S V B W, über dem Bülow'schen Wappen **E M V B.**[5]) — 8. Zinnerne Abend-
mahls-Kanne, von **C. W. Kurtz**-Stuttgart. — 9. Getriebene messingene Taufschale, auf dem Boden der Schale die Scene der Verkündigung Mariae. —
10. Klingebeutel mit silberner Einfassung vom Anfang des XVIII. Jahrhunderts.

---

[1]) Im Jahre 1811 noch in der Kirche.

[2]) Ihre Vorgängerin war 1668 von Joachim Mehler gegossen worden.

[3]) Wird das eingepfarrte Wahrstorf sein sollen.

[4]) Wahrscheinlich von einem Mitgliede aus der im XVIII. Jahrhundert auf Ziesendorf und
Brokhusen angesessenen Familie von Pederstorf.

[5]) Schack von Buchwald auf Nienhagen (Amts Bukow) war in erster Ehe mit Emerentia
von Bülow († 1704) verbunden. Ein Zweig der Bülow'schen Familie, dem freilich die Emerentia
von Bülow nicht angehört (s. Familienbuch, S. 122), besass und besitzt noch das in Buchholz eingepfarrte Klein-Bölkow.

Das Kirchdorf Kavelstorf.[1]

Geschichte des Dorfes.

Wie in Kavelstorf (Kaboldesdorp) einstmals im XIII. und XIV. Jahrhundert die gleichnamigen Werleschen Vasallen, die Ritter und Knappen Kabold, begütert sind, die sich dem Güstrower Domkapitel mit Stiftungen verschiedener Art gewogen zeigen, und wie ihnen dort die Rütze (Rüze) folgen, von denen sich in der Kirche noch ein Grabstein mit der Jahreszahl 1342 erhalten hat, das lesen wir in anschaulicher Weise bei Lisch.[2] Im Uebrigen hat sich Kavelstorf schon frühe zu einem landesherrlichen Domanial-Bauerndorf entwickelt, das von alter Zeit her, nachweislich schon seit 1347, bis zum Jahre 1829 zum Güstrower Amt und seitdem erst zum Schwaaner Amt gehört.[3] Die Kirche wird 1347 zum ersten Mal urkundlich genannt, ist aber ohne Zweifel weit über hundert Jahre älter.[4] Auch begegnen wir einem Kavelstorfer Pfarrer Johann

Kirche zu Kavelstorf.

schon um 1334. Als dessen Nachfolger werden Nikolaus Lise »Rector der Kirche in Kaboldestorp« um 1352 und Ehr Jakob Raue »Priester unser lieben Frawen zu Kauelstorff« um 1365 genannt.[5] Nach dem Zehntenregister von 1470 steht die Kirche, die auch der Mittelpunkt einer besonderen Kalands-

---

[1] 10 km nördlich von Schwaan.
[2] M. Jahrb. XXXI, S. 73—81. Vgl. dazu XLI, S. 195—198. Ferner M. U.-B. 2762. 3893. 3938. 6779. 7373. 11074. Die Rütze sollen im XV. Jahrhundert ausgestorben sein: M. Jahrb. XI, S. 454. Ein Werner Kutze wird 1386 genannt. Lisch, a. a. O.
[3] Balck, Anz. f. d. Aemter Bützow, Güstrow, Schwaan 1868, Nr. 2. — M. U.-B. 6779.
[4] M. U.-B. 6779.
[5] M. U.-B. 5511. 7620. 9384. (S. u. Kalands-Kelch.)

gesellschaft ist, unter dem Rostocker Archidiakon, der z. B. 1515 den von Herzog Heinrich berufenen Pleban Renners ins Amt einzuweisen hat. 1541/42 finden wir dort Jochim Dankward als Hauptpastor und als Miethpriester neben ihm Paul Köhler (Pawel Kolers). An Stelle Dankward's setzen die Kirchenvisitatoren im Jahre 1552 den Matthias Fliege ein. Später wird ein Gerd Omiche (Omichius) genannt, und um 1584 ein des Pfarramts unwürdiger Joh. Ricke, der durch Franciscus Schulte ersetzt wird. Nachdem der letztgenannte invalide geworden, folgt 1603 Henricus Dringenberg und auf diesen 1623 Hermann Frese (Friese). 1659 tritt dessen gleichnamiger Sohn an die Stelle, schreibt sich aber ausschliesslich Friese. Es folgen nun 1688 Joachim Georg Schröder (÷ 1724), 1726 Nikolaus Degener, 1764 Joh. Daniel Thomas (Anfangs als Substitut Degener's), und 1771 der im Jahre 1797 nobilitierte Pastor August Theophilus Amtsberg (÷ 1820), über den sich im Grossherzoglichen Archiv ein umfangreiches Aktenmaterial angehäuft hat. Ueber die Nachfolger im XIX. Jahrhundert siehe Walter a. a. O.

Aelteres Portal im Chor.

Portal auf der Südseite des Thurmes.

Kirche. Die Kirche ist ein gedrungener wuchtiger Feldsteinbau mit glatt abschliessendem Chor aus der Zeit des Uebergangs vom romanischen zum gothischen Stil im Anfange des XIII. Jahrhunderts. Als besonders schwerer Bau giebt sich der Thurm zu erkennen, dessen Inneres für die Orgelempore mit zur Kirche gezogen ist. Ob sein Helm einstmals die Form jener Helme im Ostseegebiet gehabt haben wird, als deren Prototyp gelegentlich der Poeler und auch der Neukirchener von uns hingestellt worden ist, muss zweifelhaft bleiben. Seine jetzige Form aber stammt offenbar aus einem der letzten Jahrhunderte. Die Portale sind bei der Restauration im Jahre 1875 hie und da verändert. Das des Thurmes ist neu, dagegen hat die Priesterpforte im Chor ihren Rundbogen behalten. Eine gleichfalls mit einem Rundbogen geschlossene niedrigere ältere Pforte daneben ist seit langem zugemauert. Ebenso ist das ehemalige Laienportal auf der Südseite des Thurmes mit Kleeblattbogenschluss zur Hälfte zugemauert und zur andern Hälfte als Lichtöffnung eingerichtet worden. Beide Portale sind charakteristisch für die Uebergangszeit und stellen sich ausserdem als ein ganz vorzügliches Mauerwerk dar. Im Innern ist der ganze Raum mit Gewölben geschlossen. Im Chor und Schiff haben wir je ein Gewölbe mit acht starken Rippen, die im Scheitel von einem in gleicher Weise gebildeten Kreis aufgefangen werden. Im Chor sind es Rundstabrippen, im Schiff aber haben sie ein quadratisches Durchschnittsprofil. Die Diagonal- und Schildbogenrippen des Chors setzen auf Kragsteinen in der Form menschlicher Gesichter auf, die des Schiffes auf schlichten Kragsteinen

Inneres der Kirche zu Kavelstorf.

ohne Schmuck. Die vier Scheitelrippen des Chors aber sind im Gegensatz zu denen des Schiffes in zwei mit den Häuptern einander gegenüberstehende Stäbe aufgelöst, von denen der eine vom Scheitelkreis herkommt und der andere, der vom Schildbogen aufsteigt, als Kreuz gestaltet ist. Beide aber laufen an ihren Enden in Kleeblattformen aus.

Auf der Nordseite des Chors eine gewölbte Sakristei.

Grab-
stätten.   Unter dem Chor entdeckte man im Jahre 1875 beim Durchbau der Kirche zwei grosse, stark gewölbte und feste **Grabstätten**, südlich die Reezer, nördlich die Dummerstorfer. Erstere wurde 1686 vom Probst Detlof von Reventlow gekauft, letztere war schon früher (nachweislich seit 1589) im Besitz der Familie von Preen.[1] Im Reetzer Grabgewölbe fand sich die nachfolgende Inschrift:

[1] S. Grabstein.

HERR OTTO VON VIETINGHOFF, DEHRO KÖNIGL · KÖNIGL · MAJE-
STÄT MAJESTÄT ZU GROSSBRITTANNIEN UND ZU DÄNEMARCK-
NORWEG · HOCHBETRAUTER BRIGADIRER BEI DER INFANTERIE
AUF KUKEL UND KUKELMEISE IN OESEL UND AUF REETZ ERB-
HERR ·

FRAU EVA SABINA, GEB · VON MEERHEIMB AUS DEM HAUSE
GNEMER ·

HABEN DIESE KAPELLE VON DEM HERREN PROBST DETHLOFF
REVENTLOWEN ANNO 1686 EIGENTHÜMLICH ERKAUFT UND
ANNO 1693 REPARIREN LASSEN, WORIN DIESELBE NEBST DERO
7 KINDERN NACH DEREN ALLERSEIT SELIGEM ABSCHEIDEN
DEN LEICHNAM BIS ZU DER ALLGEMEINEN AUFERSTEHUNG
DER TODTEN WOLLEN BEISETZEN, WELCHEN DER LIEBE GOTT
HIER EINE SANFTE UND SELIGE RUHE UND AN SEINEM
GROSSEN TAGE EINE FROEHLICHE AUFERSTEHUNG VERLEIHEN
WOLLE ·

Hölzernes Antependium (im Grossh. Museum).

Altar, Kanzel und Gestühl sind neu. Das Altarbild »Christus in Gethsemane« ist von Carl Andreä-Dresden 1876 gemalt worden.

Ein ehemals an der Nordseite des gemauerten Altartisches angebracht gewesenes hölzernes **Antependium**, das mit den auf Goldgrund gemalten Halbfiguren des Heilandes, der hl. Maria, des hl. Johannes, der hl. Maria Magdalena und des hl. Erasmus (nicht des hl. Vitus) verziert ist und an die Predellenmalerei der gothischen Triptychen aus der Mitte des XV. Jahrhunderts erinnert, befindet sich jetzt im Grossherzogl. Museum zu Schwerin. Es ist beschrieben bei Lisch, M. Jahrb. XXXI, S. 77. XLI, S. 196. Dazu ist, den hl. Erasmus betreffend, zu vergleichen M. Jahrb. XXIV, S. 344.

Im Schiff und im Chor hängt je ein altes bemaltes hölzernes **Wappen** mit Unterschrift, im Chor das Vietinghoff'sche mit dem Namen des dänischen Oberst **OTTO VON VIETINGHOFF** (1686), im Schiff das Oertzen'sche Wappen

Altar, Kanzel und Gestühl.

Antependium.

Wappen.

mit dem Namen des dänischen Oberst **CLAUS VON OERTZEN** auf Rederank und Scharstorf, geb. 25. Oktober 1638, gest. 3. Januar 1694.[1]

Reezer
Empore. Auf der **Reezer Empore** befinden sich viele jüngere **VON PLESSEN**-sche und ältere **VON FLOTOW**'sche **Wappen** aus Zinn, die einstmals als Zierrathe von Särgen gedient haben.

Eine von Oertzen'sche Ritterrüstung aus der Kirche zu Kavelstorf befindet sich jetzt im Museum zu Schwerin.

Oertzen'sches Wappen.

Vietinghoff'sches Wappen.

Grabsteine. Auf dem Altartische lag bis 1875 ein in vorreformatorischer Zeit mit fünf Weihekreuzen zum Gebrauch für den Altar konsekrierter **Leichenstein**. Seit 1875 liegt dieser Stein hinter dem Altar. Man erkennt die stehende Gestalt eines Ritters mit Helm, Schwert und Schild, auf dem das mit dem Barnekow'schen übereinstimmende Rütze'sche Wappen sichtbar ist. Die Inschrift, soweit sie zu erkennen ist, lautet: ANNO : DNI FIAĊĊ : XLII[2] HEI : V : PT' : WARTIN : () : WARNER⁹ : RVZE : ARMIGER ANNO : DNI M̄ : ĊĊĊ : XĊ | V · LUĊIA O BARTA : UXOR : EJVS | OR : P : EIS.[3] — Hinter dem Altar ein zweiter **Grabstein**, mitten darauf ein Schild mit einem halben nach rechts springenden Hund mit Halsband. Umschrift lückenhaft; man liest noch: a͠no · d͠ni · m · ccccxxx | iiij (Lücke) nicolaus rebbemile | ser° : plebanus | quondam ppofitus (Lücke). Der Stein lag

[1] Lisch, M. Jahrb. XLI, S. 197.

[2] Die nun kommende Langreihe liegt jetzt unbegreiflicherweise zum Theil unter dem Altar, sie lautet nach der früheren Lesung von Lisch wie oben folgt.

[3] Vgl. Lisch, M. Jahrb. XLI, S. 195. M. U.-B. 7373.

früher vor dem Altar.[1]) — Ein dritter Stein im Chor an der Nordseite, unter welcher sich das Grabgewölbe der Familie von Preen auf Dummerstorf befindet. Er zeigt ein vertieftes lebensgrosses Reliefbild des Ritters **Kossebade** und seiner Gattin **Elisabeth**, geb. **von Preen**. Die Umschrift lautet: IHM JHAR DER GEBORT CHRISTI 1589 DE 4 TAG NOVEMBRIS . . . . ADAM KOTZEBADE ZV DVMMERSTORFF IN DEM HERRN JHESV SANFFT ENDT-SCHLAFFEN VND ALHIE BEGRABE DES SEHLEN GOTT GNADE VND DEM LEIBE AM JVNGSTEN TAGE EINE FRÖLICHE AVFERSTEHVNG VERLEIHEN WOLLE. Die Unterschrift unter den beiden Figuren lautet:

MIT THRÄNEN VIEL UND SCHMERTZEN SCHWER
LIESS BEGRABEN ELISABETH PREEN HIERHER
ADAM KOSSEBADEN, IHREN LIEBEN MANN,
DEN SIE NIMMER VERGESSEN KANN,
BEI DEM SIE AUCH LIGGT BEGRABEN ·
DER STEIN SOLL NIMMER WERDEN ERHABEN,
BIS DAS ES GOTT IM HIEMEL GEFELT,
UND SIE AUFWECKE AM ENDE DER WELLT ·[2])

Glocken. Im Thurm drei **Glocken**. Die grösste (Dm. 1,40 m) hat weiter keine Abzeichen als oben im Felde drei kleine elliptische Reliefbildchen. Eins davon ist eine sitzende hl. Maria mit dem Kinde, die andern beiden sind männliche sitzende Gestalten. Jedes Bildchen hat eine unleserliche Inschrift. — Die zweite Glocke (Dm. 1,30 m) ist im Jahre 1868 von **P. M. Hausbrandt** in Wismar umgegossen worden.[3]) — Die dritte Glocke (Dm. 0,95 m) ist alt, hat aber keine Inschrift, sondern nur das nebenstehende Giesserzeichen.

Vasa sacra. 1. Silbervergoldeter gothischer Kelch auf sechspassigem Fuss mit aufgenieteter Kreuzesgruppe als Signaculum. An den sechs Rauten des Knaufes der Name iljesus in blauem Email. Auf dem Fusse die Inschrift: diſſe · kelli hort deme · kalade ⚔ deſ hilghe lichameſ · au uſer · leve ✚ browe kerken ⚜ na ⚜ deme ⚜ dode arnolduſ ✚ van ✚ Lübeke.[4]) Keine Zeichen. Patene fehlt. — 2. 3. Silbervergoldeter gothischer Kelch auf sechs-

---

[1]) Lisch, M. Jahrb. XXXI, S. 81, will ſubplebanus lesen. Allein diese Bezeichnung ist nicht herkömmlich, **viceplebanus** ist der gebräuchliche Ausdruck. Mittels eines vom Gymnasialdirektor Kühne in Doberan gefälligst eingesandten Abdruckes hat Geh. Archivrath Crotefend die richtige Lesung gefunden, nämlich ſclr' == ſecularis. In der letzten Lücke könnte — um nur eine unter mehreren Möglichkeiten anzudeuten -- z. B. gestanden haben: monaſterii ſcte crucis i Roſtok.

[2]) Lisch, M. Jahrb. XLI, S. 198.

[3]) Ihre Vorgängerin war 1703 von M. Ernst Siebenbaum gegossen worden.

[4]) Lisch, M. Jahrb. VII, S. 80. Diese Kelchaufschrift ist die einzige Spur davon, dass in Kavelstorf eine Kalands-Gesellschaft ihren Mittelpunkt hatte. ›Liebfrauenkirche‹ heisst die Kavelstorfer Kirche im M. U.-B., Nr. 9384. Der Kaland, welchem der Kelch gehörte, braucht somit nicht in Rostock gesucht zu werden: Lisch, M. Jahrb. XXXI, S. 81.

passigem Fuss, mit Rauten und Rosen am Knauf. In den Rauten der Name iȝcſuȝ, darüber noch einmal oben am sechsseitigen Schaft, unterhalb des Knaufes am Schaft aber der Name irȝoua. Als Signaculum die Kreuzes-

Kelch (1).

gruppe, wobei die hl. Maria und der hl. Johannes sitzend gebildet sind. Keine Werkzeichen, auch nicht an der zugehörigen Patene. — 4. 5. Abendmahlskanne und Oblatenschachtel sind neu, beide von **Sy & Wagner**-Berlin.

Das Rittergut und Filial-Kirchdorf Reez.[1]

Geschichte des Dorfes.

Genannt wird Reez zum ersten Mal in einer Rostocker Kämmereirechnung vom Jahre 1283.[2] Um die Mitte des XIV. Jahrhunderts wohnt dort ein Thiedemann Dalwitz, der seine Tochter im Kloster zum hl. Kreuz in Rostock unterbringt.[3] Auch die in Rostock und Güstrow angesessene Familie Bomstiger hat dort um diese Zeit Besitz und Rechte, etwas später auch die Familien Michelstorp und Rüze, aus deren Händen ein Theil davon durch Ankauf vom Vikar Gottfried Witte an den Güstrower Dom kommt.[4] Nachher finden wir dort die Familie von Bülow, von 1608 an die von Reventlow und von 1684 bis 1744 die von Vietinghoff. 1744 folgen als Besitzer die von Flotow bis 1803, nach ihnen der Rittmeister Joachim Heinrich Christian von Müller bis 1817, der Geh. Kammerrath Karl Christoph Graf von Bassewitz bis 1838, und von 1839 an der Kammerherr Karl Franz Georg von Plessen, dessen Familie noch heute im Besitz des Gutes ist.

---

[1] 9 km nördlich von Schwaan. Kühnel, M. Jahrb. XLVI, S. 117, leitet den Namen vom altslavischen Wort rêka = Fluss ab und deutet ihn als »Ort am Fluss«.

[2] M. U.-B. 1705.

[3] M. U.-B. 7643.

[4] M. U.-B 8312. 10538.

Kapelle. Die kleine Kapelle, an hübscher Stelle auf einem Hügel gelegen, ist ein anscheinend im XVIII. Jahrhundert errichteter Felsenbau. Nur der Westgiebel weist gebrannte Ziegel auf. Das Innere ist ein einziger flachgedeckter Raum mit Chorschluss aus dem Achteck. Auf dem Westende ein kleiner hölzerner Dachreiter, in welchem eine schwer zugängliche kleine Glocke hängt.

Kapelle.

Altar und **Kanzel** übereinander bilden einen Körper. — Im Westen eine **Empore** mit dem **FLOTOW - KARDORFF**'schen Allianzwappen. — An **heiligen Gefässen** sind vorhanden: ein silbervergoldeter Kelch, eine Patene und eine Oblatenschachtel, alle drei ohne Inschrift und Zeichen.

Altar und Kanzel, Empore. Heilige Geräthe.

Das Kirchdorf Hohen - Sprenz.[1]

Am 1. Januar 1270 überweist Bischof Hermann die Sprenzer Kirche mit denen zu Schwaan, Lüssow, Alt-Güstrow, Kritzkow, Raden, Sternberg, Kambs, Gägelow und Witzin dem Bann oder Archidiakonat des Bützower Kollegiat-Dekans, und ein halbes Jahr später, den 18. Juli, geht das Dorf aus den Händen des öfter dort (auch auf der Pfarre) weilenden Werler Landesherrn in den Besitz des Klosters zum hl. Kreuz in Rostock über.[2] Die beiden Sprenzer Seen aber gehören damals den beiden Gebrüdern Heinrich und Rolof von Linstow, deren Familie auch später noch in Hohen-Sprenz wohnhaft bleibt. Ferner hat dort die Wittwe des Ritters Duding eine (auf das Wurf- und Stocknetz) beschränkte Fischereigerechtigkeit. Von diesen Rechten erwirbt das Rostocker Kloster die der Ritter von Linstow im Jahre 1303, ob auch später die Duding'schen, erfahren wir nicht. Im Jahre 1303 wenigstens bleiben diese noch vorbehalten.[3] Endlich erwirbt das Kloster am 3. Februar 1353 vom Fürsten Nikolaus von Werle das volle Eigenthum, die Bede und das höchste Gericht in ganz Hohen-Sprenz und wird damit der eigentliche Herr des Dorfes.[4] Beim Kloster bleibt es bis zum Jahre 1553: da gehört es mit Sabel, Zeez (Wozeten), Kankel, Damm und Bandow zu den Gütern und Dörfern, die der Einziehung verfallen. Ein Klage-Libell des Rostocker Raths an Herzog Ulrich im Jahre 1578 und eine erneute Bitte der Domina, des Konventes und des Probstes an den Sternberger Landtag des Jahres 1621 bleiben ohne Erfolg.[5]

Geschichte des Dorfes.

[1] 7 km südöstlich von Schwaan. — Kühnel, M. Jahrb. XLVI, verbindet den Namen mit dem altslavischen Wortstamm súpret = klein und übersetzt ihn mit »Ort des Spret«. S. auch Kühnel, Nachtr. (Neubrandenburg 1882), S. 185.

[2] M. U.-B. 1178. 1466. 1780. 1781. 1903. 2718 (Anmkg.). — Wigger, M. Jahrb. XXXIX, Seite 44.

[3] M. U.-B. 2860. Vgl. auch 9560. 9598. 9631. 11157.

[4] M. U.-B 7710.

[5] Akten im Grossh. Archiv zu Schwerin.

Um 1287 giebt es einen Pleban Johann in Sprenz, in den vierziger Jahren des XIV. Jahrhunderts einen mit Namen Johann Schack und vom Ende der fünfziger Jahre desselben Jahrhunderts an einen Gerhard von Strunken, der als Probst zu Güstrow vor 1382 das Zeitliche segnet.

Aus den erhaltenen Leichensteinen lernen wir ferner am Ausgang des XIV. Jahrhunderts den Gerhard Lenwentkoper und nach ihm den Nikolaus Scherer als rector ecclesiae in Hohen-Sprenz kennen, sowie endlich am Anfange des XVI. Jahrhunderts den durch Urkunden und Akten bezeugten Petrus Benzin (Pensin). Dieser bittet 1512 um Substituierung des Schwaaner Küchenmeisters und Prie- sters Jakob Becker, da er alt und schwach geworden sei. 1531 erhält Baltzer Parkentin das Hohen-Sprenzer Kirchlehn vom Herzog Albrecht, er wird, alter Ordnung gemäss (s. o.), vom Bützower Dekan ins Amt gewiesen. 1541 ist Johann Verst Pastor, hält sich aber in Jochim Bredehorn einen Mieth- priester als Gehülfen. Zwischen 1547 und 1582 ist dort Jochim Blühdorn (Bloyeldhorn, Bluendorn) nachzuweisen, über ein halbes Jahrhundert später, sicher zwischen 1623 und 1638, Petrus Plaggen- meier. Ihm folgt sein Sohn Elias bis 1668; von

Kirche zu Hohen-Sprenz.

1669 bis 1706 Johann Hesler (Haeseler); von 1707 an Sigismund Lüders, der 1727 an Joh. Jakob Dürfeld einen Substituten erhält. Dürfeld stirbt 1768. Ihm folgt Rudolf Nähmzow bis 1779, und diesem Christian Peter Konrad Schertling († 1812). Ueber die Geistlichen im XIX. Jahrhundert vergleiche Walter a. a. O.

Kirche.

Kirche. Wie man an der Abbildung sieht, ist die Kirche in Hohen-Sprenz ähnlich wie die in Kavelstorf ein Erzeugniss vom Anfange des XIII. Jahrhunderts aus der Zeit des Ueberganges vom romanischen zum gothischen Stil. Nur der neue Thurmhelm fällt hier, wie so häufig auch anderswo, aus der Rolle und wartet auf lange Zeit hinaus einer verständnissvolleren Erneuerung. Beachtung verdient besonders die schön profilierte frühgothische

Laienpforte auf der Südseite, in deren Laibung Rundstäbe und ausgekehlte Ecken mit einander abwechseln und ein kräftig entwickeltes Kapitellglied den Eindruck des Ganzen erhöht. Die Priesterpforte im Chor, welcher in späterer Zeit eine Halle vorgelegt ist, weist ähnlich wie die in Kavelstorf eine aus behauenem Granit gebildete Schmiege auf. Den Chor deckt ein achttheiliges Gewölbe mit Rippen von quadratischem Durchschnittsprofil, die im Scheitel von einem entsprechend gebildeten Kreis aufgefangen werden. Im Schiff aber wird das Auge durch ein malerisch angelegtes achttheiliges Sterngewölbe mit Rippen von birnförmigem Durchschnittsprofil überrascht. Das einfacher gestaltete Innere des Thurmes, das mit zur Kirche gezogen ist, hat die Orgel-Empore in sich aufgenommen.[1])

Der **Barock - Altar** der Kirche bietet nichts Bemerkenswerthes. — **Kanzel, Gestühl** und die ganze übrige Einrichtung sind neu und von herkömmlicher Nüchternheit. Aber unter der Tünche harrt, wie man weiss, eine ganze Welt von Wandgemälden ihrer Befreiung. — In der Vorhalle am Südportal steht eine alte frühgothische **Fünte** von Granit, die unbegreiflicher Weise mit Oelfarbe überzogen ist.

Altar, Kanzel, Gestühl.

Fünte.

Im Thurm vier **Glocken.** Die grösste (Dm. 1,36 m) ist im Jahre 1857 von **C. Jllies** in Waren gegossen worden. — Die zweite (Dm. 1,07 m) stammt aus demselben Jahr und von demselben Giesser; die dritte (Dm. 0,91 m) desgl. — Die kleinste (Dm. 0,24 m) hat die Inschrift: **VORSTER** ℅ **I • I • P HAWER-NICK . . . STRUWING • ANNO • 1778.** Name und Zeichen des Giessers fehlt.

Glocken.

Unter den Vorgängerinnen war nach dem Inventar von 1811 eine unter Hesler's Pastorat 1685 (Giesser nicht genannt), die andere 1624 unter Petrus Plaggenmeyer's Pastorat von den lothringischen Giessern **Franciscus** und **Mames Brentelin**, die dritte 1765 unter Dürfeld's Pastorat von **J. Valentin Schulz** in Rostock gegossen worden.

Grabsteine. An der Eingangsthür im Süden ein 1870 noch besser erhaltener Stein, von dem die obere Seite und die anstossenden Stücke der Langseiten fehlen. Indessen ergänzt die jetzige Lesung die von Lisch im M. Jahrb. XXXV (1870), S. 210, auf das Glücklichste. Die Inschrift lautet demgemäss: Ano · dni · m · cccc · xvii · in · pfesto · sacte · agnetis · o · venerabilis · vir · dns · dns · . . . petr' · pensin · [ror hui' cccc · cui' · aia · in · ppetua · pace · requiescat · amen.[2]) — Der zweite Stein, der ebenfalls an der Eingangsthür im Süden untergebracht ist, zeigt die Figur einer Frau zwischen zwei Geistlichen mit Kelch unter gothischem Baldachin. In den Ecken die vier Evangelisten-Symbole. Umschrift: Ano : dni : m · ccc · xciii · in die bartholomei o ana vxor : gherardi : lenuet liope' · cini (!) · i g'ustr°vi : ao : do : m° | ccc (leere Stelle) o · do · gherard' : se°wetloper ror cccc | h' · iact (!) · do' · nicola' · rasor' · qnb) · ror ,

Grabsteine.

[1]) Vgl. Lisch, M. Jahrb. VI, S. 87. XXXV, S. 207—211.

[2]) Vgl. Lisch, M. Jahrb. XXXV, S. 210.

ḧ' • ꞅꞇꞇꞇ. Zwischen den Figuren: ꞷꞅꜹꞇꞁ • ꝑ ꞅꞼ. Eine weitere Inschrift . .
. . Ꞽꞁꞁ' ꜹꞁꞁꞁꞁ . . . ist zerstört. — An der Südseite des Chors der Grabstein des
Christoffer Driberg: ANNO 1588 | DEN 24 IANVARY IS DER EDLE VND ERN-
VEST | CRISTOFER | DRIBARCH SELICH IN GODT ENTSLAFFEN.   In den

Ecken stehen die Ahnenwappen der Driberg, Schmeker, Bülow, Linstow. — —
Mitten vor dem Altar der Grabstein eines jüngeren **Christoffer Driberg**:
ANNO 1652 12 AVGVSTI CHRISTOFFER DRIEBERCH SEHLICH IN GODT ENT-
SLAFFEN • | ANNO 1672 DEN 12 IANVA   ILSCHE RANTZOW SELICH IN GODT

ENTSLAFFEN. Unter dem Bilde des Ritters steht das Wappen der von Fineke mit einem gestürzten kopflosen Adler und der Umschrift **VRSEL FVNEKEN,** unter dem Bilde der Frau das Wappen der von Blome mit einem laufenden Windspiel und der Umschrift **ANNA BLVMEN.** — An der Nordseite des Chors der Grabstein des **Rudolf Friedrich von Driberg:** HIER RUHET DER WEYL · WOLGEB · HERR HERR RUDOLPH FRIEDRICH VON DRIBERG HOCHF · MECH-LENB · COMMISSARIUS ERB-HERR AUF SPRENTZ, GOLDE-NITZ, SCWETS UND DOLGEN GEB · GOTTHUN AO · 1655 DEN 30 MARTII GEST · SPRENTZ 1706 DEN 24 JAN · Unter dem Wappen der v. Vier-egge steht in zwölf Zeilen: IN GOTT DIE AUCH WOLGEB · FRAW FRAW ADELHEIT CHRI-STINA VIEREGGE AUS DEM HAUSE ROSSEWITZ GEBOHR · SUBZIEN AO · 1666 DEN 6 FEB · GESTORB · AO · 1747 DEN 26 APRIL ZU SCHWEETZ. — Ausserdem noch ein Stein von 1517, zum grössten Theil verdeckt.[1])

Messingene Taufschüssel (9).

Kleinkunstwerke. 1. 2. Kleinkunst-Silbervergoldeter Kelch mit der werke. Inschrift: **DIESER KELCH IST ZVR EHRE GOTTES DER KIR-CHEN ZV HOHEN SPRENTZ VEREHRET VON HANS AL-BRECHT SCHVTZEN FVRSTL ·**

Messingbecken (10).

[1]) Ueber die von Driberg auf Klein-Sprenz vgl. oben Göldenitz S. 19. Das Museum bewahrt zwei Kupferplatten, von denen die eine den Stammbaum und die andere den Prachtsarkophag des Rudolph Friedrich von Driberg, Fürstl. Mecklenb. Kriegs-Kommissarius, Erbherrn auf Sprenz, Göldenitz, Dolgen und Schwetz, geb. 30. März 1655, gest. 24. Januar 1706, darstellt. Vgl. Lisch, M. Jahrb. VII B, S. 48. Balck, Anz. f. d. Aemter Bützow, Güstrow und Schwaan 1867, Nr. 50.

MECKLENB · HOF VND CAMMERAHT A̅N̅ · 1686. Vom Güstrower Goldschmied Hinrich Hölscher: 🔲 🔲. Patene ohne Stempel. — 3. 4. Silbervergoldeter Kelch. Am Fuss aufgenietet das Driberg'sche Wappen, darüber eingraviert **CHRI-STOFFER DREIBERG**. Vom Rostocker Goldschmied **Johann Schorler**: 🔲 🔲. Die zu diesem Kelch verwendete silbervergoldete Patene hat neben einem Weihekreuz die Inschrift: **IL ⚔ ANNA LANGEN ⚔ VORSTEIER**. Ohne Stempel. — 5. 6. Krankenkelch. Güstrower Zeichen: 🔲 🔲 unsicher. Patene ohne Stempel. — 7. Längliche ovale Oblatenpyxis, laut Inschrift 1717 von **CHRISTIAN LINDEMANN** geschenkt. Vom Güstrower Goldschmied **Leonhard Mestlin**: 🔲 🔲. — 8. Weinkanne, neu. — 9. Getriebene messingene Taufschüssel. Auf dem Boden der Schale die Taufe Christi im Jordan, am Rande eingraviert eine missverstandene Inschrift: **ID2K ·:· FIIVM ·:· ANNO 1660**. — 10. 11. Zwei Messingbecken ohne Inschrift, die eine die Scene der Verkündigung zeigend, die zweite nur Blumen und Blattwerk. — 12. 13. In der Sakristei zwei Leuchter von Zinn mit der Jahreszahl **1775**. Sie haben als Stempel das Güstrower Stadtwappen und das nebenstehende Meisterzeichen.

Messingschüssel (11) der Kirche zu Hohen-Sprenz.

Vorgeschichtliche Plätze

s. am Schluss des Amtsgerichtsbezirks Sternberg.

Bützow um die Mitte des XVII. Jahrhunderts.

Amtsgerichtsbezirk Bützow.

Die Stadt Bützow.[1]

Geschichte der Stadt. Als eine auf Antrieb des Baiern- und Sachsenherzogs Heinrich's des Löwen im Jahre 1171 geschehene Stiftung des Fürsten Pribislav für das Bisthum Schwerin ist die Bewidmung dieses Bisthums mit dem Lande Bützow schon in den Bestätigungsurkunden der Päpste Alexander III., Urban III., Clemens III., Coelestin III. und der Kaiser Barbarossa und Otto IV. zu erkennen.[2] Mit der Ordnung der Dinge im Lande Bützow und in Bützow selbst aber hat der damalige Bischof Berno weniger Glück als sein Nachfolger Brunward. Dieser ist es, der die erste Kirche zu Bützow weiht, die Pfarrverhältnisse 1229 festsetzt und ferner das in Folge Widerstandes der Wenden und anderer Hindernisse in Bützow nicht zur Blüthe gelangte Nonnenkloster, das Bischof Berno angelegt hatte, um den Willen des landesherrlichen Vermächtnisses von 1171 zu erfüllen, in dem benachbarten Dorfe Rühn im Jahre 1232 zu wirksamer Entfaltung bringt, nachdem ein gleiches Kloster schon dreizehn Jahre früher einige Meilen weiter westlich zu Neukloster entstanden war.[3] Auch bestimmt Bischof

---

[1] Castrum Butisso, Botissiu, Botissow, Butessowe, Butissowe, Buzhiowe, Buxisiowe wird von Kühnel, M. Jahrb. XLVI, S. 32. als Ort des Budiša gedentet.

[2] M. U.-B. 100. 124. 134. 141. 149. 151. 162. 202.

[3] M. U.-B. 365. 398. 420. 498. 583. Die Kirche, welche Bischof Brunward weiht, ist anscheinend nicht die Vorgängerin der jetzt stehenden grossen Kirche, sondern möglicherweise

Brunward, der wie in Warin, seiner anderen Stiftsstadt, auch in Bützow oft-
mals residiert, im Jahre 1236 die heute noch geltenden Grenzen des Bützower
Stadtfeldes, das westlich bis an die Scheiden der Dörfer Rühn, Steinhagen und
Niendorf, nördlich bis ins Passiner Moor, südlich bis ins Zerniner Moor reicht
und östlich das Land zwischen der Warnow und Nebel sammt der Mäcker
Waldung (»die Mokere«) bis an die Peetscher Scheide umfasst. Die damals
im Bau begriffene Mühle »am Werder« soll zur Hälfte dem bischöflichen Tisch,
zur Hälfte der Stadt gehören.[1] Brunward's Nachfolger tragen an ihrem
Theile zur weiteren Entwicklung von Stadt und Kirche bei.[2] Besonders ist
es der Bischof Wilhelm, der einen durch den Tod vereitelten Plan seines
Vorgängers, des Bischofs Dietrich, sofort aufnimmt, indem er gleich im ersten
Jahre seines Episkopats, nämlich am 16. September 1248, die Hauptkirche
der Stadt zu einer der hl. Maria, dem hl. Evangelisten Johannes und der
hl. Elisabeth geweihten Domkirche mit einem Kollegiatstift erhebt, deren Probst
allemal aus dem Schweriner Kapitel gewählt werden soll.[3] Mit dieser Gründung war mehr geschehen, als die Rostocker Fürsten Nikolaus und Heinrich
sechzehn Jahre vorher bei ihrer Einwilligung zu der Einverleibung des Landes
Bützow in das bischöfliche Stiftsland sich ausbedungen hatten. Damals wollten
sie nur eins, entweder ein Kanonikat oder ein Kloster: nun hatten sie beides.
Zu keiner Zeit aber scheinen Stadt und Land Bützow mehr die Aufmerksamkeit
auf sich gezogen zu haben als unter dem Episkopat des streitbaren Bischofs
Rudolf I., dessen Grabstein noch heute im Dom zu Schwerin erhalten geblieben.[4] Er ist es, der den Glanz des geistlichen Hofes, zu dessen Erhöhung
das zum Theil dem eingeborenen Adel entnommene Domkollegium wesentlich
beiträgt, durch den Bau eines neuen befestigten Schlosses neben der Stadt

---

eine, an deren Statt später das St. Georgshospital erscheint. Lisch, M. Jahrb. VIII, S. 5. Diese
erste Kirche, wenn sie es ist, führt freilich, nachweislich um 1246, den Namen der hl. Elisabeth,
die 1235 kanonisiert worden war, also denselben Titel wie die jetzt stehende grosse Domkirche:
M. U.-B. 583. Dass jene aber 1286 längst abgebrochen war, erkennt man aus M. U.-B. 1842:
in loco, vbi quondam ecclesia sancte Elizabeth fuerat et vbi nunc domus leprosorum constructa
est, extra muros Butzow . . . .

[1] M. U.-B. 456. Vgl. dazu 2789. 4273.

[2] M. U.-B. 583. 610. Vgl. dazu besonders 1087. 1726. 2020. 2535. 2789. 4273. 10265.

[3] M. U.-B. 610. Die erste Ausstattung des Stiftes erfolgt mit Einkünften aus Hohen-Lukow,
Steinhagen, Selow, Lüssow, Laase, Reinstorf und Neuenkirchen. Uebrigens giebt es wegen des
Patronats über die Kirche zu Bützow einen Streit zwischen dem Rühner Kloster und dem Bützower
Kollegiatstift, der erst am 25. Januar 1265 zur Ruhe kommt: M. U.-B. 1034. Vgl. auch M. U.-B. 1244.
Der Streit über die Einsetzung des Vikars in Neuenkirchen für den dortigen Kirchherrn, der
bestimmungsgemäss seit 1248 Bützower Domherr ist und sein soll, dauert zwischen Kloster
und Kollegiatstift bis 1273. Vgl. M. U.-B. 1288. In Neuenkirchen bleibt der Rühner Probst
Archidiakon, in Bützow aber wird es der Stiftsdekan. — Ueber die Weiterentwicklung der Bedeutung und Macht des Domkapitels vgl. M. U.-B. 685. 981. 994. 1244. 1852. 2029. 2183. 2451.
2601. 3713. 3727. 3742. 4254. 5018. 5567. 5744. 5745. 6051. 6323. 6535. 7105. 7564. 7568.
7596. 8155. 8525. 8527. 8983. 9015. 9360. 9375. 9612. 9627. 9672. 9717. 9727. 9770. 10108.
11122.

[4] M. Kunst- u. Gesch.-Denkm. II, S. 560—562.

abermals zu vermehren sucht und dadurch den Widerstand der Landesherren hervorruft. Wie nun diese Sache zu einer heftigen Feindschaft und Fehde zwischen dem Bischof und dem Fürsten Pribislav von Parchim führt, wobei dieser zuerst den Bischof und nachher der Bischof den Fürsten gefangen nimmt, der darauf Land und Herrschaft verlässt, und wie zuletzt zwischen Rudolf's Nachfolger, dem Bischof Hermann, und den übrigen mecklenburgischen Fürsten, den drei Brüdern des Pribislav, welche die Stadt Bützow besetzt halten, am 6. December 1263 ein Vertrag zu Stande kommt: das hat Beyer in seiner Geschichte des Fürsten Pribislav I. von Parchim auf Grund alter Quellen und Urkunden ausführlich beleuchtet.[1]) Bischof Hermann ist der Erbauer der Bützower Bischofsburg. Unter ihm erfahren ferner die Archidiakonatsbefugnisse des Bützower Domdekans eine ausserordentliche Erweiterung, wie aus einer Urkunde vom 1. Januar 1270 zu ersehen ist.[2]) Auch vermehrt er die Einkünfte der Stadt und ihrer Bürger, die sich hier ebenso wie andere anderswo unter dem Krummstabe sehr wohl befunden zu haben scheinen, soweit dies aus Schenkungsbriefen und sonstigen urkundlichen Erlassen zu schliessen ist.[3]) Eine Marien-Kapelle (»Beata Maria«) wird 1269 genannt, aber wir erfahren nichts Näheres darüber, das St. Georgs-Hospital kommt 1286 zum ersten Mal urkundlich vor, mehrfach hören wir auch von namhaften Vikareien und Memorienstiftungen durch Bürger, Domherrn und bischöfliche Lehnsträger sowohl schon in der zweiten Hälfte des XIII. Jahrhunderts, wie auch nachher im XIV. Jahrhundert.[4]) Dass der Schlossbau des Bischofs inzwischen zu Gange gekommen war, beweist zuerst eine Urkunde vom 24. September 1307.[5]) Auch ist von einem bischöflichen Baumgarten (pomerium episcopi) und einer neuen Mühle die Rede; und zwei längst nicht mehr vorhandene Stadtthore (»Wolkendor« und »Runer Dor«) werden 1317 zum ersten Mal urkundlich genannt.[6]) 1322 sieht Bützow den Durchzug der

---

[1]) Beyer, M. Jahrb. XI, S. 36—96, besonders S. 60—72. M. U.-B. 782. 921. 999. Ueber einen Bauhof bei der Burg vgl. M. U.-B. 7181.

[2]) M. U.-B. 1178. Damals gehören die Kirchen in der Stadt Rostock, ferner nicht genannte fünfundzwanzig Kirchen im Lande Rostock und ausserdem die von Schwaan, Hohen-Sprenz, Lüssow, Alt-Güstrow, Kritzkow, Raden, Sternberg, Kambs, Gägelow und Witzin zum Bützower Archidiakonat. Eine ausdrückliche bischöfliche Bestätigung der Vereinigung des ehemals getrennt gewesenen Rostocker Archidiakonats mit dem Bützower findet am 17. Oktober 1310 statt: M. U.-B. 3421. Vgl. dazu 11215.

[3]) M. U.-B. 1087. 1726. 2020. 2535. 4273.

[4]) M. U.-B. 1153. 1759. 1842. 1904. 1909. 2851. 3170. 3843. 3935. 4124. 4273, Anmkg. 4760. 4762. 4765. 4773. 4837. 5433. 5561. 5601. 5611. 5695. 5745. 6881. 7054. 7109. 7914. 8090. 8710. 9292. 9335. 9791. 9842. 10377. 10802. 11168. 11406. M. Jahrb. XXIV, S. 242. Von einem hospitale antiquum, das anscheinend nicht mit dem damaligen Georgs-Hospital zu identificieren ist, spricht eine Urkunde vom 6. Februar 1303: M. U.-B. 2851. Ueber die spätere Gertruden-Kapelle vgl. Schildt, M. Jahrb. XLVII, S. 149. Mantzel, Bützower Ruhest. V, S. 15.

[5]) M. U.-B. 3183. Ueber die Burgherren (castellani) s. Urk. 4297. Dieser Neubau nach dem Jahre 1263 ist derselbe Bau, von dem noch heute bedeutende Reste vorhanden sind, während die ältere Bischofsburg, die mit der ehemaligen Fürstenburg identisch war, auf dem in den Bützower See hineinragenden Hopfenwall gesucht wird: Lisch, M. Jahrb. IX, S. 403.

[6]) M. U.-B. 2851. 3935.

Feinde des damals wegen seiner Kriege und Siege mit aller Welt zerfallenen
Fürsten Heinrich von Mecklenburg: sie ziehen von der Wariner Gegend her
ins Rostocker Land.[1]) Mit Bischof Johann aber, der während seiner ganzen
Regierung unter den Schulden seiner Vorgänger, die auch die Schlösser Bützow
und Warin versetzt hatten, schwer zu leiden hat, verträgt sich der Fürst am
5. März 1323.[2]) Zehn Jahre später sind Vogtei, Haus und Stadt Bützow in
Händen des Henneke von Bülow und seiner Angehörigen, und deren sonstige
Rechtsansprüche währen noch viel länger, nämlich bis zum 23. Januar 1366.[3])

Diese Verhältnisse hindern aber keineswegs die weitere Fortentwicklung
der Seelsorge im Stiftslande, wie z. B. die Anlegung der Kapellen in Passin
und Langen-Trechow beweist, die im Jahre 1329 zum ersten Mal urkundlich
genannt werden.[4]) Doch verzichtet der Bischof Heinrich am 2. April 1347
ausdrücklich auf die Mitwirkung der Prediger- und Bettelmönche im Gebiet
der Bützower Parochie.[5]) Dagegen entwickeln sich die Laien-Bruderschaften
in der Stadt, so hören wir um diese Zeit von einer St. Elisabeths-Bruder-
schaft.[6]) Auch verdient im Hinblick auf die Kirche eine Nachricht Beachtung, die von einer am 22. Januar 1367 errichteten erheblichen Stiftung von
100 Mark lübischer Silberpfennige durch den Lübecker Rathmannssohn Eberhard Klingenberg »ad structuram ecclesie« handelt, wenngleich daraus keine
bestimmteren Schlüsse auf besondere Bauten zu machen sind.[7]) Von den
vielen Verdiensten, die sich die vorreformatorischen Bischöfe um den Bau und
die Ausstattung der Kirche erworben haben, sind heute nur noch von denen
der Bischöfe Friedrich von Bülow (1365—75), Balthasar, Herzog von Mecklenburg (1473—79), Konrad Loste (1482—1503) und Johannes von Thun (1504
bis 1506) einige Spuren übrig geblieben. S. u.[8]) Der letzte nach altem Ritus
eingeführte Bischof ist Herzog Magnus (✝ 1550), der am 17. September 1532

---

[1]) Kirchberg bei Westphalen, Mon. ined. IV, Kap. 166. Vgl. dazu M. U.-B. 4400, Anmkg.

[2]) M. U.-B. 4419. Vgl. dazu 4380. 4740. 4795. 4882. Ferner Rudloff, Hdb. II, Seite
215. 247 ff.

[3]) M. U.-B. 5350. 5357. 5387. 5431. 5472. 5527. 5557. 5564. 5794. 6604. 6668. 6909.
7454. 7538. 8159. 8162. 8348. 8360. 8361. 8386. 8597. 8698. 9080. 9166. 9218. 9446. 9508.
10042. 10046.

[4]) M. U.-B. 5042. 5046. Vgl. dazu 8347. Andere Kapellen späterer Zeit sind die in
Prützen, Mühlengeez, Zibühl, Zepelin, Schlemmin, Penzin und Jürgenshagen. Vgl. Schildt, M. Jahrbuch XLVII, S. 172 ff.

[5]) M. U.-B. 6742.

[6]) M. U.-B. 8984. Ueber andere Bützower Gilden, wie die von St. Johannes, St. Martin und
dem III. Geist vgl. Lisch, M. Jahrb. XX, S. 366. Mantzel, Bütz. Ruhest. IV, S. 14 ff., erwähnt auch
die Bruderschaften Trium Regum, von St. Katharinen, St. Jakob und St. Annen. Ueber die St.
Martensgilde im Besonderen s. Mantzel, a. a. O. XXV, S. 9—21.

[7]) M. U.-B. 9595. Die Bezeichnung der Bützower Kollegiatkirche als Dom findet sich
urkundlich in 11168 und 11253, wo auch beide Male vom Chor der Kirche die Rede ist.

[8]) Bis 1873 gab es auch noch eine Glocke aus der Zeit des Bischofs Rudolf's III. mit
seinem Namen und der Jahreszahl 1412: Crull, M. Jahrb. XL, S. 197. Ueber die der Zeit von
1447/48 angehörende, noch im Jahre 1754 vorhandene Inschrift des trefflichen Bischofs Nikolaus
Böddeker am Burgthurm vgl. Crull, M. Jahrb. XXIV, S. 33. Franck, A. u. N. Meckl. VIII, S. 70.

das bischöfliche Schloss zu Bützow bezieht, am nächsten Tage die Huldigung der Vasallen des Stifts empfängt und am dritten die der Stadt Bützow in feierlicher Weise entgegennimmt.[1]) Indessen ist er bereits ein entschiedener Anhänger der Reformation und somit der, welcher zur neuen Zeit hinüberleitet.[2]) Ohne Widerstand geht es freilich auch hier nicht ab, wie einige sehr charakteristische Dokumente aus der Zeit von 1534/35 beweisen, die Lisch in den Meckl. Jahrbüchern mitgetheilt hat, auf die wir aber hier nicht ausführlicher eingehen können.[3]) Ebenso müssen wir uns für die nachfolgende Zeit der protestantischen Administration des Bisthums von 1550 bis 1648 durch vier Fürsten hinter einander, den mecklenburgischen Herzog Ulrich von 1550 bis 1603 (Ulrich I.), dessen Enkel, den dänischen Prinzen Ulrich von 1603 bis 1624 (Ulrich II.), den gleichnamigen Sohn König Christian's IV., der als Ulrich III. nur bis 1627 regierte, und Herzog Adolf Friedrich nach Ulrich's III. Tode 1633 bis zur Einverleibung des Stifts ins Herzogthum Mecklenburg im Jahre 1648, damit begnügen, auf die Geschichte des evangelischen Bisthums von Schildt zu verweisen.[4]) Auch über die Zeiten des dreissigjährigen Krieges finden wir dort nicht bloss viele einzelne Mittheilungen von Ort zu Ort, sondern eine zusammenfassende Darstellung.[5]) Ein besonderes Kapitel in der Geschichte der Stadt Bützow bildet in den Jahren 1676/77 der bekannte Konflikt zwischen dem Herzog Christian Ludwig I. und seinem Bruder Herzog Friedrich, der die Stadt Bützow besetzt, die Bürger in Pflicht und Eid nimmt, und nun eine Administration des Landes unter seiner Leitung ins Leben zu rufen sucht. Doch die Sache kommt anders, Herzog Christian Ludwig kehrt vorübergehend von Paris zurück, und dem Bützower Bürgermeister Gabriel Hellburt wird am 9. November 1677 zur Strafe für die vorschnelle Huldigung der Stadt der Kopf abgeschlagen.[6]) Ein erfreulicheres Kapitel ist dagegen am Ende des XVII. Jahrhunderts die Aufnahme französischer Refugiés in Bützow zur Hebung der Industrie, besonders der Verarbeitung von Wolle und des Anbaues von Tabak in Mecklenburg, und die dadurch veranlasste Gründung einer reformierten Kirche und Gemeinde daselbst, die sich im XVIII. Jahrhundert des besonderen Schutzes der ihr angehörenden verwittweten und deshalb in Bützow residierenden Herzogin Sophie Charlotte († 1749) erfreut.[7])

---

[1]) M. Jahrb. XXIII, S. 247—249 (Urkunde).

[2]) Schildt, M. Jahrb. XLIX, S. 146.

[3]) M. Jahrb. VIII, S. 46 ff. XVI, S. 126—134.

[4]) Schildt, Das Bisthum Schwerin in der evangelischen Zeit: M. Jahrb. XLVII, S. 146—241. XLIX, S. 145—279. LI, S. 103—179.

[5]) Schildt, M. Jahrb. LI, S. 127—150. — Vgl. dazu Lisch, M. Jahrb. XVII, S. 218. 219. Ferner XXXI, S. 35 (Drei Briefe des Herzogs Adolf Friedrich). XXXV, S. 82 (Wallensteinsche Anordnungen).

[6]) Franck, A. u. N. Meckl. XIV, S. 296—298.

[7]) Bützow est une ville située au milieu du pays, voisine de Lubec, Hambourg, Rostoc et Wismar et de la mer baltique, d'où l'on peut facilement negotier en Dannemarc et en Suède comme aussi en Prusse, Livonie, Curland etc. Vgl. Wilh. Stieda, Eine Hugenotten-Kolonie in Mecklenburg, M. Jahrb. LXI, S. 81 ff. Mit Aktenstücken von S. 115 bis 162. — Ueber den grossen

Von 1765 bis 1771 vollzieht sich der Bau einer eigenen Kirche für diese
Gemeinde.[1]) Abermals gewinnt die Stadt Bützow eine besondere Bedeutung,
als Herzog Friedrich, der Wirren mit der Stadt Rostock überdrüssig, im
Jahre 1760 seinen Antheil an der Universität Rostock von Rostock nach
Bützow verlegt und dadurch eine zweite mecklenburgische Universität ins Leben
ruft.[2]) Doch Herzog Friedrich's Nachfolger, der Herzog und spätere Gross-
herzog Friedrich Franz I., verträgt sich mit Rostock und vereinigt 1789 beide
Universitäten aufs Neue, nachdem das gleichzeitig mit der Universität nach

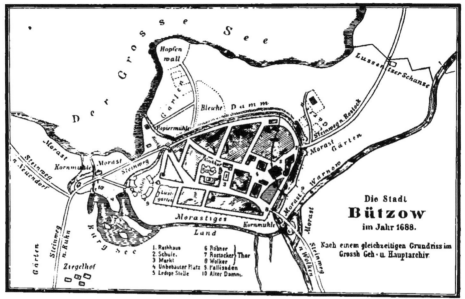

Die Stadt
Bützow
im Jahr 1688.

Nach einem gleichzeitigen Grundriss im
Grossh Geh · u. Hauptarchiv·

1. Rathhaus   6 Rühner
2. Schule.   7 Rostocker} Thor
3. Markt   8 Wolker)
4. Unbebauter Platz 9. Pallisaden
5. Ledige Stelle   10 Alter Damm.

Gez. von E.Schildt.

Halleschem Vorbild eingerichtete Pädagogium schon bei Herzog Friedrich's
Lebzeiten im Jahre 1780 wieder eingegangen war.[3]) Als eine Art Ersatz

---

Brand unter Karl Leopold's Regierung im Jahre 1716, die dadurch hervorgerufene neue Bau-
ordnung und besonders über die Grundsteinlegung zum Bau der evangelisch-reformierten Kirche
am 23. April 1765 vgl. Mantzel, Bütz. Ruhest. XVII, S. 10 ff. und 50 ff. Koch, d. Reformierten
in M., Festschrift von 1899 (Herberger, Schwerin).

[1]) Mantzel, Bützow'sche Ruhestunden XVII (1765), S. 50—53.

[2]) Hölscher, Urkundl. Gesch. d. Friedrichs-Universität zu Bützow, M. Jahrb. L, S. 1—110.
Vgl. dazu Mantzel, Bütz. Ruhest. XVI (1765), S. 30—51. Ein anschauliches Bild von den Verhältnissen jener Zeit in Bützow gewinnen wir auch aus dem bekannten Buch von Nugent, der es
nach der Sitte jener Zeit nicht unterlässt, die damaligen Bützower Koryphäen der Wissenschaft
einzeln aufzusuchen und von der Unterhaltung mit ihnen zu berichten: Thomas Nugent, Reisen
durch Deutschland und vorzüglich durch Mecklenburg. F. Nikolai, Berlin und Stettin 1781, Bd. 1,
S. 159—178. II, S. 150, Anmkg. bis 156 (Die Bibliothek in Bützow und die der Universität ein-
geräumten Lokalitäten des alten Schlosses). Die Disputationen und Promotionen wurden Anfangs
in der Kirche gehalten.

[3]) M. Kunst- u. Gesch.·Denkm. I, S. 7. Ueber den Zustand der Stadt nach der Aufhebung
der Universität vgl. Hölscher, a. a. O., S. 108—110.

dafür dient das im Jahre 1812 errichtete Kriminal-Kollegium, das in Bützow seinen Sitz erhält und hier bis zu seiner durch die neue Gerichtsorganisation erfolgten Auflösung im Jahre 1879 verbleibt. Dass die Stadt Bützow ebenso wie Warin in Folge ihrer besonderen Entwicklung als Stiftsstadt erst seit 1851 die Landstandschaft besitzt, ist schon im dritten Bande der M. Kunst- u. Gesch.-Denkm., S. 442, bemerkt worden. Ueber die neueren Verhältnisse vgl. Raabe-Quade, Vaterlandskunde I, S. 450 ff.[1]

In Bezug auf die zahlreiche Geistlichkeit des Mittelalters, die Bischöfe obenan, müssen wir uns hier damit begnügen, auf die Sammlung von G. G. Gerdes (Wismar 1736), im Besonderen auf den darin enthaltenen Abdruck der Hederich'schen Gesch. d. Bischöfe zu Schwerin, S. 378—491, sowie auf die Register zu Schröder's Pap. Mecklenburg und zum Mecklenb. Urkundenbuch in Bd. IV, XI, XVII, XVIII und XIX zu verweisen. Von den nachreformatorischen Predigern giebt Mantzel, Bütz. Ruhest. VI, S. 11—21, das Vorast'sche Verzeichniss, das von 1543 bis 1761/62 reicht und mit Joh. Joach. Vorast (berufen 1732) und Thomas Christoph Luger (berufen 1741) endigt. Vorast stirbt Ostern 1766, sein Nachfolger Luger in der ersten Pfarre im Anfang des Juni 1771. Nach ihnen wirken neben einander Leopold Friedr. Konrad Flörke (1766—1787) und A. F. Krieg (um 1776), Möller (bis 1783) und Friedrich Gottlieb Siegfried Zachariae (1783—1806). Neben Zachariae wirkt Joh. Christoph Ludwig Kleffel (1787—1808). Ueber die Geistlichen des XIX. Jahrhunderts s. Walter a. a. O.

[1] Die ältere Literatur über Bützow s. bei Bachmann, Landeskundliche Literatur, S. 395 Nr. 4504—4521).

Altes Bützower Stadtsiegel.
Nach dem einzigen erhaltenen Abdruck
in Lübeck.

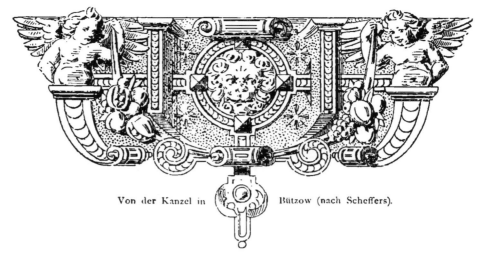

Von der Kanzel in Bützow (nach Scheffers).

Die Kirche.

Beschrei-
bung des
Baues.

Baubeschreibung. In ihrer heutigen Erscheinung ist die Kirche ein unter
ein einziges grosses Dach zusammengefasster dreischiffiger Hallenbau
mit Umgang und dreitheiligem Kapellenkranz, sowie mit zwei Thürmen, einem
dem Mittelschiff im Westen vorgelegten vierseitigen grösseren, dessen acht-

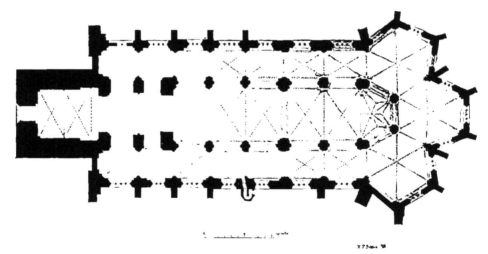

seitiger Helm die vier Ecken des Mauerkerns und die vier Spitzen der auf-
gesetzten Schildgiebel zu Ausgangspunkten hat, und einem kleineren, der in
der Form eines Dachreiters den First des Schiffes bekrönt. Ihre ursprüngliche Anlage aber war eine andere, wie dies sowohl die von mehreren Plänen
und Perioden herrührende Verschiedenheit der Bauformen im Innern als besonders gewisse Mauerreste im Dachstuhl oberhalb des Chores erkennen
lassen.[1] Demgemäss stellt sich der frühere Chor als eine im Osten flach

---

[1] Der Verfasser verdankt diese Aufklärung zwei jungen Architekten, dem Baumeister Voss und
seinem Sohne Karl Friedrich, die, mit ausreichender körperlicher Gewandtheit ausgestattet, die stellenweise etwas schwierige Untersuchung des Dachbodens oberhalb der Chorgewölbe unternahmen.

abschliessende basilikale Anlage mit niedrigen Abseiten und mit der Mauer eines Obergadens dar, in der noch heute eine zweitheilige frühgothische Lichtöffnung im Charakter der Architektur des XIII. Jahrhunderts vorhanden ist. Jederseits, auf der Nord- wie auf der Südseite, trennten zwei Scheidebögen, die auf Pfeilern in der Gestalt von Bündeln aus Rundsäulen mit Knospen-Kapi-

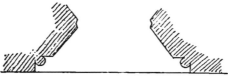

Fenster aus dem Obergaden des alten Chores

tellen aufsetzten, von denen noch heute sehr schöne Reste erhalten geblieben sind, den mit Balkenlagen flach gedeckten höheren Mitteltheil des Chores von den mit Pultdächern angeschlossenen niedrigeren Abseiten. Auffallend erscheint in den Abseiten die Breite der beiden dreitheiligen Fenster, aber die Anlage ihrer Wandung und Laibung (eine vorne und hinten von einem Rund-

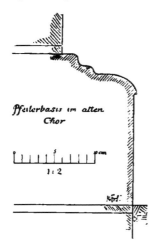

Pfeilerbasis im alten Chor

1:2

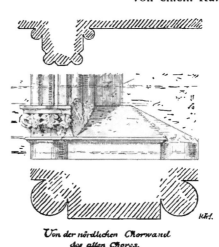

Von der nördlichen Chorwand des alten Chores.

stab gefasste Schmiege) nöthigt zu der Annahme des Ursprunges im XIII. Jahrhundert. Als äussere Zierrathe erschienen, wie noch heute zu sehen ist, Lisenen und am Obergaden ausserdem ein aus Rundstab und Hohlkehle gebildetes Gesims mit darunter liegendem abgetreppten Zickzackfries. Von

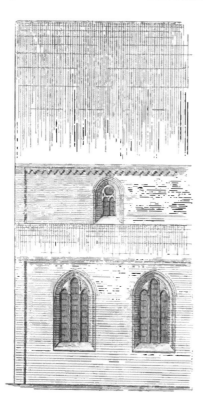

Versuch einer Reconstruction des Längenschnittes vom alten Chor nebst Ansicht

Gewölben aber war im XIII. Jahr-hundert keine Rede, weder im Chor, noch im Schiff. Ob aber die Anlage des Schiffes, dessen Triumphbogen auf starken Bündel-pfeilern ruht und ausserdem von innen her durch einen Halbpfeiler aus dem Achteck eine nüchtern wirkende Verstärkung erfahren hat, durch welche die Schönheit der

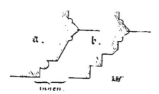

Fenstergewände im alten Chor
b auf a von der 4 Schicht ab

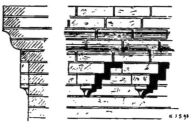

Hauptgesims vom Obergaden des alten Chores.

Inneres der Stadtkirche zu Bützow.

Bündelpfeiler beeinträchtigt wird, ursprünglich gleichfalls eine basilikale war, oder ob hier von vorneherein Mittelschiff und Abseiten in gleicher Höhe mit einander angelegt waren, scheint heute nicht mehr mit Sicherheit entschieden werden zu können. Gewiss ist, dass auch hier an den Nebendiensten des halben Bündelpfeilers unmittelbar am Triumphbogen die Spuren eines auf niedrigere Scheidebögen im Schiff gerichteten Planes sichtbar werden, und dass, wie der Chor ursprünglich keinen Polygonalschluss mit Umgang und Kapellenkranz hatte, so auch das Langschiff nicht die Länge des heutigen besass, sondern, wie es der Grundriss deutlich genug darthut, schon mit dem dritten Joch vom Triumphbogen her auf einen älteren Thurm im Westen stiess, den Vorgänger des ihm unmittelbar vorgesetzten jetzigen Thurmes, und dass somit die ersten und älteren Abseiten durch nicht mehr als drei Scheidebögen und zwei Pfeiler auf jeder Seite vom Mittelschiff getrennt waren. Auch im Mittelschiff sind es starke Bündelpfeiler aus Rundsäulen, deren eigentlicher Mauerkern in seinem horizontalen Durchschnitt so ziemlich die Form eines gothischen Sechspasses darstellt und deren Kapitell eine mit phantastischem Bildwerk gefüllte tiefe Hohlkehle bildet, die unten durch schlichte, den Bündelgliedern des Pfeilers entsprechende Schaftringtheile und oben durch ein weiter heraustretendes, der Gurtgliederung der Scheidebögen entsprechendes rechtwinkelig gebrochenes Plattenband begrenzt wird. Das plastisch sehr kräftig hervortretende Bildwerk in dieser Hohlkehle aber besteht aus willkürlich aneinander gereihten Weintrauben, Weinblättern, Löwen, Hunden und anderen Thieren, ferner aus Menschengestalten und besonders aus Gesichtsmasken, die zum Theil an die bakchischen Masken der Alten erinnern: alles das in einem ganz unnatürlichen Grössenverhältniss zu einander.[1]) Dabei ist zu bemerken, dass die eben beschriebenen seltsamen Zierformen durchweg dem breiten Mittelschiff der Kirche zugekehrt sind, dagegen in den den Seitenschiffen gegenüber liegenden Theilen der Hohlkehlen vielfach fehlen.

Dieser auffallende Kapitellschmuck war aber offenbar schon vor der Einspannung der Gewölbe und ebenso auch vor der Hineinziehung der jetzt sechs Joche bildenden Räume des ersten älteren Thurmes und seiner Abseiten in das Schiff vorhanden. Denn es ist an mehreren Stellen deutlich zu sehen, dass, als man die sog. Lehr-Gerüste für den Gewölbebau aufsetzte, dasjenige Kapitellstück, welches die den Bündelpfeilern gleich bei ihrer Errichtung vorgesetzten dünneren Runddienste bekrönte, die den Schub der Wand-, Quer- und Kreuzrippen aufzunehmen bestimmt waren, ohne viele Skrupel herausgeschlagen und nachher durch ein ungeschickt angebrachtes, aus der gegebenen Form völlig herausfallendes leeres Kelch-Kapitell-Glied ersetzt wurde. Auch sieht man, dass ebenso wenig wie auf die Form des älteren Kapitells, auf die wohl überlegte und angeordnete Form der Nebendienste Rücksicht genommen wurde, denn der Aufsatz der Rippen korrespondiert in keiner Weise mit diesen Diensten: was ohne Zweifel anders gekommen wäre,

---

[1]) Vgl. Otte, Hdb. 1 (5. Aufl.), S. 491 ff. (Thierbilder).

wenn man die Wölbung gleichzeitig mit dem Pfeilerbau ausgeführt hätte.
Endlich ist nicht zu übersehen, dass, als man den ersten Thurm in den
Innenraum der Kirche
hineinzog (s. Abbildung
auf Seite 41), das Be-
streben vorhanden war,
den phantastischen
Kapitellschmuck des
Bündelpfeilers um
dessen ersten Eck-
pfeiler herumzuführen,
wenngleich die Hand,
über die man damals
verfügte, das nicht
konnte und vermochte,
was einst der alte
Meister wirkungsvoll
hinzusetzen verstanden
hatte. Man sieht hier
somit deutlich den
Unterschied zwischen
dem, was älter, und
dem, was jünger ist.
Da aber, im Gegensatz
zu der Zeit der Herein-
ziehung des älteren
Thurmes ins Schiff, bei
der Einspannung der
Gewölbe auf die Fort-
führung des Kapitell-
schmuckes offensicht-
lich gar kein Werth
mehr gelegt wurde, so
darf man daraus auch
den Schluss ziehen, dass

Kapitelle der Mittelschiff-Pfeiler.

die Hineinziehung des Thurmes ins Schiff früher erfolgt ist als die Einwölbung des letztgenannten.

Als aber später abermals eine Erweiterung der Kirche, die zuletzt gegen
zwanzig Messaltäre zählte,[1]) nöthig wurde, da entstand der sehr viel geräumiger
als alles Andere angelegte Umgang mit Kapellenkranz um den Hochaltar.
Die östliche Plattwand der alten basilikalen Anlage des Chors musste fallen;
man baute jene beiden achtseitigen Pfeiler auf, die den jetzigen Abschluss

---

[1]) Vgl. Mantzel, Bütz. Ruhest. IV, S. 13—19, zählt siebenzehn Altäre einzeln auf.

des hohen Chors mit drei Seiten aus dem Achteck bewirken, und setzte ihnen

Kantenprofil der Sechzigen Pfeiler im Chor.

jederseits schräge einen korrespondierenden Halbpfeiler gleicher Form aus dem Achteck gegenüber, der sich mit dem halben Bündelpfeiler an der gefallenen platten Ostwand zu einem ganzen Pfeiler ergänzt. Und erst dann, als auf diese Art alle erforderlichen Widerlager geschaffen worden waren, führte man die Wölbung ein, ohne welche Umgang und Kapellenkranz in solcher Anlage, wie sie hier gegeben ist, nicht gedacht werden können. Da aber diese Wölbung in gleicher Höhe mit dem Mittelschiff angelegt wurde, so war auch der Anlass gegeben, die unmittelbar mit dem

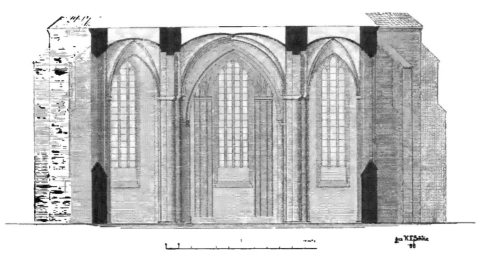

Querschnitt durch das Schiff.

Umgang in Verbindung tretenden Abseiten des Chors in gleicher Weise zu erhöhen. Und damit trat dann jene auffallende Gestaltung der Scheidebögen des Chores ein, die wir jetzt vor uns sehen. Die alten Scheidebögen wurden gleich oberhalb des schönen Knospen-Kapitells, das man stehen liess, herausgeschlagen, und mit ihnen zugleich ein grosser Theil des über ihnen stehenden Mauerwerkes, so dass der davon stehen gebliebene Theil jetzt fast in doppelter Höhe des alten Bündelpfeilers senkrecht oberhalb des Knospen-Kapitells bis zur Höhe der Kämpferlinie der jetzigen Scheidebögen emporsteigt. Dabei gab man es auf, in dieser Kämpferlinie den gleichen oder entsprechenden Kapitellschmuck anzubringen, den die Pfeiler des Schiffes haben. Dieselbe Skrupellosigkeit im Uebergang vom Alten zum Neuen gewahrt man drinnen und draussen an den Wänden der Seitenschiffe des alten Chors. Betrachtet man aber das Verhältniss der nachfolgenden Gewölbe zu einander, dann findet man, dass der Umgang mit seinem Kapellenkranz und die Seitenschiffe ihrer ganzen Länge nach durch den Chor und das Schiff hindurch gleichzeitig gewölbt sein müssen, denn hier ist die Anlage der Halbpfeiler an den Wänden, ferner die Art, wie diese Wand-Pfeiler mit Diensten in Form von Dreiviertel-Rundstäben besetzt sind und wie nachher die Gewölberippen, besonders die Wandrippen der Schildbögen, damit in Verbindung treten, überall dieselbe. Sie ermangelt nirgends der Gleichmässigkeit und Solidität und unterscheidet sich dadurch vortheilhaft von der im Schiff, welche auf die schöne Form der unter ihr stehenden Dienste gar keine Rücksicht nimmt, sondern nach Art der Spätgothik ebenso nachlässig im Ansatz wie in der Durchführung der Rippen verfahrt. Wir möchten es daher nicht für unmöglich halten, dass nach der Einwölbung des Umganges und der Seitenschiffe die des Mittelschiffes noch sehr lange auf sich warten liess.

Bündelpfeiler des alten Chors.

Besondere Beachtung verdienen die beiden Portale auf der Nordseite der Kirche, deren Wandungen und Bogenlaibungen ebenso schmuckreich wie wirkungsvoll im Charakter frühgothischer Kunst des XIII. Jahrhunderts durchgeführt sind. Die reiche Blätter- und Blumenzier aus gebranntem Stein trefflichsten Materiales in der Bogenlaibung der Priesterpforte ist der an den gleichen Portalen in Steffens-

Portal an der Nordseite der Kirche.

hagen, Parkentin, Gustrow, Teterow und anderswo sehr verwandt.[1]) Nicht minder wirkungsvoll erscheint das Licht- und Schattenspiel in den fein gestalteten Einziehungen und Ausladungen der Wandung und Laibung des Laien-Portals.

Portal an der Nordseite der Kirche.

Endlich mag hier einer jüngeren Kalksteintafel Erwähnung geschehen, die sich an dem ersten Strebepfeiler des Umganges auf der Südseite der Kirche befindet — auf ihr ist ein Sonnen-Zeiger eingeschnitten, der sr. Zt. als ein mit grosser astronomischer Sorgfalt angefertigtes Werk berühmt war. Es ist das die Arbeit eines ungewöhnlich kunstfertigen Candidatus ministerii Lüders, der sie im Jahre 1785 auf Veranlassung des Pastors Luger herstellte. Eine eingehende Beschreibung aus der Feder des damaligen Bützower Professors der Mathematik Karsten, die hier zuviel Raum beanspruchen würde, findet sich bei Mantzel, Bütz. Ruhestunden XXII, S. 25—44. Vgl. dazu XX, S. 44 und 45.

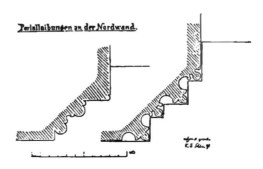

Portallaibungen an der Nordwand.

[1]) Essenwein, Norddeutschlands Backsteinbau, Taf. XXXI, S. 23.

Ausser den vorstehend beschriebenen Erweiterungen der alten Kirche gab es noch andere, die heute verschwunden sind, aber als ehemalige Ein- und Anbauten ihre Spuren an den Innen- und Aussenmauern theilweise zurück-gelassen haben. So stand eine St. Annen-Kapelle auf der Südseite, da un-gefähr, wo jetzt der Stein des Konrad Loste mit der Inschrift von 1501 angebracht ist.[1] Auch soll auf derselben Seite die Bülow'sche Kapelle ge-wesen sein, die angeblich als gewölbter Rundbau mit einem Pfeiler in der Mitte von Bischof Heinrich (1339—47) errichtet worden war.[2] Süd- und westwärts am Thurm gab es eine für Bischofsgräber dienende Kapelle, welche im XVII. Jahrhundert »dänische Kapelle« hiess, weil dort der zweite Bischof-Administrator Ulrich (Ulricus Danus) eine Zeit lang beigesetzt war, ehe seine Leiche nach Roskilde hinübergebracht wurde. Nord- und westwärts am Thurm gab es die Capella S. Crucis. Eine unbenannte Kapelle (vielleicht die Marien-Zeiten-Kapelle) stand auf der Nordseite, wohl weiter nach Osten hinauf als die Hl. Kreuz-Kapelle. Von allen diesen Bauten sah Pastor Vorast (1732—66) noch einzelne Rudera.

In baugeschichtlicher Beziehung aber ist vor allen Dingen eine Urkunde vom 19. August 1364 nicht zu übersehen, mit welcher das Bützower Kollegiat-stift, an dessen Spitze Dietrich von Bülow als Senior aufgeführt wird, dem damaligen Schweriner Thesaurar Vicke, späteren Bischof Friedrich II. von Bülow, und der ganzen Familie von Bülow zu Ehren, den oberen Theil des neuen Chores der Bützower Kirche zu einer Bülowen-Kapelle mit einem Altar hergiebt, um den Thesaurar für seine Verdienste um die Bützower Kirche zu belohnen: »locum superiorem noui chori dicte nostre ecclesie in parte orientali in summo, in quo jam inceptum est cappelle edi-ficium et altare erectum.« Dabei steht eine Randbemerkung, in welcher die Platzbezeichnung der Kapelle verständlicher als in der Urkunde selbst mit retro chorum« erläutert und der Altar selbst als der des hl. Jakobus be-zeichnet wird.[3]

Aus diesen Angaben hat nun Lisch nicht mit Unrecht den Schluss ge-zogen, dass sich der Umgang und Kapellenkranz um das Jahr 1364 im Bau befanden. Gewiss ist, dass die von Bülow ihre Hände dabei hatten. Auch halten wir es für sehr wahrscheinlich, dass die an den Strebepfeilern des

---

[1] Mantzel, Bützowsche Ruhest. IV, S. 7.

[2] Mantzel, Bütz. Ruhest. V (1762), S. 12 ff. Schröder, Pap. M., S. 1299, nach Pfeffinger: »Die Bützowische Kirche ist denen sämmtlichen Bischöfen aus diesem Geschlecht, insonderheit unserem Henrico grosse Verbindlichkeit schuldig, maßen die fürtreffliche Kapelle allda, an der Süderseiten der Kathedralkirche, welche mit grössestem Fug den halben Theil der Kirche in sich fassete, von ihm aus seinen eigenen Kosten ist erbanet worden. Sie war ganz rund, zum wenigsten 60 Ellen im Diametro, stund auf einem Pfeiler, der, in der Mitten achteckig, das ganze Gewölbe trug, und herum an allen Ecken war das Bülowische Wappen in Stein gehauen zu sehen. Es ist aber dieses köstliche Gebäude durch liederliche Verwahrlosung des Daches, welches jährlich mit wenig Kosten hätte unterhalten werden können, in gänzliche Verfallung gerathen. Die Steine davon hat man verkauft und die Ueberbleibsel zum immerwährenden Spektakel hinterlassen.« — Bei Gelegenheit der Veröffentlichung der Preen'schen Stiftung zur Vikarei in der »Capellen des hilligen Cruces by deme toren« im Jahre 1519 (Freitag nach St. Blasii) bemerkt übrigens Mantzel ein paar Jahre später, nämlich a. a. O. XX (1765), S. 12, dass er nicht ausmachen könne, ob sie gen Norden oder gen Süden gelegen habe.

[3] M. U.-B. 9292. Vgl. dazu 8747, 8750 und 9335.

Kapellenkranzes befestigten Bülow'schen Wappen, im Ganzen ihrer fünf, hiermit in Verbindung zu bringen sind.[1]) Das Wichtigste aber ist, dass mit dieser Urkunde ein baugeschichtlicher Fixpunkt gefunden ist, dem kein Bedenken entgegengestellt werden kann. In Gemässheit der voraufgehenden allgemeineren Betrachtungen der Architektur der Kirche schliessen wir nun weiter und sagen, dass die Einwölbung des Chores, Schiffes und der Abseiten beider nach 1364 und die Hineinziehung des ersten alten Thurmes in den Innenraum der Kirche vor 1364, aber nach 1248, dem Jahr der Erhebung der Kirche zu einer Kollegiatkirche, stattgefunden haben müsse, können aber leider aus der Geschichte der Bischöfe selbst zu engeren und festeren Zeitbestimmungen im Einzelnen nichts beibringen. Die bereits charakterisierten frühgothischen Formen im Chor und Schiff, von denen wir besonders der Blattbildungen wegen auch das Kapitell der Bündelpfeiler im Schiff nicht ausschliessen möchten, so sehr sonst die übrigen phantastischen Gebilde darin an ähnliche Dinge in der Spätgothik anklingen (von denen sie sich übrigens durch eine markigere, festere und klarere Behandlung unterscheiden), werden dem XIII. Jahrhundert zuzuweisen sein. Der ersten Hälfte des XIV. Jahrhunderts mag dann die Hineinziehung des alten Thurmes [2]) ins Schiff angehören, wie der zweiten Hälfte desselben Jahrhunderts der Umbau des Chors und seine Vergrösserung durch Umgang und Kapellenkranz. Dagegen kann sich, anderen Fällen ähnlich, die Einwölbung des Schiffes und seiner Abseiten noch weit ins XV. Jahrhundert hineingezogen haben, die Errichtung des jetzigen Thurmes sogar bis in die zweite Hälfte des XVII. Jahrhunderts. Vgl. Abbildung S. 41. Ob die am ersten Strebepfeiler des Umgangs auf der Südseite angebrachten beiden Wappensteine des Bischofs Konrad Loste, von denen der eine mit einem lateinischen Distichon versehen, der andere aber ohne Inschrift ist, sich auf die Einwölbung des Schiffes beziehen können, müssen wir dahingestellt sein lassen.[3]) Das unzweifelhaft zu einem von Konrad Loste »gegründeten Werk« gehörende Distichon lautet:

Ānis · verbigene · qnīgetis · mille · quoqz · vno
corab' · prcsul · cōbibit · istub · opus · [4]

Der Platz freilich, wo diese Loste'schen Steine sitzen, wäre auffällig, wenn man die Gewissheit hätte, dass es der ursprüngliche Platz wäre. Aber diese Gewissheit hat man nicht. Dass Konrad Loste während seines einundzwanzigjährigen Episkopats ausserordentlich viel für die Kirchen des Bisthums

---

[1]) Lisch, M. Jahrb. X, S. 305. Es sind Terrakottastücke, theils mit, theils ohne Glasur.

[2]) Im Jahre 1738 schlug der Blitz in den Thurm und beschädigte ihn sehr. Als man Knopf und Hahn herunternahm und untersuchte, fand man nur Dokumente aus der Zeit des Herzogs Friedrich Wilhelm, unter dessen Regierung im Jahre 1695 Knopf und Hahn neu aufgesetzt waren, aber keine älteren Urkunden. Vgl. Mantzel, Bütz. Ruhest. V, S. 19 und 20. VIII, S. 12—21.

[3]) Inwieweit diese Darlegungen, die einen bis dahin nicht beachteten Ausgangspunkt genommen haben, von denen, die Lisch in verdienstlicher Weise schrittweise gegeben hat, abweichen, braucht hier nicht beleuchtet zu werden, sondern kann der Vergleichung derer, die es angeht, überlassen bleiben. Wir verweisen in dieser Beziehung auf M. Jahrb. III B, S. 137 ff. 162 ff. 169. VIII, S. 5 ff. X, S. 302 ff. XIII, S. 156 ff. XV, S. 314 ff. XXIV, S. 313 ff. XLIX, S. 263.

[4]) Lisch, M. Jahrb. III B, S. 165. Vgl. dazu S. 139.

gethan und im Besonderen für die in Bützow sehr viel aufgewendet hat, ist
bekannt.[1]) Auch zeugt eine dritte Tafel mit seinem Wappen von einem
Kapellenbau, den er anordnete:

$$\text{Ano · dni · m · ccccl · coradus · Epus Zwerine' · hac · capella· edificare fecit ·}$$

Aber da diese Tafel noch in den letzten Jahren ihren Platz verändert hat
(vor Einrichtung der Heizung war sie an der Nordseite der mittleren Kapelle
angebracht, Lisch aber sah sie vor 1838 als eine aus der Mauer genommene
Tafel in der Nähe der Orgel frei und lose angelehnt an der Wand stehen),
so ist auch hierüber nichts Näheres anzugeben.[2]) Die Jahre 1248 und 1364
bleiben die einzigen festen Angelpunkte, mit deren Hülfe die Entwicklungs-
stadien der Kirche, die wir aus der Betrachtung ihrer Bauformen erkennen,
annähernd geordnet werden können.

1728 wurde die Kirche mit neuen Balken, Sparren und Dach versehen.[3])

Altaraufsatz. Der alte Altaraufsatz, ein reiches Kunstwerk des späten
Mittelalters, steht jetzt im Umgange und wendet dem neuen Aufsatz den
Rücken zu. Es ist ein Werk von gleicher Vieltheiligkeit wie der Retschower
Aufsatz.[4]) Lisch sah ihn noch an seiner früheren Stelle im hohen Chor und
giebt eine ausführliche Beschreibung von ihm, die es gestattet, den hier gegebenen Abbildungen des Werkes gegenüber kürzer zu sein, als sonst angängig
gewesen wäre.[5]) Sein Figuren-Inhalt ist in erster Reihe der Verehrung der
hl. Maria, der Mutter des Heilandes, geweiht. Daher oben an der Bekrönung
die Worte aus Psalm XLV, 10 und 11:

$$\text{Astitit · regina · a dextris · tuis · in vestitu · deaurato · circū= data · varietate · anno · domini · m · ccccc · iii ·}$$

Darüber befand sich früher ein Zierrath von durchbrochenem Laubwerk.

Wenn der Aufsatz vollständig geschlossen ist, sieht man als Gestalten
in Dreiviertel-Lebensgrösse diejenigen Heiligen, welche nach einander in der
Bützower Kollegiatkirche eine besondere Verehrung gewonnen hatten: die
hl. Maria mit dem Kinde und der hl. Anna in der Mettertia-Gruppe, den
hl. Johannes Evangelista, die hl. Elisabeth und die hl. Katharina, zu deren
Füssen der Kaiser Maxentius, ihr Verfolger, liegt. Zugleich erblickt man in
der Predella die aus Eichenholz geschnitzten Gestalten der hl. Sippe in fünf
Gruppen: in der Mitte wieder die Annaselbdritt-Gruppe mit dem hl. Joseph
und den hl. drei Königen im Hintergrunde, daneben links am Ende Elisabeth
mit Johannes Baptista als Kind und Vater Zacharias, dann Maria Salome
mit ihren beiden Kindern Johannes Evangelista und Jakobus major und dem

*Altar-
aufsatz.*

[1]) Hederich bei Gerdes, Sammlung etc., S. 459. Schröder, Pap. M., S. 2819—2821 (Verzeichniss von Loste's Nachlass). Ferner S. 2683. Franck, A. u. N. Meckl. VIII, S. 295.
[2]) Lisch, M. Jahrb. III B, S. 139.
[3]) S. Inv. 1811.
[4]) M. Kunst- u. Gesch.-Denkm. III, S. 548 ff.
[5]) M. Jahrb. XXIV, S. 318 ff. Vgl. III, S. 163.

Innenflügel des alten Altaraufsatzes der Stadtkirche zu Bützow.

Schnitzwerk des alten Altarschreines der Stadtkirche zu Malzow.

Vater Zebedaeus; auf der anderen Seite, der Mittelgruppe zunächst, Maria
Kleophae mit ihren Kindern Simeon (Simon), Judas, Thaddaeus und Jakobus
minor sowie dem Vater Kleophas (identisch mit Alphaeus);[1] zuletzt die Mutter
Petri, nach der Legende Joanna geheissen, mit ihrem eine Mitra tragenden
Söhnchen, dem ersten Bischof von Rom, auf dem Schoosse; im Hintergrunde
der Vater Jonas. An jedem Ende der Predella ein gemaltes Bischofs-Wappen,

Altaraufsatz.

links das des Konrad Loste (1483—1503), rechts das seines Nachfolgers
Johannes Thun (1504—1506). Doch sieht man, dass sie nachträglich hinzugefügt, wenigstens in besonderer Weise angesetzt sind.

Klappt man nun die beiden äusseren Flügel aus einander, so kommen
die innern Flügel zum Vorschein, und mit ihnen zeigt sich dann eine Folge
von acht Bildern aus dem St. Annen- und St. Marien-Leben. Es sind die
Abweisung von Joachim's Opfer, die Botschaft des Engels an Joachim und

---

[1] Jetzt nur noch drei Kinder; das vierte, ein kleiner nackter Knabe auf dem Schoosse
der Mutter, ist abhanden gekommen. Lisch sah die kleine Figur noch Ende der fünfziger Jahre.

Anna, die beide getrennt in der Einsamkeit leben,[1]) das Zusammentreffen des
Ehepaares an der goldenen Pforte, die Geburt der hl. Maria, Mariae Tempelgang, ihre Verlobung mit dem hl. Joseph, die Verkündigung des Engels und
endlich die Geburt des hl. Kindes.

Klappt man darauf die Innenflügel aus einander, so erscheint die Gold-
und Farbenpracht der Plastik,
zunächst im Mittelschrein der
Tod der hl. Maria im Beisein
der Apostel; darüber die Aufnahme ihrer Seele in Kindes-
gestalt durch den Heiland, der
von Engelchören begleitet ist;
ganz oben die Krönung Mariae
durch Gott den Vater und
Gott den Sohn. Neben diesen
letzten Bildern aus dem Marien-
Leben sind vier stehende Heilige
angebracht, jederseits zwei, einer
über dem andern: oben Johannes
Baptista mit dem Lamm und
der hl. Antonius mit Glocke,
Buch und Schwein, unten der
hl. Nikolaus mit einem Kirchen-
modell und der hl. Leonhard
als Befreier von Gefangenen
mit Schloss und Kette. In den
Flügeln aber sieht man jederseits sechs weibliche Heilige:
im Flügel links vom Beschauer
oben Dorothea, Christine (?)
oder Agathe(?), Katharina, unten
Ursula, Caecilie, Barbara; im
Flügel rechts Margaretha, Agnes,
Maria Magdalena, unten Gertrud, Apollonia und Elisabeth.

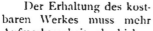

Von der Kanzel.

Der Erhaltung des kost-
baren Werkes muss mehr
Aufmerksamkeit als bisher zu Theil werden. Eine sachverständige Wiederherstellung wäre zu wünschen. Ein Untersatz unter der Predella mit vier
Bildern auf Kreidegrund aus der Passion (Geisselung, Dornenkrönung, Ecce
homo, Kreuztragung) ist ohne Zweifel die Predella eines verloren gegangenen
anderen Altars. Nach einem Präbenden- und Benefizien-Verzeichniss von 1553
gab es folgende siebenzehn Altäre: 1. S. Trinitatis; 2. S. Elisabethae; 3. S. Laurentii; 4. S. Mariae Magdalenae; 5. S. Hippolyti; 6. und 7. ohne Nennung der

[1]) Vgl. den Gadebuscher Altar in M. Kunst- u. Gesch.-Denkm. II, S. 469.

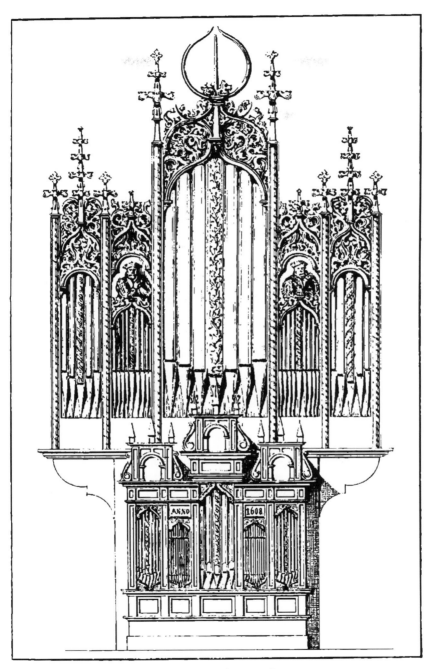

Prospekt der alten Orgel.

Heiligen; 8. S. Andreae; 9. S. Mariae; 10. S. Petri et Pauli; 11. S. Crucis; 12. Trium regum; 13. St. Marien zur Noth; 14. St. Catharinae; 15. St. Nicolai, alias Philippi et Jacobi; 16. St. Annae; 17. Altare summum.[1])

Altar-
schranken.

Altarschranken. Gothisches Schnitz- und Gitterwerk, ähnlich dem in den Kirchen zu Wismar. Vgl. M. Kunst- u. Gesch.-Denkm. II.

Kanzel.

Kanzel. Die Kanzel ist eine Prachtschnitzerei ersten Ranges aus der Zeit der Renaissance vom Jahre 1617 und laut Inschrift ein Geschenk des dänischen Prinzen **ULRICH**, der der zweite protestantische Administrator des Bisthums war (s. o.) und als Ulrich II. bekannt ist. In einer Eck-Füllung des Predigtstuhls finden wir sein Bildniss und die Jahreszahl **1617**. Als Träger des Predigtstuhls erscheint Moses mit den Gesetzestafeln. In den Füllungen der Treppenthür und des Treppenaufganges aber sehen wir die Evangelisten und in denen des Predigtstuhls eine Reihe figurenreicher biblischer Darstellungen. Es sind: die Erschaffung der Eva und der Sündenfall (beide in einem Felde), die Verkündigung des Engels an die hl. Maria, Geburt Christi, Kreuzigung, Auferstehung, Himmelfahrt und das jüngste Gericht.[2])

Orgel.

Orgel. Von dem spätgothischen Prospekt der alten Orgel hat sich eine hieneben abgebildete Zeichnung erhalten.[3])

Gestühl.

Gestühl. Von dem schönen alten Gestühl, das leider nicht mehr vorhanden ist, giebt Lisch im Jahre 1838 (M. Jahrb. III B, S. 138) eine Beschreibung. Leider ist es versäumt, rechtzeitig Zeichnungen davon zu nehmen. Doch bewahrt das Museum in Schwerin eine Anzahl einzelner Theile davon auf: Löwenköpfe, Masken, geflügelte Engelsköpfchen u. a. m.

Fünte.

Fünte. Grosser eherner Taufkessel von 1474, gut 1 m hoch und fast ebensoviel im Durchmesser, mit zwei Figurenreihen in Hochrelief und einem sie trennenden Inschriftbande. Die Inschrift lautet:

Anno · dñi · m° · cccc · lxiiii · Ebteȿ · in · mũdũ · vniũȿũm · pdicate · ewãgeliũ · ōi · creatͬre · qͬui · crediderit · et · baptiȿatũȿ · fuͬ'it · ȿalͬuͬȿ · erit ·

In der oberen Reihe der segnende Christus und die zwölf Apostel. In der unteren Reihe die hl. Mutter Maria mit dem Kinde und einem davor knieenden älteren Manne. Ihm schliesst sich im nächsten Felde ein zweiter männlicher Heiliger an, der eine Krone trägt und in seiner Linken einen Becher mit Deckel hält.[4]) Dann aber folgen zehn weibliche Heilige, die, wie das

---

[1]) Mantzel, Bütz. Ruhest. V, S. 14—19. Von dem unter 9 aufgeführten Marien-Altar wird bemerkt: »Ist transponieret in die Pfarre zu Warnow, dem Pastori zur Unterhaltung.« Für einen der beiden unbenannten Altäre ist nach Lisch, M. Jahrb. XXIV, S. 321 S. Hulpericus zu substituieren.

[2]) Abgebildet und beschrieben in der Ortwein-Scheffers'schen Renaissance Bd. VIII, E, Taf. I—VII. Vgl. dazu Mantzel, Bütz. Ruhest. II, S. 8—10.

[3]) Nach dem Inventar von 1811 stammte der Bau dieser alten Orgel aus dem Jahre 1608.

[4]) Zwei von den hl. drei Königen, der eine kniet, der andere steht, der dritte ist fortgelassen.

Kanzel der Stadtkirche zu Bützow.

Kanzelthür in der Stadtkirche zu Bützow.

Eherne Fünte von 1474.

Schnitzwerk des Altaraufsatzes zeigt, für die Bützower Kirche von besonderer Bedeutung waren: Dorothea mit Korb, Katharina mit Rad und Schwert, Elisabeth mit Krug und Fischteller, Maria Magdalena mit Salbenbüchse, Gertrud mit Hospital, Barbara mit Thurm, Ursula mit Pfeil, Margaretha (?) mit Kreuz, und Apollonia mit Zange und Zahn. Ausserdem sind Zeichen und Bilder anderer Art zu beachten, zunächst die zwei Felder füllenden Schild-zeichen des um 1474 das Stift regierenden Herzogs und Bischofs Balthasar von Mecklenburg (1473 bis 1479), sodann das nebenstehende Giesserzeichen und die Scheere im Felde des Petrus und die Brode im Felde des Christus.[1]) Unter Bischof Balthasar gegossen vom Meister 东, auf Kosten der Bäcker und Tuchscheerer?

Glocken.

Glocken. Im Thurm vier Glocken. Die grösste ist laut Inschrift im Jahre 1873 umgegossen worden.[2]) — Die zweite ist 1733 vom Lübecker Giesser **Laurentius Stralborn** umgegossen worden und zeigt Wappen und Namen des Herzogs **KARL LEOPOLD**.[3]) — Die dritte hat die Inschrift: Ꭺⁿⁿⁱ ꝺ ꝺnī ꝺ ꝳꝳ⁰ ꝺ ꜿꜿꜿ⁰ ꝺ ꜿꜿꜿvī⁰ Ꝺ ꝛeꝛ gꝉⁱe ꝛꝑe · veni · ꜿꝟm · ꝑaꜿe · amen · iꝉꝭ · ꝛꝑꝭ · sowie das nebenstehende Giesserzeichen.[4]) — Die vierte Glocke hat die Inschrift: Ꝺ ✝ ꝛeꝛ ✝ gꝉoꝛie ✝ ꜿꝛiſte ✝ ✝ anno ✝ ꝺomini ✝ miꝉꝉeſimo ✝ ꜿꜿꜿ ✝ ꜿꜿꝳv, sowie neben-stehendes Giesserzeichen.[5]) — Im Dachreiter ausserdem noch eine Schlagglocke für die Uhr. Sie hat nach Lisch, M. Jahrb. XX, S. 357, die Inschrift: Ꝺ ꝛeꝛ gꝉoꝛie iꝰꝭu ꝛꝑe veni ꜿꝟm ꝑaꜿe amen · anno ꝺnī mꜿꜿꜿꜿꝛꝳ · ꝡeꝉꝑ ſunte anna; dazu das Wappen des Bischofs Konrad Loste (s. o.).[6]

Epitaphien.

Epitaphien. Zwei steinerne Epitaphien, das Wackerbarth-Vieregge'sche, welches **HARDENACK WACKERBART** dem Gedächtniss seines Vaters Jürgen Wackerbarth und seiner Mutter Ursula Viereggen im Jahre 1590 setzen liess,[7])

---

[1]) Lisch, M. Jahrb. XXIV, S. 331, 332, lässt das Giesserzeichen sowie die Scheere und die Brode unerwähnt.

[2]) Ihre Vorgängerin war im December 1412 unter Bischof Rudolph zu Ehren der hl. Maria, des hl. Evangelisten Johannes und der hl. Elisabeth und Katharina gegossen worden. Sie hatte das Giesserzeichen des Rickert von Mönkehagen (vgl. Rostock, Lichtenhagen, Warnemünde etc.) und die Namen der Provisoren Wolterus Liver und Nikolaus Went. Vgl. Crull, M. Jahrb. XL, S. 197. 198. Im Jahre 1873 verkaufte die Bützower Kirchenverwaltung eine Glocke mit dem Datum 1494. Vgl. Crull a. a. O. und Lisch, M. Jahrb. XX, S. 357 (unter 2).

[3]) Mantzel, Bütz. Ruhest. V, S. 20.

[4]) An Stelle von ꝺ sitzen kleine Rundbilder verschiedener Art.

[5]) Dasselbe Doppelzeichen an einer Glocke in St. Marien zu Wismar. Vgl. M. Kunst- und Gesch.-Denkm. II, S. 42.

[6]) Die kleinere Glocke im Dachreiter, welche Lisch aufführt, wurde 1873 verkauft (s. o. Anmkg. 1). Vgl. Mantzel, Bütz. Ruhest. V, S. 20 und XXIII, S. 9 und 10.

[7]) Mantzel, Bütz. Ruhest. IV, S. 9—12, verbreitet sich des Weiteren über den Bützower Stiftshauptmann Jürgen Wackerbarth und dessen Familie. Vgl. Lisch, M. Jahrb. II, S. 194. IIIB, S. 164. XI, S. 488. XII, S. 174. XXII, S. 265. Abgebildet bei Ortwein-Scheffers, Renaissance, VIII, Taf. 9.

und das Krakow-Schröder'sche, welches der Pastor **ANDREAS CRACOVIUS** seiner im Jahre 1597 jung verstorbenen Gattin Katharina Schröder, Tochter des Rostocker Hermann Schröder und dessen Gattin Margarethe Witten, setzen liess.[1]

Wackerbarth-Vieregge'sches Epitaph.

Grabsteine. Nennenswerthe Grabsteine giebt es heute nicht mehr in der Kirche, wenn man nicht den des **HANS ALBRECHT VON PLÜSKOW** auf Langen-Trechow und Klein-Belitz ausnehmen will. Der Stein wurde am 13. August 1688 für den Genannten und dessen Erben gelegt. Die Steine der Geschlechter **VON OERTZEN, OSTEN, VIEREGGE** u. s. w., die Mantzel im Jahre 1762 noch sah und aufzählte, waren 1811 bereits bis zur Unkenntlichkeit abgetreten.[2]

Grabsteine.

Tafelgemälde. Es haben sich zwei Brustbilder von Pastoren erhalten, das des **GEORG FRIEDRICH MAERCK** (geb. 1650, berufen nach Bützow 1674, gest. 1701), und das des **KONRAD RUDOLPH RICHERTZ** (geb. 1668, berufen nach Bützow 1704, gest. 1722).[3]

Tafelgemälde.

Wandmalereien. Von alten Wandmalereien, deren Erhaltung angeblich nicht möglich war, spricht Lisch im Jahre 1859: M. Jahrb. XXIV, S. 317. Er nennt die Gestalt einer hl. Katharina, die neben ihrem Altar auf der Südseite des Chors zu sehen war und von deren Altar noch ein goldgestickter Behang

Wandmalereien.

[1] Das Inventar von 1811 nennt auch das Schöneknecht'sche von 1571, Trechow'sche vom Jahr 1616 und das des Oberforstmeisters von Dorne vom Jahr 1809 (Sandsteinpyramide).

[2] Mantzel, Bütz. Ruhest. IV, S. 8. Inv. 1811.

[3] Das Inv. von 1811 nennt auch das Bildniss des Pastors Andreas Cracovius, welcher 1636 im 72. Lebensjahr starb. 1811 gab es auch viele andere Gemälde, welche die Kirche schmückten. S. Inv. 1811.

übriggeblieben ist, ferner weiter westlich eine Nische mit Ranken und Laubwerk, zwei Gestalten des hl. Christophorus an Pfeilern des Mittelschiffes und viele, damals nicht mehr zu bestimmende figürliche Darstellungen an den Pfeilerwänden des ehemaligen ersten Thurmes, die ganz damit bedeckt waren.

Glas-
malereien.

Glasmalereien. In einem Fenster der Südseite, der Kanzel gerade gegenüber, ein grosser doppelköpfiger Reichsadler mit dem Wappen des dänischen Prinzen **ULRICH** als Administrator des Bisthums und mit der Jahreszahl 1617. Dazu kleinere nicht näher zu bestimmende Wappen.

Kleinkunst-
werke.

Kleinkunstwerke. 1. Gothischer Kelch auf rundem Fuss mit der auf vier gothische Hallen vertheilten Anbetung der hl. drei Könige und dem auf drei Bandstreifen eingravierten Hexameter: jaſper ſert mirra tuß melchior baltaſar aurum. Dazu ein Wappenschild mit einem Wolf und der Beischrift: ✠ her ⨯ hinriſt wulf.[1]) Am Knauf der Name iheſuß. Die Annuli sind mit phantastischen Thieren verziert. — 2. 3. Sehr schöner gothischer Kelch auf sechspassigem Fuss mit durchbrochenem Blumenmuster. Am Fuss ein aufgelegtes Wappen (Schrägbalken, belegt mit drei Rosen),[2]) diesem gegenüber ein plastischer Krucifixus. Am Knauf dreimal der Name Jhesus, an den Rotuli einmal in Majuskeln und am Schaft zweimal in Minuskeln. Keine Werkzeichen. An der nicht zugehörigen Patene der Stempel ⊛. — 4. Gothischer Kelch auf sechsseitigem Fuss mit der Umschrift: **DESSE §** **KELCK § HORT § TO § BVTZOW § IN § SANNT § ANNA § KAPPEL §.** Am Knauf in sechs Rauten der Name IHƏSVS. Am Fuss die plastische Kreuzesgruppe. In der Kupa eine vergoldete Münze mit dem hl. Andreas und der Umschrift: **ANDREAS REVIVISCENS 1708.** Keine Werkzeichen. Keine Patene. — 5. 6. Grosser spätgothischer silbervergoldeter, mit Steinen und Email verzierter Kelch auf sechspassigem Fuss. Treffliche Treibarbeit. An der Kupa biblische Bilder: Fusswaschung, Abendmahls-Einsetzung, Gebet in Gethsemane, Gefangennahme und Kreuzigung. Am Fuss sechs Apostel: Bartholomaeus (bei ihm das emaillierte Wappen des Herzogs Ulrich von Mecklenburg mit **V H Z M · 1555**), Petrus, Andreas, Jakobus minor, Johannes, Thomas, alle sechs mit Beischriften. Als Werkzeichen ein getheilter Schild (halber Mond und halbe Lilie): ▨▨. Patene mit eingraviertem Krucifixus, ohne Inschrift und ohne Werkzeichen.[3]) — 7. Eine Patene: B ▨. — 8. Oblatenschachtel von 1689 mit demselben Stempel. — 9. Grosser silberner Belt vom Jahre 1504 und mit demselben Goldschmiedszeichen wie die Patene unter Nr. 3: ⊛. Als Bild des Sammelbrettes (bedelbrede, beelt, bedelt, bedel, bret, brede) erscheint eine auf einer achtseitigen gothischen Basis stehende in Silber getriebene hl. Maria mit dem Kinde, 23½ cm hoch, die Mutter mit einer

---

[1]) Um 1404 ist ein Hinrich Wulph Pleban der Kirche zu Parkentin. Vgl. M. Kunst- und Gesch.-Denkm. III, S. 711.

[2]) Vgl. die von Bertekow, Warburg, Feldberg, Sprengel, Rosenow, Rotermund.

[3]) Arbeit des Güstrower Goldschmiedes Hans Krüger. Vgl. dessen Epitaph im Dom zu Güstrow.

Kelch der Stadtkirche zu Bützow.

Kelch der Stadtkirche zu Butzow.

Kelch (4).

Kelch (2).

Kelch (1).

Blumenkrone, das Kind mit einem Nimbus. In der rechten Hand der Maria
ein stilisierter Blumenstrauss. Hinterwärts ein gothisches Kancellen-Werk, das
von zwei gewundenen schlanken Säulen flankiert wird, von denen die eine
den hl. Johannes und die andere die hl. Elisabeth trägt, sodass wir mit der
hl. Maria zusammen die drei Schutzpatrone der Bützower Stiftskirche vor uns
sehen. Kancellen und Madonnenbild mit achtseitigem Fuss stehen auf einer
vierseitigen silbernen Platte, welche vorne rechts eine wahrscheinlich zur Befestigung eines Lichtes dienende Hülse zeigt. Das kastenartig umrandete,
hinterwärts mit einem Stiel oder Griff versehene eigentliche Sammelbrett, dessen
vordere Hälfte auf dem Lichtdruckblatt leider nicht sichtbar wird, ist von
Holz und vielleicht schon mehrmals erneuert. Die vierseitige Platte des silbervergoldeten Bildwerkes dagegen enthält ausser dem Datum 1504 (ᵃⁿᵒ ᵲᵘiiij)
auch die Gewichtsangabe ᵇi ℥ ᵲiij ᵗoᵗ iij qᵘᵉⁿᵗᵖⁿ.[1]) — 10. An einem Pfeiler
der Südseite auf der Empore ein grosser Bronzearmleuchter mit der Inschrift:
**DISSER : ARM • GEHORT • DEM • RADE • THO • BVTZOW : 1 • 5 • 7 • 5 •
SI • DEUS • PRO • NOBIS • QUIS • CONTRA • NOS • WOL • GODT • VERTRU-
WET • DE • HEFT • WOL • GEBW •** — 11. An derselben Seite unten an der
Wand ein Armleuchter mit eisernem Arm. Die bronzene Wandplatte trägt
die Inschrift: **DIT • IS • DER • LINWEBERRE • LVCHTER • ANNO • 1583.** Auf
einem kleinen Schild ausserdem die Bezeichnung: **RENOVATUM 1825.** —
12.—15. Dazu noch vier jüngere Messingarme ohne Inschrift und Jahreszahl. —
16. Der grosse Kronleuchter in der Mitte trägt keine Inschrift, der westliche:
MARIE BURMEISTER 20 • AUG • 1845, der östliche ebenfalls ohne Inschrift. —
17. Bülow'sches Antependium aus dem XIV. Jahrhundert. Gold-, Silber- und
Seidenstickerei auf blauem Sammet mit gelben Fransen (den Bülow'schen
Wappenfarben). Es ist ein Streifen von 2,65 m Länge und 28 cm Breite,
seiner ganzen Länge nach besetzt mit Einzelfiguren in gothischen Nischen.
In der Mitte das Bild der hl. Dreieinigkeit: Gott Vater thronend, den Sohn
am Kreuze vor sich haltend, den heiligen Geist als Taube über sich. Rechts
(vom Beschauer her) Johannes Baptista, links die hl. Maria. Dann jederseits
sechs Apostel, zuletzt rechts die hl. Elisabeth, links die hl. Katharina, und nach
aussen gewendet an jedem Ende der Bülow'sche Wappenschild fast in halber
Grösse der Figuren. Am besten ist der Schild bei der hl. Katharina zu erkennen; bei der hl. Elisabeth ist er zu drei Vierteln weggeschnitten.[2]) —
18. Bülow'sche Kasula des XIV. Jahrhunderts. Weberei in blauer und gelber
Seide mit einem aus stilisierten Granatblüthen und gegenüber gestellten Hirschen
gebildeten Muster. Auf dem Rücken ein aufgenähter Kreuzstreifen mit in

---

[1]) Eine ausführliche Beschreibung giebt Crull, Zeitschrift f. christl. Kunst, Jahrg. II (1889),
S. 393 ff. — Zu den Kelchen vgl. Mantzel, Bütz. Ruhest. II, S. 8 ff. und V, S. 17 und 18 (über
den Gebrauch des Beelt). Das Kirchenvisitationsprotokoll von 1651.54 hat die Sage verbreitet,
dass Herzog Ulrich selber den grossen Prachtkelch der Kirche verfertigt habe.

[2]) Lisch verbindet richtig diesen Behang mit der Stiftung der Bülow'schen Vikarei im Jahre
1364: M. Jahrb. XV, S. 315. Vgl. auch die Bülow'schen Stiftungen in den Jahren 1352 und 1382:
Schröder, Pap. M., S. 1321 und 1553. M. U.-B. 7564.

Silberner Belt von 1504 in der Stadtkirche zu Bützow.

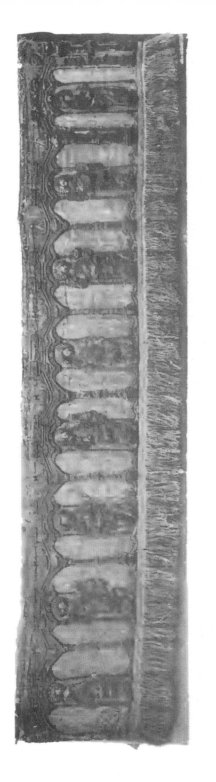

Bülow'sches Antependium aus der Stadtkirche zu Bützow. (Im Grossherzoglichen Museum.)

Bülow'sche Kasula aus der Stadtkirche zu Bützow. (Im Grossherzogl. Museum.)

farbiger Seide aufgestickten Figuren. In der Kreuzung selber die hl. Maria mit dem Kinde; im Arm zur Rechten die hl. Barbara mit dem Kelch und in dem zur Linken die hl. Ursula mit dem Pfeil, beide als Halbfiguren. Unterhalb der Maria zunächst in ganzer Figur eine weibliche Figur, deren Attribut nicht mehr genau zu erkennen ist, wahrscheinlich die hl. Elisabeth, dann aber unter dieser die nach dem Schwertgriff in der Rechten wohl zu bestimmende Figur der hl. Katharina. — 19. Seidene Kasula des XV. Jahrhunderts in violettrother Farbe. Der aufgenähte golddurchwirkte schmale Kreuzstreifen enthält einige kleine Blumen- und Ornamentbildchen und ausserdem die Namen maria und jhefus zu mehreren Malen.[1] — 20. Altes Stadtsiegel vom XIV. Jahrhundert., nach dem in Lübeck erhaltenen einzigen Abdruck [Abbildung s. o. S. 47].[2]

Hospital zum Heiligen Geist. Vor wenigen Jahren wieder neu aufgebaut. Zu der kleinen Kapelle des Stifts, die einen Chorschluss aus dem Achteck hat, gehört ein silbervergoldeter Kelch auf rundem Fuss. Auf dem Fuss sitzt aufgenietet das dänische Wappen, dem als Herzschild das Schleswig-Holsteinsche Wappen aufgelegt ist. Darum gelegt ein Spruchband: **ELISABET V · G · G · H · Z M**. Unter dem Fuss die Inschrift: **DESSEN KELCK HEFT MIN GNEDIGE FRAWE HERZOGEN VLRIGES GEMAL THO BVTZOW IN DEN HILGEN GEST GEGEVEN TO GADES EHR 1568**. — Auf dem Altar vier Leuchter, zwei niedrigere von Messingguss ohne Inschriften und zwei höhere von Zinn mit Inschriften: **JÜRGEN FINCK ⤳ 1744 ⤳** und **⁙ ELISABETH WITTEN 1754 ⁙**. Letztgenannter hat die beiden Bützower Stempel:

Hospital zum Heil. Geist.

Kelch des Hospitals zum Heiligen Geist.

---

[1] Lisch, M. Jahrb. XLVI, S. 320. 321.

[2] Lisch, M. Jahrb. XXXIX, S. 219, nennt die neben der hl. Maria stehenden beiden Heiligen Petrus und Matthaeus, giebt aber zu, dass sie nicht sicher zu erkennen seien. Der Zeichner behauptet bei der einen Figur den Kelch, bei der anderen den Korb zu erkennen. In diesem Fall hätten wir als Nebenheilige den hl. Johannes und die hl. Elisabeth.

Das »Hospital zum Hl. Geist« ist nicht zu verwechseln mit dem »Raths-Armenhaus . Dies ist aus einem spätmittelalterlichen Jungfrauen-Kloster Bethlehem hervorgegangen, dem Bischof Werner im Jahre 1469 eine Ordnung ertheilt. Ausserhalb des Rostocker Thores hat gestanden das Closter Betlehem. Nach der Reformation hat die Gemahlin des Herzogs Ulrichs, Elisabeth, dasselbe zum Hospital verwandelt, und ist noch da. Neben demselben soll eine Capelle, nahe an dem Wasser, gewesen sein, von welcher man saget, sie sey in den See versuncken«: Mantzel, Bütz. Ruhest. V, S. 15. XI, S. 68. Ueber die Speisung der Armen zu Bützow in der bischöflichen Zeit vgl. Schröder, Pap. M., S. 2852. Zum Kloster Bethlehem ist eine Nachricht zu vergleichen bei Koppmann, Gesch. d. Stadt Rostock, S. 109.

Die im Jahr 1619 abgebrochene Gertruden-Kapelle war »extra muros oppidi und hat gestanden auf dem Kirchhof vor dem Rühner Thor. Sie hat zwei Altäre gehabt: nämlich Altare summum et Altare S. Andreae, Catharinae et Hulperini Sie hat treffliche reditus von Aeckern und Hebungen gehabt. Possessor ist gewesen Senatus zu Bützow, und hat ehedem Senatus einem studierenden Stadtkinde darin ein Stipendium ertheilet«: Mantzel, Bütz. Ruhest. V, S. 15. Zum Hulperinus (= Sunte Hulpe, S. Kummernuß, Wilgefortis etc.) vgl. M. Kunst- und Gesch.-Denkm. I (Wandgemälde in St. Nikolai) und M. Jahrb. LVII, Q.-B. II, S. 16.

Die St. Georgs-Kapelle (s. o. S. 43) wird im Kirchenvisitationsprotokoll von 1544 zum letzten Mal genannt. Schildt, M. Jahrb. XLVII, S. 149.

*   *   *

Kirche der reformierten Gemeinde. Die am »Ellernbruch« gelegene **Kirche** der **reformierten Gemeinde** macht von Aussen den Eindruck eines tüchtigen zweistöckigen Privathauses in den Formen des beginnenden Klassicismus, mit gebrochenem Walmdach. Oberhalb der Eingangsthür eine Tafel mit der Inschrift: REFORMATORUM CULTUI DIVINO SACRUM . INCHOATUM DIE XXIII APRILIS MDCCLXV FINITUM DIE XXXI OCTOBRIS MDCCLXXI REGNANTE FRIDERICO PIO DUCE NOSTRO CLEMENTISSIMO. Die Längenachse des Gebäudes läuft von Nord nach Süd. An der Nordwand des das ganze Haus einnehmenden Kirchenraumes ist die **Kanzel** (1770 von CHR. DIPPEL in Amsterdam, gebürtig aus Bützow, gestiftet) angebracht. Unmittelbar davor ein als **Altar** dienender Tisch und an der Süd wand die **Orgelempore.** Am Nordende der Ostwand ist eine Sakristei angebaut, in der sich das Bild des um den Kirchenbau sehr verdienten Pastors **J. H. FINMANN** befindet.[1]

Kanzel.
Altar.
Orgel-empore.

Kleinkunst-werke. **Kleinkunstwerke.** 1. Silbervergoldeter Kelch auf sechspassigem Fuss in einfachen Barockformen. An der Kupa eingraviert das Lippe-Weissenfeld'sche Mantelwappen mit Krone darüber. Am Fuss der neben-stehende Dresdener Stempel, daneben das Wardierungszeichen ~~~~ und ein W. — 2. Grosser flacher silbervergoldeter Teller mit demselben Wappen und Stempel.[2]) — 3. Silbervergoldete glatte Patene, zu Kelch Nr. 1 passend, auf

---

[1] Vgl. Koch, Festschrift von 1899 (die Reformirten in M.), S. 84 ff. 103 ff.
[2] Nach dem Kirchenbuche haben die Brüder Friedrich und Karl (dieser später Reichs-hofrath in Wien) Grafen von der Lippe-Weissenfeld, die beide in Bützow studierten, Kelch und Teller am 31. Oktober 1773 geschenkt.

der Unterseite die Inschrift: **DER REFORMIRTEN TEUTSCHEN GEMEINE ZU BÜTZOW.** Schweriner Arbeit: Ⓢ ⒶⓁⓂ. — 4. Silbervergoldete Kanne von einfacher bauchiger Form. Inschrift und Zeichen unter dem Fuss wie bei 3. — 5. Silbervergoldeter Kelchlöffel ohne Zeichen. — 6. Silbervergoldeter Kelch auf rundem Fuss. Inschrift und Zeichen wie bei 3. — 7. Silberne Patene, dazu passend, ohne Inschrift. Nebenstehende Zeichen. — 8. Silber- vergoldete Kanne, klein, Zeichen wie bei 7. — 9. Silberner Kelch- löffel, Zeichen wie bei 7. — 10. Silberner Brodteller; an der Unterseite: **FAICT PRESANT PAR DANIEL LE PLAT Aᵒ.1703.** Vom Güstrower Goldschmied Heinr. Hölscher: Ⓖ ⒽⒽ.[1]) — 11. Getriebene silberne Taufschale. An der Unterseite: **SUSANNA DE BELLOC DER REFORM • TEUTSCHEN GEMEINE ZU BÜTZOW • 1775.** Als Beschau- oder Stadtzeichen der Augsburger Pinienzapfen und der Meisterstempel ⒾⓌ[2].) — 12. Ein zwölfarmiger messingener Kron- leuchter und sechs messingene Wandarme sind Geschenke von **SUSANNA VON BELLOC 1770**, deren Wappen sich an der Kugel des Kronleuchters befindet.

* * *

Kapelle im Centralgefängniss. Auf dem Altar zwei zinnerne Leuchter mit der Jahreszahl 1852 und dem Stempel: **F. BECHLIN GÜSTROW.** — **Kelch, Patene** und **Oblatendose** von Silber, sämmtlich mit der Jahreszahl 1852 und den beiden Stempeln: Ⓑ ⒹⒺⓃⒾⓉⓏ.

Kapelle im Central- gefängniss.

* * *

Dreibergen. Der im dritten Stock des Hauptgebäudes sich befindende Kirchenraum, besser gesagt Andachtssaal, bietet keinen Anlass zu besonderen Bemerkungen. Es mag aber ein hoher silbervergoldeter **Kelch** mit Rokoko- ornamenten des vorigen Jahrhunderts genannt werden, der den Berliner Stempel (aufrecht schreitender Bär) zeigt.

Andachts- saal zu Dreibergen.

* * *

Das Schloss. Die ältesten Abbildungen des Schlosses, die sich erhalten haben, sind eine Aussen- und eine Innenansicht aus dem vorigen Jahrhundert. Die Aussenansicht giebt Lisch als Titelvignette zum dritten Bande seines Mecklenburg in Bildern (1844). Es ist eine Bildaufnahme von Südosten her, jenseits des einen Theil der Stadt umziehenden südlichen Wasserarms.[3]) Was Lisch 1844 sagt, passt im Wesentlichen auch heute noch: »Die Hauptgebäude stehen noch, der Thurm in der Mitte und das Gebäude links sind in neueren Zeiten abgebrochen. Das Gebäude links, welches zugleich äusseres Thorhaus war, hiess, wie in Warin ein ähnliches Gebäude der

Das Schloss.

---

[1]) Daniel le Plat wohnte in Güstrow und war einer der Aeltesten (anciens) der refor- mierten Gemeinde. Nr. 6—10 dienen zur Privat-Kommunion.

[2]) Rosenberg, Der Goldschm. Werkz., S. 63.

[3]) Vom grossen See zur Warnow hin.

bischöflichen Burg, der Bischofssaal und enthielt später die Bibliothek des Pädagogiums.[1]) Das rechts daneben stehende, hier nur im Giebel sichtbare, früher als Kriminal-Kollegium benutzte Hauptgebäude enthielt Wohnungen, Lehrzimmer, Kirche u. s. w. In dem noch stehenden halbrunden Gebäude rechts (das den Vordergrund der Ansicht einnimmt) waren die Speiseanstalten des Pädagogiums. An dasselbe schloss sich rechts die Wohnung des bekannten Universitäts-Bibliothekars, Professors Tychsen, und an diese die Universitäts-Bibliothek links am Eingange von der Stadt, an welchem rechts noch ein hoher viereckiger Thurm stand.«[2])

Altes Schloss zu Bützow, von Südosten gesehen. (Nach Lisch.)

Der weiland als Gefängniss dienende, auf der Ansicht nicht mehr vorhandene viereckige Thurm mit Schlagglocke und Uhrscheibe war ein Bau des Bischofs Nikolaus Böddeker von 1447/48. Er stand noch im Jahre 1754, als Franck seine Inschrift, die in an einander gereihte Ziegelsteine (s. Tempzin in Bd. III) eingebrannt war, aufzeichnete. Sie lautete: Mccccrlbii reuerendus pater dominus Nicolaus episcopus surinensis hanc turrim construrit mccccrlbii. Den Hauptthurm oder runden Bergfrit der Burg nennt Franck den blauen Thurm«. »Dieser war schon — sagt er — mit dem quer über stehenden Gebäude, in Anno 1383 fertig,« giebt aber nicht an, woher er diese Nachricht

---

[1]) Vorher Jäger- und Fischerwohnung. Vgl. Schildt, M. Jahrb. XLVII, S. 152. — Ueber auf dem Schlossplatz gefundene Alterthümer vgl. Lisch, M. Jahrb. XXI, S. 258. Vgl. dazu XIX, S. 334.

[2]) Lisch, Mecklenburg in Bildern, III, S. 64. Abbildung des Pädagogiums auf einer Medaille: Lisch, M. Jahrb. IV B, S. 62.

hat.[1]) Heute stehen noch zwei grosse Hauptbauten des alten Schlosses, erstens jenes hohe Giebelhaus, das in der Gesammt-Ansicht links vom runden Thurm erscheint und rechts von der Strasse liegt, die jetzt von der Stadt her über den Schlossplatz führt, und zweitens das in seiner Längenachse sich krümmende Haus, welches in der alten Gesammt-Ansicht den Vordergrund füllt und links von der genannten Strasse liegt. Von beiden ist es nur das in seinem Erdgeschoss die ehemalige Bischofskapelle in sich schliessende hohe Giebelhaus, das die Aufmerksamkeit auf sich zieht. Wer die alten Fürstenschlösser in Wismar, Schwerin und Gadebusch kennt, der sieht sofort, dass der

Das Schloss, nach einem Stich vom Jahre 1760.

Bützower Bau in gleichem Sinne wie diese während der zweiten Hälfte des XVI. Jahrhunderts eine Umänderung aus dem Gothischen nach der Richtung des Renaissance-Geschmackes hin erfahren hat. Die in Stein gebrannten Rundbilder, Wappen, Inschriften, Gesimse und Giebeleinfassungen reden in dieser Beziehung ihre Sprache. Die Inschriften des Herzogs Ulrich und seiner Gemahlin von 1556 und des Herzogs Christian von 1661 hat schon Mantzel verzeichnet.[2]) Wie dieser Bau zur Zeit des Pädagogiums im vorigen Jahr-

---

[1]) Franck, A. u. N. Meckl., VIII, S. 70. Vgl. Mantzel, Bütz. Ruhest. III, S. 6. Lisch, M Jahrb. IIIB, S. 69. Crull, M. Jahrb. XXIV, S. 33. Schildt, M. Jahrb. XLVII, S. 151. 152. — An dem viereckigen Thurm zählte Mantzel, Bütz. Ruhest. XIII, S. 24, zehn Steine mit dem Böddeker'schen Schwanen-Wappen.

[2]) Bütz. Ruhest. V, S. 6. — Ueber Briefe der Herzöge Johann Albrecht I. und Ulrich, die von Bützow ausgingen, vgl. M. Jahrb. XXII, S. 151. 171.

hundert den
Bewohnern
der Stadt
erschien,
veranschau-
licht eine
alte Zeich-
nung vom
Jahre 1760.
Wie er
heute aus-
sieht, wo
er für
Dienst-
wohnungen
eingerichtet
ist, lässt
die bei-
gegebene
Photogra-
phie er-
kennen.
Ein vor dem
Schloss lie-
gender
eiserner

Das Bützower Schloss m seiner jetzigen Erscheinung.

Mörser ist vor langen Zeiten im Schlossgraben gefunden worden.

Die Kapelle zu Zepelin. [1]

Geschichte des Dorfes. Heute ist Zepelin ein Domanial-Bauerndorf, im Mittelalter gab es dort neben einer grösseren Zahl von dienst- und abgabenpflichtigen Stifts-bauern einzelne Höfe und Hufen, die als Lehngüter eingesetzt waren, und auf denen bischöfliche und landesherrliche Vasallen unter der Jurisdiktion des Bischofs sassen. Im XIII. Jahrhundert finden wir dort die beiden Adels-familien Kämmerer und Babbe, nachher im XIV. Jahrhundert die Zernin und Bülow, und neben ihnen haben Bützower Kapitelsherren und Stadtbürger Besitz und Rechte.[2] Im XVI. Jahrhundert begegnen uns in Zepelin die

[1] 5 km östlich von Bützow. Von Kühnel, M. Jahrb. XLVI, S. 165, als Ort des Cêpela (cêp- = Spross) gedeutet.

[2] M. U.-B. 1178. 1852. 1915. 3181. 5472. 5527. 6535. 8162.

Familien Preen und Wackerbarth, die nach einander in Lübzin ihren Wohnsitz haben und den Zepeliner Hufenbesitz als Pertinenz von Lübzin behandeln. Im XVII. Jahrhundert sind deren Rechtsnachfolger die Maltzan, Stralendorff und Pederstorf, und im XVIII. die Mecklenburg. Dietrich Albrecht von Mecklenburg ist es, der 1767 den letzten ritterschaftlichen Antheil von Zepelin, nämlich eine bis dahin als Pertinenz von Lübzin behandelte halbe Hufe, an die herzogliche Kammer verkauft.[1]

Wann die Kapelle gegründet worden, die im Mittelalter ein bischöfliches Lehn war, ist bis jetzt nicht bekannt.

Kapelle. Die Kapelle ist ein unscheinbarer vierseitiger Fachwerkbau mit einem Walmdach ohne Thurm. Auf der Wetterfahne die Zahl **1686**. Nördlich von der Kirche ein hoher Glockenstuhl mit einer einzigen **Glocke**, deren schlecht zu erreichende Inschrift, nach den Buchstaben zu urtheilen, dieselbe Zeit geben wird wie die Wetterfahne. Dem Aeusseren entspricht der flachgedeckte Innenraum mit seiner dürftigen Einrichtung. Auf dem **Altar** ein spätgothischer Schrein mit Resten von geschnitzten Baldachinen, aber an Stelle der Schnitzwerke kunstlose Malereien später Zeit enthaltend. Auch die **Kanzel** von 1682 ist ohne Bedeutung. **JOACHIM GOLNITZ** und **ILSE FOHTSCHE** liessen sie im Jahre 1702 bemalen. Genannt mögen werden vier **Zinnleuchter**, alle von verschiedener Grösse und Form. Der grösste, von **HANS CHRISTOFFER DANCKWARDT 1724** gestiftet, ist Rostocker Arbeit. Nebenstehendes Meisterzeichen des **Joachim Voss d. Ä.** Der andere, gleichfalls 1724, aber von **ANNA DANCKWARDTEN** gestiftet, hat dieselben Stempel. Der dritte, bezeichnet mit **A · K · 1723**, ist Bützower Arbeit mit nebenstehendem Giesserstempel. Der vierte, von **HANS · TOLZIHN ·|· EVA · TOLZIHN ·|· ANNO · 1737** gestiftet, hat dieselben Stempel wie der dritte. Ferner befinden sich dort zwei kleine **Henkelvasen** von Zinn mit der Inschrift: **JESU HILF · ANGENETHA MURREN WITTWE · Ao · 1760.** Güstrower Arbeit mit nebenstehendem Stempel.

Als Abendmahlsgeräthe dienen die Bützower Vasa sacra.

Margin notes: Kapelle. — Glocke. — Altar. — Kanzel. — Zinnleuchter. — Henkelvasen.

Die Kapelle zu Langen-Trechow.[2]

Am 1. Juli 1287 gehen mit Genehmigung des Schweriner Bischofs als Herrn des Stiftslandes sechs Hufen in »Teutsch-Trechow« aus dem Besitz des Eberhard Moltke in den des Ritters Heidenreich Babbe und seiner Söhne Hans und Dietrich über.[3] Sie seien von Alters her Lehngut gewesen,

Margin note: Geschichte des Dorfes.

[1] Akten im Grossh. Archiv. Vgl. dazu Schildt, M. Jahrb. XLVII, S. 179. Auch S. 170.

[2] 5 km nordwestlich von Bützow. Nach Kühnel, M. Jahrb. XLVI, S. 147, soviel wie »Ort des Trecha«.

[3] Nach einem Regest des Clandrian: M. U.-B. 1915.

heisst es. Fünfzehn Jahre später giebt Johannes Babbe Einkünfte, die er »in villa Trechow Teutonicali« hat, zur Stiftung einer Vikarei in der Kirche zu Bützow her.[1]) Das Bützower Kollegiatstift erwirbt dann, wiederum fünf Jahre später, im December 1320, auch Einkünfte in dem anderen nahe dabei gelegenen Trechow. nämlich in Wendisch-Trechow, »in Slavicali Trechowe«, worüber der Ritter Alexander von Schwerin zu verfügen gehabt hat.[2]) Und nun erfolgt alsbald die Stiftung einer Kapelle in »Dudeschen Trechow« durch das Bützower Kapitel und deren Bestätigung durch den Bischof Johann von Schwerin am 13. April 1329.[3]) Viermal im Jahre — so wird beschlossen — soll dort von einem Bützower Priester, für den die Bauern des Dorfes einen Wagen (currum abiliter et decenter expeditum cum duobus equis) zu stellen haben, Gottesdienst gehalten werden.

Da nun die Kapelle, von der hier die Rede ist, nicht in Kurzen-Trechow, sondern in Langen-Trechow steht, so ist Langen-Trechow das alte deutsche Trechow und Kurzen-Trechow das ehemalige wendische Dorf. Auch ersieht man zugleich, dass hier im XIII. und XIV. Jahrhundert Bauern wohnten, die dem Lehnsadel des Stifts zinspflichtig sind und als dessen Hörige erscheinen.[4]) Auf einem Herrenhof zu Wendisch-Trechow, wie wir ihn dort neben verschiedenen Bauernhöfen uns vorzustellen haben, wohnen im XIII. und XIV. Jahrhundert die von Trechow, die auch anderswo in der Nachbarschaft, nämlich in Wolken, Boldebuck und in Vorbeck bei Schwaan, begütert sind. Mit ihnen die gleichem Stamm entsprossenen von Gikow und später auch die von Hoben.[5]) Neben ihnen sind in Deutsch-Trechow die Schnakenburg begütert. Aber sie verkaufen am 10. März 1369 sieben Bauerhufen an den Knappen Berthold Maltzan.[6]) Und nun kommt diese Familie in beiden Gütern auf, wenngleich die Babbe und Schnakenburg ihren Besitz in Deutsch-Trechow noch eine Zeit lang festhalten.[7]) Am 18. Oktober 1389 geht das ganze Gut Wendisch-Trechow (dat ghud, ghulde, hof, dorp, molen vnde houen des dorpes to Wendischen Trechowe) so wie es die Trechow, Gikow und Hoben besessen, durch Kauf an Vicke Moltzan über.[8]) Abgesehen von zeitweisen Verpfändungen im XVI. und XVII. Jahrhundert (an Achim Passow, Paul Vieregge, Jürgen Wackerbarth, an Abel von Plessen, geb. von Oertzen), behalten die von Maltzan ihre Rechte an beiden Dörfern bis in das XVII. Jahrhundert, in welchem der Name Kurzen-Trechow für das wendische und Langen-Trechow für das deutsche Dorf üblich

---

[1]) M. U.-B. 2851.

[2]) M. U.-B. 4254.

[3]) M. U.-B. 5046.

[4]) Vgl. dazu auch M. U.-B. 5745. Das Register zum Urkundenbuche in Band XI verwechselt Kurzen- und Langen-Trechow mit einander. Der Irrthum setzt sich fort im Register des XVII. Bandes, ist dort aber am Schluss auf S. 664 berichtigt. Demgemäss sind auch die Ueberschriften der Urkunden zu berichtigen.

[5]) M. U.-B. 8701. 8750. 8983. 9868.

[6]) M. U.-B. 9885.

[7]) M. U.-B. 10656. 10676 Anmkg. 10802. 10845. 10866 11068. 11168. 11253. 11287. 11298.

[8]) Lisch, Maltz. Urk. II, Nr. 349.

wird.[1]) Doch lässt sich ein Zusammenbruch des Vermögens der Trechower
Linie nicht aufhalten, und nun gelangt um die Mitte des XVII. Jahrhunderts
die Familie von Plüskow in den Besitz beider Güter.[2]) Die von Plüskow erwerben 1685 das Patronat der Kapelle, das früher der Bischof besessen hatte,
aber unter ihrer Herrschaft verschwinden im XVIII. Jahrhundert die letzten
Bauern.[3]) Die von Plüskow bleiben bis 1841 im Besitz.[4]) Ihnen folgt bis 1847
der Regierungsrath Friedr. Albrecht von Oertzen und diesem die Kammer-
herrin Anne Christine Friederike von Plessen, geb. von Carnap, deren Familie
noch heute beide Güter besitzt.

Die **Kapelle** ist ein minderwerthiger Ziegelfachwerkbau mit einem
Chorschluss aus dem Achteck. Der Innenraum ist mit gewölbter Holzdecke
geschlossen. **Altar** und **Kanzel** stammen aus dem Jahre 1788. Die kleine
Glocke ist schwer zu besichtigen, scheint auch weder Schrift noch Zeichen
zu besitzen. Aber zu beachten sind viele Plüskow'sche **Wappenschildchen**
von Eisenblech mit Unterschriften, die zum Schmuck von Särgen gedient
haben werden, sowie besonders eine Anzahl kleiner **Glasbildchen** mit gleichem
Plüskow'schen Wappenschmuck aus dem XVII. Jahrhundert.

(Marginalien:) Kapelle. Altar und Kanzel, Glocke, Wappen-schildchen, Glas-bildchen.

Das Filial-Kirchdorf Passin.[5])

Der Ort wird 1236 zum ersten Mal bei der Bützower Feldabgrenzung urkundlich genannt.[6]) In demselben Jahre, in welchem Langen-Trechow eine
Kapelle mit Gottesdienst erhält, erhält auch Passin eine solche. Am 24. März
1329 empfängt sie ihre Bestätigung vom Bischof. Und zwar sind es in Passin
genau dieselben Verhältnisse, unter denen die neue Einrichtung ins Leben tritt,
wie in Trechow.[7]) Am 8. Mai 1333 verpfändet Bischof Ludolph Bede und
höchstes Gericht von fünfzehn Hufen in Passin und acht Hufen in Zernin an
Gemeke von Bülow und Heine Wulfskrog (Wulueskroghe) für ein Kapital von
567 Mark Wendisch.[8]) Lüdeke Schwerin zum Wuluecroghe, der zur Familie
der Wulfskroge zu gehören scheint und auch in Neuendorf (Niendorf) bei
Bützow begütert ist, verfügt noch 1367 über Einkünfte aus Passin.[9]) Später,

(Marginalien:) Geschichte des Dorfes.

[1]) Lisch, Maltz. Urk. III, 4, 447 Anmkg., 475 Anmkg., 492. IV, 673, 674, 678, 685, 776.
M. Jahrb. IX, S. 470. Ferner Akten im Grossh. Archiv.
[2]) Schildt, M. Jahrb. XLVII, S. 216.
[3]) Plüskow II. Vgl. von Lehsten, Adel M.'s, S. 200.
[4] Akten von 1794—98 im Grossh. Archiv.
[5]) 7 km nördlich von Bützow. Kühnel, M. Jahrb. XLVI, S. 104, erklärt den Namen, für
welchen in alter Zeit die Form Partzin die herrschende ist, als »Ort des Parc« oder Parca«.
[6]) M. U.-B. 456.
[7] M. U.-B. 5042. 5046 Anmkg.
[8]) M. U.-B. 5419. Vgl. 10692.
[9]) M. U.-B. 9594. Crull, Geschl. d. Mannschaft, unter Nr. 206 und 532.

im Anfang des XV. Jahrhunderts finden wir die von Moltke, und zwar die Neuenkircher Linie dieses Geschlechts, im Besitz der Dörfer Parkow, Bahlen, Passin und Penzin. Sie bleiben bis ins XVII. Jahrhundert hinein, wenngleich diese Güter während eines langdauernden Streites, den die von Moltke von 1543 bis 1600 mit den Herzögen führten, von letzteren lange Zeit hindurch eingezogen waren und erst im Jahre 1629 durch Wallenstein an Gebhard Moltke als Lehn zurückgegeben wurden. Doch schon zwei Jahre später gehen sie in Folge des bekannten Hochverraths-Prozesses wieder verloren. Zwar wird Gebhard Moltke 1637 in seine Güter wieder eingesetzt, aber er kommt nicht mehr in deren Genuss.[1]) Erst 1643 kehrt er ins Vaterland zurück und stirbt schon ein Jahr darauf im November 1644. Bei seinem Sohn Joachim Friedrich ist nachher nur von Toitenwinkel und Wesselstorf die Rede, aber nicht mehr von den Bützower Stiftsgütern.[2])

Kapelle.   Die **Kapelle** ist ein Fachwerkbau und sowohl als solche als auch mit ihrem Inhalt ohne Bedeutung. Ihre **Glocke** (Dm. 0,55 m) mit der Inschrift **SOLI DEO GLORIA** ist von **Joh. Valentin Schultz** in Rostock gegossen worden.

Das Kloster Rühn.[3])

Geschichte des Klosters.   Von der Gründung des Cistercienser-Jungfrauen-Klosters Rühn im Jahre 1232 durch den Bischof Brunward von Schwerin ist oben S. 41 und im dritten Bande der M. Kunst- u. Geschichts-Denkmäler, S. 445, ausführlich die Rede gewesen. Am 14. Mai 1233 erfolgt die Bestätigung durch Erzbischof Gerhard II. von Bremen.[4]) Vier Wochen später bewidmet Bischof Brunward das Kloster mit den Dörfern Rühn, Peetsch, dem nicht mehr vorhandenen Nienhagen bei Rühn, Bernitt, Moltenow (Altona), Tessin und dem langen Hagen, der sich bis nach Glambeck zieht (Hermannshagen, Käterhagen, Bischofshagen).[5]) Dazu giebt er ihm den Bann in den Kirchen zu Bützow, Warin, Retschow, Satow, Karin,

---

[1]) Akten im Grossh. Archiv. Am 16. März 1636 befiehlt Kaiser Ferdinand, mittelst Patentverordnung an alle Kriegsbediente, die Güter des kaiserl. Rathes Gebhard von Moltke, als Toitenwinkel, Wesselstorf, wie auch dessen im Stift Schwerin gelegene Güter Passin, Bahlen, Parkow und halb Penzin mit Einquartierung zu verschonen. Vgl. Schildt, M. Jahrb. XLVII, S. 173. 175.

[2]) Lisch, M. Jahrb. XX, S. 330. XXXVI, S. 14. 27. 37. M. Kunst- und Gesch.-Denkm. I, Seite 335.

[3]) 5 km südwestlich von Bützow. Kühnel, M. Jahrb. XLVI, S. 123./124, deutet den Namen als Ort des Run-.

[4]) M. U.-B. 417. Vgl. dazu 398. Lisch, M. Jahrb. VIII, S. 6—8. Wigger, M. Jahrb. XXVIII, Seite 205.

[5]) In dem mit kalligraphischer Schönheit und Sauberkeit ausgeführten Landbuch des Klosteramts Rühn vom Jahre 1579 lautet die Ueberschrift über dem langen Hagen: »Hermannshagen oder Bischofshagen«, was einen Fingerzeig giebt.

Neuenkirchen, Tessin, Qualitz, Baumgarten, Boitin, Tarnow, Parum und Lambrechtshagen bei Parkentin sammt der Anwartschaft auf den in der Kirche zu Bernitt, sobald der Kirchherr Herbord daselbst gestorben sei, und umschreibt zugleich die Rühner Parochie mit den Dörfern Rühn, Peetsch, Zernin (Wendischen Zhiarnyn) und dem nicht mehr vorhandenen Hanshagen.[1]) Am 25. April 1234 giebt das Domkapitel zu alledem seinen Konsens, am 3. Februar 1235 stellt Papst Gregor IX. zu Perugia einen Konfirmations- und Schutzbrief aus, und nun beginnt schrittweise die Vermehrung des Klosterbesitzes durch weiteren Erwerb von Grund und Boden, von Hebungen und anderen Einkünften aller Art.[2]) Gleichzeitig wächst die geistliche Thätigkeit im Kloster. So hören wir 1270 von einer besonderen Marien-Kapelle und 1277 von der Gründung eines Filialklosters ferne im Osten in der Altstadt Kolberg im Bisthum Kammin.[3]) Die trübe Erfahrung eines angeblich von Bösewichtern am Dienstag vor Pfingsten 1292 bei Nachtzeit angelegten Brandes im Kloster hemmt nicht den Fortgang des guten Werkes.[4]) Es mehren sich die Stiftungen von Vikareien und Altären. Unter den Altären werden in späterer Zeit der der Apostel Petrus und Paulus, der des hl. Kreuzes und der der Apostel Philippi und Jakobi besonders genannt.[5]) Nicht selten scheinen auch die Exkommunikationen gewesen zu sein, mit denen der Rühner Probst in bischöflichem Auftrage gegen aufsässige Städte, Ritter und selbst Mitglieder fürstlicher Häuser vorzugehen hat. Wenigstens zählen wir in der ersten Hälfte des XIV. Jahrhunderts nicht weniger als vier solcher Fälle.[6]) Unter den Nonnen des Klosters begegnen uns in späteren Verzeichnissen ausschliesslich die Töchter unserer mecklenburgischen Adelsfamilien. Wir treffen dort die Kinder der Linstow, Moltke, Axekow, Platen, Kardorff, Blücher, Beckendorff, Oertzen, Gummern, Bernitt, von der Lühe, Liepen, Parum, Primerstorf, Driberg, Plessen, Preen, Grabow, Barsse, Rehschinkel, Barold, Weltzien, Kröpelin, Behr, Barnekow, Basse (Bassewitz), Negendank, Smeker, Gerden, Stralendorff, Trebbow, Zapkendorf, Averberg, Nortmann und Barner.[7])

---

[1]) M. U.-B. 420. Im Jahre 1264 kommt auch das Patronat in den Kirchen zu Frauenmark und Severin hinzu, desgleichen der Bann daselbst. Inzwischen aber hat das Kloster den Bann zu Bützow an den Probst des dort entstandenen Kollegiatstiftes abgeben müssen. Vgl. M. U.-B. 610. 1009. 1023. 1034. 1288. 2333. 3562. 7676. Dazu o. S. 42, Anmkg. 3. Lisch, M. Jahrb. XXV, S. 289.

[2]) M. U.-B. 423. 431. 440. 498. 943. 1149. 1153. 1428. 1479. 1913. 1952. 2017. 2045. 2071. 5291. 5429. 5628. 5695. 7978. 8029. 8102. 8721. 8806. 8831. 9585. 9675. 10966. 11219. 11337. 11396. 11407. 11551. Dazu ungedruckte Urkunden im Grossherzogl. Archiv zu Schwerin. Wie ein grosser Theil der Rühner Urkunden im Jahre 1627 nach Dänemark gekommen und von dort nur mit grösster Mühe erst in unserem Jahrhundert abschriftlich wieder zu erlangen war, erzählt Lisch in M. Jahrb. XXVII, S. 91 ff.

[3]) M. U.-B. 1197. 7198.

[4]) M. U.-B. 2333. Detmar-Chronik, ed. Koppmann, S. 373. Lisch, M. Jahrb. XXV, S. 290.

[5]) Ungedruckte Urkunden aus den Jahren 1401, 1443, 1474, 1476 und 1498.

[6]) M. U.-B. 3033. 3968. 5469 (10). 7394.

[7]) Nach ungedruckten Verzeichnissen von 1495 und 1500. In ältester Zeit finden sich in Rühn auch die Töchter bürgerlicher Familien als Nonnen eingeschrieben, so vor 1300 die der Familien Richard, Persek, Schweim und Rodekogel. Das bleibt auch noch so im XIV. Jahrhundert (vgl. Register zum Urkundenbuch), scheint sich aber gegen Ende des XV. Jahrhunderts geändert zu haben.

Auch fehlen in Urkunden des XV. Jahrhunderts nicht die von Maltzahn, Restorf,
Winterfeld, Lützow, Vieregge, Passow, Bibow, Sperling, Gantzkow, Pape u. a. m.
Es ist daher ganz natürlich, dass ein grosser Theil jener Urkunden rein geschäft-
lichen Inhalts, die sich von jedem Kloster und also auch von Rühn erhalten haben,
mit den obengenannten Familien zu thun hat.[1]) Uebrigens giebt es gelegentlich
auch Trübungen des guten Einvernehmens zwischen diesen Familien und dem
Kloster. So werden z. B. im Jahre 1487 durch einen Befehl des römischen
Stuhles die Pröbste zu Güstrow und Greifswald sowie der Offizial zu Ratzeburg
angewiesen, wegen Besitzstörung des Klosters gerichtlich gegen Heinrich von
der Lühe, Heidenreich Bibow, Berthold Preen, Ewald Vieregge, Heinrich Moltke
und Johann Axekow vorzugehen.[2]) Das Bestreben, den Wirthschaftsbetrieb in
möglichster Nähe des Klosters zu haben, giebt sich in zwei für die Geschichte
des Klosters sehr bedeutsamen Aufzeichnungen zu erkennen, erstens in dem
Landbuch des Klosteramts von 1579, das als ein »Fundament aller Rühnschen
Pächte und Hebungen« bezeichnet wird, und zweitens in der »Beschreibung
des Klosteramtes Rühn, aller desselben Einkünfte, Hebung und Zubehörung
nebst aller Herrlichkeit und Gerechtigkeit« vom Jahre 1654.[3]) Daraus ersieht
man, dass der kleinere Theil der Güter in nächster Nähe des Klosters, der
grössere Theil aber um das zehn Kilometer nordwestlich davon entfernte
Rittergut Moisall herum gelegen ist. Beim Kloster selbst sind es die Dörfer
Rühn, Pustohl, Peetsch und Baumgarten, um Moisall herum die Dörfer Bernitt,
Bischofshagen,[4]) Jabelitz, Klein-Sien,[5]) Moltenow, Warnkenhagen und Hermanns-
hagen. Vorübergehend besitzt das Kloster Rühn im XIV. Jahrhundert auch
einen Hof in Rostock, und 1384 erwirbt es das vier Kilometer nördlich von
Schwaan gelegene Dorf Benitz, das es später wieder aufgegeben haben muss.[6])
Als vereinzelter und etwas entfernterer Besitz mögen auch Reinshagen bei
Doberan, sowie ferner eine Anzahl Hufen in Granzin bei Lübz und in Krassow
bei Wismar genannt werden.[7]) Der im Jahre 1465 vollzogene Ankauf der
Bede und des höchsten Gerichts im Klosterdorf Warnkenhagen und in den
benachbarten Dörfern und Gütern Poischendorf, Goldberg und Radegast, lässt

---

[1]) Ausserdem giebt es besonders aus dem XV. Jahrhundert viele Schuldverschreibungen
und Instrumente auf wiederkäufliche Hebungen von Güstrower, Bützower und Sternberger Bürgern.

[2]) Vgl. Urkunden vom 15. März 1487 und 7. März 1489 bei Schröder, Pap. M., S. 2418.
2434—2438. Mantzel, Bütz. Ruhest. XVII, S. 5—7.

[3]) Schildt, M. Jahrb. XLVII. S. 228 ff., zählt auf Grund der genannten beiden Aufzeichnungen den gesammten Bestand der Waldungen, Seen, Teiche, Flüsse und Dörfer auf. Es genügt
daher, wenn hier darauf verwiesen wird.

[4]) Bischofshagen, eine zuletzt zum Pachthof Hermannshagen gehörende Meierei, brannte
am 18. Mai 1876 vollständig ab und ist seitdem nicht wieder aufgebaut (am Wege von Göllin
nach Hermannshagen). Daher ist jetzt nur von der »Feldmark« Bischofshagen die Rede.

[5]) Vgl. M. U.-B. 1264: Dasselbe wie Klein-Tessin. Das auf der Gegenseite des Sees gelegene Gross-Tessin heisst im Volksmunde Groten-Sien.

[6]) M. U.-B. 11396 und 11551.

[7]) M. U.-B. 1428. 5628. 5695. Noch im Jahre 1409 ist von der mit Asylrecht versehenen
»Darnhorst« bei Frauenmark die Rede.

erkennen, wohin die Wünsche auf weiteren Landerwerb gerichtet waren.[1]) Als eine der letzten Vergrösserungen des klösterlichen Grundbesitzes ist die durch Herzog Adolf Friedrich geschehene Verleihung des Hofes Hermanns-hagen mit den dienstpflichtigen Dörfern Qualitz und Schlemmin im Jahre 1655 zu betrachten.[2]) Doch haftet hieran die Bedingung, dass die Inkorporierung nur solange gültig sei, als eine mecklenburgische Herzogin als Regentin des Klosters an dessen Spitze stehe. Das ist aber in der That mit nur ganz kleinen Pausen bis zur Umwandlung des Klosters in das Amt Rühn im Jahre 1756 der Fall gewesen.[3])

Den besten Blick in das Rühner Leben gewähren in späterer Zeit be-sonders die Klosterordnungen. Nachdem sich schon der ausserordentlich thätige und opferwillige Bischof Konrad Loste im Jahre 1495[4]) durch eine Neuordnung der Einnahmen und Ausgaben im Kloster zu Rühn verdient gemacht hatte, erfolgte die erste den neuen Zeiten entsprechende Umkehrung der bisherigen Ordnung in der den Kirchenvisitatoren im Jahre 1557 gegebenen Instruktion, deren letzter Paragraph lautet: »Die Klosterjungfrauen dürfen auch gewöhnliche Kleidung tragen und sich verheirathen, wobei das Kloster mit seinen Einkünften förderlich sein soll.«[5]) Die durchgreifendste Neuordnung ist die, welche die Herzogin Elisabeth im Jahre 1581 schafft.[6]) Sie dämmt die im Jahre 1557 anscheinend allzuschnell gegebene Freiheit etwas wieder ein, denn die Konventualinnen müssen bei ihrer Aufnahme versprechen, dass sie sich »aus dem Kloster nicht verändern«, sondern Zeit ihres Lebens darin bleiben wollen. Als eine Besonderheit dieser Ordnung von 1581 ist die Stiftung einer Mädchenschule anzusehen. Sie sei gestiftet worden, heisst es, weil in anderen Klöstern des Landes keine Jungfernschulen vorhanden, in denen die Kinder vom Adel Schreiben und Lesen erlernen könnten Es wird darum jeder Konventualin gestattet, aus ihrer Verwandschaft oder sonst aus

---

[1]) Ungedruckte Urkunden im Grossh. Archiv.

[2]) Ueber die Schicksale von Hermannshagen, bei welchem in älterer Zeit der Hof als Rittersitz und das Dorf (später Käterhagen) als Komplex von Kossaten zu unterscheiden sind, und aus dessen Besitz das Kloster Rühn in den Zeiten des dreissigjährigen Krieges hinausgedrängt worden war, vergleiche Schildt a. a. O., S. 238—241.

[3] Als herzogliche Regentinnen des Klosters folgen auf einander nicht weniger als drei Töchter des Herzogs Adolf Friedrich: Sophie Agnes (1654—1694), Juliane Sibylle (1695—1701), Marie Elisabeth (1705—1713). Dann folgt aus dem Hause Mecklenburg-Strelitz die Herzogin Marie Sophie (1719—1728), Herzog Adolf Friedrich's III. Tochter, und zuletzt die Herzogin Ulrike Sophie, die Tochter des Herzogs Christian Ludwig II., die bis 1813 lebte, aber am 5. Juni 1756 gegen eine Entschädigung auf die Rühner Regentschaft Verzicht leistete. Vgl Wigger, M. Jahrh. L, S. 303. In früherer Zeit giebt es keine Herzogin als Rühner Aebtissin. Im Mittelalter hat unter den mecklenburgischen Klöstern das zu Ribnitz die meiste Anziehungskraft für das fürst-liche Haus. — Aus der Zeit der Regentschaft der Herzogin Sophie Agnes giebt es eine kurze Chronik des Klosters Rühn, die von 1654 bis 1693 reicht. Vgl. von Meyenn, M. Jahrb. LIX, Q.-B. III, S. 26—30.

[4], Schröder, Pap. M., S. 2561.

[5]) Schildt, M. Jahrb. XLIX, S. 270.

[6]) Schildt, a. a. O., S. 271 ff. G. von Bülow, Klosterordnung von Rühn vom Jahre 1581. Stettin 1885. (Nach einer stellenweise ungenauen Abschrift der Schweriner Original-Urkunde).

dem Adel junge Mädchen für eine entsprechende Pension zu sich zu nehmen.
Für den weiteren Inhalt der Klosterordnung vom 10. April müssen wir hier
auf Schildt a. a. O. verweisen. Am 15. Juni 1584 bestätigt Herzog Ulrich
diese Ordnung. Die erste, nur in unwesentlichen Nebensachen abweichende
Revision erfolgt den 15. August 1608 durch den Administrator Ulrich II.
Von ihr ist die des 24 Januar 1619 nur eine neue Publikation.[1]) Doch mag
bemerkt werden, dass in dieser jene Klausel mit der Verpflichtung zur Ehe-
losigkeit wieder fortgelassen ist. Wie und in welcher Art nachher Herzog

Kirche und Kloster zu Rühn.

Adolf Friedrich, mit fester Hand in die Stiftsangelegenheiten eingreifend, das
Kloster Rühn seinem Hause nutzbar macht, ist oben schon angedeutet worden,
ebenso auch, wie es nach der Vereinbarung zwischen Mecklenburg-Strelitz
und Mecklenburg-Schwerin, hundert Jahre später in Folge einer Verfügung
des Herzogs Christian Ludwig vom 8. März 1756, die Versorgung aller seiner
Kinder, insonderheit die der Herzogin Ulrike Sophie, der letzten Regentin
von Rühn betreffend, sang- und klanglos für alle Zeiten als Kloster geschlossen
wird. Als letzte Rühner Konventualinnen werden genannt Magdalene Dorothea
von Driberg († 20. Februar 1802) und Magdalene Henriette von Pritzbuer
(† 3. Januar 1806). Die Herzogin selbst stirbt den 17. September 1813, über
neunzig Jahre alt.

---

[1]) Ganz abgedruckt bei Mantzel, Bütz. Ruhest. XI, S. 7—20.

Die Namen
aller Pröbste, Pri-
orinnen und
Unterpriorinnen
hier aufzuführen,
würde zuviel
Raum bean-
spruchen.[1]) Wir
wollen hier nur
erwähnen, dass
die Nonnen,
welche bis dahin
bei auswärtigen
Geistlichen ge-
beichtet haben,
durch eine Ver-
fügung des
Bischofs Her-
mann vom 11.
April 1443 zum
ersten Mal einen
eigenen Beicht-
vater erhalten.
Der Bischof stiftet
zu diesem Zweck
am Altar Petri
und Pauli in der
Kirche zu Rühn
eine eigene
Vikarei, die er
mit Einkünften
aus Kleinen-Sien
(Luttken-Dessin)
dotiert. Er giebt
das Patronat über
diese Vikarei dem
Probst und der
Priorin, be-
schränkt aber ihre
Wahl insoweit,
als er ihnen auf-
erlegt, keinen

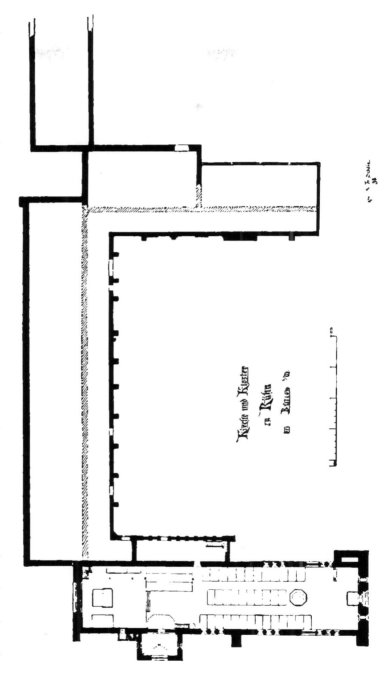

Kirche und Kloster zu Rühn in Bülow'sch

[1]) Im Jahre 1529 erfahren wir, dass der Probst Christian Flügge nicht bloss der Probst
des Klosters Rühn, sondern auch der des Klosters Sonnenkamp (Neukloster) ist.

Priester unter dreissig Jahren dazu zu präsentieren. Zur Zeit der Kirchen-
visitation von 1542 ist Matthaeus Blomenberg Seelsorger der Nonnen. Er
wird als Mann gelobt, der als Capellan an Stelle des eben erst verstorbenen
Prädikanten wirke. Er mag daher der zweite Pastor im Sinne der neuen
Lehre gewesen sein. Zweifellos ist dies bei seinem Nachfolger Stephan
Richardi, der von 1569 bis zum 30. Oktober 1603 als Pastor zu Rühn lebt.

Ihm folgt sein
Schwiegersohn
Joachim Stappen-
bach (Stappenbeck)
bis 1627, diesem
Christian Fromm
(Frame) bis 1639
Es folgen weiter
von 1639 bis 1652
der frühere Baum-
gartensche Pastor
Michael Eigner,
von 1653 bis 1680
der Schweriner Dom-
prediger Ernestus
Meyer, von 1682
bis 1713 Joh. Jakob
Georg Decker, von
1713 bis 1749 Ernst
Joh. Walter, von
1749 bis 1796
Joachim Friedrich
Schweizer, und von
1796 bis 1807 der
Schweriner Kollabo-
rator W. Rath.
Ueber die Nach-
folger im XIX. Jahr-
hundert s. Walter a. a. O.

Inneres der Kirche zu Rühn, von Osten nach Westen gesehen.

Kirche.

Kirche. Die Kirche ist ein ungetheilter einschiffiger und verhältnissmässig sehr langer viereckiger Raum von zweiundvierzig Meter Länge und
zehn Meter Breite, zugleich ein im wendischen Verbande aufgeführter Ziegelbau
aus dem XIII. Jahrhundert, der, wenn auch nur flachgedeckt mit Balken und
Brettern, und allein in der Sakristei auf der Nordseite ein Kreuzgewölbe auf-
weisend, dennoch überall jenen Kirchenbaustil verräth, der am Ende des XII
und im Anfange des XIII. Jahrhunderts in Mecklenburg herrscht. Mit seinen
gruppenweise zu dreien angeordneten schmalen Fensterschlitzen,[1] von denen

[1] Das fünftheilige Fenster auf der Ostseite ist ein stilloser Einbruch aus jüngerer Zeit.

der mittlere seinen Nachbar rechts und links überragt, und mit seinen unvollständig auf der äusseren Nord- und Südseite und am besten auf der Westseite erhaltenen Rundbogenfriesen sowie mit seinen niedrigen Portalen, deren Bogenlaibung einen gedrückten Spitzbogen darstellt und auf einem Kapitellgliede aufsetzt, steht der alte Bau, dessen lange Mauern von vornherein auf nichts anderes als die geringere Last einer flachen Balken- und Bretterdecke berechnet waren, im Wesentlichen noch heute so vor uns, wie er alsbald nach der Gründung des Klosters im Jahre 1232 errichtet wurde. Auch die alten Klostergebäude, die sich an die Südseite der Kirche anlehnen, stehen noch zu einem grossen Theil und ermangeln nicht jener malerischen Reize, die das Mittelalter bei solchen Anlagen zu entfalten wusste. Auch ist noch der Zug des seiner Gewölbe beraubten alten Kreuzganges zu erkennen, aber seine Westseite ist fortgebrochen und das Kloster auf dieser Seite nicht mehr geschlossen, sondern geöffnet. Vgl. Grundplan.

Altar-Aufsatz. Der Altar-Aufsatz ist ein im Charakter flandrischer Kunst des XVI. Jahrhunderts ausgeführtes Werk, einer jener seltenen Flügelschreine der Renaissance und darum von höchstem Interesse. In der Mitte die Feier des hl. Abendmahls, ein nicht unbedeutendes Gemälde, mit der Unterschrift I. Korinth. XI: **SO VAKEN ALSE CHI VAN DESSEM BRODE ETHEN VNDE VAN DESSEM KELCKE DRINCKEN, SCHOLE GY DES HEREN DODT VORKUNDIGEN BETH DAT HE KUMPT · 1578.** In dem Giebeldreieck oberhalb des Mittelschreines die Initialen **V** (= Ulrich) und **E** (= Elisabeth) unter einer Krone. Auf den beiden Altarflügeln die Bildnisse des Herzogs Ulrich und seiner Gemahlin, der Herzogin Elisabeth, beide in ganzer Figur und in knieender Stellung. Auf der Rückseite ihre Wappen mit den Unterschriften:

WIR VON GOTTES GNADEN ULRICH
DES LANDES MECKLENBURG HERZOG
ADMINISTRATOR TZU SCHWERIEN
AUCH DES STIFTS BÜTZOW UND WARIHN
HABEN DIS KLOSTER UMBESWERT
UNSERM LIEBEN GEMAHL VORERD
ALS MEN SCHREIB AN DEM WEINGERN TZAHL
FÜNFUNDSIEBENTZIGK UBERALL ·

Und:

WIR FRAUW ELISABETH GEBORN
AUS KONGLICHEM STAMMEN AUSERKORN
HABEN DIS KLOSTER RENOVIRET
DIE KIRCH GEBAWT UND FEIN GETZIERD
TZU EHREN DEM GETREUWEN GOD
DAS MAN DARIN NACH SEIN GEBOD
MUCHT UNTERWEISEN IN ZUCHT UND LEHREN
DIE UNDERTHAN UNSRERS HERTZLIEBEN HERRN
DER UNS DASSELBE GAR UMSUNST
GESCHUNKET HAT AUS LIEB UND GUNST ·

Die Gemälde sind in jenem flandrischen Stil ausgeführt, den der Kenner in den Werken der beiden Antwerpener Meister **Pieter Aertsen** und **Joachim Buekelaar** findet. Höchst wahrscheinlich sind sie von dem aus ihrer Schule hervorgegangenen und anscheinend sogar blutsverwandten Antwerpener Meister **Peter Bökel** ausgeführt, der für beide Brüder, Herzog Johann Albrecht I. und Herzog Ulrich, nachweislich in der Zeit um 1563 und 1582 theils in Schwerin und theils in Wismar thätig war. Vgl. Lisch, M. Jahrb. V, S. 54 und 55. IX, S. 203. An den gleichzeitig von Herzog Ulrich beschäftigten

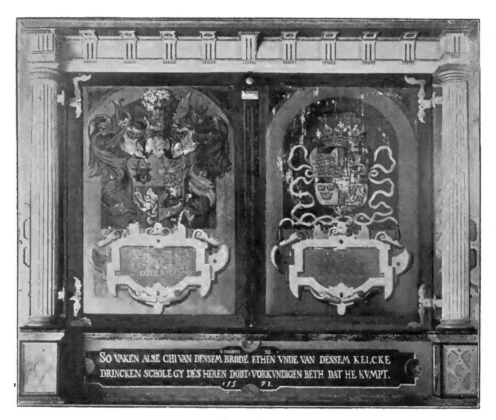

Altar-Aufsatz.

Maler **Cornelis Krommeny** braucht hier nicht gedacht zu werden, weil, was von dessen Kunst noch vorhanden ist, nicht dazu passt. — Das Inventar von 1811 führt unter verschiedenen Gemälden, die nicht mehr da sind, auch einen Krucifixus vom Maler **Immanuel Block** auf, der im Jahre 1681 gemalt war. S. Bd. I, S. 93.

Kanzel.　　　　**Kanzel.** Von Eichenholz. Einfache gute Renaissance derselben Zeit wie der Altar.

Krucifixus.　　　**Krucifixus.** Hinter dem Altar wird der Triumphbogen-Krucifixus aufbewahrt, ein gothisches Schnitzwerk aus dem XV. Jahrhundert. Lebensgrösse.

Altaraufsatz der Kirche zu Rüth.

In der Sakristei ein kleineres gothisches Christusbild, auch noch ein Bild mit der Jahreszahl **1586**, darstellend als knieende Frau die Herzogin und Aebtissin Ursula zu Ribnitz.

Orgel, neu. Im Jahre 1811 stand noch die von dem Herzog Ulrich und der Herzogin Elisabeth im Jahre 1579 gestiftete Orgel.

Orgel.

Emporen. Die fürstliche Empore auf der Südseite, nahe dem Altar, ruht auf zwei geschnitzten Säulen und ist, wie die Abbildung zeigt, ein reiches Kunstwerk der Renaissance mit hübschen Fensteröffnungen. Sie gilt als eine Stiftung **ULRICH's II.** (s. o.). Denn als Bekrönung sehen wir über ihr sein Wappen mit der Umschrift des englischen Hosenband-Ordens: **HONY SOIT QUI MAL Y PENSE.** Aber das Schnitzwerk des Wappens und das der Empore sind nicht im Einklange mit einander. Das Wappen ist jünger, die Empore ist älter. Wahrscheinlich war diese einstmals mit den Wappen des Herzogs Ulrich I. und seiner Gemahlin Elisabeth geschmückt, die jetzt an der Empore auf der Nordseite, oberhalb der Sakristei, mit der Jahreszahl **1579** angebracht sind. Denn diese Wappen haben offenbar mit der Empore auf der Nordseite, die früher als Orgelchor diente, nichts zu thun.

Emporen.

Glocken. Im Thurm zwei Glocken. Die grössere (Dm. 0,88 m) hat die Inschrift: **aѵe maria gracia plena dominus tecum.** Darunter: **willam butendiic fecit.** — Die kleinere (Dm. 0,75 m) hat die Inschrift: **Salѵator is mยn naem myn gelut is ѵoer gob bequaem · Jan Colhuys me fecit 1547.[1])**

Glocken.

Epitaphien. Auf der Südseite des Langhauses eine 1597 hergestellte und zweimal, 1707 und 1775, erneuerte Votivtafel zu Ehren der Herzogin Elisabeth, die sich um die Reformation des Klosters verdient gemacht hatte:

Epitaphien.

DEO OPTIMO MAXIMO.
MOENIA COLLAPSAE REDIVIVA RESURGERE RHUNAE
CERNIS ET EXIGUAS LUXURIARE DOMOS ·
SCILICET HAS STUDIIS VETERES VITAEQUE PUDICAE
ET REBUS SACRIS CONSTITUERE FOCOS,
QUOS TURPIS REBUSQUE MALIS STUDIOSA SERENOS
IN VITIUM VERTIT VANA SUPERSTITIO ·
ILLA TAMEN PULSA EST · PIETAS REDIT, OPTIMA PRINCEPS
HOC POSUIT VERAE RELLIGIONIS OPUS ·
ERGO NOVIS FAVEAS, PRECOR, O PATER OPTIME, REBUS
AETERNUM MERITIS SERVET ELISA DECUS · 1597 ·

RENOVATUM EST HOC MONUMENTUM ANNO 1707, LITURIS QUAE TEM-
PORIS INJURIA INDUXERAT SUPPLETIS, REGENTE RHUNARUM COENOBIUM
REVERENDISSIMA AC SERENISSIMA DOMINA DOMINA MARIA ELISABETA,
ECCLESIAE GANDESIENSIS DECANISSA, NATA DUCISSA MEGAPOLITANA.
DENUO RENOVATUM 1775.[2])

[1]) Das Inventar von 1811 nennt ausser den hier aufgeführten noch zwei kleinere ohne Inschrift und Namen. — [2]) Ueber die hier genannten Personen s. o. S. 81, Anmkg. 3.

Neben dem Altar auf der Nordseite das **Grabdenkmal** der **Herzogin Sophie Agnes**, geb. 1625, gest. 1694. Ein Werk in üppigem Barockstil. Der Grabstein ist mit einer reich geschnitzten Einfassung umgeben. Im Aufsatz dahinter sieht man Wappen und Inschriften und darüber das Bildniss der Herzogin unter einem weit vorspringenden Baldachin. Die anscheinend wiederholt schlecht und verständnissfos erneuerte Hauptinschrift lautet nach dem Inventar von 1811 wie folgt:

DER WENDEN KÖNIGE UND OBOTRITEN HELDEN
VOM HAUSE MECKLENBURG, AUS DEM MEIN ALTER STAM̄
ENTSPRIESST, VORFAHRER SIND • OSTFRIESSLAND, HOLSTEIN MELDEN
DIE NÄCHSTEN AHNEN AN, WOHER ICH URSPRUNG NAHM •
MEIN VATER ADOLPH FRIEDRICH HIESS, IHN DRÜCKTE
EIN UNSTERN UNVERSCHULDT • ALS TAUSEND JAHR MAN SCHRIEB
SECHSHUNDERT ZWANZIG FÜNF, ICH DIESE WELT ERBLICKTE •
DIE MUTTER ANN-MARI, DA ACHT JAHR ALT ICH, BLIEB • ¹)
DIE MILDE VATER-HAND GAB MIR DAS KLOSTER RÜHNE •
JEDOCH NICHT OHNE MÜH ICH SELBES MIR ERHIELT •
IM KRIEG UND SCHWIRIGKEIT DES HÖCHSTEN ARM ERSCHINE
UND HALFF MIR GNÄDIG DURCH, DRUM MEIN GEMÜTH GEZIEHLET
AUF DANCKEN INNIG DEM, DER RUHE MIR GEGEBEN
HIER WANDTE ICH SIE AN²) ZU SEINER FURCHT UND ZUCHT •
DER IN'S VERBORGEN SIEHT, WEISS DAS IN MEINEM LEBEN
ICH EHRE, REDLIGKEIT UND TUGEND NUR GESUCHT
AUCH ARMEN GUTS ZU THUN • NOCH BEY GESUNDEN TAGEN,
DES STERBENS EINGEDENCK, HAB ICH MEIN GRABMAHL HIER
GESTIFFTET DAS MAN MICH ERBLASST DA(R)EIN SOLL TRAGEN •
DIE NACH-WELT, LESER, SAGT DIR MEHR ALS DIS VON MIR •
DU ABER, GROSSER GOTT, BEWAHRE DIE GEBEINE
STEH ÜBER MEINEM STAUB DER LETZTE •³) MEINEN GEIST
IN DEINE HÄND AUFNIMM ZUR FREUDEN SIE VEREINE
WANN KOMT DER FROHE TAG, DER AUF DIE GRÄBER SCHLEUSST •

Darunter:

DIE DURCHLEUCHTIGSTE PRINZESSIN SOPHIE AGNES HERZOGIN ZU
MECKLENBURG, FÜRSTIN ZU WENDEN, SCHWERIN UND RATZEBURG,
AUCH GRÄFIN ZU SCHWERIN, DER LANDE ROSTOCK UND STARGARD
FREWLEIN, IST GEBOREN D: 11 JANUARY Ao 1625 UND SEHLIG
AUS DIESER WELT GESCHIEDEN D 26 DECEMBER Ao 1694 NACH
DEM SIE GELEBET 69 JAHR 11 MONAT 15 TAGE •

Seitwärts die Wappen der Eltern, rechts das des Herzogs Adolph Friedrich, links das der Herzogin Anna Maria, Gräfin von Ostfriesland.

¹) So im Inventar von 1811. In der Inschrift selbst steht jetzt ›WAR‹.
²) So im Inventar von 1811. In der Inschrift selbst steht jetzt ›SOAN‹.
³) Ebenso im Inventar von 1811, ursprünglich aber gewiss anders.

Epitaph der Herzogin Sophie in der Kirche zu Rühn.

Fürstliche Empore in der Kirche zu Rühn.

Grabsteine Ein früher an der südlichen Kirchenwand befindlich ge- Grabsteine. wesener, jetzt im Garten des Kammerherrn von Voss an der Wand eines der Wirthschaftshäuser aufgerichteter Grabstein hat die Inschrift: Anno : dni : m : ccc | lrvii : obiit : dns : rutgherus : prepositus | scimonialium.[1]) Dazu das Bild eines Geistlichen mit dem Kelch.

2. Aehnlich ein Stein in der Kirche mit der Umschrift: Ano · dni · mccc die nun folgen sollenden Zehner und Einer sind unausgeführt geblieben] obiit · dns · hinric' mulsow ppts runcs' or' p eo ·[2])

3. Stein des **Reimar Barnekow** und seiner Gattin. Beide in ganzer Figur. Umschrift: Anno · dni · m · ccc · lrrr [Lücke] ♀ reimarus barne= cow · Ano · dni · m · ccc · lrrr · (Lücke) ♀ [Name der Frau undeutlich, be- stehend aus vier oder fünf Buchstaben, uror · ci' ·[3])

4. Stein des **Bernd Barnekow** und seiner Gattin **Margarethe**. Beide in ganzer Figur. Umschrift: Anno · dni · m · ccc · lrr · ipo · die · gor[di]ani · ♀ bernd barnecow · ano pt' ♀ bror · cius · or · p · cis · Oberhalb des Wappenschildes der nachgetragene, aber von unten nach oben geschriebene Name der Frau: margarete ·[4])

5. Stein des Knappen und späteren Ritters **Berthold Maltzan** und seiner Gattin **Adelheid**. Beide in ganzer Figur. Umschrift: Anno · dni · m · ccc · lr ¦ rrii · i · die · nicolai · epi · ♀ · bertold' maltsan · famulus · [Nachher in kleinerer Schrift darunter gesetzt miles] Ano · dni · m · ccc [Lücke, nie aus- geführt] ♀ · alheydis · bror · ci' · or' p · cis · In der Mitte zwischen beiden Figuren: non · obitum ·[5])

6—19. Die übrigen Steine gehören den jüngeren Jahrhunderten an, dem XVI.: **Margaretha von Plessen** († 1577), **Anna von Preen** († 1579), **Margaretha vom Bruche** († 1579), **Oestke [Ba]rolts von der Moysalle** († 1585), **Ilsabe von Preen** († 1585);[6]) dem XVII. Jahrhundert: Pastor **Stephanus Richardi** († 1605), **Sophia Moltke**, geb. Hahn, Wittwe des Melcher von Moltke († 1659), **Sophia Agnes von Lepel** († 1685); dem XVIII. Jahrhundert: **Magda- lena von Buchwald** († 1701), **Margaretha Dorothea von Hoben**, geb. von Oertzen

[1]) Bei der Zusammensetzung des ehemals in der Mitte gebrochen gewesenen Steines ist man nicht vorsichtig genug gewesen, beim g findet man einen Strich zuviel. Von diesem Probst Rötger berichtet eine Urkunde vom 2. Juli 1365: M. U.-B. 9376.

[2]) M. U.-B. 11388 (1381).

[3]) Wohl das älteste Barnekow'sche Denkmal, auf dem die aus zwei grossen Ringen bestehende Helmzier vorkommt. Wenigstens ist vor 1350 kein solches bekannt. Vgl. Crull, Geschl. d. M., unter 70.

[4]) Ein in drei Stücke zerbrochener Stein. Vgl. M. U.-B. 10053.

[5]) M. U.-B. 11477 (1382). Vgl. Abbildung bei Lisch, M. Jahrb. IX, S. 470. 471. — Maltz. Urk. II, zu S. 349. Taf. VI.

[6]) Das Inv. von 1811 nennt auch den Stein einer Klosterjungfrau von Pentz vom Jahre 1593, giebt aber deren Vornamen nicht an.

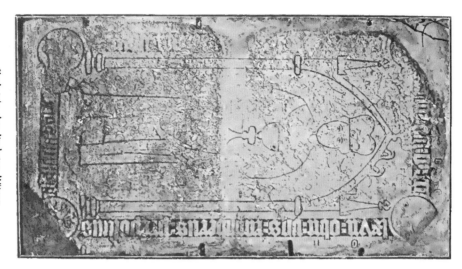

Grabstein des Probstes Kötger.

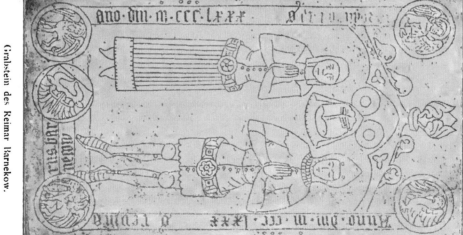

Grabstein des Reimar Barnekow.

Anna Elisabeth von Bernstorff.

Grabstein des Ritters Berthold Maltzan.

Pastor Stephanus Richardi.

(† 1705), Frau **von Restorff**, geb. von Berchholtz, Hofmeisterin der Herzogin und Kloster-Regentin Ulrike Sophie von Mecklenburg († 1742), Pastor **Ernst Johannes Walther** († 1752), Frau **Anna Elisabeth von Bernstorff**, verwittw. Landräthin von Plüskow († 1766).[1]

Kleinkunst-
werke.

Kleinkunstwerke. 1. Silbervergoldeter frühgothischer Kelch auf rundem Fuss. Am Knauf sechs Vierpässe mit je einem Buchstaben, die zusammen den Namen IHQSVS bilden. Der Knauf ist unten und oben mit gothisch stilisierten Blättern belegt. Auch am runden Schaft sehen wir oben und unten ein gothisches Blattornament, dessen Muster an den Fries am Heiligengeist-Stift in Wismar (Band II, S. 157) erinnert. Als Signaculum ein nicht mehr

Kelch (1).　　　　　　　　　　Kelch (2).

ganz vorhandener plastischer Krucifixus auf eingraviertem Kreuz. Am Fuss die Inschrift: DUSSUR KULYK HUUT GUOGUOVUR BORMUTT[UU IO-h]TUUHS. — 2. 3. Silbervergoldeter gothischer Kelch mit dem dänischen Wappen und einem plastischen Krucifixus als Signaculum. Am Knauf sechs Rauten mit dem Namen IHQSVS, dazwischen unten und oben durchbrochenes Maasswerk; eingraviertes Maasswerk am runden Schaft unten und oben. Inschrift: **ELISABETH : G · A : KÖNIGLICHEM STAM ZU DENNEMARCK H' : ULRICHS ZU MEKELNBURGK GEMAL · 1 · 5 · 8 · 2 ·** Patene mit derselben Inschrift und demselben Wappen. — 4. 5. Grosser silbervergoldeter Kelch auf

---

[1] Das Inv. von 1811 nennt auch den Stein einer Elisabeth von Lutzow mit der Jahreszahl 1767. Vgl. S. 100.

rundem Fuss, mit dem siebentheiligen mecklenburgischen Wappen und der Inschrift: **V · G · G · JULIANA SIBYLLA H · Z · M ·** (s. o. S. 81, An- merkung 3). Nebenstehende Werkzeichen. Anscheinend Ham- burger Arbeit. Patene mit Wappen und Inschrift wie der Kelch. — 6. 7. Grosser vergoldeter Kelch auf rundem Fuss mit Wappen und Inschrift: **ANNA ELISABEHT VON PLÜSCKO GEB · VON BERNSTORFF : D 10 APRILIS 1765 :.** Zeichen: B IH. Patene mit Wappen und Inschrift wie der Kelch. — 8. Alter Zinnkelch mit Patene, ohne Inschrift und Zeichen. — 9. Längliche achtseitige Oblatenschachtel mit dem fünftheiligen mecklenburgi-

Kelch 4.

Kelch (6).

schen Wappen und der Inschrift: **V · G · G · S · A · H · Z · M ·**[1]) — 10. Läng- liche silberne Oblatenschachtel mit Wappen und Inschrift der **ANNA ELISA- BEHT VON PLÜSCKO GB · VON BERNSTORFF : D 10 APRILIS 1765 ·** 11. Kreisrunde silberne Oblatenschachtel mit einem Allianz- wappen und mit der Inschrift: **CHRISTUM · LIB · HABEN · IST · BESER · DEN · ALLES · WISSEN · V · S · S · H · ANO 1667 · ·** Ohne Werkzeichen. — 12. Taufschale mit dem mecklenburgisch-dänischen Allianzwappen und der Jahreszahl **1582**, gegenüber die Inschrift **GRABOW**. Das mecklenburgische Wappen ist nur durch den

---

[1]) Sophie Agnes, Herzogin zu Mecklenburg und Regentin des Klosters. Siehe Grab- denkmal.

Velum (15).

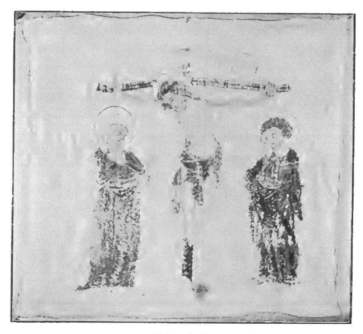

Velum (14).

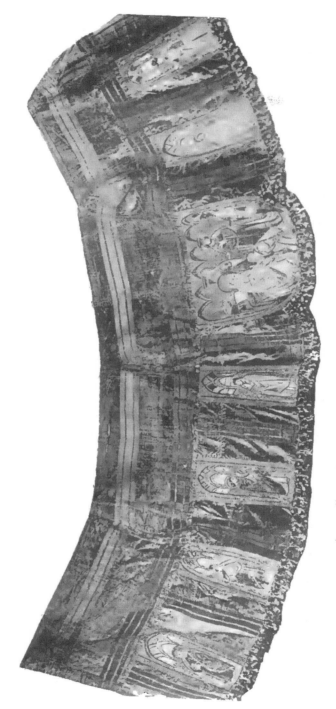

Antependium (13) aus der Mitte des XV. Jahrhunderts in der Kirche zu Rühn.

Büffelskopf, das dänische nur durch die drei Löwen bezeichnet.[1]) — 13. Antependium: Plattstich mit Gold, Seide und Perlen, in der Mitte die Anbetung der
hl. drei Könige, ausserdem rechts und links einzelne Gestalten, Heilige und
Weltliche, in gotischer Architektur. Aus der Mitte des XV. Jahrhunderts. —
14. Velum. Die Kreuzesgruppe: Krucifixus, Maria, Johannes. Plattstich in
Seide auf Leinwand. XIV. Jahrhundert. Davon abgetrennt (und jetzt nur als
einzelne Stücke vorhanden) der Mensch des Matthaeus und der Stier des

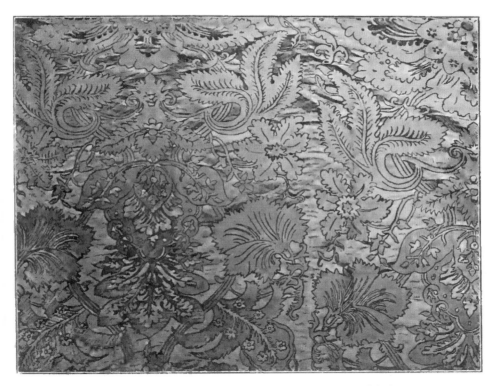

Rothseidener Damast des XVII. Jahrhunderts [Altardecke] (17).

Lukas. Die beiden anderen Evangelistenzeichen fehlen. — 15. Desgl. Dieselbe Gruppe mit Sonne und Mond. Ausserdem jederseits von der Haupt-
gruppe ein Bischof, und in den Ecken vier Heilige. Oberhalb des einen der
beiden Bischöfe die Initialen P L und des anderen K R, die wir unerklärt

[1] Die Taufschale wird ursprünglich von der Herzogin Elisabeth, der Gemahlin des Herzogs
Ulrich, für die Kirche zu Grabow, wo sie nach ihrer ersten Ehe mit Herzog-Bischof Magnus
ihren Sitz hatte, bestimmt gewesen sein. — Das Inventar von 1811 nennt eine hölzerne Fünte
mit zinnerner Schale und Giesskanne: wovon nichts mehr vorhanden ist.

lassen müssen. Platt-
stich in Seide auf
Leinwand. Vom
Ende des XIV. Jahr-
hunderts. — 16.
Schönes siciliani-
sches Gewebe aus
den Mustern: Löwe,
Adler, Sonnenstrahl
und Granatblüthe. —
17. Rothseidener
Damast des XVII.
Jahrhunderts. Altar-
decke aus einem
ehemaligen Pracht-

Altarleuchter (18).

gewand. — 18. 19.
Zwei Altarleuchter
von Gelbguss mit
dem mecklenburgi-
schen Wappen und
beide mit der In-
schrift: **ELISABET
HERTZOGIN ZU
MECKELNBURGK
1577.** — 20. Ein
Altarleuchter
ohne Verzierung
und ohne Inschrift,
auf drei Klauen-
füssen.

Das Kirchdorf Neuenkirchen.[1]

er Neuenkircher oder Belitzer See (See Byalz) wird schon am 27. März
1232 in einer Urkunde genannt, welche die Grenzen des Stiftslandes
angiebt. Dessen nördliche Grenze bildet die Duznizha (heute würde vielleicht
Tessenitz gesagt werden, wenn sich der Name erhalten hätte), d. h. jenes
Bächlein, das aus dem Tessiner See über Gnemern und Gischow zwischen
Reinstorf und Neuenkirchen hindurch in den See Byalz läuft.[2] Neuenkirchen
selbst liegt somit schon ausserhalb des Stifts. Dennoch tritt es in eine geistliche Verbindung damit, insoweit nämlich dem Probst des im Stiftslande gelegenen Klosters Rühn im Jahre 1233 das Archidiakonatsrecht oder der Bann
über die Kirche zu Nienkercken gegeben wird.[3] Um diese Zeit ist Frau Jutta
oder Juditha von Neuenkirchen die Herrin des Gutes und Dorfes, die mit

[1] 12 km nördlich von Bützow. Im Staatskalender jetzt Nenkirchen geschrieben, in der
Gemeinde selbst aber allenthalben Neuenkirchen geheissen.
[2] M. U.-B. 398. Wigger, M. Jahrb. XXVIII, S. 209. Rudloff, M. Jahrb. LXI, S. 323. Der
halbe See gehört dem Bischof: vgl. M. U.-B. 3974. 9223. — Ueber die »Watermöhm« im See vgl.
Mussaeus, M. Jahrb. V, S. 78, Anmkg. 3. — Ueber Salzquellen bei Neuenkirchen vgl. Lisch,
M. Jahrb. XI, S. 168.
[3] M. U.-B. 420.

Kuhn.

Retschow.

Muster altsicilianischer Gewebe.

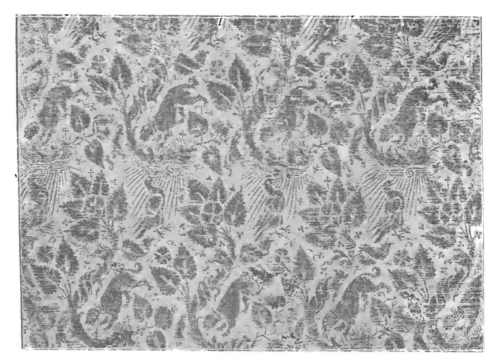

Zaschendorf.

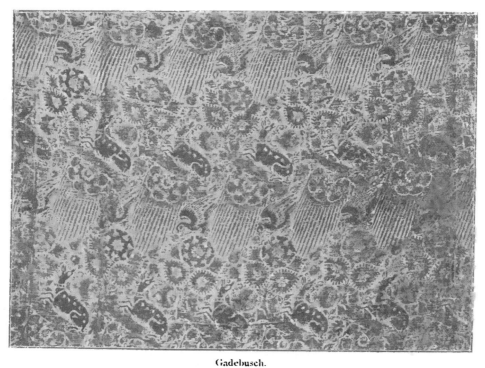

Gadebusch.

Muster altsicilianischer Gewebe.

ihrem Sohn als Rechtsnachfolger in zwei Urkunden von 1244 genannt wird.[1]) Als Bischof Wilhelm von Schwerin im Jahre 1248 das Kollegiatstift in Bützow ins Leben ruft und mit Einkünften aus Steinhagen, Lukow, Selow, Lüssow, Laase, Reinstorf und Neuenkirchen (aus Neuenkirchen mit dem Zehnten von anderthalb Hufen, später 15 Mark) ausstattet, da bestimmt er, dass der Inhaber der Pfründe zu Neuenkirchen ein für alle Male Bützower Domherr oder Kanonikus sein und deshalb der Unterhalt für einen Vikar in Neuenkirchen ausgeworfen werden solle.[2]) In Bezug auf den Vikar setzt der Rühner Probst 1273 sein Archidiakonatsrecht durch, der Bützower Kirche gegenüber aber tritt er schon 1265 vor dem Dekan des Kapitels zurück.[3]) Das eigentliche Patronat der Kirche zu Neuenkirchen freilich, deren Pfarrsprengel sowohl aus bischöflichen Stiftsdörfern als aus nicht zum Stift gehörenden landesherrlichen Dörfern zusammengesetzt ist, gehört damals den Herren von Werle, wie es 1291 ausdrücklich ausgesprochen wird.[4]) Als aber im Schwaaner und Rostocker Friedensschluss des Jahres 1301 die Werle'sche Hälfte von Stadt und Land Schwaan, zu der auch Neuenkirchen gehört, zum Lande Rostock gelegt wird und dieses nach Erlöschen der Rostocker Linie ganz an das Haus Mecklenburg kommt, da, so sollte man denken, wäre auch das Patronat der Kirche zu Neuenkirchen an diese übergegangen. Doch steht dem eine Urkunde vom 28. Februar 1353 entgegen, welche besagt, dass das Patronat von alter Zeit her — natürlich aber nicht vor 1301 — der Familie von Zernin gehöre, die mit Besitz und Rechten an verschiedenen Stellen der Umgegend vorkommt, z. B. in Eikelberg, Schependorf, Katelbogen und in Vogelsang bei Güstrow.[5]) Um 1361 sitzen bereits die Herren von Moltke, ausser in Toitenwinkel, auf Divitz (Neu-Vorpommern), Sabel, Wulfshagen, Strietfeld und Westenbrügge, auch auf Neuenkirchen und auf mehreren Gütern in nächster Nachbarschaft, wie Wokrent, Hohen-Lukow und Belitz (Gross- und Klein-Belitz).[6]) Doch bekommen sie nicht das Patronat der Kirche. Dieses geht vielmehr aus Tetze von Zernins Händen durch Schenkung am 12. März 1367 an das Bützower Domkapitel über.[7]) Aber die Bede und das höchste Gericht erhalten sie von Herzog Albrecht von Mecklenburg den 29. April 1368.[8]) Damals ist Neuenkirchen ein ritterschaftliches Bauerndorf. Unter der Moltke'schen Herrschaft, welche bis in die Mitte des XVII. Jahrhunderts währt, zählt es 1542 noch elf Bauern, 1642 freilich deren nur noch drei, denn die Verwüstungen des

---

[1]) M. U.-B. 556. 557.

[2]) M. U.-B. 610. 1178. Vgl. auch 6051.

[3]. M. U.-B. 1034. 1288. 7676. S. o. S. 42, Anmkg. 3.

[4]) M. U.-B. 2121.

[5] Vgl. Rudloff, M. Jahrb. LXI, S. 263. Anmkg. 3. M. U.-B. 7734. 9612. 9781.

[6]) M. U.-B. 8876. 9066. 9103. 9781. 10015. 10312. 10688. 11068. 11100. 11107. 11169. 11170. In einem Heberegister des XIV. Jahrhunderts wird Klein-Belitz als Curia Bletze aufgeführt: M. Jahrb. IX, S. 401.

[7]) M. U.-B. 9612.

[8], M. U.-B. 9781.

dreissigjährigen Krieges hatten damit aufgeräumt.[1]) Später aber mehren sie sich wieder. Nachdem vorübergehend schon im letzten Viertel des XVI. Jahrhunderts Neuenkirchen pfandweise und wiederkäuflich mit Tüzen zusammen an Matthias Vieregge gekommen war, der auch Gross-Belitz erworben und hier seinen Sitz genommen hatte, geht Neuenkirchen 1652 aus den Händen der Kreditoren des Johann Moltke auf Klein-Belitz an die Wittwe des Jakob von Cramon zu Rostock über, während das Hauptgut Klein-Belitz 1653 an Kaspar von Parkentin auf Priesehendorf, 1654 an Karl Behrend von Plessen auf Brook und 1667 an Jürgen von Plüskow gelangt, dessen Erben und Nachkommen es bis zur Mitte des vorigen Jahrhunderts festzuhalten wissen. Neuenkirchen wird 1681 von den Cramon'schen Erben an Rittmeister v. Seeher verkauft und geht am 21. April 1730 für 25000 Thaler an den Landrath Hans Albrecht von Plüskow auf Klein-Belitz über.[2]) Dieser aber geräth zwanzig Jahre später in Konkurs, und nun werden die Güter und Dörfer Klein-Belitz, Neuenkirchen und Boldenstorf vom Kammerherrn von Langen erworben, der darüber 1755 den Lehnbrief erhält, und dessen Nachkommen sie noch heute haben. Im Jahre 1815 giebt es noch sechs Bauerstellen in Neuenkirchen, von denen eine durch Tod des Inhabers frei geworden war.[3]) Der Oberforstmeister von Langen auf Passee, damaliger Besitzer von Neuenkirchen, legt davon zwei, sodass vier übrig bleiben. Heute aber giebt es nur noch drei, deren Gehöfte auf dem Krugland beisammen liegen.

Um 1340 heisst der Pfarrer von Neuenkirchen Hermann Trendekop. Er sucht sich zu seinem Schaden der Zahlpflicht an das Bützower Kollegiatstift (s. o.) zu entziehen.[4]) Nach ihm, bis 1352, versieht Eilhard Knochenhauer den Dienst. Für ihn präsentiert der Bützower Dekan dem Rühner Probst und Archidiakon den Vikar Dietrich Gotgemakede.[5]) Zwischen 1371 und 1381 wird Johannes Rüst als »rector ecclesie in Nygenkerken« oder auch als plebanus urkundlich zu öfteren Malen genannt, nicht mehr als Vikar, wie es im bischöflichen Statut von 1248 vorgesehen war.[6]) Das macht den Eindruck, wie wenn das Verhältniss der Neuenkirchener Pfarre zum Bützower Kanonikat inzwischen ein freieres geworden wäre. Doch erfahren wir darüber nichts.

Aus dem XV. Jahrhundert stehen uns keine Namen zu Gebot, vielleicht schlummern deren noch einige in dem bis jetzt nicht veröffentlichten

---

[1]) Kirchen-Visitations-Protokolle von 1542 und 1642. — Ueber mittelalterliche Burgwallstellen bei Neuenkirchen vgl. Lisch, M. Jahrb. IX, S. 406.

[2]) Er erwirbt auch 1711 den Neuenkirchener See, den See Byalz.

[3]) Es hat sich darüber eine Korrespondenz zwischen dem Kammerherrn von Langen und dem Kriminalfiskal Buchholz erhalten. In der Volkszählung von 1819 werden als Neuenkirchener Hauswirthe zwei Familien Willert, eine Familie Fritz und eine Bauernfrau Krauel aufgeführt.

[4] M. U.-B. 6051.

[5] M. U.-B. 7676.

[6] M. U. B. 7143 (40). 10246. 10286. 10653. 10785.

Urkundenschatz.[1]) Um 1542 44 ist Joh. Gerdes Kirchherr zu Neuenkirchen.[2]) Im Visitationsprotokoll von damals steht, dass das Kapitel zu Bützow die Kirche zu verleihen habe. Aber in dem von 1576, als Pastor Joachim Punt (oder Pfundt) Kirchherr ist, lesen wir wieder, dass, wie es dem älteren Verhältniss entspricht, der Bischof von Schwerin das Patronat habe. Von ihm kommt es an die Administratoren des Stifts und von diesen an die Landesherren. Als Joachim Punt 1593 wieder eine Visitation erlebt, ist er fünfzig Jahre alt und fünfundzwanzig Jahre zu Neuenkirchen im Dienst gewesen. Richtiger seit 1569. Er bedient auch die unter Bassewitz'schem Patronat stehende Kirche in Hohen-Lukow und die Kapellen in den Bauerdörfern Jürgenshagen und Penzin, von denen heute nur noch die in Jürgenshagen vorhanden ist. Die Penziner Kapelle wird 1762 als zerfallen bezeichnet.[3]) Auch in dem zum Neuenkircher Pfarrsprengel gehörenden Bauerndorf Selow giebt es noch im XVII Jahrhundert eine Kapelle, doch heisst es im Visitationsprotokoll von 1620, als Punt schon zwei Jahre lang todt ist und Jakob Avenarius der Gemeinde als Seelsorger vorsteht, dass in der Kapelle zu Selow seit langem kein Dienst mehr gewesen. Auf Avenarius folgt 1650 Joachim Susemihl (÷ 1699),[4]) von 1700 bis 1721 dessen Sohn Friedrich. Die Kirche bleibt nun fünf Jahre lang ohne Seelsorger, da der Adel der Gemeinde der Wahl des Kandidaten Goldschmidt widerspricht. 1726 wird Pastor Melchior Zernotitzky aus Gorschendorf berufen. Ihm folgt 1748 Pastor Julius Albert Schumann aus Goldberg und diesem, der seines Amtes entsetzt wird, 1760 Joh. Herbold Plitt (÷ 1807). Ueber die Nachfolger im XIX. Jahrhundert s. Walter a. a. O.

Kirche. Die Kirche ist ein starker, schwerer Felsenbau, dessen drei Theile, ein niedrigerer und schmälerer flach abschliessender Chor mit einem rippenlosen Kreuzgewölbe, ein breiteres, längeres und höheres Gemeindehaus mit zwei backofenförmigen durch Rundrippen in acht Kappen zerlegten Gewölben, und ein hoher Thurm von besonders dickem Mauerwerk und mit achtseitigem, von drei Schildgiebeln her entwickeltem Thurmhelm, in voller Ursprünglichkeit des alten Stiles aus dem Anfange des XIII. Jahrhunderts vor uns stehen und wie gleichzeitig und aus einem Gusse entstanden erscheinen. Zur

Kirche.

---

[1]) Wir erfahren nur von einer Vikarei-Stiftung in der Kirche zu Neuenkirchen durch den Schweriner Vogt Ritter Mathias von Axekow im Jahre 1429. Seine Erben sitzen auf Höfen in Selow, Neuenkirchen, Jürgenshagen, Reinstorf und Penzin und seine Vettern auf Gischow und Gnemern. Er verkauft damals den Bauern in den vorgenannten Dörfern die Belitzer Mühle auf Abbruch zwecks Beseitigung der Aufstauungen des Belitzer Baches; Schröder, Pap. M., S. 1898 bis 1900. Im Register zum Pap. M. werden das Bützower und das Wittenburger Neuenkirchen mit einander verwechselt.

[2.] Von wüsten kirchlichen Verhältnissen erfahren wir im Jahre 1558, aber es ist nicht zu ersehen, wer damals Pastor ist, ob noch Gerdes oder ein anderer, von dem die Gemeinde nichts wissen will.

[3]) Schildt, M. Jahrb. XLVII, S. 173, Anmkg. 1.

[4] Im Neuenkircher Kirchenbuch hat sich eine Predigt oder Betrachtung über die Fische von ihm erhalten: Günther M. Jahrb. IVB, S. 98 101.

Bewehrung des Langhauses sind in späterer Zeit einige Strebepfeiler angebracht. Die Fenster im Chor wie im Langhaus sind noch jene alten Schlitzfenster, auf deren Erhaltung bei späteren Restaurationen zu achten sein wird.[1]) Sie sind im Chor rundbogig ge-schlossen, im Schiff aber leise gespitzt. Die alten Portale zeigen im Chor die Form des Rundbogens, im Schiff die des gedrückten Spitzbogens. An der Nord-wand des Chors ist in neuerer Zeit eine Sakristei angebaut. Der Kalkputz, welcher an der Aussenseite der Kirche die Fugen zwischen den wohl ausgesuchten und an den Kanten und Ecken trefflich behauenen Granitsteinen in breiter Füllung verbindet, ist, wie man es bisweilen in Mecklenburg findet, quadriert. Auch sind die auf diese Art in den Kalk ziemlich tief ein-gerissenen Quaderfugen mit rother Farbe gefüllt. Ferner

Kirche zu Neuenkirchen.

haben sich schwache Spuren eines in den Kalkputz hineingemalten romanischen Ornamentfrieses erhalten.[2])

Am südlichen Kirchhofsthor, einem Bau des XVIII. Jahrhunderts, be-finden sich zwei Inschriften: **HIC OSSA QUIESCUNT, MENS AD SUPERUM FUGIT · LEBE, WIE DU, WENN DU STIRBST, WÜNSCHEN WIRST GELEBT ZU HABEN.**

Altar-aufsatz und Kanzel.

Altaraufsatz und **Kanzel.** Der Altaraufsatz, ein Werk des Barockstils, ist im Jahre 1728 vom Landrath **HANS ALBRECHT VON PLÜSKOW** auf Klein-Belitz geschenkt worden, die dazu passende Kanzel im selben Jahre von **ILSCH MARGARETE VON BERNSTORFF.** Während der Altaraufsatz das Plüs-kow-Bernstorff'sche Allianz-Wappen aufweist, zeigt die Kanzel nur das Bern-storff'sche.[3])

---

[1]) Besser als z. B. bei der Petschower Kirche, wo die prächtige ursprüngliche Schmiege leider noch in unsern Tagen geschwunden ist.

[2]) Lisch, M. Jahrb. X, S. 310. XXIV, S. 312.

[3]) Nach dem Genealogien-Verzeichniss von Pentz war der Landrath von Plüskow auf Klein-Belitz vermählt mit Anna Elisabeth von Bernstorff, Tochter des dänischen Generalmajors E. D. von Bernstorff und der Anna von der Lühe aus dem Hause Dambeck. Vgl. S. 65, 92 u. 98. Das

Die stattliche **Orgel** hat ein Gehäuse aus dem Jahre 1772.[1]   Orgel

Am Triumphbogen hängt noch heute der alte hölzerne **Krucifixus**, uber-   Krucifixus,
lebensgross. -- Vor dem Altar ein hölzerner **Taufständer**.   Tauf-
    ständer.

Emporen. Die **Belitzer** Empore auf der Nordseite des Chors ist mit dem   Emporen.
PLÜSKOW-BERNSTORFF'schen Allianzwappen geschmückt, die ihr im Lang-
hause folgende **Gross-Gischower** Empore mit dem **MEERHEIMB-MALTZAN**'schen
Allianzwappen,[2] und die **Wokrenter** mit dem Wappenschmuck des **FERDINAND
VOLRATH FRIEDR. V. MEERHEIMB**, Erbherrn auf Gnemern, Wokrent, Gross-
Gischow, Gross-Belitz, Klein-Gischow und Reinstorf.[3]

Epitaphium. An der Südseite des Schiffes ein Epitaphium, das der   Epitaph
Pensionair **KRÖGER** (weiland in Matersen) im Jahr 1686 seiner Frau und vier
verstorbenen Kindern in Form eines Gemäldes gesetzt hat.[1]

Grabsteine. Unter dem Gestühl einige Grabsteine, die es wohl ver-   Grabsteine
dienen würden, aufgenommen und an die Wand gestellt zu werden, darunter
ein **Plüskow-Bernstorff**'scher Stein aus dem XVIII. Jahrhundert.

Glocken. Im Thurm drei Glocken, die erste vom Jahre **1751** aus der   Glocken.
Zeit des Pastors **SCHUMANN**, umgegossen von **Otto Gerhard Meyer** in Rostock,
die zweite ohne Inschrift und ohne Zeichen, die dritte vom Jahre **1846**.[5]

Kleinkunstwerke. 1. 2. Silberner, in- und auswendig vergoldeter spät-   Kleinkunst-
romanischer Kelch mit einem durchbrochen gearbeiteten runden Knauf auf   werke.
rundem Fuss, mit einem plastischen Krucifixus als Signaculum. Dazu eine
mehr frühgothisch als spätromanisch erscheinende Patene. Beide ohne Stempel.
— 3. 4. Silbervergoldeter Kelch auf gothischem Sechspass, mit rundem Knauf
und sechskantigem Schaft. Als Signaculum die Kreuzesgruppe in erhabener
Arbeit. Umschrift: mettke ✠ nienborpes ✠ bebit ebbel ✠ warnowüen
wipelke ✠ westhwalß. Auf der Unterseite des Kelches steht **HANS ⚓ VOLCKER**.
Ohne Werkzeichen. Die silberne Patene hat auf der Unterseite die Initialen
J · C · F · W · und Hiob, Kap. V, 19. Ebenfalls ohne Werkzeichen. —
5. 6. Silbervergoldeter Kelch mit der Inschrift: **ANNO 1736 HAT ANDREAS**

Inventar von 1811 bezeichnet die Ilse Margarethe von B. als Fräulein. Sie war offenbar eine
Anverwandte der Landräthin von Plüskow. Näheres aber haben wir nicht in Erfahrung bringen
können.

[1] Vgl. Inv. von 1811.

[2] Jasper Friedr. Freiherr von Meerheimb, vermählt 1738 mit Ilsabe Margarethe von Maltzan
aus dem Hause Grubenhagen (nach Hoinckhusen's Tabellen).

[3] Geb. 1760, gest. 1836, vermählt mit Margarethe Auguste von Hugo († 1838).

[4] Weitere nennenswerthe Gemälde fehlen. Aber es ist anzunehmen, dass unter der
Tünche der Gewölbe, in Uebereinstimmung mit anderen Kirchen dieses Stils, noch biblische und
legendarische Darstellungen verborgen sind.

[5] Die Vorgängerinnen der zweiten und dritten waren, nach dem Inv. von 1811, mittelalterliche Glocken mit ›Mönchsschrift‹. Auf der kleinsten glaubte man die Jahreszahl 1503 lesen
zu können.

MELCHIOR ZERNOTITZKY PAST · UND PRAEP · ZU NEUKIRCH DIESEN KELCH UMB MACHEN LASSEN. Mit den Stempeln des Rostocker Goldschmiedes **Lorenz Joh. Röper:** Ⓑ ⓁⓇ. Dazu eine Patene ohne Stempel, von 1780. — 7. 8. Silbervergoldeter Kelch mit der Inschrift: **DER KIRCHE ZU NEUN-KIRCHEN ZUGEHÖRIG · 1780 ·** Vom Schweriner Goldschmied **Finck:** Ⓢ FINCK. Dazu eine einfache Patene. — 9—12. Kranken-Kommunion (Kelch, Patene, Ciborium, Flasche). Der Kelch hat an der Kupa die Inschrift: **HIC CALIX NOVUM TESTAMENTUM EST IN MEO SANGUINE;** unter dem Fuss: **HANS DOP DDT ANNO 1661.** Das Ciborium hat in seinem spitzen Thurmdeckel inwendig einen plastischen Krucifixus. Keine Stempel. — 13. Eine Patene.

Kelch (1).

Kelch (3).

Bützower Arbeit: Ⓑ HEIDEN. 14. Viereckige silberne Oblatendose, ohne Inschrift und Zeichen. 15. Achteckige silberne Oblatendose mit dem Bibowschen Wappen und der Inschrift: **DOROTEA VON BIBOEN** [1]) auf dem Deckel. Stempel des Rostocker Goldschmiedes **Joh. Quistorp:** Ⓣ ⓈⒷ. — 16. 17. Zwei neue silberne Weinkannen, geschenkt 1860/61 von der Familie **VON MEERHEIMB.** Von **Sy & Wagner**-Berlin. — 18. Neue Taufschüssel mit Kanne, geschenkt 1883 von Frau Baronin **VON LANGEN**-Stralsund. Vom Goldschmied **I GIESE·SCHWERIN**. — 19. 20. Zwei grosse zinnerne Leuchter, deren achtseitige Füsse von je vier sitzenden Löwen getragen werden. Englisches Zinn. Dazu

[1]) Vgl. Taufschale in Hohen-Lukow.

der Meisterstempel: Krone mit 17**T**09. — 21. Klingelbeutel mit Bügel und Glocke von Silber. An der Glocke: **ANDREAS PAPCKE KOSTER ANNO 1661.** — 22. Im Chor ein grosser neugothischer Kronleuchter, von Messing ausgeführt, daran in erhabener Arbeit die Symbole der vier Evangelisten. — 23. 24. Im Schiff gleichfalls zwei neue Kronleuchter. — 25. Altardecke, von rothem Tuch; sie zeigt in Gold gestickt ein Kreuz und rechts und links die Initialen der Stifterinnen: **W & K · V · M** und **L & M · V · M ·**

Das Gut und Filial-Kirchdorf Hohen-Lukow.[1]

Bei Bestimmung der Grenzen des Gutes Satow und des Radelandes für das Kloster Amelungsborn im Jahre 1244 werden Hof und Dorf Lucowe zum ersten Male urkundlich genant[2] Vier Jahre später, den 16. September 1248, wird dort dem Bützower Domkapitel der Zehnte angewiesen.[3] Nach Angabe von Familien-Papieren sitzt bereits um 1308 ein Heinrich von Bassewitz auf Lukow, der in dem ebengenannten Jahr die Kirche baut und wölbt. Diese, so wird hinzugefügt, sei 1310 von Bischof Gottfried zu Ehren des hl. Nikolaus geweiht worden, und jener Heinrich von Bassewitz sei derselbe, der dem Karthäuserkloster (Marienehe) zu Rostock den Kaufbrief über Gross-Stowe gegeben habe.[4] Wie bedenklich diese Nachricht ist, haben wir in Band I, S. 493, Anmkg 3, bereits erörtert.[5] Denn abgesehen davon, dass das Karthäuserkloster erst 1396 gegründet wird, ist dieser Nachricht auch das im Wege, dass zwischen 1344 und 1372 die von Moltke und nicht die von Bassewitz auf Hohen-Lukow urkundlich nachweisbar sind.[6] Auch kommt Gross-Stowe erst 1502, und zwar nur zur Hälfte und auch nur pfandweise, an das Karthäuserkloster Marienehe, zum wirklichen Verkauf an dieses erhält aber Anna von Platen, die Wittwe Heinrichs von Bassewitz, erst 1517 den Konsens von Lütke und Vicke von Bassewitz, den Vormündern ihrer Kinder. Wirklich urkundlich nachweisbar sind die von Bassewitz auf Hohen-Lukow erst von der Mitte des XV. Jahrhunderts her. Am 20. December 1473 erhält das Kloster zum hl. Kreuz in Rostock Hebungen in Hohen-Lukow, die ihm der Knappe Detlev Basse verpfändet.[7] Der letzte, der dort sitzt, ist Cord Hans von Bassewitz. Aus dessen Konkursmasse erwirbt Kammerherr Konrad

Geschichte des Dorfes.

---

[1] 16 km nördlich von Bützow. Nach Kühnel, M. Jahrb. XLVI, S. 89, gleich »Ort des Luk oder Luka«.

[2] M. U.-B. 556.

[3] M. U.-B. 610. Vgl. 1178, 1817, Anmkg.

[4] M. U.-B. 3359. Vgl. Günther, M. Jahrb. VII B, S. 59.

[5] In 2. Aufl. von Bd. I, S. 510, Anmkg. 3.

[6] M. U.-B. 6450. 6455. 8876. 9240. 9241. 10312.

[7] Vgl. M. Jahrb. IX, S. 478.

Philipp von Stenglin das Gut im Jahre 1810. Diesem folgt 1830 Johann Friedrich Helms als Besitzer und 1840 der Domainenrath Georg Philipp von Brocken, dessen Erben es noch heute haben.

Kirche. **Kirche.** Die schon im XVI. Jahrhundert als Filiale von Neuenkirchen genannte Kirche zu Hohen-Lukow besteht aus drei verschiedenen Theilen. Der älteste Theil, hier nicht der Chor, sondern das Langhaus, ist von behauenen und unbehauenen Felsen unter gleichzeitiger Benutzung von alten grossen Kirchenziegeln aufgebaut und mit einfachen, einmal sich verjüngenden Strebepfeilern bewehrt. An jeder Seite befinden sich zwei Spitzbogen-Fenster. Ein altes Portal in diesem Theil ist zugemauert. Der etwas breitere Chor schliesst mit drei Seiten aus dem Achteck ab und ist mit kleineren Ziegeln aufgebaut, also unzweifelhaft jünger als das Langhaus. Seine Strebepfeiler ähneln aber denen des Langhauses, ebenso die Spitzbogenfenster. Doch giebt es hier eine Eingangsthür mit Rundbogenschluss. Der Thurm ist ein Holzbau mit achtseitigem Schindeldach, dessen Wetterfahne die Initialen **H F** mit der Jahreszahl **1832** zeigt. Im Norden des Chors eine angebaute Sakristei. Das Langhaus enthält zwei gothische Gewölbe mit Kreuzrippen in Birnstabform, die auf Kragsteinen stehen, ebenso steht der Gurtbogen zwischen den beiden Gewölben auf Kragsteinen. Unter dem Chor ein Grabgewölbe der Familie von Bassewitz.

Altaraufsatz und Kanzel, Taufengel, Orgel. **Altaraufsatz** und **Kanzel**, zu einem Körper verbunden, sind laut Inschrift ein Geschenk des **CHRISTOPH VON BASSEWITZ** und seines Bruders **HELMUTH** aus dem Jahre 1712. - Im Chor ein **Taufengel** in der Weise des Barock-stils. — Die **Orgel** ist laut Inschrift ein Geschenk der **ILSABETH SOPHIE DOROTHEA VON BASSEWITZ**, geb. von Bülow aus dem Hause Prüzen vom

Epitaph. Jahre 1772. Ein Oelbild als **Epitaph** stellt den General-Feldzeugmeister Helmuth Otto von Bassewitz dar, wie er vor dem gekreuzigten Heiland kniet.[1])

Grabstein. Im Chor der **Grabstein** eines am 22 Januar 1791 verstorbenen Hauptmanns **Konrad von Budda.**

Glocke. Im Thurm eine **Glocke**, (Dm. 0,88 m), die laut Inschrift im Jahr 1781 unter dem Patronat des Erb- und Gerichtsherrn, Rittmeisters **JOACHIM GOTT-FRIED VON BASSEWITZ**, und dem Pastorat des **JOHANN HERBOLD PLITT** von **J. V. Schultz**-Rostock aus einer älteren Glocke umgegossen worden.[2])

Kleinkunst-werke. **Kleinkunstwerke.** 1. 2. Silbervergoldeter, sorgfältig und gut gearbeiteter gothischer Kelch auf sechspassigem Fuss mit einem aufgehefteten plastischen Krucifixus am Fuss. Rechts davon später eingravirt das von Bassewitz'sche Wappen mit **C • V • V B •**, links das von der Jahn'sche Wappen mit **D • L • V • D • J •** Am Stiel, oberhalb des Knaufes, der Name jhesus, unterhalb der Name maria. Auf der Unterseite des Fusses eingravirt: anō dñi mv̔c̔x

[1]) Nach dem Inventar von 1811 ist das Epitaph von 1734. Helm. Otto von Bassewitz betheiligt sich 1712 an der Stiftung des Altars und der Kanzel mit 50 Species-Dukaten.

[2]) Auf der alten Glocke las man: O rex glorie Christe veni cum pace mccccyiiii.

(1510). Kelch und Patene ohne Zeichen. — 3. 4. Silbervergoldeter Kelch, mit einem gebuckelten sechspassigen Fuss. Laut Inschrift auf der Unterseite des Fusses gestiftet 1708 vom Markgräfl. Brandenb. Baireuther Geh. Rath und Oberstallmeister **CHRISTOPH VON BASSEWITZ**. Patene ohne Inschrift und Zeichen. Am Kelch der Augsburger Stadtstempel (Pinienzapfen) und der Meisterstempel ⓒ.[1]) Dazu auf der Unterseite der Probezickzackstrich des Wardeins, oder das Beschauzeichen. — 5. 6. Silberner Kelch auf sechsseitigem Fuss. An der Kupa eingraviert das von Bassewitz'sche und von Bülow'sche Allianzwappen mit den Initialen • I • • B • und • C • V • B •, sowie das von Bassewitz'sche und von Preen'sche Allianzwappen mit den Initialen • H • B • und • L • P • und der Jahreszahl **1591**.[2]) Die Patene hat in der Mitte ein eingraviertes grosses Weihkreuz. Fuss, Knauf und Patene stimmen nicht zur Kupa, sie sind weniger gut und haben den Stempel des Rostocker **Peter Steffen** $\boxed{\text{P S}}$, der einige Jahre nach 1632 ins Amt der Goldschmiede eintritt. — 7. Länglich runde silbervergoldete Oblatendose mit dem Namen **H • M • V • BAS-VITZEN**.[3]) Vom Rostocker Goldschmied **Jürgen Müller** (2. Hälfte des XVII. Jahrhunderts): ⛿ ⛿. — 8. Silberne Taufschale in Form einer Muschel, laut Inschrift 1737 gestiftet von Frau **ELISABETA CHARLOTTA VON BASSEWITZ**, geb. v. Bibow, Gemahlin Christoph's von Bassewitz. — 9. Erneuerte silbervergoldete Weinkanne, mit Wappenschmuck, gestiftet 1869 von Frau **IDA VON BROCKEN, GEB • FREIIN VON FRISCH • PS • 34 VERS 5**. Die Kanne hat die Stempel des 1717 ins Amt eingetretenen Rostocker Goldschmiedes **Lorenz Joh. Röper**. S. Neuenkirchen. — 10. 11. Zwei alte Zinnleuchter mit dem angelötheten Schild und Namen des **GERDT BASSEVIS**. Rostocker Zunftzeichen, aber undeutlich.

✳   ✳   ✳

Zu beachten ist auch das grosse **Herrenhaus** in Hohen-Lukow. Aus seinen Wappen und Inschriften geht hervor, dass der vorhin genannte Geh. Rath etc. Christoph von Bassewitz in den Jahren 1697/1704 durch Erbgang und Kauf das Gut Hohen-Lukow an sich gebracht und 1707/8 das Wohnhaus neu aufgebaut hat. Im Hause selbst ist der »Rittersaal« nicht zu übersehen. Ueber dem Kamin dieses Saales das Bild des Erbauers und in der Täfelung der Wände zahlreiche gemalte Wappen der Bassewitz'schen Familie mit Namen. Die Decke zeigt reiche Stuckarbeit. Werthvoll sind auch die Stuckdecken in den übrigen Zimmern des Hauses. Unten im Flur sind in neuerer Zeit als Täfelung verschiedene Wangen von Lübecker Kirchengestühl angebracht. Man findet darin die geschnitzten Gestalten des Heilandes und der Apostel.

Herrenhaus zu Hohen-Lukow.

---

[1]) Goldschmied und Beschaumeister Caspar Riss von Rissenfels (?). Vgl. Rosenberg, Merkzeichen, S. 79.

[2]) Jasper von Bassewitz auf Hohen-Lukow und Clara von Bülow. Henning von Bassewitz auf Hohen-Lukow und Lukretia von Preen.

[3]) Hippolyta Magdalena von Bassewitz, Gemahlin des Levin Jürgen von Bassewitz auf einem Theil von Hohen-Lukow, das er an Christoph von Bassewitz (s. o.) verkauft.

Das Bauerndorf Jürgenshagen mit Filialkapelle.[1]

Geschichte
des
Dorfes.

Das nahe an der nördlichen Grenze des Stiftslandes gelegene Bauerndorf Jürgenshagen heisst im XIII. Jahrhundert Jordaneshagen oder Jordanestorpe. 1284 verwendet Bischof Hermann von Schwerin eine jährliche Korn- und Zehntenhebung aus dem Dorfe zur Stiftung einer Vikarei in der Kollegiatkirche zu Bützow und erhöht sie drei Jahre später mit weiteren Geld- und Kornhebungen aus demselben Dorfe.[1] Es giebt im XIII. und XIV. Jahrhundert eine Adelsfamilie von Jürgenshagen, aber wir erfahren nichts von Beziehungen zwischen ihr und dem Dorfe. Bis 1329 sind die von Adenstadt die Herren des Dorfes, von ihnen erwirbt es die Rostocker Patrizierfamilie Wilde, und von dieser am 20. März 1375 das Stift Schwerin.[3] Das Kapitel behält das Dorf, trotz Anfechtungen durch die Landesherren,[4] bis zu einem Vertrage mit Herzog Ulrich, der am 21. Februar 1568 ausgefertigt wird. In Gemässheit dieses Vertrags übernimmt Herzog Ulrich als Administrator des Stifts 1565 die Besoldung der Kirchen- und Schuldiener des Bützower Domes an Stelle des Kapitels und erhält dafür von diesem das Kapitelsdorf Jürgenshagen sowie eine Präbende aus der Lüneburger Saline im Betrage von 50 Gulden.[5] Damit war der Anfang zum Uebergange ins landesherrliche Domanium gemacht, dem es seit 1648 angehört.

Kapelle.

Kapelle. Die gothische Kapelle ohne Thurm ist im Jahre 1891 neu erbaut. Auch die innere Ausstattung ist neu. Ihre Vorgängerin, ein schlichter Fachwerkbau brannte ab. Dabei schmolz die alte **Glocke.** Die jetzige (Dm. 25 cm) hängt unter dem überstehenden Dach des Westgiebels und ist ohne Inschrift.

Ueber die ehemaligen Kapellen in den Bauerdörfern Penzin und Selow ist oben schon das Nöthige bemerkt. S. 44 und 99.

✻   ✻   ✻

[1] 14 km nordnordwestlich von Bützow.

[2] M. U.-B. 1759. 1852. 1904.

[3] M. U.-B. 5099. 5126. 5205. 5206. 5528. 5746. 5894. 6921. 9898. 10708. 10710. 10711. In Urkunde 10275 sind Name und Dorf Jürgenshagen gleichzusetzen mit Einkünften aus Jürgenshagen, die die von Bülow, unbeschadet der höheren und grösseren Besitzrechte der Wilde, zur Zeit aus dem Dorfe haben und daher dem Bischof zu verpfänden im Stande sind; es sei denn, dass, wie Grotefend jetzt anzunehmen geneigt ist, die Urkunde gar nicht in das Jahr 1372, sondern in 1375 zu setzen wäre, indem man MCCCLXXV als MCCCLXXII las.

[4] M. U.-B. 11197. 11198.

[5] Schildt, M. Jahrb. XLVII, S. 172.

Bei einem Bauernhause in **Selow** (dem des Stein-Propp«) steht ein **Denkstein** des im Jahre 1399 erschlagenen Lübecker Bürgers **Hermann Lammeshovet** mit der Inschrift:

Āno : t͡nī : m̄ : ꝯͨͨ : ic : in : die : ūͭi : viti : m͏ᵃr͏ :   oūiͭ : ꝅer-
mannus : lameſ hovet •

Dazu zweimal das Spruchband (auf Vorder- und Hinterseite je einmal):
miſerere : mei : deus •[1]

[1] Lisch, M. Jahrb. X, S. 371. XXIX, S. 273. 274.

Denkstein des Hermann Lammeshovet.

Das Kirchdorf Bernitt.[1])

Geschichte
des
Dorfes.

Das im Stiftslande gelegene Bauerndorf Bernitt ist eines der ausgedehntesten in Mecklenburg und gehört im Jahre 1233 zu denen, mit welchen das Kloster Rühn vom Bischof Brunward von Schwerin ausgestattet wird. Damals giebt es dort schon eine Kirche, an welcher Pfarrer Herbord als Seelsorger wirkt. Nach seinem Tode (so wird gleichzeitig bei der Errichtung des Klosters beschlossen) soll das Kloster auch den Bann über die Bernitter Kirche und überhaupt alle Rechte haben, die dort der Bischof bis dahin besessen hat.[2]) Das ist die erste und auch die letzte Kunde, die aus dem Mittelalter über Bernitt zu uns dringt. Wir ersehen aber aus ihr zugleich, dass schon in ältester Zeit jene Zweitheilung des Ortes bestand, die heute noch gilt: Bernitt und Hagen (Im Hagen), auch Bernitt und Oberhagen, oder auch (als allmählich das alte wendische Dorf deutsch geworden war) Nieder- und Oberhagen.[3]) Beim Kloster Rühn ist dann Bernitt bis ins XVIII. Jahrhundert geblieben. Erst mit dessen Auflösung ist es zum Domanialbauerndorf geworden.[4])

Ausser Ern Herbord kennen wir keinen Pfarrer aus dem Mittelalter. Ihre Reihe beginnt erst im XVI. Jahrhundert 1542 ist Jürgen Salge Pastor, ein Mann, dem allerlei Schlechtes nachgesagt wird. Er soll sich am Gut seiner eigenen Kirche vergriffen haben. 1544 ist Johann Berg aus Parum dahin berufen; wir finden ihn noch 1558 im Amte. 1593 wirkt Paul Gramm I (Grammanus), aus Görlitz in Schlesien gebürtig, in Bernitt, er ist damals 48 Jahre alt, aber wir erfahren nicht das Jahr seiner Berufung. Zu seiner Zeit giebt es auch eine Kapelle in Moltenow (Moltena, Oltena, Altona), von der in den Visitationsprotokollen von 1542, 1544 und 1548 keine Rede ist. Doch muss sie schon früherer Zeit angehören, da von ihrem mangelhaften Zustande gesprochen wird. 1616 folgt auf den alten Paul Grammanus sein gleichnamiger Sohn, der im Visitationsprotokoll von 1642 als sechsundfünfzigjähriger Mann genannt wird und 1659 stirbt. Die Moltenower Kapelle wird im Visitationsprotokoll von 1620 als völlig verfallen aufgeführt 1659 folgt Christoph Meyer († 1691). 1692 dessen von der Herzogin Sophie Agnes als Regentin von Kloster Rühn berufener Sohn Johann Christoph Meyer († 1712), 1712 der von der Herzogin Marie Elisabeth in gleicher Eigenschaft berufene Jochim Heinrich

---

[1]) 10 km nordwestlich von Bützow. Kühnel, M. Jahrb. XLVI, S. 25, leitet den Namen, der im XIII. Jahrhundert Brunit geschrieben wird, von dem slavischen Stamm brun- (= braun) ab: »Besitzer Brunit (Braun)«. Eine Adelsfamilie dieses Namens lässt sich im XIII. und XIV. Jahrhundert nachweisen.

[2]) M. U.-B. 420. Vgl. M. Jahrb. VIII, S. 7.

[3]) Schildt, M. Jahrb. XLVII, S. 235. Vgl. auch die Anmerkung über die falsche Interpunktion in der Urkunde 420.

[4] S. o. S. 82.

Holsten († 1717) und 1717 der von Herzog Karl Leopold berufene Joh. Georg
Hünfeld.[1]) Als Hünfeld 1732 gestorben ist, beginnt eine schlimme Zeit für
die Gemeinde. Herzog Karl Leopold beruft den Joh. Nikolaus Bandelin, der
später Pastor in Gadebusch ist. Aber Christian Ludwig, vom Kaiser bereits
als Administrator eingesetzt, erklärt die Wahl und Einsetzung Bandelin's wegen
Verletzung der Patronatsrechte seiner Tochter, der Herzogin Ulrike Sophie, die
seit 1728 Regentin von Rühn war, für nichtig, und Bandelin muss weichen.

Doch verzögert sich die Einsetzung seines von Herzog
Christian Ludwig bestimmten
Nachfolgers P. Stange in
Folge zahlreicher Schwierigkeiten, welche die höhere
Geistlichkeit des Landes verursacht, die sich mit ihrem
Eide an die dem Herzog
Karl Leopold von Kaiser
und Reichs wegen ver-
bliebenen jura episcopalia
gebunden erachtet, sieben
Jahre lang bis zum 1. Sonntag
nach Trinitatis 1739. Aehn-
liche Dinge vollziehen sich
auf der benachbarten Pfarre
in Baumgarten. Stange ist
noch Ende der fünfziger
Jahre im Amt. Nach seinem

Kirche zu Bernitt.

Tode folgt 1759 Samuel
Laurentius Gensichen und
nach ihm im Jahre 1791 Joh. Jak. Georg Heinr. Becker, der nach einem Bericht
von 1806 sein Amt nicht mit dem Ernst und der Treue verwaltet, die dem
verstorbenen Gensichen nachgerühmt wird. Becker wird 1807 emeritiert, ihm
folgt der seit 1805 an seine Seite gesetzte Hülfsprediger Wiggers. Siehe
Walter a. a. O.

Kirche. Die alte Kirche erinnert in ihren Gesammtverhältnissen ganz
ausserordentlich an die in Neuenkirchen. Eine eingehendere Beschreibung, die
wir uns den hier gegebenen Abbildungen gegenüber ersparen können, giebt
Crull im M. Jahrb. XXII, S. 314 bis 317. Wir heben daraus nur hervor, dass
die Rippen des Chorgewölbes von »unverzierten, schwachen, rechtwinklig-
tutenförmigen Vorkragungen« aufsteigen, die sehr tief angebracht sind, dass

---

[1]) Von 1713 bis 1719 steht keine Regentin an der Spitze des Klosters Rühn. Vgl. Wigger.
M. Jahrb. L. S. 294 5. 299. 321. In Folge davon ist bei Hünfeld's Berufung vom Rühner Patronatsrecht anscheinend keine Rede.

ihr Profil rechteckig ist und dass sie oben im Scheitel (ähnlich wie die im Langhause zu Neuenkirchen) von einer Kreisrippe aufgefangen werden. In diesem Kreise das Reliefbrustbild des hl. Petrus. Die Fenster, im Chor mit Rundbogen, im Schiff dagegen mit Spitzbogen geschlossen, haben bei der letzten Restauration an ihrer Ursprünglichkeit eine Einbusse erlitten. Die frühgothischen Portale der Kirche, welche in vorgeschobenen und theilweise oben abgetreppten Mauerkernen liegen, verdienen Beachtung. Die beiden Gewölbe des Schiffes sind durch breite gothische Mauerpilaster nebst Bogen von einander getrennt, so dass es aussieht, als ob die Kirche zwei Triumphbögen hätte. An der Nordseite des Chors die Sakristei, hier noch gut deutsch

Gewölbemalereien.

»Garvekamer« genannt, gleich der Kirche ein Felsenbau; an der Südseite eine niedrige Vorhalle.

Altaraufsatz.   Als **Altaraufsatz** dient noch das alte Triptychon. Im Mittelschrein die hl. Maria mit dem Kinde, die hl. Katharina, der hl. Georg und der hl. Erasmus. In den Flügeln die zwölf Apostel. Die Rückseiten der Flügel zeigen schadhafte Gemälde: die Verkündigung, Heimsuchung, Anbetung der hl. drei Könige und die Beschneidung. — Oberhalb des Triumphbogens vom Chor zum Schiff Krucifixus. ein grosser hölzerner **Krucifixus**, eine gute Arbeit aus dem XIV. Jahrhundert. — In der Ostwand des Chors, nach Norden hin, ein dem XIII. Jahrhundert Eucharistie-angehörender, wohl gleich beim Bau der Kirche entstandener **Eucharistie-** schrank. **Wandschrank**, der mit einer eisernen Gitterthür und ausserdem mit einer davor gelegten Holzthür verschlossen ist. Auf der Innenseite dieser Holzthür eine uralte Malerei, der Heiland als Schmerzensmann mit Ruthe und Geissel in den Weih- Händen.[1]) — Ein grosses **Weihwasserbecken** aus Granit hat bei der letzten wasser-becken. Restauration im Thurm eine Stelle gefunden.

[1]) Vgl. Laase, Lübow, Jördenstorf.

Wandmalereien aus dem XIII. Jahrhundert an den Gewölben des Schiffes. Wand-
Wir sehen die Geisselung, Kreuztragung, Kreuzigung, Höllenfahrt, Auferstehung, malereien.
das Noli me tangere und das Weltgericht mit den Symbolen der vier Evan
gelisten, sowie mit den knieenden Gestalten der hl. Maria, des Johannes
Baptista und den stehenden Gestalten der beiden Apostelfürsten Petrus und
Paulus. In den Zwickeln symbolische Andeutungen der Weltfreuden des
Tanzes (Schlägerin eines Schellenbeckens), der Jagd (Jägerin mit Bogen), der
Trunksucht (der Teufel als Helfer beim Ausschöpfen eines Fasses) u. s. w. in
phantastischen Thierbildungen, mit denen Luxuria, Superbia etc. gemeint sein

Gewölbemalereien.

können. Die Nord- und Südseitenflächen im Schiff unter dem Gewölbe zeigten
gleichfalls Gemäldespuren, doch liessen sie den Inhalt nicht erkennen und sind
deshalb bei der letzten Restauration der Kirche übertüncht worden.

Im Thurm drei **Glocken**. Die grösste hat die Inschrift: ⊞ **O : rer :** Glocken.
glorie : rriſte : beni : cum : pare. Dazu kleine Bildchen: ein Gesicht im Profil,
die hl. Katharina und die hl. Maria mit dem Kinde. Giesserzeichen nicht vorhanden. Die zweite Glocke ist ohne Inschrift, hat aber oben am Rande die
Buchstaben Alpha und Omega. Die dritte Glocke, welche
leider geborsten ist, hat dieselbe Inschrift wie die erste und
das nebenstehende Giesserzeichen des **Rickert von Mönke-**
hagen.[1]

Kleinkunstwerke. 1. 2. Silbervergoldeter gothischer Kelch auf rundem Kleinkunst-
Fuss. Als Signaculum ein aufgenieteter Krucifixus. Auf den Rotuli des werke.
Knaufes der Name iȟeſuȥ, dazwischen jedesmal die hl. Maria mit dem Christ

[1] Vgl. Crull, M. Jahrb. XXII. S. 317.

kinde in Halbfigur. Auf dem Fuss, der später angesetzt ist, die etwas ver-
wischten Rostocker Stempel ⓡ 🄸🄼. Die ursprünglich nicht dazu gehörige
Patene trägt den Stempel BELITZ. — 3. 4. Silbervergoldeter Kelch mit Patene
von 1824, beide mit den Schweriner Stempeln S Fick. — 5. Kleine Oblatenschachtel für Kranken-Kommunion mit dem Stempel BELITZ. — 6. Neue
Altarkanne. Geschenk der Frau Grossherzogin ANASTASIA. Von Prüfer-Berlin.
— 7—10. Vier zinnerne Leuchter, zwei mit Kugelfüssen, zwei ohne dieselben.
An dreien die Inschrift der Rühner Regentin: SOPHIE AGNES H · Z · M · 1678,
an dem vierten: JÜRGEN FINCK VON BERNITT 1747. Der Finck'sche Leuchter
gleicht in der Form völlig einem der von der Herzogin geschenkten. Keine
Stempel.

Gut und Kirchdorf Berendshagen.[1]

In Akten des XV. Jahrhunderts wird Berendshagen als ein altes Gut der
Bibow bezeichnet, die in der Nachbarschaft auf Passee und Westenbrügge wohnen. Sie bleiben bis 1618 im Besitz.[2] Da aber kauft Barthold
von der Lühe auf Panzow für 30000 Gulden das Gut Berendshagen mit dem
dazu gehörigen Mühlenhof sowie mit den Dörfern Pustohl und Dolglas, die
ebenfalls bis dahin Bibow'scher Besitz waren. Die von der Lühe behalten
diese Güter und Dörfer bis 1697, in welchem Jahre sie für 16500 Thaler an
Kord von Bulow übergehen Von ihm kommen sie 1720 für 21000 Thaler
an Kord von Hobe auf Klein-Gischow, und vom Landrath Kord von Hobe
1765 mit Klein-Gischow zusammen an den Rostocker Senator Prehn, der sie
1770 der Herzoglichen Kammer anbietet. Diese geht nicht darauf ein, und
nun folgt von 1785 an ein schneller Besitzwechsel: Generalin E. A. de Cheusses
geb. von Monroy, Lieutenant Friedr. Wilh. von Hartwig, Joh. Christoph von
Plüskow, Rittmeister Joh. Joachim Braekenwagen und von 1804 an der Eigenthümer Pluns. 1815 wird Baron Konrad von Stenglin Herr von Berendshagen
und Dolglas, 1837 dessen Sohn Friedrich Christian Konrad, 1845 Heinr. Joh.
Ludw. Martin Hillmann und 1881 Karl Ludw. Heinr. Hillmann.

Als Pastor wird 1573 Jochim Lamprecht durch die von Bibow berufen.
Als 1590 eine Vakanz eintritt, wehren sich diese gegen die Introduktion ihres
Pastors durch den landesherrlichen Superintendenten. 1632 ist Balthasar Tarnow

[1] 16 km nordnordwestlich von Bützow.

[2] Frühere mittelalterliche Urkunden fehlen. Einer der letzten von Bibow hat sich in
seinem Kirchenstuhl neben dem Altar mit mehrzölligen, tief eingeschnittenen Renaissance-Majuskeln
verewigt: IVRGEN · BIBOW · MIN · EGEN · HANT · 1586. Vorübergehend sind auch Jaspar und Lippold
von Oertzen auf Roggow zu Anfang des XVI. Jahrhunderts im Besitz von Berendshagen. Vgl.
Lisch, M. Jahrb. I, S. 220. XII, S. 365. — Eine alte Adelsfamilie Berendshagen hat es im
XIV. Jahrhundert in Mecklenburg gegeben: M. U.-B. 6251. — 1470 gehört die Kirche zu Berendshagen zum Rostocker Archidiakonat: M. Jahrb. XXI, S. 22, Anmkg.

Pastor zu Berendshagen, 1651 folgt ihm Samuel Lütkemann, 1662 Joh. Bielefeld, der bis 1706 im Amte bleibt. Es folgen weiter 1706 Gabriel Mester (✝ 1711), 1711 Jochim Bormöhlen (✝ 1754) und von 1755 bis 1799 Gottl. Friedr. Schwarz. Ueber die Nachfolger im XIX. Jahrhundert s. Walter a. a. O. Das Patronat haftet noch heute am Besitz von Berendshagen. Ein Versuch des Barons von Stenglin im Jahre 1836, das Patronat an den Grossherzog abzutreten, blieb ohne Erfolg.

Kirche. Das auf einem Felsenfundament und mit grossen Ziegeln aufgebaute Schiff der Kirche hat eine dreitheilige basilikale Anlage, die im Anfang auf eine Flachdecke im erhöhten Mittelschiff und auf Pultdächer in den Abseiten berechnet war, jetzt aber durch ein einziges Satteldach zusammengefasst wird. Einfache Strebepfeiler stützen die Aussenmauern des Schiffes. Der Chor, lang und schmal, hat ebenfalls ein Feldsteinfundament und schliesst im Osten platt ab. Der Thurm im Westen ist ein einfacher Holzbau mit einer Laterne, die als Spitze ausläuft. Runde starke, mit Kalk überputzte Säulen auf einer quadratischen Ziegelbasis trennen Mittelschiff und Abseiten von einander und tragen auf gothischen Scheidebögen die Obermauern des Mittelschiffes. Von einer Kapitellbildung keine Rede.

Der **Altaraufsatz** ist ein durch Säulen des Barockstils verbautes gothisches Triptychon, ein wunderliches Werk, zusammengestellt im Jahre 1668 auf Anordnung des **HANS WILHELM FREIHERRN VON MEERHEIMB** und seiner Gemahlin **ELEONORE DOROTHEA VON OERTZEN.**[1] — Die **Kanzel** stammt vom Jahre 1702. — Oberhalb des Triumphbogens eine **Tafel** mit Inschrift, nach welcher **HANS WILH. BAR. V. MEERHEIMB** auf Gnemern etc., acht und zwanzigjähriger Patron der Kirche, vermählt mit Eleonora Dorothea von Oertzen aus dem Hause Roggow, aus eigenen Mitteln den Predigtstuhl, beide Kirchenböden und die Kirchenthür neu verfertigen und 1702 mit der ganzen übrigen Kirche neu anmalen lassen. — Von den **Emporen** hat die eine Wappen und Namen des ebengenannten Ehepaars, die andere das Stenglin-Bibow'sche Wappen mit der Zeitangabe 1814—1840.

Im Thurm zwei **Glocken**. Die grösste (0,90 m im Dm.) ist 1834 von J. C. Haack in Rostock gegossen worden und hat die Inschrift: **VIVOS VOCO MORTUOS PLANGO FULGURA FRANGO.** — Die zweite (0,78 m im Dm.) hat dieselbe Inschrift, ist aber unter **KONRAD HILLMANNS** Patronat 1893 von C. Oberg in Wismar gegossen worden.[2]

Kirche.

Altaraufsatz.

Kanzel.

Tafel.

Emporen.

Glocken.

[1] Ueber zwei im Altar gefundene kleine Gefässe zur Aufbewahrung von Reliquien und Weiheurkunden, eine Holzbüchse und ein kleines Glas, beide im Grossh. Museum, s. M. Jahrb. XIX, S. 330. 331. Aus dem Inhalt, der stark verkommen war, liess und lässt sich nichts entziffern. — Ueber andere Alterthümer und die Sage von dem Lukower Bassewitz, der bei einem Feuer in Berendshagen von Lukow her zu Hülfe eilte, um es zu besprechen und dabei mit seinem Pferde in den Burggraben versank, s. M. Jahrb. XVII, S. 373—375.

[2] Die Vorgängerin der grösseren Glocke war eine 1707 von Kaspar Heinr. Castel gegossene, die der anderen eine mit »Mönchsschrift«. Inv. 1811.

Kleinkunstwerke. 1. 2. Silbervergoldeter gothischer Kelch auf sechs-passigem Fuss, mit den Stempeln eines der beiden Rostocker Goldschmiede **Joh. Schorler:** 🔲 Ⓢ. Die dazu verwendete Patene trägt den Namen des **LEOPOLD WILHELM FREIHERRN VON MEERHEIMB** und die Jahreszahl **1667**. Sie hat keine Stempel. — 3. 4. Silbervergoldeter Renaissance-Kelch von 1746 mit dem Meerheimb-Maltzahn'schen Allianzwappen auf der Kupa und den Initialen **J • F • B • V • M •** und **J • M • B • V • M • G • V • M •** [1] Vom Goldschmied **Andr. Jul. Strasburg** in Wismar. — Patene 🔲 Ⓐ🔲Ⓢ ebenso gekennzeichnet. — 5. Kleinere Patene mit denselben Stempeln wie Kelch 1. — 6. Krankenbesteck, silbervergoldet, geschenkt laut Inschrift von **J • F • V • M •** und **E • V • M • G • V • KL(EIST) GNEMERN 1861.** — 7. Silber-vergoldete Weinkanne, ein Geschenk von **J. F. V. MEERHEIMB** und **E. VON MEERHEIMB**, geb. von Kleist, auf Gnemern **1862**. **Humbert**-Berlin. — 8. Silbervergoldete länglich runde Oblatendose auf vier Kugelfüssen mit dem Meerheimb'schen und Oertzen'schen Wappen und der Inschrift: **H W F V M • E F V M • E D V O • 1664.**[2] — 9. Taufbecken von Messing, gestiftet von **CLAUS WINKELMAN 1662.** — 10. 11. Zwei Zinnleuchter klassicierenden Stils mit der Jahreszahl **1770**. Englisches Zinn. Meisterstempel mit vier Buch-staben, wovon nur die ersten drei deutlich sind: PLA.

Gut und Kirchdorf Moisall.[3]

Bis zur Mitte des XVI. Jahrhunderts sitzt, anscheinend von alter Zeit her, die Familie Barold auf Moisall.[4] 1551 verkauft Jakob Barold das Gut an Achim Passow den älteren auf Zidderich für 2400 Thaler. Von Passow's Erben erwirbt es 1563 Jürgen Wackerbart für 2000 Gulden. Diesem verleiht am 3. Juni 1569 Herzog Ulrich als Administrator des Stiftes Schwerin mit Zustimmung seines Kapitels das Kirchlehn oder, was dasselbe sagt, das Patronat der Kirche zu Moisall, und 1581 den 1. März verzichtet ihm gegen-über Jürgen Barold auf Dudinghausen für sich und seine Erben auf seine Rechtsansprüche an Moisall für 400 Gulden. Auf die Wackerbarte folgt Anfang

---

[1] Jaspar Friedrich Baron von Meerheimb und Ilsabe Margarethe von Maltzahn aus dem Hause Grubenhagen.

[2] Hans Wilhelm Frhr. v. M. (erster Freiherr von Meerheimb) und Eleonore Dorothea von Oertzen aus dem Hause Roggow. Vgl. Lisch, Fam. v. Oertzen, III, 103/104.

[3] 12 km nordwestlich von Bützow. Kuhnel, M. Jahrb. XLVI, verbindet den Namen mit dem altslavischen Wortstamm mysli- Geist. Plural: »die Moisal's (Mysl).

[4] Viele Beziehungen der Familie Barold zum Kloster Rühn. S. S. 79. Das Register des Urkundenbuches lässt den 1345 genannten Knappen Hermannus Bonensak de Moyzsalle auf Moisall bei Bützow sitzen: M. U.-B. 6572. Das hier genannte Moisall aber wird das im Lande Schwerin bis ins XVIII. Jahrhundert hinein erhalten gebliebene Moisall sein, in dessen Nachbarschaft die Familie Bonsack begütert war. Vgl. Schildt, M. Jahrb. LVI, S. 213.

der dreissiger Jahre des XVII. Jahrhunderts Vicke Barner als Besitzer. Aber nach einem zehnjährigen Prozess giebt er das Gut an Hartwig Wackerbart zurück, von dem er es gekauft hat, und nun erwirbt es der Oberstlieutenant Gotthard Vogelsang für 9500 Gulden, der es pfandweise sammt dem Patronat 1651 an Kaspar Vieregge überlässt.[1]) Von Vogelsang's Sohn Gotthard Joachim pfändet es Leonhard Nikolaus von Elver 1697 auf fünfundzwanzig Jahre für die Summe von 13 000 Gulden. Von den Elver'schen Kinder-Vormündern erhält Hauptmann Heinrich Detlof von Plessen 1706 die Restjahre für 7000 Thaler. Plessen überlässt 1714 das Gut an Hauptmann Georg von Winterfeld für 12 500 Thaler. Dieser behält es bis 1752. Inzwischen, den 19. Juli 1723, muthet Jürgen Ernst Barold auf Dobbin die Güter Dudinghausen und Moisall als alte Barold'sche Lehen. Von 1752 bis 1829 haben Regierungsrath Rudloff und dessen Erben das Gut Moisall, von 1830 bis 1835 Hofr. Julius Karl Heinr. Schmidt, von 1835 an Wilh. Friedr. Theod. Peters und bis 1857 Joh. Friedr. Wilh. Ernst Peters, von 1858 an Rittmeister a. D. von Langen und von 1890 an Aug. Prange. Bis 1862 haftet das Patronat der Kirche am Besitz des Gutes. Seitdem ist es wieder beim Landesherrn.

Von den Geistlichen des Mittelalters wird uns zu Bischof Rudolphs Zeit (1390—1415) einer mit Namen Martin Mann genannt. Dieser produciert vor seinem ebengenannten Bischof eine Pergament-Urkunde, aus welcher ersichtlich ist, dass bis über die Mitte des XIII. Jahrhunderts hinaus nicht Moisall, sondern das hierher eingepfarrte Schlemmin, wo noch bis in das XVII. Jahrhundert hinein eine Kapelle nachzuweisen ist, der Mittelpunkt der Parochie war und dass Bischof Hermann erst am 29. Juni 1264 die Kirche zu Moisall zur Hauptkirche machte.[2]) Zwischen 1544 und 1558 ist Dionysius Bruen Pastor in Moisall, um 1570 Jochim Grabow, den wir zwanzig Jahre früher schon in Qualitz treffen, zwischen 1577 und 1617 Leonhard Freund (Amicus), zwischen 1617 und 1635 Joachim Freude (Hilarius), von 1635 bis 1682 Joh. Senstius,[3]) von 1683 bis 1693 Marcus Weiss, von 1693 bis 1735 Jacob Polchow, nach längerer Vakanz von 1741 bis 1754 David Michael Menges, von 1754 an Joh. Gottfried Kessler,[4]) und von 1759 bis 1799 Joh. Christian Budstädt.[5]) Ueber die Geistlichen des XIX. Jahrhunderts s. Walter a. a. O.

Kirche. Eine Beschreibung der aus Granitsteinen aufgeführten, im Innern flachgedeckten und ursprünglich auf zwei quadratische Gewölbe an-

Kirche.

---

[1]. Kaspar von Vieregge, Erblandmarschall des Stifts Schwerin, seit 1649 Rathsherr und später Bürgermeister in Rostock. Vgl. Hoinckhusen, geneal. Tabellen. Ferner Schildt, M Jahrb. XLIX, S. 246.

[2]) M. U.-B. 1017. Dass die Steine zu den Kirchen in Moisall und Bernitt von der ›Hohen Burg‹ im Schlemminer Forst zusammengebracht seien, ist eine Sage. Von einer Hohen Burg als Burgbau weiss die Geschichte nichts. Zur Geschichte von Schlemmin und Moisall vgl. Schildt, M. Jahrb. XLVII, S. 175 und 214.

[3]) Von Vicke Barner berufen.

[4], Von Regierungsrath Rudloff vorgeschlagen.

[5], Wie in 3. Nach Budstädts Tode 1799 machen die Schlemminer Hauswirthe einen vergeblichen Versuch, das Moisaller Patronatsrecht zu beeinträchtigen.

gelegten alten Kirche, in welcher eine eigentliche Scheidung von Chor und Gemeindehaus nicht durchgeführt ist, giebt Crull im M. Jahrb. XXVII, S. 208 bis 210. Sie hat noch heute mehr den Charakter einer Filial-Kapelle, wie sie es ursprünglich war und sein sollte, als den einer mit Chor, Schiff und Thurm angelegten grösseren Landkirche. 1895 hat eine Erneuerung stattgefunden.[1]

Altaraufsatz, Kanzel.

Der **Altaraufsatz** ist ein Werk des Barockstils aus der Zeit der Familie **VON WINTERFELT**. — Die **Kanzel** ist ein Werk der Renaissance von 1615 mit den Wappen des **JÜRGEN WACKERBART** und der **URSULA VIEREGGE** sowie des **HARDENACK WACKERBART** und der **ANNA V. BÜLOW • ANNO 1615.**

Orgel-Empore.

— An der Brüstung der **Orgel-Empore** findet sich zweimal das Winterfeld'sche Wappen mit den Initialen **G • V • W •**

Glocken.

Glocken. Die grössere (1,15 m Dm.) hat die Inschrift: ✠ ☺ rer glorie ꝛpe beni cum pare Ao mcccrvi und das nebenstehende Giesserzeichen. Die zweite Glocke (Dm. 1,05 m) vom Jahre 1625 hat die Namen des **HARDENACK WACKERBART** und der **ANNA VON BÜLOW**,[2] sowie die des **MATTHIAS** und des **HARTWIG WACKER-BART**, dazu die des Pastors **JOACHIM FREUDE** (Hilarius)[3], und ist vom Meister **Jochim Grawert** in Wismar gegossen worden.

Fünte.

Im Hofgarten steht eine alte **Fünte** aus blaugrauem Granit, 130 cm im Durchmesser haltend und 83 cm hoch.

Kleinkunstwerke.

Kleinkunstwerke. 1. 2. Silbervergoldeter Kelch in gothischer Form, auf sechspassigem Fuss. Die Rotuli des Knaufes enthalten in grünem Email die sechs Buchstaben des **IHESVS**-Namens. Am Fuss das Wackerbart'sche und Bülow'sche Wappen mit den Namen des **HARDENACK WACKERBART** und der **ANNA VON BÜLOW**. Dazu die Jahreszahl **1597**. Keine Zeichen. Die dazu verwendete Patene hat die Schweriner Stempel Ⓢ FUNCK. — 3. Silberne Oblatenschachtel mit den Initialen **J • D • V • L •** und **F • V • Z •** Auf dem Deckel ein aufgehefteter Krucifixus. — 4—6. Kleiner Zinnkelch mit Patene und Oblatenschachtel mit einem aus **J • G • D •** gebildeten Stifter-Doppelmonogramm und den nebenstehenden Bützower Zinnstempeln. — 7. 8. Taufschüssel und Weinkanne neu.

---

[1] Ueber das Wunder in der Kirche zu Moisall, das sich angeblich 1594 zugetragen und zu einem langen Gedicht Anlass gegeben, s. Wiechmann-Kadow, M. Jahrb. XXII, S. 263.—267.

[2] S. Kanzel.

[3] Nicht des Joachim Mussel, wie im M. Jahrb. XXVII, S. 210 steht.

Das Kirchdorf Qualitz.[1])

Eine Kirche giebt es im Dorfe Qualitz, das zum Schweriner Stift gehört und in alter Zeit dem Wariner Amt zugetheilt war, aber bald nach 1632 dem Bützower Amt überwiesen wird, schon um 1233.[2]) Sie wird von Bischof Brunward dem Archidiakonat des Klosters Rühn überwiesen. 1329 versetzt Bischof Johannes die Dörfer Mankmoos und Qualitz mit Zins, Bede und Gericht an den Schweriner Domherrn Heinrich von Bülow für 500 lübische Mark.[3]) Ein Hof und die Mühle sind damals im Besitz der alten Adelsfamilie Mankmoos und der mit ihnen in Vetterschaft verbundenen Familie Holstein. Demgemäss quittieren auch beide in den Jahren 1361, 1372 und 1373 über die Verlassung ihres Qualitzer Besitzes an die von Bülow.[4]) Von diesen kommt der Hof durch Bestimmung des Bischofs Friedrich, der ihn seinen Vettern abgekauft hat, 1376 an das Stift,[5]) dem er mit dem übrigen Dorfe Qualitz bis zum Uebergange ins landesherrliche Domanium (1648) verbleibt. Demgemäss geht auch das Patronat der Kirche vom Bischof auf den Administrator und von diesem auf den Landesherrn über.[6])

Geschichte des Dorfes.

Mittelalterliche Geistliche von Qualitz sind bis jetzt nicht mit Namen auf uns gekommen.[7]) Um 1542—44 ist Joh. Renvart Pastor in Qualitz. 1556 wird Joachim Grabow berufen, der von 1570 an auch in Moisall längere Zeit hindurch den Dienst versieht. 1606 folgt ihm Joh. Udrian, nachdem nach Grabow's Tode eine längere Vakanz gewesen. 1608 aber ist dort bereits Wilhelm Bergmann, der die auch für das Dorf Qualitz schwer und verhängnissvoll gewordene Zeit des dreissigjährigen Krieges durchlebt.[8]) Sein Nachfolger Samuel Teichmann (Deichmann) bleibt bis 1659 im Dienst. 1660 folgt Kantor Joh. Hennings aus Bützow, 1676 Joh. Christian Albertus (vorher in Gross-Brütz), 1684 Martin Engel (÷ 1728), 1716 dessen Sohn Ernst Friedr. Engel (÷ 1751), 1751 der Sohn des letztgenannten, Joh. Jakob Anton Engel (÷ 1790), und 1784 dessen Schwiegersohn Peter Bernhard Stange (÷ 1817). Ueber ihn und seine Nachfolger s. Walter a. a. O.

---

[1]) 12 km westlich von Bützow. Kühnel, M. Jahrb. XLVI, S. 113, übersetzt Chualiz, Qualitz als »Nachkommen des Chval[a]«. Eine Familie Qualitz, von Qualitz, kommt urkundlich im XIV. Jahrhundert vor. S. Register zum M. U.-B.

[2]) M. U.-B. 420. Schildt, M. Jahrb. XLVII, S. 182.

[3]) M. U.-B. 7315.

[4]) M. U.-B. 8947. 8948. 8949. 8950. 8951. 8952. 10274 10384.

[5]) M. U.-B. 10822.

[6]) Schildt, M. Jahrb. XLVII, S. 185.

[7]) Ueber den nicht genannten Kirchherrn um das Jahr 1534 vgl. M. Jahrb. VIII, S. 47.

[8]) Schildt, a. a. O.

Kirche.

Kirche. Die Kirche ist anscheinend ein dem Anfange des XIV. Jahrhunderts angehöriger, aus Feld- und Backsteinen aufgeführter und mit Strebepfeilern bewehrter gothischer Bau auf der Grundform eines länglichen Vierecks und mit einem Abschluss aus dem Achteck. Der im Westen vorgesetzte vier Stockwerk hohe Thurm ist neu. Die Fenster und Portale haben nicht mehr ihre Ursprünglichkeit. Im Innern eine flache Holzdecke.

Altarbild.

Die **innere Einrichtung** der Kirche ist neu. Das **Altarbild**, eine Kopie vom Jahre 1874 nach Rembrandt's Kreuzabnahme von **Gustav Tempel**, ist ein

Flügelaltar.

Geschenk des Pastors **BRANDT**. — In der Sakristei wird der alte gothische **Flügelaltar** aufbewahrt. In der Mitte des Schreins die Kreuzigung mit Maria und Johannes. Zu beiden Seiten des Mittelstücks in zwei Reihen übereinander verschiedene Heilige. Unterhalb des Mittelfeldes: in der Mitte die gekrönte Maria neben Christus sitzend, links davon eine weibliche, rechts eine männliche Figur. An den Innenseiten der beiden Flügel Passionsbilder: Gefangennahme, Fusswaschung, Christus vor Gericht und Kreuzigung. Die bildlichen Darstellungen auf den Rückseiten der Flügel sind nicht mehr zu erkennen. —

Krucifixus.

An der Nordwand der Kirche ein alter **Krucifixus.**

Oelbilder.

In der Kirche drei **Oelbilder** mit den Bildnissen der drei Pastoren Engel, dazu Unterschriften.

Glocken.

Im Thurm drei **Glocken**, von denen eine 1857 und zwei 1873 von **Ed. Albrecht** in Wismar gegossen sind.[1])

Kleinkunstwerke.

Kleinkunstwerke. 1. Silberner Kelch, in neuerer Zeit umgearbeitet. Stempel aus älterer Zeit: B CH. — 2—4 Silbervergoldeter Deckelkelch in klassicierendem Stil, mit der Inschrift: **1833 GESCHENKT VON CHRISTOPH DIEDERICH WILHELM ENGEL ZUM ANDENKEN AN SEINEN VATER, GROSSVATER UND AELTERVATER, DIE ALLE DREI PREDIGER IN QUALITZ GEWESEN**. Dazu zwei vergoldete grosse Patenen. Von **GERIKE**-Berlin. — 5. 6. Zwei silbervergoldete Patenen, eine mit dem Stempel B HEI DEN, die andere mit Weihkreuz, ohne Stempel, beide ohne Inschrift. — 7—10. Kranken-Kommunionsgeräth (Kelch, Patene, Fläschchen). Von **Scheele**-Leipzig. — 11—13. Altarkanne, Oblatendose, Taufschale. Von **Assmann-Lüdenscheid**-Berlin. — Die Altarleuchter sind ein Geschenk der Familie **ENGEL** aus neuerer Zeit.

* * *

Taufstein in Glambeck.

Im Hofgarten des Domanialpachthofes **Glambeck** steht ein alter **Taufstein** von Granit, der aus Dreveskirchen hierher gekommen ist.

[1]) Aus dem zerschlagenen Glockengute zweier älterer Glocken, von denen die grössere die Inschrift hatte: ✳ Anno dñi mᵒ ccccⁿ lrvi fïa fecũda aũ galli ✠ o rer glorie crifte rei cvm pace ✠ iafpar · melchior · baltʒar · Darunter der Name des Giessers: clawes dvndker · Ausserdem, durch Einritzung in das Modell hervorgebracht, das nebenstehende Giesserzeichen und die Figur der hl. Katharina. Vgl. die schönen Glocken zu Zurow und Thürkow. Crull, M. Jahrb. XL, S. 200. 201.

Unweit des nach Qualitz eingepfarrten Dorfes **Gralow**, nahe am Walde, liegen auf einem Hügel viele Granitsteine, der Ueberlieferung nach die **Ueberreste einer Kapelle**, deren Grundmauern im vorigen Jahrhundert noch vorhanden waren. Diese Kapelle, welche von einem Begräbnissplatz umgeben war, diente als Gotteshaus für die Bewohner des Dorfes Gralow und der vormals in der Nähe gelegenen Glashütte. Der Hügel heisst noch jetzt »Kapellenberg«. *Ehemalige Kapelle zu Gralow.*

In dem zwischen Qualitz und Mankmoos gelegenen sog. »**Kätherholz**«, unweit der nach Warin führenden Landstrasse, hat in früheren Zeiten ebenfalls eine **Kapelle** gestanden, die von Warin bedient wurde. Ihre ehemalige Stelle ist noch jetzt an den dort liegenden vielen Feldsteinen zu erkennen. Auch hier der Name Kapellenberg«. *Ehemalige Kapelle im sog. Kätherholz.*

Das Kirchdorf Baumgarten.[1]

Wie die Kirche in Qualitz, so wird auch die im Stiftsdorfe Baumgarten, das in gleicher Weise unter bischöflicher Hoheit steht, im Jahre 1233 dem Archidiakonat des Klosters Rühn unterstellt.[2] In der ersten Hälfte des XIV. Jahrhunderts treffen wir dort mit Besitz und Rechten die Lübecker Familie Syst (Segest) und die damals auf Zarfzow angesessene Adelsfamilie Averberg (Overberg).[3] 1355 tritt das Kloster Rühn in den Averberg'schen Besitz ein.[4] Aber ehe das Kloster das ganze Dorf erlangt, vergeht geraume Zeit. Neben ihm bleiben einzelne Vasallenfamilien auf ihren Lehnhöfen sitzen, so z. B. Arnd Neuenkirchen bis 1364 und nach ihm Gerd Speckin, welchem jener seine Hufen in Baumgarten zu Mannrecht verkauft hat.[5] Ferner Heinrich Babbe, welcher 1380 eine halbe Hufe im Dorfe wiederkäuflich binnen sechs Jahren an den Bützower Vikar Peter Wanghar überlässt.[6] Vollständig ist überhaupt das Kloster zu Rühn trotz weiterer Erwerbung von Hufen niemals Herr im Dorfe geworden. Denn unter den Bauern gehört noch im XVII. Jahrhundert einer der Kirche zu Bützow, und bis zum Jahre 1580 besitzt das Wariner Amt in Baumgarten das höchste Gericht, den Burgdienst, die Bede, jährlich eine Kornfuhr nach Wismar und ausserdem drei ganze Bauerstellen. Erst in diesem Jahre schenkt Herzog Ulrich auf Bitten seiner Gemahlin die Wariner Anrechte dem Kloster.[7] *Geschichte des Dorfes.*

[1] 8 km südwestlich von Bützow. Im XIV. Jahrhundert »Teutschen Bomgarden« und auch »Gross-Baumgarten« genannt (Groten Bomgharden).
[2] M. U.-B. 420.
[3] M. U.-B. 4334. 5441. 5794.
[4] M. U.-B. 8020.
[5] M. U.-B. 9302.
[6] M. U.-B. 11208.
[7] Vgl. Schildt. M. Jahrb. XLVII S. 234.

Von den Geistlichen des Mittelalters fehlt bis jetzt jede Kunde. 1542/44 ist nachweislich Johann Struc (vielleicht Struck) Pastor in Baumgarten, zwischen 1558 und 1577 Kaspar Boßicke, zwischen 1582/85 Burchard Jocchow, um 1598 Thomas Krebs (Cancer), zwischen 1620 und 1634 Johann von Rehne. 1634 beschwert sich der Ruhner Konvent über Verletzung seines Patronatsrechtes durch Herzog Adolf Friedrich, ob bei Einsetzung des Pastors Michael Eigner, den wir 1642 in Baumgarten finden, oder bei einem andern, ist auf Grund des zu Gebote stehenden Aktenmaterials nicht zu ermitteln. 1646 setzt derselbe Herzog den Joachim Wernicke als Pastor ein. 1674 wird Johann Schröder berufen († 1676), 1677 Joachim Rovenius, 1689 Anastasius Lütkemann, 1709 Georg Detmar († 1733), 1739 (nach längerer Vakanz, reich an Wirren, vgl. Bernitt) D. W. Mussehl und 1777 Christian Gottlieb Thube († 1826).

Kirche. Die aus Feldsteinen erbaute alte Kirche bildet ein einschiffiges längliches Viereck mit glatt abschliessendem Chor. Im Westen ist ein Thurm mit einem niedrigen vierseitigen Pyramidenhelm vorgesetzt, dessen unterste Stockwerke ebenfalls aus Granit bestehen, dessen drittes jüngeres Stockwerk aber ein Fachwerkbau ist. Im Innern eine flache Holzdecke. Fenster und Portale haben noch ihren alten Spitzbogenschluss, sind aber im Uebrigen stark erneuert. Auch sonst vieles neu.[1])

Im Innern ist die ganze Einrichtung neu. Der frühere gothische **Flügelaltar-Aufsatz** befindet sich jetzt im Predigerhause. Als Mittelstück eine Annaselbdritt-Gruppe, links davon Johannes Baptista, rechts der hl. Hieronymus. Die Flügel haben keine Figuren mehr. — Ebenfalls im Pfarrhause die frühere **Triumphbogen-Gruppe**, der Krucifixus mit der hl. Maria und dem Johannes Evangelista. — Vor der letzten Restauration 1891/92 befanden sich in verschiedenen Fenstern der Kirche kleine Scheiben mit **Glasmalereien**. Diese sind 1892 in das neue Fenster der Ostwand des Chors eingesetzt. Sie zeigen Darstellungen aus dem alten und neuen Testament und einige Wappenschilde, darunter einen mit einer Gans und der Unterschrift **HANS GANS**.

Im Thurm sollen früher drei **Glocken** gewesen sein, wovon eine nach Ruhm gekommen, jetzt noch zwei. Die grössere (Dm. 0,99 m) hat die Inschrift: **ANNO DOMINI 1626 M · JOCHIM GRAWERT FECIT.** — Die kleinere Glocke (Dm. 0,90 m) hat die Inschrift: ⳨ O ⊞ rex · glorie ⊞ XPH ⚜ beni ⚜ cum ⚜ pace ⊞ ⚔ Ano dni m ⚜ ccc ⦂ lxxbi ⸳ meris ⦂ dreeb ⦂ die ⦂ ſa[2]) ⚜ ✧ ⚜ ⚜ facta ſum ⦂. Dazu zweimal das nebenstehende Giesserzeichen des **Rickert v. Mönkehagen**.

Kleinkunstwerke. 1. 2. Silbervergoldeter gothischer Kelch auf rundem Fuss mit dem aufgehefteten Krucifixus als Signaculum. Auf den Rotuli des Knaufes der Name iᴉᴊᶜſüᴣ. Keine Werkzeichen, auch nicht auf der zugehörigen

[1] Lisch M. Jahrb. XLI. S. 217.
[2] ſa̅ secunda.

Kirche.

Flügelaltar-Aufsatz.

Triumph-bogen-Gruppe.

Glas-malereien.

Glocken.

Kleinkunst-werke.

Patene.   3. 4. Silbervergoldeter gothischer Kelch auf sechspassigem Fuss.
Am Knauf der Name JhGSVS, zwischen den einzelnen Buchstaben je ein
bärtiger Christuskopf. Keine Werkzeichen. Die dazu verwendete Patene ist
neu. Keine Werkzeichen. — 5. 6. Kleiner zinnerner Krankenkelch mit Patene.
Stadtzeichen Bützow (Bischofsmütze mit Krummstäben). Meisterzeichen undeutlich. — 7—9. Neue Kranken-Kommunion (Kelch, Patene, Flasche) von **Scheele**-
Leipzig.   10. Silberne Oblatenschachtel mit Barockverzierungen. Auf dem
Deckel eingraviert: **A · D · V · P · G · D · S ·** Unter dem Fuss zweimal die
Jahreszahl **1705** und die Stempel des Rostocker Goldschmiedes **Jürgen Müller:**
⬛ ⬛. — 11. Kupfernes Taufbecken mit der eingeschnittenen Inschrift auf
dem schmalen Rand: **CHRISOFFER MVS.** — 12—14. Drei zinnerne Altarleuchter, der eine 1644, der andere 1645 von **JÜRGEN PENZIN**, der dritte
1652 von **MARTIN PENZIN** gestiftet. Von den Rostocker Zinngiessern **Jochim
Vicke** und **Martin Blaukogel.**

Das Kirchdorf Zernin.[1]

Im Jahre 1233 wird das Dorf Zernin mit Peetsch und Hanshagen zu-   Geschichte
sammen der Rühner Parochie zugetheilt, hat also damals noch keine   des
eigene Kirche.[2] Vielleicht aber schon im Jahre 1248, als Bischof Wilhelm   Dorfes.
am 11. September mit vielen hohen Geistlichen und Laien dort anwesend
ist und u. a. die Zehnten des Klosters Sonnenkamp ordnet. Das lässt auf
einen besonderen Vorgang im Dorfe schliessen, und dieser Vorgang könnte
recht wohl die Gründung oder Weihung einer eigenen Kirche gewesen sein.[3]
Nachher hören wir von Einkünften, die das Bützower Kollegiatstift dort
erhält.[4] Doch behält der Bischof die Bede und das höchste Gericht, die er
z. B. am 8. Mai 1333 als Pfandobjekt für eine Schuld an Ghemekinus von
Bülow und Heyne Wulveskrog benutzt[5] Die Wulveskroge erwerben auf diese

[1] 9 km südlich von Bützow. Kühnel, M. Jahrb. XLVI, S. 165 166, übersetzt den Namen,
der mit den Nebenformen Zarnin, Zhiarnin, Tzarnin, Cernetun, Cernetyn und Cernin im XIII. Jahrhundert auftritt, als »Ort des čarna, čarneta« und erinnert dabei an das altslavische Wort črnü
= schwarz. Auch der Zusatz »Wendisch« ist im XIII. Jahrhundert gebräuchlich. Eine gleich-
namige Adelsfamilie tritt schon in demselben Jahrhundert in demselben Dorfe auf.

[2] M. U.-B. 420.

[3] M. U.-B. 609. »Warnow bei Zernin« heisst es im M.-U.-B. 2039 im Jahre 1289, was
nicht ganz zu übersehen ist.

[4] M. U.-B. 1178. 1852. Die Urkunden 456, 2789 und 3935 beziehen sich auf das vom
Register des Urkundenbuches übersehene andere ehemalige Zernin zwischen Bützow und Parkow,
auf das Pastor Bachmann-Zernin den Verfasser aufmerksam gemacht und worüber auch schon
Schildt M. Jahrb. XLVII, S. 151, Anmkg. 1, das Richtige beigebracht hat.

[5] M. U. B. 5419. Vgl. 10692. 11132.

Art auch Maltzan'sche Hebungen aus Zernin.[1]) 1372 wird die Pfarrkirche zum ersten Mal urkundlich genannt; damals ist Günther Gerlach ihr Rektor, den man zu grösseren und höheren Ehren ausersehen hat.[2]) Als 1581 das Landbuch des Schwerinschen Stiftshauses und Amtes Butzow niedergeschrieben wird, haben die von Bülow, Preen und Maltzan immer noch einzelne Leute im Dorf, die ihnen dienst- und gerichtspflichtig sind, wenn auch dem Bischof nach wie vor das höchste Gericht verblieben ist.[3]) Einzelrechte dieser Art haben sich bis in das XVIII. Jahrhundert erhalten.[4])

Ausser dem schon genannten Günther Gerlach ist kein mittelalterlicher Geistlicher mit Namen überliefert. Um 1542 ist Petrus Soldicke Kirchherr von Zernin und Warnow unter dem Patronat des Herzog-Bischofs Magnus. Ihm folgt, aber bereits von Herzog Ulrich berufen, Silvester Bernicke, der bis 1558, vielleicht noch länger, im Amte ist Ausser der Filialkirche in Warnow, die als solche 1542 im Visitationsprotokoll genannt wird, giebt es auch eine zu Zernin gehörende Kapelle in Peetsch, das, wie man hieraus ersieht, schon im frühen Mittelalter gleichzeitig mit Zernin aus dem Pfarrverbande mit Rühn geschieden ist. 1544, oder auch schon ein paar Jahre früher, befindet sich der Sitz des Pfarrers in Warnow. 1593 erklärt Pastor Klodt, er habe das Pfarramt 29 Jahre lang inne gehabt, früher aber sei die Materkirche in Zernin gewesen. Trotzdem bleibt die Wedem über zweihundert Jahre lang in Warnow.[5]) Hier wohnen nach Klodt (Kluth) die Pastoren Jakob Junghans (1600 1628), der von Wallenstein als Pastor berufene Heinrich Turgelow oder Torgelow (1629 1678),[6]) Johann Jordan (1679 -1720), Anton Nobiling (1720—1735)[7]) und Johann Friedrich Susemihl (1737—1770). Unter Susemihl wird im Herbst 1755 der Pfarrsitz wieder nach Zernin verlegt, nachdem dort das ehemalige Schultze'sche Gehöft zur Wedem eingerichtet worden war. Auf Susemihl folgt Joh. Nikolaus Röper (÷ 1805). Ueber seine Nachfolger s. Walter a. a. O.

Kirche.   **Kirche.** Die kleine Feldsteinkirche ist ein einfacher Bau mit flachem Chorschluss. An den Ecken des Chors je ein starker Strebepfeiler. Der im Westen vorgesetzte niedrige Thurm hat einen Unterbau von Feldsteinen und einen Oberbau von Ziegelsteinen, der einen achtseitigen Pyramidenhelm trägt. Das Innere der Kirche, einen einzigen Raum darstellend, ist mit flacher Holzdecke geschlossen und durch fünf zweitheilige kleine gothische Spitzbogenfenster erleuchtet. An der Ostwand eine Kapelle und auf der Südseite eine Vorhalle.*) 1865 Durchbau der Kirche, Thurm von 1871.

[1]) M. U.-B. 8709.
[2]) M. U.-B. 10302.
[3]) Schildt, M. Jahrb. XLVII, S. 178.
[4]) Vgl. Akten im Grossherzoglichen Archiv.
[5]) Im Visitationsprotokoll von 1620 liest man, dass die Zerniner Wedem unlängst niedergebrochen sei.
[6] Lisch, M. Jahrb. XXXVII, S. 7.
[7]) Als Substitut von Jordan. Anfangs beanstandet.
*) Lisch, M. Jahrb. XLI, S. 216.

Die **innere Einrichtung** ist neu. — Als **Altarbild** ein segnender Christus von **Fischer-Poisson**, von 1875. — An der Nordwand ist ein **Bild** mit dem heiligen Abendmahl. — Vor dem Thurm auf dem Kirchhof eine **Granitfünte** ohne Fuss.

Im Thurm zwei **Glocken.** Die ältere hat die Inschrift: **ANNO 1604 BIN ICH DURCHS FEWR GEFLOSSEN CLAWES BINCKE HAT MICH MITH GOTTES HVLFE GEGOSSEN WEDIGE LEISTEN HPTMAN ZV BVTZOW JOHANNES SCHOMACHER KUCM H JACOBUS JUNCKHANS PASTOR · HINRICH VOS HANS PEISKE JURATEN ·** — Die jüngere Glocke ist 1758 von **Joh. Val. Schultz** gegossen.

Kleinkunstwerke. 1. 2. Silberner Kelch der Kirche zu Warnow. Am Knauf die Buchstaben **I N R I.** Keine Werkzeichen. Auf der Patene dagegen der Stempel des Wismarschen Goldschmiedes **Andreas Julius Strasburg** Ⓐ︀ⓘ︀ⓢ︀ der 1739 ins Amt eintrat, und der Name der Frau **ILSABE ROSENOW** als Stifterin samt der Jahreszahl **1743.** — 3. 4. Silberner Kelch mit Patene, aus Gemeindegaben gestiftet, nachdem 1736 die Vasa sacra gestohlen worden waren, wie eine Aufschrift am Fusse erzählt. Hier die Stempel des Rostocker Goldschmiedes **Leonhard Reuss.** — 5. 6. Desgl. mit den Werkzeichen des Rostocker Goldschmiedes **Daniel Halbeck:** Ⓡ Ⓓ︀Ⓑ︀. — 7. Silberne Oblaten- dose von 1754, ebenfalls mit den Werkzeichen des **Daniel Halbeck.** — 8. Zinnerner Kelch mit der Aufschrift: ·:· **ZV · ZERNIN** ·:· **1723.** Undeutlicher Stempel mit Krone und Rose. — Neu: Weinkanne, von **Jürst-Berlin,** Krankenkommunions- geräth von **Sy & Wagner**-Berlin und ein Taufbecken.

Das Filial-Kirchdorf Warnow.[1]

Bei Schlichtung des Streits um die Grenzen zwischen dem Lande Bützow und dem Lande Parchim am 17. Juni 1261 wird Warnow als zum Stiftslande gehöriges Dorf zum ersten Mal urkundlich genannt.[2] Mit Besitz und Rechten treffen wir dort im XIII. Jahrhundert die Adelsfamilien Pennewitz, Babbe und Averberg als bischöfliche Vasallen, nachher im XIV. Jahrhundert auch die Zernin, Büschow und Bülow.[3] Doch scheinen sich hier keine eigent- lichen Rittersitze gebildet zu haben. Wohl aber erhalten sich ritterschaftliche

[1] 11 km südsüdwestlich von Bützow. Kühnel, M. Jahrb. XLVI, S. 155, übersetzt den Namen mit ›Rabenort‹ und verbindet es demgemäss mit dem Wort Warnabi = Varnovi = ›die Raben‹, Bewohner des Landes Warnow.

[2] M. U.-B. 921. Wenn Lisch Recht hätte, dass das schon 1171 M. U.-B. 100 genannte bischöfliche Dorf villa in Warnowe, das heutige Warnow bei Eickhof wäre, dann wäre es schon 90 Jahre früher nachgewiesen: M. Jahrb. XXXVI, S. 125.

[3] M. U.-B. 1915. 2039. 6262. 6478. 6614. 6631.

Einzelrechte bis ins XVIII. Jahrhundert hinein. Der »Hof Warnow«, von welchem die Akten späterer Zeiten berichten, ist erst ein Ergebniss des dreissigjährigen Krieges, indem man die Schulzenstelle, acht Bauer- und zwei Kossatenstellen, die wüste und menschenleer geworden waren, im Jahre 1643 zu einem grösseren Hofe zusammenlegt.[1]) Zwischen 1751 und 1757 entsteht dann der Nebenhof Schlokow, der den etwas veränderten Namen einer in der Nachbarschaft untergegangenen alten Dorfstätte Schlock (Sceddelocke, Scadeloke, Schadelock, Schallock) wieder aufnimmt.[2])

Kirche.

Kirche. Der Chor ist ein alter Feldsteinbau mit einem Kreuzgewölbe und einem schweren niedrigen Triumphbogen. Ein dreitheiliges spitzbogiges Fenster in der flach abschliessenden Ostwand erleuchtet ihn. Das Langhaus dagegen ist ein neuer im Innern mit Holz gedeckter Bau mit je zwei Schlitzfensterpaaren in der Nord- und Südwand. Auf dem Westende des Firstes ein kleines Dachreiterthürmchen. Die innere Einrichtung ist neu.[3])

Glocken.

In dem freistehenden Glockenstuhl südlich von der Kirche befinden sich zwei **Glocken.** Beide sind von **Ed. Albrecht** in Wismar gegossen worden, die eine 1881, die andere 1882.

Kleinkunstwerke.

Die **heiligen Gefässe** der Kirche werden in Zernin aufbewahrt (s. o.). In Warnow aber eine zinnerne Taufschüssel, 1700 von **JACOB SAEVEKAUW** gestiftet, und auf dem Altar zwei zinnerne Leuchter, der eine 1650 von **SOPHIE MASIUS** geschenkt und 1786 umgegossen, der andere von **DANIEL TIMM** geschenkt und 1791 umgegossen. Die Stempel der Leuchter sind stark verputzt, die nebenstehenden der Schüssel gehören der Stadt Wismar an.

Das Kirchdorf Tarnow.[4])

Geschichte des Dorfes.

Im Jahre 1233 giebt es bereits eine Kirche in dem zum bischöflichen Stiftslande gehörenden Dorfe, über welche das Kloster Rühn das Bannrecht erhält.[5]) Zwanzig Jahre später begegnet uns dort Johann Spre als bischöflicher Vasall, der seine Frömmigkeit durch Schenkung einer Hufe in der Tarnower Feldmark an die eben erst gestiftete Bützower Kollegiatkirche

---

[1]) Schildt, M. Jahrb. XLVII, S. 176.
[2]) Schildt, a. a. O., S. 177/178, Anmkg. Ferner LVI, S. 192.
[3]) Lisch, M. Jahrb. XLI, S. 216.
[4]) 9 km südlich von Bützow. Kühnel, M. Jahrb. XLVI, S. 142, übersetzt den Namen mit »Dornenort« oder »Ort des Tarn« und verbindet ihn mit dem altslavischen Wort trünü = Dorn. Eine Adelsfamilie des Namens kommt im XIV. Jahrhundert vor.
[5]) M. U.-B. 420.

bethätigt.[1]) Auch die Bützower Burgmannen Babbe erwerben dort Grundbesitz, desgleichen in späterer Zeit die Mallin, Bülow und Preen. Im Jahre 1581 zählen dort die von Bülow und von Preen je fünf Unterthanen, während der Bischof einundzwanzig Bauleute und zehn Kossaten hat.[2]) Die Ablösung der Bülow-(Prüzen)'schen Anrechte an Tarnow durch die herzogliche Kammer erfolgt erst im Jahre 1767.[3])

Von den Geistlichen des XIV. Jahrhunderts sind uns drei Namen überliefert, der des Rektors Hartwig um 1325, des Vicerektors Heinrich Parum

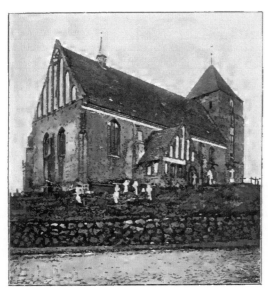

Kirche zu Tarnow.

um 1353 und des Rektors Johann Pohle, der 1363 bereits verstorben ist.[4]) Um 1524 ist Nikolaus Gaulicke Kirchherr, 1542 Paschen Laitzke, 1558 Joachim Ruge und von 1591 bis 1610 Nikolaus Lindenberg. Damals wird eine Kapelle zu Mühlengeez als zur Tarnower Kirche gehörig genannt, sonst aber, heisst es, habe sie kein Filial. Im Kirchenvisitations-Protokoll von 1620 aber wird von der Mühlengeezer Kapelle gesagt, sie sei verfallen. Dafür aber bedient nun der Pastor Georg Lehmann, der seit 1610 im Dienst ist, die Kapelle zu Prüzen, die heute noch zu Tarnow gehört. 1639 tritt Johann Krug (Krüger) an Lehmann's Stelle, der 1642 wegen schwerer Krankheit die Kirchen-Visitation versäumen muss. 1643 folgt Johannes Engel, der 1653 nach Bützow versetzt wird. Diesem folgt Laurentius Holste († 1680), der die Gemeinden zu Tarnow, Boitin und Prüzen versorgt. 1681 folgt Georg Maass, der 1710 gemüthskrank wird, 1712 Joh. Georg Lange, 1754 Pastor Burmeister und 1778 Joh. Christoph Plath († 1812). S. Walter a. a. O.

Die **Kirche** zu Tarnow gehört zu den wenigen zweischiffigen Backsteinkirchen des Landes, in denen Männer- und Frauenseite durch eine Pfeilerreihe von einander getrennt sind. Im Osten schliesst die Kirche glatt ab, sodass Chor und Gemeindehaus zusammen einen Bau auf der Grundlage eines Rechteckes darstellen. Im Westen ein Thurm, der im unteren Theil aus Feldsteinen,

Kirche.

---

[1]) M. U.-B. 685. 1852.

[2]) M. U.-B. 1915. 7268. Vgl. Schildt, M. Jahrb. XLVII, S. 179. — Ueber die von Bülow auf Prüzen und über das alte Gestühl der Kirche zu Tarnow vgl. Lisch, M. Jahrb. XXIX, S. 209 10.

[3]) Akten im Grossh. Archiv.

[4]) Register zum M. U.-B.

im oberen aber aus Backsteinen aufgebaut ist und einen niedrigen vierseitigen Pyramidenhelm trägt. Die spitzbogigen Fenster der Kirche sind theils
dreitheilig, theils zweitheilig. Die beiden Schiffe der Kirche sind mit je vier
Kreuzgewölben gedeckt.[1])

Altar-
aufsatz.

Der **Altaraufsatz** ist ein gut erhaltenes Triptychon spätgothischer
Zeit. Im Mittelschrein in geschnitzten Figuren der gekreuzigte Heiland, links
die hl. Maria und Johannes Baptista, rechts der hl. Johannes Evangelista und

Inneres der Kirche zu Tarnow.

die hl. Katharina. Im linken Flügel (vom Beschauer her) eine Annaselbdritt-
Gruppe, die hl. Gertrud und sechs Apostel, rechts die hl. Apollonia, die hl.
Barbara und die übrigen sechs Apostel. Die Aussenflügel des Werkes sind

Krucifixus. mit Malereien aus der Leidensgeschichte bedeckt. — Oberhalb des Altars ein

Taufstein. guter **Triumphbogen-Krucifixus**. — Vor dem Altar ein alter **Granittaufstein**.

Bildniss. — In der Kirche befindet sich das **Bildniss** des Pastors **LAURENTIUS HOL-
STIUS** (s. o., geb. 1615, gest. 1680). Ausserdem ein auffallendes Bild, dessen
Grund aus Prismen so zusammengestellt ist, dass man von der einen Seite den
Tod mit der Inschrift **NOS PERIMUS** und von der anderen Seite den auf-

Emporen. erstandenen Herrn mit der Inschrift **EGO VIVO** sieht. — Nicht bloss die durch

[1]) Beschreibung der Kirche und ihrer Wandmalereien, die grösstentheils wieder übertüncht
sind, bei Lisch, M. Jahrb. XXI, S. 277 78. XXVII. S. 212—214. Die Ansicht, dass Pfeiler und
Gewölbe erst nachträglich in die jedenfalls dem XIV. Jahrhundert angehörende Kirche hinein-
gekommen sein sollten, vermögen wir nicht zu theilen.

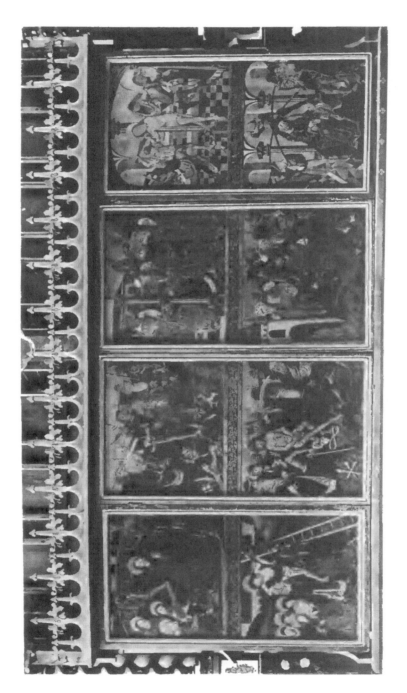

Malereien des Altarschreins in der Kirche zu Tarnow.

die ganze Kirche durchgehende **Orgelbrüstung**, sondern auch andere **Emporen** in der Kirche sind mit gut und schlecht gemalten Bibelbildern geschmückt.

Aussenflügel des Altaraufsatzes.

Altaraufsatz.

Im Thurm drei **Glocken**. Die grössere (Dm. 1,26 m) hat die Inschrift: O REX ✠ GLORIA ✠ XPE · VENI ✠ CU'M ✠ PACE ☞ ANO ✠ DMI ✠ MCCCLXXXXIX · IR · DIE · BARNABE ● APLI · Dazu das nebenstehende Giesserzeichen des **Rickert von Mönkehagen**. — Die zweite Glocke (Dm. 1,21 m) ist ohne Inschrift und

Glocken.

Giesserzeichen. — Die kleine Glocke (Dm. 0,38 m) hat die Inschrift: **G • LANGE ✳ PASTOR ✳ GEGOSSEN N • P • LOFBERG GÜSTROW 1751.**

Kleinkunst-
werke. **Kleinkunstwerke.** 1. Silbervergoldeter gothischer Kelch auf sechsseitigem Fuss, mit einem aufgenieteten Krucifixus als Signaculum und mit den drei ebenfalls aufgenieteten Wappen der Bülow, Lützow und Restorf. Am Knauf in Spiegelschrift die Buchstaben des Namens IHЦSVS. Zwischen den Rotuli jedesmal ein bärtiger Christuskopf, und um den Schaft Verzierungen mit Rosetten, Ranken u. s. w. Treffliche Arbeit des XV. Jahrhunderts. Keine Werkzeichen. Patene fehlt. — 2. 3. Silberner Kelch auf sechsseitigem Fuss mit besonders grosser Kupa. Auf dem Fuss die Inschrift: **DISEN KELCH VORERET JVRGEN EFERT VNDT SEINE HAVSFRAVW MARGAREDTE STOFFERS ZV TARNAVW IN DER KIRCHGEN VNDT KEIN ANDER WEGEN ZV GEBRAVGEN ANNO 1651.** Keine Werkzeichen. Die dazu gebrauchte Patene hat den Stifternamen **DANIEL WESTFPHAL.** Keine Werkzeichen. — 4. Zinnerner Kelch mit der Marke des englischen Zinns und dem Güstrower Wappen als Stadtzeichen. — 5. Zinnerne Patene mit dem Bützower Wappen als Stadtstempel und dem nebenstehenden Meisterstempel. — 6. Kleiner zinnerner Kelch mit undeutlichen Güstrower Stempeln. — Neu: Kranken-Kommuniongeräth von **Sy & Wagner**-Berlin, eine kreisrunde silberne Oblatendose und silberne Weinkanne, gestiftet von **J • M • VON RODDE-ZIBÜHL • 1853.** (Von **Friedeberg**-Berlin), Taufkanne und Taufschale, zwei zinnerne Leuchter mit dem Güstrower Stadtstempel und dem nebenstehenden Meisterstempel des Zinngiessers **F. Bechlin,** sowie zwei von Pastor **REHWOLDT** zur Erinnerung an seine Gattin Emma 1873 gestiftete neusilberne Leuchter.

Triumphkreuz in der Kirche zu Tarnow.

Das Kirchdorf Boitin.[1]

as Dorf Boitin gehört zu den Stiftsdörfern, über deren Kirche das Kloster Geschichte Rühn 1233 den Bann erhält.[2] Auch erlangt es dort schon zwei Jahre des später auf Grund einer Stiftung des Konrad von Schwan (Sywan), der seine Dorfes. Schwester ins Kloster gegeben hat, Einkünfte von fünftehalb Hufen.[3] Diese wenigen Nachrichten, und dann noch eine von einem Kirchenrektor Johann um 1338, umfassen alles, was wir aus dem Mittelalter über das bei Bützow gelegene Dorf Boitin bis jetzt wissen, wenn wir nicht noch eine konfuse Ueberlieferung hinzunehmen wollen, die den Bischof Melchior von Schwerin (1376—1381) zum Gründer der Kirche macht und damit die für diesen Bischof unmögliche, zu dem Baustil der Kirche allerdings passende Jahreszahl 1252 verbindet.[4] Im XVI. und XVII. Jahrhundert finden wir hier einen grösseren Hof mit einer Schäferei und ein durch ritterschaftliche Rechte im Laufe der Zeiten geschmälertes Bauerndorf. Beide gehören dem Bischof und später dem Stiftsadministrator. 1563 löst zwar Herzog Ulrich die s. Z. auf Paul Vieregge übergegangenen Rechte der Trechower Maltzane ab, aber 1583 haben noch die Zibühler Bülowe einen Viehhof und 1654 auch noch Unterthanen in Boitin. Ebenso besitzt um diese Zeit Hans von Pederstorf auf Lübzin noch verschiedene Rechte, die von den Preenen her auf ihn übergegangen waren.[5] Die letzten Ablösungen derartiger Sonderrechte scheinen erst im XVIII. Jahrhundert stattgefunden zu haben. Wenigstens ist nach Umtausch des Pederstorfschen Gutes Lübzin gegen den Domanialhof Brütz im Amte Goldberg im Jahre 1711 durch den Herzog Wilhelm, und nach der späteren Ueberweisung von Lübzin, Zibühl und anderen Gütern an die Gebrüder von Mecklenburg, in den Akten von Anrechten des Gutes Lübzin an Boitin keine Rede mehr.[6]

Zwischen 1542 und 1558, vielleicht schon länger vorher und noch nachher, ist Laurentius Rosenow Pastor in Boitin. 1568 tritt Nikolaus Arndes sein Amt an. Ihm folgt noch bei Lebzeiten, nämlich 1599, Jakobus Gutjohann. Nach dessen Tode verwaltet Pastor Turgelow in Warnow interimistisch eine Zeit lang die Pfarre in Boitin, bis 1642. 1643 wird Laurentius Holste Pastor, der später auch die Gemeinden zu Tarnow und Prüzen bedient und 1660 die Pfarre zu Boitin an Joh. Schultze wieder abgiebt. Diesem folgt 1661 Joachim

[1] 11 km südlich von Bützow. Den Namen deutet Kühnel, M. Jahrb. XLVI. S. 27, als »Ort des Byta, Boyta«. Als Familienname ist der Name schon im XIV. Jahrhundert im Adels- wie im Bürgerstande nicht selten.

[2] M. U.-B. 420. Vgl. 921.

[3] M. U.-B. 440.

[4] Lisch, M. Jahrb. XXVII, S. 204 15.

[5] Schildt, M. Jahrb. XLVII, S. 171 und 178. — Akten im Grossh. Archiv.

[6] Vgl. S. 75 (Zepelin).

Klevenow. 1699 erhält Klevenow einen Substituten in Joh. Simonis. Simonis stirbt 1730. Es folgen nun 1731 Joachim Christian Krause, 1750 Joh. Christian Fanter, der zugleich die Pfarre zu Witzin, wo er bisher gewesen, mitverwaltet, 1758 Ernst von Rohde († 1768), 1768 Joh. Jakob Hoffmann († 1772), 1773 C. F. Pantenius († 1789) und 1790 Friedr. Gust. Wilh. Francke († 1841). Ueber seine Nachfolger s. Walter a. a. O.

Kirche.   Die **Kirche** zu Boitin, ein auf granitenen Felsfindlingen errichteter Ziegelbau vom Ende des XIII. oder Anfang des XIV. Jahrhunderts, stellt sich

Inneres der Kirche zu Boitin.

als ein einschiffiges, von zwei Kreuzgewölben überdecktes **Langhaus** dar, in dem der Chor baulich nicht hervortritt. An der Ostwand sind zwei einfache starke Strebepfeiler angebracht. Ueberall, in den Gewölben, Fenstern und Portalen, herrscht der gedrückte Spitzbogen der Zeit des Ueberganges vom romanischen zum gothischen Stil. Das Westportal zeigt in seiner Wandung zwei starke Rundstäbe mit einer Hohlkehle. — Von den beiden Südportalen ist das eine durch eine vorgebaute Eingangshalle leider verdeckt. Es ist die alte Priesterpforte. Sie zeigt eine hübsche Wandung mit Rundstab und Hohlkehle. Das andere Portal, die Laienpforte, ist jetzt zugemauert, verdient aber Beachtung. Reliefziegel mit Darstellungen von Lindwürmern und Löwen fassen es ein.[1]) Ebenso zeigen die Reliefziegel im Kaffsims der platt abschliessenden und mit zehn langen Nischen belebten Ostwand abwechselnd Lindwürmer und Löwen.[2])

Den **Altar** schmückt ein Gemälde von **Gaston Lenthe**: Christus in Gethsemane. — Die **Kanzel**, ein Schnitzwerk der Renaissance, ist **ANNO 1621 DEN 30 · SEPTEMB ·** vom »**HOFMESTER TOM BOVTIN JORGEN PREN VNDE SINE R HUSFRAWEN**« gestiftet.

Die lange Zeit unter der Tünche verschwunden gewesenen **Wandgemälde** der Kirche sind durch den Maler **Krause** blossgelegt und stilgerecht erneuert.

Altar.
Kanzel.

Wand-
gemälde.

Inneres der Kirche zu Boitin.

Seitwärts von der Kanzel, an der Nordwand, das Abendmahl und vier Scenen aus der Passion. An der Ostwand des Chors links weitere vier Scenen der Passion, rechts vom Fenster der Christophorus, die Auferstehung und die drei Frauen am Grabe. Hieran anschliessend, an der Südwand: die Höllenfahrt, das »Rühre mich nicht an«, der ungläubige Thomas, die Himmelfahrt, die Krönung Mariae, die Anbetung des Herrn durch die drei Marien und verschiedene legendarische Heilige. An der Westwand oberhalb der Orgel das

[1]) Auch »Dreetzer Thür« genannt, von dem nördlich gelegenen Gute Dreetz her.
[2]) Lisch, M. Jahrb. XXVII, S. 204 5.

jüngste Gericht, die Lehre von der Transsubstantiation und die Darstellung der Hölle. Es folgt wieder die Nordwand bis zur Kanzel. Hier fällt zunächst auf eine weibliche Heilige mit einem Fisch, dann folgen die Apostel. Ueber ihnen aber treten drei Gestalten in besonderer Grösse hervor: es sind Jakobus major, der hl. Andreas und ein Bischof, wahrscheinlich die besonderen Schutzheiligen der Kirche. Neben dem Bischof der unausgeführt gebliebene Tod der Maria.

Glocken.   Im hölzernen Glockenthurm hängen drei **Glocken**. Die grösste Glocke (Dm. 1,11 m) ist 1860 von C. Jllies in Waren gegossen worden.[1]) — Die zweite Glocke (Dm. 0,74 m) mit der Inschrift: **EIN · KLOCKKE · BIN · GEHETEN · DAT KASPEL · TOM · BOCHTIN HEFT MI LATEN GETEN · KASTEN PREN** ⚓ **KASTEN PREN · KRISTOFFEL ROR NIKLAGS ARENDES KLAGES TRVPER IOCHIM KALE M·D·LXXIII.** Dazu der nebenstehend abgebildete Grapen als Giesserzeichen, mit Rundbildern von Danziger Münzen zwischen den Füssen und auf der Wandung. — Die dritte Glocke (Dm. 0,45 m) ist von 1860.

Kleinkunstwerke.   **Kleinkunstwerke.** 1—3. Silbervergoldeter Barockkelch auf achtseitigem Fuss, mit zwei eingeschnittenen Wappen und der Unterschrift: **O · VON HAGEN · ᵡ M · E · VON NEGENDANCKEN · REPARIERT ANNO : 1732 · CHRISTIAN KRAUSE : P · B ·** [2]) Patene mit den gleichen Wappen verziert. Dazu eine silbervergoldete längliche Oblatendose. Auf dem Deckel dieselben Wappen, darüber: **O · VON HAGEN M · E NEGENDANCKEN,** darunter **1707.** Alle drei Stücke haben die schon oft dagewesenen Zeichen des Rostocker Goldschmiedes **Jürgen Müller.** — 4. Taufschale von Messing, in den Rand eingraviert: **MATTHIAS SEHHAHSS 1703.** — 5—8. Auf dem Altar vier zinnerne Leuchter von dem Güstrower Zinngiesser **F. Bechlin,** 1841.[4]) — 9. Weinkanne, neu, von **Mehlmann**-Berlin.

~

Das Filial-Kirchdorf Oettelin.[5])

Geschichte des Dorfes.   Ende des XIII. Jahrhunderts treffen wir im Bauerndorfe Oettelin mit Besitz und Rechten einen Heinrich von Damekow (Domechow) und zwei Brüder von Trebbow. Aber alle drei entäussern sich deren. Heinrich von Damekow verkauft seine zwei Hufen in Oettelin. Gottfried von Trebbow ist bereits todt; die Einkünfte, die er gehabt hat, gehen an den bischöflichen Hofmarschall Engelbert zwecks Verwendung zu einer Vikarei in der Kirche

[1]) Ihre Vorgängerin war 1701 zur Zeit der Pastoren Simonis und Klevenow von Ernst und Hans Siebenbaum zu Güstrow gegossen worden. Vgl. Inv. 1811.

[2]) Im Schilde ein Bärenkopf. Auf dem Helm Bärenkopf mit drei Pfauenfedern. Otto von Hagen ist seit 1692 Pfandinhaber des Gutes Lübzin.

[3]) Pastor Boitinensis.

[4]) Vgl. Kirche zu Tarnow.

[5]) 6 km ostnordöstlich von Bützow. Kühnel, M. Jahrb. XLVI, S. 101, übersetzt den Namen mit »Ort des Otola«.

zu Bützow über, und die, welche der Schweriner Dekan und Plauer Archidiakon Johannes von Trebbow aus einem bischöflichen Burglehn in Oettelin bezogen hat, giebt er an den Bischof zurück, weil ihm die Dienste und Verpflichtungen, die mit dem Burglehn verknüpft sind, lästig geworden, und tauscht dafür andere Einkünfte aus Zehnten in Bernstorf und Niendorf bei Rostock ein.[1]) Aus diesem Besitz eines Burglehns in Oettelin darf aber selbstverständlich nicht geschlossen werden, dass das Dorf zum Stiftslande gehöre: das Dorf liegt viel mehr bereits jenseits der Grenze, nur der in den Warnow-Wiesen gelegene Oetteliner See zählt zum Gebiet des Bischofs.[2]) Die nachfolgenden Urkunden des XIV. Jahrhunderts, welche sich auf die Verwendung von Einkünften aus Oetteliner Hufen zu Vikareien und Präbenden beziehen, geben keinen neuen oder besonderen Einblick in die dörflichen Verhältnisse, sie lassen vielmehr vermuthen, dass Oettelin wie heute, so von jeher als landesherrliches (zuerst werlesches, dann mecklenburgisches) Domanialdorf alle Zeiten der mecklenburgischen Geschichte durchgemacht hat. Solche zu geistlichen Zwecken dienende Einkünfte geben um 1310 die Adelsfamilien Tesmar, Rehberg und Pitit (Pythyt) her. Ebenso um 1329 und 1337 die Schweriner Bischöfe Johann und Ludolf aus ihren Zehnten, im Jahre 1339 der Güstrower Bürger Köpke Worpel aus seinen Anrechten an Land, Katen und Krug in Oettelin, die vorher der Güstrower Bürger Dietrich Prahst (Provest) gehabt hat, und endlich im Jahre 1370 der Knappe Hennekinus Babbe von einem Hof und dessen Hufen im Dorfe.[3]) — Ueber die kirchlichen Verhältnisse s. bei Lüssow im Amtsgerichtsbezirk Güstrow.

Die **Kapelle** zu Oettelin ist ein dürftiger Fachwerkbau in Form eines länglichen Vierecks. — Sie hat nur eine **Glocke**. Diese ist ohne Inschrift. Zu beachten sind vier alte zinnerne **Leuchter**. Der eine, laut Inschrift 1707 von **JÜRGEN SAHLMAN** und **KATHRINA DORTIA SAHLMANS** gestiftet, hat den Bützower Stempel (Stadtwappen) und den nebenstehenden Meisterstempel; der andere, 1709 von **ANNA ELISABETH GROTEN** gestiftet, hat den Güstrower Stadtstempel (Stadtwappen) und den nebenstehenden Meisterstempel; der dritte hat keine Inschrift, aber neben dem Güstrower Stadtstempel den nebenstehenden Meisterstempel; der vierte endlich, 1756 von **HANS JOCHIM GRABER** gestiftet, hat den Bützower Stadtstempel und einen Meisterstempel, der zwischen den Initialen **C** und **D** eine Art Fortuna zeigt.

Kapelle.
Glocke.
Leuchter.

Vorgeschichtliche Plätze
s. am Schluss des Amtsgerichtsbezirks Sternberg.

---

[1]) M. U.-B. 1823. 1909. 2067. 2994. Vgl. dazu Crull, Geschl. d. Mannschaft, unter Nr. 196. Ueber den Hofmarschall Engelbert, der vielleicht zur Familie von Trebbow zählt, s. Register zum M. Urk.-Buch. — [2]) Schildt, M. Jahrb. XLVII, S. 168. Vgl. Wigger, M. Jahrb. XXVIII, S. 210, Anmkg. — [3]) M. U.-B. 2994. 3358. 5018. 5745. 5993. 6128. 10074.

Blick auf die Stadt Sternberg.

Amtsgerichtsbezirk Sternberg.

Die Stadt Sternberg.

eschichte der Stadt. Bezüglich der Geschichte der Stadt kann hier auf deren quellenmässige Darstellung von Lisch im M. Jahrb. XII, S. 187—306, verwiesen werden. Deshalb wird es genügen, wenn ihre Hauptmomente kurz hervorgehoben werden. Es sind dies zunächst die Gründung der Stadt durch Fürst Pribislav I. von Parchim in jener selben Zeit, zwischen 1240 und 1250, in welcher Goldberg und Richenberg entstehen;[1]) ihre Stellung unter Parchim'sches Recht;[2]) ihr Uebergang aus der Herrschaft Parchim an die Linie Meeklenburg, nachdem Pribislav im Jahre 1256 das Land verlassen hatte;[3]) die offensichtliche Begünstigung der Stadt durch Fürst Heinrich den Löwen, der, nachdem das Verhältniss zwischen ihm und Wismar gestört worden war, gerne und oft in Sternberg verweilt und zahlreiche Urkunden von hier ins Land gehen lässt; der grosse Brand kurz vor oder nach dem Beginn des Jahres 1309, in welchem alle älteren Urkunden der Stadt untergehen; in Folge davon am 24. Februar 1309 die Erneuerung des Parchimer Rechtes; weiterhin der Ankauf des fürstlichen Hofes Dämelow und des Dorfes Lukow

[1]) Beyer, M. Jahrb. XI. S. 54.
[2]) M U.-B. 3293.
[3]) Beyer, a. a. O. S. 68 ff, 77 ff. Vgl. dazu M. U.-B. 1046. 1088.

zur Stadtfeldmark sammt Erweiterung der Fischereigerechtigkeit auf den angrenzenden Seen.[1] In die erste Zeit des XIV. Jahrhunderts wird auch der Bau der Kirche fallen, wenigstens derjenigen, die wir heute als Stadtkirche vor uns sehen und für welche Fürst Heinrich durch Schenkung des Dorfes Loiz am 31. März 1328 ein besonderes Interesse bekundet.[2] Von seiner Residenz Sternberg aus, für die er gelebt hat, gehen seine letzten Willensäusserungen zu Gunsten des Klosters Ribnitz in die Welt, in Sternberg macht er am 20. Januar 1329 sein Testament, und hier stirbt er am 21. desselben Monats.[3] Wie der Fürst, so tragen auch verschiedene Familien, die hier ihren Aufenthalt nehmen, zu dem wachsenden Ansehen der Stadt bei. Theils sind es Patrizierfamilien wie die Deding, Markow, Wamekow, Alberdes, Rosenow, Dömelow, Zaschendorf, Sternberg, Trendekop, Woserin und Rust, aus denen einige in die »Mannschaft« eintreten und daher später zu den Vasallen des Landes zählen (wie Mitglieder der Familien Wamekow, Sternberg und Trendekop), theils sind es alte Adelsfamilien wie die Raden, Kramon, Kardorf, Bülow, Barner, Gustävel, Preen, von der Lühe, Brüsehaver, Sperling, Plessen, Pressentin, Spet, Parum, Pritz, Bonsack u. a. m., die sich nach und nach zu einander gesellen, zur Bildung einer Ritterstrasse (platea militum) Anlass geben und einen schon im Jahre 1314 nachweisbaren Ritter-Kaland begründen[4] Auch ist manche Stiftung zu Gunsten der Vikareien in der Stadtkirche sowie zu Nutzen der Hospitäler (St. Georg, Heiligengeist, St Gertrud, Siechenhaus oder domus leprosorum, und Elendenhaus oder domus exulum) auf diese Familien zurückzuführen.[5] Allgemeiner bekannt ist, dass die von Pressentin noch bis in die neuere Zeit (bis 1790) einen mit eigener Jurisdiktion und mit verschiedenen Privilegien ausgestatteten Ritterhof« besassen, der erst im Jahre 1830 der Stadtfeldmark einverleibt wurde.[6] Die zu dem mecklenburgischen Hofe im XIII. und XIV. Jahrhundert in besonders gutem Verhältniss stehenden Franziskaner-Mönche besitzen, wie in Grevesmühlen und Bukow, so auch seit 1326 eine »Terminarei« in Sternberg.[7]

Als Fürst Heinrich gestorben ist, behält seine Wittwe, die Fürstin Agnes, ihren Wohnsitz in Sternberg, da ihr Stadt und Land Sternberg als Leibgedinge verschrieben sind. Den Titel »Sternebergensis dominatrix«

---

[1] M. U.-B. 2591. 3163. 3222. 3293. 3439. 3468. 3469. 3572. 3589. 3687. 3782. 3824. 4582. 4688. 4912. 5922. In Bezug auf die grosse Zahl von Urkunden, die Fürst Heinrich in anderen Angelegenheiten von Sternberg aus erlässt, verweisen wir auf das Ortsregister des XI. Bandes des M. Urkundenwerkes unter »Sternberg«.

[2] M. U.-B. 4363. 4912.

[3] M. U.-B. 5016. 5017. 5019. 5020. 5021. 5022. 5023. — Das Schloss zu Sternberg wird 1316 zum ersten Mal urkundlich genannt: M. U.-B. 3824. Vgl. dazu 6860. 7679.

[4] M. U.-B. 3687. 6663. 7930. M. Jahrb. X, S. 381. Ferner Crull. M. Jahrb. LXI, S. 20. 21.

[5] Franck, A. u. N. Meckl. VI, S. 20. 21. Vgl. dazu M. U.-B. 4090 Anmkg. Ferner 3468. 3469. 8366. 8409. 8440. 8588. 8879. 8940. 9542. 10490. K. Schmidt, Gesch. d. Sternberger Hospitalien im M. Jahrb. LV, S. 139—196.

[6] W. von Pressentin, Gesch. u. Stammtafeln des Geschlechts von Pressentin, S. 134—140.

[7] M. U.-B. 4688. Vgl. M. Kunst- und Gesch.-Denkm. II, S. 3. 9. 168 ff. III, S. 481. Ein Haus des Predigerordens oder der Dominikaner wird 1355 zum ersten Mal urkundlich erwähnt.

führt sie in einer Urkunde von 1343.[1]) Aber die über die minderjährigen
Söhne Heinrichs, die Fürsten Albrecht und Johann, eingesetzte Vormundschaft
verlegt die Residenz nach Wismar zurück; und als 1352 beide Brüder die
Länder theilen, da fällt Sternberg an die Linie Mecklenburg-Stargard, bei der
es bis zu deren Aussterben im Jahre 1471 verbleibt, Anfangs noch als Residenz,
allmählich aber hinter die Residenzen im Lande Stargard zurücktretend.[2]) Das
hindert freilich nicht, dass die jungen Fürsten, besonders in den ersten Jahren
ihrer Regierung, alljährlich zu öfteren Malen kürzere oder längere Zeit dort
verweilen, gleich dem Vater glänzende Versammlungen um sich sehen und
zahlreiche Staats- und Regierungshandlungen in Sternberg verbriefen.[3]) Die
malerisch gelegene Stadt mit ihrer wohlhabenden Bürger- und Einwohnerschaft
wird sie angezogen haben. Gehörte doch die Stadt immerhin in jenen Zeiten
zu den ansehnlicheren Mittelstädten, wie es besonders die Landfriedensverhält-
nisse des XIV. Jahrhunderts deutlich erkennen lassen.[4]) Ferner wird Sternberg
wiederholt, 1354 und 1366, zum Landfriedensgerichtsort bestimmt,[5]) und endlich
sieht man, dass es seine Stellung unter den Städten auch noch 1506 behauptet,
in welchem Jahre es nach den Rossdienstrollen 40 Mann zu stellen hat. Das
fürstliche Schloss aber wird zu dieser Zeit als verfallen geschildert.

Eine besondere Episode in der Geschichte der Stadt ist ihre Besetzung
durch die Lübecker im Jahre 1403. Fürst Ulrich I. von Stargard räumt diesen
die Stadt freiwillig ein, um von hier einen gemeinschaftlichen Gegner, den
Fürsten Balthasar von Wenden, mit Kriegseinfällen zu beunruhigen. Die Folge
davon ist eine Schädigung der Lande Güstrow, Goldberg und Parchim, und
nach dem Abzuge der durch Fürst Balthasar mit Geld abgefundenen Lübecker
eine Züchtigung der Stadt Sternberg durch Fürst Balthasar, wobei es nicht
ohne Blutvergiessen abgegangen sein soll.[6]) Aber nachdem die Stadt in Folge
Aussterbens der Linie Stargard (1471) wieder an das Haus Mecklenburg gekommen ist, bleibt der dunkelste Punkt in der Geschichte des XV. Jahrhunderts
die wegen „Marterung" von Hostien erfolgte Verbrennung der Juden am
24. Oktober 1492 auf einem Berge vor dem Lukower Thor, der seitdem der
Judenberg heisst.[7]) Aus dieser düsteren traurigen Geschichte entwickelt sich

[1]) M. U.-B. 5095. 5295. 6327. 6598 Anmkg. Vgl. Wigger, M. Jahrb. L, S. 161. Die im
Jahre 1367 genannte Herzogin Agnes ist die dritte Gemahlin Herzog Johanns von Stargard: M.
U.-B. 9622. Die Urkunde ist daher nicht, wie früher geschehen, auf die Wittwe Heinrich's des
Löwen zu beziehen.

[2]) M. U.-B. 7679.

[3]) M. U.-B. 5832. 5860. 5901. 5981. 5983. 5997. 6084. 6223. 6227. 6263. 6289. 6328.
6335. 6427. 6428. 6448. 6454. 6523. 6534. 6537. 6538. 6539. 6555. 6683. 6903. 6904. 6928.
7028. 7524. 7647. 7731. 7734. 7749. 7816. 7910. 7941. 7943. 7944. 8102. 8202. 8234. 8588.
9622. 9641. 10490. 10936.

[4]) M. U.-B. 7717 Anmkg. 7731. 7911.

[5]) M. U.-B. 8234. 9560.

[6]) Franck, A. u. N. Meckl. VII, S. 100—102. Rudloff, Handb. II, S. 550.

[7]) Ausführliche Darstellung bei Lisch, M. Jahrb. XII, S. 207 217. Vgl. Franck, A. u. N.
Meckl. VIII, S. 250—260. Schröder, Pap. Meckl., S. 2468—2477. 2518—2529. 2597. 2825. —
Aktenstücke, abgedruckt bei Lisch a. a. O., S. 256—260.

ein ganz bedeutender Kultus des heiligen Blutes, der schon im Jahre 1496 zum Bau einer besonderen geräumigen Kapelle am Südwestende der Kirche und im Jahre 1503 zur Gründung einer ›Bruderschaft des heiligen Blutes und der hl. Anna‹ führt. Sternberg wird ein von weither besuchter Wallfahrtsort, und das Geld wundergläubiger Pilger strömt in solcher Menge in die Kirche, dass im Jahre 1515 auf Betrieb der Herzöge ein päpstlicher Erlass über die Verwendung eines namhaften Theiles der Einkünfte zur Unterstützung armer Kirchen und Klöster erfolgt, selbstverständlich nach dem Ermessen der Landesherren, aber doch mit Beirath der beiden Domkapitel in Schwerin und Rostock, von denen das letztgenannte erst im Jahre 1487 gegründet worden war und bei dieser Gelegenheit mit einer Gabe aus den Sternberger Einkünften erfreut werden sollte.[1]) Aber so schnell wie der Wunderglaube die Gemüther erfasst und in kurzer Zeit seine Blüthen treibt, so bald verschwindet er wieder vor der fast widerstandslos um sich greifenden Reformation. Schon im Jahre 1533 geht es mit der Verehrung des hl. Blutes zu Ende.[2]) Auch das Augustiner-Kloster, das Herzog Magnus im Jahre 1500 an jener Stelle des Fürstenhofes errichtet hatte, wo die »gemarterten Hostien« vergraben gewesen waren, geht an der Begeisterung seiner eigenen Mönche und seines Priors für die neue Lehre nach kurzem Bestande im Jahre 1527 wieder ein, und heute ist keine Spur mehr davon vorhanden.[3]) Die Reformation nimmt in Sternberg wie in Erfurt vom Augustiner-Kloster ihren Ausgang, und kein Geringerer als Luther selber ist es, der in Sternberg das Wirken seiner ehemaligen Ordensbrüder mit persönlichem Eingreifen unterstützt.[4]) Aber der auch hier sich regende Widerstand gegen die neue Lehre, welche der Prädikant Faustinus Labes mit vielem Eifer verkündet, verschwindet erst um die Mitte des XVI. Jahrhunderts. Als ein kleines Aequivalent gegen die materiellen Verluste, welche die Aufhebung des Katholicismus mit sich bringt, mag die Verlegung des Landtages nach Sternberg im Jahre 1572 angesehen werden.[5]) Doch muss die Stadt diesen Vortheil von 1621 an mit der Stadt Malchin theilen, und im Uebrigen sind das XVII. und XVIII. Jahrhundert reich an Unfällen und Schäden aller Art. Wallenstein nimmt der Stadt das Hof- und Landgericht, welches sie seit 1622 in ihren Mauern gesehen hatte, und verlegt es nach Güstrow.[6]) Am 22. Februar 1638 besetzen die Kaiserlichen unter dem General Gallas die Stadt, der lange Zeit sein Hauptquartier darin aufschlägt. Die Noth des Krieges erzeugt die Pest, welche so wüthet, dass 1639 fast die ganze Stadt ausstirbt und ein halbes

---

[1]) Lisch, a. a. O. S. 221. Franck, a. a. O., S. 258—263. Vgl. auch M. Jahrb. XVI, S. 240. XXI, S. 75—78. XXII, S. 60. 121.

[2]) Lisch, a. a. O., S. 218—225. Ueber den Altar in der Blutskapelle S. 268.

[3]) Lisch, a. a. O., S. 226—235. Urkunden zur Geschichte der hl. Blutskapelle und des Klosters ebendaselbst S. 261—301 und S. 353—366.

[4]) Luthers Brief an den Sternberger Prior Joh. Steenwyck vom 24. Juli 1524 bei Lisch, a. a. O., S. 274.

[5]) Lisch, Fürsten- und Landesversammlungen an der Sagsdorfer Brücke und auf dem Judenberge bei Sternberg. M. Jahrb. XII, S. 172—186, besonders S. 184 ff.

[6]) Vgl. M. Jahrb. XII, S. 79 und 80 (Tagebuch des Herzogs Adolf Friedrich).

Jahr lang wuste steht [1]) Dazu kommen grosse verheerende Brände, 1659 und 1741, welche das Vermögen der Bürger erheblich schädigen. Von 1774 bis 1848 ist Sternberg Sitz einer Superintendentur. Unter ihr hebt sich das Schulwesen, dem von 1713 an der Rektor und spätere Pastor und Präpositus David Franck vorsteht, welcher sich als Geschichtsschreiber Mecklenburgs einen Namen gemacht hat.[2])

Ein Verzeichniss der zahlreichen Geistlichen der Stadt im Mittelalter und in der Neuzeit können wir uns hier mit dem Hinweis auf die Register des Urkundenbuches und die Zusammenstellung von Lisch im M. Jahrb. XII, S. 235 253 ersparen.[3]) Hinzuzufügen bleiben allerdings noch die des XVII. und XVIII. Jahrhunderts: Bernhard Coloander (1602—1619), Ernst Michael Gutzmer (1602—1639), Georg Wulf (1621—1639),[4]) Simon Guthknecht (1639 bis ?), Johann Schwabe oder Suevus (1640—1676), Joh. Sparbort (1645—1673), Joachim Herzberg (1673—?),[5]) Joh. Sukow (1676—1701), Paul Frick (1676 bis 1691), Stephan Susemihl (1692—1727), David Franck (1717—1756), Karl Friedrich Susemihl (1729—1743), Nikolaus Jakob Witte (1744—1767),[6]) Henning Christoph Ehrenpfort (1757—1782), Joh. Friedr. Schneider (1768—1774),[7]) Superintendent Joh. Gottlieb Friedrich (1774—1794),[8]) Rud. Karl Friedr. Franke (1783—1809),[9]) und Superintendent und Konsistorialrath Moritz Joach. Christoph Passow (1795—1818).[10]) Ueber die Geistlichkeit des XIX. Jahrhunderts s. Walter a. a. O.

[1]) Franck, A. u. N. Meckl. XIII, S. 198—204. Sternberger Briefe und Nachrichten von 1638 bis 1640 bei Lisch, a. a. O., S. 301—306. Sternb. Urk. S. 367.

[2]) K. Schmidt, Gesch. des Sternberger Schulwesens, M. Jahrb. LVII, S. 29—33.

[3]) Vgl. auch M. Jahrb. XXI, S. 74 (Georg Preen).

[4]) Gutzmer und Wulf sollen beide von der Pest hingerafft sein.

[5]) Sohn des bekannten gleichnamigen Superintendenten.

[6]) Als Substitut 1749 Hartwig Stephan Kapherr.

[7]) Später in Waren.

[8]) Als Kollaboratoren Joh. Christian Jeppe von 1773 bis 1779, nachher Pastor in Dreveskirchen, † 1810; und Levin Wilh. Gieseke von 1779 bis 1783, nachher in Schwerin und Lübow, gest. 1810.

[9]) Gest. 1823 als Superintendent in Parchim.

[10]) Gest. 1830 als Oberhofprediger. Als Kollaboratoren während der Zeit von Franke und Passow finden wir Jak. Bernh. Joh. Schmidt von 1795 bis 1798 (später in Stavenhagen, gest. 1843) und Georg Julius Ernst Brehm von 1790 bis 1804 (später in Gägelow, gest. 1844).

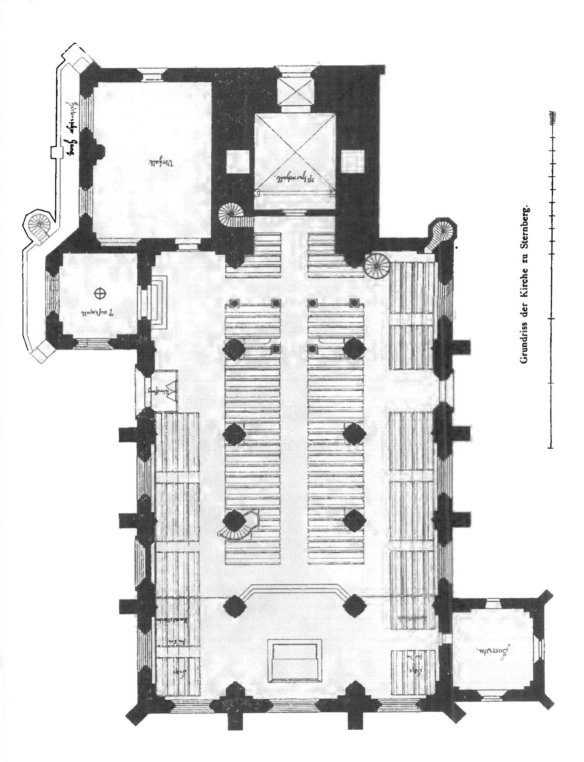

Grundriss der Kirche zu Sternberg.

her bis zu ungefähr halber Höhe eine Teppichmalerei in fünf verschiedenen
Mustern mit Schwarz, Roth und Weiss, welche derartig abwechseln, dass
die einander gegenüberstehenden Pfeiler das gleiche Muster haben. Oben
am Schluss des Teppichmusters jedes Mal ein Stifterwappen, im Ganzen

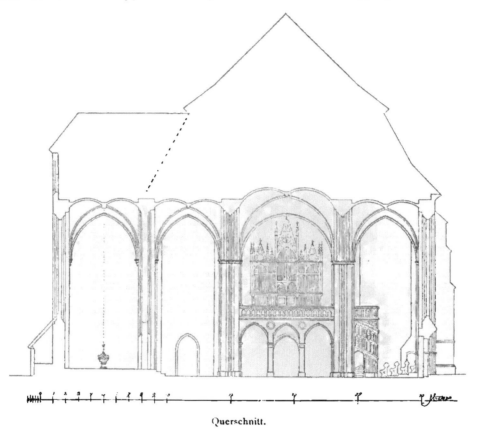

Querschnitt.

deren vierzehn,[1] unter denen aber bis jetzt erst eins, das der alten Vasallen-
familie Sternberg, festgestellt ist.[2] Besondere Beachtung verdienen auch die

---

[1] Rechnet man die Wiederholungen mit, so gelangt man jetzt zu dreiunddreissig Wappen-
bildern, während es früher noch andere gab, die dem Einbau der Kanzel und Orgelempore
weichen mussten.

[2] Crull, M. Jahrb. LXI, Q. B. 2, S. 21 Der Sternberg'sche Schild zeigt einen halben
steigenden Bock, wie es sich zweimal auf Pfeilern der Südseite findet, nämlich je einmal am
ersten und am zweiten freien Vollpfeiler von Osten her. Vgl. M. U.-B. 7032. Ob auch die
Gewölbe bemalt waren, lässt sich nicht sagen. Ueber die Gewölbe giebt es Nachrichten von
1653 und 1741. 1653 waren zwei Gewölbe der Kirche eingestürzt, und bei dem grossen Stadt-
brande von 1741 stürzte der Ostgiebel einwärts und riss die Gewölbe mit sich. Vgl. Franck,
A. u. N. Meckl. XXVIII, S. 282. Vgl. Lisch, M. Jahrb. XII, S. 192 Anmkg. Visitationsprotokoll
von 1653.

Inneres der Kirche zu Sternberg.

Inneres der Kirche zu Sternberg.

Portale, deren Wandungen und Bogenlaibungen ihren ursprünglichen Charakter bewahrt haben und eine hübsche Abwechselung zwischen romanischen Rundstäben und nach gothischer Art abgefasten oder auch eingekehlten Zwischengliedern aufweisen. Die Fenster dagegen sind

Portal.

rein gothischen Stiles und grösstentheils dreitheilig. Nicht so gut wie diese wirken die viertheiligen Fenster hinter dem Hauptaltar und in der Heiligenblutskapelle (jetzt Taufkapelle). Die Gesimse der Kirche stammen ebenso wie ihr grosses schweres Walmdach aus der Zeit nach dem grossen

Portale.

Sternberg.
Portalprofile.

Brande von 1741. Alt dagegen, d. h. dem Ende des XV. Jahrhunderts angehörend, ist der aus einer Stromschicht und einem abgetreppten Zickzack gebildete Fries an der Heiligenbluts-Kapelle und ihrer Vorhalle. Der nach dem Brande von 1741 aufgesetzte obere Theil des Thurmes trägt die Jahreszahl 1750. Links vom Thurmportal aber findet man jene baugeschichtlich wichtige Inschrift, welche meldet, dass der alte Thurm im Jahre 1320 (oder 1322) vollendet wurde.[1])

Auf der Südseite, in einem Strebepfeiler unmittelbar neben dem am weitesten westlich gelegenen Portal, sieht man eine später zugemauerte wimpergartige Nische aus schwarzglasierten, mit aufgesetztem Blattwerk verzierten Ziegeln. Eine ähnliche etwas kleinere Nische, welche offen geblieben ist, befindet sich der erstgenannten gegenüber in dem mit der Mauer der Blutskapelle verbundenen Strebepfeiler. Unter dieser Nische ein eingemauerter Feldstein, in dem die Abdrücke zweier menschlicher Fusssohlen eingemeisselt sind.[2]) Die Vorhalle im Thurm ist im Jahre 1896 mit einem grossen Gemälde geschmückt, das die Annahme der Refor-

Portal.

[1]) Latomus las: **Anno M • ter c bis xque secundo Turris in octava Petri Paulique Templa haec fiunt •** Anders Franck, A. u. N. Meckl. VI, S. 30: **Ao • M • ter C • bis X • M • Junij. Turris, In • Octava • Petri et Pauli cepta hic sirul a quodam qui reystverus vocitabat •** Noch wieder anders Grotefend und Techen vor einem Jahre: **Añ m̄ ter c bis ꝑ q; | t no(?) turris in octaua Petri pauli | cepta h . . fuit a quo[dam] q̄ reyg[me]rus vocitabat.** Vgl. M. U.-B. 4363. Lisch, M. Jahrb. XII, S. 200. — Im nördlichen Seitenschiff, an der westlich abschliessenden Mauer liest man: **EXUST. 1741. RENOV. 1746. RENOV. 1823. RENOV. 1895.** An einem der Gewölbe des Mittelschiffes steht: **C F S M M 1746** (Christ. Friedr. Schmuggerow Maurer-Meister).

[2]) Eine Sage von diesem Steine meldet, dass, nachdem im Hause des Juden Eleasar die Hostien zerstochen waren, dessen Frau, von Unruhe und Gewissensbissen getrieben, den Versuch gemacht habe, die Hostien in den See zu versenken. Dabei sei sie auf einen am Ufer liegenden Stein getreten, aber plötzlich merkend, wie ihre Füsse in den Stein einsanken, sei sie voll Schrecken zurückgekehrt.

Landtag an der Sagsdorfer Brücke.
Fresko von Greve in der Thurmhalle der Kirche zu Sternberg.

mation durch die Herzöge und die Ritter- und Landschaft bei der Sagsdorfer Brücke am 20. Juni 1549 darstellt, von **Fritz Greve**-Malchin entworfen und ausgeführt

Die ganze **Einrichtung** der Kirche ist neu. Die zur voraufgehenden Einrichtung gehörenden Stücke sind als Alterthümer in die Vorhalle zur

Innere Einrichtung.

Barockaltar und Kanzel von 1747.

Blutskapelle versetzt worden, ein grosser **Barockaltar** von 1747, eine **Kanzel** aus derselben Zeit u. a m.[1]) Hier auch das **Epitaph** und der **Grabstein** des 1576 gestorbenen **Theodor von Plessen** auf Zülow, der in längerer lateinischer Inschrift als gelehrter Rath des Herzogs Ulrich gefeiert wird und dessen Lob auch mehrerer Zusätze in griechischer Sprache nicht entbehrt. Seine Wittwe

Barock-altar, Kanzel, Epitaph, Grabsteine.

---

[1]) Nach Angabe des Inventars von 1811 gab die Ritter- und Landschaft zu Altar und Kanzel die Summe von 1000 Thalern im Jahre 1747.

Grabstein des Berend von Pressentin.

Grabstein des Johannes Sommer.

Grabstein des Paul Andreas von Bülow.

Anna Hoge setzte ihm das Denkmal. Ausserdem sind zu nennen ein mittel-alterlicher Grabstein des **Johannes Sommer** (hic · jacet · johannes · somer · orate · p · eo ·) und zwei gleich diesem hieneben abgebildete jüngere Steine des XVII. Jahrhunderts, einer der des **Berend von Pressentin** auf Stieten und Weitendorf und seiner Gattin **Anna von Lepel**, der andere der des **Paul Andreas von Bülow** aus dem Hause Bölkow und seiner Gattin **Dorothea von Sperling** aus dem Hause Schlagstorf.[1]) Hier auch das **Gemälde** des Präpositus Gemälde. und Geschichtsschreibers DAVID FRANCK in ganzer Figur, ein Brustbild des Superintendenten FRIEDRICH, ferner die **Tisch-platte**, auf welcher die Juden die Hostien gemartert haben sollen,[2]) der Rest eines gut **geschnitzten Reliefs**, welches die Verbrennung auf dem Juden-berg darstellt, und ein Bibow-

Gemälde.

Tisch-platte.

Ge-schnitztes Relief.

Gemälde des Präpositus David Franck.

[1]) Drei andere Grabsteine, der des Hans Divack, welcher 1572 Bürger-meister von Sternberg war (vgl. Lisch, M. Jahrb. XII, S. 192), des Pastors Werner Orestes (1581—1602), des Pastors Michael Gutzmer (s. o.) und des Superintendenten Joh. Gottlieb Friedrich (s. o.) sind bei der letzten Restauration der Kirche unachtsamer Weise zu Grunde gegangen.

[2]) Auf der Tafel die Inschrift:

dit is de tafele dar de joden dat hillige sacrament upgestelen vnd gemartelet hefft tom Stern-berge im jare 1492.

Vgl. Lisch, M. Jahrb. XII, S. 221. Nicht überstanden hat den grossen Brand des Jahres 1741 die im Jahre 1505 von Hermen Kulemann in Wismar angefertigte Tafel des Hochaltars, über welche sich ein von Schröder im Pap. Meckl., S. 2750, abgedruckter Kontrakt erhalten hat, ebenso wenig der kostbare Flügelschrein in der Heil. Blutskapelle, welchen die Herzöge Heinrich und Albrecht im Jahre 1516 beim Maler Erhart (Altdorfer) in Bestellung gaben (laut Kontrakt vom 29. März 1516, vgl. Lisch, M. Jahrb. XII, S. 268), und dessen Flügel noch im Jahre 1721 in der Garwe-Kammer gezeigt wurden (Lisch, a. a. O., S. 222, Anmkg. 6). Was sonst noch an Alter-thümern in der Heil. Blutskapelle sich sammelte, beschreibt Lisch a. a. O., S. 222. 223.

Allianz-
wappen.

Oertzen'sches **Allianzwappen** mit den Unterschriften **F. C. VON BIBOW** und
S. H. VON OERTZEN.[1])

Geschnitztes Relief: Die Verbrennung auf dem Judenberg.

Wand-
gemälde
und
Glasbilder.

Als ältere Alter-
thümer in der Kirche
selbst sind einige
Wandgemälde des
XIV. Jahrhunderts
zu nennen, die bei
der letzten Restau-
ration im Jahre 1895
zum Vorschein ge-
kommen sind, an
der Ostwand des
hohen Chors auf der
einen Seite das Welt-
gericht und auf der

Kreuzesgruppe (Wandgemälde).

anderen die Kreuzes-
gruppe, und am süd-
östlichen Pfeiler die
Verkündigung des
Engels an die hl.
Maria. Unter den
nach dem Brande
des Jahres 1741 ge-
stifteten **Glasbildern**
gab es mehrere, die
von Rostocker Ge-
nossenschaften
kamen, so von dem
Schonen-Fahrer-

Das Weltgericht (Wandgemälde).

Gelag, vom Amt der Lohgärber und vom Bäckeramt mit dem Datum **1747.**

---

[1]) Friedr. Christoph von Bibow, geb. 1734, vermählt mit Sophia Hedwig von Oertzen aus
dem Hause Gorow. Das Ehepaar verlebte die letzten Lebensjahre in Sternberg, er starb 1785,
sie 1804: Lisch, Geschl. von Oertzen IV, S. 252. 254.

Davon ist noch das Bildchen der Schonen-Fahrer erhalten, ein Schiff, unter dem (nach dem Inventar von 1811) die Namen der Aeltesten standen: JOH. WILH. SCHULZ, MARTIN TAPPE, PETER KREPLIN, DIEDRICH HARMENS.

Glocken. Es sind ihrer vier, die sämmtlich aus der Zeit nach dem Brande stammen. Die grösste, 1754 von Joh. Valentin **Schultz** in Rostock gegossen, führt die Namen des Präpositus DAVID FRANCK, des Pastors NIKOLAUS JAKOB WITTE und des Provisors JOACH. NIK. FANTER. Ausserdem hat sie die Vers-Inschrift:

Glocken.

DUM GLOMERO SONITUS PULSANDO CONVOCO SANCTUM
AD PRAESTANDA DEO PUBLICA VOTA GREGEM
GRANDISONO BOMBO SACRA FESTA VEL INDICO TAEDAS
SIGNO VEL EXEQUIAS UNISONOQUE PRECES.

Die mittlere Glocke ist 1767 von demselben Rostocker Giesser gegossen, trägt die Namen des Präpositus HENNING CHRISTIAN EHRENPFORT, des Pastors NIKOLAUS JAKOB WITTE und des Provisors FRIEDR. CHRISTIAN TAUSCH, sowie die erste Hälfte der selben Inschrift, welche die grössere Glocke hat. — Die dritte Glocke hat die Umschrift: SOLI DEO GLORIA · O · G · M · IN ROSTOCK Aº 1750.[1]) — Die vierte und kleinste stammt wie die zweite aus dem Jahre 1767 und hat dieselben Namen.

Kleinkunstwerke. 1. 2. Silbervergoldeter Kelch, laut Inschrift 1737 gestiftet von CHRISTIAN AUGUST LUKOW. Stadt- und Meisterstempel: ⊕ Ⓜ. An der Patene kein Zeichen. — 3. Silberne Oblatenschachtel mit getriebenen Barock-Ornamenten, laut Umschrift 1767 gestiftet von GUSTAV FRIEDRICH VON PRESSENTIN. Mit demselben Stadtstempel wie der Kelch und mit dem Meisterstempel Ⓘ Ⓜ. — 4. Ein mit verschiedenfarbigem Holz ausgelegter Belt.[2])

Kleinkunst-werke.

Ausser der Stadtkirche ist als zweites Gotteshaus noch die kleine **St. Jürgen-Kapelle** (nach Franck ursprünglich die Gertruden-Kapelle) erhalten. Sie stellt ein unscheinbares Viereck von fast 10 m Länge und gut 7 m Breite dar und enthält in ihrem Innern, ausser einer mit Bibelbildern bemalten **Empore** an der Nord- und Westseite, als Altaraufsatz ein rohgeschnitztes kleines gothisches **Triptychon** aus dem XV. Jahrhundert mit dem hl. Georg in der Mitte, einen gläsernen **Kronleuchter** und drei **zinnerne Leuchter**, von denen der eine 1699 von DOROTHEA LEMANS, der andere im selben Jahr von AGNETA PAGELS, Wittwe BECKERMANN's, und der dritte 1745 von JOCHIM WITT und ANNA CARSTINA WITTEN gestiftet ist. Die beiden Leuchter von 1699 haben die ersten beiden, der von 1745 den dritten der hier abgedruckten Stempel.

St. Jürgen-Kapelle.

Empore.

Triptychon.

Leuchter.

---

[1]) Glockengiesser Otto Gerhard Meyer in Rostock.

[2]) Fünf schmiedeeiserne Leuchter, zwei Opferteller und ein Teppich-Rest mit Landschaftsbild wurden 1888 dem Grossh. Museum in Schwerin übergeben.

Glocke.

Im Ostgiebel eine kleine **Glocke** mit der Umschrift: **IOCHIM MEHLER ME FVDIT ANNO 1688.** — Neben der Kapelle ein altes Stiftshaus für zwölf Hospitaliten.

* * *

Rathhaus.

Rathhaus. Im grossen Rathhaussaal, in welchem die Sitzungen der Landstände stattfinden, sind fünf in Oel gemalte Bildnisse von Landesherren aufgehängt: Herzog Christian Ludwig II., Herzog Friedrich, Grossherzog Friedrich Franz I., Grossherzog Paul Friedrich und Grossherzog Friedrich Franz II.

* * *

Stadtmauern.

Stadtmauern. Ein Rest davon noch auf der Ost- und Nordseite der Stadt, stellenweise ganz von kleineren Granitfindlingen aufgeführt. Wo sich über den Findlingen Backsteinmauerwerk ansetzte, ist dieses vielfach weggebröckelt. Die Mauer wird hie und da von Strebepfeilern gestützt. Von

Mühlenthor.

den Stadtthoren steht auf der Ostseite noch das **Mühlenthor**, ein einfacher gothischer Thorbogen. Alte Fundamente mögen auch drei grössere und zwei

Brücken.

kleinere **steinerne Brücken** haben, die über den vom Mühlenbach mit Wasser gespeisten Wallgraben führen. Nördlich von der Kirche, nicht weit von ihr und nahe der Stadtmauer, in einem Garten ein unterirdisches Gewölbe, dessen eine der Kirche zugewendete Mauer eine Nische aufweist, an deren Stelle früher eine Oeffnung gewesen sein soll, welche der Eingang zu einem auf die

Unterirdischer Gang.

Kirche zuführenden **unterirdischen Gange** war. Andere sagen, der Gang habe vom alten Schloss her unter der Kirche durch an die Stadtmauer geführt.

Das Kirchdorf Eickelberg.[1])

Geschichte des Dorfes.

Mit Besitz und Rechten treffen wir in Eickelberg und Umgegend (Zernin, Eickhof, Görnow, Warnow, Katelbogen, Zepelin, Labenz, Laase, Schependorf, Wiperstorf u. s. w.) die im XIII. und XIV. Jahrhundert blühende Familie Zernin, die an der Gründung der im Jahre 1287 zum ersten Mal urkundlich genannten Parochie Eickelberg und somit auch an der Erbauung ihrer Kirche betheiligt gewesen sein mag.[2]) Im Jahre 1336 bekunden die Gebrüder Konrad und Bernhard Plessen ihr Interesse für die Familie Zernin, im Besonderen für

---

[1]) 8 km nördlich von Sternberg.

[2]) M U.-B. 1910. 2809. 3126. 3245. 3978. 5471. Johann von Zernin erbaut zwischen 1315 und 1318 die Burg Eickhof. Vgl. M. U.-B. 8043 (S. 580 ff.). 8051 (S. 595 ff.), wo eine Geschichte der Burg Eickhof gegeben ist. Vgl. Rudloff, Hdb. II, S. 341. Wigger, M. Jahrb. XXVIII, S. 208. Lisch, M. Jahrb. VII, S. 38. XXXVI, S. 122—127 (Identificirung der alten Burg Warnow mit Eickhof).

die verstorbenen Brüder Teez und Heinrich von Zernin, durch Stiftung einer Vikarei in der Kirche zu Eickelberg, deren Patronat sie aber nicht für sich in Anspruch nehmen, sondern dem Knappen Werner von Zernin übertragen.[1]) Aber um das Jahr 1344 ist ein grosser Theil des Zernin'schen Besitzes in die Hände der Fürsten Albrecht und Johann übergegangen, und von diesen wird er an die von Bülow verpfändet, die nunmehr das Schloss Eickhof beziehen und von hier aus auch Eickelberg bewirthschaften.[2]) Freilich hält der Landesherr, nachdem er Herzog und deutscher Reichsfürst geworden, es für nöthig, sich das Eigenthum der zum Theil auf bischöflichem Stiftslande gelegenen und insoweit vom Schweriner Bischof s. Z. zu Lehn genommenen, zum andern

Kirche zu Eickelberg.

Theil aber auf mecklenburgischem Dominium gelegenen und von den Zerninen an die Plessen, von den Plessen an den Fürsten Nikolaus von Werle und von diesem an ihn, den Herzog Albrecht, verkauften Feste Eickhof durch zwei besondere Dokumente im Jahre 1355 für alle Zeiten sicherstellen zu lassen.[3]) Im Pfandbesitz der von Bülow bleibt der Eickhof mit seiner Vogtei, trotz verschiedener Wirren am Ende der fünfziger und siebenziger Jahre des XIV. Jahrhunderts, bis 1409.[4]) Mit ihm das Dorf Eickelberg sammt seinem Kirchlehn.[5]) Von da an treten die von Bibow in

---

[1]) M. U.-B. 5718.

[2]) M. U.-B. 6458: . . . . Hyrvore late wie en . . . . to eme rechten pande dat hus to deme Eghoue mit der molen, mid deme vorwerke, mit watere, mid ackere, mid weyde, mid holte, mit vischerye vnde mid aller nud . . . . . Vortmer late wi en de dorpe to deme Eclenberghe vnde Lubentze mid aller pacht, mid aller bede, mid alleme rechte, mid deme hoghesten vnde mid deme sidesten, vnde mid deme kerchlene vnde mid aller nud, als se ligget binnen erer schede, als se de van Cernyn hadden. Och late wi en achte houen to deme Lase mit aller pacht, aller bede vnde mit alleme rechte . . . . — Ansprüche, die ein Lübischer Geistlicher an Eickelberger Gut hat, werden 1346 befriedigt: M. U.-B. 6672.

[3]) M. U.-B. 8043. 8051. 8073.

[4]) M. U.-B. 8159. 8360. 8361. 8494. 8976. 9907. 9908. 9927. 10275. 10309. 10310. 10438. 10642. 10902. 10903. 11010. 11011. 11197. 11198. 11199.

[5]) M. U.-B. 10309. 10310.

denselben Pfandbesitz ein und behalten ihn bis zu dem Zeitpunkt, wo die von
Lützow kommen, die ihn im Jahre 1494 dauernd für Schloss und Vogtei
Grabow eintauschen, und fast hundert Jahre später, nämlich im Jahre 1590,
in ein Mannlehn umwandeln.[1]) Sie treten damit auch in den Besitz von Eickelberg und dessen Kirchlehn ein.[2])

Unter den mittelalterlichen Geistlichen zu Eickelberg erfahren wir 1318
den Namen des Plebans Dietrich, sonst keinen. Zur Zeit der Visitation von
1541/42 ist hier einer, der widersätzlich nicht erscheint und dessen Name

Inneres der Kirche.

daher unbekannt bleibt. Erst von 1622 an lässt sich nach den uns zu Gebot
stehenden Akten eine volle Reihe herstellen. 1622 wird Gabriel Rosenow
berufen, der im Jahre 1653 als blinder Mann noch im Amt ist, aber schon
ein Jahr darauf durch Joh. Wilhelm Löwe (Leo) ersetzt wird. Wie lange dieser
im Amt war, haben wir nicht gefunden. 1666 ist bereits Dietrich Holst an
dessen Stelle, der 1675 nach Parkentin übersiedelt. Es folgen: 1676 Joh.

[1]) M. Kunst- u. Gesch.-Denkm. II, S. 180. Schon im Jahre 1377 hatten Burchard und
Wipert von Lützow als Vertreter der Rechte des Bischofs Marquard (1375—1378) den Eickhof
besetzt: M. U.-B. 11010. Vgl. Rudloff, Hdb. d. m. Gesch. II, S. 491—496.

[2]) Einen Antheil am Patronat, den Hans von Bülow auf Gross-Raden durch den Besitz
von dem nach Laase eingepfarrten Schependorf inne hat, löst Lüder Joachim Lützow im Jahre
1636 ab. Schependorf gehört zum Stiftslande, nicht aber Eickelberg. Vgl. Schildt, M. Jahrbuch XLVII, S. 225.

Jakobus Lohrmann (÷ 1690), 1690 Christian Ulrici (÷ 1703), 1703 Pastor
Lüring, und nach dessen Tode 1727 der Sohn Valentin Detlev Lüring, der
damals erst 22 Jahre alt ist. Wie lange er im Amte geblieben, haben wir
nicht ermittelt. Nach ihm verwaltet Joh. Friedr. Röhring die Kirchen zu Laase
und Eickelberg zusammen, anscheinend bis 1761. Ebenso ist es nachher
unter den beiden
Pastoren Schwerdt-
feger, Vater und Sohn.[1])
Der Brand der Pfarre
zu Eickelberg im Jahre
1841 hat viele Akten
vernichtet. Aus einem
Briefe von 1773 ersieht
man aber, dass Anton
August Schwerdtfeger
sich schon damals (nicht
erst seit 1786) als Pastor
von Eickelberg und
Laase unterschreibt und
in Eickelberg wohnt.[2])

Lützow'sches Epitaph.

Kirche. Die Kirche Kirche.
ist ein einschiffiger, mit
Strebepfeilern be-
wehrter stattlicher
gothischer Ziegelbau
aus dem Anfange des
XIV. Jahrhunderts mit
einem Schluss aus dem
Achteck und ohne
Thurm. Auf dem
Westende des Daches
ein kleiner Ausbau für
die Glocken. Das
flachgedeckte Innere
veranschaulicht die beigegebene Abbildung in ausreichender Weise.

Altar und **Kanzel** sind zu einem Körper verbunden. Den Aufsatz bildet Altar und
ein werthloser alter Flügelaltar: das Mittelstück ist herausgenommen und in Kanzel.
die so entstandene Oeffnung die Kanzel gesetzt. Auf den Flügeln zwölf
Bilder aus dem Leben des Heilandes. Das Ganze ist 1668 von **JOCHEN
WILHELM VON LÜTZOW** gestiftet.

---

[1] Vgl. M. Kunst- u. Gesch.-Denkm. III, S. 471 (Laase). Dazu Schildt, M. Jahrb. XLVII,
S. 225 226.

[2] Eickelberger Kirchenakten im Grossh. Geh. und Haupt-Archiv.

Eucharistie-
Schrank,
Fünte.

Glocken.

In der nordöstlichen Chorseite ein alter **Eucharistie-Schrank**.

Zu nennen ist ferner eine grosse, 1,18 m im Dm. haltende steinerne **Fünte**.

Im Glockenstuhl hängen zwei **Glocken**, die grössere von 1,20 m Dm., die kleinere von 1,07 m Dm. Die grosse Glocke hat eine übel gegossene, ziemlich formlose Minuskel-Inschrift, anscheinend aus der ersten Hälfte des XVI. Jahrhunderts und das nebenstehende Giesser-zeichen. Die kleinere Glocke ist ohne Inschrift und Zeichen.

Lützow'sche Grabsteine.

Epitaph.

An der Südwand der Kirche ein steinernes **Epitaph** im Renaissancestil. In der Mitte das Weltgericht in Relief. Nach der Unterschrift liess **BARBARA WANGELIN** das Werk im Jahre 1590 ihrem 1588 verstorbenen Gemahl **CLAWES LÜTZOW** setzen. Dazu stimmt der Wappenschmuck. — Neben dem Epitaphium eine **Gedenktafel** zur Erinnerung an den 1870 an seinen Wunden gestorbenen Leutnant der Reserve **OTTO EDUARD AUGUST VON LÜTZOW**.

Gedenk-
tafel.

Im Chor vor dem Altar liegen zwei gut erhaltene **Grabsteine**. Der Grabsteine. kleinere ist 1,50 m lang und 1,20 m breit. Der grössere ist 2,24 m lang und 1,24 m breit. Beide Steine zeigen dieselben Figuren, jedoch fehlt auf dem grösseren der Krucifixus in der Mitte. Ebenso lautet die Inschrift auf beiden Steinen gleich: **ANNO 1588 DEN 30 · JVLY IST DER EDLE VND ERNVESTER CLAWES LVTZOW ZV HVLTZBORG SALICH IN GODT ENTSLAFEN · D · S · G · G · S ·** Auf dem kleineren Stein liest man ausserdem: **CHRISTUS IST MEIN LEBEN, STERBEN IST MEIN GEWINN ·**

An den Wänden viele alte **Wappenschilder** aus Zinn, die von Särgen Wappen-einzelner Lützow'scher Familienmitglieder stammen. schilder.

In einem Fenster der Südwand sieht man kleine gemalte **Glasscheiben** Glas-mit Unterschriften bürgerlicher Namen, zweimal auch das Vieregge'sche malereien. Wappen mit den Unterschriften **ANNA KATRINA VIEREGGE** und **ADAM HEIN-RICH VIEREGGE 1658.**

Die älteren **Vasa sacra** sind 1842 bei dem Brande der Pfarre ver-Vasa sacra. nichtet, die dafür beschafften neueren Gefässe haben keinen besonderen Kunst-werth. Es sind ein vergoldeter Kelch mit Patene und eine ovale Oblaten-schachtel, alle drei mit dem Stempel [B] [DENITZ]. Ausserdem sind zu nennen zwei grosse Zinnleuchter, laut Aufschrift 1739 gestiftet von Frau **BARBARA DOROTHEA MEVIUS**, geb. **ENGEL**, indem sie zugleich 50 Thl N ²/₃ legierte, damit von den Zinsen jährlich das Wachslicht beschafft würde.[1]) Endlich noch ein achtseitiger Messingteller aus dem XVII. Jahrhundert.

[1]) Nach dem Inventar von 1811 starb Frau Mevius am 6. Oktober 1767.

Steinerne Fünte.

Das Kirchdorf Gross-Raden.[1)]

Geschichte
des
Dorfes.

Gross-Raden hat schon um die Mitte des XIII. Jahrhunderts eine Kirche, wie einer in Sternberg wahrscheinlich im Jahre 1256 ausgestellten Urkunde des Fürsten Pribislav von Richenberg zu entnehmen ist, in der er zu Gunsten der Kirche auf vier Hufen in Raden verzichtet.[2)] Später tritt auch das Kloster Sonnenkamp dort mit dem Besitz von zwei Hufen auf.[3)] Die jura archidiaconalia aber erhält das Bützower Kollegiatstift.[4)] In den sechziger Jahren des XIV. Jahrhunderts wohnt Knappe Henneke Bonsack auf Raden,

Blick auf Gross-Raden.

der auch über Besitz und Rechte in Klein-Raden verfügt.[5)] Von der Familie Bonsack gehen Gross- und Klein-Raden auf die Familie Bülow über. Im Jahre 1395 wohnt Tideke Bülow, der Schwiegersohn des Joachim Bonsack, auf Gross-Raden.[6)] Drittehalb Jahrhunderte sitzen hier nun die von Bülow, kurze Zeiten der Verpfändung ausgenommen [1608 an Martin Koss, gleich darauf an Adam Lepel und seit 1613 an Joachim Kerberg (s. Grabst)]. 1644/48 geräth das Vermögen des Hans von Bülow in Verfall. Doch seine Ehefrau Meta von Sperling rettet das Gut mit dem, was ihr ist, setzt ihren Gatten

[1)] 4 km nördlich von Sternberg. Die alten Formen des Namens sind Radim, Radem und Radum, Magna oder Major Radem; das Nachbardorf Klein-Raden begegnet als Parva Radem, Parvum Radem, Lutken Radum. Nach Kühnel, M. Jahrb. XLVI, S. 114, ist zu übersetzen: »Ort des Radim, Radom«.

[2)] M. U.-B. 771. Vgl. Beyer, M. Jahrb. XI, S. 68. 245.

[3)] M. U.-B. 1120. 1215. 3079. 9104.

[4)] M. U.-B. 1178.

[5)] M. U.-B. 8856. 8863. 9835. 9836.

[6)] Vgl. auch Urkunde vom 24. April 1399 bei Lisch, M. Jahrb. XVII, S. 325.

auf Lebenszeit in dessen Niessbrauch ein und vermacht es nach seinem Tode

Kirche zu Gross-Raden, von Südosten gesehen.

ihren Brudersöhnen, die 1669 den Besitz antreten. 1684 erhält Helmuth von Sperling den Konsens zu einer Glashütte in Raden, die 1690 in Blüthe kommt.

Kirche zu Gross-Raden, von Südwesten gesehen.

1699 geht Gross-Raden für die Summe von 11000 Thalern an den Major Hans von Schack über.[1]) In der Familie Schack bleibt es bis 1840. Vorüber-

[1]) Akten im Grossh. Archiv zu Schwerin.

gehend freilich kommt Gottlieb von Haeseler (1836—1838) in den Besitz von Gross-Raden. Nachher sind Karl Koch (1841), Alexander Koch (1854), Ludwig Nikomedes Krüger (1862) und Hauptmann a. D. Karl Axel Franz Ernst von Zeuner (1889) als Herren des Gutes und Dorfes auf einander gefolgt.[1] Das Patronat über die Kirche, das im Jahre 1541 in den Händen des Landesherrn ist, haftet vom XVII. Jahrhundert her am Besitz des Gutes. Das Dorf Klein-Raden aber steht schon im XVIII. Jahrhundert unter der herzoglichen Kammer.

In der ersten Hälfte des XIV. Jahrhunderts begegnet uns ein Pfarrer Konrad. Nachher finden wir erst wieder im XVI. Jahrhundert einen Namen, es ist der des Bernhard Westphal, der 1525 von den Herzögen berufen wird und noch 1534 sein Amt versieht. 1540/41 ist

Inneres der Kirche.

Johannes Thamhof sein Nachfolger. 1569 heisst der Pastor Andreas Ohmes, 1579 Gabriel Nikolai († 1606). Es folgt Jakobus Wredemius, der auch 1634 noch nachzuweisen ist und wahrscheinlich länger lebt. 1643 wird Laurentius Petri berufen († 1675), nach ihm Joh. Rumbheld, der noch 1712 im Amte ist. Ihm folgt 1716 Joachim Ulrich Passow († 1754), diesem Johann Joachim Mussehl (1757—1775) und diesem wieder Joh. Justus Bauch (1776—1808).[2] Ueber die Nachfolger im XIX. Jahrhundert s. Walter a. a. O.

Kirche.   **Kirche.** Die Kirche ist ein fester frühgotischer Backsteinbau vom Ende des XIII. oder Anfang des XIV. Jahrhunderts mit platt abschliessender

---

[1] Vgl. Staatskalender. — [2] S. Register zum M. U.-B. Ferner Akten im Grossh. Archiv und Cleemann, Repert. universale.

Ostwand. Sämmtliche Fenster sind im Spitzbogen ge-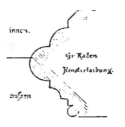
schlossen und zeigen kräftig profilierte frühgothische
Wandungen und Laibungen. Ein entsprechendes Portal
auf der Südseite ist jetzt zugemauert. — Um die
ganze Kirche läuft ein Kaffgesims. Der Thurm ist am
15. Mai 1891 durch Blitzschlag zerstört. Das Innere
der Kirche macht einen geräumigen Eindruck. Drei
Kreuzgewölbe überspannen den Raum.

In der Ostwand, nördlich vom Altar, ein alter **Eucharistie-Schrank.** Eucharistie-schrank,

Ein altes gothisches **Triptychon,** einst ohne Zweifel mit plastischen Triptychon.
Werken geschmückt, enthält jetzt nur ein paar werthlose Gemälde des XVII.
Jahrhunderts mit Darstellungen aus der Passion. Unter diesen Bildern das
Sperling'sche Wappen mit der Jahreszahl 1677. Darunter die Inschrift: HANS
FRIEDRICH SPERLING · ANNO DOMINI 1677 TEMPORE PASTORIS DOMINI
JOHANNIS RUMBHELDI ALTARE HOC RENOVATUM EST.

Am Patronatsstuhl von 1785 das Schack'sche **Wappen** mit denen der Wappen.
Familien von Hagen und von Barner. — Im Thurm, zur linken Seite in die Weih-
Wand eingemauert, ein altes **Weihwasserbecken.** wasser-becken.

Die Kirche hat nur eine **Glocke.** Sie trägt als Inschrift den Spruch Glocke.
aus Jesaias XXII, 29: O · LAND, LAND, LAND HÖRE DES HERRN WORT ·
C. OBERG, HOFGLOCKENGIESSER WISMAR 1896.

Grabstein des Reimer von Bülow.

Grabsteine. Vor dem Altar rechts ein Grabstein mit dem Reliefbild Grabsteine.
einer Frauengestalt und der Inschrift: ANNO 1584 DEN 26 · MARTII IST DIE
EDLE UND DUGENTSAME ELSABE SPERLINCK IN GOTT SELIG ENTSCHLAFEN.
-- Links vom Altar ein anderer mit dem Reliefbild einer Frauengestalt und
mit der Inschrift: ANNO 1582 IST DIE EDLE UND DUGENTSAME JUNGFER
MAGDALEN PREINS IN GOTT DEM HERRN SELICHLICH ENTSLAPEN. — In
der Mitte des Ganges der Grabstein des **Reimer von Bülow** mit dem ge-
harnischten Bildniss des Genannten in ganzer Figur. In den vier Ecken je
ein Wappen: das von Bülow'sche mit dem Namen ENGELKEN VON BÜLOW,
das Kramon'sche mit dem Namen ANNA CERMOEN, das Preen'sche mit dem

Namen **MADDALENA PREN** und das Stralendorff'sche mit dem Namen **METTE STRALENDORP.** Die Umschrift um den Stein lautet: **ANNO 1579 • DEN VII. JUNIUS IST DER EDELER UND ERENDTVHSTER REIMER VAN BÜLOW THO GROTE RADEN SALIGLICH • IN GOT ENTSLAPEN.** — Im Mittelgang noch ein Grabstein, der Länge nach durch einen Streifen in zwei Theile getheilt. Auf der rechten Hälfte die Inschrift: **HANS VON BÜLOW,** mit dem Bülow'schen Wappen, auf der linken: **METTA VON SPERLING • IST SELICH IM HERRN ENTSCHLAFFEN • DENN XXII MARTII ANNO M • D • C • L I.** Dazu das Sper-

ling'sche Wappen (s. o.). Unter den Stühlen neben dem Gange noch ein Grabstein, in den Ecken Wappen mit Umschriften: **DER KARBARCH WAPEN, DER HOBEN WAPEN, DER BOCKWOLDEN WAPEN, DER STRA-LENDORF WAPEN.** Inschrift des Steins: **UNDER DIESEM STENE LICHT KONE KARBARCH • JOCHIM KARBARCH UNDE MARIA HOBEN IRE SONE DEM GOTT GNEDICH SI 1616.[1])**

Kelch (1).

Grab-gewölbe. Auf dem Kirchhofe ein **Grab-gewölbe,** darüber eine dicke Granit-platte mit der Inschrift: **IHREM VATER U • V • SCHACK, GEB • D • 29 • MÄRZ 1751, GEST • D • 9 • MÄRZ 1823, WEIHEN DIESES DENK-MAL DESSEN SÖHNE C • V • SCHACK UND B • V • SCHACK •**

Kleinkunst-werke. **Kleinkunstwerke.** 1. 2. Silber-vergoldeter Kelch auf sechspassigem Fuss mit einem aufgenieteten Kruci-fixus als Signaculum, mit dem Namen **IHESVS** in den Rauten des Knaufes, und mit drei eingravierten Wappen auf dem Fuss, dem Bülow'schen (**E • V • B •**), dem Sperling'schen (**J • V • S •**) und dem Negendank'schen (**K • V • N •**). Wismarsche Arbeit von **Andreas Reimers.** Die dazu gehörige silbervergoldete Patene hat dieselben Zeichen wie der Kelch.[2]) 3. 4. Silbervergoldeter einfacher Kelch, auf sechs-

[1]) Es würde sich empfehlen, alle diese Grabsteine, die als unzweifelhafte Urkunden zur Geschichte des Gutes anzusehen sind, zum Zweck ihrer Erhaltung aufzunehmen und an die Wände der Kirche zu stellen.

[2]) Der Kelch wird eine Stiftung des Engelke von Bülow sein, der von 1597 bis 1625 in Akten nachweisbar ist und mit Katharina von Negendank aus dem Hause Eggersdorf vermählt war. Das mittlere Wappen oberhalb des Krucifixus ist offenbar eine spätere Zuthat eines Jochim

passigem Fuss, gestiftet von **J. D. GROTH**. Güstrower Arbeit von **Joch. Hinr. Klähn**: Ⓖ Ⓘ**ʜ**ᴋ. Die Patene, ebenfalls silbervergoldet, zeigt auf der Rückseite die Buchstaben **A • Z • Z**. Keine Werkzeichen. — 5—7. Kleines silbernes Krankenbesteck mit Patene und Flasche. Ohne Werkzeichen. — 8. Silberne Abendmahlskanne, geschenkt von **H • VON GORRISSEN AUF BUCHENHOF**. — 9. Altes Taufbecken von Messing, gestiftet von **HELM. DUNCKER 1721**. — 10. Kleines zinnernes Taufbecken, gestiftet von **ANNA ELISABET DETLEFFIN • 1745** 11. Noch ein Taufbecken von Messing mit dem Stempel F. WESTEN GÜSTROW — 12 14. Drei zinnerne Altarleuchter, der grössere geschenkt von **JACOB BEYTIEN 1721** (Werkzeichen undeutlich), der zweite von **CLAUS MÜLLER 1726** (ohne Zeichen), der dritte von **HANS JACOB SCHWARDT 1734**. Nebenstehende Zeichen. — 15. Ein hölzerner Opferstock vom Jahre 1682, stark mit Eisen beschlagen.

Das Kirchdorf Witzin.[1]

Geschichte des Dorfes.

Als Kirchdorf, das zum Bützower Archidiakonat gehört, tritt uns Witzin zum ersten Mal im Jahre 1270 urkundlich entgegen.[2] Beinahe vierzig Jahre später, den 6. August 1309, belehnt Fürst Heinrich von Mecklenburg den Ritter Ludolf von Ganzow mit einer Hebung von 20 Mark Bede aus dem Dorfe für ein von ihm angeliehenes Kapital von 200 Mark wendischer Pfennige.[3] Vom Knappen Klaus Ganzow erwirbt dann wieder nach fast gleichem Zeitraum Klaus Berkhahn alles, was jener an Besitz und Rechten in den drei Witziner Mühlen gehabt hat, von denen zwei auf dem Felde liegen und eine im Dorf.[4] Zwölf Jahre später verkauft Konrad Ganzow demselben Berkhahn seinen Hof mit vier Hufen und mit Antheilen an verschiedenen Hölzungen, dazu auch die Fischerei, die er gehabt hat. Zugleich ersehen wir aus dieser Verkaufsurkunde, dass es eine ganze Vetternschaft der Familie Ganzow giebt, die in Witzin Besitz und Anrechte hat.[5] Mit Einkünften aus diesem Witziner Besitz verbessert Klaus Berkhahn, den die Urkunde als Güstrower Bürger bezeichnet, eine Vikarei im Dom zu Güstrow.[6] Neben den von Ganzow finden wir in der zweiten Hälfte des XIV. Jahrhunderts auch die von Pressentin in

von Sperling, wahrscheinlich des mit vollem Namen Cord Jochim geheissenen Sperling, der ein Brudersohn der Meta von Sperling ist, welche mit dem obengenannten Hans von Bülow auf Gross-Raden vermählt war.

[1] 7 km östlich von Sternberg. Kühnel, M. Jahrb. XLVI, S. 159, verbindet den Namen mit dem altslavischen Wort vitŭ = Gewinn und deutet ihn als »Ort des Vitek«.

[2] M. U.-B. 1178.

[3] M. U.-B. 3337.

[4] M. U.-B. 6803.

[5] M. U.-B. 7562.

[6] M. U.-B. 9621. 9635.

Witzin. Sie haben dort zwei Höfe mit Burgen und acht Hufen: »vze beyden houe an deme dorpe to Wytzin, dar de borghe ane stan, myt achte houen, de nů to der tiid de buer to Wytzin buwen .¹) Dieser gesammte Besitz geht im Jahre 1408 durch Kauf an das Kloster Tempzin über, ebenso zwei Jahre später der Ganzow'sche Besitz.²) Neben dem Kloster Tempzin aber haben auch die von Bülow auf Zibühl und Prützen Anrechte an Witzin, womit sie noch am Ende des XVI. Jahrhunderts ihre Ansprüche auf das Patronat der Kirche zu Witzin gegen das Tempziner Amt zu begründen suchen. Aus dem Klostergut freilich wird einhundertundfünfzig Jahre später Domanialgut.³) Dieses geht unter Herzog Adolf Friedrich im Jahre 1625 für ein von ihm angeliehenes Kapital von 2000 Gulden in den Pfandbesitz des herzoglich braunschweigischen Rathes und Hofmarschalls Hans von Pederstorf über. Später gelingt es diesem, das Gut für die Summe von 27 200 Gulden zum Allod zu machen. Auch vermehrt er 1652 seinen Besitz durch Ankauf von Grund und Boden aus den Händen des Engelke

Kirche zu Witzin.

von Restorf auf Mustin. Aber zu Anfang des XVIII. Jahrhunderts finden wir das Gut wieder in den Händen des Herzogs Friedrich Wilhelm, der es für die Summe von 10 000 Thalern eine Zeit lang an den Hofmarschall von Halberstadt verpfändet. Als Domanial-Pachthof und Bauerndorf gehört es heute zum Grossherzoglichen Amt Warin-Neukloster-Sternberg-Tempzin.

Von den Geistlichen des Mittelalters wissen wir bis jetzt gar nichts. Ums Jahr 1541 ist Dietrich Schulz Kirchherr, das Kirchlehn aber haben die von Bülow auf Zibühl und Prützen zu vergeben. 1599 ist Fr. Johannes Haberkorn gestorben, und Herzog Ulrich bestellt den Dambecker Pastor Daniel Mester zum Nachfolger. Die von Bülow nehmen ihn an, wahren sich aber

---

¹) M. Jahrb. XXIII, S. 216—220. — Gesch. und Stammtafeln des Geschl. von Pressentin, S. 15.
²) M. Jahrb. XXIII, S. 220.
³) M. Kunst- und Gesch.-Denkm. III, S. 405.

ihr Recht. 1617 folgt Mesters Tochtermann Georg von Bergen, 1643 Bartholomaeus Ludovici (damals hat Hans von Pederstorf das Patronat) und 1654
Petrus Falkenhagen, der bis 1703 im Pfarramt ist. Es folgen nun Joh. Andreas
Selschopp (1703—1724), Marcus Wilhelm Goldschmidt (1727—1732) und Joh.
Fanter (1733—1759). Nach Fanters Tode wird die Kirche zu Witzin mit der
zu Boitin kombiniert, nachdem früher schon einmal (1716) eine Verbindung
mit der zu Gross-Raden angeregt worden war.

Kirche. Die Kirche ist ein dem XIII. Jahrhundert angehörender einschiffiger Feldsteinbau aus der Zeit des Ueberganges vom romanischen zum

Kirche.

Inneres der Kirche.

gothischen Stil mit gut behauener Granitbasis und mit platt abschliessender
Ostwand. Der etwas jüngere Thurm, aus guter gothischer Zeit, ist im unteren
Theil ebenfalls aus Felsen, im oberen aber von Ziegeln aufgeführt. Er trägt
eine achtseitige, mit Schindeln gedeckte Helmpyramide. An der Westwand
des Thurms eine eingemauerte alte Kornquetsche aus Granit, die einstmals als
Weihwasserbecken gedient haben könnte.[1]) Auf der Nord- und Südseite je
ein jetzt zugemauertes Portal. Der Eingang führt jetzt durch den Thurm.
Die Fensterschlitze besitzen ihre frühere Ursprünglichkeit nicht mehr. Das
Innere ist mit zwei Kreuzgewölben geschlossen. Im Scheitelpunkt des östlichen
Gewölbes eine gegen zwei Meter im Durchmesser haltende hölzerne Scheibe.

Die **innere Einrichtung** ist neu

Innere Ein-
richtung.

—

[1]) Lisch. M. Jahrb. VIII B. S. 74.

Das ehemalige gothische **Triptychon**, ein treffliches Schnitzwerk des XV. Jahrhunderts, wird im Grossherzoglichen Museum zu Schwerin aufbewahrt. In der Mitte die hl. Maria mit dem Kinde in einer Strahlenmandorla. Zu beiden Seiten schwebende Engel und die Heiligen Matthaeus, Thomas, Johannes Baptista und Jakobus major, jederseits einer über dem andern. In den Flügeln Gott Vater mit dem Sohne, eine Annaselbdritt-Gruppe, die drei weiblichen Heiligen Barbara, Katharina und Maria Magdalene sowie die drei Apostel Petrus, Johannes Evangelista und Thaddaeus.[1]

Glocken.

Im Thurm zwei **Glocken**. Die grössere (Dm. 1,20 m) hat die Inschrift: o dev̄s + rex + glorie + uḧesv + x̄pe + veni + cvm + pace + osanna aṅo dn̄i m° cccc° lxix +. Nebenstehendes Giesserzeichen. — Die kleinere (Dm. 1,05 m) hat die Inschrift: help godt dorch dr gnade gades · hans timmerman gudh diffe klocke · um · ua · 1 · 5 · 53 ✕ de vorstender siman smit hinrich frese hinrich molve smit G lu v r. Nebenstehendes Giesserzeichen.

Kleinkunstwerke.

Kleinkunstwerke.

1. 2. Silbervergoldeter gothischer Kelch auf rundem Fuss mit einem aufgehefteten Krucifixus als Signaculum und mit der Jahreszahl **1497**. In den Rauten des Knaufes die Buchstaben **I H E S V S**. Am Fuss die Inschrift: ✕ hunc ✕ calicem ✕ ✕ comparauit ✕ sibi **HANS · VAN PEDERSTORF · ANNO 1633.** Bis sibi Minuskelschrift von 1497, dann Blockschrift von 1633. Offenbar hat Hans von Pederstorf den Kelch später erworben. Keine Werkzeichen, auch nicht auf der zugehörigen silbervergoldeten Patene. — 3. 4. Später Kelch, am Rande des Fusses die Inschrift: **ANNA HELENA POLLEN GEBOHRNE STENDERN DEN 1TEN JANUARI**

Taufstein (auf dem Kirchhof).

ANNO 1765. Ⓢ ⒸⓇ. Auf der zugehörigen Patene dieselben Schweriner Stempel. — 5. 6. Kleiner feiner silberner Renaissance-Kelch mit eingravierten

[1] Vgl. Lisch, M. Jahrb. XXVII, S. 226 227.

Gothisches Triptychon der Kirche zu Witzin.

Engelsköpfen an der Kupa. Auf der Unterseite des Fusses: X W X Z X.
An der Kupa ein Allianzwappen mit den übergesetzten Initialen • H • S
(von Schack) V • W • (von Wackerbarth).[1]) Die dazu verwendete Patene hat
das Rantzau'sche Wappen. — 7—9. Kanne, Oblatenschachtel, Taufbecken:
neu. — 10. 11. Zwei alte Messingbecken. — 12—15. Vier gute neue Zinnleuchter von **H. Beusmann**-Schwerin.

Auf dem Kirchhof, unter einer grossen alten Linde, westlich vom   Taufstein.
Thurm, steht ein aus Granit gehauener achtseitiger **Taufstein**, gut ein Meter
hoch und ein Meter breit, mit tiefer Höhlung.

Das Kirchdorf Ruchow.[2])

Mit den Kirchen zu Goldberg, Lohmen, Karcheez und Woserin wird auch   Geschichte
die zu Ruchow den 27. Oktober 1234 vom Bischof Brunward zu Schwerin   des
dem Archidiakonat des Klosters Dobbertin zugewiesen.[3]) Doch berufen sich   Dorfes.
Domina und Konvent im Jahre 1601 gelegentlich eines Streites um das Patronat
mit Ewald von Brüsehaver auf Ruchow, dem letzten seines Stammes, nicht
auf diese ältere Urkunde, deren Kenntniss ihnen damals verloren gegangen zu
sein scheint, sondern auf zwei herzogliche Briefe über das Patronat aus dem
XV. und XVI. Jahrhundert, den einen von Herzog Heinrich d. ä. und den
andern von Herzog Heinrich d. j.[4]) Am 22. December 1320 weilt Fürst Heinrich
der Löwe in der Kirche zu Ruchow und erlässt von hier eine Urkunde in
Angelegenheiten des Klosters zum hl. Kreuz in Rostock.[5]) Um die Mitte des
XIV. Jahrhunderts sitzt bereits die im XVII. Jahrhundert ausgestorbene Adelsfamilie Brüsehaver auf Ruchow. Macharius Brüsehaver stiftet eine mit erheblichen Einkünften aus Ruchow und Gross-Upahl ausgestattete Vikarei, welche
am 18. März 1357 von Fürst Nikolaus III. von Werle genehmigt, am 24. August
1367 von den Brüsehaver'schen Söhnen anerkannt und am 13. November 1367
von Bischof Friedrich von Schwerin bestätigt wird.[6]) Alles das zu besonderen
Ehren der hl. Jungfrau Maria, ihrer Mutter Anna, des hl. Nikolaus und der
hl. Agnes. Im Jahre 1613 wohnt noch Ewald Brüsehaver's Wittwe, Sophie

---

[1]) Hartwig von Schack, Amtshauptmann zu Gnoien, Sohn des 1563 und 1567 genannten
Valentin von Schack auf Basthorst, war vermählt mit Ursula von Wackerbarth, Tochter des
Hardenack v. W. und der Anna von Bülow.

[2]) 12 km östlich von Sternberg. Kühnel, M. Jahrb. XLVI, S. 123, deutet den Namen als
»Ort des Ruch-«.

[3]) M. U.-B. 425.

[4]) Akten im Grossh. Archiv. Ob diese Bestätigungen von den beiden Herzögen Heinrich IV. und V. noch irgendwo erhalten geblieben sind, wissen wir nicht zu sagen.

[5]) M. U.-B. 4233.

[6]) M. U.-B. 8321. 9673. 9701.

von Restorff, auf Ruchow. Aber 1616 geht das Gut an die von Parkentin
über, welche von 1605 auf Bolz und Tieplitz sitzen und über hundertdreissig
Jahre lang im Besitz bleiben.   1738 folgt ihnen auf den genannten drei
Gütern der preussische Kammerherr Gebhard Ludwig Friedr. von Bredow. In
Bredow'schen Händen bleiben sie bis 1767. Dann finden wir sie bis 1789 in
denen des Domänenraths Joh. Ludwig Elderhorst, nachher ein paar Jahre lang

Kirche zu Ruchow.

(bis 1792) in Behr-Negendank'schem, (bis 1794) in Pritzbuer'schem, und darauf
ein halbes Jahrhundert lang, bis 1847, in Schaumburg-Lippeschem Besitz.
Von da an ist Karl Bolte Herr auf Bolz und Ruchow, er tritt 1854 das
Gut Ruchow an Friedr. Heinrich Ernst von Blücher ab. Auf ihn folgt 1868
Siegfried Ulrich von Blücher, 1870 Quintus Horatio von Goeben, 1880
Alexander Jakoby und auf dessen Familie als Besitzer seit 1898 Hermann Faust.
		Von den mittelalterlichen Geistlichen lernen wir zwei kennen: den
Johannes Bussekow, der im Jahre 1352 bereits verstorben war, und den Pleban
Christoferus um 1367. Zur Zeit des Herzogs Heinrich, um das Jahr 1524,
amtiert dort ein Kirchherr Georg Gast. Nachher werden genannt: um 1603
Johann Bresemann, um 1612 Joh. Heitmann und 1636 Kaspar Kalander. In
der zweiten Hälfte des XVII. Jahrhunderts verrichten dort zuerst der Witziner
Pastor Ludovici (s. o.) und nachher der Gross-Radener Pastor Joh. Rumbheld
(s. o.) den Dienst. Dann werden 1690 Ludwig Heinr. Reuter, 1697 Joh. Friedr.

Gercke (nicht Denke) und 1699 Friedr. Karsten genannt, und im XVIII. Jahrhundert folgen Josua Statius (1714—1761), Friedr. Christian Mantzel (1762 bis 1786) und der später nach Malchin versetzte Pastor Hermann Joachim Hahn (1785—1810). Das Patronat haftet seit dem XVII. Jahrhundert am Besitz von Bolz und Tieplitz.

Kirche. Die Kirche ist, wie die uns einer Beschreibung überhebenden Abbildungen erweisen, mit Ausnahme ihres etwas wunderlich aussehenden

Kirche.

Inneres der Kirche.

Thurmes ein echter Typus der mecklenburgischen Feldsteinkirchen aus der Zeit des Ueberganges vom romanischen zum gothischen Stil im XIII. Jahrhundert.[1])

In der Ostseite des Chors ein alter **Eucharistie-Schrank** mit Thür und Giebelbogen. — Hier sieht man auch das treffliche **Triumphkreuz**, das ehemals ohne Frage unterhalb des Triumphbogens angebracht war. -- Im Altar eine Kopie nach der Kreuz-Abnahme von Peter Paul Rubens. — Zu beachten ist eine **Tafel** mit einer Inschrift über die von Fürst **GEORG WILHELM** von Schaumburg-Lippe als Patron im Jahre 1832 angeordnete Restauration der Kirche.

Eucharistie-schrank, Triumph-kreuz, Tafel.

In den Kirchenfenstern befindet sich eine Reihe von **Familien-Wappen** mit Unterschriften. 1. **JOHANN ULRICH V · RETZDORF.** — 2. **EVA SIBILLA V · PLESSEN · ENGELKE V · RESTORFF 1648 · SOPHIA V · HOLSTEIN.**

Wappen.

3. CHRISTOFFER GAMME · ALHEIDT V · RESTORFF. — 4. . . . . V · D · LÜHE·
ELISABETH V · RESTORFF. — 5. DANIEL BRÜSEHABER · N · CRAMMON 1597.
6. HARTWICH PENZE ZU TODIN · CATRINA VAN PLESSEN. -- 7. WILH.
BRÜSEHABER. — 8. CHRISTOFFER BRÜSEHABER · MARGARETHA V · OLDEN-
BURG.

Glocke.   Die im Thurm hängende einzige **Glocke** ist laut Inschrift im Jahre
1830 von Hirt in Lübeck gegossen.[1])

Messingbecken (12. 13).

Kleinkunst   **Kleinkunstwerke.** 1. 2. Schlichter Kelch auf rundem Fuss und mit
werke.   gerundetem Knauf. An der Kupa das Parkentin'sche Wappen mit den Initialen
F · B · V · P ·[2]) Der Stadtstempel ist undeutlich, der Meisterstempel hat den
Namen **CONRADI** Die Patene hat die Stempel **STEUSLOFF GÜSTROW.** — 3—5.
Neues silbernes Krankenbesteck (Kelch, Patene, Oblatenschächtelchen) ohne
Werkzeichen. Geschenk des Pastors **SCHLIEMANN.** — 6. Alter zinnerner
Kelch, 1730 gestiftet von **CHRISTIAN LÜBÄCK** und **MARIA STIGELHOLTZ.**
Ohne Werkzeichen. - 7. Noch ein zinnerner Kelch, gestiftet 1770. —
8. Runde silberne Oblatenschachtel, auf dem Deckel das eingravierte Wappen
der Familie von Ahlefeld. Umschrift: **HEDEWIG DOROTHEA VON PERKEN-
TIN GEBORNE AHLEFELTEN 1691.** Die Güstrower Werkzeichen des Gold-
schmiedes **Heinr. Hölscher** (zwei H in Ligatur). — 9. 10. Weinkanne und
Taufbecken, neu. — 11. Altes Taufbecken, ohne Marke. — 12. 13. Zwei
trefflich getriebene achtseitige Messingbecken mit Halbfiguren in der Mitte

[1]) Ihre Vorgängerin war nach dem Inv. von 1811 zur Zeit der Wittwe des Klaus Hartwig
von Parkentin (kgl. dän. Geheimraths und Oberlanddrosten), der Frau Christina Anna geb. von
Halberstadt, im Jahre 1720 von Michael Beguhn gegossen worden.

[2]) Friedrich Balthasar von Parkentin ist der letzte der Parkentine auf Bolz, Tieplitz und
Kuchow.

und mit guten Zierformen aus der zweiten Hälfte des XVII. Jahrhunderts.
14. 15. Zwei ältere Zinnleuchter, ohne Inschrift und Marken.

*   *   *

Bis ins XVI. Jahrhundert hinein gab es eine **Kapelle** in **Bolz**. Der Kapelle in
Ruchower Kirchherr Georgius Gast hält sich dort einen Kapellan Jochim   Bolz.
Keding, der als Kirchherr nach Thürkow geht.

Das Kirchdorf Gaegelow.[1]

usammen mit den Kirchen in Schwaan, Hohen-Sprenz, Lüssow, Alt- Geschichte
Güstrow, Kritzkow, Gross-Raden, Sternberg, Kambs und Witzin über- des
weist Bischof Hermann von Schwerin die zu Gaegelow am 1. Januar 1270 dem Dorfes.
Archidiakonat des Kollegiatstiftes zu Bützow.[2] Dort und in der Umgegend
(ausser in Gaegelow auch in Sternberg, Mustin, Zülow, Pastin, Rosenow, Holzendorf, Borkow und Woserin) ist die alte Adelsfamilie Kramon im XIV., vielleicht
schon vom XIII. Jahrhundert her, begütert und macht sich in den Jahren
1319 und 1320 durch reiche Zuweisungen an Pfarre und Kirche zu Gaegelow
verdient. Auch hat sie deren Patronat in Händen, nachweislich um 1360,
wahrscheinlich aber schon von frühester Zeit her.[3] Eins ihrer Familienmitglieder ist um 1319 Pfarrer zu Gaegelow und trägt selber wesentlich zur
Ausstattung seiner Pfarre bei. Es ist Helmold von Kramon. Auch um 1440
ist wieder ein Kramon Kirchherr zu Gaegelow, Otto von Kramon, aus dessen
Erbschaft Herzog Heinrich im Jahre 1450 anderthalb ihm »angestorbene«
Hufen der Kirche zu Sternberg überweist.[4] Neben denen von Kramon treffen
wir freilich auch die von Lage und das Kloster Reinfeld mit Besitz und Rechten
in Gaegelow, doch sind diese ihre Rechte und Liegenschaften grösstentheils
von den Kramonen durch Kauf erstanden.[5] Die von Kramon behalten von
ihren alten Sitzen auf Borkow und Woserin aus bis ins XVII. Jahrhundert die
Hand über Gaegelow. Als im Jahre 1650 die Kramon'schen Lehen zum Theil
(Borkow c. p. in Zülow und Gaegelow mit der jetzt nicht mehr vorhandenen
Meierei Ahrenshörn) an Herzog Adolf Friedrich heimfallen, da erwirbt sie
Jobst von Bülow für 18000 Gulden. Die von Bülow bleiben auf Borkow bis
1761 und auf Zülow bis 1841. Aber nicht sie, sondern die in Mecklenburg

[1] 6 km südöstlich von Sternberg. Kühnel, M. Jahrb. XLVI, S. 46/47, verbindet den Namen
mit dem altslavischen Wort gogolī == Quakente und übersetzt ihn mit »Entenort«.
[2] M. U.-B. 1178.
[3] M. U.-B. 4090. 4154. 4612. 6175. 7027. 7691. 8544. 8792. 9253. 9397. Die Echtheit
der Urkunde 4154 wird freilich von den Herausgebern des Urkundenbuches in Zweifel gezogen,
doch ändert das in der Hauptsache nichts.
[4] Ungedruckte Urkunden im Grossh. Archiv von 1440 und 1450.
[5] M. U.-B. 8544. 9253. 9978. 10200.

erst in der zweiten Hälfte des XIX. Jahrhunderts erloschene Familie von Kramon
hat zu den heute bestehenden Verhältnissen in Gaegelow den Grund gelegt:
der ritterschaftliche Antheil von Gaegelow gehört zu Zülow und der übrige
Theil des Dorfes ist altes Pfarrgut, das durch einen Erbpachtkontrakt vom
22./25. Januar 1831 zu einem Pfarr-Erbpachthof geworden ist. Das Patronat
der Kirche aber ist im Jahre 1775 für die Summe von 1000 Reichsthalern
vom damaligen Besitzer von Borkow, dem Stallmeister Seitz, auf den Landesherrn übergegangen.

     Ausser den beiden schon genannten Kirchherrn Helmold und Otto
von Kramon kennen wir noch drei Plebane des Mittelalters in Gaegelow, die

Kirche zu Gaegelow.

Pfarrer Erdmann um 1315, Heinrich um 1346 und Johann Speckin um 1365.
Um 1541 ist Joh. Horningh (Hörning, Harning) Kirchherr. 1579 ist der alte
Er Silvester Bartke gestorben. Die von Kramon haben den Adam Lonnies
(Lönnies) eingesetzt, werden aber deshalb von der Pastiner Bauernschaft
beim Herzog Ulrich verklagt. 1591 wird Henricus Goss berufen. Er stirbt
sammt seiner Frau im Jahre 1638 an der Pest. Da er auch gleich seinen
Vorgängern an der bis zum Jahre 1642 unter dem Patronat des Klosters
Dobbertin stehenden Gaegelower Filialkirche in Dabel Pastor ist, so erfahren
wir im Visitationsprotokoll von 1624, dass er s Z. mit Zustimmung des
Klosters berufen worden ist. Es folgen nun mit einer Lücke bis 1650, über
die wir keine Auskunft geben können, 1650 Heinrich Rehe, 1686 Johann
Friedrich Rehe, nach dessen Tode kurz vor 1730 Marcus Wilhelm Goldschmidt,
der vorher anderthalb Jahre von Witzin aus interimistisch den Dienst versehen.

Aber seine Einführung im Jahre 1732 verursacht viele Wirren. Nach Goldschmidt's Tode 1774 giebt es eine Vakanz, nach welcher 1779 der Gross-
Laascher Pastor Joh. Friedr. Ternant (÷ 1812) eintritt.

Kirche.

Kirche Die Kirche folgt, wie die Abbildungen erweisen, demselben
Typus des XIII. Jahrhunderts, welcher der Ruchower Kirche als Vorbild gedient
hat.[1]) Auch hier steht der Thurm in keinem richtigen Verhältniss zur Kirche.[2])
Die architektonische Wirkung des Innern aber wird durch den Einbau der
grossen Empore auf der Nordseite des Schiffes sehr beeinträchtigt. Auf der

Inneres der Kirche.

Nordseite des Chors eine Eingangshalle, auf der Gegenseite eine Bülow'sche
Grabkapelle.

Im **Altaraufsatz** ein Gemälde von **Th. Fischer**, das den auferstandenen
Heiland darstellt. -- An der Westwand der Kirche das Mittelstück eines alten
Flügelaltars mit Schnitzfiguren (Christus am Kreuz, zur Rechten die hl. Maria
und St. Petrus, zur Linken St. Johannes Evang. und St. Paulus).[3])

Altar-
aufsatz.
Alter
Flügelaltar.

Wandgemälde. Auf dem Gurt des Triumphbogens zwei überlebensgrosse Halbfiguren, auf der Südseite die des Erzengels Michael, auf der Nord-

Wand-
gemälde.

[1]) Lisch, M. Jahrb. VIII B, S. 101—103.
[2]) Im Glockenstuhl des Thurmes die Jahreszahl 1735.
[3]. Die frühere Kanzel, von 1618, war nach dem Inventar von 1811 eine Plessen'sche Stiftung.

seite die der hl. Maria mit dem Christkind.[1]) Am Triumphbogen selbst, und

[1]) Diese beiden Halbfiguren sind die einzigen
Reste jener merkwürdigen Malereien, mit denen die
Kirche vor ihrer Restauration im Jahre 1857 ge-

Kelch (3)

Oblatenschachtel (8).

Messingenes Taufbecken (11).

zwar dem Schiff zugewendet, die Halbfigur des Heilandes mit Alpha und Omega sowie zwei schwebende Engel in ganzer Figur. — In drei Fenstern an der Südseite kleine **Glasmalereien** mit Unterschriften: **H • MATTIAS VON BÜLOW • FR • CATHARINA MAGDALENA VON PETERSDORFEN • HANS HÖPENER •** Glasmalereien.

Im Thurm zwei **Glocken**, die grössere (Dm. 1,22 m) 1851 umgegossen von **P. M. Hausbrandt** in Wismar,[1]) die kleinere Glocke (Dm. 0,92 m) mit der Inschrift: **SOLI DEO GLORIA • CAMPANAM HANC COMPARARI JUSSERUNT AUGUSTA ELISABETH VON FINECKEN DOMINA, JOACHIM VON BASSEVITZ COENOBIO DOBBERTINENSI PRAEFECTUS, JOHANN CRULL KÜCHMEISTER • MICHEL BEGUN HATT MICH GEGOSSEN ANNO 1719.** Glocken.

Altardecke (14).

Kleinkunstwerke. 1. 2. Silbervergoldeter Kelch. Auf der Unterseite des Fusses die Namen der Stifter: **G • H • V • SCHEEL : B • D • V • WARENDORFFEN 1714.** Stempel des Güstrower Goldschmieds **Abraham Rathke:** 🔲 🔲. Die zugehörige Patene hat die gleiche Inschrift, aber keine Werkzeichen. — Kleinkunstwerke.

schmückt war und die das in Mecklenburg üblich gewordene geflügelte Wort erzeugt hatten: »So bunt as de Gaegelowsch' Kark'«. Eine ausführliche Beschreibung der alten Malereien giebt Lisch im M. Jahrb. XXIV, S. 336—344.

[1]) Ihre Vorgängerin war (nach dem Inventar von 1811) unter dem Patronat des Jobst von Bülow und der Katharina Magdalena von Pederstorf und dem Pastorat des Johann Friedrich Rehe von Vitus Siebenbaum im Jahre 1698 gegossen worden.

3. 4. Silbervergoldeter gothischer Kelch auf sechspassigem Fuss, mit Verzierungen am Knauf und an den Buckeln. Ohne Inschrift und ohne Stempel. Ebenso die zugehörige Patene.   5. Silbervergoldete Patene, auf der Rückseite eingraviert: **DANKOPFER VON MATHILDE BÖCLER 1TEN NOVEMBER 1871**. 6. Alter Zinnkelch, ohne Zeichen. —   7. Krankenbesteck, neu. — 8. Runde silberne Oblatenschachtel mit Blumen und Ranken in trefflicher Treibarbeit. Auf dem Deckel das von Zülow'sche und von Halberstadt'sche Wappen, dazu die Namen **BALTSAR · FRIEDERICH · VON · ZULOW · DOROTHEA · ILSA · VON · HALBERSTADT · 1671 ·**[1]) Zeichen: 🝒. — 9 10. Weinkanne und Taufschale neu, letztere von I GIESE. — 11. Messingene Taufschale in trefflicher Treibarbeit: im Teller der Sündenfall, auf dem Rande Hirsche und Hunde, von Blatt- und Zweigwerk umgeben. — 12. Kleineres Becken von Messing, sechseckig, Rand mit Blättern, Blumen und Früchten verziert. Auf der Rückseite der Name **CHRISTOFFER RICHTER 1699**. — 13. Zwei gute Messingguss-Leuchter. - 14. Weisse Decke auf dem Altar, an die in Toitenwinkel erinnernd.

Das Filial-Kirchdorf Dabel.[2])

Geschichte des Dorfes.

Im Jahre 1262 giebt Fürst Johann von Mecklenburg dem Kloster Dobbertin sechs Hufen in Dabel, die bis dahin Dietrich Flotow gehabt hat.[3]) Das Kirchlehn aber in Dabel wird am 18. Juli 1306 von Fürst Heinrich von Mecklenburg dem Kloster Sonnenkamp überwiesen.[4]) Derselbe Fürst verpfändet am 17. April 1308 für ein Kapital von 826 Mark jährliche Hebungen von der Bede zu Granzin, Dobbin, Dabel und Demen im Betrage von 83 Mark.[5]) Den Hauptbesitz aber haben in Dabel die von Mallin bis zum Jahre 1336. Von der verwittweten Gisela von Mallin und ihren Söhnen Nikolaus und Reimar kauft das Kloster Dobbertin das Dorf und lässt sich dessen Eigenthum am 8. December 1336 von Fürst Albrecht von Mecklenburg bestätigen.[6]) Und

---

[1]) Nachdem Dorothea Ilsabe von Halberstadt Wittwe geworden, war sie eine Zeit lang Pfandbesitzerin des Gutes Woserin und erhielt als solche am 24. Mai 1694 den landesherrlichen Konsens.

[2]) 8 km südwestlich von Sternberg. Kühnel, M. Jahrb. XLVI, S. 35, deutet den Namen als pluralischen Personennamen: »Die Dabola«.

[3]) M. U.-B. 935. 983.

[4]) M. U.-B. 3102.

[5]) M. U.-B. 3222.

[6]) M. U.-B. 5725. Schröder, Pap. Meckl., S. 1171. Vgl. ferner M. U.-B. 5811. 5915. 5934. 6255. 8975.

nun bleibt es bis ins XVII. Jahrhundert im Besitz des Dorfes. Das Kloster
Dobbertin erhält auch am 5. Oktober 1583 durch Herzog Ulrich nebst ver-
schiedenem Grundbesitz, den Neukloster in der Nachbarschaft von Dabel
gehabt hat, das Patronat über die Kirche daselbst. Doch nur bis zum Jahre
1642.[1]) Da scheidet Dabel aus dem Klosterverbande wieder aus und geht
als Aequivalent für die Ablösung der Verpflichtungen aller Art, welche das
Kloster für die fürstlichen Jagdablager zu erfüllen hatte, an die Kammer
über. Bald nachher ist Dabel im Pfandbesitz der verwittweten Oelgard
von Passow, geb. von Pentz, welche nach dem Tode ihres zweiten Mannes, des
Geh. Rathes Hartwig von Passow († 1644), die Aemter Lübz und Crivitz für
bedeutende Summen, welche sie dem Herzog Adolf Friedrich geliehen, übernommen hat.[2]) Sie ist es, die Leben und Ordnung in das durch den Krieg
und die Pest zu Grunde gerichtete Dorf Dabel zurückführt. Nach einem amtlichen Bericht vom 11. Februar 1645 sind nur drei Bauern übrig geblieben,
von denen einer seine Wirthschaft in gutem Gange hat, während die andern
beiden dürftig mit Saat- und Brodkorn versehen sind und kein Zuchtvieh besitzen. In der Zeit seines Wohlstandes aber hatte das Dorf zwölf Bauern und
sieben Kossaten gehabt, die alle mit Namen in den damaligen Amtslisten
verzeichnet sind. Jede Stelle wieder neu mit Bauern zu besetzen ist nicht
möglich, aber einige werden doch gefunden. Indessen Frau Oelgard von
Passow weiss einen Ausweg. Sie vereinigt sieben ehemalige Hufen zu einem
Pachthof und setzt hier als Pensionarius den Asmus Behrens ein, der schon
1645 genannt wird. An seiner Stelle finden wir im XVIII. Jahrhundert die
Familie Schröder,[3]) die sich den Pachthof Dabel bis zum Jahre 1853 zu erhalten
weiss. Seitdem sind, den alten bäuerlichen Verhältnissen entsprechend, wieder
mehrere kleinere Erbpachthöfe an seine Stelle getreten.

Die Kirche ist seit dem Ende des XVI. Jahrhunderts eine Filia von der
in Gaegelow.[4])

Kirche. Die alte einschiffige Feldsteinkirche ist vor etwa 50 Jahren   Kirche.
ganz umgebaut, nur die alten Ringmauern sind stehen geblieben. Fenster

---

[1] M. U.-B. 1686, Anmkg.

[2]) S. die Lebens-Gesch. dieser hochbedeutenden Frau bei von Meyenn, Gesch. d. Familie
von Pentz, II, S. 261—268.

[3]) Wohl von 1751 an, vielleicht auch schon im Jahre 1703, wenn der nicht genannte
Verwalter, dessen Vater Pastor ist, schon zur Familie Schröder gehört. Gewiss aber ist, dass die
von Raabe zuerst und von Quade ihm nacherzählte Geschichte von dem dem Blutbade der Kroaten
entronnenen Bauernsohn Schröder im Dorfe Dabel mit den amtlichen Akten in einem Widerspruch steht. Eine Bauernfamilie Schröder hat es im Dorfe Dabel zur Zeit des dreissigjährigen
Krieges nicht gegeben.

[4] Die von Kramon auf Borkow und Mustin richten im Jahre 1581, als die Kirche noch
unter dem Patronat von Neukloster steht, an Herzog Ulrich die Bitte, die Kirche zu Dabel mit
der von Gaegelow zu kombinieren. Das geschieht mit bald darauf folgender Ueberweisung des
Patronats an das Kloster Dobbertin. S. o.)

und Thüren sind so umgeändert, dass von alter Ursprünglichkeit keine Rede mehr ist. Auch der alte Feldsteinthurm, welcher ein Satteldach trägt, hat manche Neuerungen erfahren, besonders im oberen Theil. Im Innern der Kirche eine flache Holzdecke.

Triumph-
kreuz.

Triptychon.

An der Nordwand im Innern hängt ein gutes kleines **Triumphkreuz** von Eindrittel-Lebensgrösse, das statt der Evangelisten-Symbole an den Enden der Kreuzesarme drei Rosen und oben die Buchstaben I N R I zeigt. — Auf dem Thurmboden liegen die Reste eines gothischen **Triptychons**.

Kirchen-
block.

Hinter dem Altar steht der alte »**Kirchenblock**« aus einem Stück Eichenholz.

Glocken.

Im Thurm zwei **Glocken** von 0,83 und 0,77 m Dm. Beide Glocken haben weder Inschrift noch Giesserzeichen.

Kleinkunst-
werke.

Kleinkunstwerke. 1. 2. Zwei gleiche silbervergoldete Kelche, ohne Bild und Schrift. — 3. 4. Zwei zugehörige Patenen, ebenfalls ohne Inschriften. Alle vier Stücke haben die Stempel des Rostocker Goldschmieds **Lorenz Johann Röper**, der 1717 ins Amt der Goldschmiede eintrat. — 5. Zinnerne Patene, gestiftet von **HANS POSSEL**. — 6. Altes getriebenes messingenes Taufbecken im Barockstil, mit achteckigem Rand und mit Früchten und Blättern verziert. — 7. Neueres Taufbecken von Messing. Inschrift: **HANS CLAVSEN · 1696.** 8. 9. Zwei gute alte Zinnleuchter, ohne Inschrift und mit den nebenstehenden Zeichen.

Das Gut und Filial-Kirchdorf Borkow.[1]

Geschichte
des
Dorfes.

Am 24. Juni 1283 überweist die Fürstin Anastasia dem Kloster Sonnenkamp (Neukloster) das schon im Mittelalter untergegangene Dorf Nepersmühlen mit der Mühle und einem Theil der Fischerei auf dem angrenzenden (Klein-Pritzer) See und dem kleineren Borkower See. Es ist dies so ziemlich dasselbe Geschenk, welches Herzog Ulrich am 5. Oktober 1583, als Kloster Sonnenkamp längst eingegangen ist, dem Kloster Dobbertin überweist, indem er noch das Patronat über die Kirche in Dabel hinzufügt.[2] Im XIV. Jahrhundert

[1] 10 km südöstlich von Sternberg. Kühnel, M. Jahrb. XLVI, S. 28, giebt zwei Uebersetzungen: »Ort des Borik (Kampf)« oder »Fichtenwalde« von borek, bor ború = Fichtenwald. Der Name »Bork« für Rinde findet sich im Niederdeutschen: »Twischen Bork un' Boom«.

[2] M. U. B. 1686 mit Anmkg. 3079. 9104.

sitzen bereits die von Kramon auf Borkow, Mustin und Woserin und bethätigen von dort aus ihre besondere Hinneigung zur Kirche in Gaegelow.[1]) Sie behalten Borkow dreihundert Jahre lang bis zur Mitte des XVII. Jahrhunderts. Da folgen ihnen über hundert Jahre lang die von Bülow, welche schon 1617,

Kapelle zu Borkow.

1623 und 1637 ihre Hand im Gute haben, bis 1761. Von 1761 an aber giebt es vielfachen Wechsel. Die Rechtsnachfolger von 1761 sind der Stallmeister Karl Ludwig von Seitz (bis 1784), Hofjunker von Levetzow (bis 1786), der Hamburger Mathias Lange (bis 1791), G. F. F. Segnitz (bis 1803), Joh. Christoph Hartwig Görbitz (bis 1804), Joh. Gottfried Lübbe (bis 1822), Oberlandforstmeister Christian Eggers (bis 1851) und Christian Martin Reichhoff, dessen Familie Borkow heute noch inne hat.

Die aus dem Ende des XVI. Jahrhunderts stammende **Kapelle** bildet einen einschiffigen, im Innern flachgedeckten Backsteinbau mit einem Chorschluss aus dem Achteck

In den Fenstern der Kapelle, deren Einrichtung nichts Bemerkenswerthes bietet, giebt es einige Ueberbleibsel alter **Glasmalereien**: Christus am Kreuz, an dessen Fuss ein Ritter in Rüstung, eine Frau und ein Knabe knieen. — Ausserdem noch ein paar Reste von **Wappen** mit Unterschriften. Ausser dem Wappen eines ungenannten Cramon sieht man das mit diesem verbundene Wappen einer von Brusehaver . . . **AG** . . .[2]) Ferner giebt es dort

Kapelle.

Glasmalereien.

Wappen.

---

[1]) M. U.-B. 9397. 10655.
[2]) Achim von Cramon auf Borkow (gen. 1523 und 1560, war vermählt mit Magdalena von Brüschaber.

das Freiberg'sche Wappen mit der Unterschrift **FREIBARCH**, einen Glas-
rest mit der Aufschrift **IORCKEN** und endlich das Eggers'sche Wappen (Rechen)
mit der Unterschrift **HANS CHRISTIAN EGGERS** und der seiner Gattin **IVLIE
GEB • BOLDT** (steigender Löwe mit Pfeil).

Glocke.   Im Dachreiter hängt eine **Glocke: CARL LVDEWIG VON SEITZ • GE-
GOSSEN** (von) **N • P • LÖFBERG ZV GVESTROW ANNO 1765.**

Kleinkunst-   **Kleinkunstwerke.** 1. 2. 3. Zwei Zinnleuchter, geschenkt 1766 von
werke.   **C • L • V • SEITZ.** Güstrow'sche Stempel: Stadtwappen und englische Zinnmarke mit den Initialen **F E E** und der Jahreszahl 1757. Mit denselben Stempeln ein Zinnbecken.[1])

Das Kirchdorf Hohen-Pritz.[2])

Geschichte   **A**ls Fürst Pribislav von Richenberg im Jahre 1256 seinem Kaplan Jordan
des   die Pfarre in Wamckow verleiht, giebt er ihm zugleich die Kirche in
Dorfes.   Hohen-Pritz (Pritutsen), die zu jener Zeit Tochter der Wamekower Kirche ist.[3])
Im Jahre 1346 wohnt dort (morans in villa Pritzen Majori) Iwan von Below.[4])
Im Uebrigen aber hören wir nichts von dieser Familie auf Hohen-Pritz. Am
Ende des XVI. Jahrhunderts haben die von Bülow das Dorf. Sie halten es
bis zur Mitte des XVII. Jahrhunderts fest.[5]) Dann folgt ihnen als Pfandbesitzer
Johann Lüder von Dessin bis in die achtziger Jahre, und diesem wieder Klaus
Hartwig von Parkentin, welcher 1698 den Lehnbrief über Hohen-Pritz und
Bolz c. p. Ruchow, Dinnies, Sehlowe und vier Bauern in Woserin erhält. Im
Jahre 1730 wird eine Glashütte in Hohen-Pritz angelegt. 1766 aber geht
Hohen-Pritz an die herzogliche Kammer über, und seit 1849 gehört es zu den
Grossherzoglichen Hausgütern.

Als ersten Kirchherrn von Wamckow und Hohen-Pritz lernen wir den
obengenannten Jordan um 1256 kennen. Andere Namen des Mittelalters sind bis
jetzt nicht überliefert. Die Kirche zu Hohen-Pritz wird aber schon im Mittelalter von der in Wamckow wieder getrennt worden sein. Denn im Visitations-

[1]) Das Inventar von 1811 erwähnt einen silbernen Kelch mit den Namen des Ehepaares
REIMAR CRAMON (auf Borkow, † 1621) und MARGARETHA LINSTOW, sowie eine Oblatendose mit den
Namen des Ehepaares MATTHIAS VON BÜLOW (auf Borkow, † vor 1689) und CATHARINA VON PETERSDORF.
[2]) 12 km südsüdöstlich von Sternberg. Kühnel, M. Jahrb. XLVI, S. 111, bringt die Formen des
Namens (Pretutsen, Prisce, Pritzen Major) mit dem altslavischen prětoků = Durchfluss in Verbindung
und übersetzt ihn mit »Durchflussort«.
[3]) M. U.-B. 770. Vgl. Beyer, M Jahrb. XI, S. 68. 244.
[4]) M. U.-B. 6653.
[5]) Vgl. Lisch, M. Jahrb. XXXVII, S. 12.

protokoll von 1541 wird nur die Kapelle zu Gross-Niendorf als Filia von der Kirche zu Wamckow angegeben. Um 1594 ist Pastor Joachim Köneke (Conike) zu Hohen-Pritz, um 1646 Johann Seehausen, von 1653 an Johannes Krüger, nachher in den sechziger Jahren David Schosser, der noch 1670 genannt wird. Dann aber heisst es im Jahre 1706, die Hohen-Pritzer Kirche habe vierzig Jahre wüste gestanden und keinen Prediger ge-habt. Der Geh. Rath von Parkentin setzt nun die Verbindung seiner Kirche mit der zu Wamckow durch. Aber schon nach viertehalb Jahr-zehnten giebt Wamckow sein eignes Pastorat auf und geht mit seinen beiden Filialen Hohen-Pritz und Gross-Niendorf zu der Kirche in Prestin. Diese Verbindung besteht auch jetzt noch, nur Hohen-Pritz scheidet im Jahre 1773 wieder aus und verbindet sich mit der Kirche zu Demen, unter deren Flügeln es heute noch weilt.

Kirche zu Hohen-Pritz.

Kirche. Die Kirche ist ein einfacher Felsenbau mit platt abschliessender Ostwand. Die Eingänge, der eine in der Südwand, der andere durch den Thurm, sind mit gedrücktem Spitzbogen geschlossen, ebenso die kurzen breiten Fenster. Der Thurm besteht aus dem gleichen Material wie die Kirche. Im Innern deckt eine flache Holzdecke den Raum.

Die **innere Einrichtung** ist neu und stammt vom Jahre 1887.

Im Thurm zwei **Glocken.** Die grössere (Dm. 0,97 m) hat keine Inschrift, aber die nebenstehenden Glockenzeichen. — Die kleinere Glocke (Dm. 0,50 m) hat die Inschrift: **UMGEGOSSEN IM JAHRE 1852.**[1]

Kirche.

Innere Ein-richtung, Glocken.

[1] Auch diese war, nach dem Inventar von 1811, ehemals ohne Inschrift.

Kleinkunst-
werke.

**Kleinkunst-
werke.** 1. 2. Silber-
vergoldeter Kelch
auf sechspassigem
Fuss mit Rund-
faltenverzierung.
Am Fuss das Par-
kentin'sche Wappen
mit einer Umrandung
von Buchstaben
**W + C + W + C +
W + C + W**, die sich
vielleicht auf einen
Orden beziehen,
und mit den Ini-

Kelch (T.

tialen **C H V P**
(Claus Hartwig von
Parkentin). Darunter
die Jahreszahl **1706**.
Stempel:

Ebenso an der
Patene. — 3.—5.
Drei prächtige Gelb-
gussleuchter, zwei
auf je drei liegenden
Löwen, einer auf
klauenumfassten
Kugeln stehend.

Das Gut und Kirchdorf Wamckow.[1])

Geschichte
des
Dorfes.

Vom Pfarrer Jordan, den Fürst Pribislav von Richenberg im Jahre 1256 in Wamckow einsetzt, ist schon oben bei Hohen-Pritz die Rede gewesen. Jordan ist auch 1278 noch im Amt.[2]) Um das Jahr 1367 giebt es dort einen Kirchherrn Hinricus.[3]) Die Kirche soll (nach einer zuerst bei Latomus im Anfange des XVII. Jahrhunderts auftretenden Sage) eine Plessen'sche Gründung sein, aber die Urkunden des Mittelalters lassen nichts davon erkennen.[4]) Soweit uns Akten und andere Zeugnisse zu Gebot stehen, tauchen die von Plessen erst im XV. Jahrhundert in Wamckow auf und bleiben darin bis 1603. In diesem Jahre geht Wamckow durch einen Pfandvertrag auf zwanzig Jahre in den Besitz des Reimar von Pressentin über, und nach Ablauf dieses Vertrages an Gerd Steding, der vor 1640 stirbt und das Gut arg verschuldet

---

[1]) 11 km südlich von Sternberg. Kühnel, M. Jahrb. XLVI, S. 153: Dorf des Vomak (?). Der Staatskalender schreibt jetzt consequent Wamckow, den Urkunden entgegen, die das e vor k vorziehen. Eine Adelsfamilie des Namens Wamckow ist vom XIV. Jahrhundert her bekannt.

[2]) M. U.-B. 770. Dazu Urkunde nach dem 10. Juni 1278 bei Lisch, M. Jahrb. XXXIII, S. 165 66; M. U. B. 7200.

[3]) M. U. B. 9685.

[4]) M. Kunst- und Gesch. Denkm. II, S. 386. 472.

hinterlässt. Nach ihm kommen die von Dessin in dessen Besitz, denen wiederholt der Muthschein darüber ertheilt wird (1659, 1675, 1692, 1693). Aber
auch die von Plessen erlahmen nicht in den Muthungen ihres altväterlichen Lehns (1699, 1714). Zuletzt kommt es zwischen beiden Familien
zum Prozess, in welchem endlich (nach 1770) zu Recht erkannt wird, dass als
berechtigte Lehnträger nur die von Plessen anzusehen seien, die von Dessin
aber Pfandträger seien, welche seiner Zeit durch »Erschnellung« des Lehnbriefes
zu Unrecht als Lehnträger aufgetreten wären. Doch erlangt dies Erkenntniss
keine praktische Bedeutung. Nur der Staatskalender giebt Zeugniss von
diesem Verhältniss. Von
1791 an finden wir die
von Bülow im Besitz von
Wamckow, die ersten sechs
Jahre hindurch als Pfand-
träger, von 1798 an aber
in erblichem Besitz.

Kirche zu Wamckow.

Unter Plessen'schem
Patronat treffen wir um
1541 den Joachim Rön-
nikendorp als Pastor in
Wamckow, um 1572 Kaspar
Boldewin und um 1615
den Senior Johannes Binke-
pank. Diesem folgt 1622
Christoffer Boje (Boetius),
der auch noch über 1660
hinaus im Amte ist. Nach-
dem er gestorben, wird
1662 Jakob Dahlmann be-
rufen. Diesem folgt 1697
Joh. Christoph Gerlach von Hanstein († 1732), und 1736, nach vierjähriger
Vakanz, Enoch Christoph Simonis († 1740). Ueber die nach dessen Tode
eintretende Verbindung der Kirche zu Wamckow mit der von Prestin s. M.
Kunst- und Gesch.-Denkm. II, S. 349.

Kirche. Die auf der Grundform eines länglichen Vierecks erbaute   Kirche.
einfache Feldsteinkirche stellt im Innern einen ungetheilten Raum dar und ist
mit einer flachen Bretterdecke überspannt, die auf grünem Grunde viele gelbe
Sterne zeigt. Ein Thurm ist nicht vorhanden, es soll aber einer dagewesen
sein, der vor langen Zeiten niederbrannte. Die kleinen gothischen Fenster
mit Glas- und Bleieinsätzen stammen aus jüngerer Zeit. Von den beiden
Eingangsthüren ist die im Süden mit einem gedrückten Spitzbogen, die im
Westen mit einem Rundbogen geschlossen. Auf dem Westgiebel ein grosses
eisernes Kreuz, auf dem Ostgiebel eine Wetterfahne mit der Inschrift **1684**.

An der Nordseite eine Begräbnisskapelle. Die Glocken der Kirche sind in einem besonderen Glockenstuhl neben der Kirche untergebracht.

Altaraufsatz.

Der **Altaraufsatz** ist ein Kompositwerk aus Resten eines gothischen Triptychons und jüngeren Zuthaten im Geschmack der Renaissance. In der Predella ein Abendmahlsbild aus dem XVII. Jahrhundert, darüber aus dem alten Triptychon: Gott Vater in einer Strahlenmandorla, Christus als »Schmerzensmann« haltend; ferner links die Scene der Verkündigung und rechts die Anbetung des Kindes durch Joseph und Maria. Als zweites Stockwerk ein Gemälde des XIX. Jahrhunderts mit der Darstellung der Auferstehung.[1]) Ueber dem Ganzen eine Strahlensonne. —

Kanzel.

Die einfache **Renaissancekanzel** zeigt in den Füllungen Christus als Salvator mundi und die vier Evangelisten. Nach einer Inschrift ist sie im Jahre 1694 von dem Pensionair **VALENTIN SCHWULGES** und seiner Frau **ANNA BURMEISTER** zum Dank für Errettung aus grosser Gefahr (aus welcher, ist nicht gesagt) gestiftet worden. — Die

Orgel-Empore.

Orgel-Empore ist mit zehn neutestamentlichen Bildern geschmückt.[2])

Herrschaftlicher Stuhl.

— Der **herrschaftliche Stuhl** ist mit zahlreichen Wappen der Familie Bülow aus jüngerer Zeit geschmückt. — Der

Taufbehälter.

Taufbehälter mit Schale von Messing stammt vom Jahre 1889.   Auf einem

Tabernakel.

Holzpfeiler der untere Theil eines gothischen **Tabernakels**.

Kelch (1).

Glocken.

In dem Glockenstuhl hängen zwei **Glocken** (Dm. 0,99 m und 0,68 m), beide verziert mit Rankenwerk und beide mit der Inschrift: **MAJOR GOTTLIEB FRIEDENREICH VON BÜLOW AUF WAMCKOW • MAJORIN JOHANNE WILHELMINE VON BÜLOW, GEB • VON PRESSENTIN • N • F • C • BAUCH PASTOR • GEGOSSEN VON C • ILLIES IN WAREN 1845 •** Auf der grösseren der Name **CONCORDIA**, auf der kleineren **PIETAS**. Jede Glocke trägt ausserdem in Relief das Bülow-Pressentin'sche Allianz-Wappen mit der Jahreszahl **1836**.[3])

Kleinkunstwerke.

Kleinkunstwerke. 1. 2. Silbervergoldeter Kelch auf sechspassigem Fuss, mit dem Bülow'schen Wappen und den Initialen **M • V • B •** = Magdalena

[1]) Gemalt von Professor Pein 1855.

[2]) Von Professor Pein im Jahre 1855.

[3]) Die Vorgängerinnen beider Glocken waren 1786 unter dem Patronat des Gerd Karl von Dessin und unter dem Pastorat des Samuel Andreas Friderici von F. V. Schulz in Rostock gegossen worden.

Altardecke der Kirche zu Wamckow.

Ilsabe) von Bülow, geb. von Dessin. Gegenüber als Signaculum die Kreuzesgruppe (Krucifixus, Johannes, Maria). Werkzeichen: Ǧ LM. Gustrower
Arbeit von **Lenhard Mestlin**. Die alte silbervergoldete Patene hat in der Mitte
ein Agnus Dei und ist ohne Zeichen. — 3. Zinnerner
Kelch, ohne Inschrift, mit den nebenstehenden Stempeln. 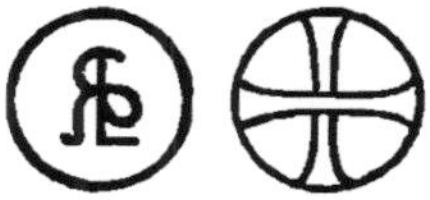
    4. Alte einfache Messing-Taufschale, am Rande ein-
graviert: **H : C : V : D : ANNO : 1 · 7 · 24 :·** — 5. 6. Zwei silberplattierte
Leuchter, gestiftet 1832 von **GOTTLIEB FRIEDENREICH VON BÜLOW** auf
Wamckow. — 7. Altarbekleidung, gefertigt aus einem alten Kleide mit reicher
Barockstickerei in Weiss auf Weiss, geschenkt ungefähr um 1880 von Fräulein
INA und **CHARLOTTE VON BÜLOW**-Wamckow. Das Stück stammt von der
Frau Domina von Quitzow zu Dobbertin und deren Zwillingsschwester. —
6. Eine kleine hübsche Pultdecke aus dem XVII. Jahrhundert.

Die wichtigsten vorgeschichtlichen Stellen

in den Amtsgerichtsbezirken Schwaan, Bützow und Sternberg.

Amtsgerichtsbezirk Schwaan. Wiek. Zehn Meter östlich vom
Warnow-Ufer erhebt sich in flacher Gegend ein mit Laub- und Nadelholz be-
pflanzter, jetzt von Ackerland umgebener Hügel, von Westen nach Osten etwa
65 m, von Norden nach Süden etwa 40 m im Durch-
messer haltend. Am Rande ist er nicht höher als 1 m, bis
zur Mitte aber steigt er auf 4 m an. Hier liegt seit dem
Jahre 1855 ein Granitblock mit der Inschrift: **BURG
WERLE**. Eine zweite Anhöhe, etwa 35 m südwestlich davon,
bildet anscheinend eine Vorburg. Hier sind aber die Umrisse durch Ackerung verwischt. Es ist

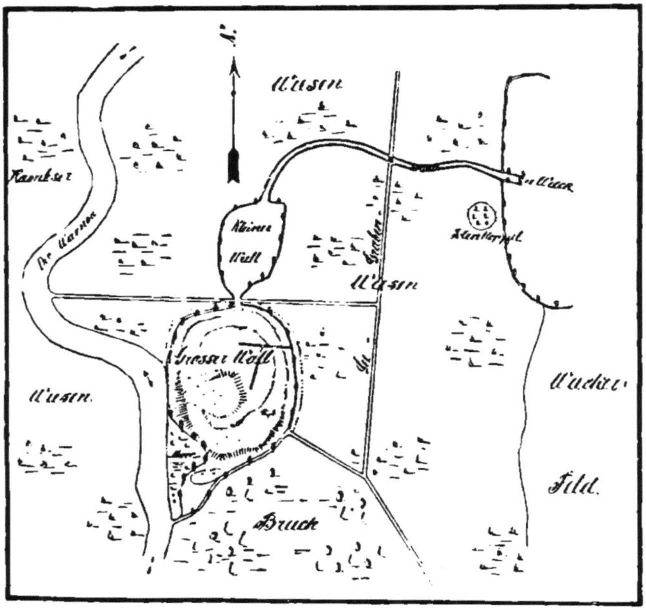

Burg Werle.

Amts-
gerichts-
bezirk
Schwaan.

sehr wahrscheinlich, dass die ganze erhöhte Gegend in der Wiese zum Gebiet der Burg gehört hat und bei der Anlage des Walles eine natürliche Erhebung des Bodens mitbenutzt ist. Ueberall finden sich hier die bekannten wendischen »Burgwallscherben«. Von Wiek aus machte der Wendenherrscher Niklot um 1160 jenen Ausfall, bei welchem er den Tod fand. Lisch, M. Jahrb. VI, S. 88—98. XXXVIII, S. 162. Q.-B. d, S. 28.

Auf Schwaaner Stadtgebiet, der Burg Werle schräg gegenüber, wurde 1859 ein grosser Silberschatz gefunden, bestehend aus zahlreichen Münzen und zerhacktem Silberschmuck in sog. »arabischer« Arbeit, dessen Bergung etwa in das Jahr 1030 zu setzen ist. Lisch und Masch, M. Jahrb. XXVI, S. 241.

Schwaan. Der Lisch'sche Harberg, nahe der Bröbberower Scheide, ist der Stumpf eines im Jahre 1853 ausgegrabenen Kegelgrabes, im Volksmunde Harzbarg« geheissen, d. i. Herzberg, nicht Harberg, wie Lisch will: M. Jahrb. XIX, S. 297. Am Wege nach Letschow liegt der »Rüg-Barg«, ein niedergeackertes Kegelgrab. Andere Kegelgräber, deren Inhalt an das Grossherzogliche Museum abgegeben ist, lagen bei **Bandow, Letschow** und **Wiek** (Lisch, M. Jahrb XXI, S. 238. XXIII, S. 284. XXIX, S. 139). Zerstörte Hünengräber bei **Tatschow** und **Klingendorf.** Zahlreiche steinzeitliche Funde im Grossherzoglichen Museum stammen aus den Mooren von **Cambs, Letschow** und **Scharstorf.** (Lisch, M. Jahrb X, S. 253. XXXII, S. 239.)

Reez. Ueber den Burgberg bei Reez s. Ludw. Krause, M. Jahrb. XLVIII, S. 293. Skelettgräber bei **Reez, Zeez, Prisannewitz** und **Scharstorf** sind 1898 von Dr. Beltz ausgegraben worden.

Fahrenholz. Im Fahrenholzer Forst, unweit der Landstrasse von Schwaan nach Doberan, nordwestlich vom Dorfe Fahrenholz, nur wenige Schritte von der Stelle entfernt, wo der Waidbach« dem Forst am nächsten ist, steht als kulturgeschichtliches Denkmal alten Aberglaubens die »Wundereiche, welche einstmals Kranke, die durch die Oeffnung ihres Stammes stiegen, gesund machte. Die Eiche hat jetzt gleich oberhalb der Erde 2,30 m Umfang. Die Höhe bis zur Oeffnung des Stammes beträgt 3,20 m. Ehemals waren Stufen angebracht, die seit 1894 verschwunden sind. Vgl. Niederhöffer, M. Volkssagen, Bd. I, S. 134. Bartsch, Sagen, Bd. I, S. 418. Die Zeichnung hieneben mit weiteren Mittheilungen von Ludwig Krause-Rostock. »Wundereichen« auch sonstwo, z. B. zu Lützow. Vgl. Bachmann, landesk. Lit., Nr. 2760.

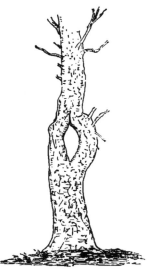

> Wundereiche ‹
im Fahrenholzer Forst.

*   *

Amtsgerichtsbezirk Bützow. Bützow. Burgwälle. Von der Amts-
gerichts
bezirk
Bützow. Bedeutung des Ortes in wendischer Zeit zeugen vier Burgwälle: der wohl erhaltene Hopfenwall« an einer östlichen Bucht des Sees im Westen der Stadt, in Form einer fast kreisrunden Auftragung von etwa 100 m Dm., auf der überall Reste aus der Wendenzeit (Scherben und Thierknochen) zu finden sind, der aber auch, wie Ziegelwerk zeigt, noch in späterer Zeit bewohnt gewesen ist; ferner die Kattenburg« am Zusammenfluss von Nebel und Warnow, der ›Judendamm an der Warnow, halbwegs zwischen der Stadt und der Vierburg, und endlich ein Wall, der ebenfalls an der Warnow liegt, oberhalb der Stadt in den städtischen Weiden. Lisch, M. Jahrb. IX, S. 403; XIII, S. 389; XV, S. 318 und XXXIX, S. 169. Ein Urnenfeld frührömischer Zeit ist auf dem ·Mahnkenberge« ausgegraben; die Funde im Grossh. Museum. Vgl. M. Jahrb. XXVII, S. 178.

Hünengrab auf der Feldmark Katelbogen.

Sehr reich ist die Bützower Gegend an Kegelgräbern. Erhalten sind noch zwei bei **Hohen-Lukow,** der Kahlenberg« und der Hakelberg , eins bei **Wokrent,** vier bei **Parkow,** eins bei **Warnkenhagen,** eins bei **Horst** und mehrere im Forstrevier **Schlemmin.** Auch das **Tarnower** Revier enthält eine Anzahl gut erhaltener Gräber, besonders im Herrenholze · und im Boitiner Gehege. In älteren Berichten werden noch erwähnt Kegelgräber bei **Moltenow** und **Hermannshagen** M. Jahrb. III B, S. 122. Ausgrabungen haben hier wenig stattgefunden. Das Grossh. Museum besitzt nur aus **Tarnow, Reinstorf** und **Neukirchen** bronzezeitliche Grabfunde. Lisch, M. Jahrb. IV B, S. 37. VI B, S. 69.

Katelbogen. Auf der Feldmark Katelbogen, links am Wege von Qualitz nach Katelbogen, liegt ein Hügel, 35 m breit, 16 m lang, 2—3 m hoch, umgeben von einem Kranze mittelgrosser unbehauener Felsen. Oben auf der Höhe die Grabkammer. Sie ist vor langer Zeit geöffnet, aber in ihrer Grundform gut erhalten: vier mächtige Blöcke von 3,20 bis 2,20 m Länge, getragen von kleineren Stützen. Die Abbildung ist dem Friderico-Francisceum, Tafel XXXVI, entnommen. Ein zweites Grab liegt südlich von diesem auf einer niedrigen Erhöhung, 12 m lang und 11 m breit. Es wird gebildet von sechs Decksteinen von durchschnittlich 2,20 m Länge. Die Tragsteine ruhen noch im Boden. Das Grab scheint im Wesentlichen unberührt zu sein.

Boitin. Im Boitiner Gehege, am Wege von Dreez nach Lübzin, drei Steinkreise, zusammengestellt aus Granitfindlingen. Der erste (Dm. 12 m) zeigt neun Blöcke von 1,10 bis 1,80 m Höhe. Einige stehen noch ziemlich tief in der Erde. Die Steine des zweiten Kreises (Dm. 11 m) sind kleiner als die des ersten (0,80 bis 1,65 m über der Erde). Der dritte Kreis (Dm. 7 m) besteht nur noch aus sieben Pfeilern, zwei sind anscheinend weggenommen. Die Höhe der Steine beträgt 0,50 bis 1,30 m.

Abbildung nach dem Friderico-Francisceum, Tafel XXXVII. Beltz, Vorgeschichte,

Der »Steintanz« im Boitiner Gehege.

S. 66, sieht in dem Steintanz die Umfriedigung einer Grabstätte aus der jüngeren Bronzezeit, entsprechend den Steinkreisen, welche die steinzeitlichen Hünengräber und altbronzezeitlichen Kegelgräber zu umgeben pflegen. Verfasser ist seit langer Zeit derselben Ansicht gewesen.

Sonstige Hünengräber in der Bützower Gegend bei **Langen-Trechow, Steinhagen, Qualitz** und im »**Herrenholz** des **Tarnower Reviers.** Lisch, M. Jahrb. XVIII, S. 227. Besondern Ruhm hat Langen-Trechow durch die »**bronzene Krone**« erlangt, einen mit Hülfe eines Charniers zu öffnenden Reif, der bei Gelegenheit der Aushebung eines Bau-

»Bronzene Krone«, gefunden zu Langen-Trechow.

grundes auf dem Hofe zum Vorschein kam und den die neuere Forschung als Halsschmuck anzusehen sich gewöhnt hat. Beltz, Vorgeschichte, S. 100. Dazu Lisch, Friderico-Francisceum, S. 154, und Tafel XXXII. M. Jahrb. VI B, S. 112.

Hohe Burg. Zweithöchste Erhebung des Landes mit 143 m Höhe. Auf der Höhe eine mit einem Graben versehene Umwallung, die einen Raum von 150 m Länge und etwa 60 m Breite umschliesst. Südwestlich davon eine zweite schwächere Umwallung von 50 m Länge und 25 m Breite. Von dieser »Vorburg« 20 m westlich ein dritter, nur schwach ausgebildeter Wall. Lisch, M. Jahrb. VII, S. 176 ff. XXXVIII, S. 163. Beltz, Vorgesch., S. 47. 160.

Gnemern. Eine von der aus dem Gross-Tessiner See kommenden Duznizha [Tessenitz] [1]) umflossene alte Wasserburg ist die Grundlage des heutigen Herrenhauses in Gnemern, das nach einem Brande im Jahre 1676 eine neue Gestalt erhalten hat. [2])

*   *   *

Amtsgerichtsbezirk Sternberg. Ein an vorgeschichtlichen Vorkommnissen jeder Art sehr reiches Gebiet. Lisch nannte das Dreieck zwischen Bützow, Warin und Sternberg den klassischen Boden der Vorzeit Mecklenburgs: Frid. Franc., S. 16.

Amts-
gerichts-
bezirk
Sternberg.

Unter den Hünengräbern der ältesten Steinzeit sind mehrere bei **Eickhof** und **Eickelberg** in ihren Formen bereits undeutlich geworden: Schwerdtfeger, M. Jahrb. IV B, S. 68. Das besterhaltene ist das bei **Klein-Görnow**, gelegen am Wege nach Eickelberg, rechts, am Abfall zum Warnow-Thal. Dieses Grab ist eine von vier Blöcken auf Tragsteinen gebildete Kammer. Andere Hünengräber bei **Dabel**, auf der entgegengesetzten Seite von Sternberg: Lisch, M. Jahrb. X, S. 269.

Bei **Dabel** auch stattliche Kegelgräber der Bronzezeit, von denen zwei in den Jahren 1856 und 1857 eine reiche Ausbeute ergaben: Lisch, M. Jahrb. XXII, S. 279. Ein solches ist auch der bei **Ruchow** gelegene, 1820/21 geöffnete »Königsberg«: Lisch, Frid. Franc., S. 43, und M. Jahrb. V B, S. 30. Dort sind noch andere erhalten, desgl. bei **Witzin**, **Kobrow** und **Gross-Görnow**. Der Inhalt der in den Jahren 1869 und 1895 bei Gelegenheit von

---

[1]) M. U.-B. 398.

[2]) Durch Hans Wilhelm von Meerheimb und Eleonora von M., geb. von Oertzen in der Zeit von 1682 bis 1685 (laut Wappen und Stein-Inschrift). Doch sind von dem mittelalterlichen Hause in der Nordwestecke des jetzigen Baues noch zwei Räume erhalten: ein Saal, der nach einem zweiten Brande des Jahres 1888 eine Kassettendecke erhalten hat, und (besser erhalten) ein mit einem Sterngewölbe geschlossenes kleineres Zimmer des XV. Jahrhunderts. Im XIII., gewiss im Anfange des XIV. Jahrhunderts sitzen dort die Preene. Ihnen folgen am Ende des XIV. Jahrhunderts die Axekow, im XV. und XVI. die Fineke, im XVII. zuerst die Reventlow, Vieregge. Oertzen, Raben und seit 1661 die von Meerheimb. Vgl. M. U.-B. 299. 461. 4206). Lisch. M. Jahrb. IX, S. 311. VII, S. 163. XXIII, S. 248. Akten im Grossh. Archiv.

Chausseebauten zerstörten Gräber bei **Holzendorf** und **Turloff** ist im Museum zu Schwerin: Lisch, M. Jahrb. XXXVIII, S. 137 ff. Auch **Loiz** hat eigenthümliche Flachgräber älterer und jüngerer Zeit aufzuweisen: Beltz, M. Jahrb. LXI, S. 198. Kleinere Grabhügel der jüngeren Bronzezeit bei **Sternberg** (Lisch, M. Jahrb. X, S. 279), **Grünenhagen** (Lisch, Frid. Franc., S. 70), **Borkow** (M. Jahrb. XXXVIII, S. 144), **Zülow** (Frid. Franc., S. 62 und 130), **Eickhof** (M. Jahrb. II B, S. 44). Dazu Moorfunde von **Lübzin** (Frid. Franc., S. 118) und **Hohen-Pritz** (Lisch, M. Jahrb. XLIII, S. 199).

Aus der älteren Eisenzeit stammen Urnenfelder von **Borkow** (vgl. M. Jahrb. XXXVII, S. 207) und ein noch nicht erschöpftes im Revier **Turloff**, aus der römischen Periode Urnenfelder von **Lübzin** (Frid. Franc., S. 17) und **Gaegelow** (Frid. Franc., S. 17. M. Jahrb. II B, S. 110).

Der wendischen Zeit gehören sicher an die Burgwälle von **Eickhof, Sternberg** und der besonders typische von **Gross-Raden** (M. Jahrb. VII B, S. 57), vielleicht auch die Höhenburg bei **Gross-Görnow**. Auch eine Umwallung auf einer Halbinsel im See bei **Dabel** und auf einer Insel im See bei **Bolz** mögen hier genannt werden. Die als »Pfahlbauten« beschriebenen Wohnstätten im See bei **Sternberg** und **Ruchow** (M. Jahrb. XXXII, S. 233) sind für wendische Packbauten zu halten.

Hünengrab bei Klein-Görnow.

Aeltere Ansicht von Güstrow (Caspar Merian).

Amtsgerichtsbezirk Güstrow.

～～～

Die Stadt Güstrow.[1]

Geschichte der Stadt. Als Fürst Heinrich Borwin II. am 3. Juni 1226, zwei Tage vor seinem Tode, mit Zustimmung seines ihn überlebenden Vaters Heinrich Borwin und seiner vier Söhne, der Stammväter der vier Linien Mecklenburg, Werle, Rostock und Parchim, nach dem Vorbilde von Hildesheim das Güstrower Domstift gründet, da ist Güstrow offenbar noch kein in förmlicher Weise zu einer Stadt erhobener Ort. Denn sonst hätte es in der darüber hinterlassenen Urkunde nicht so allgemein geheissen: »in loco qui Guztrowe nominatur«. Wohl aber giebt es dort bereits die der heiligen Mutter Maria, dem Evangelisten Johannes und der heiligen Caecilie gewidmete Kirche, welche dem Kollegiatstifte dienen soll und deren Vergrösserung und Umänderung damit zur Nothwendigkeit wird.[2] Dies steht zwar nicht ausdrücklich geschrieben, aber

[1] Kühnel, M. Jahrb. XLVI, verbindet den Namen mit dem altslavischen Wort gusterŭ = Eidechse und übersetzt ihn demgemäss mit »Eidechsenort«. Er verwahrt sich dabei gegen die von Miklosich in Uebereinstimmung mit der Boguphal'schen Chronik gegebene Ableitung von ostrovŭ = Insel und beruft sich darauf, dass gu- für wu- westslavisch ohne Parallele sei. Ueber andere Ableitungen (Guz-Trawa = Grünberg) vgl. Thomas, Analecta Güstroviensia, S. 8 u. 9, und Besser, Beitr. z. Gesch. d. Vorderstadt G., S. 72.

[2] M. U.-B. 323. 324. Die Dörfer Gutow, Bölkow, Gantschow und Dehmen sind die Ausstattung, die das Stift erhält. Badendick und Kotekendorf erscheinen bald darauf als Stiftungen

es ergiebt sich das sowohl aus den ältesten Bauformen einzelner Theile
dieser Kirche als auch daraus, dass in der genannten Urkunde von einem
Neubau, wie es sonst sicher geschehen wäre, keine Andeutung gegeben wird.
Ein grösserer Ort mag Güstrow schon hundert Jahre früher zur Zeit Otto's
von Bamberg, des Pommern-Apostels, gewesen sein, zu einer wirklichen Stadt
aber wird es nicht eher erhoben als am 1. November 1228.[1]) Da geben ihm
die vier Söhne Heinrich Borwin's II., die Fürsten Johann, Nikolaus, Heinrich
und Pribislav, in förmlicher Weise das Schwerinsche Stadtrecht und fügen als
Pathengeschenk den Niessbrauch der Wälder Primer und Kleest sammt der
Weidegerechtigkeit hinzu.[2]) Zwar war der Brauch des Schweriner Stadtrechtes
schon von dem verstorbenen Vater der ebengenannten vier Fürsten dem Orte
Güstrow gestattet gewesen, aber hätte es eine förmlich verfasste Urkunde
darüber gegeben, so wäre sie, altem Gebrauche gemäss, von den fürstlichen
Brüdern genannt worden und auf diese Art der Charakter der von ihnen ausgestellten nachfolgenden Urkunde als Konfirmations-Urkunde zum Ausdruck
gekommen. Das ist aber nicht der Fall. Somit sind es die vier Brüder, die
zuerst die städtische Ordnung fest und urkundlich einführen. Das unstreitig
merkwürdigste Ereigniss aber in der nun anscheinend schnell sich vollziehenden
Entwicklung der Stadt ist dies, dass, nachdem man bereits begonnen hatte,
der Altstadt eine Neustadt anzugliedern, am 1. Juli 1248, Fürst Nikolaus
auf Bitten der Bürger, welche in der Gründung der Neustadt eine Benach-
theiligung ihrer Altstadt erblicken,[3]) die Erlaubniss giebt, die Neustadt wiederum
gründlich zu zerstören und dafür eine stattlichere Füllung der Altstadt mit
schöneren Gebäuden und eine Verbesserung der Befestigungen in Aussicht zu
nehmen. Auch soll der Marktplatz bleiben, wo er ist, und nicht ohne Zustimmung des Rathes verlegt werden.[4]) Indessen der natürliche Lauf der

des Domes auf der Feldmark der vier erstgenannten Dörfer: Lisch, M. Jahrb. XII, S. 17. XX,
S. 238. XXXV, S. 181.

[1]) Spätere Annalisten erzählen von einer schon durch pommersche Sendboten Otto's von
Bamberg im Jahre 1128 erfolgten Bekehrung der Einwohner Güstrows. Die Originalquellen des
XII. Jahrhunderts aber, soweit sie auf uns gekommen sind, enthalten hievon nichts. Immerhin
wäre es möglich, dass das Bisthum Kammin, welches sich in der Zeit der Zugehörigkeit Circi-
paniens zu Pommern (bis 1236) für dieses Land als das zuständige Bisthum ansah und bethätigte,
im nachfolgenden Streit mit dem Bisthum Schwerin seine Ansprüche darauf mit einer wirklichen
oder vermeintlichen Thatsache dieser Art zu begründen suchte. Vgl. Thomas, Anal. Güstr., S. 28.
Besser, Beitr. z. Gesch. d. Stadt Güstrow, S. 60. 121. M. Kunst- u. Gesch.-Denkm. I, S. 517, Anmerkung 3. (2. Aufl. S. 535, Anmkg. 3.)

[2]) M. U.-B. 359. Vgl. dazu 71, Anmkg. 3024. 8691. Dazu Crull, Zum Schweriner Stadtrecht, M. Jahrb. XLVI, S. 77—84. Auch Kamptz, Civil-R. I, S. 187. 252. 305—312. Böhlau,
M. Landr. I, S. 230.

[3]) Ohne Zweifel wollten sie die Bildung einer zweiten Gemeinde mit besonderen Rechts-
satzungen und einer abgetrennten Verwaltung verhindern.

[4]) M. U.-B. 607. Bei Besser, Beitr. z. Gesch. d. Vorderstadt Güstrow, S. 73 ff. (nach ihm
auch bei Raabe Quade, Vaterlandskunde I, S. 259) ist das Verhältniss in Folge Missverständnisses
des lateinischen Textes umgekehrt dargestellt worden. Lisch dagegen hat schon im M. Jahrb. X,

Dinge bringt es doch dahin, dass wenigstens der Name Neustadt bald nach 1300 neben dem der Altstadt in den Urkunden erscheint.[1]) Doch erkennt man stets, dass beide, wie man es im Jahre 1248 wollte, zu einem einzigen Körper zusammengewachsen sind und die Bildung einer zweiten Gemeinde mit besonderer Verwaltung und Rechtsprechung vermieden ist. Deshalb wird man vielleicht auch gut thun, diejenige Altstadt (antiquam ciuitatem), von der in der Urkunde des Jahres 1248 die Rede ist, als älteren Stadttheil auf dem linken Ufer der Nebel zu suchen und nicht mit dem vor den Thoren dieser Stadt gelegenen Ort »Alt-Güstrow« gleichzusetzen, wie Lisch und Andere es gethan haben.[2]) Das zum Schweriner Bisthum gehörende »Antiquum Ghustrowe« (auch Antiqua Gustrowe) stand zu der grösseren Stadt auf dem linken Ufer der Nebel anscheinend in demselben Verhältniss wie das wendische Alt-Rostock und das wendische Alt-Wismar zu den grösser und glänzender entwickelten deutschen Städten Rostock und Wismar auf der andern Seite des Wassers, das sie von einander trennte. Als zur Stadt gehörig wurde freilich auch »Alt-Güstrow« angesehen, und deshalb hindert nichts an der Annahme, dass, wenn es nachher im XIV. Jahrhundert öfter heisst consules novi et antiqui oppidi G., unter »antiquum oppidum« die angeblich einst vor dem Mühlenthor auf dem rechten Ufer der Nebel gelegen gewesene alte wendische Stadt Güstrow und mit »novum oppidum« die aus einem älteren und jüngeren Stadttheil neu entwickelte deutsche Stadt auf dem linken Ufer der Nebel gemeint sei.[3]) Vom steigenden Wohlstande der Stadt im XIII. Jahrhundert zeugt ausser der Erwerbung von Antheilen an der Bede, an der Gerichtsbarkeit und am Schoss besonders der Ankauf des Dorfes Tebbezin und dessen Legung zur Stadtfeldmark im Jahre 1293.[4]) Auch gewöhnen sich die Fürsten

---

S. 185 ff. nachgewiesen, dass der alte Latomus den Text der Urkunde richtig und Besser ihn falsch verstanden hatte.

[1]) M. U.-B. 3597. 6244. 7060. 8428. 8675. 9123. 11377. Besser, a. a. O., S. 76/77.

[2]) M. Jahrb. X, S. 186 ff. XXIV, S. 44 ff.

[3] Im Kirchenvisitations-Protokoll von 1534 heisst es: »Olde Stadt vor Gustrow. Inn der kercken is ock ein geistlich fürstenlehenn. Besitter her Jochim Schuneman, eme verlendt dorch beide fürstenn anno XXIII. Instituirt dorch den Dekan to Bützow. Pachte darto IX fl. ungeferlich vt deme dorpe Wigendorp«. — Zur Instituierung durch den Bützower Dekan, der zur Schweriner Diöcese zählt, ist zu vergleichen M. U.-B. 1178. — Bei Thiele, Beschr. d. Doms in Gustrow, 1726, S. 24, heisst es: . . . . . . »wie dann auch die Kirche der Alten-Statt Güstrow wovon noch der Orth, wo der Kirchhoff gewesen, für dem Mühlen-Thor zu sehen, sonst aber, weder von der Statt noch Kirche die geringste Spur mehr vorhanden) mit ihrem Filial die Capell zu Suckow, welche nunmehr ein Filial der Pfarr-Kirchen ist, desgleichen die St. Jürgens Capell (allwo noch der Kirchhoff bey dem Arm-Hause, sonst aber nichtes vorhanden) unter Schweriner sprengel gestanden.« — Zur Pfarrkirche gehört Sukow schon 1646 nach Ausweis des Visitations-Protokolls von diesem Jahre. Daraus ergiebt sich, dass die Kirche in »Alt-Güstrow« zwischen 1534 und 1646 eingegangen ist. Genaueres haben wir bis jetzt nicht zu ermitteln vermocht. Im Uebrigen war es die zweite Hälfte des XVI. Jahrhunderts, in der viele Kirchen und Kapellen eingingen. Auch Bülow bei Güstrow hatte eine Kapelle, die damals dem Dom inkorporiert wurde. Vgl. Visitations-Protokoll von 1646. Ueber St. Jürgen, »vor dem Dor« und unter dem Dekan von Bützow stehend, vgl. Visitations-Protokoll von 1534. M. U.-B. 6571. 6592.

[4]) M. U.-B. 1015. 1182. 2171. 2200.

des Hauses Werle, wie die Datierung zahlreicher Urkunden erweist, immer mehr daran, Güstrow als ihre Hauptresidenz anzusehen, und die alte Stammburg zwischen Schwaan und Bützow auf dem rechten Ufer der Warnow fängt an, in den Hintergrund zu treten.[1]) Aber den Löwenantheil an der Geschichte der Stadt, soweit die Zahl erhaltener Pergamente den Ausschlag dabei giebt, nimmt das Domkapitel in Anspruch. Vikareien, Vermächtnisse aller Art, Hebungen und Pächte aus Grund und Boden, Ankauf von ganzen Dörfern und Gütern,[2]) Erwerb von Patronatsrechten über Kirchen,[3]) Satzungen, Bestätigungen von geistlichen und weltlichen Oberherrn,[4]) dazu der Streit zwischen dem Schweriner und Kamminer Bischof um die Zehnten aus Circipanien und die Einordnung dieses Landes und des Güstrower Domstiftes in den Kamminer Diöcesan-Verband:[5]) alles das bildet den Inhalt dieser Urkunden. Das Aufblühen der Stadt zieht auch die Klöster an: Doberan erwirbt die Mühle zu Güstrow, die aus dem Landrecht zu Stadtrecht gelegt wird, und das in der Diöcese Halberstadt gelegene Kloster Michelstein kauft das Dorf Glevin mit seiner Mühle, tritt es aber bereits im Jahre 1323 wieder an die Stadt ab.[6]) Im Jahre 1308 werden Pfarrkirche und Heiligengeist-Haus, die aufs Engste mit einander verbunden sind und zugleich mit dem Kollegiatstift des Domes in ein untrennbares Unionsverhältniss treten, zum ersten Mal genannt.[7]) Die Pfarrkirche heisst auch St. Marien oder Marktkirche (ecclesia forensis) und ist die dritte grössere Kirche in Güstrow, wenn wir die von Alt-Güstrow als die erste und älteste und den Dom, der als solcher freilich nicht zur eigentlichen Stadt gehört, als die zweite Kirche ansehen.[8]) Fünf Jahre später, den 23. März 1313 wird auch das Armen- und Leprosen-Haus, d. i. das St. Jürgen-Hospital ausserhalb der Stadt, zum ersten Mal urkundlich aufgeführt, wieder neunzehn Jahre später, den 1. December 1332, eine an Stelle der zerstörten Synagoge errichtete Heiligen-Bluts- oder Fronleichnams-Kapelle.[9]) Ein fürstliches Schloss wird es damals schon von langer Zeit her gegeben haben, wenngleich es urkundlich nicht eher als den 9. August 1307 vorkommt: »Gustrowe hus

---

[1]) Vgl. Register zum M. Urkundenbuch.

[2]) M. U.-B. 1292. 1371. 1612. 1817. Domherrenhagen oder Papenhagen (im Kirchspiel Rambow) und Marxhagen um 1273; Rachow um 1275; Prisannewitz um 1282 und Göldenitz um 1285.

[3]) M. U.-B. 464. 2113. 2447. 2511. 4872. Lüssow um 1237; Zehna um 1291.

[4]) M. U.-B. 331. 368. 378. 584. 585. 2867. 3020. 3038. 4225. 5886. 6695. 7140.

[5]) M. U.-B. 758. 826. 830. 995. 1292.

[6]) M. U.-B. 1936. 2169. 2345. 2400. 2417. 2490. 2921. 4475. 4736.

[7]) M. U.-B. 3211.

[8]) Ueber die Domfreiheit, die Domherrn-Häuser oder Domhöfe, deren eigene Jurisdiktion und Entlastung von bürgerlichen Pflichten aller Art sowie von Stadt- und Landeskontribution vgl. Thiele, Beschr. d. Domes, 1726, S. 40 ff. Vgl. M. U.-B. 3636.

[9]) M. U.-B. 3597. 5378. 5577. 5624. Eine für sich allein bestehende Katharinen-Kapelle, wie man nach dem Register des Urkundenbuches anzunehmen geneigt sein könnte, hat es nicht gegeben. Sie ist vielmehr eine von den Kapellen in der Pfarrkirche, die 1368 ins Leben gerufen wird. Vgl. M. U.-B. 9764. 11240. 11340. 11398. Besser, a. a. O., S. 168. Lisch, M. Jahrb. XII, S. 208. Beyer, M. Jahrb. XXXII, S. 107, Anmkg. Thomas, Anal. Güstr., S. 82 ff.

vnde stat   Es fehlen auch nicht der Marstall für die Pferde und das Hunde-
haus für die Meute.[1]) Die Gleviner Strasse wird 1308, die Domstrasse 1313
zum ersten Mal urkundlich erwähnt, das Rathhaus (consistorium) aber erst
1359, obwohl es ohne Zweifel viel eher da war.[2]) Aus allen diesen Angaben
über Dom, Schloss, Pfarrkirche, Rathhaus, über die zu Stadtrecht gelegte
Mühle u. s. w. ersieht man, dass der heutige Plan der Stadt in allem Wesentlichen dem XIII. Jahrhundert seinen Ursprung verdankt und zu Anfang des
XIV. Jahrhunderts bereits festgelegt war.[3]) Dies ist für die Zwecke unseres
Buches das Hauptsächlichste aus der Entwicklungsgeschichte der Stadt.   Auf
die damit verknüpfte Geschichte des werleschen und des ihm nachfolgenden
mecklenburgischen Fürstenhauses können wir hier nicht eingehen.   In dieser
Beziehung verweisen wir auf die Darstellung von Besser.[4]) Im Uebrigen sind
die massgebenden Bestrebungen der Stadtkommüne und des Domkapitels im
XIV. und XV. Jahrhundert von denen im XIII. Jahrhundert nicht verschieden.
Die Stadt fährt fort, durch Ankäufe ihre Feldmark zu vergrössern.[5])   Auch
nach aussen hin ermangelt sie nicht, sich ihrer Widersacher gelegentlich auf
das Allerschärfste zu erwehren.[6]) Ebenso wenig erlahmt das Domkapitel
während der ganzen Zeit des XIV. und XV. Jahrhunderts in der vielseitigen
Förderung aller seiner Interessen,[7]) bis die Reformation des XVI. Jahrhunderts
die Entwicklung hemmt und langsam zu der Zeit des Herzogs Ulrich hinüberleitet, der dem Schloss eine neue Gestalt giebt und das der hl. Mutter Maria,
dem hl. Johannes Evangelista und der hl. Caecilie geweihte Gotteshaus mit
kostbaren Monumenten füllt.

Ein Unglückstag für Güstrow ist der 28. Juni des Jahres 1503: ein
Blitzstrahl erzeugt eine Feuersbrunst, die den grössten Theil der Stadt einäschert.

---

[1]) M. U.-B. 3178. 7316. 9016.

[2]) M. U.-B. 3213. 3636. 8675.

[3]) Besser, a. a. O., S. 207.

[4]) A. a. O., S. 131 ff.

[5]) M. U.-B. 2837. 3159. 4475. 8966. 10169. 10768. 10773. 10947. — Besser, a. a. O.,
S. 282—285. 360. — Thomas, a. a. O., S. 110. (Staalscher Hof um 1303; Gutower See 1307;
Dorf Glevin 1323; Gutower Feld 1371; Dorf Glien 1375; die bis dahin dem Kloster in Doberan
gehörende Mühle am Mühlenthor mit der Mauermühle 1442; die Mühle zu Klein-Sprenz mit ihren
Liegenschaften 1442; die Walkmühle zu Rosin 1445; das Dorf Glasewitz und der Libower See 1449.)

[6]) M. U.-B. 9558. 10475. Dazu Lisch, M. Jahrb. XV, S. 62.

[7]) Wir erwähnen hier nur die hinzugekommenen Kirchen-Patronate zu Malchin (um 1301),
Klaber 1303), Krakow (vor 1335) und Badendiek (von der ersten Gründung der Kirche an);
Teterow (1489); unter den Güter-Erwerbungen die von Dorf Schweez (1308), Bützin (1324) und
dem in der Feldmark Mamerow in der Vogtei Teterow untergegangenen Dorf Godikendorpe, sowie
endlich die vielen Stiftungen des Güstrower Bürgers Jakob Wörpel um 1340, 1365, der übrigens
nicht bloss den Dom, sondern auch die Pfarrkirche und die Stifte reichlich bedenkt. Vgl. M.
U.-B. 2751. 2864. 2869. 2908. 3248. 4526. 4552. 4605. 5689. 5690. 5700. 5701. 5711. 5720.
5779. 5780. 6039. 6123. 6128. 6241. 6242. 6489. 6493. 6725. 6743. 6766. 6782. 9418. —
Beyer, M. Jahrb. XXXII, S. 106. Lisch, M. Jahrb. XXXIX. S. 206. — Thiele, a. a. O., S. 9. 79.
Lisch, M. Jahrb. XII, S. 17. Aus dem Visitationsprotokoll von 1541 ersieht man, dass das Kollegiatstift des Domes auch das Kirchlehn zu Suckow erworben hatte. Eine besondere Urkunde aber
über den Zeitpunkt dieser Erwerbung ist bis jetzt nicht bekannt geworden.

Nur das Schloss, die Domkirche und funfzig Häuser am Ziegenmarkt bleiben übrig, die Pfarrkirche mit ihrem hohen Thurm, das Rathhaus und die Fron-Leichnams- oder Heiligen-Bluts-Kapelle werden ein Opfer der Flammen. Aber geräumiger und reicher ersteht die Pfarrkirche, der Mittelpunkt vieler Bruderschaften, aus der Asche.[1]) Bald sind ihre siebenzehn Nebenaltäre wieder in Ordnung gebracht, und gut zehn Jahre später erhält der Hauptaltar jenen prachtvollen gothischen Schrein, der heute seinen Ruhm ausmacht. An Stelle der Heiligen-Bluts-Kapelle aber entsteht, anfänglich mit vielem Widerstreben der Domherrn, im Jahre 1509 ein Franziskaner-Kloster, das aber gleichzeitig mit der Aufhebung des Domkapitels im Jahre 1550 wieder eingeht.[2]) Die Reformation hält auch in Güstrow ihren Einzug.[3]) Herzog Albrecht räumt den »Martinisten« die Heiligengeist-Kirche im Jahre 1525 ein, versagt ihnen aber den Dom und die Pfarrkirche. Endlich erhalten sie 1533 einen beschränkten Antheil an der Benutzung der Pfarrkirche, aber das führt am Palmsonntag 1534 zu einem Tumult im Gotteshause, dessen spätere Untersuchung durch die Herzöge das Ergebniss hat, dass die Pfarrkirche den Martinisten eingeräumt wird und die Katholiken auf den Dom beschränkt werden. Doch der nach Herzog Albrecht's Tode im Jahre 1547 berufene Domprobst Gerd Oemken, der mit Luther befreundet war, ein Mann von ungewöhnlicher Begabung und Amtskraft, setzt selber auf dem Landtage zu Sternberg im Jahre 1550 die Aufhebung des Domkapitels durch, giebt an seinem Theile Anlass zu der in den Jahren 1552/54 über das ganze Land sich erstreckenden Kirchenvisitation und vertauscht seinen Titel »Domprobst« mit dem eines Superintendenten.[4]) Wie es aber gekommen, dass die Domkirche »zwölf Jahre lang ungereinigt blieb und als ein Wagenschauer und Materialhaus bis zur Baufälligkeit benutzt wurde«, weiss Niemand zu sagen.[5]) Erst im Jahre 1565 ändert sich das durch die Fürsorge des Herzogs Ulrich und seiner Gemahlin, der Herzogin Elisabeth, die wie anderswo, so auch in Güstrow Wandel und Ordnung schaffen und den Dom zum Gottesdienste wieder einweihen lassen.[6]) Der Herzog Ulrich ist es, der 1560 die »Dekanei« zur Domschule einrichtet, 1561/64 das Armenhaus zum Heil. Geist wiederherstellt und dessen Kirche dem Gottesdienst zurückgiebt, 1586 der Stadt den Erwerb des vollen Eigenthumes am Primer Wald gewährt, und, nachdem am 3. December 1586 ein

---

[1]) Der Kaland erhält 1336 seine Statuten. Ueber das Buch des Kalands und der Bruderschaft St. Gregorii und St. Augustini, dessen Nachrichten bis 1525 reichen, ist zu vergleichen M. U.-B. 5633, M. Jahrb. VIII B, S. 156 und XLIV, S. 1—36. — Die Bruderschaft St. Bartholomaei wird 1357 genannt (M. U.-B. 8383), die St. Georgs-Bruderschaft 1365 (M. U.-B. 9418), die St. Katharinen-Bruderschaft 1368 (M. U.-B. 9764) und die Bruderschaft der heiligen drei Könige 1375 (M. U.-B. 10685). — Ueber das Ende dieser und anderer Bruderschaften im XVI. Jahrhundert vgl. Besser, a. a. O., S. 334 ff.

[2]) Besser, a. a. O., S. 168. 298. 325. Der Name »Klosterhof« hat sich noch an Ort und Stelle erhalten.

[3]) Lisch, M. Jahrb. VIII, S. 45.

[4]) Thomas, Anal. Güstr., S. 128 ff.

[5]) Besser, a. a. O., S. 332.

[6]) Lisch, M. Jahrb. XXXV B, S. 166. 167.

Brand den nördlichen Flügel des schon 1558 gründlich erneuerten Schlosses vernichtet hatte, in der Zeit von 1587 bis 1594 dem Schloss seine jetzige Gestalt giebt.[1])

Als später unter Hans Albrecht's II. Regierung der Kalvinismus seinen Einzug hält, entsteht Unruhe im Lande. Zwar verpflichtet sich der Herzog im Jahre 1617, weder in den Städten noch auf dem Lande etwas gegen die Augsburgische Konfession zu unternehmen. Aber da »Schloss- und Dom-

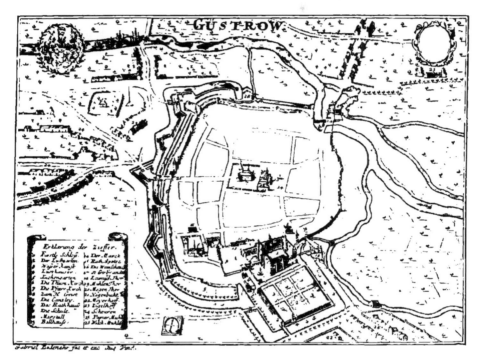

freiheit weder Stadt noch Land sind, so wird von den kalvinistischen Hof-predigern nicht bloss in der Schlosskapelle gepredigt, sondern gelegentlich auch der Dom mit Genehmigung oder auf Befehl des Herzogs benutzt. Das macht böses Blut und bringt zuletzt den Herzog dazu, an der Nordseite des Schlosses im Jahre 1623 eine eigene reformierte Kirche zu errichten und dazu die Baumaterialien abgebrochener Kirchen und Kapellen, darunter die des Franziskaner-Klosters, zu verwenden. Die Kirche ist eben fertig: da tritt die Wallenstein'sche Periode ein, die reformierte Kirche verschwindet wieder, und die alten Steine dienen jetzt zur Füllung einer von Herzog Ulrich's Zeit her gebliebenen Lücke auf der Südostecke des Schlosses.[2]) Doch auch hier kommen sie nicht dauernd zur Ruhe, Herzog Gustav Adolf ordnet später an,

---

[1]) Besser, a. a. O., S. 349—365.

[2]) Die Lücke war absichtlich gelassen, um von dem hübschen Erker des Hofes eine Aussicht in den Schlossgarten und die sich anschliessende anmuthige Landschaft zu behalten.

dass, was Wallenstein gemacht, wieder entfernt werde, ne indigna Wallen-
steinii memoria exstaret .[1]) Zehn Jahre später hausen statt der Kaiserlichen

Aus Thomas, Anal. Gustr.

die Schweden in Güstrow.[2]) Nachdem es Frieden geworden, kommt unter

[1]) Lisch, M. Jahrb. XVII, S. 197. XXXV. S. 45 ff. XXXVII, S. 1—41. — Besser, a. a. O.,
S. 365: »Die östliche Seite des (Schloss-)Vierecks, mit welcher an der nördlichen Seite die
Burgkapelle zusammenstiess, ist 1795, weil er baufällig zu sein schien, der Erde gleichgemacht«. —
1817 wird das Schloss der Verwaltung des Landarbeitshauses übergeben: Lisch, Mecklenburg in
Bildern III, S. 16. — [2]. Lisch, M. Jahrb. XVII, S. 219. XXXI, S. 35 36.

Herzog Gustav Adolf ein neues werthvolles Marmordenkmal in den Dom: das seines Geh. Rathes von Passow. Aber mit Herzog Gustav Adolf's Tode 1695 hört die Stadt Güstrow auf, Residenz zu sein; sie bleibt bis zum Jahre 1719 der Sitz seiner Wittwe, der Herzogin Magdalena Sibylla, auf die wir unten zurückkommen werden. Wenig erfreulich ist, was die Stadt 1733 in der Zeit der Wirren unter Herzog Karl Leopold und von 1757 an im siebenjährigen Kriege erfährt.[1]) Dagegen ist sie 1813 der Mittelpunkt [2]) patriotischer Erhebung im Lande und erlebt in Folge davon im Jahre 1863 jenes Fest, das Anlass zu dem Denkmal giebt, welches sich heute vor dem Land- und Amts-gerichtsgebäude erhebt.

Den Titel »Vorderstadt Güstrow wendet der Landesherr für die Stadt, soviel man weiss, zuerst im Jahre 1708 an. Ob er schon eher gebräuchlich war, ist bis jetzt ebenso wenig nachgewiesen, wie ob es zu dessen Verleihung einen besonderen Anlass gab.[3])

Die Geistlichen der Stadt hier einzeln aufzuführen, würde zuviel Raum beanspruchen. In dieser Beziehung verweisen wir daher auf die Register des M. Urkundenwerkes, auf die ausführlichen Verzeichnisse, die Thomas seinen Analecta Gustroviensia als besonderen Catalogus biographicus angehängt hat (S. 1—74), auf die Tabellen der Pröbste, Kanoniker und Vikare des Domes bei Thiele, a. a. O., S. 44—51 und auf dessen eingehendere Aufzeichnungen über die protestantische Geistlichkeit S. 196—212, auf Cleemann's Verzeichniss der Güstrower Superintendenten in seinem Repertorium universale, S. 174 bis 177, sowie auf die bis auf die Neuzeit fortgeführte und ein gutes Vorbild darbietende Prediger-Tafel in der Pfarrkirche zu Güstrow. Ein lückenloses Verzeichniss der Domgeistlichkeit des XVIII. Jahrhunderts hat der Verfasser bis jetzt nicht gefunden. Es folgt daher, was aus den Akten des Grossh. Archivs über den Zeitraum des XVIII. Jahrhunderts in Bezug auf den Dom zu ermitteln war, was aber vielfältig der Ergänzung bedarf, die vielleicht an anderen, dem Verfasser z. Zt. nicht zugänglichen Stellen zu finden ist:

1707 wird Peter Goldschmidt berufen und 1709 Julius Ernst Hahn zum Prediger bestellt. 1732 wird Joh. Genseler erwählt und zunächst dem Pastor Redelfsen substituiert. 1743 wird Joh. Heinr. Zander bestellt, der bis zu seinem Tode 1778 im Amte bleibt. Neben ihm wirkt 1769 Joh. Friedr. Hahn, der 1772 nach Stargard geht. 1773 wird Ehren-Senior Jantke genannt, und 1778 als Kollaborator von Zander der Pastor Gramm. Neben Zander wirkt auch schon der spätere Superintendent Piper. Neben Piper wieder seit 1779 ein Pastor Holsten, der 1790 zum ersten Domprediger aufrückt, nachdem in diesem Jahr Pastor Schmidt als zweiter berufen war. 1793 sterben beide, Holsten und Schmidt. Es werden nun der zu dieser Zeit in den Niederlanden

---

[1]) Franck, A. u. N. Meckl. XVIII, S. 84. Klüver, Mecklenbnrg, II, S. 237. v. Schultz, M. Jahrb. LIII, S. 240, 244 ff. LIV, S. 8.

[2]) Francke, Mecklenburgs Noth und Kampf, S. 153 ff.

[3]) Besser, a. a. O., S. 390.

stehende Feldprediger Georg Belitz und Peter Heinrich Francke berufen. Der letztgenannte wird später Superintendent († 1829), der erstgenannte aber ist verhindert, seine Stelle anzutreten, und statt seiner wird Pastor Ziegler aus Sülz eingesetzt († 1809). Ueber die Geistlichkeit des XIX. Jahrhunderts s. Walter a. a. O.

Einen ähnlichen Nachtrag geben wir zur Pfarrkirche. Die biographischen Angaben bei Thomas, a. a. O., reichen für die Pfarrkirche bis zu dem 1701 berufenen Johannes Hövet und dem 1703 berufenen Joh. Ehrenfried Pfeiffer. Für diese und die folgenden haben wir in den uns zugänglichen Akten nachstehende Angaben gefunden: Hövet stirbt 1707 und Pfeiffer den 2. April 1713. Dafür werden berufen 1708 Joachim Daries, der in der Tafel der Pfarrkirche mit einunddreissigeinhalb Amtsjahren verzeichnet steht, und Johann Georg Luger, der es auf achtunddreissig Amtsjahre bringt. Die erste Vakanz tritt demgemäss 1739 oder 1740 wieder ein, die zweite 1752. 1740 wird Joachim Heinrich Burgmann berufen, er ist laut der Tafel acht Jahre im Amte, also bis 1748. Neben Luger ist dann Christoph Joh. Heinrich Sibeth im Amt, im Ganzen nur viereinhalb Jahre, also bis 1752 oder 1753. Die Nachfolger von Luger und Sibeth sind Joachim Heinrich Schoenberg mit vierundvierzig-dreiviertel Amtsjahren, also bis 1796, und Joh. Jakob Witton mit neunzehn-einviertel Jahren, also bis 1774, aus welchem Jahre seine Todesnachricht vorliegt. Auf Witton folgt August Arnold Vermehren mit vierunddreissig-einviertel Amtsjahren bis 1808. Nach Schoenberg's und Vermehren's Zeit setzt Walter's Buch über die Geistlichen des XIX. Jahrhunderts ein.

Der Dom.

Beschreibung des Baues.

Baubeschreibung. Die hier nach Koch, M. Jahrb. LVI, S. 63—76, gegebenen Abbildungen des Grundrisses und der Nordseite des Domes zeigen, dass wir einen in gothischer Zeit stellenweise veränderten langgestreckten und verhältnissmässig niedrigen Bau aus der Periode des Ueberganges vom romanischen zum gothischen Stil vor uns haben.[1]) Und ein Blick ins Innere genügt, um den, der mit dem Bau der ältesten Landkirchen Mecklenburgs vertraut ist, erkennen zu lassen, dass die Konstruktion des dem Querschiff zunächst liegenden achttheiligen hohen, backofenartig gestalteten Gewölbes mit dekorativ eingelegten rundstabigen Diagonal- und Scheitelrippen in auffallender Uebereinstimmung mit vielen Gewölbebildungen unserer allerältesten, zum Theil schon aus dem Ende des XII. Jahrhunderts stammenden Landkirchen ist und daher mitten zwischen den gothischen Kreuzgewölben, deren Rippen den bekannten birnförmigen Profilschnitt einer viel jüngeren Zeit auf-

---

[1]) Im nördlichen Querschiff sieht man seit 1865-68 wieder drei romanische Schlitzfenster statt des in der Abbildung noch sichtbaren einen gothischen Fensters.

Dom zu Güstrow (von Süden gesehen).

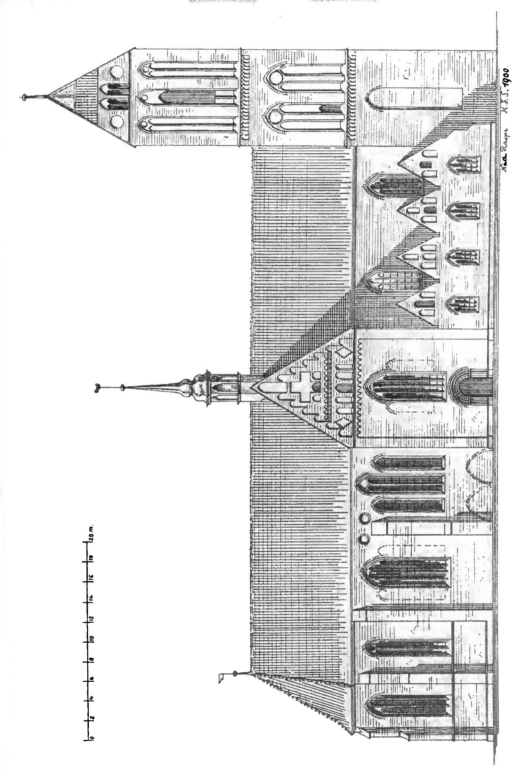

Dom zu Güstrow.

Nordseite, vor der Restauration.   Nach Koch.

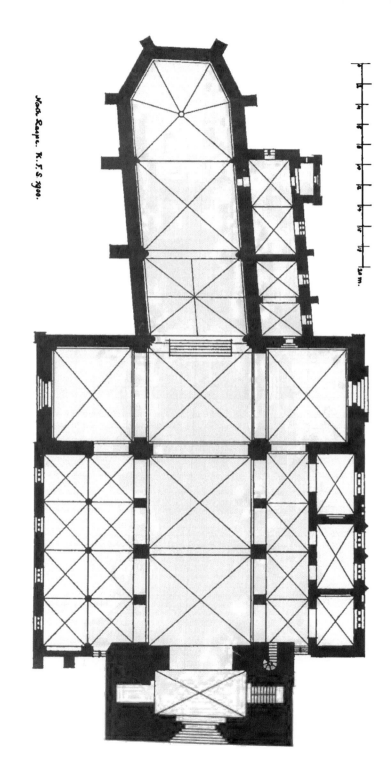

Grundriss des Doms zu Güstrow.

Nach Rope. K.I.S 1900.

weisen, wie eine Anomalie erscheint.[1]) Diese Abweichung ist nur dann zu begreifen, wenn man sich dies Gewölbe als den Rest einer älteren Kirche vorstellt, der man in jüngerer Zeit eine Erweiterung gab, die aber ursprünglich, wie z. B. die Kirche zu Lüdershagen, für ihren Chor nur dies eine Gewölbe besass, für ihr Langhaus dagegen sich an einer flachen Decke genügen liess. Aber so wenig wie zu diesem »stark mit koncentrischen Schichten ausgeführten« Gewölbe ältester Zeit, stimmen die viel über hundert Jahre jüngeren

gothischen Gewölbe des hinter ihm verlängerten Chors, des Querschiffes und des Langschiffes zu den in allen diesen Theilen der Kirche angebrachten spätromanischen Bündeldiensten der Wandpfeiler, die besonders im Chor mit vielen Reizen der Form entwickelt sind und ihrerseits im besten Einklange mit den Resten von Lisenen und Friesen auf den Aussenseiten des Domes, mit dem rundbogigen romanischen Portal auf der Nordseite[2]) und dem frühgothischen Portal auf der Südseite sowie mit den in diesen Räumen zu dreien neben einander angeordneten hohen und schmalen Fensterschlitzen stehen, von denen einige nicht mehr in voller Ursprünglichkeit vorhanden sind. Alle diese eben aufgezählten Einzelheiten gehören einer Zeit an, in der sich Romanisches

Portal auf der Nordseite.

und Gothisches unmittelbar mit einander berühren. Es ist dies jene Zeit, in der, gleichzeitig mit dem Dom zu Güstrow, u. a. die Klosterkirchen zu Sonnenkamp (Neukloster) und Rühn entstehen, die uns für die Vergleichung weit besser dienen können als der westlich gelegene Dom in Ratzeburg und der östlich gelegene Dom von Kammin, die man beide als Parallelen für den Güstrower Dom benutzt hat. Wir müssen deshalb annehmen, dass

---

[1]) Das Gewölbe ist bedeutend höher als alle anderen, wie man oben im Dachstuhl leicht sehen kann.

[2]) Auf beiden Seiten des Portals bemerkt man die öfter genannten Rundmarken, im Ganzen zwischen zwanzig und dreissig. Vgl. Krüger, M. Jahrb. XLVI, S. 312.

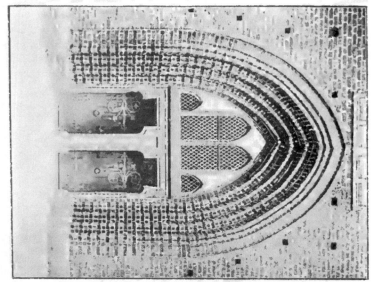

Thurm-Portal.

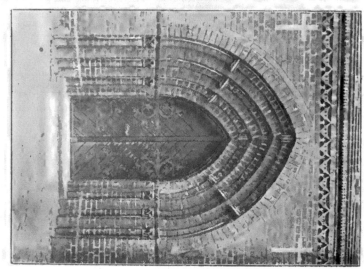

Portal auf der Südseite.

Dom zu Güstrow (Blick auf die Orgel).

Dom zu Güstrow (Blick auf den Altar.

der Dom zu Güstrow gleich den beiden Kirchen zu Rühn und Neukloster mit Ausnahme des einzigen Chorgewölbes aus der alten Kirche das ganze XIII. Jahrhundert hindurch und darüber hinaus flach gedeckt war, wobei es dahingestellt bleiben muss, ob die im XIII. Jahrhundert (anscheinend noch in dessen erster Hälfte) hergestellten hübschen romanischen Dienste einstweilen mit Rücksicht auf eine nachfolgen sollende Wölbung ein zweckloses Dasein führten, oder ob sie in irgend einer uns unbekannt gebliebenen Weise als Stützenträger für die hölzerne Decken- und Dachkonstruktion Verwendung fanden. Uebrigens sind auch diese Dienste nicht alle aus derselben Zeit. Als älteste und zugleich am stilvollsten entwickelte Dienste erscheinen die (vom Schiff aus gezählt) beiden ersten Bündeldienste auf der Südseite des hohen Chors und die einfacheren Dienste in den Ecken des Querschiffes, als sehr viel spätere, auch weniger geschickt entwickelte, immerhin aber in einer gewissen Weise mühsam an die älteren Vorbilder angelehnte Dienste die in dem aus dem Achteck konstruierten Schluss des Chors stehenden Dienste und die im unteren Theil einstmals kräftiger begonnenen, dann zwecklos stehen gelassenen, nachher aber im oberen Theil mit schwächeren Rundstäben fortgesetzten und mit minderwerthigerem Kapitell geschlossenen Dienste in den beiden östlichen Ecken des Langschiffes. Sie offenbaren das Sinken des Geschmacks und auch zugleich den Widerstand des Thesaurars, der das Nöthige nicht hergeben wollte. Alle diese einer jüngeren Zeit angehörenden Dienste werden mit der anscheinend erst im XIV. Jahrhundert geschehenen gothischen Einwölbung des Domes in einen zeitlichen und ursächlichen Zusammenhang zu bringen sein. Nämlich so: Als man den geraden Chorschluss des dem Gewölbe der ältesten Kirche einst angesetzten zweiten Chorjoches beseitigte und den gothischen Polygonalschluss ansetzte — was immerhin gleichzeitig mit seiner gothischen Einwölbung oder doch bald nachher geschehen sein kann — da musste man den (vom Schiff her gezählt) dritten Pfeiler jederseits, der die Form eines Viertel-Wandpfeilers hatte, zu einem Halbpfeiler machen und sich an die gegebene Form anschliessen. Doch ist es immerhin möglich, dass dabei die älteren Kapitellformen nicht ganz unberührt blieben, um mit den vier neuen Diensten im gothischen Polygonalschluss eine gewisse Harmonie zu erreichen, wenngleich diese in ihrer Formgestaltung künstlerisch dahinter zurückbleiben. Gleichzeitig mit der Einwölbung der hinteren Chortheile vollzog sich, wie die gleiche Art der Formengebung erkennen lässt, die des Querschiffes und des Langhauses, wo nun die unvollendet gebliebenen Dienste vollendet werden mussten. In wie verkümmerter Form das geschah, ist bereits gesagt worden. Ziemlich zur selben Zeit oder auch bald nachher werden die niedrigen gothischen Abseiten ausgeführt sein unter denen die von drei gothischen Granitmonolithen getragene nördliche Halle die anziehendste ist. Hier sind einige Gewölbescheiben mit ansprechender kräftiger Wirkung ihrer plastischen Blattformen zu beachten. Die südliche Abseite hat oberhalb ihrer nach der Strasse hin gelegenen Hälfte ein aufgesetztes, zweites Stockwerk, das ebenfalls gewölbt ist und zur Aufbewahrung

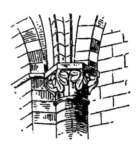

Nach Zeichnungen
des Herrn Landbaumeister
C. Raspe in Güstrow.

Dienste von der Südwand des Chors
am ersten und zweiten Pfeiler (vom
Schiff her gezählt). Bald nach 1226.

Eckdienste
aus dem Querschiff.
Bald nach 1226.

Dienste im Achteck
des Chorraumes aus
der zweiten Hälfte des
XIV. Jahrhunderts.

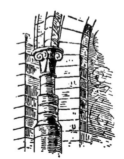

Dienste an der Südwand des Chors am
dritten Pfeiler (vom Schiff her gezählt).
Anlage der Dienste zur Hälfte aus dem
XIII., zur andern Hälfte aus dem
XIV. Jahrhundert. Kapitell aus dem
XIV. Jahrhundert.

Dienste aus dem Schiff.
Um die Mitte des
XIV. Jahrhunderts.

Mittelschiff-Pfeiler. Aus der ersten
Hälfte des XIV. Jahrhunderts.

des Dom-Archivs dient. Gleichzeitig mögen auch jene in neuerer Zeit in zwei Räume (Sakristei und fürstliche Grabkapelle) verwandelten drei Räume auf der Südseite des Chors entstanden sein, die Thiele a. a. O. S. 56 nennt.

Was endlich den Thurm betrifft, so möchte man glauben, dass er schon der ältesten Zeit des Domes angehört, und dass der Anschluss seines unteren Innenraumes an den des Schiffes erst in verhältnissmässig sehr später Zeit durchgeführt ist, doch scheint dies, soweit sich nach der Beschreibung von

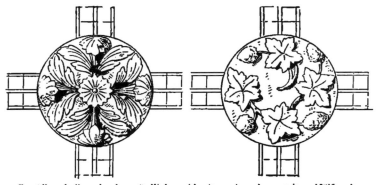

Gewölbescheiben in der nördlichen Abseite. Aus der zweiten Hälfte des
XIV. Jahrhunderts.

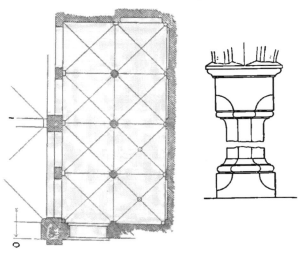

Nördliches Seitenschiff mit drei gothischen Granitpfeilern.
Aus der zweiten Hälfte des XIV. Jahrhunderts.

Thiele, a. a. O. S. 63, schliessen lässt — er spricht von Thurmpfeilern »inwendig in der Kirchen« — schon vor 1700 geschehen zu sein.

Ausser dem Hauptthurm giebt es noch einen kleinen Dachreiter auf der Vierung von 1705. Sein im Jahre 1597 erbauter Vorgänger fiel dem Sturm des 8. December 1703 zum Opfer.[1]

[1] Thiele, a. a. O., S. 64.

Die bis jetzt gefundenen unverrückbaren Thatsachen zur Geschichte des Dombaues sind folgende:

1. Der Stiftungsbrief für das Domkapitel vom 3. Juni 1226 (M. U.-B. 323). Damit war der Anlass zur Erweiterung der alten Hauptkirche der deutschen Stadt Güstrow gegeben, zu deren Voraussetzung das älteste Gewölbe im Chor Veranlassung giebt.[1]

2. Die durch den Kamminer Weihbischof Cono vollzogene Weihe des Hochaltars im Dom zu Güstrow. Cono, der als Episcopus in partibus infidelium den Titel eines Episcopus Magaricensis führt, war als Vertreter des

Blick in die nördliche Halle.

Kamminer Bischofs Friedrich nachweislich im Jahre 1335 in Dargun, wie eine Urkunde vom 3. März 1335 beweist (M. U.-B. 5571). Um diese Zeit muss somit auch der Dom zu Güstrow vollendet gewesen sein, ja die durch einen Reliquien- und Siegelfund im Güstrower Altartisch bezeugte Weihung durch den ebengenannten Bischof hat, was gar nicht unwahrscheinlich ist, vielleicht in demselben Jahre 1335 stattgefunden.[2]

---

[1] Den ersten Hinweis auf eine ältere Kirche giebt Koch, M. Jahrb. LVI, S. 65, beruft sich aber hierfür merkwürdigerweise nicht auf das genannte Gewölbe, sondern auf die dem XIV. Jahrhundert angehörenden echt gothischen Granitmonolithe, wie wir sie im Rehnaer Kapitelsaal und in der Rostocker Franziskaner-Kurie finden, und ferner auf die Rundbogenpforte, wie sie sehr ähnlich auch in der während des zweiten Viertels des XIII. Jahrhunderts gebauten Kirche zu Neukloster vorkommt. Die durch das harte Material des Granits bedingte einfache und hier etwas rohe Formengebung, in der man aber an den Ecken der Würfel-Kapitelle und Basen unschwer das gothische Prinzip der Abfasung erkennt, muss Koch dazu verführt haben, die Güstrower Monolithe für älter zu halten als sie wirklich sind.

[2] Lisch, M. Jahrb. XXXV, S. 178.

Gemälde vom Altar Aufsatz im Dom zu Güstrow.

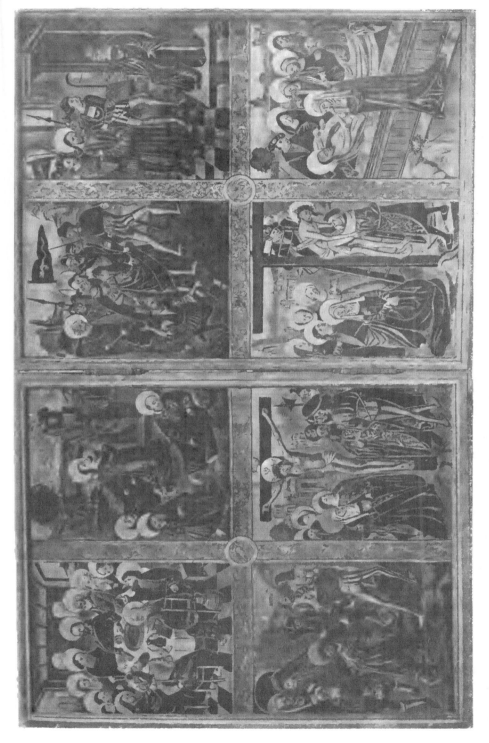

Gemälde vom Altar-Aufsatz im Dom zu Güstrow.

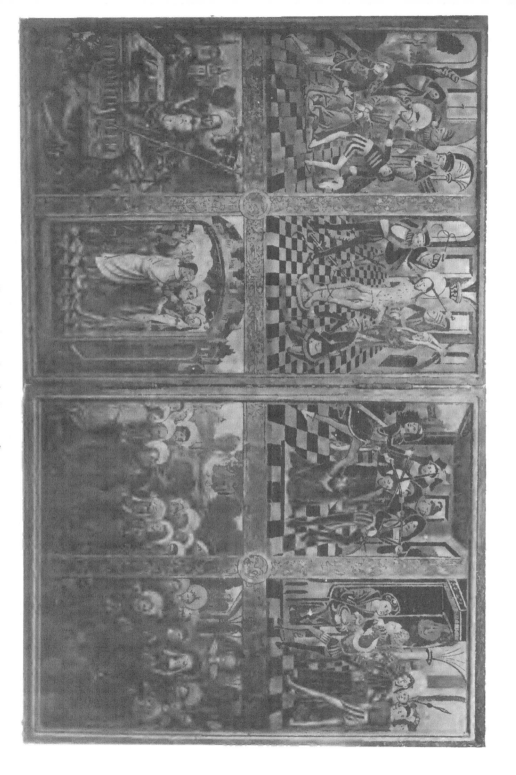

Gemälde vom Altar-Aufsatz im Dom zu Güstrow.

3. Aus der Zwischenzeit zwischen 1226 und 1335 giebt es vier Urkunden-Zeugnisse, welche deutlich erkennen lassen, dass der Bau nur äusserst langsam fortschreitet, es sind: M. U.-B. 2221 (11. April 1293), 2867 (1. Juni 1303), 3103 (24. Juni 1306) und 3248 (27. Oktober 1308). Im Jahre 1293 ist es ein testamentarisches Legat: ut ecclesia in suis adhuc edificiis incompleta cicius consummetur; 1303 bestimmt der Kamminer Bischof, dass der Ertrag einer Pfründe im ersten Jahre nach dem Gnadenjahre der Baukasse der Kirche zufallen soll; 1306 sorgt das Domkapitel für Heu zum Futtern der Pferde, »weil an der Kirchen gebawt wirt«; und 1308 spricht Fürst Nikolaus von Werle von zwei Gewölben, die er im Dome habe herstellen lassen.[1])

4. Für die Vollendung der beiden Abseiten, der nördlichen wie der südlichen, haben wir je ein urkundliches Zeugniss, das als terminus ante quem gelten kann. Ein Regest vom 28. September 1388 sagt, dass der Kanonikus Hennekinus von Bülow in seinem Testament mehreres »zur erbawung einer Capellen an den Torm der Thumbkirchen an der Nordseite gegeben habe; und ein anderes Regest von 1394 lautet: 1394. Des güstrow. Decani Nicolai von Güstrow Fundation einer Vikarei in der Thumbkirchen in seiner Capellen nehist dem Torm gegen Mittage ·. Hieraus ersieht man, dass man mit den Kapellenbauten der Abseiten des Mittelschiffes bereits am Ende des XIV. Jahrhunderts bis an den Thurm gelangt war, und dass dieser damals schon stand.[2])

Die im Jahre 1866 vorgenommene Restauration der Wände und Gewölbe hatte ihren Ausgangspunkt in der Baufälligkeit des Altargewölbes. Dasselbe drohte den Einsturz, wurde herausgenommen, und nach vorgenommenen Verankerungen und Restauration der Strebepfeiler wurde das jetzige Gewölbe des Oktogon-Abschlusses eingespannt, nachdem zuvor der das Altargewölbe von dem Kreuzgewölbe 2 trennende Gurtbogen in entsprechender Weise verstärkt worden war, um den Nachsturz dieses Gewölbes zu verhindern. Wie das Gewölbe des Oktogon-Abschlusses, so musste auch der Giebel des südlichen Querschiffes abgetragen und vollständig erneuert werden.[3]) Ueber die Einrichtung des Güstrower Domes unter dem Protektorat des uralten Bisthums Hildesheim (secundum ordinem uenerabilis ecclesie Hildensemensis), wo ebenso wie in Güstrow die hl. Caecilie zu den Schutzheiligen des Domes gehörte, äussert sich Lisch im M. Jahrb. XX, S. 238. Vgl. M. U.-B. 323.

Unter den Schnitzwerken des Domes nennen wir den grossen **Schrein des Hauptaltars** an erster Stelle. Er ist, wie Lisch schon vor sechzig Jahren aus dem fünftheiligen Wappen am Fuss der Kreuzesgruppe mit Recht geschlossen hat, eine dem letzten Jahrzehnt des XV. Jahrhunderts angehörende Stiftung der beiden mecklenburgischen Herzöge **MAGNUS II** (1441—1503) und

Schrein des Hauptaltars.

---

[1]) Lisch, a. a. O., S. 179, 180, will in diesen beiden Gewölben die des Schiffes erkennen und bezieht den Greif auf der einen und den Leopard auf der anderen Seite an der unteren Abschrägung des Gurtbogens, der beide Gewölbe trennt, auf das fürstliche Ehepaar, den Mecklenburger und die Dänin. Aber diese Deutung und Beziehung haben Widerspruch hervorgerufen. Crull-Wismar schreibt: ›Ich bezweifle, dass die beiden Thiere heraldische Bedeutung haben, es werden Symbole sein.‹

[2]) Vgl. Lisch, M. Jahrb. VIII, S. 100. XXXV, S. 166.

[3]) Koch, M. Jahrb. LVI, S. 68. 75. S. Abbildung.

BALTHASAR (1451—1507), welche beide als Donatoren mit den übrigen Figuren der Gruppe zur Darstellung gelangt sind.[1]) Wenn die äussersten Flügel dieses im Ganzen als ein Pentaptychon gestalteten Schreines geschlossen sind, erblicken wir in fast lebensgross gemalten Figuren, die im Charakter niederdeutscher Malereien jener Zeit ausgeführt sind und recht wohl von einem einheimischen Künstler aus einer der Hansestädte oder auch aus Güstrow selber geschaffen sein können, die drei schon öfter genannten Schutzheiligen des Domes sammt der hl. Katharina, die uns auch in der Pfarrkirche als eine der vornehmsten Heiligenfiguren entgegentreten wird, und in der Predella die sehr viel kleineren fünf Halbfiguren des Heilandes als Schmerzensmannes und der vier abendländischen Kirchenväter mit Spruchbändern: S. Gregorius (𝕻𝖆𝖘𝖈𝖎𝖔 𝖝𝖕𝖎 𝖆𝖉 𝖒𝖊𝖒𝖔𝖗𝖎𝖆𝖒 𝖗𝖊𝖇𝖔𝖈𝖊𝖙𝖚𝖗), S. Hieronymus (𝕻𝖆𝖘𝖈𝖎𝖔 𝖙𝖚𝖆 𝖉𝖔𝖒𝖎𝖓𝖊 𝖘𝖎𝖓𝖌𝖚𝖑𝖆𝖗𝖊 𝖊𝖘𝖙 𝖗𝖊𝖒𝖊𝖉𝖎𝖚𝖒), S. Augustinus (𝕴𝖓𝖘𝖕𝖎𝖈𝖊 [𝖛𝖚𝖑𝖓𝖊𝖗𝖆] 𝖗𝖊𝖉𝖊𝖒𝖙𝖔𝖗𝖎𝖘), S. Ambrosius (𝕹𝖔𝖑𝖎 𝖆𝖒𝖎𝖙𝖙𝖊𝖗𝖊 𝖙𝖆𝖓𝖙𝖚𝖒 𝖇𝖊𝖓𝖊𝖋𝖎𝖈𝖎𝖚𝖒). Schlägt man die Aussenflügel zurück, dann sieht man auf ihren Innenseiten und zugleich auf den Aussenseiten der Innenflügel sechzehn gemalte figurenreiche kleine Darstellungen aus der Geschichte der Passion, auf welche die Kirchenväter mit ihren eben gegebenen Worten hinweisen. Diese sechzehn Bilder, deren Verständniss und Erklärung für Bibelkundige keine Schwierigkeit bietet, beginnen mit dem Abendmahl und schliessen mit der Ausgiessung des heiligen Geistes. Schlägt man nun auch die Innentafeln zurück, so erblicken wir die in reicher Polychromie und Vergoldung uns entgegenstrahlende Plastik des Schreins. Am meisten fesselt die Mittelgruppe, in welcher die knieenden beiden kleinfigurigen Donatoren als grössere Gestalten wiederholt sind. Es sind echt niederdeutsche, fest und ernst blickende Männer und Frauen, voll Kraft und Gesundheit und mit harten Schädeln.[2]) Nicht zu übersehen sind auch der Engel mit der Seele des guten und der Teufel mit der des bösen Schächers, sowie sechs Propheten des alten Bundes mit leer gewordenen Spruchbändern in der gothischen Umrahmung der Mittelgruppe. Zu dieser gehören ausserdem jederseits drei stehende grössere und drei sitzende kleinere Heilige, diese unten, jene oben. Gerade so ist das Verhältniss in den Flügeln, wo jederseits fünf obere und fünf untere Figuren zu zählen sind. Die Beischriften ihrer Namen in den Nimben sind aber vielfach durch ungeschickte Restauration verdorben.[3]) Hinter jedem Namen ausserdem die Bitte: **ORA PRO NOBIS.** Links (vom Beschauer) folgen von der Kreuzesgruppe her als stehende grössere Gestalten:

---

[1]) M. Jahrb. XXXV, S. 168. Eine vorzügliche Abbildung der Kreuzesgruppe bei Teske, Wappen des Grossh. Hauses Mecklenburg, Taf. 11 a. Dazu Text S. 52 ff. Eine ausführliche Beschreibung des Schreines bei Lisch im angeführten Jahrbuch XXXV, S. 168—176.

[2]) ›Têtes dures‹ würde Kaiser Karl V. von diesen ebenso gut sagen können, wie er es von seinen Vlamen in Gent einstmals sagte.

[3]) Auch mit den Attributen ist es nicht überall richtig. So hat z. B. Jakobus d. j. statt der ihm zukommenden Walkerstange das Beil des Matthias erhalten. Der Kardinalshut des heiligen Hieronymus ist vergoldet, statt roth gefärbt zu werden.

Triumphkreuz.

S. Johannes Baptista, S. Caecilia,[1]) S. Petrus, S. Johannes Evangelista, S. Jacobus minor, S. Thomas, S. Jacobus major, S. Matthias; rechts S. Paulus, S. Catharina, S. Sebastianus, S. Matthaeus, S. Bartholomaeus, S. Andreas, S. Simon, S. Judas Thaddaeus. Unten sitzen links: S. Gregorius, S. Margaretha (?), S. Ambrosius,[2]) S. Agnes, S. Laurentius, S. Barbara, S. Brandanus,[3]) S. Gertrudis; rechts S. Hieronymus, S. Dorothea, S. Augustinus, S. Apollonia, S. Michael, S. Agatha, S. Mauritius und S. Maria Magdalena.

Die Rückseite des Mittelschreins enthält die Inschrift: **NACH UNSERS HERRN UND SELIGMACHERS GEBURT ANNO 1565 HAT DIE DURCHL · FURSTIN FRAW ELISABETH, GEBOHRNE AUS KONIGLICHEM STAMME DÄNNEMARCK, ANGEFANGEN DIESE THUM-KIRCHE, WELCHE SCHIER GANTZ VERFALLEN UND ZU EINEM WÜSTEN HAUSE GEWORDEN, DEM LIEBEN GOTTE UND SEINEM HEILIGEN WORTE ZU EHREN WIEDERUM ZU BESSERN, BAUEN UND RENOVIREN, UND IST DIE ERSTE CHRISTLICHE PREDIGT DARIN GESCHEHEN ANNO 1568 SONNTAGS NACH DEM NEUEN JAHR.[4])** Hier auch noch eine andere Inschrift, welche eine Aufzeichnung über Ansaamungen und Anpflanzungen enthält, welche auf Befehl der Herzogin Elisabeth bei Püszkau (Pustekow) und Rosin ausgeführt wurden[5])

Triumphkreuz. Grosses gothisches **Triumphkreuz** mit einem überlebensgrossen Krucifixus in den streng stilisierten Formen der Hochgothik aus der Mitte des XIV. Jahrhunderts.[6]) Niederdeutsche Arbeit.

Die Apostel. **Die Apostel.** Zwölf aus Holz geschnitzte spätgothische Gestalten mit stark geknitterten Gewändern im Charakter süddeutscher Kunst vom Ende des XV. und Anfang des XVI. Jahrhunderts. Es bleibt aber zu beachten, dass diese Werke aus niederdeutschem Eichenholz geschnitzt sind, das in Oberdeutschland weniger in Gebrauch ist. Einzelne Köpfe sind von grossartiger Wirkung, im Besondern die des Simon Zelotes, des Petrus, Andreas, Bartholomaeus und des Paulus, der in einer Wandertracht erscheint, die von ferne an einen Kardinal erinnert. Dagegen streift die Auffassung des Jacobus major die Grenze des Zulässigen. Er macht Front wie ein Miles gloriosus.[7])

---

[1]) Im Buche der hl. Caecilie liest man: O hyllighe juu[rowe] ſuntte [ceci]lye brŏŏe god den bern vor vns armen ſunder dat vns wyl gnedych ſyn vm[e] barberty[beyt] vn gbe vns na deſſeme vorgendhlyfen leuen dat eweghe leuent ihefus cryſtus · amen · pater noſter · aue maria. — Vgl. Lisch, M. Jahrb. XXXV, S. 169.

[2]) Nach Crull. Nach Lisch ist es S. Albertus. Vgl. den gegenübersitzenden S. Augustinus.

[3]) Lisch, M. Jahrb. XXXV, S. 172/173.

[4]) Thomas, Anal. Gustrov., S. 152. — Thiele, Beschr. des Domes, S. 85.

[5]) Thiele, Beschr. des Domes, S. 140. — Vgl. M. Kunst- u. Gesch.-Denkm. II, S. 343, Anmerkung 1. Ueber Pustekow s. Schildt, M. Jahrb. LVI, S. 199.

[6]) Wahrscheinlich aus derselben Zeit wie der grosse Doberaner Krucifixus: M. Kunst- u. Gesch.-Denkm. III, S. 599. — Früher an der Nordseite des Schiffes, jetzt auf der Südseite: Thiele, a. a. O., S. 61.

[7]) Ueber die Herkunft der Figuren ist nichts bekannt. Thiele, a. a. O., S. 61, enthält darüber nichts. Eine gewisse Verwandtschaft mit diesen Schnitzwerken scheint uns der Altarschrein der

Altar im Dom zu Güstrow (linker Flügel).

(Mittelstück).

Altar im Dom zu Güstrow (rechter Flügel).

Schnitzstatuen im Dom in dreiviertel Lebensgrösse.

Schnitzstatuen im Dom in dreiviertel Lebensgrösse.

Der »**Levitenstuhl**«. Ein Schnitzwerk mit drei Baldachinen und zwei hohen Seitenwangen im Stil niederdeutscher Hochgothik vom Ende des XIV. oder Anfang des XV. Jahrhunderts. Auf den Seitenwangen je fünf neutestamentliche Darstellungen: auf der einen die Freuden Mariae (Verkündigung, Heimsuchung, Geburt des hl. Kindes, die Anbetung der hl. drei Könige [diese in zwei getrennten Bildern]), auf der anderen das Abendmahl, die Geisselung, Kreuztragung, Kreuzigung und Auferstehung.[1])

Zwei **Fünten**: ein grosses rundes steinernes Becken aus frühgothischer Zeit des XIV. Jahrhunderts, mit kräftig ausgemeisseltem Kleeblatt-Dreipass- und Vierpass-Muster auf der Aussenseite, bei der letzten Restauration der Kirche auf einen neuen Fuss gestellt,[2]) und ein zierlicheres, auf vier Füssen stehendes gleichfalls steinernes Becken mit hölzernem Deckel, beide Theile im Geschmack der Renaissance der zweiten Hälfte des XVI. Jahrhunderts ausgeführt. Jenes in der vorreformatorischen, dieses in der nachreformatorischen Zeit im Gebrauch. Das schmiedeeiserne Gitter, welches jetzt die frühgothische Fünte umgiebt, ist eine kunstvolle Arbeit aus der ersten Hälfte des

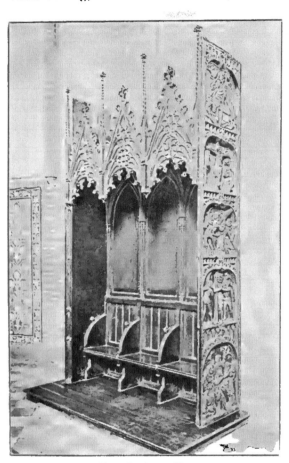

Der »Levitenstuhl«.

XVIII. Jahrhunderts. Sie bildete früher einen Ring um die jüngere Renaissance-Fünte. Diese ist, wie die Wappen erkennen lassen, eine Stiftung des Herzogs

Bartscheerer und Wundärzte in der Marien-Kirche zu Rostock zu haben, der im ersten Bande unseres Werkes abgebildet ist.

[1]) Lisch, M. Jahrb. XXXV, S. 189. 190. Ein zweiter Stuhl von geringerer Bedeutung, der aber nicht erhalten geblieben ist, wird von Lisch ebendaselbst erwähnt. Ueber die ehemaligen fürstlichen Emporen, die bei der Restauration von 1865 bis 1868 abgebrochen wurden, s. Lisch, M. Jahrb. XXXV. S. 191.

[2] Lisch. M. Jahrb. VIII B, S. 100. XXVII, S. 36.

ULRICH und seiner zweiten Gemahlin, der pommerschen Herzogin **ANNA**, mit der er sich den 9. December 1588 vermählte. Ihre Ausführung fällt also in die Zeit zwischen 1589 und 1603.[1]) Sie stimmt aufs Beste zu den feinen und vornehmen Bildhauerarbeiten des niederländischen Meisters **Philipp Brandin**, der für den Herzog arbeitete.[2])

Kanzel.

Die **Kanzel** ist gleich dem jüngeren Taufbecken eine treffliche Steinarbeit aus der Restaurationsperiode der Herzogin **ELISABETH**. Ihre Reliefs erinnern an die Marmorarbeiten ähnlicher Art in der Schweriner Schlosskirche. Es sind ihrer drei: das eine stellt den Jesusknaben unter den Schriftgelehrten im Tempel dar, das andere die Taufe Christi im Jordan und die Predigt des

[1]) Nach Thiele, a. a. O., S. 86, wurde sie im Jahre 1593 aufgestellt. Vgl. ebendaselbst S. 57. Lisch, M. Jahrb. XXXV, S. 24.

[2]) In der That hat sich im Renterei-Register von 1591/92 die Nachricht gefunden, dass Meister Philip's (d. i. Brandin) beide Gesellen Claus Midow und Bernd Berning (od. Berndes) 83 Gulden 11 ßl. für den Taufstein im Dom zu Güstrow erhalten.

Seitenwange
vom »Levitenstuhl«.

Seitenwange
vom »Levitenstuhl«.

Gitter für die jüngere Funte.

Frühgothische Fünte.

14

Johannes, und das dritte die Ausgiessung des heiligen Geistes auf die Heiden nach der Predigt des Petrus (Apostelgesch X).[1]) Der von Thiele, a. a. O. S. 57, beschriebene hölzerne Deckel ist im XIX. Jahrhundert durch einen neugothischen Deckel ersetzt, der an sich sehr gut geschnitzt ist, aber zu dem Predigtstuhl in keinem richtigen Verhältniss steht.

Orgel.

Die **Orgel** ist neu. Von dem im Geschmack der Renaissance des XVI. Jahrhunderts ausgeführten alten Gehäuse werden viele gut geschnitzte Theile im Grossherzoglichen Museum aufbewahrt. Die Beschreibung der alten Orgel giebt Lisch im M. Jahrb. XXXV, S. 192—194.[2]) Sie stand früher an der Südwand der Kirche, und zwar am Westende des Schiffes, und war eine Stiftung des Herzogs **ULRICH** und seiner zweiten Gemahlin, der Herzogin **ANNA** von Pommern, aus dem Jahre 1590.

Glocken.

Glocken. Der Dom zählt im Ganzen sechs Glocken, welche in ihrer jetzigen Gestalt alle mit einander den Jahrhunderten nach der Reformation angehören. Die

Jüngere Fünte von 1591.

[1]) Lisch, M. Jahrb. XXXV, S. 24, ist auch geneigt, diese Kanzel dem Philipp Brandin zuzusprechen. Die Reliefs aber sind, wie die Vergleichung mit den Abbildungen in M. Kunst- und Gesch.-Denkmäler II, S. 588 bis 590, darthut, den deutschen Marmorarbeiten der Georg und Simon Schröder sammt Genossen sehr verwandt. Von einer Renovierung der Kanzel im Jahre 1701 spricht Thiele, a. a. O., S. 57.

[2]) Vgl. auch Thiele, a. a. O., S. 59—61. Unter Herzog Johann Albrecht II. im Anfange des XVII. Jahrhunderts und unter Herzog Friedrich Wilhelm im Anfange des XVIII. Jahrhunderts fanden Reparaturen statt: M. Jahrb. XXXV, S. 194.

grösste stammt aus dem Jahre 1617. Sie wurde laut Inschrift unter Herzog **JOHANN ALBRECHT II.** vom Meister **Michael Westphal** gegossen. Die zweite, ursprünglich aus dem Jahre 1483, wurde unter Herzog **FRIEDRICH WILHELM**

Kanzel.

1701 von **Ernst Siebenbaum** zum ersten Mal, 1705 zum zweiten Mal und endlich 1706 von **Kaspar Heinrich Castel** aus Frankfurt a. M. zum dritten Mal umgegossen. Die dritte ist laut Inschrift im Jahre 1600 unter Herzog **ULRICH** gegossen (von wem, ist nicht angegeben) und zeigt ausser seinem

Wappen auch die Initialen seines Sinnspruches **H · G · V · V · G ·** (Herr Gott verleih' uns Gnade). Die vierte ist 1612 unter Herzog **HANS ALBRECHT II.** gegossen. Auch hier fehlt der Name des Giessers in der Inschrift. Die fünfte, der Uhr als Viertelstunden-Glocke dienende Glocke ist ohne Inschrift, ebenso die sechste, die Klinge-Glocke, welche 1713 einen Riss bekam und in Folge davon umgegossen werden musste.[1])

Epitaphien und Grabdenkmäler.

Epitaphien
und Grab-
denkmäler.

1. Grabdenkmal Fürst **Borwin's II.**, erst bei der letzten Restauration in den sechziger Jahren des XIX. Jahrhunderts etwas mehr in die Mitte gerückt.

Grab-
denkmal
Fürst Bor-
win's II.

Es ist eine mit Wappen und In-schriften bedeckte Tumba aus grauem Sand-stein, auf welcher eine Platte von nordischem Marmor liegt. Mit den hier an-gebrachten Wappen und In-schriften gedenkt der Stifter der Tumba, Herzog **ULRICH**, nicht bloss des Fürsten Borwin, sondern

Grabdenkmal Fürst Borwin's II.

auch dessen Vaters und Grossvaters sammt deren Gemahlinnen, also des Fürsten Pribislav und der Woizlava aus norwegischem Königsstamm sowie des Fürsten Heinrich Borwin des älteren und der Mechtilda aus polnischem Königsstamm.[2])

Epitaph
des Fürsten
Borwin II.

2. **Epitaph** des Fürsten **Borwin II.**, oder besser gesagt die mecklenburgische Genealogie in Form eines von hohen korinthischen Säulen getragenen Baldachins, der sich über dem Kenotaph des Fürsten Borwin erhebt. Alles von grauem Sandstein. Auf dem Kenotaph die überlebensgrosse liegende Gestalt des Fürsten in einem Harnisch. Von ihr steigt der aus zahlreichen kleinen Inschrift-Täfelchen bestehende und mit ebensovielen kleinen zierlichen Büsten geschmückte Stammbaum bis zu den Kindern der beiden

---

[1]) Alle diese Glocken sind bereits von Thiele, a. a. O., S. 151--155, beschrieben.

[2]) Vorher lag hier ein hölzernes Bildwerk (vgl. die Tumben in Doberan und Hohen-Viecheln), welches Herzog Ulrich entfernen liess; Thiele, a. a. O., S. 120. Lisch, M. Jahrb. XXXV. S. 25.

Epitaph des Fürsten Borwin II im Dom zu Güstrow.

Epitaph der Herzogin Dorothea im Dom zu Güstrow.

Brüder, der Herzöge Johann Albrecht und Ulrich, empor. Als Bekrönung eine Tafel mit den Namen des Herzogs **ULRICH** und der Herzogin **ELISABETH**, die das grosse stattliche Werk errichteten, mit den Initialen ihrer Sinnsspruche **HERR GOTT VERLEIHE VNS GNADE** und **ALLES NACH GOTTES WILLEN** und mit der Jahreszahl **1575**, die sich zum zweiten Mal in der Umrahmung findet.

Lisch hat M. Jahrb. XXXV, S. 5, 11, 26, nachgewiesen, dass David Chytraeus sich mit dieser Genealogie im Auftrage des Herzogs Ulrich beschäftigte, und hat ferner sr. Zt. die bestimmte Vermuthung ausgesprochen, dass der Bildhauer **Philipp Brandin** und der Maler **Cornelis Krommeny** das Werk ausgeführt haben würden. Seine Vermuthung wird durch die Renterei-Register von 1574 bis 1576, welche er nicht vor sich hatte, bestätigt. Ausser Brandin und Krommeny spielt aber auch der beim Altar in Rühn genannte niederländische Maler **Peter Bökel** eine Rolle dabei. Der Verfasser verdankt die das Güstrower Werk betreffenden Auszüge Herrn Archivar Dr. Stuhr. Sie lauten:

Renterei Register 1574/75:

Meister Philipp Brandin Steinmetzen zur Wissmar für Vorfertigung der Genealogien der Hertzogenn zu Meckelnburgk etc. im Thuemb zu Gustrow vormuege der Vordingung entrichtet an 1000 Thalern — 1333 fl. 8 ßl.

Peter Malern zur Wissmar für den Abriß der Hertzogen zu Meckelenburgk etc. Genealogien, so Meister Philip Brandin im Thumb zu Gustrow in Stein gehawen, geben — 26 fl. 16 ßl.

Dem Maler Meister Cornelio, der m. g. H. die Genealogia der Hertzogen zu Meckelnbürgk etc. im Thumb zu Gustrow Vorguldet vnnd zu dero behuff zu Lubeck golt einkauffen mussen, vff beuell m. g. F. zur Zerung mitgeben — 2 fl. —

Register 1575/76:

Meister Philip Brandin für die Wapenn vff der Genealogia im Thumb zu Gustrow den 14. Decembris Anno 75 geben an 16 Thalern ex mandato — 21 fl. 8 ßl.

Item noch demselben vf die neuwe vordingte Sepultur daselbst auß beuehl meines gnedigen Hernn vf Rechnung geben den 14. Januarii Anno 76 — 133 fl. 8 ßl.

Item noch vf Rechnung . . . . . . den 28. Martii — 5 fl. 8 ßl.

Jorgen Hagemeister auß beuehl m. g. F. vorlegts Gelts nemblich für 3000 goldt (!), so Cornelius der Maler zu Lubeck gekaufft vnd an der Genealogien ihm Thuemb zu Gustrow zu uorgulden gebraucht, wiedergeben — 56 fl. 16 ßl.

Ueber Philipp Brandin als Baumeister vgl. M. Kunst- u. Gesch.-Denkmäler II, S. 202 und 203. Vgl. dazu auch Lisch, M. Jahrb. XXXV, S. 96. Sarre, Fürstenhof, S. 35—37.

3. Epitaph der Herzogin **Dorothea** Die Herzogin Dorothea, eine Tochter König Friedrich's I. von Dänemark und jüngere Schwester der Gemahlin des Herzogs Ulrich, vermählte sich am 27. Oktober 1573 mit dem Herzog Christoph zu Gadebusch und starb bereits den 11. November 1575. Das Denkmal liess ihr die Schwester, Herzogin **ELISABETH**, setzen. Die liegende Gestalt der Herzogin ist ein überaus zart und fein ausgeführtes Werk

Epitaph der Herzogin Dorothea.

in weissem Marmor von der Hand des **Philipp Brandin**, der es nicht ver-
schmäht hat, hier seinen Namen eigenhändig zu hinterlassen: **PHILIP BRAN-
DAN FECIT.** Die Säulen dorisch-toskanischer Ordnung, welche den Baldachin
des Monumentes tragen, sind von rothem Marmor. Im Aufsatz oben eine
runde Kartusche mit dem Brustbilde des Salvator mundi. Auf der Tafel eine
lateinische und eine deutsche Inschrift.

Die lateinische Hexameter-Inschrift lautet:

PRIMI DANORVM FRIDERICI FILIA REGIS E SOPHIA ILLVSTRI POME-
RANA PRINCIPE NATA | CHRISTOPHORI MEGALEPOLEOS DVCIS IN-
CLYTA CONJVNX | QVAM PIETAS QVAM PVRA FIDES QVAM GRATIA
MORVM | HEROINARVM DECVS EFFECERE DEIQVE | DONIS DORO-
THEAM FAMA SVPER AETHERA NOTAM | HVC TVLIT OSSA OBIENS
ANIMAM TV CHRISTE TVLISTI HAEC MOESTA ELISABETH POSVIT
MONVMENTA SORORI • DECESSIT DIE $\overline{\text{XI}}$ NOVEMB • ANNO CHRISTI
MDL$\overline{\text{XX}}$V

Die deutsche Vers-Inschrift lautet:

GANTZ LIEBLICH OHN ALL ANGST VND PEIN   GLEICH IN EINEM
SCHLAFKEMERLEIN   ALHIE RUHET IN DIESEM GRAHB   FRAW
DOROTHEA GOTTES GAHB   WELCH AVS KONGLICHEM STAMMEN
KLAHR   ZU DENNENMARCK GEBOREN WAHR   VON KONCK FRID-
RICH DEM ERSTEN GENANT   VND FRAWN SOPHIEN AVS POMMER-
LANT   ALS SIE ABER ERWACHSEN WAHR   VND MEN TZELT DREI
VND SIBENTZIGK JAHR   DEN SIEBN VND ZWANTZIGSTN OCTOBER
VON MECHLNBURCH HERTZOGK CHRISTOFFER   HERTZOG VLRICHS
BRVDR NACH GOTS RAHT   ZV KOLDINGN SIE BEKOMMEN HAHT
ZVM EHGMAHL WELCHM SIE WAHR GENEIGT   VND IHM HERTZ-
GRVNDLICH LIEB ERTZEIGT   ENTLICH ALS SIE DES LEBENDS SAT
IHR LETZTES TZIEL ERREICHET HAT   IST SIE MITH VOLR VOR-
NUNFT GANTZ FEIN   VND SANFT IN GODT GESCHLAFEN EIN   ALSE
NACH CHRISTI VNSERS HERN   MENSCHWERDVNGE GETZELLET
WERN   ZV RECHNEN NACH DEM WEINGERN TZAL   FVNF VND
SIEBENTZIG VBERAL   EBEN AVF MARTINI TAGK TZWAHR   AVF
WELCHEN AVCH GEHALTEN WAHR   NACH FVRSTLICHEM GEBRAVCH
VND AHRD   FVR ZWEN JHAREN IHRE HEIMFAHRD   DER GTREVWE
GODT WENS IHM GEFELT   BESCHER VNS AVCH AVS DIESER WELT
VND ALLEM TRVBSAHL ANGST VND LEIT   EIN SOLCHEN CHRIST-
LICHEN ABSCHEIT   DVRCH SEINEN ALLERLIEBSTEN SOHN   VN-
SERN MIDLER VND GNADENTROHN   AMEN.[1]

**Monument
des Herzogs
Ulrich.**

4. Nun folgt die bedeutendste Leistung des **Philipp Brandin**: das Monument des Herzogs **Ulrich** und seiner beiden Gemahlinnen. Es sind lebens-
volle Werke von grosser Wahrheit und Feinheit sowie von meisterhafter

[1]) Thiele, a. a. O., S. 112 und 113.

Vollendung der Technik. Die grosse Tafel, welche den Hintergrund bildet, ist von schwarzem Marmor, von rothem dagegen sind die beiden Pilaster, welche sie durchschneiden. Von den beiden Karyatiden, welche den Baldachin tragen, ist die eine die Fides, die andere die Prudentia, beide von weissem Marmor. Aus gleichem Material die drei knieenden Gestalten, die Ahnentafeln, die Wappen, Relief-Brustbildchen, die Konsolen-Köpfe, die biblischen Bildtäfelchen zwischen diesen Konsolen (von der Verkündigung Mariae bis zur Himmelfahrt reichend) und die Gestalten der Pietas, Caritas, Spes und Fortitudo, zwischen denen die drei Wappen des Aufsatzes angebracht sind.

Zu Herzog Ulrich die Inschrift:

ICH WEIS DAS MEIN ERLOESER LEBET VND ER WIRD MICH HERNACH AVS DER ERDEN AVFWECKEN VND WERDE DARNACH MIT DIESER MEINER HAVTH VMBGEBEN WERDEN VND WERDE IN MEINEM FLEISCH GOTT SEHEN VND MEIN AVGEN WERDEN IHN SCHAWEN • HIOB XIX • DV ABER HERR WOLTEST DEINE BARMHERTZIGKEIT VON MIR NICHT WENDEN • LASS DEINE GVET VND TREW ALLWEG MICH BEHVETEN • PSALMO • XL • HERR LEHRE VNS BEDENCKEN DAS WIR STERBEN MVSSEN AVFF DAS WIR KLVEG WERDEN • PSALM • XC •

Zu Herzogin Elisabeth:

LVCE 2 • IM FRIED BIN ICH DAHIN GEFAHRN
DEN MEIN AUGEN GESEHEN HABN
DEIN HEILAND HERR VON DIR BEREIT
ZUM LICHT DER GANTZEN CHRISTENHEIT
INDES RUG ICH IN DIESER GRUFFT
BISS AUFF MEINS HERREN WIEDERKUNFT •

DN • ELISABETHAE SERENISS • DANIAE ET NORVEGIAE REGVM FRIDERICI • $\overline{\text{I}}$ • FILIAE; CHRISTIANI • $\overline{\text{III}}$ • SORORI : PRIMVM MAGNI • DEINDE VLRICI • ILLVSTRISS • DVCVM MEGAPOL • CONIVGI : QVORVM HVIC PEPERIT SOPHIAM • FRIDERICO $\overline{\text{II}}$ • REGI SEPTEMTRIONIS MAX° • NVPTAM : È QVA CVM NEPOTES • $\overline{\text{III}}$ • ET INTER EOS ETIAM CHRISTIANVM • $\overline{\text{IV}}$ • REGEM ELECTVM • ET NEPT • $\overline{\text{IV}}$ • NATAS • AVIA FELICISS • CVM MARITO IN DANIA INVISISSET : IN IPSO AD MEGAPOL • SVOS REDITV • DVM IN FALSTRIA AVSTRO ADVERSO TENETVR : FEBRI CORREPTA • IBIDEMQVE $\overline{\text{XV}}$ • OCTOB • EX SVORVM OCVLIS • NON ANIMO SVBLATA • PIE EXPIRAVIT : ET $\overline{\text{XXIII}}$ • NOVEMB • MONVMENTO HVIC EXVVIAS SVAS • SPE LAETISS • RESVRRECT • INTVLIT • AN • AET • $\overline{\text{LXII}}$ • CHRISTI • CIↃ • IↃ • XXCVI • MATRI PATRIAE ET CONSORTI OPTATISS • VIDVVS MOESTISS • P •

Die deutsche lautet:

DIESES GRABMHAL VND MONVMENT
LIES AVFRICHTN KVRTZ FVR IHREM END

FRAW ELISABETH AVS DER KROHN

ZV DENNEMARGK GEBOREN SCHON

VON EIM KONINGK FRIDRICH GENANT

DEM ERSTN DES NHAMENS WOL BEKANT

VON MECKELNBVRGK DEM ALTEN STAM

HERTZOGK MAGNVS SIE ERSTLICH NAM

ZVM EHGMAHL WELCHN SIE LIEBT VON HERTZN

DOCH IHN BALT WIDR VERLHOR MIT SCHMERTZN

ABR NACH ETLICHEN IHARN VND ZEIT

AVS GOTS SCHICKVNG SIE WIDER FREIT

HERTZOGK VLRICH VND ZEVGT MIT IHR

EIN FREVLEIN VIELER TVGDEN ZIER

SOPHIAM WELCH KONIGK FRIDRICH

IN DENMARCK LIES VORMHELEN SICH

IHR GANTZES LEBEN THVN VND HANDL

IN GOTTES FVRCHT OHN ALLEN WANDL

SIE FVREN THET SO GANTZ WEISLICH

DAS IDERMAN MVS WVNDERN SICH

WEN ER ANSICHT ETLICHER MASSN

DIE GDECHTNIS SO SIE HINDERLASSN

ENTLICH ALS SIE BESVCHET HET

IN DENMARCK KONGLICH MAIESTET

VND ITZT WAHR AVF DER WIDERREIS

VBERFIEL SIE EIN FIEBER HEIS

ZV GEISGART AN WELCHEM SIE IST

ENTSCHLAFFEN SANFFT IN IESV CHRIST

IHR LEIB ALHIE SEIN RHVSTET HAT

DER FROMME GOTT WIRT BALT IN GNAD

SIE AVFFERWECKEN VND MACHEN SCHON

ZVR HIMLFVRSTIN IN SEINEM TROHN •

Die Herzogin Anna hat keine Inschrift ausser der unter ihrem Wappen im Aufsatz des Monuments, wo auch die Initialen ihres Wahlspruches gegeben sind:

H • G • A • A • N •

(HILF GOTT AVS ALLER NOTH.)

Die in der Bekrönung des Denkmals angebrachten Wappen des Herzogs Ulrich und der Herzogin Elisabeth haben die Jahreszahl **1585**, das der Herzogin Anna dagegen hat die Zahl **1599**. Darnach ist das Werk bei Herzog Ulrich's Lebzeiten vollendet, Herzogin Elisabeth aber kann es selbstverständlich in seiner vollen Gestalt nicht gesehen haben. Dass aber beide, Herzog und Herzogin, für die Herstellung lebhaft interessiert waren, geht aus den von Lisch a. a. O. beigebrachten einzelnen Nachrichten hinlänglich hervor. Der Marmor kam aus England nach Hamburg, wurde von da auf Elbe und Elde zu Schiff bis Möderitz geschafft und gelangte dann mit Wagenfahrt nach Güstrow. Auch für dieses grosse Hauptdenkmal haben

Monument des Herzogs Ulrich u

Gemahlinnen im Dom zu Güstrow.

sich im Grossherzogl. Archiv in neuerer Zeit Nachrichten gefunden, welche die längst gehegte Vermuthung von Brandin's Urheberschaft vollauf bestätigen.

Rentereiregister Mich. 1583/84:

»Meister Philip Brandin vff meines g. H. Epitaphium im Thumb zu Gustrow vff Rechnung geben zu Butzow den 6. Junii Anno 84 laut seiner Quitantz · 133 fl. 8 ßl.

Rentereiregister Mich. 1584 '85:

»Meister Philip Brandinen vff das Epitaphium meines g. H. Sepultur im Thumb zu Gustrow vff Rechnung geben, zu Butzow den 18. Martii Anno 85 133 fl. 8 ßl.«

Rentereiregister Mich. 1585/86:

Philipp Brandin auf das Epitaph 24. Jan. 86	160 fl.
Demselben auf das Epitaph 21. Juli 86	133 fl. 8 ßl.

Rentereiregister Mich. 1586/87:

Philipp Brandin auf das Epitaph 1. Dec. 86	300 fl.
Demselben auf das Epitaph 12. Febr. 87	133 fl. 8 ßl.

Item demselben noch zu entlicher Abrechnung vnd voller Bezahlung der obgedachten Arbeit des Epitaphii im Thumb zu Gustrow entrichtet den 11. Julii Anno 87 vermuege seiner Rechnung vnd Quitantz, darunter auch seine Zehrung vnd anders, wie er den Stein gekaufft, auch waß der Stein gekostet, desgleichen auch 125 Taler für das Dobberansche Epitaphium zu meines g. H. halben Teil, in alles 396 fl.

»NB. 2290 Taler kostet das Epitaphium zu Gustrow im Thumb in alles vngefehr mitt dem Stein vnnd anderen Vnkosten zu Fortbringung desselben, auch Arbeitslohn etc. dartzu hat Meister Philip zu vnderschiedtlichen vielen Malen empfangen

Vonn m. g. H. auß der Cammer	900 Taler
Von m. g. Furstin vnd Frauwen	369 Thaler
Vnd auß der Renterei	1021 Thaler.

Es ist aber vonn dem Stein Hertzog Christoffern zu Meckelburgk etc. Gemahls vnd das Dobberanische Epitaphium auch gemacht worden. (Vgl. M. Kunst- u. Gesch.-Denkm. II, S. 557 und III, S. 653.)

Rentereiregister Mich. 1587/88:

»Clauss Midowenn Meister Philips Gesellen für die Buchstabe vnd Grabschrifft vnser gnedigen Frauwen seligen, in Stein zu hauwen, für jeder Buchstab 9 ₰, wie mit ihme verdinget wordenn, den 12. Julii Anno 88 entrichtet laut seiner Quitantz 44 fl. 9 ßl.«

Rentereiregister Mich. 1596/97:

»Für das Epitaphium m. g. F.« (also für das der Herzogin Anna) kaufen 1597 im Aug. die beiden Gesellen **Klaus Midow** und **Bernd Berninger** den Alabaster für 201 Thaler in Hamburg. Auch im Rentereiregister von 1597/98 kommen beide als Steinmetzen vor, aber es wird nicht gesagt, woran sie arbeiten. Das Register von 1598/99 fehlt. In dem von 1599 1600 aber wird der Maler **Claus Köster** für Anstreichen des Epitaphiums bezahlt. Gewiss ist somit, dass Philipp Brandin, der 1594 in Nyköping gestorben war, die Vollendung seines Werkes seinen beiden Gehülfen Midow und Berninger überlassen musste.

Vgl. Schröder, Kirchenhistorie III, S. 200 203.

Marmor-
Denkmal
Günther
v. Passow's.

5. Diesen Werken schliesst sich zunächst das Marmor-Denkmal des Geheimen Rathes **Günther von Passow** an (gest. 1657). Herzog **GUSTAV ADOLPH** setzte es ihm, wie aus den langen Inschriften in Deutsch und Latein, die früher in anderer Weise aufgestellt waren zu ersehen ist.[1]) Es ist ein

Marmor-Denkmal des Geheimen Rathes Günther von Passow.

Marmorwerk, das in künstlerischer Beziehung den Werken des Philipp Brandin in keiner Weise nachsteht, und es stammt, wie Koch im M. Jahrb. LVI, S. 239/240 durch Veröffentlichung des Kontraktes nachgewiesen hat, von der Hand des aus Hamburg gekommenen Baumeisters und Bildhauers **Charles Philipp Dieussart**,

[1]) Thiele, a. a. O., S. 148—151. Vgl. Thomas, Catal. biogr., S. 107. Lisch, M. Jahrb. XXXV, S. 198.

der übrigens auch im Rentereiregister von 1657 1658 mit einer an ihn ge-
zahlten Summe von 40 Gulden bei Gelegenheit der Arbeiten am Denkmal
des Günther von Passow aufgeführt wird. Vgl. Akten im Grossh. Archiv.

6. Epitaph des **Joachim von der Lühe** auf Püttelkow und Buschmühlen, Epitaph des
Geheimen Rathes und Hofmarschalls des Herzogs Ulrich, † 1588, mit dem Joachim
Marmor-Relief der Auferstehung.[1]
v. d. Lühe.

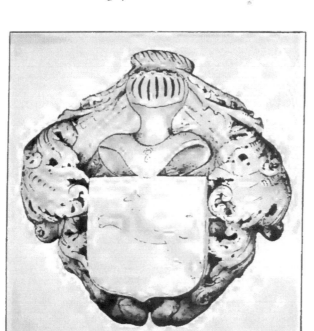

Passow'sches Wappen.

7. Epitaph des **Joachim von Stralendorff**, Kammerherrn des Herzogs Epitaph des
Ulrich, † 1601, mit den beiden Marmor-Reliefs der Auferweckung Lazari im Joachim
mittleren Haupttheil und dem der Auferstehung Christi im oberen Aufsatz.[2]
v. Stralen-
dorff.

8. Epitaph des im Alter von 49 Jahren verstorbenen Goldschmiedes Epitaph des
Hans Krüger († 1583), desselben, der u. a. den grossen Prachtpokal der Kirche Hans
zu Bützow herstellte. Dieser Kelch weist, was bisher nicht beachtet worden Krüger.
ist, als Meisterstempel dasselbe Zeichen auf, das hier als Wappen des Mannes
in den Aufsatz des Epitaphs gestellt ist. In der Mitte das Relief der Kreuzigung

[1] Thomas, Catal. biogr., S. 100 und 101. Thiele, a. a. O., S. 142. Joachim von der Lühe
ist der Erbauer jenes Hauses, das Wallenstein 1629 für die Justiz-Kanzlei kaufen und einrichten
liess. Jetzt Schulhaus: Lisch, M. Jahrb. XXIV, S. 50. XXXV, S. 95. 197.

[2] Thiele, a. a. O., S. 141.

aus einem dunkelfarbigen festen Sandstein. Am Fuss des Kreuzes die knieende Familie des Stifters.[1])

Epitaph des Dr. Friedr. Gottlieb Gluck.

Pritzbuer'sches Wappen.

Pogwisch'sches Wappen.

9. Epitaph des herzoglichen Medicinalrathes Dr. **Friedrich Gottlieb Gluck**, ÷ 1707. Aus schwarzem und weissem Marmor. Der Rahmen mit den Guir-

Epitaph des Joachim von der Lühe.

landen aus rothweisser Breccia. Den Kern des Ganzen bildet die vorzüglich gearbeitete Büste des Verstorbenen aus weissem Marmor in ovalem Hochrelief. Am Schluss der kurzen lateinischen Inschrift der bisher, wie es scheint, nicht beachtete Name des Künstlers: **THOMAS QVELLINVS FECIT.**[2])

[1]) Der Name des Hans Krüger auch bei Crull, M Jahrb. LXIII, S. 149. — [2]) Der Name des Thomas Quellinus, welcher zu der im XVI. und XVII. Jahrhundert sehr angesehenen Ant-

10—13. Hier reihen sich folgende **Wappen** an: das des **Henning Pogwisch**, Wappen.
der wegen Gewaltthätigkeiten seiner Güter in Holstein verlustig gegangen
und mit seiner Familie nach Güstrow gezogen war, wo er 1481 starb: Anno
dñi mcccc in de lrrri iar do starf henigḥ ponicḥ de got gnedich ſī;

Epitaph des Joachim von Stralendorff.

Vieregge'sches Wappen.

das des herzoglichen Oberstallmeisters **Adam Christoph von Voss** († 1692); das des herzoglichen Hofmarschalls **Paul Otto von Vieregge** († 1671) und das des herzoglichen Geh. Rathes **Andreas**

von Pritzbuer. Ausserdem mögen noch die hier nicht abgebildeten Wappen-
werpener Künstlerfamilie gleichen Namens zählt, ist älteren und jüngeren Künstlerverzeichnissen, wie
denen von Heineken, Fiorillo, Nagler, Kramm u. s. w., durchaus nicht unbekannt. Auch die
Nachbarstadt Lübeck besitzt von ihm ein bedeutendes Kunstwerk.

und Gedächtniss-Tafeln des Kanzlers **Joh. Cothmann** († 1661), des Geh. Raths-
präsidenten **Joachim Friedr. Gans** († 1700), des herzoglichen Stallmeisters

**Jean Rodrigo
de Pita** [Pieht]
(† 1651), des **Heinr.
Wilhelm von Brei-
denbach** von 1631
und der Familien
Voss und **Barner**
genannt werden.[1])

Grabsteine.

Grabsteine.
Aus der mittelalter-
lichen Zeit des Dom-
kapitels hat sich nur
ein Stein erhalten,
der des im Jahre
1381 zum Scholasti-
cus ernannten Prie-
sters **Berthold**. Er
zeigt das Bild eines
Geistlichen mit dem
Kelch und enthält
die Umschrift:

Ao : dñi : m : ccc :
rcvii : in : vigiᵃ :
penthecoſteß : o :
dñß : bertolduß :
[canonicuß] hui⁹ :
ccc : cui⁹ : aía :
in pace : iḥu :
rpi : requieſcat ·
Amen.[2]) — Aus der
nachreformatori-
schen Zeit sind fol-
gende zu nennen:

Epitaph des Goldschmiedes Hans Krüger.

Der Stein der **Anna Fineke**, nachgelassenen Wittwe des **Hans Linstow** auf

[1]) Lisch, M. Jahrb. XXXV, S. 196—200, wo auch die Stellen bei Thomas und Thiele citiert
sind. Das Schütze'sche Epitaph ist nicht mehr da; auch das Gans'sche ist verschwunden.

[2]) Lisch, M. Jahrb. VIII B, S. 101. Der Stein ist bei Gelegenheit der letzten Restauration
äusserst achtlos behandelt, zerbrochen und nur theilweise (mit Ergänzung von Cement) wieder zusammengesetzt, sodass von der Inschrift, die Lisch noch fast ganz zu lesen vermochte, nichts
weiter übrig ist als . . . coſteß o dñß bertolduß . . . . . . hui⁹ ccc cui⁹ aía in pace iḥu
rpi requi . . . . und ausserdem der Name des Josua Arndius, der den Stein 1667 für sich und
seine Erben vom Dom erkaufte.

Bellin, gest. 1607.[1]) — Stein des Herzogl. Mecklenb. Rathes und Hofmarschalls
C. **Rotermund** aus der ersten Hälfte des XVII. Jahrhunderts.[2]) — Stein der
Gebrüder **Hahn** (1758 und 1775), die den Dom mit einem Legat bedachten,
dem z. B. die silbernen Leuchter des Altars entstammen. Der Stein weist übrigens ältere Wappen auf, die zum Theil undeutlich geworden sind. — Stein der Familie **Crotogino**. Ebenfalls mit älterem Bildwerk versehen Man erkennt noch einen Schild mit einem nach rechts steigenden Pferde. — Stein des Königl. preussischen Generalmajors der Infanterie **Ernst Vollrath von Vieregge**, geb. 1744, gest. 19. Mai 1816. Er war Amtshauptmann zu Schlanstädt und Oschersleben und Kanonikus des St. Sebastianstifts zu Magdeburg.

Epitaph des Dr. Friedrich Gottlieb Gluck.

In der **Fürstengruft**, von der hier eine Abbildung gegeben wird, sind   Fürsten-
erhalten die Sarkophage des Herzogs **Gustav Adolph** (÷ 1695) und seiner   gruft.
Gemahlin, der Herzogin **Magdalena Sibylla** (÷ 1719), und deren Kinder, der
Herzogin **Maria** (÷ 1701), Herzogin **Magdalena** (÷ 1702), des Herzogs **Karl**

---

[1]) Zur Zeit steht ein Ofen auf diesem mit Wappen geschmückten Grabstein.

[2]) Thomas, Catal. biogr., S. 110.

(† 1688) und der Herzogin **Augusta** († 1756) Ausserdem noch ein Sarkophag, der in seinem Innern drei kleine Kindersärge vereinigt, die der Herzoginnen **Magdalena, Maria** und **Eleonora Wilhelmina** († 1689, 1690 und 1691), Töchter des Herzogs Adolf Friedrich II. von Mecklenburg-Strelitz aus seiner ersten Ehe mit der vorhin erwähnten Herzogin Maria († 1701), der Tochter des Herzogs Gustav Adolph. [1])

Wandmalereien.

Voss'sches Wappen.

Wandmalereien. Was vor der Restauration

Blick in die Fürstengruft.

des Domes von 1865 bis 1868 an Resten alter Ziegelbemalung noch zu erkennen war, hat Lisch im M. Jahrb. XXXV, S. 181—183, zusammengestellt.

[1]) Vgl. Thiele, a. a. O., S. 135 ff. Ueber die sonstigen fürstlichen Begräbnisse im Dom aus früherer Zeit vgl. ebendaselbst S. 118 ff. Dazu Wigger, M. Jahrb. L, S. 332 und 333.

Heute sind nur noch die schon oben erwähnten beiden Wappenthiere Greif und Leopard auf den schrägen Abschlüssen der Wandpfeiler des Mittelschiffes vorhanden, die Lisch zu dem Fürsten Nikolaus II. von Werle und dessen Gemahlin Rixa von Dänemark in Beziehung zu setzen sucht.

Die **Oelgemälde** des Domes sind, von denen des Hochaltars abgesehen, ohne Bedeutung: wir nennen die schon im Jahre 1700 ganz und gar über-

Oel-
gemälde.

Silberne Taufschüssel (s. Kleinkunstwerke Nr. 16).

malten Bildnisse von **Luther** und **Melanchthon**, eine ältere von dem ehemaligen Schütz'schen Epitaph von 1669 stammende Kopie der Rembrandt'schen **Kreuzabnahme** und eine jüngere Kopie von der **hl. Caecilie** des Carlo Dolci.

Glasmalereien. Was der Dom einstmals an Glasmalereien aus dem Mittelalter besass, hat das von Thiele, a. a. O., S. 64, beschriebene Unwetter vom 10. August 1694 vernichtet. Die ein Jahr darauf auf Befehl des Herzogs **GUSTAV ADOLPH** wieder eingesetzten Glasmalereien sind, soweit sie erhalten waren, bei der letzten Restauration von 1865 bis 1868 durch neue Ornamentmalereien ersetzt worden und befinden sich jetzt im Grossherzoglichen Museum: es sind die Gestalten der hl. Maria und des Johannes Evangelista von

Glas-
malereien.

dreiviertel Lebensgrösse und die Wappen des Herzogs Gustav Adolph und der Herzogin Magdalena Sibylla.[1])

Kleinkunstwerke.

Kleinkunstwerke. 1. 2. Silbervergoldeter Kelch auf achtpassigem Fuss, laut Inschrift auf der Unterseite des Fusses und nach den Werkzeichen (**G** und **L M**) aus einer im Jahre 1724 auf dem Altar gefundenen Gabe von fünfzig Thalern hergestellt von dem Güstrower Goldschmied **Lenhard Mestlin.**[2]) Dazu eine Patene mit denselben Stempeln. — 3. 4. Kelch und Patene, kleiner, in der Form aber gleich 1 und 2, von demselben Goldschmied. — 5. Silbervergoldeter Kelch auf sechspassigem Fuss. Von demselben. — 6. Vereinzelte Patene mit den Stempeln **G** und **C I L** des Güstrower **Caspar Johann Livonius.** — 7. 8. Silbervergoldeter Kelch auf sechspassigem Fuss, am Erntedankfest des Jahres 1767 geschenkt von seinem Verfertiger, dem Güstrower Amtsgoldschmied **JUSTUS THEODOR RUST**, dessen Stempel aus dem Güstrower Stadtwappen und den Initialen **I T R** bestehen. Patene ohne Stempel. — 9. Kleiner silbervergoldeter Kelch auf rundem Fuss, laut Inschrift und Stempel (**G** und **A R**) im Jahre 1716 aus einer von der Herzogin **ELISABETH**, Gemahlin des Herzogs Ulrich, geschenkten Kanne hergestellt von dem Güstrower Goldschmied **Abraham Ratke.** Unter dem Fuss noch das der alten Kanne entnommene dänische Wappen der Herzogin mit mecklenburgischem Herzschild und der Umschrift: ELISABET · G · A · KON · STAMM · Z · DENM · H · Z · MECK · — 10. 11. Zwei silberne Patenen ohne Stempel. — 12. Silberne Oblatendose, oblong. Mit den Stempeln des **Lenhard Mestlin.** — 13. Runde silberne Oblatendose, laut Inschrift

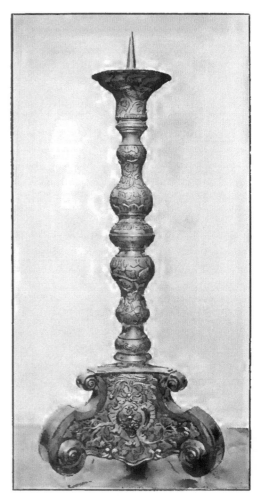

Silberner Leuchter (17).

---

[1]) Vgl. Lisch, M. Jahrb. VIII B, S. 101, und XXXV, S. 195.

[2]) Verzeichniss der Güstrower Goldschmiede bei Crull, M. Jahrb. LXIII, S. 149 und 150.

auf der Unterseite geschenkt im Jahre 1669 von dem Superintendenten **DANIEL JANUS**.[1]) Mit dem Stempel des Goldschmiedes **Heinrich Hölscher** (H H in Ligatur). — 14. Kleine silberne Kanne für die Kranken-Kommunion mit dem Stempel **SCHRADER**. — 15. Silbervergoldeter Schöpflöffel. Ohne Stempel. — 16. Silberne ovale Taufschüssel, im Innern vergoldet, mit der Darstellung der Taufe Christi im Jordan. Treibarbeit von **Lenhard Mestlin**. 17. 18. Zwei silberne Leuchter mit Barock- und Rokoko-Verzierungen. Treibarbeit vom Jahre 1757 von dem aus Stettin gebürtigen Güstrower Goldschmied **Joh. Gottl. Schmidt**. Die Leuchter stammen aus dem **HAHN**'schen Legat (s. o. Grabsteine). Daher der Wappenschild mit dem Bilde eines Hahns. — 19. Silberne, theilweise vergoldete Trompete, laut Inschrift im Jahre 1797 »für die herzogliche Domkirche zu Güstrow« aus dem Vermächtniss des Hofgärtners **GEORG FRIEDRICH HAHN** zu Gotha gestiftet.

Kronleuchter von 1680 (28).

An der Trompete die Nachbildung des Domsiegels mit den Gestalten der hl. Caecilie und des hl. Johannes Evangelista. Berliner Arbeit von **August Friedrich Krause**. — 20. Zinnerner Kelch vom Jahre 1800, mit der Marke des englischen Zinns. — 21—27. Sieben messingene Wandleuchter, unter ihnen

---

[1]) Thomas, Catal. biogr., S. 12.

drei von besonders anziehender Form, einer im südlichen Querschiff mit der Aufschrift **IACOB GRETMANN 1591**, ein anderer im nördlichen Querschiff mit der Aufschrift **CATRIN HERMANNS . IOCHIM SCHELLE WITWE • DEN 26 NOV. 1663**, ein dritter ohne Aufschrift im Chor. — 28. Kronleuchter von 1680, laut Inschrift und Wappen gestiftet von den drei Schwestern **ANNA LVCIA, CATHARINA** und **URSVLA VON KARBERG (KERBERG)**. — 29—33. Zwei Klingbeutel mit Messingrand, der eine von 1666, der andere von 1764, und drei Messingbecken von 1725 **(IOHANN CHRISTIAN RICHTER)**. — 34. 35. Eichener Schrank im Thurm von 1709 und Almosenkasten mit Einlege-Arbeit, unter der Kanzel stehend, von 1789.   34—42. Neun Fahnen der freiwilligen Jäger von 1813 14, am 28. März 1838 dem Dom übergeben.[1]) — 43. Zu den werthvollsten Kleinalterthümern des Domes gehört unstreitig der bronzene Thürklopfer an der neuen Sakristeithür auf der Südseite (ursprünglich am romanischen Portal auf der Nordseite). Es ist ein im Geschmack des XIV. Jahrhunderts stilisiertes gothisches Weinlaub- und Traubenwerk mit einem bärtigen Männerkopf in der Mitte, der mit seinem flach anliegenden Kopfkranz an den bärtigen Dionysos der Alten erinnert und deshalb nicht, wie es

Thürklopfer (XIV. Jahrhundert), nach Zeichnung von C. Raspe.

geschehen, für einen Christuskopf ausgegeben werden kann. Ein lebensgrosser Christuskopf in einem Thürklopfer entspricht überdies ebenso wenig Fühlen und Empfinden des Mittelalters wie dem unserer Gegenwart. Doch ist der Kopf keine klassische Antike. Seine scharfkantigen Formen haben mittelalterlichen Charakter. Dagegen wäre es nicht unmöglich, dass der Schlagring einer jener vorgeschichtlichen Halsringe (Torques) wäre, wie sie im nördlichen Europa und auch in Mecklenburg in grösserer Zahl zum Vorschein gekommen sind.[2])

---

[1]) Zander, Das 25 jährige Jubelfest der freiwilligen mecklenb. Kämpfer von 1813 und 1814. Güstrow 1838. Vgl. Abbildung der Feier in der Kirche auf einer Lithographie von A. Achilles. Dazu eine zweite Lithographie von demselben mit der Abschiedsfeier auf dem Güstrower Schlossplatz am selben Tage: 28. März 1838.

[2]) Vgl. Lisch, M. Jahrb. XII, S. 418. XXVII, S. 236. XXXV, S. 181. Koch, M. Jahrb. LVI, S. 76. So wie der Thürklopfer jetzt an der neuen Thür der Sakristei auf der Südseite der Kirche angebracht ist, erscheint er nicht hinlänglich geschützt. Sollte es sich nicht empfehlen,

Neues Altar-Antependium für den Dom in C
und dessen Gen

gestiftet vom Herzog-Regent Johann Albrecht
zugin Elisabeth.

Pfarrkirche zu Güstrow.

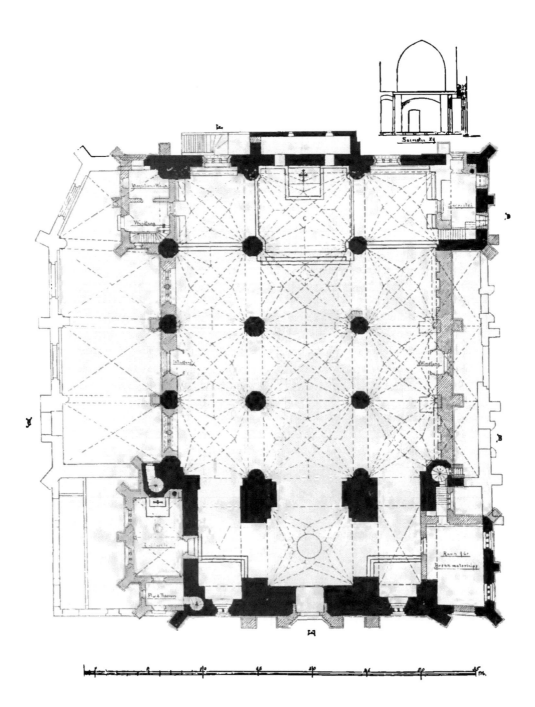

Grundriss der Pfarrkirche zu Güstrow.

44. Zum Schluss sei hier ein prachtvolles, in reicher Gold-, Silber- und Seidenstickerei ausgeführtes neues Antependium des Altars genannt, das von dem Herzog-Regenten **JOHANN ALBRECHT** von Mecklenburg und dessen Gemahlin, der Frau Herzogin **ELISABETH**, geschenkt worden und nach einer von dem Architekten Prof. Dr. Haupt geschaffenen Vorlage ausgeführt ist.

Die Pfarrkirche.

aubeschreibung. Der beigegebene Grundriss der Pfarrkirche, die ebenso wie die ihr zeitlich nahestehende Sternberger Kirche einen durch alle Schiffe gleichmässig durchgeführten flachen Chorabschluss hat und dieser auch sonst als gothische Hallenkirche sehr verwandt ist, zeigt deutlich, dass sie ursprünglich als vierschiffige Kirche mit drei Reihen achtseitiger Pfeiler geplant war, sich aber in Folge des Bedürfnisses zahlreicher Kapellen für ihre Vikareien und die in ihr zusammentretenden Bruderschaften der Stadt zu einer ungleichmässig entwickelten fünfschiffigen Kirche gestaltete und zuletzt, bei der Restauration von 1880 bis 1883, auf eine gleichmässig durchgebaute dreischiffige Hallenkirche zurückgeführt wurde. Wie sehr sie durch diesen Umbau gewonnen hat und zugleich dem Prinzip ihrer ersten Anlage näher gebracht ist, zeigt ein Vergleich ihrer jetzigen inneren und äusseren Erscheinung mit dem Quer- und Längsschnitt sowie den äusseren Aufrissen der

Beschreibung des Baues.

ihn der Thür des romanischen Portals auf der Nordseite zurückzugeben und hier eine Gitterthür, welche den Thürring hinlänglich sichtbar werden liesse, vorzulegen? Der Werth dieses Werkes ist gross genug, um eine solche Vorsichtsmassregel zu rechtfertigen.

Westseite der Pfarrkirche vor ihrer Restauration.

Südseite der Pfarrkirche vor ihrer Restauration.

Ostseite der Pfarrkirche vor ihrer Restauration.

alten Kirche.   Eine Beschreibung aller architektonischen Einzelheiten kann den
hier gegebenen Abbildungen gegenüber unterbleiben.

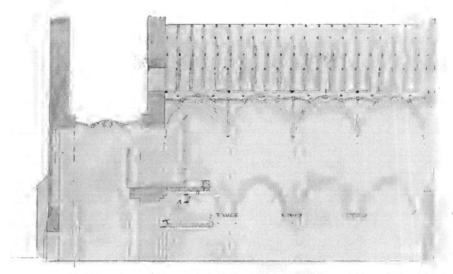

Längsschnitt der Pfarrkirche vor ihrer Restauration.

Querschnitt der Pfarrkirche vor ihrer Restauration.

Die Pfarrkirche (Marktkirche, Marienkirche, ecclesia parrochialis, ecclesia
forensis, ecclesia parrochialis in honorem beate Marie constructa) wird den
7. Januar 1308 zum ersten Male urkundlich genannt [1]   Damals giebt es eine

[1] M. U.-B. 3211.

Partei in Güstrow, welche wünscht, dass die Kirchenverwaltungen und die Pfarrdienste scharf von einander getrennt werden. Aber der Kamminer Bischof Heinrich, der es mit der Gegenpartei hält, will nichts davon wissen. Dom, Pfarrkirche und Heiligengeist-Kirche sollen als eine einzige untrennbare und daher selbstverständlich unter der Oberleitung des Domprobstes stehende Kirchengemeinschaft für alle Zeiten von Bestand bleiben (. . . . ipsamque domum (sc. sancti Spiritus) cum sepedicta ecclesia (sc. parrochiali) consolidamus et unimus innocato Christi nomine, volentes et statuentes, quatenus unitas seu ydempnitas inter pretactam domum et ecclesiam inuiolabilis perpetuis temporibus perseueret. Similique modo inter collegiatam ecclesiam Gustrowensem et sepetactam parrochialem ecclesiam Gustrowensem unitatem seu ydempnitatem conjunctim et indiuisim esse et consistere, tractatu diligenti et cause cognicione premissis, declaramus et tenore presencium diffinimus . . . .). Zur Zeit des Kamminer Bischofs Heinrich von Wachholt (1300—1317) wird die Pfarrkirche somit wohl zum ersten Mal der christlichen Gemeinde geöffnet worden sein. Zu ihren Gunsten erlassen im Juli 1319 von Avignon aus zwei griechische Bischöfe, der Erzbischof Rustan von Neopatras (Neapatra, Patrudschi) und Bischof Orlandus von Dimica (Dhomoko in Thessalien) einen Ablassbrief.[1]) Im Februar 1338 werden zwei Vikareien für die Pfarrkirche gestiftet, vom Rathmann Distelow und von den Vorstehern der Kaufmannsgilde (koplödeghylde) Dietr. Prahst, Heinrich Gartz, Jakob Worpel und Hermann Krakow.[2]) Jakob (Kopekinus) Worpel, dessen Name uns schon beim Dom begegnet ist, giebt zwei Jahre später einen namhaften Beitrag zur Erbauung einer Orgel.[3]) Auch Rathmann Wolter von Tarnow macht sich um dieselbe Zeit durch ein Geldgeschenk an die Kirche verdient.[4]) Im Jahre 1357 richtet sich die Bartholomaeus-Bruderschaft eine Kapelle und einen neuen Altar in der Pfarrkirche ein; von besonderen Ehren der hl. Katharina in ihr hören wir zum ersten Mal 1359, auch von einer Vikarei, welche die nach ihr genannte Bruderschaft stiftet; 1361 auch von einer Vikarei, die 1301 Rath und Gemeine zur Sühne für Ungerechtigkeiten stiften, die sie sich gegen zwei Geistliche haben zu Schulden kommen lassen; 1365 von einer der Gregorius-Bruderschaft dienenden Vikarei und 1368 von einer Kapelle und Vikarei der Katharinen-Bruderschaft.[5]) Am Peter-Pauls-Abend (den 28. Juni) 1503 entfacht ein Blitzstrahl einen Brand in der Stadt, dem auch der grosse hohe Thurm der Pfarrkirche zum Opfer fällt. Mit ihm und der Kirche auch das Rathhaus und die Heiligen-Bluts-Kapelle. Der eifrige Bischof Konrad Loste von Schwerin hilft mit einem Hirten- und Ablass-Brief, und 1508 kann die Kirche mit achtzehn Altären und drei Glocken wiederum geweiht werden. Eine Inschrift in der Pfarrkirche giebt Zeugniss von diesem ersten verheerenden Brande und auch noch von zwei anderen Stadtbränden, bei denen indessen die Kirche selber verschont bleibt. Der eine findet 1508, der andere 1512 statt.[6]) Wie dann mit den »Martinisten« die Reformation in die Kirche einzieht und der Domprobst Oemken selber mit seiner Predigt von der Kanzel der Pfarrkirche herunter die neue

---

[1]) M. U.-B. 4085.
[2]) M. U.-B. 4849. 5880.
[3]) M. U.-B. 6039.
[4]) M. U.-B. 6074.
[5]) M. U.-B. 8383. 8680. 8873. 9418. 9764. 9912.
[6]) Vgl. Besser, a. a. O., S. 291. 296. 298. Aufzeichnungen im Kalandsbuch, M. Jahrb. XLIV, S. 35.

Inneres der Pfarrkirche zu Güstrow.

Lehre fördert, ist oben bereits angedeutet worden.[1]) Noch heute zeugt ein Epitaph in der Pfarrkirche von seinem Ruf und Ruhm (s. u.).

Kanzel.

Der **Altaraufsatz** ist ein mit Doppelflügeln versehener spätgothischer Altar-Schrein, der nach einer im Kirchenregister der Pfarrkirche von 1632, S. 1029, aufsatz. erhaltenen Nachricht im Jahre 1522 aufgestellt und seit 1883 von der in- und

---

[1]) Besser, a. a. O., S. 324. 331.

ausländischen Kunstgeschichte als ein gemeinsames Werk der beiden flandrischen Meister **Jan Bormann** und **Bernaert van Orley** anerkannt wird. Leider fehlt es bis jetzt an Nachrichten über Stifter und Besteller, auch darüber, wie der Auftrag nach Brüssel gelangt und das Werk von dort nach Güstrow hin abgeliefert ist. Es lässt sich aber aus der Art und Weise, wie hier die Gestalt der hl. Katharina mit den Scenen aus ihrer Legende als gleichwerthig mit der Gestalt der hl. Maria und der Legende des »Marien-Lebens« zusammengeordnet ist, der Schluss machen, dass das kostbare Werk eine gemeinsame Stiftung der Mitglieder der St. Katharinen-Bruderschaft ist, die oben bereits mehrfach erwähnt wurde. Hoffentlich gelingt es noch einmal, in dieser Richtung zu jenen Nachrichten zu gelangen, die man bis jetzt vergeblich gesucht hat.

Die Schutzheiligen, denen der Altar geweiht worden, sind ausser der hl. Maria und hl. Katharina auch die beiden Apostel Paulus und Petrus, welche man erblickt, sobald der Schrein völlig geschlossen ist. Hinter ihnen jederseits zwei Darstellungen, hinter Petrus die seiner Einkerkerung und

Eingangsthür der Kanzeltreppe.

Kreuzigung, hinter Paulus die seiner Bekehrung und Hinrichtung mit dem Schwerte. Klappt man die Flügel auf, so kommen auf dem inneren Flügelpaar die Gestalten der hl. Maria mit dem Kinde und der hl. Katharina mit ihrem Peiniger, dem zu ihren Füssen liegenden Kaiser Maxentius, zum Vorschein, auf den Innenseiten der Aussenflügel aber je drei Scenen aus dem Leben beider: bei der hl. Maria ihr Tempelgang, ihre Verlobung mit dem

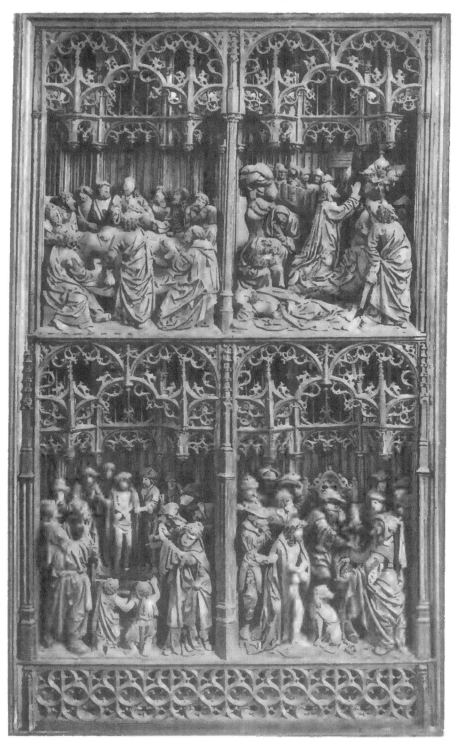

Altarwerk der Pfarrkirche zu Güstrow (linker Flügel).

Altarwerk der Pfarrkirche zu Güstro(

ck) von Jan Bormann.

Altarwerk der Pfarrkirche zu Güstrow (rechter Flügel).

St. Maria.

Vom Altarschrein der Pfarrkirche.

St. Katharina.

St. Petrus.

Vom Altarschrein der Pfarrkirche.

St. Paulus.

hl. Joseph und als Hauptdarstellung die Verkündigung des Engels, bei der hl. Katharina aber der Feuertod des durch ihre Ueberredung bekehrten Philo-

sophen in Gegenwart des Kaisers Maxentius und seines Hofes, der misslungene Versuch ihrer Hinrichtung mit dem Rade, und als Hauptdarstellung ihre Hinrichtung mit dem Schwerte, nachdem es dem Maxentius nicht gelungen ist, sie von ihrem Glauben abzubringen. Hier sehen wir auch, etwas abgesondert von dem Gefolge des Kaisers, aber dennoch dazu gehörend und auf dem Mittelgrunde gerade zwischen der hl. Katharina und ihrem Henker erscheinend, den Bernaert van Orley selbst als jungen Mann in jenem bekannten Zeitkostüm, das der florentinischen Mode folgt.[1]) Schlägt man das zweite Flügelpaar auf, so erblickt man die Plastik in der vollen Pracht und Feinheit polychromer flandrischer Kunst zur Zeit der Spätgothik. Der linke Flügel (vom Beschauer aus) enthält die Scenen des Abendmahls, der Ver-

Eingangsthür zum Predigtstuhl.

klärung, des Ecce homo und der Vorführung vor Pilatus. Dann folgt der Mittelschrein mit der Verspottung, Kreuztragung, Kreuzigung, Abnahme vom Kreuz und der Beweinung des hl. Leichnams; zuletzt der rechte Flügel mit

---

[1] Der Vergleich dieser Darstellung mit den von ihm erhaltenen Bildnissen, unter welchen das von Dürer in der Galerie zu Dresden das bedeutendste ist, rechtfertigt diese Behauptung.

der Grablegung, Auferstehung, mehreren in zwei Gruppen zusammengefassten Erscheinungen des Auferstandenen und mit der Himmelfahrt. Endlich sehen wir in der Predella den Heiland und die zwölf Apostel, und oben im Aufsatz, dessen Schnitzwerk nach dem Muster der wurmstichig gewordenen alten Nischen und Baldachine erneuert ist, neben der hl. Maria und hl. Katharina als Hauptfiguren den Heiland als »Schmerzensmann« und elf weibliche Heilige. Der Name des Bildhauers **Jan Borman** aber steht deutlich sichtbar auf dem Schwert des Kriegers rechts in der Darstellung der Kreuztragung. Der Stempel **BRUESEL** (= Brüssel) hat sich nicht weniger als siebenmal am untersten Rande der drei Schreine gefunden, welche das Mittelstück und die Seitenstücke in sich aufgenommen haben.

Vgl. Schlie, das Altarwerk der beiden Brüsseler Meister Jan Borman und Bernaert van Orley in der Pfarrkirche zu Güstrow. (Güstrow, Opitz. 1883). — Dazu van Even, le retable de l'église de Gü-

Aufgang zur Orgel-Empore.

strow au Grand-Duché de Mecklenbourg. (Extract du Bulletin des comm. d'art et d'archeol. de l'Académie roy. de Belgique) 1884. — Hymans, Livre des peintres de Carel van Mander (Paris, Pinchart 1884), I, S. 134. — Woermann, Repertorium f. K. W., VII (1884), S. 449, Anmkg. — Wouters, la peinture flamande (Paris, Quantin 1883), S. 146 n. — Otte-Wernicke, Hdb. II (5. Aufl.), S. 679. 750. — Ein vom schwedischen Reichsantiquar Hans Hildebrand in Wilberga (zwischen Stockholm und Upsala) aufgefundener Altar des Jan Borman enthält die geschnitzten Darstellungen der Kreuztragung, Kreuzigung und Grablegung. Diese stimmen derart mit den gleichen Gruppen des Güstrower Altars, dass daran die Betriebsweise der nach feststehenden Modellen arbeitenden Brüsseler Schule in der Werkstatt Borman's erkannt werden kann. Vgl. van Even, a. a. O. (Note sur un retable de Wilberga), Bd. XXII (1891).

Die grosse **Triumphkreuz-Gruppe** mit dem Krucifixus in der Mitte
und mit den Figuren der hl. Maria, des hl. Johannes, des Adam und der Eva

Muttergottesbild.

zur Seite, ein gross-
artig gedachtes und
ausgeführtes Werk,
das laut demselben
Register der Pfarr-
kirche vom Jahre
1632 (S. 102), dem
wir die Nachricht
über den Borman-
Orley'schen Altar
verdanken, im Jahre
1516 in die Kirche
gesetzt wurde, harrt
der Wiederher-
stellung und Wieder-
aufrichtung an
ihrem alten Platze.
Augenblicklich ruht
sie, verstaubt und
beschmutzt, im
Magazin der Ger-
truden-Kirche. In
ihrem alten Glanze
wieder erneuert,
wird sie ohne Zweifel
die Gesammt-
wirkung der präch-
tigen Kirche mit
ihrem vielen Bild-
werk in ausser-
ordentlicher Weise
erhöhen.[1]

[1] Für ihre Wieder-
herstellung haben sich
sr. Zt. auch der um die
Erhaltung zahlreicher
Kunst- und Geschichts-
Denkmäler des Landes
verdiente Alterthums-

forscher Dr. Crull in Wismar und der verstorbene Geh. Archivrath Dr. Wigger zu Schwerin in
einem gemeinsamen Gutachten vom Juli 1880, zu dem sie aufgefordert waren, lebhaft ausgesprochen. Warum ihr Rath nicht befolgt worden ist, wissen wir nicht. Wie wundervoll aber
die Wirkung eines solchen grossen statuarischen Werkes in der Höhe gestaltet werden kann, zeigt

Mutter-
gottesbild.

Spätgothisches **Muttergottesbild**, fast in Lebensgrösse aus Holz geschnitzt, auf einem Hintergrunde, der mit Sonnenstrahlen und Sternen geschmückt ist, während eine Mondsichel zu Füssen der hl. Maria sichtbar wird, wie Altar und Triumphkreuz wahrscheinlich dem ersten Viertel des XVI. Jahrhunderts angehörend. Neu bemalt und vergoldet. Am Saum des Gewandes Schriftreste: **. . . . L DER HILGEST . . . .**

Leuchter-
träger.

Zwei kleine Engel in Gestalt von Chorknaben als **Leuchterträger**. Mit auffallend derben grossen Köpfen niederdeutschen Schlages. Spätgothische Schnitzerei, aber weniger fein als die des vorhergenannten Marienbildes.

Eingangsthür zur Taufkapelle.

die ganz neu angefertigte Triumphkreuz-Gruppe im Dom zu Braunschweig, deren Betrachtung Architekten und Kunstfreunden nicht genug empfohlen werden kann.

Leuchterträger.

Hagemeister'sches Epitaph.

Leuchterträger.

Kanzel.

Die **Kanzel**, ein Werk der Renaissance von 1583, ist eine Bildhauerarbeit aus gutem Sandstein und zeigt eine feine Behandlung mit Farben und Vergoldung. Am Aufgange die Gestalten des Moses, David, Jeremias und Petrus mit Sprüchen aus ihren Schriften. Am Predigtstuhl sieht man zwischen sechs männlichen Karyatiden, von denen vier die Evangelisten-Attribute und einer die Weltkugel des Salvator mundi bei sich hat, eine Reihe von Relief-Darstellungen: die Taufe Christi im Jordan, das Abendmahl, die Kreuzigung, die Ausgiessung des heiligen Geistes und das Weltgericht. Am Kanzeldeckel endlich interessieren ausser dem Güstrower Stadwappen zwei Personenwappen mit Initialen, die den Stiftern der Kanzel angehören werden.

An der Eingangsthür der Kanzeltreppe hübsche Holzintarsien: aussen Maria mit dem Kinde, innen Luther. Ebenso an der Eingangsthür zum Predigtstuhl: aussen der Prophet Daniel, innen Jakobs Traum von der Himmelsleiter.[1]) Vgl. Invent. von 1811.

Oemke'sches Epitaph.

[1]) Mit der Kunst des Charles Philipp Dieussart (s. o. Epitaph von Passow), dem die Kanzel von Gurlitt, Gesch. des Barockstils in Deutschland, S. 103, vermuthungsweise beigelegt ist, hat die Kanzel, wie die Abbildung zeigt, nichts zu thun. Anders Koch, M. Jahrb. LVI, S. 239.

Die **Orgel** besitzt noch ihren im Barock- und Rokoko-Stil ausgeführten Prospekt von 1764.65, als der Rostocker Orgelbauer **Paul Schmidt** das Werk für die Summe von 3400 Thalern anstellte. Zu beachten ist die hölzerne Wendeltreppe, welche zur Empore hinaufführt.

Orgel.

Die **Eingangsthür** zur Taufkapelle vom Jahre 1729 mit den Gestalten des Moses, Aaron und des Salvator mundi sowie mit den beiden Reliefs aus der Geschichte des Noah war früher eine nach aussen gekehrte Thür auf der Nordseite der Kirche. Sie stammt aus der Mitte des XVIII. Jahrhunderts.

Eingangs-
thür zur
Tauf-
kapelle.

Kruger'sches Epitaph.

Unter dem Gestühl ist nur der **Rathsstuhl** hervorzuheben. Treffliche Kunsttischlerei im Geschmack der Renaissance: **ANNO · 1 · 5 · 9 · 9 · M · M · F ·**

Rathsstuhl.

Glocken. Im Thurm vier Glocken. Von diesen gehört die älteste (Dm. 104 cm) dem Jahre 1425 an. Da aber in ihrem Felde eine 24 cm hohe Flachrelief-Figur des hl. Georg als Hauptschmuck erscheint, so kommt man auf die Vermuthung, sie könne ehemals der abgebrochenen Kapelle des St. Jürgen-Stiftes gedient haben. Ihre von kleinen Wappenschilden mit Bildern (Harpyie oder Jungfrauen-Adler viermal, Hirsch sechsmal, gothische

Glocken.

Nische mit Marienbild einmal) begleitete Inschrift lautet: **o rer glorie rpe beni cum pare mccccrrb.** Sie hat das nebenstehende Giesserzeichen. Die nächstälteste ist eine von **Ernst** und **Johann Siebenbaum** im Jahre 1701 gegossene

mit 145 cm Dm. Die andern beiden (155 cm und 182 cm Dm.) sind 1854 von dem Glockengiesser **Illies** in Waren aus zwei älteren Glocken, die im Jahre 1600 von den Wismarschen Meistern **Gerd** und **Klaus Binge** hergestellt waren, umgegossen worden.[1]

Nese'sches Epitaph.

Epitaphien.

Oemkesches Epitaph.

Epitaphien.

Hölzernes Epitaph des oft genannten Superintendenten **Oemke** (✝ 25. März 1562), ihm gesetzt 1572 von seiner Wittwe. Mit dem Gemälde des auferstehenden und triumphierenden Christus.[2]

Hagemeistersches Epitaph.

Hölzernes Epitaph des Senators **Bernhard Hagemeister** (✝ 8. März 1593), ihm gesetzt im Jahre 1597 von seiner Wittwe. Mit dem Gemälde der Auferstehung.[3]

Kreitensches Epitaph.

Hölzernes Epitaph des Güstrower Goldschmiedes **Mathes Kreiten**, gebürtig aus Pest, daher auch kurz Matz Unger geheissen. Die bildliche Darstellung fällt auf, man sieht den Meister mit seiner Gattin an einem Tische sitzen. An dem Tisch die Jahreszahl **1580**. Aus Rechnungen über seine Arbeiten weiss man, dass er noch 1593 am Leben war. Auch sind die Daten der Unterschrift unausgefüllt geblieben, sodass aus alledem genügend zu ersehen ist, dass er sich das Erinnerungsbild in der Pfarrkirche bei Lebzeiten setzte.[4]

[1] Vgl. Inventar von 1811.
[2] Ueber ihn zu vergleichen: Gerdt Omeken. Eine reformationsgeschichtliche Skizze von E. Knodt. Gütersloh 1898.
[3] Thomas, Catal. biogr., S. 144.
[4] Eine längere Abhandlung über Matz Unger, den Güstrower Goldschmied, bei Crull, M. Jahrb. LXIII, S. 151—176.

Steinernes Epitaph des **Jochim Krüger**, gestorben als Küchenmeister des Klosters Malchow am 9. April 1609. Ihm gesetzt von seiner Wittwe **KATHARINA GUDEJOHANS** am 28. März 1610. Das Relief stellt jene grossartige Vision des Ezechiel, Kap. XXXVII, dar, die wir auch auf dem Schabbelschen Epitaph in der St. Nikolai-Kirche zu Wismar finden.

Krügersches Epitaph.

Gerdes'sches Epitaph.

Steinernes Epitaph des **Hans Nese** vom Jahre 1615. Mit Polychromie und Vergoldung. In der Mitte das Marmor-Relief der Kreuzigung mit der knieenden Familie des Stifters. Das untere Wappen ist eine an ungehöriger Stelle angebrachte Zuthat des vorigen Jahrhunderts.[1]

Nese'sches Epitaph.

Hölzernes Epitaph der Familie **Gerdes**, zu Ehren der beiden Güstrower Bürgermeister (Vater und Sohn) **Martin Gerdes** (÷ 1629) und **Johannes Gerdes** (÷ 1680) im Jahre 1681 gesetzt von der Gattin, den Kindern und Enkeln des Johannes. Im Hauptfelde das Gemälde der Auferstehung.[2]

Gerdessches Epitaph.

An der Westwand, nördlich, das **von Schöpffer**'sche **Erbbegräbniss** mit drei Sarkophagen, südlich die **von Storch**'sche **Kapelle** mit einem schön gearbeiteten Gitter von Schmiedeeisen.

Erbbegräbnisse.

Die **Grabsteine** im Thurm zeigen zum Theil trefflich gearbeitete Wappen, sodass es sich für deren Erhaltung lohnen würde, sie aufzurichten und an die Wände zu stellen. Mit

Grabsteine.

[1] Ueber die Familie Nese ist zu vergleichen Thomas, Catal. biogr., S. 152 153.

[2] Ueber die Familie Gerdes s. Thomas, Catal. biogr., S. 139 140. — Das Inventar von 1811 nennt auch noch das in einem Christusbilde mit Unterschrift bestehende Epitaph der Sophia Bergholz und das Klevenow'sche Epitaph (Thomas, Catal. biogr., S. 132 133. — Das Gerdes'sche Epitaph möchte Koch, M. Jahrb. LVI, S. 239, von Dieussart hergestellt wissen. Aber der Verfasser zögert, ihm beizustimmen.

Ausnahme eines Steines aus dem XV. Jahrhundert (des des **Hans Clevena**, 1493) sind es Steine aus dem XVII. und XVIII. Jahrhundert, welche den Familien **Hagemeister, Badinck, Reusch, Brüjer, Tarnow, Karnatz, Kämmerer, Spalding** und **Wessel** angehören.

Prediger-Bildnisse: Zacharias Schröder (geb. 1609, gest. 1674), **Franz Clausing** (geb. 1615, gest. 1674) und **Dr. M. Johannes Marci** (geb. 1640, gest. 1688), alle drei in ganzer Figur.[1]) Zu diesen kommen noch drei unbekannte Bildnisse an einem der Mittelpfeiler.

Als **Inschrift-Tafeln** sind zu nennen: das Prediger-Verzeichniss der Pfarrkirche von 1547 an bis zur Gegenwart,[2]) und eine andere Tafel mit der Geschichte der drei grossen Stadtfeuersbrünste von 1503, 1508 und 1512.

Kleinkunstwerke. 1. 2. Silbervergoldeter gothischer Kelch, mittelgross, auf sechsseitigem Fuss. Auf den Ecken des Fusses durchbrochen gearbeitete kleine Cylinder. Als Signaculum ein aufgelötheter Krucifixus. Auf dem Fuss die Inschrift: beſſe lclſ iſ ghcben to der eſten miſſe dar to bliben inr o barm .[3]) Am Knauf der Name icſbſs (!). Am Schaft oben help got, unten aremari. Kelch und Patene, ohne Werkzeichen, vom Ende des XV. Jahrhunderts, Kupa in jüngerer Zeit vergrössert. — 3. 4. Silbervergoldeter gothischer Kelch auf sechspassigem Fuss. Aufgelöthete Kreuzesgruppe als Signaculum. Umschrift am Fuss: hbc ca-

Gitter an der Storch'schen Kapelle.

licem debit tilſe crogherſ Am Knauf der Name ihcſbſ. Um den Schaft unten und oben ein Ring (Annulus). Keine Werkzeichen, auch nicht an der Patene. Aus der zweiten Hälfte des XV. Jahrhunderts — 5. 6. Silbervergoldeter Kelch vom Ende des XV. Jahrhunderts. Am Knauf der Name IHESVS. Auf der Unterseite des Fusses: DNS MARTIN' BOIE DET · XX LOT I G.[4]) Als Signaculum ein vollrunder Krucifixus. Gegenüber ein Wappenschild

---

[1]) Mehr als diese erwähnt auch nicht das Inventar von 1811.

[2]) Vgl. oben S. 195.

[3]) eſten erſten; inr jeſus nazarenus rex; barm erbarme.

[4] Martin Boie erscheint 1523 als Vikar der Pfarrkirche zu Güstrow: M. U.-B. 3213, Anmkg.

Kelch (9).

Kelch (3).

Kelch (1)

Deckeldose (11).

(Baumstumpf mit Zweig). — 7. 8. Silbervergoldeter gothischer Kelch, auf sechspassigem Fuss, sehr gross. Am Knauf der Name ihesus. Keine Inschrift, keine Werkzeichen. — 9. 10. Schön gearbeiteter Renaissance-Kelch des XVII. Jahrhunderts mit einer Kupa, die in einen durchbrochen gearbeiteten und aus Maskarons, Laub- und Bandelwerk gebildeten Korb eingesenkt ist. An der Kupa die Inschrift: SAMSON BVSCH SOPHIA MARCI. Hamburger Stadtstempel, dazu der Zickzackstrich des Wardeins und der Meisterstempel (IC M). Patene ohne Werkzeichen. XVII. Jahrhundert.[1] — 11. Kreisrunde Deckeldose von Silber, laut Aufschrift und Wappen von dem Notar **CONRADVS POLLIVS** am Pfingsttage 1621 gestiftet. Dazu die Wappen und Namen seiner beiden Gattinnen **ANNA SVLVEKEN** und **ANNA BAMBAMS**. Werkzeichen nicht gefunden. — 12. 13. Zwei silberne Henkelkannen, eine laut Aufschrift 1630 von **IOCHIM HEISE** und **ANNA HINCKEN** geschenkt, die andere ohne Aufschrift vom Ende des XVII. oder Anfang des XVIII. Jahrhunderts, jene in maassvollem Stil der Renaissance, diese in üppigem Barockstil auf Klauenfüssen mit Kugeln, jene ohne Werkzeichen, diese von einem Hamburger Meister (IS).[2] — 14. Kleiner silberner Schöpf-

---

[1] Ueber zwei Güstrower Pastoren der Familie Marci s. Thomas, Catal. biogr., S. 45—50. — [2] Vgl.

Henkelkanne (13).

löffel mit der Aufschrift **IONAS BVTZER**. — 15. Silbernes Taufbecken auf drei Kugelfüssen, ohne Inschrift. Mit einem undeutlichen Hamburger Meisterstempel. — 16. 17. Silbernes Leuchter-Paar, laut Inschrift am 4. April 1637 von **CATHARINA SCHEFFERS**, sel. **IOCHIM HOLDENAGELS** nachgelassener Wittwe, gestiftet. Werkzeichen nicht gefunden (Unterseite des Fusses und Lichtteller oben sind zugedeckt.) — 18. 19. Ein etwas leichteres silbernes Leuchter-Paar, laut Inschrift zu Ehren des Geh. Raths **HANS FRIEDRICH VON DER KETTENBURG** (÷ 22. Juli 1743, 72 Jahre alt) gestiftet von seiner Gemahlin **FRIEDERIKE AMALIE VON RANTZAU**. Dazu ein Allianzwappen und die Jahreszahl **MDCCXXXXV**. Mit den beiden Güstrower Stempeln Ⓖ und C KIEL MANN .[1]) — 20. 21. Silbernes Blumenvasen-Paar. Treibarbeit im Barockstil, laut Inschrift im Jahre 1685 gestiftet von **DAVID SANDOW** und **KATHARINA SIEDELMANS**. Vom nebenstehenden Hamburger Meister.[2]) — 22. Grosser Kronleuchter von Messing, bekrönt mit einer Engelfigur. 1696 gestiftet vom Bürger und Kupferschmied **CHRISTOFFER RICHTER**, der sr. Zt. Aeltester der Zunft war. — 23. Desgl., bekrönt mit Doppeladler, ohne Inschrift. — 24—28. Unter den Wandarmleuchtern nennen wir fünf, den an der Kanzel, 1587 gestiftet von **H. PANCKRAS STELMAN** und **ELISEBET STELMANS**; den des Schneider-Amts von 1592 an der Ostwand (südlich); den am südlichen Pfeiler unterhalb der Orgel mit den Namen der **IOCHIM KOCK · CLAWES FORMAHN . IOCHIM MILTHNMAN . PETER KOTELMAN**; den des Tischleramts vom Jahre 1649 in der Nähe des Rathsstuhles; und endlich einen Leuchter an der Südwand mit einem Schilde, der die Initialen **P B** und die Jahreszahl **1643** zeigt. Dieser letztgenannte ist von

Henkelkanne (12.

Rosenberg, der Goldschmiede Merkzeichen, S. 183. Ueber eine Güstrower Familie Hincke s. Thomas, Catal. biogr., S. 146.

[1]) Crull, M. Jahrb. LXIII, S. 149.

[2]) Rosenberg, der Goldschmiede Merkzeichen, S. 183 (Nr. 831). Ueber die Güstrower Familie Sandow s. Thomas, Catal. biogr., S. 154—156.

Schmiedeeisen, die übrigen sind in Gelbguss hergestellt, ausser ihnen noch vierzehn andere ohne Schrift. - - 29. 30. Zwei Blumenvasen von Zinn, vom Jahre 1769. Marke des englischen Zinns mit I E F 1753. — 31—34. Vier

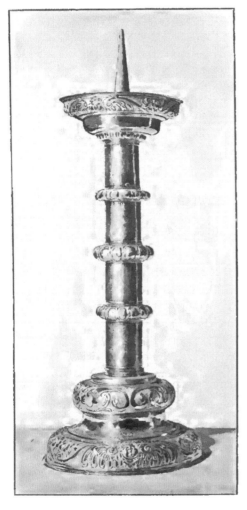 

Leuchter (16).   Leuchter (18).

kostbare Gold- und Seidestickereien als Bildstreifen von gothischen Messgewändern. Der eine zeigt die Annaselbdritt - Gruppe und die Apostel Andreas (Figur selbst fehlt bereits) und Paulus; der andere Gott Vater, den hl. Gregor und die hl. Katharina; der dritte die hl. Katharina, Maria

Kronleuchter (23).

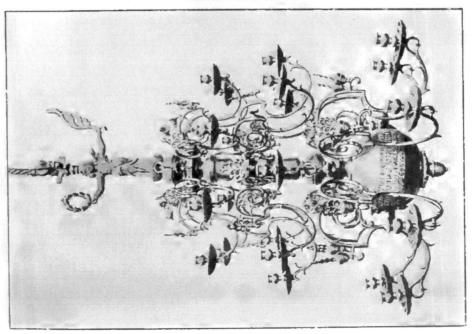

Kronleuchter (22).

Magdalena und eine nicht zu benennende Heilige; der vierte zwei nicht mehr
zu bestimmende heilige Jungfrauen, von denen die eine nur noch als Malerei
vorhanden ist, und die hl. Elisabeth.[1]

[1] Seit langer Zeit unter den Schätzen des Grossh. Museums. Vgl. Lisch, M. Jahrb. XXI,
S. 285—287.

Blumenvase (20).

Aus der Güstrower Pfarrkirche. (S. Kleinkunstwerke 31—34.)

Aus der Güstrower Pfarkirche. (S. Kleinkunstwerke 31—34.)

Die Heiligengeist-Kapelle.

Heiligen-
geist-
Kapelle.

Die hinter dem Schloss unmittelbar an der Gleviner Strasse gelegene Heiligengeist-Kirche enthält in ihren heutigen Mauern unzweifelhaft noch Reste des mittelalterlichen Baues aus dem XIV. Jahrhundert (s. o. S. 190), aber zu sehen ist äusserlich nichts mehr davon. Sie stellt einen einfachen länglich viereckigen Raum dar, dessen ehemalige innere flache Holzdecke im Jahre 1863 durch ein Gewölbe ersetzt wurde. Die Fenster haben nichts mehr von ihrer ursprünglichen Form.

Altar.

Der **Altar** ist ein Werk des Barockstils vom Ende des XVII. Jahrhunderts.[1] Sein Gemälde, der Gekreuzigte zwischen den beiden Schächern, zeigt die Jahreszahl **1687** und den Namen des **Christian de Hamylton**, der zu jener ausgebreiteten Künstlerfamilie dieses Namens gehört haben könnte, von welcher die Künstlerverzeichnisse aus dem XVII. und XVIII. Jahrhundert viele Mitglieder aufzuzählen wissen, wenngleich der Name Christian nicht dazwischen ist. — Links von der an der Westwand aufgestellten **Orgel** eine **Tafel** mit einer sich auf das ehemals mit der Kirche verbunden gewesene Armenhaus beziehenden Inschrift, die neu ausgeführt, aber dem älteren Original treu nachgebildet ist:

Inschrift-
Tafel.

ANNO 1561 VP JACOBI YM OUSTE IS DAT NIGE HUSS ACHTER DER KERCKEN GERICHTET ANGEFANGEN VNDE GEBOUWET VOR DE ARMEN DE NV SIN VND NOCH KAMEN WERDĒ MITH HULPE DES ALMECHTIGEN GADES VND DORCH THOLAGE VELER FRAME CHRISTEN DAR NA FOLGENDES VP DAT 63 VND 64 YAR IS DE OLDE KERCKE OCK WEDDERUMME ANGERICHTET WORDEN MIT DEM PREDICHSTOLE VND ALTAR VND WATH THOR KERCKEN GEHORET THO ERĒ DER HILLIGĒ DREFOLDIHKIT GODT VADER GODT SONE GODT HILLIGER GEIST VND ALLEN FRAMĒ CHRISTĒ THO EREN VND IS OCK FOLGENDES IN DEM SULUIGEN 64 YARE VP SUNTE THOMES AVENTH WEDDERUMME GOTTES WORDT DORCH DOCTOR CONRADES BECKER SUPERTĒDENS ANGERICHTET VNDE GEPREDIGET WORDEN DORCH VORHETH VNSES ERBAREN RADES THO GUSTROW GODT GEWE WIDER SINE GNADE VND SIN DAT MAL VORSTENDER GEWESEN TONNES PETER SIMON GERDES.

[1] Nach Koch. M. Jahrb. LVI, S. 239, wäre vielleicht an Charles Philippe Dreussart als Verfertiger zu denken.

Glocken.

Glocken. Eine einzige, ohne Inschrift. Anscheinend sehr alt, soweit sich aus der schmalen und langen Form ein Schluss machen lässt.

Kleinkunstwerke.

Kleinkunstwerke. 1. Silbervergoldeter Kelch, laut Aufschrift und Wappen (Topf oder Grapen, aus dem ein Kreuz mit zwei Kleeblättern hervorragt) von **H · HEIMRAD GRAPE** gestiftet.[1] — 2. Kleinerer silbervergoldeter Kelch. Am Fuss die Inschrift: **DAS · BLVT · IESV · CHRISTE · MACHT · VNS · REIN · VON · ALLEN · SVNDEN · AMEN ←— ⊕ A · H · S · H · P · W · N · W · 1648.** 3. Eine zu dem vorhergehenden Kelche gebrauchte Patene mit der Aufschrift: **DER KIRCHEN · ZVM · HEILIGEN · GEISTE · 1665.** — 4. Silberne Oblatendose in Cylinderform, mit aufzuschraubendem Deckel. Von 1656. 5. Silberne Deckelkanne mit Henkel und drei Kugelfüssen. Laut Aufschrift auf dem Deckel am 18. Oktober 1663 »**AVF DAS ALTAHR DER KIRCHEN ZVM HEILIGEN GEIST IN GVSTROW**« geschenkt von **HANS ALBRECHT SCHUTZ.** — 6. Kelchtuch, 1661 gestiftet von **ANNA FIEKEN.** Reiche Stickerei in farbiger Seide mit Gold- und Silberfäden, Blumen, Knospen, Blätter und Vögel darstellend.

Der kleine Kelch von 1648 hat einen undeutlichen Rostocker Goldschmiedsstempel, die Patene von 1665 hat gar keine Stempel und die Kanne von 1663 hat den Stempel des Güstrower Goldschmiedes **Heinr. Hölscher.** Von ebendemselben ist der Grape'sche Kelch, dessen Patene keine Stempel hat. Dagegen ist die Oblatenschachtel von 1656 von dem Güstrower Goldschmied **David Medow.**

Im Kirchenvisitations-Protokoll von 1534 wird die Lage der Heiligengeist-Kapelle bezeichnet als **Bynnen guſtrow buteun dem Dome**«. Inhaber des von den Herzögen zu verleihenden Lehns der Kapelle ist damals der Domdekan Matthias Wilken, der es seit 1515 besitzt und durch den Domprobst eingewiesen ist: **Pechte darto ſind Jun ri boden vor der borch to guſtrow, up der freiheit. Iflicke bode ſchall genen einen guldenn. De beſitter genen auerſt dar vanne nicht vt, als he ſecht. De fundatie darup Js by deme Dechenn vund Capitell to guſtrow.** Ueber den Einzug der Reformation im Jahre 1524 vgl. Besser, a. a. O., S. 311 ff., und über die ersten evangelischen Geistlichen von 1564 bis zu Christian Witsche, der 1722 berufen wird, s. Thomas, Catal. biogr., S. 58—60. Dem Christian Witsche, der 1729 nach Schwerin berufen wird, folgt David Jantke und diesem 1767 der Pastor Weissenborn, welcher der letzte ist. Von 1773 an wird die Heiligengeist-Kapelle vom Dom aus besorgt. Seit 1824 dient sie der Gemeinde des Landarbeitshauses. Eine gründliche Erneuerung ist 1862/63 erfolgt. Vgl. C. Garbers, Geschichte des Hospitals und der Kirche zum heiligen Geist in der Güstr. Zeitung von 1890 (74. Jahrgang, Nr. 218. 219. 220. 226).

[1] Heimrad Grape war von 1655 –1681 Pastor an der Heiligengeist-Kirche. Vgl. Thomas, Catal. biogr., S. 59.

Die St. Gertruden-Kapelle.

Ein spätgothischer Bau mit Chorschluss aus dem Achteck, z. Zt. als eine Art Magazin benutzt und fast dem Verfall preisgegeben, aber malerisch von Epheu umrankt und hübsch gelegen auf dem alten Gertruden-Kirchhof vor dem Hageböker Thor: so blickt uns diese Kapelle an. Eine ausführliche Beschreibung giebt Lisch im M. Jahrb. XXI, S. 283, 284; er macht dabei be-

St. Gertruden-Kapelle zu Güstrow.

sonders auf den innern Putz und seine Bemalung mit Ziegelsteinfugen aufmerksam, sowie auf die eigenartige Konstruktion der Langwände, die aussen als reine Ziegelwände erscheinen, innen aber einen Holzverband aufweisen.

Die Gertruden-Kapelle wird im Jahre 1430 zum ersten Mal urkundlich genannt bei Gelegenheit der Gründung einer Vikarei, welche die an der Pfarrkirche beschäftigten beiden Vikare Gerlach Westphal und Detmer Cremer am 17. Januar 1430 stiften (in capella beate Gertrudis extra muros opidi Gustrow), und deren Bestätigung der Bischof von Kammin am 4. April desselben Jahres von Körlin aus ertheilt (nach zwei ungedruckten Urkunden im Grossherzogl. Archiv). Ihre Verbindung mit der Pfarrkirche erhellt auch aus Thomas, a. a. O., S. 197. Als Kirchhofs-Kapelle scheint diese Gertruden-Kapelle bis spät ins XVIII. Jahrhundert oder gar bis in den Anfang des XIX. Jahrhunderts in Gebrauch geblieben zu sein (vgl. Lisch, a. a. O.). Ein in dieser Kapelle liegender **Grabstein** von 1737 ist der des Apothekers **Johann Jacob Wahnschafft**.

*   *   *

**St. Jürgen-
Kapelle
und Kirche
in Alt-
Güstrow.**

Die **St. Jürgen-Kapelle** wird wohl gleichzeitig mit der **Kirche** in **Alt-Güstrow** verschwunden sein. Beide auf dem rechten Ufer der Nebel gelegene Gotteshäuser standen, wie schon oben (S. 189, Anmkg. 3) gesagt worden ist, unter dem Schweriner und nicht unter dem Kamminer Bischof. Im Visitations-Protokoll von 1534 heisst es: Sunte Jorgens Cappelle to gustrow buten vor deme dor Is der furstenn lehenn. Besittet her Ehlert eme verlent dorch hartich albrechten vor r Jarenn. Justituert vann den Dedienn to Buthow; de pechte darto geuen uii fl stanötsgelde, gifft ot der honemeister darsulnest. St. Jürgen wird auch noch im Visitations-Protokoll von 1552 genannt, nachher aber nicht mehr, ebensowenig die Kirche in Alt-Güstrow.

Schloss. Schöninsel. Privatbauten.

Das Schloss zu Güstrow ist ein auf dem Platze der alten Werleschen Burg, welche im Jahre 1557 abbrannte, auf Befehl Herzog Ulrich's von dem Baumeister **Franciscus Parr** in der Zeit von 1558 bis ans Ende der sechziger Jahre und vielleicht noch darüber hinaus aufgeführter stattlicher Renaissance-Bau, dessen Formen, wie Lübke[1]) richtig bemerkt hat, an französische und auch an deutsche Bauten anklingen. An französische Architektur erinnern besonders die Pavillons mit ihren steilen Dächern und die dem Stil gemäss geformten zahlreichen hohen Schornsteine,[2]) an die deutsche die hohen kräftig gegliederten Giebel. Dass Franz Parr kein Niederdeutscher, sondern ein Hochdeutscher war, beweist die Sprache in seinem Kontrakt, den er am 9. Februar 1558 mit dem Herzog abschliesst, im Uebrigen aber erfahren wir nichts über seine Herkunft.[3]) Auch wissen wir nicht, wie lange er in Herzog Ulrich's Diensten bleibt, 1566 ist er noch im Lande, 1583 aber wird der holländische Meister **Philipp Brandin**, der ebensoviel Bauwerke wie Skulpturen in Mecklenburg hinterlassen, zu Herzog Ulrich's Hofbaumeister ernannt, nachdem er für ihn schon von 1578 an beim Güstrower Schloss thätig

---

[1]) Gesch. d. Renaissance in Deutschland I, S. 263. 264.

[2]) Unter den Schornsteinen sind freilich in jüngerer Zeit einige in sehr übel verstandener Weise umgeformt, einige auch neu hinzugekommen, welche von dem Sinn und Geiste, womit diese Architekturtheile behandelt worden sind, den allerschlimmsten Begriff geben.

[3]) Alle Nachrichten über Franz Parr und die gleichzeitig mit ihm in Mecklenburg in herzoglichen Diensten stehenden übrigen Mitglieder dieser Baukünstlerfamilie, Joh. Baptista Parr, Jakob Parr und Christoph Parr, sind zusammengestellt bei Sarre, Fürstenhof zu Wismar und die norddeutsche Terrakotta-Architektur, S. 42—45. Kontrakt über den Schlossbau s. bei Lisch, M. Jahrbuch V, S. 70.

Schloss zu Güstrow, von Südwest gesehen.

Schloss zu Güstrow. Von der Südostecke.)

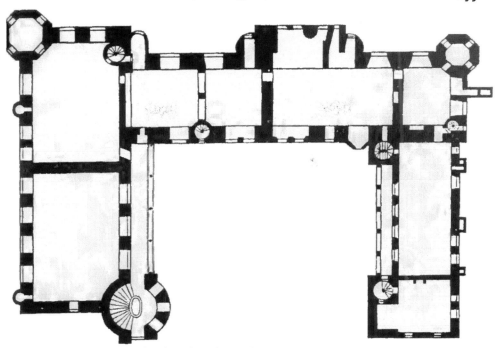

Grundriss des Obergeschosses vom Schloss.

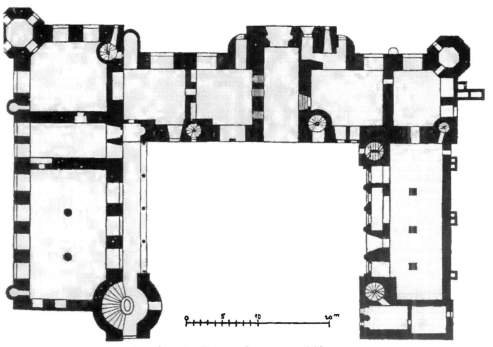

Grundriss des Untergeschosses vom Schloss.

gewesen war.[1])   Er ist es somit auch ohne allen Zweifel, der nach dem zweiten
Schlossbrande im Jahre 1586 den am meisten davon betroffenen nördlichen
Flügel im Sinn und Geiste des Ganzen wiederherstellt.[2])   Ob und wieviel von
der Grundanlage der alten Burg des Werleschen Fürstenhauses[3]) in den neuen
Schlossbau hinübergenommen, ist selbstverständlich nicht mehr auszumachen.
Gewiss aber ist, dass das vorzügliche Material alter Steine, das aus dem
Abbruch des Klosters Marienehe bei Rostock gewonnen wurde, dem Neubau
dienen musste.[4])   Ob damals auch die zum Bisthum Schwerin gehörenden
beiden Kirchengebäude in Alt-Güstrow, über welche Herzog Ulrich als Administrator des Bisthums uneingeschränkt verfügen konnte, in ähnlicher Weise
verwandt wurden, erfahren wir nicht besonders.   Unwahrscheinlich ist es nicht.[5])
Aber das fast wie nothwendig erscheinende Ergebniss der Verwendung solchen
buntscheckigen Bruchmaterials zum Bau ist dessen Verputzung mit Kalk und
Stuck.   Darin ist Vorzügliches geleistet, besonders bei der Ausführung der
kräftigen Rustica des Erdgeschosses, in welcher mancherlei Variationen der
Quaderbildung vorkommen, während im ersten Stock eine ruhigere, feinere
und gleichmässigere Behandlung eintritt, dann aber wieder im oberen Stock
eine reichere Gliederung durch Pilaster und Konsolen beliebt wird und zuletzt
in den Giebeln durch Häufung von zierlich gebildeten Säulen ein Formenspiel
beginnt, das, mag es immerhin für Einige etwas Phantastisches und Unruhiges
haben, zu den ruhigeren Theilen des unteren Baues einen wirksamen Gegensatz
darstellt.[6])   Dies vergnügte Spiel ist auch in die Formen der Schornsteine und
Wetterfahnen eingedrungen, welche die Dächer des Baues beleben.   Aber am
allerlustigsten entfaltet es sich an den Wänden und Decken der Innenräume,
wo Bilder des Landlebens und der Jagd das Auge erfreuen und neben Rindern,

---

[1]) Lisch, M. Jahrb. XXXV, S. 20—23.   Sarre, a. a. O., S. 35—37.

[2]) Vgl. Abbildung des Nordgiebels mit der Jahreszahl 1589 bei Scheffers, Renaissance,
Bd. VIII, Tafel 4.

[3]) Lisch, M. Jahrb. VI, S. 96.   XXIV, S. 44 ff.

[4]) Lisch, M. Jahrb. V, S. 23.   »1559. In diffen yar vngeverlih wordt dat Kloster Marien E
dale gebraken vnd de flene na Gustrow gevort dat flot dar myt tho buwen, vnd don Docter
Bowke fyne hufe buwen wold yn der breden ftrat, dar let he ok vast 40 voder halen van den
flukkftenen van marine.«   Nach einer Rostocker Chronik bei Lisch, M. Jahrb. VIII, S. 193.
XXVII, S. 47 48.   Ueber die vorsichtige Art, mit der man die Steine beim Güstrower Schlossbau
behandelte und wie der Kalk dazu aus schwedischen Kalksteinen gebrannt wurde, finden wir sehr
ins Einzelne gehende Mittheilungen bei Lisch, M. Jahrb. XV, S. 331—333.

[5]) Lisch, M. Jahrb. V, S. 28, Anmkg. XXVII, S. 47.   Es wäre freilich auch möglich, dass
dieser Abbruch erst in den zwanziger Jahren des XVII. Jahrhunderts erfolgte, als Herzog Hans
Albrecht II. anfing, aus den Steinen abgetragener ehemaliger katholischer Klostergebäude und
Kapellen unmittelbar vor dem Schloss eine Kirche für den calvinistischen Gottesdienst erbauen zu
lassen, die, noch nicht fertig, von Wallenstein alsbald beseitigt wurde und mit deren Steinen nachher
eine Lücke zwischen dem östlichen und südlichen Theil des Schlosses (freilich nur für eine kurze
Zeit) ausgefüllt wurde: Lisch, M. Jahrb. XXXVII, S. 4.   Thomas, a. a. O., S. 180.   Vgl. Besser,
a. a. O., S. 364.

[6]) Die Statuen in den Nischen des Mittelbaues sind »Sträflingsarbeiten« neuester Zeit.
Sie sollten entweder entfernt oder durch Besseres ersetzt werden.

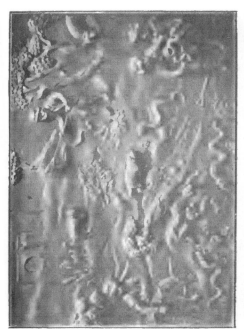

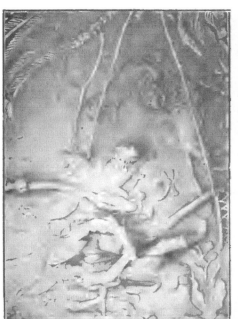

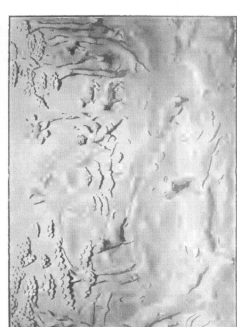

Stuckdecken aus dem Schloss zu Güstrow.

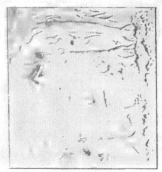

Stuckdecken aus dem Schloss zu Güstrow.

Schloss zu Güstrow. (Nördliche Hofseite.)

Schloss zu Güstrow. (Südliche Hofseite.)

Schafen, Hirschen und Bären selbst die Thiere der Tropen, Löwen, Affen, Krokodile und Schlangen nicht fehlen, mit denen sich die Menschen zu schaffen machen. Auch Seebilder giebt es, und eine Hafeneinfahrt mit dem rhodischen Koloss. Dazu gesellt sich ein abwechselungsreiches und dennoch überall maassvoll gehaltenes Spiel in der Eintheilung der Decken und Felder durch ein passendes Rahmen- und Rippenwerk.[1]) Mit Arbeiten dieser Art ist nach dem Güstrower Renterei-Register Christoph Parr, der Bruder des Franz Parr, im Jahre 1568 beschäftigt.[2]) Aber auch Franz Parr selbst, der zweite Bruder von ihm mit Namen Jakob, ferner der Steinmetz Hans Strale u. a. m. mögen ihren Antheil daran gehabt haben.[3]) Von stattlichster Wirkung ist ferner der Hof, wenngleich er heute nicht mehr ganz das ist, was er einst war. Die best-erhaltene Seite ist die nach Norden gekehrte Fronte des Südflügels mit ihren drei Galerien. Auf der nach Süden gekehrten Fronte des Nordflügels fällt jener hübsche Erker besonders in die Augen, der das Wappen des Herzogs Ulrich und ausserdem auf zwei Tafeln eine Inschrift enthält, welche von dem Brande des Jahres 1586 und dem Wiederaufbau in den Jahren 1587 und 1588 berichtet.[4]) Dagegen fehlt jetzt die Galerie auf der nach Osten gekehrten Hofseite des westlichen Haupttheils; nur noch Kragsteine von Granit, die als gewaltige Blöcke aus dem Mauerwerk hervorragen, zeugen von ihrem ehe-maligen Vorhandensein. Ganz aber fehlt seit 1794 der das Viereck ab-schliessende Ostflügel, welcher einst, nach einer Angabe bei Besser (a. a. O., S. 398) mit dem Doppelwappen des Herzogs Ulrich und seiner zweiten Ge-mahlin, der Herzogin Anna, geziert war, mit der er sich den 9. December 1588 vermählte.[5]) Doch haben sich Ansichten davon erhalten, unter denen die in den Analecta Gustroviensia des Thomas das deutlichste und zugleich das älteste Bild darbieten dürfte.[6]) Auf dieser Abbildung giebt es auch noch nicht das vor dem Schlosse stehende Thorhaus, das laut Inschrift vom Herzog Gustav Adolph (÷ 1695) erbaut wurde. Eine Jahreszahl ist in dieser Inschrift leider nicht angegeben. Worauf sich die völlig belanglose und vorübergehende Veränderung am Schloss durch Wallenstein beschränkte, ist oben schon berichtet. Ihn interessierte während des einen Jahres, das er in Güstrow zubrachte, anscheinend besonders die Pflege des Gartens und der Wirthschaft. Vor allen förderte er die Fasanenzucht, welcher zu Liebe er auf der »Schöninsel« im Gutower See ein Fasanen-Haus errichten liess.[7]) Heute giebt es hier nur

---

[1]) Vgl. Ortwein und Scheffers, Renaissance, Bd. VIII, Güstrow, Taf. 7—13.

[2]) Sarre, a. a. O., S. 44.

[3]) Lisch, M. Jahrb. V, S. 25. XXXV, S. 19. Sarre, a. a. O., S. 46.

[4] Vgl. Scheffers, a. a. O., Taf. VI.

[5]) Ein Wappen des Herzogs Karl über dem Hauptportal der Westfronte von 1604 meldet von einer zweiten Restauration des Schlosses, giebt aber keine Einzelheiten an.

[6]) Allerlei hübsche Baureste von diesem Theil des Schlosses sind in den zum Schloss ge-hörigen Gärten aufgestellt.

[7] Lisch. M. Jahrb. XXXV, S. 48—50. Vgl. XVII, S. 197. — Aus Akten im Grossherzogl. Archiv. Noch im Jahre 1549 gehört die Schöninsel dem Domkapitel. Ueber Wallenstein's Aus-nützung der Insel s. o. 1632 hat Herzog Hans Albrecht II. mit dem »Gutower Werder« zu thun.

Das ehemalige Haus auf der Schöninsel. Zeichnung aus dem XVIII. Jahrhundert.

Ehemalige Ruine des Hauses auf der Schöninsel. Zeichnung aus dem XVIII. Jahrhundert.

noch Ruinenreste alten Gemäuers, die von einem Landhause herstammen, welches dem Herzog Gustav Adolph zugeschrieben wird, der die Wallenstein'sche Fasanenzucht auf der Insel von Bestand gelassen hatte.[1]) Man sollte aber beinahe glauben, dass dieses Haus auf der Fasaneninsel, von dem sich verschiedene ältere Zeichnungen und Stiche erhalten haben, ungefähr fünfzig Jahre älter sein und noch der Zeit des Herzogs Ulrich angehören müsste: so sehr erinnert die Häufung der Säulen und Pilaster an die Bauweise in den obersten Theilen des Güstrower Schlosses. Im XVII. Jahrhundert scheint zwischen diesem Hause auf der Schöninsel und dem nahe gelegenen »Lehnenlust oder Magdalenen-Lust«, einem Lieblingsort der Herzogin Magdalene Sibylle, allerlei Verbindung gewesen zu sein. Aus Akten von 1658 an geht hervor, dass Herzog Gustav Adolph in Lehnenlust Anpflanzungen machen lässt. 1662 vergrössert die Herzogin den Grundbesitz durch Ankauf eines Gartens, einer Koppel, einer Wiese und eines Ackers, und am 9. März 1663 macht der Herzog mit dem aus Lübecker Gebiet gekommenen Baumeister Peter Rodtschilder einen Kontrakt über Ausführung von Bauten, die sofort in Angriff genommen werden. Von alledem aber steht heute nur noch eine Kapelle. Schon zu Nugent's Zeit, in der zweiten Hälfte des XVIII. Jahrhunderts, war der Ort in Vergessenheit gekommen und wurde, wie er schreibt, nicht mehr besucht.[2])

*   *   *

Wo soviel Baukunst, wie in Güstrow, vom Mittelalter her mit Lust und Liebe gepflegt wurde, da konnte die Einwirkung auf den Privatbau nicht ausbleiben. Viele Häuser in der trefflich gebauten alten Stadt geben Zeugniss davon, so z. B. aus der spätgothischen Zeit das prächtige Haus des Brauers Hansen in der Mühlenstrasse (Nr. 48)[3]) und der in seiner Art äusserst gediegene

Profanbauten zu Güstrow.

Herzog Gustav Adolph sorgt 1676 für Pflege und Erhaltung der Hühnerzucht auf der Schöninsel und lässt dort 1691 ein Brau Werk anlegen.

[1]) Nugent, Reisen I, S. 228, sagt, es sei ein feines Lustschloss gewesen, seiner Zeit freilich sei es nur noch ein Skelett.

[2] Vgl. a. a. O. 1719 hören wir von der Pflege »indianischer« Gewächse in der Gärtnerei zu Magdalenenlust. 1727 hat die Herzogin Augusta (von Dargun) über die Schöninsel zu verfügen, beschwert sich aber über die Besitzstörung durch den Herzog Christian Ludwig und tritt die Insel bald nachher an die Fürstin Christina zu Stolberg-Gedern ab. Von dieser erwirbt sie ein paar Jahre später die Herzogin Gustava Carolina. Sie sorgt noch 1747, ein Jahr vor ihrem Tode, für Instandhaltung des ganzen Gewesens. Mit dem Antritt der Regierung durch den Herzog Friedrich, der den Schwerpunkt seiner residenzlichen Interessen nach Ludwigslust verlegt, geräth die Schöninsel in Vergessenheit, wie aus den brieflichen Angaben von Nugent im Jahre 1766 zu ersehen ist. Heute werden die zum Stadtgebiet gehörenden beiden Erbpachtgehöfte Magdalenenlust und Schöninsel getrennt bewirthschaftet.

[3]) Koch, M. Jahrb. LVIII, S. 97—100, bezeichnet den Bau wegen der in einen Mauerstein »eingekratzten« Jahreszahl 1539 als »Frührenaissance« und wundert sich, dass Scheffers in seinem Renaissance-Werk keine Abbildung davon giebt. Wir unsererseits müssen Scheffers Recht geben.

Schauenburg'sches Haus am Domplatz.

Mühlenstrasse 43.

Muhlenstrasse Nr. 48.

Vordergiebel.

Hintergiebel.

Mühlenstrasse Nr. 48.

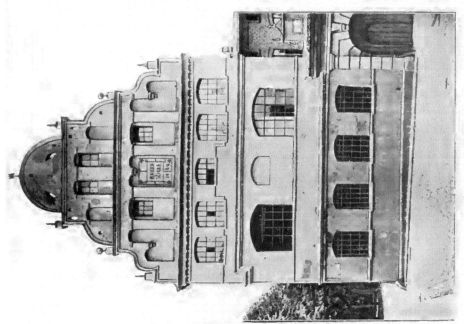

Bürgerschule, Domplatz 14.

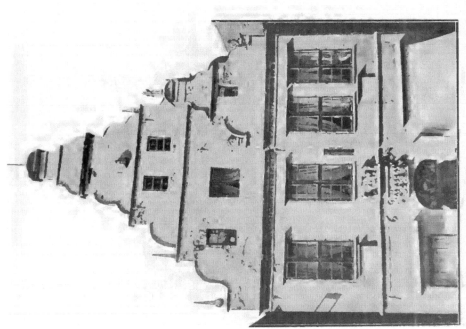

Mühlenstrasse 17.

Am Dom 18.

Grüner Winkel 10.

Rathhaus.

Markt 19 und 20.

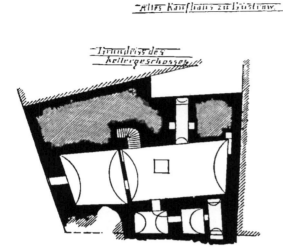

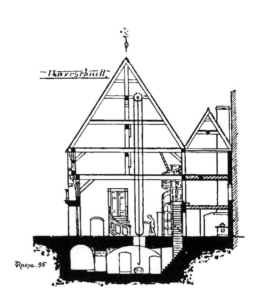

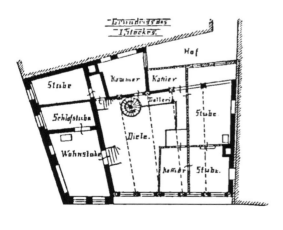

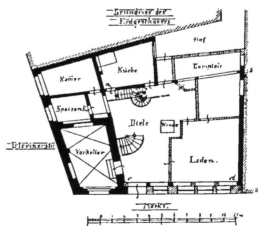

Grundrisse und Querschnitt zum Hause am Markt 19,
nach Zeichnungen des Herrn Landbaumeister C. Raspe.

Fachwerkbau des Hauses Nr. 19 am Markt, dessen Balkenwerk allerlei interessanten Zierrath aufweist. Als theilweiser Fachwerkbau ist auch das Haus Nr. 18 am Domplatz zu bezeichnen. Noch näher kommen der Zeit des Herzogs Ulrich das ehemalige Schauenburg'sche Haus am Domplatz und das Haus Nr. 43 in der Mühlenstrasse. Dass Philipp Brandin der Erbauer des Hauses Nr. 14 am Domplatz sei, in welchem jetzt die Bürgerschule untergebracht ist und früher die Justiz-Kanzlei ihren Sitz hatte, ist schon früher behauptet worden.[1]) Besonders zahlreich ist die Gruppe jener Häuser mit abgetreppten Renaissance-Giebeln, wie z. B. Gleviner-Strasse Nr. 31 und am Markt Nr. 20.[2]) Aber auch aus dem XVIII. Jahrhundert giebt es viele tüchtig gebaute Häuser in Güstrow, wie z. B. das Krüger-Hansen'sche Majoratshaus (Grüner Winkel 10) und das Haus Nr. 22 am Markt. Aus dem Anfange des XIX. Jahrhunderts stammt die in klassicierendem Geschmack ausgeführte Fassade des Rathhauses, das seine Rückseite dem Chorschluss der Pfarrkirche zuwendet.[3])

Von einer Saaldecke
im Schloss.
(Nach Scheffers.)

[1]) Lisch und Crull, M. Jahrb. XXXV, S. 95. Vgl. XXIV, S. 50.

[2]) Ortwein - Scheffers Renaissance, Bd. VIII, Güstrow, Taf. 36—39.

[3]) Lisch, Mecklenburg in Bildern III, S. 16.

Das Filial-Kirchdorf Suckow.[1])

Geschichte des Dorfes. Im Jahre 1226 schenkt Fürst Heinrich von Rostock dem von ihm ge-stifteten und bewidmeten Güstrower Kollegiatstift vier Hufen in seinem Bauerndorfe Suckow. 1273 aber sind es deren bereits acht, welche diesem mit allen daran haftenden Rechten gehören.[2]) Neben dem Dom zu Güstrow gewinnt ferner Neukloster zwei Hufen zu Suckow, und ausser diesen beiden geistlichen Herrschaften finden wir dort in der zweiten Hälfte des XIV. Jahr-hunderts mit Besitz und Rechten in Folge von Verpfändungen auch den Güstrower Burger Klaus Berkhahn, und schon vor ihm den Knappen Henneke Haselow.[3]) So kommt es bald, dass neben fürstlichen Bauern Kapitels-, Kloster- und ritterschaftliche Bauern in einem und demselben Dorfe neben einander wohnen. Das bleibt so bis ins XVII. Jahrhundert hinein.[4]) Mit dem allgemeinen Verfall des Bauernstandes aber in und nach dem dreissigjährigen Kriege geht auch Suckow als Bauerndorf ein und wird in einen fürstlichen Pachthof umgewandelt, den Herzog Gustav Adolph seiner Gemahlin, der Herzogin Magdalena Sibylla, vermacht, und der seit 1849 zu den Domänen des Grossherzoglichen Hausgutes gehört.[5])

In dem bekannten Zehntenstreit des XIII. Jahrhunderts zwischen den Diöcesen Kammin und Schwerin, von dem auch Suckow berührt wird, bleibt Suckow bei Schwerin.[6]) Das hindert freilich nicht im Geringsten, dass sowohl in der Seelsorge wie in der Gerichtspflege sehr bald die engste Verbindung mit der nahe gelegenen, in ihrem weitaus grössten Theile aber zur Kamminer

---

[1]) 4 km nordnordöstlich von Güstrow. »Ort des Suk oder der Suka« (suk-, suka = Hündin): Kühnel, M. Jahrb. XLVI, S. 140.

[2]) M. U.-B. 328. 331. 368. 485. 1292.

[3]) M. U.-B. 1571. 4040. 8733. 10568.

[4]) Der Berkhahn'sche Besitz in Güstrow, Lüssow und Suckow vererbt sich 1531, nach Aussterben des Stammes mit Martin Berkhahn, auf die Fineken, die d. Zt. auf dem benachbarten Gut Karow sitzen. Von 1458 bis 1624 haben auch die von Oldenburg auf Gremmelin ein paar Bauernhöfe in Suckow, die im Jahre 1624 durch Tauschvertrag an den Herzog Hans Albrecht zurückgehen. Vgl. Akten im Grossh. Archiv.

[5]) In der Güstrower Amtsbeschreibung von 1644 heisst es, dass in Suckow »vor diesem« neun Bauleute und zwei Kossaten gewohnt haben. Die Höfe der beiden Kossaten (Klaus Wehrde-mann und Balzer Scharffenberg) seien vor etlichen Jahren niedergebrochen und zum Meierhof gelegt. Die Höfe der beiden Bauern Hans Voss und Hans Suckow seien abgebrannt. »Gut« seien noch die »Zimmer« der Bauern Chim Prieß, Karsten Grohtemann, Hinr. Wesebohm, Chim Stolte, Chim Mumme und Chim Grobmann, etwas baufällig dagegen der Hof des Hans Eicker. In der Amtsbeschreibung von 1697 giebt es keine Spur mehr von Bauern.

[6]) M. U.-B. 446. 458. 492. 532. 500. 758. 803. 804. 806. 820. 821. 826. 827. 830. 837. 853. 857. 858. 1157.

Diöcese gehörenden Stadt Güstrow eintritt.[1])   Auch gewinnt das dortige Dom-
kapitel später das Patronat der Kapelle zu Suckow.[2])   Zuletzt wird diese eine
Filia der Kirche von Alt-Güstrow und nach deren Eingehen eine Filia der
Pfarrkirche, wie sie es nachweislich von 1646 an bis heute ist.[3])

Kapelle.   Die im Jahre 1852 restaurirte Kapelle steht auf ihren alten   *Kapelle.*
gothischen Umfassungsmauern und stellt sich in ihrer Grundform als Viereck
mit Schluss aus dem Achteck dar.   Im Westen ein im Jahre 1740 vorgesetzter
Fachwerkthurm.   Im Innern ist alles neu.   Auch die drei **Glocken** im Thurm,   *Glocken.*
welche jetzt die Namen **LAZARUS, MARTHA, MARIA** führen, sind 1858 von
Hausbrandt in Wismar umgegossen worden.[4])   Im Thurm noch zwei **hölzerne**   *Hölzerne*
Figuren aus einem gothischen Triptychon: die hl. Maria mit dem Kinde und   *Figuren.*
ein Heiliger mit Buch.   Ferner ein **Epitaphium** von 1697 und anderes mehr.   *Epitaph.*
In der Kirche drei **Grabsteine** vom Ende des XVII. Jahrhunderts und einer   *Grabsteine.*
von 1775.

Die der Kapelle dienenden **heiligen Geräthe** sind im Jahre 1856 für   *Heilige*
dreissig Thaler aus der Heiligengeist-Kirche in Güstrow gekauft: 1. 2. Gothischer   *Geräthe.*
Kelch auf sechspassigem Fuss.   Auf dem Fuss das Wappen und die Initialen
C H Z M des Herzogs **KARL VON MECKLENBURG** (gest. 1610).   Keine Werkzeichen, weder am Kelch noch an der Patene.   — 3. Sechsseitige silberne
Oblatendose von 1665.   Keine Stempel. — 4. Sechsseitige silberne Wein-
flasche.   Ebenfalls ohne Stempel.

Das Kirchdorf Badendiek.[5])

Das Bauerndorf Badendiek, das von seinem Anfang an dem Güstrower   *Geschichte*
Domstift gehört, wird bei dessen Errichtung im Jahre 1226 noch nicht   *des*
genannt.   Da sind es nur die Dörfer Gutow, Bölkow, Ganschow und Dehmen,   *Dorfes.*
mit denen dieses ausgestattet wird.[6])   Aber noch im selben Jahrhundert (zuerst
1273) erscheinen Badendiek und Kotekendorf auf den Feldmarken der ebengenannten vier Dörfer und geben sich damit ebenso wie mit ihrem Namen
als deutsche Gründungen des Güstrower Kollegiatstiftes zu erkennen.[7])   Bis zu

---

[1]) M. U.-B. 1247.   Die Gerichtspflichtigkeit des Dorfes Suckow zur Vogtei Schwaan wird
am 10. März 1272 von Fürst Nikolaus von Werle aufgehoben.

[2]) S. o. S. 191, Anmkg. 7.

[3]) S. o. S. 189, Anmkg. 3.

[4]) Nach dem Inventar von 1811 waren nur zwei von den Vorgängerinnen dieser Glocken
mit Inschriften versehen, die mittlere (1617 von Michael Westphal) und die kleinste (1750 von
N. P. Löfberg gegossen), die grösste hatte weder Datum noch Giessernamen.

[5]) 8 km südlich von Güstrow.

[6]) M. U.-B. 323.

[7]) M. U.-B. 1292. 8428.   M. Kunst- u. Gesch.-Denkm. III, S. 187, Anmkg. 2. — Lisch.
M. Jahrb. XXXII, S. 67.

dessen Säkularisierung um die Mitte des XVI. Jahrhunderts bleibt Badendiek Eigenthum des Domes. Nachher aber finden wir das Dorf innerhalb des Domanialverbandes.

Um 1533 giebt es einen Kirchherrn Gherd Boie (Boyghe) in Badendiek, 1541 heisst er Kersten Boie, wahrscheinlich ein naher Verwandter des vorigen. Kersten Boie hält sich einen Miethling in Badendiek. Zu dieser Zeit hat Kirch-Rosin noch seinen eigenen Pfarrer; 1584 aber nicht mehr, da ist es bereits mit Badendiek verbunden, und beide sollen einen neuen Seelsorger

Altaraufsatz.

haben. Aber weder dieser noch sein Vorgänger werden genannt. Um 1606 tritt Martinus Bambam auf (s. auch Glocken), er ist bis 1633 oder 1634 am Leben. Es folgen Joh. Cordes († 1638 oder Anfang des Jahres 1639), Nikolaus Algrim (1639—1676), Daniel Livonius I. (1676—1709), Daniel Livonius II. (1709—1739), Joachim Prüssing (1741—1775), Zach. Dietr. Susemihl (1777 bis 1790)[1] und Detlev Konrad Passow (1791—1832). S. Walter a. a. O.

Kirche. **Kirche.** Die Feldsteinkirche zu Badendiek ist in ihrer Grundform ein längliches Viereck mit plattem Chorabschluss und mag als frühgothischer Bau dem Ende des XIII. oder Anfange des XIV. Jahrhunderts angehören. Im

---

[1] Vgl. Wattmannshagen.

Innern eine flache Holzdecke. Der dem Westgiebel in jungerer Zeit aufgesetzte Thurm aus Backstein-Fachwerk hat die Wirkung des alten Baues, der auf der Westseite ebenso wie auf seiner Ostseite mit Blenden verziert war, sehr beeinträchtigt.

Der **Altaraufsatz**, ein gothisches Triptychon mit Holzschnitzerei, enthält in der Mitte die Kreuzigungsscene. Neben der ohnmächtig zu Boden gesunkenen hl. Maria steht ein Ritter mit einem Schild, auf dem sich ein Kreuz befindet, und neben ihm ein Knabe. Vermuthlich sind es der Stifter und sein Sohn. Sie sind oben seitwärts noch einmal einzeln angebracht. Neben der Kreuzigungsgruppe rechts und links je sechs Heilige in zwei Reihen übereinander. Man erkennt darunter die hl. Katharina (Rad), den jugendlichen Laurentius in Diakonentracht (sein Attribut abgefallen), die hl. Agnes (Lamm), den hl. Andreas (Kreuz), die hl. Maria Magdalena (Salbgefäss), den hl. Jakobus (Pilgerhut), den hl. Petrus (Schlüssel), die hl. Barbara (Thurm) und die hl. Elisabeth (Korb).

Altaraufsatz.

An der Ostwand der Kirche ein guter alter **Triumph-Christus**. — In derselben Wand, unten nordwärts, ein **Eucharistie-Schrank**. — In einem Fenster der Südwand, nahe dem Altar, eine Scheibe mit einem **Glasbildchen**: Maria besucht Elisabeth, die vor ihr kniet. Im Hintergrunde Zacharias im Hausanzuge. Unterschrift: **CLAVS BÜTER**. Aus dem XVII. Jahrhundert. — Vor dem Altar der **Grabstein** des Pastors **Daniel Livonius** (✝ 1709).

Triumph-Christus, Eucharistie-Schrank, Glasbildchen, Grabstein.

Im Thurm hängen drei **Glocken**. Die grösste (Dm. 1,20 m) ist 1851 von Jllies in Waren gegossen, die zweite (Dm. 0,96 m) unter Herzog **HANS ALBRECHT II.** im Jahre 1612 zur Zeit des Pastors **MARTINUS BAMBAM**, die kleinste (Dm. 0,45 m) 1852 von Jllies in Waren.[1]

Glocken.

Kleinkunstwerke. 1. 2. Silbervergoldeter Kelch auf sechspassigem Fuss, mit Treibarbeit im Barockstil. Stempel undeutlich. Ueber die Patene nichts zu bemerken. — 3. 4. Silbervergoldeter Kelch mit der Inschrift: **GOTT ZU EHREN HAT DIS GESCHENCKET MICHAEL BAPSIEN UND DESEN VERWITTVE EHE FRAU MAGDALENA GERKEN · KIRCHEN ROSIEN 1747 D · 20 · AUGST ·** Mit den Stempeln des Güstrower Goldschmiedes **Caspar Johann Livonius**: Ⓖ ⒸⒾⓁ. Patene wie zu 1 und 2. — 5. 6. Weinkanne und Ciborium neu, beide von 1862. — 7—10. Vier Zinnleuchter, zwei ohne Inschrift und Stempel, die andern beiden, 1833 von Pastor **KRUMLING** geschenkt, haben den nebenstehenden Stempel eines Güstrower Zinngiessers.

Kleinkunstwerke.

---

[1] Die Vorgängerin war laut Inventar von 1811 im Jahre 1757 von Joh. Valentin Schulz in Rostock gegossen. Die Vorgängerin der kleinsten war ohne jede Inschrift.

Das Filial-Kirchdorf Kirch-Rosin.[1]

Geschichte des Dorfes.

Als an der Grenze der Güstrower Feldmark gelegen wird Rosin am 1. November 1228 zum ersten Mal urkundlich genannt[2]. Und schon nach einem guten halben Jahr treffen wir es als Besitz des Cistercienser-Klosters Michelstein, das der Halberstädter Diöcese angehört. Wie nun dieses Kloster trotz weiter Entfernung seinen Besitz bei Güstrow schrittweise vergrössert, ihn dann aber ebenso nach einander wieder aufgiebt und zuletzt im Jahre 1433 den Hof Rosin, das Dorf Kirch-Rosin mit einer Korn- und mit einer Walkmühle sowie ein Haus mit Hof in der Stadt Güstrow am Ziegenmarkt dem Kloster Doberan überlässt, erzählt Lisch mit aller Ausführlichkeit.[3] Doberan hat diese Güter bis zu seiner Auflösung im Jahre 1552 behalten. Von diesem Zeitpunkte an gehören sie zum landesherrlichen Domanium.[4]

Als Pleban von Kirch-Rosin begegnet uns 1433 Johannes von Goslar. 1541 ist es Jakob Vicke und 1552 Dinnies Lenthe. Das Kirchlehn hat der Landesherr, nicht das Kloster, wie den Visitations-Protokollen des XVI. Jahrhunderts zu entnehmen ist. 1584 giebt es keinen eigenen Pfarrer mehr in Kirch-Rosin, da ist es bereits mit Badendiek verbunden.

Kirche.

Kirche. Die in der Zeit des Uebergangs vom romanischen zum gothischen Stil erbaute Backsteinkirche bildet ein längliches Viereck mit plattem Chorabschluss. Im Innern eine flache Holz- und Bretterdecke. Die am Aeusseren angebrachten gothischen Strebepfeiler stammen aus späterer Zeit. Statt des Thurmes ein hölzerner Glockenstuhl.[5]

Altaraufsatz.

Der jetzige **Altaraufsatz** ist neu; den früheren, ein gothisches Triptychon, das jetzt im Chorraum aufgestellt ist, geben wir hier in Abbildung. Von den kleineren Figuren, die neben der hl. Maria aufgestellt sind, lassen sich mit Bestimmtheit nur erkennen die hl. Barbara (Thurm), die hl. Gertrud (Hospital), die hl. Katharina (Rad), der hl. Johannes Ev. (Kelch), die hl. Elisabeth (Korb), der hl. Petrus (Schlüssel), der hl. Matthias (Beil) und der hl. Nikolaus von Tolentino (Mönch mit Stern und drei Broden). Vgl. den hl. Nikolaus von Bari.

Eucharistie-schrank.

In der Nordwand ein alter **Eucharistie-Schrank** mit Holzthür, in der ein kleines Eisengitter sitzt.

Geschnitzte Figuren.

Ausserdem sind noch drei aus Holz geschnitzte kleine **Figuren** zu nennen, deren früherer Standort unbekannt ist: Christus mit der Siegesfahne,

---

[1] 9 km südöstlich von Güstrow. Kühnel, M. Jahrb. XLVI, S. 122, übersetzt den Namen mit ›Roggenort‹ und verweist dabei auf das altslavische Wort růži = Korn, Roggen, poln. rež.

[2] M. U.-B. 359. 369. 411.

[3] M. Jahrb. XII, S 1—14. 309—338.

[4] M. Kunst u Gesch. Denkm. III, S. 584 585.

[5] Vgl. Lisch, M. Jahrb. XII, S. 478.

ein sitzender Christus mit der Dornenkrone und eine heilige Maria mit dem Christkinde.

Im Glockenstuhl drei **Glocken.** Die grösste (Dm. 0,79 m) trägt die Glocken.
Inschrift:

✠ SANCTA · MARIA · ORA · ℘ · NOBIS · ✠ ☩☩✠ .

Die zweite (Dm. 0,60 m) hat die Inschrift: Aue ·
maria · ano · dni · m · cccc · l. Dazu die beiden
nebenstehenden Zeichen. — Die kleinste hat einen
Durchmesser von 0,31 m. — Eine vierte Glocke, angeblich von bedeutender Grösse, ist zu Anfang des
XIX. Jahrhunderts der katholischen Kirche in Ludwigslust übergeben worden.

Gothisches Triptychon.

Kleinkunstwerke. 1. Silbervergoldeter Kelch, neu, von **Steusloff**-Güstrow. Kleinkunst-
2. Silberne Patene mit einem Krucifixus auf dem Boden. XVIII. Jahr- werke.
hundert. Der Fuss des Kreuzes ruht auf gekreuzten Knochen mit Schädel. —
3. Abendmahlskanne, neu (**HENNIGER**), 1862 von Gemeindemitgliedern geschenkt.
4. Ciborium, neu. — 5. Taufständer von Schmiedeeisen, laut Inschrift 1818
von **HOFFSCHMIED NIENS ZU LUDWIGSLUST** angefertigt. Dazu eine getriebene gute Messingschale. 6. Velum, 1750 von
C · V · S · 7. Zwei Zinnleuchter klassicierenden Stils,
mit den nebenstehenden Stempeln eines Bützower Zinngiessers.

Das Gut und Kirchdorf Zehna.[1]

Geschichte des Dorfes.   Als im Jahr 1291 der Fürst Nikolaus von Werle dem Güstrower Domstift das Patronat der zur Kamminer Diöcese und zum Archidiakonat des Güstrower Domprobstes gehörenden Kirche zu Zehna schenkt, da giebt es noch zwei Dörfer desselben Namens bei einander, Gross-Zehna und Wendisch-Zehna, von denen das erstgenannte ein bevölkertes Bauerndorf ist und das andere als ein grösserer Herrenhof erscheint, mit dem wahrscheinlich die im XV. Jahrhundert erloschene alte Adelsfamilie von Zehna einen uns unbekannt gebliebenen Zusammenhang hat.[2] 1357 erlangt der in den Urkunden des XIV. Jahrhunderts oft genannte werlesche Vasall Machorius Brüsehaver durch Fürst Nikolaus von Werle Pfandanrechte an beiden Ortschaften.[3] Im XV. Jahrhundert sitzen hier und auf den benachbarten Gütern Vietgest und Bellin die von Passow. Doch haben sie nicht sofort den Gesammtbesitz von Zehna. Das wird dadurch bewiesen, dass Adam von Passow, welchem Herzog Karl von Mecklenburg bereits im Jahre 1605 das bis zur Reformation vom Güstrower Dom besessene Patronat der Zehnaer Kirche überlässt, erst im Jahre 1610 durch Kauf in jene Anrechte eintritt, die Joachim von Gadow sowohl hieran wie am Zehnaer Freischulzenhof und höchsten Gericht inne hat. Die von Passow behalten Zehna bis 1662. Ihre Rechtsnachfolger sind die von Sala, die 1675 den Allodialbrief über Zehna und Bellin und 1689 auch das Zugeständniss des erb- und eigenthümlichen Kirchenpatronats vom Herzog Gustav Adolph erhalten. 1781 tritt Hans Ernst Graf von Hardenberg den Besitz von Zehna, Bellin und Steinbeck an. 1802 wird Kammerherr Friedrich Dietrich Joachim von Lepel Herr der Güter Zehna und Braunsberg. Von 1805 an sind diese im gemeinsamen Besitz der Gebrüder von Heimrod und der Geschwister von Haynau. 1820 erwirbt sie Aug. Wilhelm Graf von Hessenstein, und 1833 wird Joh. Friedr. Traugott Kortüm Herr auf Zehna, in dessen Familie es mit dem am Gute haftenden Kirchenpatronat bis heute verblieben ist.

Unter den Passow's giebt es am Ende des XVI. Jahrhunderts noch Bauernhöfe in Zehna, unter Hans Christian von Sala verschwinden sie.[4]

Unter dem Patronat des Güstrower Domes (und zur Kamminer Diöcese gehörig) lernen wir 1314 einen Pfarrer Heinrich in Zehna kennen,

---

[1] 10 km südlich von Güstrow. Kühnel, M. Jahrb. XLVI, S. 165, deutet den Namen als ›Besitzer čena‹ oder ›Cěna‹. Eine andere Deutung von Siemssen: M. Jahrb. VI, S. 53.

[2] M. U.-B. 2113. 2511. Vgl. auch 6120 und 6149.

[3] M. U.-B. 8374.

[4] Glöckler, M. Jahrb. X, S. 402. Im Jahr 1674 stehen die Zehnaer Bauern noch im Amts-register verzeichnet, und zwar als ›fremde‹, d. i. als ritterschaftliche Bauern, 1694 aber nicht mehr; sie sind somit unter Hans Christian von Sala, der damals Besitzer von Zehna war, sammt ihren Höfen verschwunden.

und unter herzoglichem Patronat 1575 den Pastor Hinrick Gosler (Gösler).
1633 und später (noch 1647 in den Akten) ist Henricus Brocmannus Pastor.
1662 wird, nachdem eine längere Vakanz gewesen, Nikolaus Lütke berufen.
Dieser stirbt aber schon 1667. Es folgen 1667 Johann Rost, 1689 Matthaeus
Bernhard Piper, 1738 Joachim Amtsberg, der noch 1778 seines Berufes waltet.
1782 ist bereits Pastor Hane da, welchem 1803 Friedr. Gottfried Krebs folgt.
S. Walter a. a. O.

Kirche. Die Kirche ist ein einschiffiger Feldsteinbau aus der Zeit des
Ueberganges vom romanischen zum gothischen Stil. Im platt abschliessenden

(margin: Kirche.)

Blick auf das Gut und Kirchdorf Zehna.

älteren Chor ein achttheiliges Backofengewölbe mit Rippen, die im Scheitel
von einer Kreisrippe aufgefangen werden und deren Schnittprofil quadratisch
erscheint; das Gemeindehaus dagegen hat ein jüngeres gothisches Kreuzgewölbe, dessen Rippen birnförmig profiliert sind. Die Fenster und Portale
haben in ihren schräge eingehenden Wandungen und Laibungen, in denen
Dreiviertelrundstäbe und Ecken abwechseln, ihre ursprüngliche Erscheinung
glücklich bewahrt. Im Westen ein viereckiger Feldsteinthurm von der Breite
des Schiffes und mit vierseitigem Pyramidenhelm. An der Nordwand des
Chores die Sakristei mit einem viertheiligen Backofengewölbe.

Der **Altarschrein** ist ein Schnitzwerk der Spätgothik. In der Mitte die
hl Maria mit dem Christkinde, und ihr zur Seite oben die hl. Katharina und
die hl Magdalena, unten aber der hl. Christophorus und der hl. Georg. In

(margin: Altar-schrein.)

den Flügeln die zwölf Apostel. Die Malereien auf den Aussenseiten der Flügel und den Innenseiten des zweiten Flügelpaars geben Bilder aus dem Leben des Heilandes, sind jedoch kaum noch kenntlich.

Kanzel.　　　　Die **Kanzel** ist vom Jahre 1575 und enthält die Namen des Pastors **HINRICK GÖSLER** und die der Kirchenjuraten **ACHIM BÜTER, ACHIM SCHMIDT** und **HINRICK NIENKERKE.** Ausserdem auf der Hinterwand die Jahreszahl 1615, und am Schalldeckel die Namen der **CHIM BÜTER, MARTEN BÜTER, HIN-RICH BÜTER, HANS BÜTER, MARTEN BÜTER.**

Altarschrein.

Triumph-kreuz, Taufstein, Wappen.　　An der Nordwand der Kirche das ehemalige **Triumphkreuz.** — Im Thurm das abgebrochene steinerne Becken des alten **Taufsteins,** daneben auch der dazu gehörige Fuss.　　Auf der Orgel, die nördlich im Chor steht, das **Wappen** des **HANS CHRISTIAN V. SALA.**[1])

Glocken.　　　　Im Thurm drei **Glocken.** Von diesen sind die mittlere und die kleinere 1854 von **Hausbrandt** in Wismar umgegossen worden. Die grössere hat die bekannte Inschrift ꞬꞶꞚSꞞꞚꞨ · VIVꞘ · ꞘꞚꞛꞙ · ꞘꞙꞨꞬꞪꞘ · ꞙꞚꞚꞚꞙ · ꞚꞚꞙꞘꞚꞘ] · Eine vierte Glocke, die kleinste, ist auf dem Ostende des Dachfirstes angebracht.[2])

Grabstein.　　　　Vor dem Altar der **Grabstein** des **Matthias von Passow.** Umschrift: ANNO 1564 DEN 12 SEPTEMBRIS IST DER EDLER UND ERNVESTHER MATHIAS PASSOW ERBGESESSEN ZU ZENE IN GOD DEM HERN SALIGH

[1]) S. o. Er erhält schon 1663 die Lehn-Anwartschaft auf Zehna. S. Akten im Grossh. Archiv.
[2]) Unter den früheren Glocken hatte eine das Datum 1593. S. Inv. von 1811.

ENTSCHLAFFEN · — Von ebendemselben Mathias Passow sieht man oberhalb des Zehna'er Hofstuhles eine **Gedenktafel** von Kalkstein mit seinem Namen und dem seiner »ehelichen hausfraw« **ANNA FINECKEN.**[1]

Kleinkunstwerke. 1. 2. Silbervergoldeter Kelch auf rundem Fuss, in romanischem Charakter. Auf dem Fuss als aufgelöthetes plastisches Signaculum die Kreuzesgruppe. Keine Werkzeichen, auch nicht an der zugehörigen Patene. — 3. 4. Silbervergoldeter gothischer Kelch auf älterem runden Fuss. Am Knauf der Name **IHESVS.** Am Fuss fünf Wappen mit Initialen, welche den Kelch als den des **MATHIAS PASSOW** (✝ 1564) und seiner Familie erkennen lassen. Es sind fünf Wappen: Passow (**M · P ·**), Fineke (**A · F ·**), Below (**C · B ·**), Passow (**A · P ·**), Passow (**G · P ·**). Ohne Werkzeichen,

Grabstein des Matthias von Passow.

auch nicht an der zugehörigen Patene. — 5. Länglichrunde silberne Oblatenschachtel von 1793. Auf dem Deckel die Kreuzigung Christi eingravirt. Vom Güstrower Goldschmied **Joh. Phil. Lomberg.** — 6. 7. 8. Abendmahlskanne, Taufbecken und Krankenkommunion-Geräth sind Geschenke aus neuerer Zeit seitens der Familien **KORTÜM** und **GOESCH.** — 9. Altes Messingbecken, laut Inschrift am Rande 1709 gestiftet von **SOPHIA ESCHENBORGEN** und **ILSE DOROTHEA ESCHENBORGEN.** — 10. Auf dem Altar zwei Zinnleuchter, vom Organisten **F. ULLERICH** zu Zehna 1850 gestiftet. Beide von einem Güstrower Giesser.

1814
D A
H

---

[1] Das Fineke'sche Wappen auch auf dem Grabstein.

Das Kirchdorf Gross-Upahl.[1])

Geschichte
des
Dorfes.

Im Jahre 1237 zählt das Dorf Upahl mit zwanzig Hufen zum Dobbertiner Klostergebiet. Es ist aber nicht zu ersehen, welches Upahl gemeint ist, Gross- (= Deutsch) Upahl oder Klein- (= Wendisch) Upahl.[2]) In der zu Orvieto bei Rom am 28. Januar 1263 ausgestellten päpstlichen Bestätigungsurkunde werden freilich beide Upahl (»Dorff Opal vnd Wendischen Opal«) dem Kloster beigelegt.[3]) Indessen es fällt auf, dass in der elf Jahre später,

Kirchdorf Gross-Upahl.

namlich am 15. December 1274, ausgestellten werleschen Bestätigungsurkunde kein diesem angeblichen Besitzverhältniss entsprechender Ausdruck steht. Dort heisst es nur »insulam et villam Vpal cum suis terminis«.[4]) Und dazu stimmt es wieder, wenn in den Jahren 1357 und 1367 der Ritter Macharius Brüsehaver und seine Söhne als werlesche und nicht als Kloster-Vasallen über einen nicht unbedeutenden Hufenbesitz in Gross-Upahl zu Gunsten einer Vikarei in Ruchow verfügen, und wenn bei diesen schriftlichen Vollziehungen des Klosters gar keine Erwähnung geschieht.[5]) Es ist deshalb anzunehmen, dass schon in ältester Zeit thatsächlich nur Klein-Upahl dem Kloster gehört, wie noch heute, nicht aber Gross-Upahl. Damals, 1357 und 1367, wird auch

[1]) 15 km südwestlich von Güstrow. Kühnel, M. Jahrb. XLVI, S. 149, übersetzt den Namen mit »Brandort« und verbindet ihn mit der altslavischen Wurzel opal- = Brand.

[2]) M. U. B. 469.

[3]) M. U.-B. 983. Nach einem Clandrian'schen Regest.

[4]) M. U.-B. 1317.

[5]) M. U. B. 8321. 9673.

die Kirche zu Gross-Upahl (Dudesken Vpal, qua ecclesia parrochialis est sita) zum ersten Mal urkundlich erwähnt, während die seit der Reformationszeit damit verbundene alte Mutterkirche zu Karcheez schon 1234 vorkommt. Sie gehört, wie nachher auch die zu Gross-Upahl, zum Dobbertiner Kloster-Archidiakonat und zur Schweriner Diöcese.[1] Als Rechtsnachfolger der Brüsehaver finden wir, soweit Urkunden und Akten Aufschluss geben, im XV. Jahrhundert die von Kröpelin zu »Kirch-Upahl«. Sie halten es bis 1625.[2] Da kauft Joachim von Cramon das Dorf. Aus Cramon'schen Händen kommt es 1680 an Julius Ernst von Raden, von ihm 1686 an Otto Schnöckel, von

Schnöckel's Erben 1704 an den braunschweig-lüneburgischen Geh. Rath Stisser von Wendhausen und von diesem zum Zweck der Einverleibung in das Domanium 1710 an den Herzog Friedrich Wilhelm. So ist das ehemalige Bauerndorf, das im Laufe des XVIII. Jahrhunderts auf Grundlage antichretischer Pfandkontrakte bewirthschaftet wird (Erdtmann, von Langermann, Kossel, von Langermann), zu einem Pachthof geworden.

Kanzel.

Von Bauern wird 1751 noch gesprochen und geschrieben, 1794 aber nicht mehr.[3]

Aus den dem Verfasser zugänglichen Kirchenakten von Gross-Upahl, einem lückenhaften Material, haben sich die nachfolgenden Geistlichen ermitteln lassen: um 1574 Leonhard Ursinus,[4] um 1605 und später Mauritius Saupenius († 1617), um 1632 Laurentius Barlippe († 1639), von 1643 bis 1682 Simon Kayser (Caesar), von 1684 an Franz Hartwig, von 1698 an Daniel Christian

---

[1] M. U.-B. 425, mit Anmkg.

[2] M. Jahrb. XI, S. 197. 198. 436.

[3] 1604 ist in Akten von zwei Bauerhöfen die Rede, welche Otto von Kröpelin an den Gustrower Dom und Heiligen Geist verpfändet. 1703/4 werden beide als Vollbauern bezeichnet und mit Namen genannt. 1751 heisst der eine Freibauer Mathias Wulf und der andere Bauer Dunzke. 1794 aber steht ausdrücklich in der Martini-Liste geschrieben, in Gross-Upahl seien keine Bauern.

[4] Ursinus hat auch die Kirche zu Karcheez zu verwalten. Im Visitations-Protokoll von 1574 steht geschrieben, es sei vor 70 Jahren noch ein eigener Pastor zu Karcheez gewesen, die Wedem stehe noch.

Stavenhagen (1739 noch im Amt, 1743 bereits todt), von 1744 an Petrus Andreas Klein († 1746), von 1749 an Johann Schleef († 1785) und von 1785 an dessen Sohn Joh. Friedrich Schleef († 1827). Vgl. Walter a. a. O.

Kirche.

Kirche. Die Kirche ist ein auf der Grundform eines länglichen Vierecks errichteter Feldsteinbau mit platt abschliessender Ostwand. Unter den Fenstern, welche den mit flacher Decke geschlossenen schlichten Innenraum erleuchten, haben mehrere noch die alte romanische Schlitzform des XIII. Jahrhunderts. Auf der Nordseite ein jetzt vermauertes frühgothisches Portal. An Stelle des Thurmes ein hölzerner Glockenstuhl.

Altar und
Kanzel,
Glocken.

Altar und **Kanzel** gehören der Barockzeit an.

Im Glockenstuhl zwei **Glocken.** Die grössere ist 1849 von **C. Jllies** in Waren, die kleinere 1867 von **P. M. Hausbrandt** in Wismar gegossen worden.[1]

Kleinkunst-
werke.

Kleinkunstwerke.[2] 1. Silbervergoldeter gothischer Kelch auf sechspassigem Fuss. Am Knauf der Name IHCSVS. Am Schaft der Mariengruss abc ma . . . . Auf dem Fuss ein aufgelegter plastischer Krucifixus als Signaculum. Inschrift um den Fuss: A + ппо ⸗ ṽñī ⸗ .M. ⸗ cccc ⸗ lviii + ṽo ⸗ gaſ ⸗ allīe + ṽe ⸗ re ṽuſſen ſellſ. Keine Werkzeichen. — 2. Silbervergoldete Patene. Ebenfalls ohne Stempel. — 3. 5. Kleiner Kelch mit Patene und Oblatendose, von englischem Zinn. Stadtzeichen Güstrow. Meisterzeichen **D H 1803**. — 6. Zinnerne Schale von 1839,

Kelch (1).

von einem Güstrower Meister **D · A · H**. — 7. Taufschale, neu.

[1] 1811 gab es eine Glocke mit ›Mönchsschrift‹ und eine zweite vom Jahre 1789.

[2] Von einem frechen Silber-Diebstahl in den Kirchen zu Gross-Upahl und Lohmen im Jahre 1518 giebt Lisch im M. Jahrb. XI., S. 168, Nachricht.

Das Kirchdorf Karcheez.

[Kirch-Geez.][1]

Die Kirche zu Karcheez (ursprünglich Kirch-Geez) wird 1234 vom Bischof Brunward von Schwerin mit denen zu Lohmen, Goldberg, Ruchow und Woserin dem Dobbertiner Archidiakonat überwiesen.[2] Auf Geez sitzen im XIII. und XIV. Jahrhundert die Herren von Geez als werlesche Vasallen, aber es scheint, als ob dieses alte mecklenburgische Adelsgeschlecht gegen die Mitte des XIV. Jahrhunderts hin ausstirbt.[3] Dadurch, dass die Grenze des Bützower Stiftslandes über die Geezer Feldmark läuft, bilden sich hier verschiedene Besitzverhältnisse: das nordwestlich von Kirch-Geez gelegene und im Gegensatz dazu Mühlen-Geez benannte Dorf gehört zum Stiftslande des Bischofs, Kirch-Geez aber verbleibt dem werleschen Dominium.[4] Am Geezer See (See Gazne) haben beide ihre Antheile, Bischof und Landesfürst, indessen durch einen Vergleich im Jahre 1468 gehen auch die landesherrlichen Antheile an den Bischof über.[5] In Folge enger Verbindung mit den Schweriner Bischöfen gewinnen die von Bülow sowohl in Mühlen-Geez als auch, nach dem Abtreten der Herren von Geez, in Kirch-Geez schon frühe die Oberhand, wenngleich im letztgenannten auch die von Preen, Parum und Brüsehaver mit einzelnen Anrechten auftreten.[6] Doch nur in der Zeit vor 1370. Von da an sind die von Bülow die alleinigen Besitzer. Sie bleiben es bis 1630. Da wird der Güstrower Bürgermeister Clevenow ihr Rechtsnachfolger. Von dessen Familie kauft 1690 der braunschweig-lüneburgische Geheime Rath Stisser von Wendhausen die Begüterung, überlässt sie aber schon 1710 der herzoglichen Kammer. Doch nur kurze Zeit gehören Mühlen-Geez und Kirch-Geez oder Karcheez zum landesherrlichen Domanium. 1735 werden die Gebrüder von Mecklenburg in den Besitz dieser und anderer Güter eingewiesen.[7] Sie behalten Karcheez bis 1808 und Mühlen-Geez bis 1831. In Karcheez folgen als Besitzer: 1809 Karl Bobzin, 1843 Gotthilf Christoph Fuhrmann und 1881

[1] 9 km südwestlich von Güstrow. Nach Kühnel, M. Jahrb. XLVI, S. 65, entweder »Dammort« (von gatf = Damm) oder »Ort des Jek-«.

[2] M. U.-B. 425. Später kommen die Kirchen zu Gr.-Upahl, Woosten und Zidderich hinzu. Die Kirche zu Zidderich ist nicht mehr vorhanden.

[3] M. U.-B. 3797. 5839.

[4] M. U.-B. 5336 (S. 287). 5337. 7493.

[5] M. U.-B. 398. 9100. 9877 Akten.

[6] M. U.-B. 3128. 5472. 5557. 5564. 7493. 9100. 10045. Schildt, M. Jahrb. XLVII, S. 223.

[7] Akten im Grossh. Archiv. Von 1798 giebt es Acta Fiscalis, betr. Niederlegung von Bauern in Karcheez und Mühlengeez. In Mühlengeez giebt es noch Erbpächter, aber nicht mehr in Karcheez. Vgl. Lisch, M. Jahrb. XVII, S. 237.

Rich. Alphons Brunckhorst, der es auch heute noch hat. Mühlengeez aber geht 1831 in die Schaumburg-Lippesche Begüterung über, bei der es bis jetzt verblieben ist.

Ueber die kirchlichen Verhältnisse s. Gross-Upahl. Von den mittelalterlichen Geistlichen zu Karcheez lernen wir nur den Pleban Wernerus um 1316 kennen. Die im XVI. Jahrhundert verfallene Kapelle zu Mühlengeez gehörte zur Tarnower Kirche.[1]

Kirche. Die als längliches Viereck mit flachem Chor-Abschluss aufgeführte alte Kirche hat ein zwei Meter hohes Felsenfundament. Im Westen ein schon sehr verwitterter Thurm, der bis zur Höhe des Kirchendaches aus Granit, im oberen Theil aber aus Backsteinen aufgeführt ist. Im Innern eine flache Holzdecke. Die Fenster haben nicht mehr ihre alte, einstmals ohne Zweifel dem Stil des XIII. Jahrhunderts angepasst gewesene

Altaraufsatz.

Schlitzform. Unter dem Altar ein Grabgewölbe der Familie von Mecklenburg, doch sind deren Särge von dem späteren Gutsbesitzer Bobzin herausgenommen und auf dem Kirchhofe beerdigt worden. Das Gewölbe enthält jetzt nur noch Bobzin'sche Särge (s. o.).

Die **Glocken** der Kirche sind im Jahre 1861 von **Hausbrandt** in Wismar umgegossen worden.[2]

An der Nordthür ein sehr altes **Kastenschloss** ohne Drücker, mit einem trefflichen Schlüssel. Ebendaselbst ein schmiedeeiserner **Thürklopfer**.

[1] Vgl. Schildt, M. Jahrb. XLVII, S. 223.

[2] Eine der Vorgängerinnen war von 1789. Die andere hatte »Mönchsschrift, welche man 1811 nicht lesen konnte«.

Kirche.

Glocken.

Kastenschloss, Thürklopfer.

Als **Altaraufsatz** dient das Mittelstück eines Triptychons aus dem XV. Jahrhundert, das eine geschnitzte Annaselbdritt-Gruppe enthält. Als kleinere Gestalten daneben sehen wir die hl. Katharina und den hl. Andreas. Oberhalb des Altars ein **Krucifixus** des XV. Jahrhunderts. — Die jetzt gebrauchte **Orgel** ist angeblich die frühere Schweriner Schlosskirchenorgel, die zuerst nach Polchow bei Rostock, dann nach Gross-Upahl und zuletzt nach Karcheez gekommen ist. — Ueber dem Patronatsstuhl eine **Gedenktafel** mit mehreren Namen der Familie **VON MECKLENBURG** (s. o.).

Altaraufsatz.

Krucifixus.

Orgel.

Gedenktafel.

Kleinkunstwerke. 1. 2. Silbervergoldeter Kelch, 1839 mit Benutzung eines alten gothischen Knaufs, auf dessen Rauten der Name ɪɧȼʃʋʃ angebracht ist, neu geformt. Ohne Werkzeichen, ebenso die zugehörige Patene. 3. 4. Kelch und Patene von Zinn. Von einem Güstrower Zinngiesser **D. H.** — 5. Cylinderförmige Oblatendose von Zinn, ohne Stempel. — 6. Messingenes Taufbecken mit der Darstellung der Verkündigung, Treibarbeit. 7. Klingelbeutel mit silbernem Ring von 1746. — 8. 9. Zwei Zinnleuchter von 1839. Ohne Stempel.

Kleinkunstwerke.

Das Gut und Filial-Kirchdorf Prüzen.[1]

Im Jahre 1351 verfügt Hinricus Nortman über die Einkünfte von zwei Hufen in Prüzen zu Gunsten des Güstrower Domes.[2] Auch die von Parum haben zwei Hufen in dem zum bischöflichen Stiftslande gehörenden Dorf, von welchem ein Drittel eine Zeitlang, aber nur bis zum Jahre 1370, an den Knappen Berthold Maltzan verpfändet war.[3] Doch bereits 1376 ist dort Hinricus de Bulowe wohnhaft,[4] und nun bleibt das auch mit Bauern besetzte Dorf fast funfhundert Jahre lang in Bülow'schen Händen,[5] nämlich bis 1812. Da wird Joh. Heinr. Christian Satow Besitzer. Seine Familie behält es bis 1882. Seitdem gehört Prüzen zur Gräflich Schliessen'schen Begüterung.

Geschichte des Dorfes.

Ueber die kurze Zeit vor dem Jahre 1620 durch Joachim von Bülow's Wittwe, Anna von Cramon, erbaute und zur Kirche in Tarnow gelegte Kapelle vgl. Schildt, M. Jahrb. XLVII, S. 222.

Kapelle. Die kleine Kapelle ist ein unscheinbarer Backsteinbau auf der Grundlage eines länglichen Achtecks. Auf der Mitte des Dachfirstes ein achtseitiges hölzernes Dachreiter-Thürmchen. Ueber der Eingangsthür im

Kapelle.

---

[1] 11 km südwestlich von Güstrow.

[2] M. U.-B. 7487.

[3] M. U.-B. 10109.

[4] M. U.-B. 10905.

[5] Ein Jahr lang, 1797 1798, ist der Legationsrath Leopold Heinr. von Schreeb Besitzer von Prüzen.

Westen eine Sandsteintafel mit langer lateinischer Inschrift, aus welcher hervorgeht, dass die Kapelle 1755 von **CORD HANS VON BÜLOW**, Erbherrn auf Prüzen, Schönwolde und Hägerfelde, restauriert worden ist. Dazu sein und seiner Gattin **HARTWIGA DOROTHEA VON BÜLOW** Wappen.

Oelbilder.

Im **Innern** mehrere **Oelbilder** der herzoglichen Familie aus der zweiten Hälfte des XVIII. Jahrhunderts: Herzog **CHRISTIAN LUDWIG**, Herzogin **FRIEDERIKE**, Herzog **FRIEDRICH** und zweimal **FRIEDRICH FRANZ I.** (als Erbprinz und als Grossherzog).

Glocke.

Im Dachreiter eine kleine, nur schwer zu erreichende **Glocke**. Anscheinend ohne Inschrift.

Heilige
Geräthe.

Unter den **heiligen Geräthen** ist ein Kelch zu nennen, der zweimal das Bülow'sche Wappen mit den Initialen **C · H · V · B** und **H D V B 1737** trägt (s. o.). Mit den Werkzeichen des Rostocker Goldschmiedes **Lorenz Joh. Roeper**: Ⓡ ⓁⒾⓇ. Ausserdem fünf neue Stücke: zwei Kannen, eine Patene, eine Oblatenschachtel und eine Taufschale.

- - -

Das Kirchdorf Parum.[1])

Geschichte
des
Dorfes.

𝕯er See Parmene bei Parum, ein ansehnliches Gewässer, wird mit seinem in die Nebel sich ergiessenden Bach, der Parmenitza (Parmenizha), im Jahr 1232 zum ersten Mal urkundlich genannt.[2]) Bald darauf erscheint auch die Kirche zu Parum, und zwar unter denen, die dem Bannkreis des Rühner Probstes unterstellt sind.[3]) Das Dorf selbst gehört zum Bützower Stiftslande. Die von Parum aber, ein in dieser Gegend angesessenes altes Adelsgeschlecht, das in den Urkunden vom XIII. bis zum XVI. Jahrhundert öfter vorkommt, sind wahrscheinlich als Stiftsmannen die ältesten deutschen Herren des Dorfes gewesen, wenngleich sie es nicht unausgesetzt in Händen gehabt haben. So belehnt z. B. Bischof Friedrich von Schwerin seinen Oheim Dankwart von Bülow am 10. April 1370 ausser mit anderen Gütern auch mit dem Dorfe Parum.[4]) Doch im Anfange des XVI. Jahrhunderts hat Hartwig von Parum, der letzte seines Stammes, das alte Dorf sammt den Gütern und Dörfern Tarnow, Boitin, Schadelock, Zernin und Katelbogen wieder in seinen Händen. Zum Nachfolger in diesen Stiftslehnen bestimmen freilich Probst und Kapitel

---

[1]) In gerader Richtung 4 km westlich von Güstrow, mit Wagenfahrt aber nur über Bülow und Boldebuck zu erreichen und auf diese Art 11 km entfernt. ›Ort des Parem‹: Kühnel, M. Jahrb. XLVI, S. 104. Vgl. auch Wigger, M. Jahrb. XXVIII, S. 41.

[2]) M. U.-B. 398.

[3]) M. U.-B. 420. Im Jahre 1269 wird die Kirche zu Parum von Rostock her mit einem Vermächtniss bedacht: M. U.-B. 1153.

[4]) M. U.-B. 10045.

zu Schwerin am 8. Juni 1517 den Stiftsmann Karsten Preen.[1]) Lange aber hat er sie jedenfalls nicht gehabt. Denn 1532 finden wir schon wieder die von Bülow in diesem Besitz.[2]) Als Pertinenz des Bülow'schen Gutes Gülzow, das 1671 an Jürgen Ernst von Lepel, 1708 an Baron von Wendhausen und Otto von Hagen, 1735 an die Gebrüder von Mecklenburg, 1788 an Georg Ernst Friedrich von Lücken, 1796 an Heinrich Karl von Lowtzow und 1798 an den Amtsrath Krause übergeht, erscheint Parum bis zum Jahre 1802. Inzwischen aber hat das Dorf dadurch eine Einbusse erlitten, dass eine Anzahl Bauernhöfe gelegt werden und ein Theil der dadurch gewonnenen Ländereien zur Errichtung des Gutes Wilhelminenhof verwandt wird.[3]) Der Amtsrath Krause trennt 1802 Wilhelminenhof und Parum von Gülzow und verkauft beide. Es folgt ein schneller Besitzwechsel.[4]) 1817 aber kommen Wilhelminenhof und Parum zu der Schaumburg-Lippe'schen Begüterung und sind nun wieder, wie in alter Zeit, mit Gülzow zusammen unter einer Herrschaft vereinigt.

Von Geistlichen des Mittelalters kennen wir die Pfarrer Nikolaus (1314), Johann (1337—1339)[5]) und Bernhard (1343—1346). Das Patronat von Kirche und Pfarre ist bischöflich. Noch im Visitationsprotokoll von 1586 finden wir eine Andeutung darüber, dass das Kirchlehn zum Stiftshause Bützow gehöre und daher dem Herzog Ulrich als dessen Administrator zuständig sei.[6]) 1542 ist Johann Berg Pastor zu Parum, 1558 Michael Schmidt und bald darauf für kurze Zeit der später in Bützow wirkende Joachim Reiche.[7]) 1562 folgt Georg Schwieger, nach dessen Tode 1586 Thomas Statius und nach dessen Tode 1629 Daniel Garmasen. Ihn beruft Wallenstein, der Herzog Albrecht von Friedland. Nach Garmasen wirken: von 1643 bis 1685 Joh. Rehmius und von 1685 bis 1691 Ernst Schaumkell, der nach Sülten bei Brüel versetzt wird, während Petrus Burchardi 1691 nach Parum geht.[8]) Burchardi erhält 1714 einen Substituten in seinem Nachfolger Joh. Heinr. Wiese, und dieser ebenso

---

[1]) Schildt, M. Jahrb. XLVII, S. 221.

[2]) Akten im Grossh. Archiv.

[3]) Nach einem von dem Pastor Klunk eingeforderten und zu den Acta Fiscalis gelegten Bericht vom 18. Oktober 1811 haben 1755 noch zwölf Bauern als Vollhufener zu Parum gewohnt. Bald nachher legt der Oberst von Mecklenburg fünf Bauern und schlägt deren Ländereien theils zu Boldebuck, theils zu Gülzow. Sein Sohn, der Jägermeister von Mecklenburg, macht darauf die übriggebliebenen sieben Vollbauern zu Dreiviertelhufenern und vereinigt die dadurch gewonnenen eindreiviertel Hufen mit Gülzow. Zuletzt verwandelt Herr von Lowtzow im Jahre 1796 die sieben Dreiviertelhufener in fünf Einviertelhufener und gewinnt damit den Grund und Boden zur Errichtung des Gutes Wilhelminenhof. Das Landbuch von 1581 verzeichnet vierzehn Bauern und Kossaten. Vgl. Schildt, M. Jahrb. XLVII, S. 222.

[4]) 1802 F. E. L. Knes; 1803 Justizrath Rönnberg; 1804 Peter Christoph Lübke; 1811 Dr. Joachim Ernst Jordan-Wismar.

[5]) S. Grabstein. — Vgl. M. U.-B. 5770, Anmkg. — M. Jahrb. VII, S. 274.

[6]) Wenn das Kirchlehn von Parum im Visitationsprotokoll von 1542 als fürstlich bezeichnet wird, so kann das nicht irre führen, denn damals ist Herzog Magnus III. von Mecklenburg Bischof.

[7]) Lisch, M. Jahrb. XVI, S. 131.

[8]) M. Kunst- und Gesch.-Denkm. III, S. 420.

1748 in Joh. Friedr. Eichmann, der bis 1755 bleibt. Es folgt Joh. Benjamin
Kieselbach, welchem 1797 der Schwiegersohn Joh. Christian Heinr. Klunk
adjungiert wird. Dieser lebt bis zum 24. März 1823. Vgl. Walter a. a. O.

Kirche.   **Kirche.** Die hier gegebene Abbildung der Kirche von der Nordseite
lasst den Hauptbau als ein längliches Viereck gothischen Stils aus dem
Anfange des XIV. Jahrhunderts erkennen und erspart uns eine eingehendere
Beschreibung des Aeusseren. Ein Fachwerkthurm, der im Westen in der

Kirche zu Parum.

Längsachse des Langhauses vorgesetzt war, ist im letzten Jahrzehnt des XVIII.
Jahrhunderts abgebrochen. An seiner Stelle ist 8 m von dem Westende der
Kirche entfernt ein hölzerner Glockenthurm errichtet worden. Im Innern
decken drei frühgothische niedrige Kreuzgewölbe den einschiffigen Raum. In
der Ostwand ein dreitheiliges Fenster mit neuer Glasmalerei.[1] Auf der Nordseite die Sakristei. Sie ist mit einem Gewölbe geschlossen und hat eine wohl
noch aus der Zeit der Erbauung der Kirche stammende mächtige Thür von
Eichenholz. In den Wänden sechs zum Theil noch mit Holzeinfassungen
versehene, zum Theil vermauerte alte Wandschränke.

---

[1] Gestiftet vom Rittergutsbesitzer Hermann Mönnich auf Langensee.

Altar und **Kanzel**, zu einem Körper verbunden, sind Schnitzwerke im Zopfgeschmack. An den Kanzellen des Altars die Jahreszahl **1791** und die Namen: **PASTOR I · B · KIESELBACH · C · ROHDE FECIT.**[1]

Altar und Kanzel.

In der Eingangshalle auf der Westseite ein eingemauerter alter **Grabstein** mit der Gestalt eines Priesters: A̅N̅O · D̅I̅ · M̅ · CCC · XXX | IX · HORIA · VI · ANTH · HASTV̅ · PHNTHHOST | · O · DN̅S̅ · IOhA̅N̅IS · RHCTOR · HCCLHSIH · T̅ · PARVM · OR · P̅ · HO · [2]

Grabstein.

Im Glockenstuhl zwei **Glocken.** Die grössere (Dm. 1,00 m) ist nach der Inschrift 1837, zur Zeit des Pastors **J. C. W. SCHUMACHER** und der Kirchenvorsteher **C. EVERT** und **J. DETHLOF,** bei J. C. Haack in Rostock umgegossen worden.[3] Die kleinere Glocke (Dm. 0,22 m) ist ohne Inschrift und ohne Zeichen.

Glocken.

Kleinkunstwerke. 1. Silbervergoldeter Kelch von 1698, auf sechspassigem Fuss. An der Kupa die Inschrift: **SIS MANEASQUE JESU NOSTRO CONSECRATUS CALIX · ⚜ ANNO 1698.** Wismarsche Arbeit mit einem nicht völlig deutlichen Stempel **(Joh. Georg Beitze?).** — 2. Neue silberne Patene, gestiftet 1872 von **CAROLINE, FRITZ, LOUIS MÖLLER-**Langensee. Mit dem Stempel

Kleinkunstwerke.

Grabstein des Priesters Johann.

BEHRENS. — 3. Eine zweite silberne Patene von 1895, mit dem Schaumburg-

---

[1] Unter dem Altar gab es bis 1846 ein Grabgewölbe. Die Särge der dort Beigesetzten (Mitglieder der Familien von Lepel [auf Gülzow], von Bülow, von Flotow, von Mecklenburg u. s. w.) sind auf der Südseite des Kirchhofes in die Erde gesenkt worden.

[2] Der Stein lag früher vor dem Altar; zur Zeit des Pastors Johann Klunk (1797—1823) wurde er aufgenommen und später auf dessen Grab gelegt. In den fünfziger Jahren wurde er an der jetzigen Stelle eingemauert.

[3] Auf der Vorgängerin standen die Namen der Kirchenjuraten Reddin und Kölpin, zwei Namen, die sich aus den Kirchenbüchern bis 1650 zurück verfolgen lassen.

Lippeschen Wappen und dem Stempel **LELLMANN**. — 4. Grosse silberne Kanne. Ebenso gestempelt. — 5 7. Silberne Geräthe zur Krankenkommunion. Kelch mit den Stempeln (⚌) (HP) [1]), Patene und Oblatendose ohne Werkzeichen. — 8 Silberne grosse runde Oblatendose, neu, »**W • P • 12 LOTH**«. — 9. Zinnerne Weinkanne, mit dem Meisterstempel **F. BECHLIN**. — 10. Zinnerne Taufschale, ohne Stempel. — 11—13. Drei zinnerne Altarleuchter des XVII. Jahrhunderts. Mit dem nebenstehenden Stempel. — 14. Messingener Kronleuchter in Form eines Zinnenkranzes mit zwölf aus den Thürmen hervorragenden Lichtbehältern. Gestiftet Weihnachten 1894 von **MÖNNICH**-Langensee. [2])

Das Kirchdorf Lüssow.[3])

Geschichte des Dorfes.

Vom Jahre 1229 an giebt Lüssow den Zehnten von fünfeinhalb Hufen an die Kirche zu Bützow. Das Patronat seiner eigenen Kirche aber geht durch eine Schenkung des Fürsten Nikolaus von Werle acht Jahre später an den Dom zu Güstrow über, während die Archidiakonatsrechte oder der Bann vom Bützower Dekan ausgeübt werden [4]) Wie auf vielen anderen Gütern und Dörfern, so ist auch hier während des Mittelalters Grund und Boden nicht in einer Hand. An den Lüssower Wiesen haben die Gebrüder vom Dike Antheile, von denen sie den Güstrower Kanonikern 1334 abgeben; Eigenthum und Hebungen von der Mühle zu Lüssow gewinnt den 30. Januar 1353 das Kloster zum hl. Kreuz in Rostock; und am 12. April 1360 kauft Ritter Heinr. Preen von Bandelstorf die Dörfer Klein-Ridsenow und Spotendorf ganz und Lüssow halb mit allem Zubehör, mit hohem und niederem Gericht, mit Bede, Spann-, Burg- und anderen Diensten.[5]) 1425 erwerben die von Berkhahn Besitz und Rechte in Lüssow. Ihre Rechtsnachfolger sind seit 1531 die Herren von Fineke, deren Verhältnisse in der Mitte des XVII. Jahrhunderts so misslich werden, dass sie das Gut aus den Händen geben und trotz verschiedener Muthungen (zuletzt 1714 und 1716) nicht wieder erlangen. Im Besitz von Lüssow folgen hintereinander der Darguner Amtmann Friedrich Schmidt, von 1705 an dessen Schwiegersohn, der Syndikus Nese zu Güstrow, von 1735 an ein Herr von Walter, der mit seiner Familie im Jahre 1744 bei einem Hausbrande das Leben verliert, dann bis 1798 die Herren von Schöpffer, bis 1825 C. C. Ludw. von Bülow, bis 1830 Joach. Bernh. Peltz,

---

[1]) Von dem Güstrower Goldschmied Joh. Heinr. Pohls, der Ende der siebenziger Jahre des XVIII. Jahrhunderts in Güstrow arbeitet. Crull, M. Jahrb. LXIII, S. 150.

[2]) Vgl. die alten Leuchterformen zu Aachen und Hildesheim.

[3]) 6 km nordnordwestlich von Güstrow. »Ort des Lußa«: Kühnel, M. Jahrb. XLVI, S. 88.

[4]) M. Jahrb. 365. 464. 610 (Bischof Wilhelm von Schwerin spricht 1248 von sechs nach Bützow hin zehntenpflichtigen Hufen). M. U.-B. 1178. 2447. 4872. 8428.

[5]) M. U.-B. 5539. 7704. 8745.

von 1831 bis 1862 Gustav Stein, und nach ihm Ad. Aug. Karl Heinr. Schubart, der das Gut heute noch hat.[1]

Von den mittelalterlichen Geistlichen zu Lüssow begegnen uns folgende: um 1226 Priester Gottfried, um 1237 der Pleban Heinrich, um 1386 der Pleban Johannes von Warnemünde, um 1468 der Kirchherr Nikolaus Wang und um 1473 der Vikar Christian Halenbeck. Um 1541 (und noch 1552) ist Johannes Wedige Kirchherr, und um 1603 wird der bisherige alte Pastor

Kirche zu Lüssow.

Jochim Flemming als verstorben angegeben. Es folgen: Thomas Tylander (÷ 1636); Paulus Bocatius, den die Noth des dreissigjährigen Krieges nach Rostock treibt und der nachher Pastor in Harburg ist; nach längerer Vakanz Christian Swantenius von 1644 bis 1686; Christian Diestler von 1686 bis 1721; Jakob Friedr. Christiani von 1722 bis 1746; Enoch Christoph Simonis von 1747 an und dessen Sohn Johann Jakob Simonis, der dem Vater adjungiert wird, von 1787 bis 1844. Vgl. Walter, a. a. O.

Im XVII. Jahrhundert hat die Kirche zu Lüssow noch vier Filialkapellen, die zu Oettelin, Sarmstorf, Gross-Schwiesow und Käselow.[2] Von ihnen sind die beiden letztgenannten eingegangen. Die Kapelle zu Käselow ist bereits 1662 in einem sehr baufälligen Zustande. Oettelin s. o. S. 132. Das Patronat der Kirche zu Lüssow ist in der Zeit der Reformation vom Dom zu Güstrow auf den Landesherrn übergegangen.

Kirche. Die Kirche zu Lüssow ist ein schwerer Feldsteinbau aus der Zeit des Uebergauges vom romanischen zum gothischen Stil mit einem in den

Kirche.

---

[1] Akten im Grossh. Archiv. Von den Bauern zu Lüssow, deren einer im Jahre 1529 als Höriger der von Oldenburg auf Gremmelin erscheint, haben sich zwei erhalten.

[2] Vgl. Visitationsprotokoll von 1646 und 1662.

Jahren von 1866 bis 1870 angesetzten neugothischen (!) Schluss aus dem Achteck. In Folge dieses Anbaues ist der ehemalige Chor zum Langhaus gezogen worden.[1]) Im Westen ein Thurm, bei dessen mehrfachen Erneuerungen die Formen des Pfarrkirchenthurms zu Güstrow Einfluss ausgeübt zu haben scheinen. Vgl. Abbildungen. Von den drei Gewölbejochen des älteren Theiles der Kirche zeigt jedes acht Rippen von quadratischem Durchschnitt.

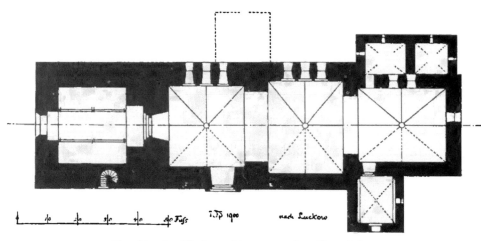

Grundriss der Kirche zu Lüssow vor dem Chor-Anbau.

Triptychon.

Belt .

Die **innere Einrichtung** ist neu. Das alte gothische **Triptychon** des Altars ist 1866 in die Nordwand eingemauert. Von älteren Sachen der Kirche ist ein an einem südlichen Chorstuhl angebrachter **Belt**« zu nennen.[2])

Grabsteine.

Grabsteine. Im früheren Chor ein Grabstein mit dem Bilde eines Priesters unter einem gothischen Baldachin:

Mille tricenteno bi simul octuageo
ꝑt⁹ natale dei fuerat du festa mathei
Hic sit plebanꝰ de warnemude iohes.

Zwischen dem Gestühl im Gange der wappengeschmückte Stein des **Friedrich Wilhelm von Warnstedt** aus dem Hause Vogelsang und der seiner Gattin **Maria Elisabeth von Bassewitz** aus dem Hause Klein-Walmstorf. — Ebendaselbst der gleichartige Stein des grossbritt. Oberstlieutenants **Joachim Gottfried von Wackerbarth**, Erbherrn auf Kassow, gest. 6. Oktober 1782, und

---

[1]) Im Mittelalter verband man ohne viele Sorge ältere romanische Bautheile mit gothischen. Heutzutage aber, wo es Kunstgeschichte und Kunstwissenschaft giebt, bedeutet derartiges Thun das Gegentheil von dem, was bei Restaurationen, Erweiterungen und Vergrösserungen als engster Anschluss an das vorhandene Alte bezeichnet und empfohlen wird.

[2]) Lisch, M. Jahrb. VIII, S. 87 ff. XXXV, S. 201 ff. Dort auch Ausführlicheres über die Vernichtung der Wandmalereien bei Gelegenheit der Restauration der Kirche in den Jahren 1865 66.

seiner Gattin **Dorothea Elisabeth von Wackerbarth**, geb. von Levetzow. — Der zweitälteste Stein (beim Triumphbogen) ist der mit dem Reliefbilde eines

Grabstein des Plebans Johannes von Warnemünde.

betenden Ritters geschmückte Stein des **Jaspar Fineke**: ANNO 1577 DEN 10 · MARTY IS DER EDELER UND ERENVESTER JASPER FINEKE THO KOROW IN GOD SALICH ENTSLAFFEN. Neben dem Lüssower herrschaftlichen Stuhl sein eingemauertes **Wappen**, eine Sandsteintafel.

Grabstein des Friedrich Wilhelm von Warnstedt und seiner Gattin
Maria Elisabeth von Bassewitz.

Am Karower Herrenstuhl von 1775 das aufgemalte **Lützow-Gamm**'sche Allianzwappen mit den beiden Namen HR · G · A · B · V · LÜTZOW und FR · L · A · V · GAMM, sowie das **Gamm - Vogelsang**'sche mit den beiden Namen HR · G · A · V · GAMM und FR · M · G · V · VOGELSANG. — Oberhalb des

Allianzwappen.

19

Bildniss.

Fineke'schen Steines das **Bildniss** eines nicht genannten Herrn **von Vogelsang,** der 1686 mit anderen Mecklenburgern den Türkenkrieg mitmachte und bei Belgrad erkrankte.[1])

Glocken.

Glocken. Das im Jahre 1819 durch Blitzschlag sammt dem Thurm vernichtete Geläute ist im Jahre 1849 durch Grossherzog **FRIEDRICH FRANZ II.** im Verein mit der Gemeinde wiederhergestellt und von **C. Jllies** in Waren gegossen worden. Die grosse Glocke (Dm. 1,44 m) ist jedoch schon im Jahre 1866 von **P. M. Hausbrandt** in Wismar wieder umgegossen worden. Die andern beiden Glocken von 1849 messen 1,04 und 0,89 m im Durchmesser.

Grabstein des Joachim Gottfried von Wackerbarth und seiner Gattin Dorothea Elisabeth von Levetzow.

Ausserdem noch eine kleine neue Klingglocke ohne wahrnehmbare Inschrift.[2])

Kleinkunstwerke.

Kleinkunstwerke. 1. 2. Silbervergoldeter gothischer Kelch auf sechspassigem Fuss mit dem IhΘSVS-Namen am Knauf und mit einem aufgenieteten Krucifixus als Signaculum. Inschrift: **ENGEL HVNDERTMARKSCHE GIBET DISES ZV GODTES EHREN ANNO 1647.** Keine Werkzeichen, auch nicht an der zugehörigen Patene. — 3. 4 Silbervergoldeter Kelch auf achtpassigem Fuss, mit einem aufgehefteten Krucifixus als Signaculum. Stempel: Ⓦ Ⓕ. An der Patene dieselben Zeichen. — 5. 6. Krankenkelch und

---

[1]) Vgl. Inventar 1811. Nach Lisch, M. Jahrb. XXXV, S. 206, soll es ein Fineke sein. Dies ist weniger wahrscheinlich, denn um 1686 giebt es keine von Fineke mehr auf Karow. Um 1655 giebt es bereits einen Oberstlieutenant von Vogelsang auf Karow. Vgl. Akten im Grossherzoglichen Archiv.

[2]) Ihre Vorgängerinnen waren: eine kleine ohne Inschrift, eine mittlere, welche von Jochim Grawert zu Wismar zur Zeit des Herzogs Hans Albrecht gegossen war, und eine grössere von dem Rostocker Giesser Ernst Siebenbaum mit dem Datum 1604. Vgl. Inventar 1811.

Patene von Silber, ohne Inschrift und Werkzeichen. — 7. Kreisrunde silberne Oblatenschachtel, mit eingravierten Blumen, Tulpen u. s. w., im Barockgeschmack. Auf der Unterseite $\wedge$, auf der Oberseite I B M • V L I. — 8. Längliche silberne Oblatenschachtel auf vier Klauenfüssen. Auf der Unterseite die Aufschrift: **DANIEL FRIEDERICH VON BOHT MARGARETA DOROTEA VON KOPPLOEN ANNO 1732.** Vom Güstrower Goldschmied **Lenhard Mestlin.** — 9. Neue Taufschüssel, vom Goldschmied **Steusloff**-Güstrow. — 10. Neue Abendmahlskanne, gestiftet von **L.** und **M. STEIN**-Augustenruh 1898. Mit dem Stempel **W M F E.**

Das Filial-Kirchdorf Sarmstorf.[1])

Wie die Brüder Johann und Heinrich Wanenberg Besitz und Rechte im Bauerndorf Sarmstorf im Jahre 1339 zu einem Theile an Johann von Köln und Jakob Wörpel in Güstrow und zum andern Theil 1342 an den Knappen Henneke Bengersdorf verkaufen, und wie aus den Erwerbungen der beiden Güstrower Bürger die in ihrer Stadt gegründeten Konvente zum hl. Geist und zu St. Jürgen die grössten Vortheile ziehen, ist in vielen Urkunden zu lesen.[2]) Im Uebrigen fehlt es an Nachrichten aus dem Mittelalter. Als nach den bösen Kriegsjahren am Ende der Dreissiger des XVII Jahrhunderts die mecklenburgische Landbevölkerung langsam wieder zu Athem kommt, da stellt sich heraus, dass, wie in der Güstrower Amtsbeschreibung von 1644 verzeichnet steht, von dreizehn Hofstellen[3]) noch sieben bewirthschaftet werden: sechs sind theils niedergebrannt, theils in sich zusammengestürzt.

Ueber die Zugehörigkeit zur Kirche in Lüssow s. o. S. 287.

Kapelle. Die alte Kapelle ist ein Fachwerkbau in Form eines im Innern flachgedeckten, im Osten wie im Westen mit drei Seiten aus dem Achteck schliessenden, verhältnissmässig nur sehr kleinen Raumes. Am Westende ein kleiner Dachreiter, dessen Wetterfahne die Inschrift **PETER VICK 1681** zeigt.

Das **Innere** ist ohne Bedeutung.

Die einzige **Glocke** (Dm. 0,38 m) ist laut Inschrift 1768 zur Zeit des Pastors **ENOCH SIMONIS** und der Vorsteher **HEINRICH KLINKMANN** und **PETER BADE** von **J. V. Schultz**-Rostock gegossen worden.

Geschichte des Dorfes.

Kapelle.

Glocke.

---

[1]) 7 km nördlich von Güstrow. Kühnel deutet den Namen als »Dorf des žarmér« und verbindet ihn mit dem altslavischen Wort žarú Gluth: M. Jahrb. XLVI, S. 126.

[2]) M. U.-B. 6008. 6246. 6364. 6489. 6493. 6660. 6686. 6689. 6700. 6701. 6859. 6863. 6942. 6943. 6946.

[3]) Im Ganzen hatte es vorher neun Bauern und vier Kossaten gegeben.

Glas-
malerei.

Fenster
mit Glasmalerei.

Leuchter.

Im Fenster der Ostwand hinter dem Altar befinden sich zehn kleine mit Unterschriften versehene Bildchen in **Glasmalerei**, mit Darstellungen der Hauswirthe und des Küsters im Jahre 1743. Auf dem ersten Bilde: **JOCHIM SCHIPMAN, HANS SCHMIDT, HINRICH HÖPNER**; auf dem zweiten: **JOCHIM GREVE**; auf dem dritten: **JOCHIM MÖLLER, HINRICH HÖPNER**; auf dem vierten: **HINRICH STOLT**; auf dem fünften: **JOCHIM JÖRN, FRIEDRICH JÖRN**; auf dem sechsten: **DAVID BADE** (Küster); auf dem siebenten: **JOCHIM JÖRN, ANNA JÖRNS**; auf dem achten: **PETER SCHIPMAN**; auf dem neunten: **HINRICH KLINGMANN, FRIEDRICH KLINGMANN**; auf dem zehnten: **JASPER LANG**.

Auf dem Altar zwei ursprünglich der Lüssower Mutterkirche gehörende **Leuchter**, der eine von **EVA MERENS GIERTZEN** und **JÜRGEN KÖHN 1743**, der andere von **MARGARETE LIESCHE GRABAUEN GEB. KRÜGERN 1741** gestiftet. Von einem Güstrower Zinngiesser **D M F B**.

Fenster
mit Glasmalerei.

Das Kirchdorf Recknitz.[1]

Geschichte
des
Dorfes.

Wie in der ältesten Zeit die von Zapkendorf und ihre das gleiche Wappen führenden Vettern, die von Nortmann, als reich begüterte Herren auf dem rechten Ufer der oberen Recknitz sitzen, und wie, nach dem Aussterben beider Linien, um die Mitte des XV. Jahrhunderts die von Vieregge das grosse Erbe antreten, zu dem auch das Bauerndorf Recknitz gehört, hat Lisch

[1] 15 km nordöstlich von Güstrow. Rêka = Fluss. ›Flussgegend‹ übersetzt Kühnel: M. Jahrb. XLVI, S. 116.

im M. Jahrb. XIII, S. 415—417, erzählt.[1]) Recknitz bleibt den Herren von
Vieregge bis zum Jahre 1753, da geht es mit anderen damals Vieregge'schen
Gütern in den Besitz der Herren von Buch über, die noch heute darüber
verfügen. Auch besitzen diese durch einen Vertrag mit denen von Vieregge
seit 1758 das Patronat der Kirche, das jene im Jahre 1621 von Herzog Hans
Albrecht II. für 2000 Gulden erkauft hatten.[2])

Die dem hl. Bartholomaeus geweihte und von den vorgenannten
Geschlechtern mit Altären und frommen Stiftungen ausgestattete Kirche wird
1269 zum ersten Mal und in der Folge des Oefteren urkundlich erwähnt,
scheint aber von Anfang an landesherrlichen Patronats gewesen zu sein.[3])
Sie gehört zur Schweriner Diöcese und zum Rostocker Archidiakonat. Ausser
den Vikaren und Altaristen Joh. Schmidt (um 1346), Nikolaus Dalwitz und
Johannes Doberan (um 1365), Petrus Frowin (um 1375) und Martin Weghener
(um 1425) lernen wir als vorreformatorische Geistliche kennen die Plebane
Otto von Zapkendorf (um 1317), Nikolaus von Buch (um 1336), Johann von
Schönberg (um 1345), Albert Kyritz (um 1365), Johann Phoyterock (um 1367),
Gerhard Ysermengher (um 1425) und Joh. Vaget (zwischen 1503 und 1536).
Dieser hat das Kirchlehn noch von den Herzögen Magnus und Balthasar
erhalten Ihm zur Seite stehen 1521 zwei Vikare, Paul Boie und Joh. Have-
mann, und der Kapellan Hermann Schmidt und später, von 1536 bis 1542,
der Kapellan Joh Cordes. Um 1547 ist der Küchenmeister Bartholomaeus
Milius zu Stavenhagen Kirchherr, vielleicht schon von 1542 an, stellt aber als
Miethpriester den Joh. von der Heide für sich in Recknitz an. Bald darauf,
1552, ist dieser auch der Kirchherr. Er ist es bis zu seinem Tode 1559.
Sein Nachfolger Jürgen Lau, der 1560 angestellt wird, stirbt in der Adventszeit
des Jahres 1586. 1587 beruft Herzog Ulrich den Anton Alcken, der 1616
noch im Dienst ist und 1617 gestorben sein soll. 1629 aber finden wir dort
unter Vieregge'schem Patronat bereits den Pastor Joh. Alward, der 1618 ge-
kommen und auch 1656 noch da ist. 1659 wird Hartwig Hane berufen, ein
junger Mann im Alter von sechsundzwanzig Jahren († 1674). 1675 folgt Daniel
Hane, stirbt aber schon 1676. Es folgen Paul Hennings (1677—1684), Anton
Koch (1685—1709) und Simon Ambrosius Hennings (von 1710—1743) siehe
Glocken]. Sein Nachfolger Johann Joachim Prüssing, der erst nach vierjähriger
Vakanz, nämlich im Jahre 1747, berufen wird, erhält 1785 in Otto Enoch
Simonis einen Substituten, der nachher bis zu seinem Tode im Jahre 1827
Pastor von Recknitz ist.[4]) S. Walter a. a. O.

Als ehemalige Filialen werden im Visitationsprotokoll von 1646 die
Kapellen in Mierendorf und in dem untergegangenen Rampeschendorf
(Repeschendorf) genannt. Auch gab es in Recknitz selbst noch eine Kapelle

---

[1] Vgl. M. Kunst- u. Gesch.-Denkm. I, S. 460 (2. Aufl. S. 476). M.U.-B. 8781. 9144. 9728. 9873.

[2]) Akten im Grossh. Archiv.

[3]) M. U.-B. 1153. 9325. 9728. 9873. 9875. 9876. Schröder, Pap. M. S. 1877 ff.

[4]) Prüssing stirbt noch im Jahre 1785.

»to dem hilgen Krütze«, die im Visitationsprotokoll von 1595   S. Hulpert«
genannt wird.   Sie wurde 1557 abgebrochen.[1])

Kirche.

Kirche.   Die aus dem Anfange des XIII. Jahrhunderts stammende und
dem hl. Bartholomaeus geweihte Feldsteinkirche zu Recknitz gehört zu den

Kirche zu Recknitz.

vielen Kirchenbauten aus der Zeit des Ueberganges vom romanischen zum
gothischen Stil und besteht aus einem schmalen Chor mit platter Ostwand,

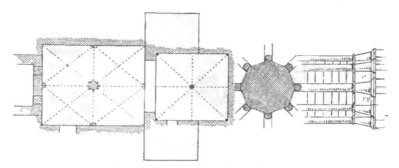

Grundriss der Kirche.   (Nach Raspe.)

einem breiteren zweischiffigen Langhaus und einem etwas schmäleren drei-

---

[1]) »Predigerbusch« heisst später die Stelle, wo sie gestanden. Vgl. Pfarrchronik (auf der
Pfarre zu Recknitz).

stöckigen Thurm, der ein von Osten nach Westen gerichtetes Satteldach mit Halb- oder Krüppel-Walmen trägt. Backsteine sind am Ostgiebel des Chors und am Thurm zur Verwendung gelangt. Auffallend sind mehrere erst in späterer Zeit angebrachte plumpe Strebepfeiler. Zu beachten ist auch ein Rundfenster oberhalb der Eingangsthür des Thurmes. Der Chor ist mit einem acht-theiligen Kuppel- oder Back-ofengewölbe geschlossen, das Langhaus aber mit einer von einem einzigen acht-seitigen gothischen Mittel-pfeiler ge-tragenen und dadurch in vier neben-einander ge-stellte Kreuz-gewölbe zer-legten Wöl-bung, welche sehr viel jünger erscheint als die des Chors. Im Scheitel des Chorgewölbes ein Rundbild, das eine Engel-gruppe mit der Inschrift

Inneres der Kirche.

HEILIG, HEILIG u. s. w. darstellt. An der Nordseite des Chors eine ältere gewölbte Sakristei, und auf der Südseite des Gemeindehauses eine jüngere Vorhalle aus gothischer Zeit.

Der jetzige **Altaraufsatz** ist mit einem Gemälde von **Gaston Lenthe** 1850 (Kreuzigung) geschmückt. Der frühere Aufsatz, ein gothisches **Triptychon** des XV. Jahrhunderts, steht unter dem Orgelchor an der Westwand. Im

Altar-
aufsatz.
Triptychon.

Mittelfelde die hl. Maria mit dem Kinde, auf dem Monde stehend, oben links Moses und der feurige Busch, rechts Hesekiel vor der verschlossenen Pforte, darüber musicierende Engel, unten aber verschiedene Heilige, ebenso in den Flügeln, doch sind diese zum Theil nicht mehr wohl erhalten. Bei zugeklappten Flügeln sieht man acht Bilder: Jesu Einzug in Jerusalem, die Fusswaschung, das Verhör vor dem Rath, Pilatus wäscht die Hände, die Geisselung, Verspottung, Höllenfahrt und das Weltgericht. Einzelne Tafeln sind noch gut erhalten.

Kanzel.
Orgel-
prospekt.

Die **Kanzel** ist eine VIEREGGE'sche Stiftung vom Jahre 1579 mit geschnitzten Wappen.[1]) — Der **Orgelprospekt**, ebenfalls eine VIEREGGE'sche Stiftung, ist eine noch reichere Holzschnitzerei des Barockstils vom Anfange des XVIII. Jahrhunderts. Sie ist mit den Wappen der VIEREGGE und SPERLING geschmückt.[2]) — Aus derselben Zeit wie die Kanzel stammt der

Patronats-
stuhl.

Patronatsstuhl. Unter seinen Wappen die Unterschriften: DE NORMAN DEN GOT GNEDIG SI 1579; EWALT VIEREGGE — IDE RESTORF; VICKE VEREGGE — ANNA SWERIN; MATTHIAS VEREGGE — ADELHEIT LEVETZOW.

Eucharistie-
schrank.

In der Nordwand des Chors ein alter **Eucharistie-Schrank**, dessen Thür auf der Innenseite mit einem sehr alten Bilde, Christus als Schmerzensmann mit dem Kelch und der Hostie, versehen ist.[3])

Einzel-
bilder.

Einzelbilder. Am Triumphbogen in einem schwarzen Holzrahmen ein Bild des Krucifixus; über dem Kreuze ein Band mit der Inschrift: AMOR MEUS CRUCIFIXUS EST; rechts der König David in Purpur, er hat Krone und Scepter abgelegt, und von seinem Munde zum Kreuz hinauf läuft ein Spruchband mit der Inschrift: HERR ZEBAOTH, WOHL DEM MANNE DER SICH AUF DICH VERLÄSST. In der Sakristei eine kleine auf Kupfer gemalte Gruppe der Pietas und ein auf Holz gemaltes Haupt Christi, dessen lateinische Unterschrift angiebt, dass es die Nachbildung eines in Rom gefundenen wahren Originalbildes des Heilandes sei.

Grabsteine.

Grabsteine.[4]) Vor dem Altar der Grabstein des Ritters **Joachim Nortman** auf Rossewitz und seiner Ehefrau **Gheze Behr**. Mit den lebensgrossen Figuren beider. In den Ecken die vier Evangelisten-Symbole. Inschrift: Ano : dñi : m : ccc⁰ : lrrrir⁰ : fei : iii⁰ : pt : feta'e : ᴕ : dñs : iachim : nortman : miles ī rozffewitze : Ano : doi : m : ccc⁰ . . . . ᴕ : dña : gheze : uror : iachi : nortma : filia : iohis : ᴠere : Zwischen den Füssen der Figuren: or⁰ · p · ris · Ebendaselbst ein Grabstein mit den Bildnissen der Priester **Johannes Doberan** und **Nicolaus Dalvitz**: Ano · d · m⁰ · ccc lrrriiii i · pfefto · georgi · ᴕ · dñs · iohes · dobera · h⁹ · ᴠicᵃi⁹ · or⁰ · p · c⁰ ·

[1]) MATTHIAS VEREGGE, ADELHEIT LEVETZOW, VICKE VEREGGE 1579, ANNA SWEREN.[!]

[2]) Erbaut 1703—1718 von J. C. Gerhard in Rostock.

[3]) Vgl. Laase, Lübow, Jördenstorf u. a. m.

[4]) Zur besseren Erhaltung der Steine würde es sich empfehlen, sie aufzunehmen und an die Wand zu stellen.

A̅n̅o · do¹ · m⁰ · ccc⁰ · lr̄r̄r̄ir̄⁰ · in · die · lamberti · & · bn̅s̅ · nicola⁹ · balnit₃ · h̅' · bic̅ri⁹ · or̅⁰ · p · c⁰ · Rechts neben dem Altar ein Grabstein ohne Umschrift, mit Schild und Helm der Familie **Nortman**. — Links
vom Altar ein kleiner Grabstein von Angehörigen der Familie **Nortman** mit
dem Wappen der Familie und den vier Evangelisten-Symbolen in den Ecken.
Umschrift: A̅o̅ · bn̅i̅ · mccccrrr · (Lucke) & · nicola⁰ · nortm̅a̅ · fili⁹ ·
b̅o̅ · ioadji · nortm̅a̅ · mile ·) · uror · cj⁹ · ghifele · fi · b̅o̅ · nicolai ·
militis · or · p · cis ·

Die von Lisch im M. Jahrb. XIII, S. 415—417, erwähnten vier mit
Inschriften ausgestatteten Schilde der Familien Nortman, Zapkendorf und
Mirendorf befinden sich nicht mehr in der Kirche. Sie sollen jetzt im
Besitz der Vieregge'schen Familie sein.

Im Thurm hängen drei **Glocken**. Die grösste ist 1856 von **P. M.** Glocken.
Hausbrandt aus einer älteren Glocke umgegossen worden, die zweite 1816 von
Valentin Schultz in Rostock. Die dritte aber ist zur Zeit die älteste, sie hat
die Inschrift: MARTIIR : IN : IAR : M : CCCLXX.¹) Eine vierte im
Dachreiter auf dem Ostgiebel des Schiffes.

Kleinkunstwerke. 1. Silbervergoldeter gothischer Kelch auf sechs- Kleinkunst-
passigem Fuss und mit dem **IHESVS**-Namen an den Rauten des Knaufes. Am werke.
Fuss kleine aufgelegte Figürchen: die Apostel Petrus, Johannes Evang. und
Bartholomaeus, sowie die hl. Maria mit dem Kinde. Inschrift unter dem Fuss:
**DIESEN KELCH HAT DIE FVRSTLICHE MECKLENBVRGESCHE LEHNKIRCHE
ZUR RECKENITZ MACHEN LASSEN ANNO 1604.** Dazu die Gewichtsangabe:
46 LOTH. Ohne Werkzeichen. — 2. Ein ähnlicher Kelch, 36 Loth 2 Quent-
chen schwer, mit gleicher Inschrift unter dem Fuss, sowie auf dem Fuss mit
den Figuren der hl. Maria, eines Heiligen ohne Attribut und des hl. Christo-
phorus.²) — 3—5. Drei silbervergoldete Patenen, auf der einen der Name des
Pastors **ANTON ALKENIUS**. Alle drei Tellerchen ohne Werkzeichen. — 6. Ovale
silberne Oblatendose im Barockstil. Ohne Werkzeichen. — 7. Silberne Kanne
mit getriebenen Blumen im Barockstil, gleich einer ähnlichen in der Güstrower
Pfarrkirche als Abendmahlskanne dienend. Unter dem Fusse das Hahn'sche
Wappen und die Inschrift: **FRAW GENERALMAJORIN V VIEREGGEN FRAW
ANNA MARGARETA GEBOHRNE HANNEN SCHENKET DISES DER RECKE-
NITZER KIRCHE ZUM GEBRAVCHE DER HEILIGEN COMMVNION AVFF DEM
ALTAR ANNO 1684 DOM · I · ADVENT.** Ferner auf dem Rande eingeritzt
H V und **A M H**.³) Auf der Unterseite des Fusses zweimal das Hamburgische

¹) M. U.-B. 10002. Von den Vorgängerinnen der ersten und zweiten Glocke, über deren
mehrfachen Umguss im XVII. und XVIII. Jahrhundert das Inventar von 1811 berichtet, war die
eine 1787 von dem Neustrelitzer Glockengiesser Meyer und die andere 1732 zur Zeit des Pastors
Simon Ambrosius Hennings von dem Friedländer Glockengiesser Michael Begun hergestellt worden.

²) Die Kelche sind älter als die Inschriften. Diese sind wahrscheinlich unter dem Fusse
angebracht, als man nach der Reformation die Kupa für den Gebrauch vergrösserte.

³) Heinrich von Vieregge und Anna Margarethe von Hahn waren die Erbauer des Rosse-
witzer Schlosses. M. Kunst- u. Gesch.-Denkm. I, S. 466 (2. Aufl. S. 480).

Stadtzeichen. - 8. Vergoldeter Löffel mit durchbrochenem Blatt. — 9. 10. Zwei Altarleuchter aus Messingguss, im Barockstil — 11. 12. Zwei leichtere Zinnleuchter mit der Inschrift: **RECKNITZ REFORMATIONSFEST 31 • OCTOBER 1817.** Von einem Güstrower Zinngiesser (**D A H 1814**). — 13. Taufbecken, neu. — 14. Grosse eisenbeschlagene Kiste, zur Aufbewahrung der Paramente dienend.

Das Kirchdorf Reinshagen.[1]

Geschichte des Dorfes.

Acta sunt hec in ecclesia Reynoldeshagen: so schliessen zwei werlesche Fürsten-Urkunden vom 9. September 1319 und lassen damit erkennen, dass das Dorf eine deutsche Gründung und seine Kirche bereits gebaut ist.[2] Um 1354 ist Albrecht Schöping Rektor dieser Kirche.[3] Als solcher gehört er der Kamminer Diöcese an und dem Archidiakonat des Güstrower Probstes, wie dies durch eine Urkunde vom 8. April 1380 ausdrücklich bestätigt wird.[4] Auch ersieht man aus dieser Urkunde, dass die von Oldenburg (sie heissen Hinricus und Hennekinus) schon damals als Patrone einer Vikarei hervorragende Beziehungen zur dortigen Kirche haben. Etwas über siebenzig Jahre später, nämlich 1453, wird ihr Nachkomme, Clawes Oldenburg auf Gremmelin, von Herzog Heinrich IV. mit den Dörfern Dehmen, Reinshagen, Nienhagen,

Kirche zu Reinshagen.

[1] 11 km östlich von Güstrow.   [2] M. U.-B. 4125. 4126. — [3] M. U.-B. 8022. — [4] M. U.-B. 11255.

Schwiggerow und Ganschow belehnt. 1456 schenkt ihm derselbe Herzog das Patronat der Kirche zu Reinshagen. Und nun erscheint das Bauerndorf über

Thurm - Portal.

dreihundert Jahre lang als Pertinenz von Gremmelin. Dieses Gut bleibt bis 1603 in Oldenburg'schen Händen. Da verpfänden es die Brüder Matthias und Jürgen, die Söhne des Dietrich von Oldenburg zu Gremmelin, an Adam von Passow auf Zehna.[1]) Dieser kauft auch das Patronat der Kirche. 1674 kommt Friedrich Ludwig von Vieregge in den Besitz von Gremmelin, Reinshagen und Kussow, 1684 Hans Albrecht von Moltke auf Strietfeld, 1691 Volrad Paris von Vieregge,

[1]) Matthias und Jürgen, welche sammt ihrem Vater Dietrich in den Hoinckhusen'schen genealogischen Tabellen übersehen sind, sind dieselben, deren Namen und Wappen an der Kanzel der Kirche vorkommen.

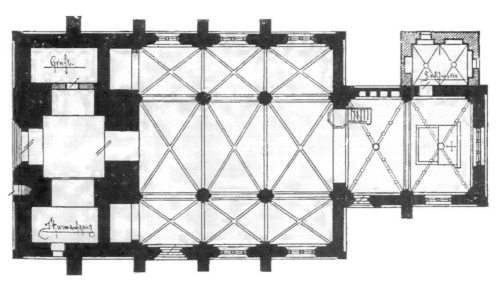

Grundriss der Kirche, von Pries.

1706 Otto Friedrich von Thun, und 1711 beabsichtigt die herzogliche Kammer, Gremmelin und Reinshagen anzukaufen. Statt ihrer aber thut es 1712 der herzogliche Kanzler von Klein. Später, 1751, sitzt wieder ein Vieregge auf beiden Gütern, welche den Oldenburg's trotz wiederholter Muthungen (1717, 1730) verloren bleiben. Von 1755 bis 1780 sind sie in Schack'schen und nachher bis 1785 in Schalburg'schen Händen. Von 1786 an ist der Geh. Kabinetsrath Joh. Friedr. Boldt der Besitzer von Vietgest, Nienhagen, Schwiggerow und Reinshagen, und von da an wird das letztgenannte Bauerndorf Pertinenz von Vietgest.[1] 1819 erwirbt Cornelius von Herzeele Vietgest und Reinshagen von den Boldt'schen Erben und 1841 gelangen beide zugleich mit dem

Portal auf der Südseite des Chors (Priesterpforte).

Patronat in Schaumburg-Lippe'schen Besitz, nachdem die übrigen Boldt'schen Güter schon früher dahin übergegangen waren.

Von mittelalterlichen Geistlichen zu Reinshagen kennen wir nur den einen, der oben genannt ist. Um 1541 ist Johann Schwechte Pastor daselbst, ein siebzigjähriger Mann; um 1574 Christoph Köthener; um 1601 Kaspar Bornemann; in den 1620ger Jahren David Brunst (der viel-

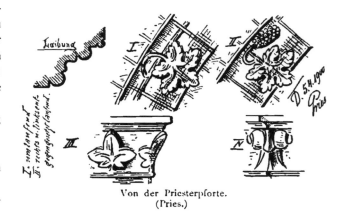

Von der Priesterpforte.
(Pries.)

---

[1] Boldt soll das Vietgester Herrenhaus von den Steinen des im Jahre 1794 abgebrochenen östlichen Flügels des Güstrower Schlosses erbaut haben.

leicht noch länger da ist);[1] von 1641 an (vielleicht schon eher) Stephan Hahn; von 1647 an Erich Timmendorf; 1677 ist es bereits Theodor Rüst; ihm folgt (noch vor 1713) der Sohn Adolph Friedrich Rüst, welcher 1745 stirbt. Nach ihm E. F. Sengebusch bis 1753, dann Joh. Friedrich Eichmann bis in die neunziger des Jahrhunderts und von 1793 an Johann Gottlieb Piper († 1814). Ueber ihn und die Geistlichen des XIX. Jahrhunderts siehe Walter a. a. O.

Portal auf der Südseite des Langhauses.

Kirche. Die Kirche, ein ansehnlicher frühgothischer Backsteinbau vom Ende des XIII. oder Anfange des XIV. Jahrhunderts, auf einem Fundament von behauenem Granit, besteht, noch den älteren Kirchenanlagen aus dem XIII. Jahrhundert entsprechend, aus einem im Osten flach abschliessenden schmäleren Chor und einem breit angelegten Lang- oder Gemeindehause, dem im Westen ein massiger Thurm mit Seitenkapellen vorgelagert ist. Das Langhaus ist ein dreischiffiger Hallenbau mit neun Kreuzgewölben, der Chor ein einschiffiger Bau mit zwei Kreuzgewölben, dem in kleinerem Verhältniss eine niedrige Sakristei auf der Nordseite entspricht. Ueberall ein vortreffliches Ziegelmaterial, dessen Güte besonders in den mit plastischem Laubwerk reich verzierten Gliederungen der frühgothischen Portale hervortritt. Eingehendere Beachtung ver-

Kirche.

Reinshagen, Sockel u. Gesims.
(Pries.)

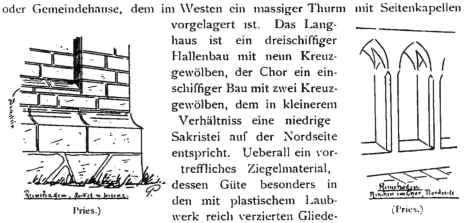

Reinshagen,
Fenster im Chor, Nordseite
(Pries.)

dienen die alten und jungen Pfeiler-Dienste
im Innern mit frühgothischen Kapitellen,
die mit Blättern belegten Rippen der beiden
Chorgewölbe, das Knospenkapitell der
schmäleren »Priesterpforte«, und das Rund-

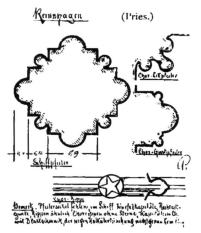

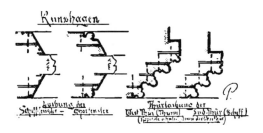

fenster oberhalb des Thurmportals, sowie endlich das neben den gothischen
Strebepfeilern noch nicht ganz aufgegebene Lisenensystem der älteren Zeit.

Inneres der Kirche.

Triptychon.   Das bei einer früheren Restauration nicht vorsichtig genug behandelte
gothische **Triptychon** des Altars bedarf der Abbildung gegenüber keiner
besondern Beschreibung. Die mit plastischem Laubwerk aus vergoldetem
Gyps gefüllte Predella ist neu.[1]

[1] Münzenberger, mittelalterliche Altäre, 15. Lieferung, S. 157.

Die **Kanzel** trägt an ihrem Schalldeckel die Inschrift: **ALLEIN IN GADES**   Kanzel. **EHRE HEFT ANNA VAN OLDENBORCH CHRISTOFFER HOBEN NAGELATEN WEDEWE DISSE CANCEL GEGEVEN ANNO 1586.** Dadurch werden die in vier

Gothisches Triptychon.

Feldern angeordneten Wappen und Namen verständlich, die am Predigtstuhl angebracht sind:

CHRISTOFFER HOBE ANNO · 1 · 5 · 8 · 6 · EWALT VAN OLDENBORCH	ANNA VAN OLDENBORCH DOROTHEA HORN 1586	JOHAN HOBE DER JUNGERE EWALT VAN OLDENBORCH DER JUNGER	JOHAN VAN OLDENBORCH ELIZABET VAN OLDENBORCH

Ferner an der Kanzelrückseite die Wappen des **CLAGES VAN OLDENBORCH** und der **ANNA FINCKEN**, des **MATTIGES VAN OLDENBORCH** und der **MARGRETE LEISTEN**, sowie des **JVRGEN VAN OLDENBORCH** und der **MARGRETE VEREGGEN.** Darunter die Angabe: **PATRONI 1586.**[1]

———

[1] Vgl. Hoinckhusen. geneal. Tabellen. Christoffer von Hobe, Herr auf Beestland und Wolkow, war schon 1573 Todes verblichen. Seine Gemahlin war Anna von Oldenburg aus dem

Grabsteine.

Von den **Grabsteinen** in der Kirche mag nur der des **EWALT VON OLDENBORG**, gest. 1620, genannt werden.

Glocken.

Im Thurm drei **Glocken**. Die älteste (Dm. 1,30 m) hat in Spiegelschrift den Spruch: CORSOLOR VIVA ILLIO MORTUA, PALLIO ROCIVA.[1]) Die zweite ist von **Hausbrandt**-Wismar 1857 gegossen, die dritte ist ohne jede Inschrift. Ausserdem noch zwei kleine Glocken, eine in der Thurmspitze und die andere im Dachreiter auf dem Ostgiebel des Schiffes.

Kleinkunstwerke.

Kleinkunstwerke. 1. Silberner Kelch, neu, vom Goldschmied **Steusloff**-Güstrow. 2. Silbervergoldete Patene. — 3. Silberne Oblatendose, gestiftet von **ANNA REIMERS 1689**. — 4. Zinnkelch, gestiftet von **ANNA GERTRUD HOLLERS 1669**. Unter dem Fuss: **REPARIERT 1731**. Ohne Werkzeichen. - 5. 6 Kanne und Taufbecken, beide neu. — 7. Zwei Zinnleuchter von 1817, mit den Stempeln eines Güstrower Zinngiessers (**D A H 1814**).

Bei einem Pfarrhausbrande im Februar 1897 sind zwei Kelche, ein mittelalterlicher und einer vom Jahre 1808, sowie eine grosse Oblatendose, von **PAUWEL CHRISTOFF : VIEREGGE ANNO 1659** gestiftet, verbrannt.

Das Gut und Kirchdorf Schlieffenberg.[2])

Geschichte des Gutes und Dorfes.

Wie das Gut Schlieffenberg mit seinem prächtigen Schloss eine erst im Anfange des XIX. Jahrhunderts[3]) aus der Feldmark Zierhagen hervorgegangene Neugründung ist, so ist auch die in äusserst malerischer Gegend auf einem Hügel gelegene Kirche ein grosser stattlicher Neubau aus der Zeit von 1854 bis 1859. Sammt ihrer Pfarre ist sie eine Stiftung des Landrathes a. D. Wilhelm Martin Ernst Ludwig Graf von Schlieffen.[4]) Von dem

---

Hause Wattmannshagen. Ihr Sohn Johann d. j. starb 1580 zu Odensee in Dänemark. — Ewald von Oldenburg auf Vietgest und Gremmelin war vermählt mit Dorothea von Horn aus dem Hause Musentin und schon im Jahr 1606 Wittwer. Ihre Kinder waren Ewald d. j. und Elisabeth, die sich mit Kuno Hans von Oldenburg auf Niegleve und Mierendorf vermählte. Der neben ihnen genannte Johann von Oldenburg wird der 1646 gestorbene Johann auf Vietgest sein, älterer Bruder des Kuno Hans. — Klaus von Oldenburg auf Gremmelin, Wattmannshagen und Eichhorst, † 1596, war vermählt mit Anna von Fineke aus dem Hause Kassow. — Ueber die anderen beiden Oldenburgschen Ehepaare s. o.

[1]) Nicht MORTEA, wie im M. Jahrb. X, S. 311 steht, sondern richtig MORTVA.

[2]) 15 km östlich von Güstrow.

[3]) 1803 zum ersten Mal im Mecklenburgischen Staatskalender aufgeführt.

[4]) An der Gründung mitbetheiligt sind des Grafen Mutter, Sophie geb. von Jagow, und dessen Gemahlin Amelie geb. von der Gröben.

Kirche zu Schlieffenberg.

Blick auf das Schloss zu Schlieffenberg (Vorderseite).

Nürnberger Architekten von Heideloff entworfen, zeigt sie in ihrer äusseren Erscheinung als Kreuzkirche, besonders im Verhältniss von Langhaus und Chor, dessen Dachfirst höher ist als der des Langhauses, trotz grösster Einfachheit in der Ausgestaltung alles Einzelnen, eine gewisse Verwandtschaft mit den bekannten Nürnberger Kirchen.[1])

Beschrei-
bung der
Kirche.

Die Sockelsteine des Fundaments in einer Länge von über 160 m, die Treppenstufen der Portale, die Aufgangsstufen zum inneren Chorraum, sowie der Altartisch stammen von grossen Granitfindlingen der Feldmarken Klaber, Rothspalk und Wendorf, die Ziegel aber aus den Ziegeleien von Niegleve und Raden. Dort sind auch von den Zieglern Nehls und Frehse alle beim Bau nach Modellen des Bauführers Michael Geiger aus Almoshof bei Nürnberg ausgeführten feineren Form- und Ornamentsteine gebrannt.

Die Schnitzereien an der Orgel, am Altaraufsatz, an der Kanzel, an den Kirch-

Inneres der Kirche.

thüren, Stuhlwangen und Liedertafeln, sowie das gothische Eisenbandwerk an den Thüren stammen von Nürnberger Meistern, vom Bildhauer Lorenz Rotermund, dem Tischlermeister J. G. Busch und dem Schlossermeister David Pommer. Im Uebrigen haben Güstrower und Teterower Handwerksmeister am Bau mitgearbeitet, aus Teterow Maurermeister Heyden, Steinhauer Müller, Dachdecker Clement, Glaser Belsen und Seiler Berlin, aus Güstrow Amtszimmermeister Sabelmann, Maler Weihnacht, Kupferschmied Böckenhagen und Klempner Haase

[1]) Bei diesem Vergleich ist freilich nicht zu übersehen, dass die Verschiedenheit zwischen dem höheren Chor und dem niedrigeren Langhaus in Nürnberg nicht auf ursprünglichem Plane beruht, sondern das Ergebniss mehrerer, zeitlich weit getrennter Bauperioden ist.

Schloss zu Schlieffenberg (Schmalseite).

und endlich aus Schlieffenberg Tischlermeister Möller und Schmiedemeister Müller. Die aus Sandstein hergestellte Thurmspitze in durchbrochenen gothischen Mustern kommt vom Steinmetzmeister Einsiedel in Leipzig. Das Altargemälde stammt von Theodor Rabe-Berlin, der auf dem Altartisch stehende Krucifixus aus Bronze von Pawlowsky-Berlin, der Taufstein aus schwarzem belgischen Marmor von Schleicher-Berlin, die Vasa sacra von Humbert-Berlin, zwei kleine silberne Leuchter von Prüfer-Berlin, die grösseren Bronzeleuchter des Altars vom Erzgiesser Lenz-Nürnberg, die drei Glocken von Illies-Waren, die Orgel von Remmler-Berlin[1]) und die Thurmuhr von F. Müller-Wismar.[2])

Das Kirchdorf Wattmannshagen.[3])

D ie ältesten Formen des Namens im XIII. Jahrhundert, Wademeshagen und Wademanneshagen, lassen die deutsche Gründung erkennen. Damals sitzen die von Ketelhodt hier und erweisen sich im Jahre 1279 durch fromme Stiftungen als Gönner der Kirche, die dem heiligen Paulus geweiht ist und zum Kamminer Bisthum sowie zum Güstrower Archidiakonat gehört.[4]) Die von Ketelhodt sind auch noch im XIV. Jahrhundert in Wattmannshagen ansässig.[5]) Neben ihnen aber treten als Förderer des Gotteshauses die von Zorow

Geschichte des Dorfes.

[1]) Später umgebaut von Börger-Gehlsdorf bei Rostock.
[2]) Nach schriftlichen Mittheilungen von Pastor Karsten.
[3] 18 km östlich von Güstrow.
[4]. M. U.-B. 1490. 1491. 7921. 10376.
[5]) M. U.-B. 7357. 9408.

auf, der Knappe Konrad im Jahre 1354 und Henneke im Jahre 1375,[1]) ferner
einzelne Angehörige der Familien von der Osten, Pramule, Moltke und
Oldenstadt, die zur Wattmannshäger Parochie gehören.[2]) Ihnen folgen mit
Stiftungen in den Jahren 1468 und 1501 die von Zeppelin auf Roggow.[3])
Vom Anfange des XVI. Jahrhunderts, vielleicht schon von früher her, sind die
von Oldenburg auf Wattmannshagen erbgesessen. Sie bleiben es bis 1662.[4])
Durch Verpfändung kommt zuerst Olav von der Lanken und 1670 Adam
Otto von Vieregge in den Besitz von Wattmannshagen. Die von Vieregge
halten das Gut bis 1785. Ihre Rechtsnachfolger sind: bis 1794 Landrath

Kirche zu Wattmannshagen.

Christian Detlev von Lehsten, 1795 Hofrath Bernh Jakob Neumann, 1798 der
Kammerdirektor Joachim Gustav von Ferber und 1836 Otto Gottvertrau
Wilh. Wien, dessen Familie das Gut noch heute besitzt.

Als vorreformatorische Geistliche sind die folgenden nachzuweisen:
Pfarrer Peter in Urkunden zwischen 1287 und 1290; Burchardus zwischen

[1]) M. U.-B. 7921. Ob identisch mit denen von Zurow? Vgl. M.-U.-B. 6835. Dazu das
Register. Henneke Zorow verkauft im Jahre 1375 dem Priester Joh. Rumpeshagen alle seine
Anrechte an zwei Hufen zu Wendisch-Kobrow und anderthalb Hufen in Deutsch-Kobrow. Die
Urkunde von 1375 fehlt im M. U.-B.

[2]) M. U.-B. 8955. 9408. 10148. 10376. Auch einen Johann v. Michelstorp finden wir in
Wattmannshagen: M. U.-B 10538. 10574.

[3]) Nach Urkunden, die zum Theil noch nicht veröffentlicht sind. Vgl. Mantzel, Bützower
Ruhestunden XIX, S. 41.

[4]) Akten im Grossh. Archiv.

Thurm Portal.

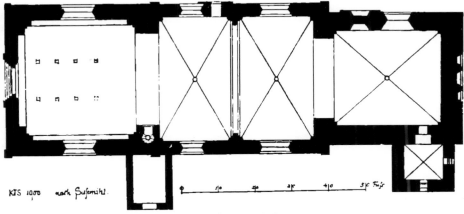

Grundriss der Kirche.

1296 und 1313;[1]) der wahrscheinlich zur Ketelhodt'schen Familie gehörige Pfarrer Arnold um 1334; Vikar Konrad von Abelenhagen um 1354; Pfarrer Johann von Reval als Kirchenrektor 1359; als solcher auch Berthold um 1365; Vikar Johann Rumpes-

hagen zwischen 1365 und 1375;[2]) Kirchherr Kord Löwenberg um 1401; Kirchherr Johann Güstrow um 1407; Vikar Mathias Stolte um 1468 und Volrad Wolter zwischen 1513 und 1534.[3]) Die lutherischen Geistlichen sind vollständig verzeichnet bei Mantzel, Bütz. Ruhest. XIX, S. 44 bis 62, worauf wir hiermit verweisen. Doch reicht dies Verzeichniss nur bis Barthold Ernst Glüer. Deshalb ist hier hinzuzufügen, dass nach Glüer's Tode 1790 Zacharias Dietrich Susemihl berufen wird, welcher bis 1820 wirkt. Die Geistlichen des XIX. Jahrhunderts bei Walter a. a. O.

Auf der Nordseite.

Als ehemalige Filialen der Kirche zu Wattmanns-hagen nennt das Kirchen-Visitationsprotokoll von 1584 die Kapellen zu Raden und Roggow. Von ihnen war die letztgenannte dem hl. Laurentius geweiht.[4])

Kirche.　　**Kirche.** Grundriss und Abbildungen der Kirche lassen sofort erkennen, dass der Chor noch der Zeit des Ueberganges vom romanischen zum gothischen Stil angehört, dass das Langhaus aber sammt dem ihm breit vorgelagerten Thurm ein jüngeres frühgothisches Bauwerk mit vielen Anklängen an die Reinshäger Kirche ist.[5]) Hier wie dort dasselbe treffliche Ziegelmaterial,

---

[1]) Nicht Bernhard. Höchst problematisch ist der von Schröder im Pap. M., S. 884 genannte Eginhard. Das Inventar von 1811 führt eine erst in späterer Zeit, wie es scheint, angefertigte Predigertafel auf, in welcher sein Name mit der Jahreszahl 1303 zusammengestellt wird.

[2]) Bis hierher s. Register zum Urkundenbuch.

[3]) Mantzel, Bütz. Ruhest. XIX, S. 38. 39. 41. Schröder, Pap. M., S. 2824. Im Kirchen-Visitationsprotokoll von 1534 lesen wir: De Kerke Is ein furstenlehenn befitter her Volrat Wolder, verlennt durch beide furften anno XIX Jnftitu: durch denn prawest to guftrow.

[4]) Mantzel, a. a. O. S. 21. 22.

[5]) Vgl. Lisch, M. Jahrb. XII, S. 467. XXVII, S. 205. Crull, M. Jahrb. XXIX, S. 55.

glasiert und nicht glasiert, und dieselben reich geschmückten Portale in vorgeschobenen Mauerkernen. Der ältere Chor ist von Feldsteinen erbaut. Auf
seiner Nordseite sieht man deutlich, dass, wie sich dies auch sonst noch an

alten mecklenburger
Kirchen des XIII. Jahr-
hunderts findet, die
Feldsteinwände über-
kalkt und mit Malerei
von grossen Quader-
fugen verziert waren.
Am Langhause noch
das romanische Lisenen-
system, nichts von
gothischem Strebe-
pfeilerbau.[1] Von den
drei romanischen
Schlitzfenstern in der
Ostwand des Chors
dient nur noch das
mittlere als Licht-
öffnung. Der Thurm
hat seine besonderen
Schicksale gehabt.
Vom Blitz im Jahre
1688 schwer beschädigt,
musste das Holzwerk
des Thurmes, der mit
vier Giebeln aufragte

Auf der Südseite.

und wahrscheinlich einen achtseitigen Pyramidenhelm hatte, abgetragen werden.
Der erneute kleinere Thurm hatte, nach Pastor Glüer's Aufzeichnung, eine
Höhe von 32 Ellen oberhalb des Mauerwerks, wurde aber 1757 abermals vom
Blitz getroffen und brannte gänzlich aus. Diesmal wurde er nicht erneuert.
Man trug vielmehr den Nord- wie den Südgiebel ab und gab dem Thurm das
unschöne Satteldach, womit er auch heute noch versehen ist.

---

[1] Herr Pastor Radloff theilt dem
Verfasser eine von ihm an der Südostecke des Mittelschiffes, ungefähr 1½ Meter
hoch vom Erdboden her, gefundene »eingemeisselte« Inschrift mit, welche neben
dem Datum 87. 15. Oct. (?) die Namen
Lewin Gelech und Daniel Meier enthält.
Die Buchstaben und Zahlencharaktere zeigen, dass wir diese Inschrift dem XVI.
Jahrhundert beizulegen haben, also zu
1587 ergänzen müssen.

Eingemeisselte Inschrift an der Südostecke des
Mittelschiffs der Kirche, aussen, 1½ m hoch.

Auf der Pfarre ein ausgiebiges Material von Urkundenabschriften und Akten, darunter fünf Bücher in Quart und ein Akten-Konvolut in Folio.

Innere Einrichtung. Kanzel und Altar, Krucifixus, Taufbehälter.

Die alte **innere Einrichtung** der Kirche mit zahlreichen Inschriften und Bildern ist bis auf Altar und Kanzel leider spurlos vertilgt. **Kanzel** und **Altar** von 1737 und 1738, letzterer mit Malereien von dem Maler und Lackierer **Joh. Hohenschild**, sind Werke des Barockstils von geringer Bedeutung. In der Sakristei ein alter **Krucifixus** von Holz. Der **Taufbehälter** ist neu. Im Thurm aber steht noch ein besserer älterer im Geschmack der Renaissance,

Inneres der Kirche.

Zinnbecken.

welcher sammt seinem **Zinnbecken** im Jahre 1653 laut Inschrift von **JOACHIM VON KÖLLEN** und dessen Ehefrau **KATHARINA VON OLDENBORCH** gestiftet worden.[1]) An der Schale das nebenstehende Werkzeichen eines Güstrower Zinngiessers.

Grabstein.

Vor dem Chor auf der Oldenburg'schen Grabstätte ein **Stein** mit der Inschrift: Jürgen van oldenbor | ch vn • syn • eruen. Darunter das gross ausgeführte Oldenburg'sche Wappen mit dem Datum Anno 1561.[2])

Glocken.

Im Thurm zwei **Glocken.** Die grössere (Dm. 1,13 m) mit der Inschrift

AD RES DIVINAS POPULO PIA CLASSICA CANTO
ATQUE PRECES POSCO, FUNERA PLANGO PIA

[1]) Verdient restauriert zu werden.
[2]) Jürgen, nicht Avegen, wie bei Lisch, M. Jahrb. XII, S. 468.

ist unter Herzog **FRIEDRICH** im Jahre 1774, zur Zeit des Pastors **GLÜER**, von **Joh. Valent. Schultz** in Rostock gegossen worden, die zweite (Dm. 0,86 m) 1855 von **C. Jllies** in Waren. Sie hat den Spruch:

EST TRIPLEX FINIS, SONITUM CUR EDERE OPORTET .
INDEX SUM MORTIS, SACRA PRECESQUE PARO .[1]

Kleinkunstwerke. 1. 2. Silbervergoldeter gothischer Kelch auf acht- seitigem Fuss. In den Rauten des Knaufes das ᴀᴠᴇ ᴍᴀʀɪᴀ. Auf der Unterseite des Fusses die Inschrift: hinrik 𝔢 smit 𝔢 et 𝔢 katherina 𝔢 uror 𝔢 ejus 𝔢 dederut 𝔢 calicem hunc dno 𝔢 martino * stam 𝔢. Auf dem Fuss des Kelches ein Wappenschild, in dessen Felde man einen geflügelten Knochen sieht mit der Legende d⁹ hinrik s . . . . Kelch und zugehörige Patene ohne Werkzeichen.[2] — 3. Silbervergoldeter Kelch von 1828 mit dem **SCHLIEFFEN - JAGOW**'schen Allianzwappen. — 4. Silbervergoldeter Krankenkelch. Auf der Unterseite die Jahreszahl **1699**. Vom Güstrower Goldschmied **Joh. Friedr. Molstorf**: [G] [FM]. — 5. Runde silberne Oblatenschachtel, in der Mitte oben die Aufschrift: **ZUR EHRE GOTTES UND HERZLICHER DANKSAGVNG FVR ALLE ERZEIGTE WOLTHATEN GIEBET DIESES AVFS ALTAR IN DER KIRCHEN ZV WATMANSHAGEN : ANNA HELENA VIERECKEN GEBOHRNE VON WOLLFERTSTORFFEN ANNO 1686 D · 23 · MAY·** Vom Güstrower Goldschmied **Heinr. Hölscher**: [G] [HH].[3] — 6. Schöpflöffel in durchbrochener Arbeit. — 7. Taufschale, neu.

Vorgeschichtliche Plätze

s. am Schluss des Amtsgerichtsbezirks Goldberg.

[1] Diesen Spruch hatte nach Inventar 1811 auch ihre Vorgängerin, die 1750 von Otto Gerhard Meyer - Rostock gegossen worden war.

[2] Der Dominus Martinus Stamm wird höchst wahrscheinlich den Wattmannshäger vorreformatorischen Geistlichen aus der zweiten Hälfte des XV. Jahrhunderts einzureihen sein. Aber wir haben kein weiteres Zeugniss über ihn.

[3] Anna Helena von Vieregge, geb. von Wolferstorff, war die Gemahlin von Paulus Otto von Vieregge auf Zierstorf, welcher den 14. April 1671 unbeerbt aus dem Leben schied und in der Domkirche zu Güstrow bestattet wurde. Seine Wittwe vermählte sich zum andern Mal mit Adam Otto von Vieregge auf Weitendorf erb- und auf Wattmannshagen, auch Roggow, pfandgesessen. S. o. Vgl. Geneal. Tabellen von Hoinckhusen und Pentz.

Landschaftsbild (Kirchdorf Bellin).

Amtsgerichtsbezirk Krakow.

Die Stadt Krakow.[1]

Geschichte der Stadt. Die Zahl mittelalterlicher Urkunden, welche von Krakow handeln, ist sehr gering. Was daraus für die Geschichte der Stadt zu gewinnen ist, hat Beyer in seiner reichhaltigen Abhandlung über die wendischen Schwerine zu einem Bilde gestaltet, auf welches hier verwiesen werden kann.[2] Darnach tritt uns Krakow bereits im XIII. Jahrhundert als eine werlesche Stadt (oppidum) entgegen.[3] Das Kloster Doberan gewinnt schon frühe Antheile am Krakower und dem damit zusammenhängenden Oldendorfer See, auch Geld- und Kornhebungen aus der Stadt selber.[4] Ebenso erwirbt hier der Güstrower Dom verschiedene Besitzrechte.[5] Bei der ersten werleschen Landestheilung am 2. December 1316, als sich die Häuser Werle-Güstrow und Goldberg von einander scheiden, kommt Krakow zusammen mit Plau, Roebel, Waren, Penzlin und Kalen zum Güstrowschen

---

[1] Nach Kühnel, M. Jahrb. XLVI = »Ort des Krak«. Nach Beyer, M. Jahrb. XXXII, S. 105, ist der Name Krakow vom slavischen Wort kraka (böhmisch krkawec) = Rabe, Dohle abzuleiten.

[2] M. Jahrb. XXXII, S. 96—116.

[3] M. U.-B. 2500. 2501.

[4] M. U.-B. 3202. 3203. Auf die Kontroverse zwischen Lisch und Beyer über den Oldendorfer See, ferner auch über die wirklichen und die darüber hinaus später fälschlich in Anspruch genommenen Doberaner Rechte kann hier nicht eingegangen werden: vgl. M. Jahrb. XXVII, S. 120—123 und XXXII, S. 101—105.

[5] M. U.-B. 5250. 8428.

Antheil.[1]) Es bleibt auch bei Güstrow, als sich am 14 Juli 1347 in abermaliger Landtheilung das Haus Werle-Waren mit Roebel, Wredenhagen und
Penzlin davon absondert.[2]) Unter den sonstigen Ereignissen, welche das
XIV. Jahrhundert mit sich bringt, ist es besonders die durch einen Kirchen-
diebstahl um das Jahr 1325 erzeugte Judenverfolgung, welche ähnlich wie bald
darauf in Güstrow und noch über anderthalb Jahrhunderte später in Sternberg
zu einer Massenhinrichtung auf dem Judenberge (»Jörenberg«) bei Krakow und
gleich darauf, anscheinend noch vor 1331, zur Errichtung einer Heiligenbluts-
Kapelle vor dem Güstrower Thor führt.[3]) Schwere politische Unwetter ziehen
über die Stadt herauf, als sie in der zweiten Hälfte des XIV. Jahrhunderts mit
Plau zusammen Pfandbesitz des Herzogs Albrecht von Mecklenburg wird. Das
muss kurz vor Johannis 1356 geschehen sein, da die allein erhaltene Huldigungs-
urkunde der Stadt Plau vom 25. Juni 1356 datiert ist.[4]) Dies Pfandverhältniss
ist aber die Ursache davon, dass beide Städte in den um die Grafschaft
Schwerin entbrannten Streit und Krieg hineingezogen werden. Wie Plau, so
erfährt auch Krakow die Noth der Eroberung durch Albrecht's Feinde, im
Besonderen den Herzog Erich von Sachsen-Lauenburg.[5]) Dabei geht die
Stadt in Flammen auf und verliert so zugleich ihren älteren Urkundenschatz.
Alles das steht in zwei echten, leider aber nicht datierten späteren Urkunden
ausdrücklich zu lesen.[6]) Dass diese Kriegsereignisse aber ebenso wie die von
Plau in das Jahr 1358 fallen, ergiebt sich aus der Rückgabe aller Eroberungen

---

[1]) M. U.-B. 3860.

[2]) M. U.-B. 6779.

[3]) M. U.-B. 5250, Anmkg. Kirchberg, Chronik, Kap. 178 [bei Westphalen, Mon. ined. IV,
S. 833 (Kap. 176)]. Die Kapelle soll 1503 durch Blitz zerstört sein. Daher ist schon in den
frühesten Visitations-Protokollen von 1534 und 1541 keine Rede mehr davon.

[4]) M. U.-B. 8242. 8243. Vgl. Lisch, M. Jahrb. XVII, S. 112.

[5]) Rische, Gesch. d. Grafschaft Schwerin, S. 53—56. Lisch, a. a. O., S. 116.

[6]) In der ersten der beiden nicht datierten Krakower Urkunden, in welcher den Bürgern
der Stadt von Fürst Johann IV. von Werle ihre Privilegien bestätigt werden und die daher von
Beyer mit der Plauer Privilegien-Urkunde ähnlichen Inhalts vom 22. November 1366 (M. U.-B.
9570), wie es durchaus selbstverständlich erscheint, auf den gleichen Zeitpunkt gesetzt worden ist,
heisst es: Alfe yn den tyden des kriges derfulven Stadt breue, auer ere frigheiden gemaket,
weren verbrenth, vorlaren vnd tho nichte kamen . . . . . . Und in der andern, von Beyer mit
schwerwiegenden Gründen in das Jahr 1414 (von Lisch früher zwischen 1418 und 1421) gesetzten
Privilegien-Urkunde, welche die Fürsten Balthasar und Wilhelm von Werle den Krakower Bürgern
ertheilen, heisst es: nachdehm . . . der Bürgerschafft in Krakow einen erbärmlichen vnd kläg-
lichen UnglücksZufall begegnet vnd zugeflossen, nemblich das ihnen ihre Brieffe, fo über ihre Frey-
heiten verfertigt geweſen, bey eroberung derſelben Stadt verbrand zu aschen im Feuer ver-
lohren vnd zu nichte geworden . . . . . . Diese die Stadt Krakow betreffenden und zur mecklenburgischen Kriegsgeschichte des Jahres 1358 gehörenden Ereignisse und Verhältnisse sind bei
Rische, Gesch. d. Grafschaft, S. 56, unberücksichtigt geblieben. So auch früher bei Lisch in seiner
Geschichte der Stadt Plau, obwohl er auf die enge Schicksalsverbindung zwischen Plau und
Krakow sehr oft hinweist: M. Jahrb. XVII, S. 113. Wie denn überhaupt die mecklenburgischen
Geschichtshandbücher alles das bis jetzt übersehen haben. Beyer's alleiniges Verdienst ist es,
dieses Stück mecklenburgischer Geschichte aufgehellt zu haben. Dass die Krakower Urkunde im
XVI. Bande nicht neben der Plauer Urkunde Nr. 9570 zum Abdruck gelangt ist, beruht auf einem
Versehen.

Erich's nach dem Helsingborger Frieden vom 18. Oktober 1358.[1]) Bezuglich
der nach dieser Kriegszeit mehrfach in der Form von After-Verpfändungen
auf kürzere oder längere Zeit an verschiedene Adelsfamilien erfolgten weiteren
Verpfändungen der Vogteien Plau und Krakow und ihrer gelegentlichen Bestimmung zu Leibgedingesämtern, bis sie mit dem Aussterben des werleschen
Mannesstammes am 7. September 1436 an die Herzöge von Mecklenburg
fallen, verweisen wir auf Beyer, a. a. O., S. 108 und 109.[2])

Manche glänzende grosse Versammlung hat das alte fürstliche Haus
gesehen, z. B. am 10. März 1338 und am 15. Oktober 1340, als es sich um
Verbriefung und Besiegelung von Bündnissen und Bestimmungen über den
Landfrieden innerhalb werleschen Gebietes handelt.[3]) Es hat freilich den
Anschein, als ob dieses Haus bei der Eroberung und Einäscherung der Stadt
in dem genannten Kriegsjahr 1358 zu Grunde ging, denn es verschwindet
von da an eine Zeitlang aus den Urkunden. Doch gegen Ende des Jahrhunderts ist es wieder da, sodass man glauben möchte, es sei während der
im Jahre 1375 beginnenden Bülow'schen Pfandherrschaft wieder aufgerichtet
worden.[4]) Wo es aber gelegen hat, weiss Niemand, gesucht hat man es auf
der Südseite der Stadt am Ufer des Sees.[5]) Auch ist es fraglich, ob es noch
stand, als im Frühjahr 1548 die Herzöge Johann Albrecht, Ulrich und Georg
die Huldigung der gesammten Stände des Landes Wenden in Krakow ent-
gegennahmen.[6]) Es mag in einem Brande untergegangen sein. Von Bränden
wird die Stadt im XVII. und XVIII. Jahrhundert häufig genug heimgesucht,
so z. B. in der Osterwoche 1609, am 5. November 1673, am 22. August 1698
und am 21. August 1759. Von diesen Bränden waren die letzten beiden die
grössten, denn es lag jedesmal fast die ganze Stadt in Asche. Der Kirchenbau, wie er sich jetzt darstellt, stammt aus der Zeit nach dem letzten Brande,
von 1762 an. Im Uebrigen aber geben die Akten über die letzten Jahrhunderte in Krakow bis jetzt nicht viel her, wenngleich die kleine Stadt von
den bekannten Kriegsnöthen dieser Zeiten ebenso wenig verschont sein wird
wie ihre Schwesterstadt Plau, über deren Schicksale wir besser unterrichtet
sind.[7]) Ueber Plau s. Lisch, M. Jahrb. XVII, S. 1—249, im Besonderen S. 220.

Die Kirche zu Krakow zählt gleich denen in Lüssow, Zehna, Malchin,
Klaber, Badendiek und Teterow zu den Patronatskirchen des Güstrower

---

[1]) M. U.-B. 8524.

[2]) M. U.-B. 8561. 8908. 9051. 9937. 11029. M. Jahrb. XVII, S. 312. 314. 325.

[3]) M. U.-B. 5859. 6346.

[4]) M. U.-B. 10767. 10769. M. Jahrb. XVII, S. 318 (Urkunde vom 21. December 1386) und
322 (Urkunde vom 30. November 1396).

[5]) Lisch, M. Jahrb. XXVII, S. 121, sucht es noch weiter südlich.

[6]) Beyer, a. a. O., S. 112/113. — Lisch, M. Jahrb. XII, S. 176. XXIV, S. 303. — Rudloff,
Hdb. III, 1, S. 308.

[7]) Die wenigen Andeutungen über die Schicksale des durch die Kriegsnoth aus Krakow
vertriebenen und in Güstrow elend an der Pest zu Grunde gegangenen Pastors Hagen (s. u.) bestätigen dies ausreichend.

Domes.[1]) Schon 1335 treffen wir den Güstrower Kanonikus Nikolaus als Pleban in Krakow. Aber eine eigentliche Urkunde über den Eintritt dieses Verhältnisses, welches den in den Jahren 1305 und 1306 genannten Krakower Kirchherrn Gerhard offenbar noch nicht berührte, ist nicht auf uns gekommen. Doch erhellt aus den späteren Verhältnissen im XVI. Jahrhundert soviel, dass die innerhalb des Domstiftes vorzunehmende persönliche Belehnung mit der Krakower Pfründe durch den Landesherrn erfolgte. Damals sind es die Herzöge von Mecklenburg, ursprünglich werden es somit die von den Mecklenburgern beerbten Fürsten von Werle gewesen sein, die mit dieser zu einem Miethpriesterthum in Krakow führenden Art von Belehnung den Anfang machten. Auch war die Folge davon die, dass die Pfarre zu Krakow, obwohl sie bereits ausserhalb der Grenzen des alten Circipanerlandes lag, der Kamminer Diöcese beigerechnet wurde.[2]) Ausser den beiden schon genannten lernen wir noch zwei andere Krakower Kirchherren des Mittelalters kennen: um 1389 Joh. Koch und zwischen 1424 und 1449 Johann Schröder.[3]) Um 1520 dankt Petrus Löper (Loper) als Kirchherr ab, ihm folgt Augustinus Boie (Boyhe). Von 1530 an ist Nikolaus Oldenschuh (Oldenschoe, Altschuch)[4]) zu Güstrow Kirchherr von Krakow, wo er einen Miethling hat, dessen Name aber bei der ersten Kirchenvisitation verschwiegen bleibt. Um 1541 ist Joh. Babe (vorher in Bellin) Miethpriester zu Krakow, er wird aber von Oldenschuh's Testamentsvollstreckern über die Pfarr-Intraden im Dunkeln gehalten und klagt darüber, dass es ihm schwer gemacht werde, der neuen Lehre in Krakow Eingang zu verschaffen. Nach ihm giebt es einen Pastor Franz Schütze in Krakow, dem 1568 der Schwager Jakob Wehne (Wene, Whene) folgt. Von Wehne heisst es später, er sei vierzig Jahre Pastor in Krakow gewesen, also ungefähr bis 1608. Nach Wehne finden wir Michael Walow in Krakow, er hat eine Tochter von Schütze und zugleich Nichte von Wehne geheirathet, die er am 24. Februar 1618 als Wittwe zurücklässt. Ihm folgt im selben Jahr David Stindtmann († 1635). Nach ihm erlebt Martin Hagen mit Weib und Kind die Kriegsnoth des Jahres 1637, er flüchtet nach Güstrow und stirbt dort mit den Seinen an der Pest. 1638 wird Andreas Duncker berufen, der bis 1637 in Dobbin war († 1673). 1674 Balthasar Schultze, nach dessen Tode 1689 Joh. Zansen († 1728), und 1729 Zansen's Substitut Hieronymus Christian Scheinert, der 1755 noch im Amte ist. Nun aber werden unsere Quellen lückenhaft. 1762 wird Pastor Lukow vom Herzog anderswohin berufen und 1769 ingleichem Pastor Gustav Johann Polchow nach Kröpelin. In Krakow folgen: 1770 J. E. G. Eberstein und 1785 Joh. Hildebrand. Ueber Hildebrand's Nachfolger von 1804 an s. Walter a. a. O.

---

[1]) S. o. S. 191, Anmkg. 7.

[2]) Lisch, M. Jahrb. XII, S. 33. 34. — Wigger, Annalen, S. 118, Anmkg. 10. — Beyer, a. a. O., S. 106.

[3]) Urkunde vom 29. Juni 1389 (Beyer, a. a. O., S. 106; und Konfirmations-Urkunde des Kamminer Bischofs Siegfried (1424—1449), beide noch nicht gedruckt.

[4] Lisch, M. Jahrb. VIII, S. 45.

Kirche.

Kirche. An der innen und aussen vielfach erneuerten Kirche, die sich als ein Backsteinbau mit hie und da eingeschobenen Feldsteinen darstellt, lassen heute nur noch die Nordseite der alten Thurmmauer und die platt abschliessenden Giebelseiten mit ihren Lisenen, Friesen und Blenden erkennen, dass wir ein in der Zeit des Ueberganges vom romanischen zum gothischen Stil, also in der ersten Hälfte des XIII. Jahrhunderts, errichtetes Gotteshaus vor uns haben. Im Westen befand sich früher ein Thurm, dessen Innenraum mit dem des flachgedeckten Langhauses der Kirche vereinigt ist. Die Glocken sind daher in einem neuen Dachreiterthürmchen auf dem Westende des Firstes untergebracht.

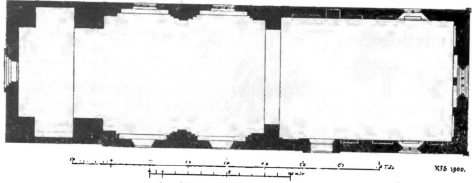

Grundriss der Kirche zu Krakow.

Altaraufsatz und Kanzel.

Altaraufsatz und **Kanzel** sind Werke aus der Zeit des Herzogs **FRIEDRICH WILHELM.** Die Kanzel, deren Rückwand die Jahreszahl **1705** aufweist, ist laut Inschrift am Schalldeckel die Stiftung des Güstrower Bürgers und Kupferschmiedes **CHR. RICHTER.**

Empore.

An der Nordwand, nach dem Altar zu, die **Tessiner Empore** mit der Jahreszahl **1744** und den Wappen der Familien **VON PLESSEN, STRUNKEDE, WELTZIEN, PRESSENTIN, REHDEN, STRALENDORF, MÖRDER,** die alle mit einander dem XVIII. und XIX. Jahrhundert angehören. — Unter derselben

Wappenschilde.

Empore einige von Särgen stammende **Wappenschilde** der Familien **V. OLDENBURG, V. BÜLOW** und **V. LEVETZOW.**

Glocken.

Im Dachreiter hängen drei **Glocken.** Die grösste (Dm. 1,15 m) ist unter der Regierung des Herzogs **CHRISTIAN LUDWIG** und zur Zeit des Pastors **HIERONYMUS CHRISTIAN SCHEINERT** im Jahre 1755 von **Joh. Valentin Schulz** in Rostock gegossen worden; die mittlere (Dm. 0,86 m) 1719 von **Michael Begun.** Die kleinere ist 1871 umgegossen.[1])

[1]) Die frühere Inschrift s. in M. Jahrb. XL, S. 203, wo sie irrthümlich die grössere genannt wird. Ihre Inschrift lautete: MICHAEL BEGUN GOS MICH ANNO 1717 IN WELCHEM IAHR DIE EVANGELISCHE KIRCHE IHR ZWEITES IUBILÄUM GOTTLOB GEFEIRET HAT.

Kleinkunstwerke. 1. 2. Silbervergoldeter Kelch auf rundem Fuss, mit Kleinkunst- der Inschrift: **CHRISTIAN VOGEL 1708.** Stempel **G** und **A D** (?). Die Patene hat werke. dieselbe Inschrift und dieselben Werkzeichen.[1] — 3. 4. Silbervergoldeter Kelch auf sechspassigem Fuss, mit der Inschrift: **OTTO MICHAEL UPAHL ENGEL MARGARETHA ELISABETH UPAHL GEBOHRNE BRAUERN KRACKOW ANNO 1756.** Vom Güstrower Goldschmied **Justus Theodor Rust.** Die Patene ebenso, d. h. mit (ITR) und dem Güstrower Stadtwappen gestempelt — 5. 6. Silberner Kelch auf rundem Fuss und mit langer steiler Kupa. Inschrift: **THE GIFT OF MARCUS SCHÜTZ OF LONDON GENTN 1770 WHO WAS BORN IN CRACO 1703.** Mit undeutlichen Stempeln. Patene ebenso. — 7. Silberne Patene mit der Inschrift: **E • M • VON OLDENBURGEN ANNO 1749.** Ohne Stempel. — 8. Silberne Weinkanne mit Inschrift und Stempel wie bei 5 und 6. — 9. Silberne Oblatendose. Treibarbeit im Barockstil. Inschrift: **GOTT ZU EHREN DER KRACOWER KIRCHE VEREHRET VON FRIEDERICH CHRISTOFER STACK SENAT • ANNO 1724.** Die Stempel sind (G) (ILK).[2]

Das Filial-Kirchdorf Alt-Sammit.[3]

Im XIII. Jahrhundert hat das Kloster Dobbertin drei Hufen in Sammit, Geschichte die 1274 zum ersten Mal urkundlich genannt werden.[4] Im XV. Jahr- des hundert sitzen dort bereits die von Weltzien, welche Dorf und Gut bis zum Dorfes. Ende des XVIII. Jahrhunderts behalten. Ihnen folgen 1794 Hofjägermeister C. Franz Heinrich von Plessen, 1799 der Hamburger Kaufmann Hermann Flügge, 1800 Joh. Christoph Alexander Koenemann, 1826 Heinrich Seeliger, 1833 Ludwig Friedr. Lübbe und 1835 Dr. Georg Heinr. Franz Wertheimer Bis dahin sind Alt- und Neu-Sammit nebst Grüne-Jäger von ältester Zeit her in einer Hand geblieben. Unter Wertheimer aber scheidet Alt-Sammit als Einzelgut aus. In dessen Besitz treten nach einander ein: 1839 Georg Karl Riedel, 1852 Eduard Diederichs, 1874 Karl Aug. Friedr. Wilh. Alb. von Meyenn, 1878 Eduard Krause, 1891 Joh. Paul Wilh. Günther Ehlermann und 1898 Heinrich Eiekhoff.

Als Filialkirche ist die zu Sammit nachweislich bereits in der zweiten Hälfte des XVI. Jahrhunderts mit der Mutterkirche in Krakow verbunden.

---

[1] Der Stempel **A D** findet durch das Verzeichniss Güstrower Goldschmiede bei Crull, M. Jahrb. LXIII, S. 149/150, keine Aufklärung. Um 1708 giebt es den Goldschmied Abraham Ratke zu Güstrow.

[2] Nicht durch das Güstrower Goldschmiede-Verzeichniss bei Crull, a. a. O., zu erklären.

[3] 3 km westlich von Krakow. Kühnel, M. Jahrb. XLVI, S. 125, verbindet den Namen mit dem altslavischen Wortstamm samŭ — selbst und deutet ihn als »die Samota, Samita«.

[4] M. U.-B. 1347.

Damals hat diese auch in Glave eine Filialkapelle. Doch kann dieses Verhältniss immerhin schon im frühen Mittelalter bestanden haben.

Kirche.

Kirche. Die Kirche ist ein unscheinbarer kleiner Feldsteinbau auf der Grundform eines länglichen Vierecks, der vielleicht schon aus dem XIII. Jahrhundert stammt, und bildet im Innern einen ungetheilten, mit einer flachen Holzdecke geschlossenen Raum. Ihre Lichtöffnungen haben die Form viereckiger Fenster in Rundbogennischen. Im Jahre 1863 ist ein Thurm angebaut. Auf der Nordseite der Kirche, und zwar abschneidend mit dem Ostgiebel, ein Erbbegräbniss der Familie von Weltzien.

Innere Einrichtung.

Kanzel.

Die **innere Einrichtung** der Kirche enthält nichts von Bedeutung. An den **Altarschranken** finden wir die Namen **JACOB SCHULT** (zweimal), **ULRICH STENHAGEN** und, durch hinzugegebene Wappen ausgezeichnet, auch die des **DANIEL WELTZIEN** und der **ILSABE MÖRDER**. Die **Kanzel** ist eine gute, wenn auch handwerksmässig im Renaissancestil ausgeführte Schnitzarbeit aus Eichenholz.

Glocken.

Im Thurm zwei **Glocken**, die grössere ohne Inschrift, die kleinere 1863 von **P. M. Hausbrandt** in Wismar umgegossen.[1]

Kleinkunstwerke.

Kleinkunstwerke. 1. Zinnerner Kelch mit der Inschrift: **ANNA MARGRETA OFFLIGERN 1742**. Ohne Werkzeichen. 2. Zinnerne Patene ohne Inschrift. Als Stempel das Güstrower Stadtwappen und ein aus **D A H** gebildetes Meisterzeichen. — 3. Zinnerne Taufschüssel mit der Inschrift: **VON KOSBOTEN 1743**. Vom Güstrower Zinngiesser **D • F** (?) — 4. 5. Zwei zinnerne Leuchter, ohne Inschrift, von dem Güstrower Giesser **J. J. A.** — 6. 7. Zwei zinnerne Vasen, laut Inschrift vom Meister **JAKOB KARNATZ** und seiner Frau **KATHARINA ESCHENBURG** im Jahre 1739 gestiftet. Vom Güstrower Zinngiesser **G L.**

Das Kirchdorf Bellin.[2]

Geschichte des Dorfes.

Die Ackerscheiden von Bellin werden 1229 zum ersten Mal urkundlich genannt.[3] Bald darauf erscheinen auch die von Bellin als werlesche Vasallen in zahlreichen Urkunden. Um 1300 sitzen sie bereits sowohl auf Bellin als auch auf anderen Gütern und Dörfern der Umgegend, wie Reimershagen, Jellen, Suckwitz, Kirch-Kogel, Gross-Kogel (Rum-Kogel?) und Gross-

---

[1] Das Inventar von 1811 giebt über die älteren Glocken nichts weiter an, als dass die eine den Namen MARIA geführt habe.

[2] 8 km nordnordwestlich von Krakow. Kühnel deutet den Namen als »Ort des Béla« M. Jahrb. XLVI, S. 24. Andere Deutungen im M. Jahrb. VI, S. 56.

[3] M. U.-B. 369. Vgl. 411.

und Klein-Brecsen.[1]) Im Jahre 1449 tritt Gerd von Linstow, der Bernd Bellin's nachgelassene Tochter zur Ehefrau hat, in den Besitz des Gutes Bellin ein. Seine Nachkommen behalten es bis 1662. Da kommt es in die Hände des neuen Adelsgeschlechtes der Sala, die es bis gegen Ende des XVIII. Jahrhunderts besitzen. Es folgen die Grafen von Hardenberg (1782), Osten-Sacken (1803) und Hessenstein (1839). 1849 ist Friedrich August Peters Besitzer, von 1851 bis 1862 Wilhelm von Meding, der 1853 das Patronat der Kirche an die Landesherrschaft abgiebt, von 1862 bis 1876 Aug. von Zülow sammt Geschwistern, von 1877 an Otto Karl Friedr. Herm. Koch, von 1880 an Friedr. Gotthard Ed. von Pentz und seit 1900 Rittmeister Gerh. Freiherr von Marschall.

Kirche zu Bellin.

Von den zur Kamminer Diöcese gehörenden [2]) und somit dem Güstrower Archidiakonat zugewiesenen Belliner Geistlichen des Mittelalters lernen wir nur einen kennen, den Pleban Bodo um 1352. Um 1541 ist Joh. Babe (unter Linstow'schem Patronat) Pastor zu Bellin, 1557 Joh. Besenthal, um 1603 Johannes Capobus, von 1618 an Georg Parkentin (Barckenthien), um 1631 Daniel Sass, um 1633 Gregorius Karnatz, zwischen 1637 und 1639 Johann Northusius (Nordhausen), und von 1647 an Joh. Scherer. Diesem folgt (unter Sala'schem Patronat) 1675 Joh. Schultze, der 1681 nach Kuppentin geht. 1682 wird Victor Pfeiffer erwählt, 1692 Joh. Friedr. Warnecke, der bis 1733 im Amte ist. Aus dem lückenhaften Aktenmaterial des XVIII. Jahrhunderts, soweit es uns zu Gebot steht, lernen wir 1755 nur den Pastor Schaumkell

---

[1]) M. U.-B. 2751. 2861. Vgl. 7598. 9989. 10774. Vgl. auch Wigger, M. Jahrb. XXXVIII, S. 214—217.

[2]) Lisch, M. Jahrb. XII, S. 33 und 34.

und in den achtziger Jahren den Pastor Wilh. Konrad Studemund kennen, welcher bis 1807 am Leben bleibt.[1]) Aber aus den auf der Pfarre erhaltenen Aufzeichnungen verschiedener Art ersieht man, dass Schaumkell 1737 berufen worden und am 22. März 1768 verschieden ist, sowie dass zwischen ihm und Studemund von 1768 an bis zu seinem am 16. December 1781 erfolgten Tode August Karl Kunckell Pastor in Bellin gewesen ist. Studemund wird 1783 eingeführt. Ueber seine Nachfolger s. Walter a. a. O.

Kirche.

Kirche. Die Kirche ist, wie Zeichnungen und Abbildungen darthun, ein mehr romanisch als gothisch anmuthender Feldsteinbau aus dem Anfange

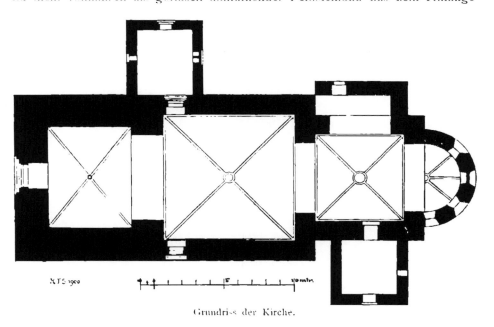

Grundriss der Kirche.

des XIII. Jahrhunderts. Backofenförmige Gewölbe decken den mit runder Apsis schliessenden Chor, das Langhaus und den schon in früher Zeit damit verbundenen Innenraum des Thurmes. Auf der Nordseite des Chors ein Leichenhaus, auf der Südseite die Sakristei. Die Friese von Chor und Langhaus gehören der Neuzeit an: die alten haben gewiss nicht so ausgesehen. Der Thurm in seiner jetzigen Erscheinung mit Mansardendach ist als eine Verkümmerung des einstmals geplanten Spitzthurmes anzusehen.

Wandmalerei.

Die Kirche hat eine unter der Tünche wohl erhalten gefundene reiche mittelalterliche **Wandmalerei**, die theilweise aus dem XV. Jahrhundert, theilweise aber auch vielleicht schon aus dem XIV. Jahrhundert stammen mag.[2]) In der Apsis sieht man die Gestalten des ersten Menschenpaares und viermal

[1] Akten im Grossh. Archiv. Vgl. auch M. Jahrb. XXII, S. 118, und XXIV, S. 62.
Durch Krause Wismar in vorsichtiger Weise erneuert.

den Widderkopf als Wappenschild der alten Adelsfamilie Bellin. Dann folgt der Chor mit reicher spätgothischer Rankenmalerei und einer Darstellung der

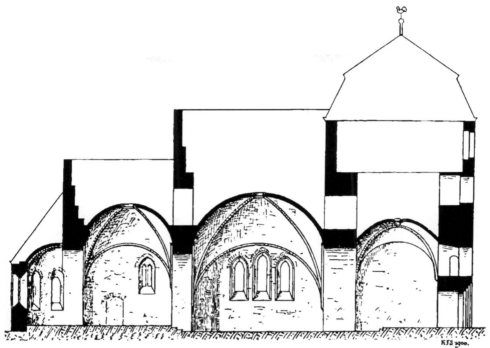

Längsschnitt der Kirche.

Verlobung der hl. Katharina mit dem Christkind in Gegenwart der hl. Anna (Ostwand). Im Gurt des Trennungsbogens zwischen Apsis und Chor er-

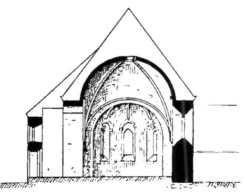

Querschnitt.

scheinen wiederum Schild und Helmzier der Belline. Endlich erblickt man in der östlichen Kappe des Schiffes eine sehr lebendig gehaltene Darstellung der Auferstehung am jüngsten Tage, die Scheidung zwischen Gerechten und Ungerechten, Himmel und Hölle, und über Allem den thronenden Weltenrichter mit den Heiligen des Himmels auf jeder Seite. Eine kleinere Wiederholung dieser Gerichtsscene am östlichen Ende der Südwand des Schiffes, und ihr gegenüber an der Nordwand die Darstellung des hl. Christophorus. Dicht daneben, und zwar an der Triumphbogen-Wand, die gekrönte hl. Maria, als

Mater misericordiae unter ihren Gnadenmantel die Schaar der Christen sammelnd, und ihr entsprechend auf der anderen Seite ein heiliger Bischof. Endlich noch auf der Nordseite eine wie ein launiger Einfall an die Wand geworfene Darstellung des hl. Michael als Seelenwäger. Zwei kleine Teufel sind

Inneres der Kirche.

bemüht, die in der einen Schale gewogene Seele dadurch zu bekommen, dass sie die in die Höhe schnellende Gegenschale mit aller Gewalt niederzuzerren suchen.[1]

[1] Der Schwerpunkt der malerischen Darstellungen ist auf die drei Ostseiten von Apsis, Chor und Schiff verlegt. Die übrigen Wandflächen sind nebensächlich behandelt worden. Ausser dem, was hier beschrieben ist, fanden sich unter der Tünche nur noch ein paar Weihekreuze.

Der **Altaraufsatz** ist ein Kompositwerk aus einem älteren gothischen Triptychon mit Schnitzfiguren der hl. Maria und der Apostel und aus hinzugesetzten neutestamentlichen Oelbildern.

Altaraufsatz.

Vor dem Altar ein steinernes **Taufbecken** im Geschmack der Renaissance vom Ende des XVI. Jahrhunderts und mit den Wappen der **VON LINSTOW, BEHR** und **BELOW**. In dem Taufstein ein **Messingbecken**, das laut Inschrift von **HEDEWIG MARGRETHA VON SALA, GEB. VON BUCHWALD** im

Taufbecken.

Messingbecken.

Jahre 1690 gestiftet ist. Ausser mehreren Sprüchen, welche sich auf die Taufe beziehen, enthält der obere Theil des Behälters auch zwei Reliefs, die Taufe im Jordan und »Lasset die Kindlein zu mir kommen«.

Im Thurm zwei **Glocken** mit dem Bilde des preussischen Adlers und den Angaben **BERLIN 1822** und **1823**. Sie sollen aus den drei Kanonen des Grafen **VON OSTEN-SACKEN** gegossen worden sein, die Anfangs auf dem sogenannten Kanonenberg standen. Eine ältere, von **Michael Begun** unter dem Patronat des (jüngeren) **HANS CHRISTIAN VON SALA** auf Bellin, Zehna und Lüsewitz und seiner Ehefrau **IDA MARGARETHA** im Jahre 1723 gegossene Glocke soll dagegen verkauft sein.

Glocken.

Steinernes Taufbecken.

Grabsteine. In der Mitte des Chorraumes im Fussboden eine Steinplatte mit einer Inschrift, die sich auf das hier beigesetzte Ehepaar bezieht: **KAMMERPRÄSIDENT HANS CHRISTIAN VON SALA UND HEDWIG MARGARETHA GEB. VON BUCHWALD A. D. H. ZIERHAGEN, HASELBURG UND MÜHLENKAMPF IN HOLSTEIN. ANNO 1713, DEN 6. SEPTEMBER.** Eine zweite Steinplatte ebendaselbst mit dem Relief des Krucifixus, zu dessen Füssen mehrere knieende Gestalten erscheinen, bezieht sich laut Inschrift auf die am 28. Februar 1563 entschlafene **ANNA VON BÜLOW A. D. H. WEDENDORF**, Gemahlin des **HANS VON LINSTOW** auf Bellin.

Grabsteine.

An der Südseite des Altarraums steht ein festgemauerter, mit Inschrift, Wappen und Namen geschmückter steinerner **Sarkophag** des Grafen **GERD CARL**

VON SALA AUF BELLIN, ZEHNA UND STEINBECK ERBHERR, GEB. D. 6. JAN.
ANNI 1714, VERMÄHLT MIT MARIA IDA VON BÜLOW A. D. H. POKRENT, GEST.
DEN 10. DECEMBER 1770. KINDER SO NOCH IM LEBEN: HERR HANS
CHRISTIAN REICHSGRAF VON SALA UND IDA MARGARETA REICHSGRÄFIN
VON SALA.¹)

Kleinkunst-
werke.

Kleinkunstwerke. 1. 2. Silbervergoldeter gothischer Kelch auf rundem
Fuss, mit sechsseitigem Schaft und einer mit Weinblättern belegten Kupa.
Auf den sechs kreisrunden Rotuli des Knaufes jedesmal das Antlitz Christi in
Form eines jugendlichen Kopfes. Keine Werkzeichen, auch nicht an der
Patene. — 3. 4. Silberner gothischer Kelch auf sechspassigem Fuss, mit auf-
gelöthetem Krucifixus. Am Knauf sechs Rotuli mit dem Namen ijcſuẞ.
Auf der Unterseite das **LINSTOW**'sche Wappen mit den Initialen **M L**. Keine
Werkzeichen, auch nicht an der Patene. — 5. Zinnerner Kelch, Zeichen un-
kenntlich. — 6. Zinnerne Patene. Als Stempel das Güstrower Stadtwappen
und ein Meisterzeichen, das einen Hirsch mit den Initialen **L H S** und dem
Datum **1740** zeigt. — 7. Runde silberne Oblatendose, oben auf dem Deckel
eingraviert der Krucifixus mit Johannes und Maria. Vom Güstrower Goldschmied **Heinrich Hölscher** (1658—1706). — 8. Grosse neue Weinkanne. Geschenk der Generalin **BRONSART VON SCHELLENDORFF 1884**. — 9. Neue
zinnerne Taufschüssel. Ohne Werkzeichen. — 10. 11. Zwei zinnerne Leuchter vom
Zinngiesser **Bechlin**-Güstrow. — 12. Silbervergoldeter Becher, ursprünglich weltlichen Zwecken dienend, von cylindrischer Form, mit Deckel, auf dem sich ein
Knopf befindet, der sich abschrauben lässt. Auf dem Knopf des Deckels das
BUCHWALD'sche Wappen mit den Initialen **I V B W** und der Jahreszahl **1709**.
Auf der einen Seite des Bechers eine lange Inschrift, laut deren die Wittwe
des **HANS CHRISTIAN VON SALA** auf Bellin und Zehna, **HEDWIG MARGA-
RETHA VON BUCHWALD**, der Kirche zu Bellin den auf sie von ihrem Vor-
fahren **JASPER VON BUCHWALD** verstammten Becher zum Geschenk macht.
Auf der anderen Seite die Inschrift: **WILTU LIEBER LESER DAS RECHTE
ALTER DIESES GESCHENKES LESEN SO WIRSTU ES FINDEN UNTER DEN
ABGESCHROBENEN KNOPF**. Unter dem abgeschrobenen Knopfe auf dem
Deckel steht: **AŌ 1484**.²) Keine Werkzeichen. — 13. Grosser silberner Deckel-
Pokal, ebenso unkirchlichen Charakters wie der vorige. Ohne Werkzeichen.

¹) Der hier genannte letzte Graf Hans Christian von Sala soll am 30. Mai 1806 als ›Guts-
armer‹ in Klein-Plasten gestorben sein. Vgl. Staudinger, Mancherlei aus Mecklenburgs Vergangenheit, S. 83.

²) Es wird aber wohl 1584 heissen müssen, denn die Arbeit stammt aus dieser Zeit.

Das Kirchdorf Lüdershagen.[1]

Im 1288 giebt es einen Pleban Detlev zu Lüdershagen, der sich um das Dobbertiner Krankenhaus verdient macht und um deswillen auch noch im Anfange des XIV. Jahrhunderts ein paar Male urkundlich vorkommt: das ist Alles, was wir aus dem Mittelalter über Lüdershagen wissen[2] Es tritt uns somit schon im XIII. Jahrhundert als Kirchdorf entgegen. Dies wird übrigens auch unmittelbar durch die Kirche selber bestätigt, da ihr Baustil sogar auf den Anfang des XIII Jahrhunderts hinweist und selbst noch für das Ende des XII. in Anspruch genommen werden könnte. Im Uebrigen mag Lüdershagen auch schon in dieser frühen Zeit zur Begüterung der erst im XVII. Jahrhundert ausgestorbenen Adelsfamilie von Köln (Köllen, Kölne, Cöln) gehört haben, die in der Umgegend angesessen ist.[3] Um 1560 z. B sitzt noch ein Zweig dieser Familie auf Kölln, Gross- und Klein-Grabow und Lüdershagen, später auch auf Hoppenrade.[4] Aber die letztgenannten beiden Ortschaften erscheinen nicht als selbständige Güter, Hoppenrade wird im Jahre 1627 als Meierhof« und Lüdershagen als Schäferei bezeichnet. Damals gehen sie von Gerd Köln auf Gross-Grabow an Heinrich Levetzow auf Mistorf und Markow über.[5] Im Jahre 1667 kommt auch Gross-Grabow in Levetzow'sche Hände und bleibt darin bis 1778. Hoppenrade und Lüdershagen sind somit von 1667 an nur als Pertinenzen von Gross-Grabow zu betrachten.[6] Aber 1753 ändert sich das Verhältniss. Der Domänenrath von Storch erwirbt Klein-Grabow, Kölln, Lüdershagen und Hoppenrade und macht Hoppenrade zu seinem Hauptsitz. Das bleibt so, als 1798 Henning Friedrich Graf von Bassewitz sein Rechtsnachfolger wird, doch nur bis zum Jahre 1802. Da giebt Graf von Bassewitz Hoppenrade c. p. ab und zieht sich nach Lüdershagen zurück, das bis 1836 in Bassewitz'schen Händen ist und zuletzt von dem Geh. Kammerrath Karl Christoph Graf von Bassewitz auf Reez und Gross- und Klein-Viegeln besessen wird. 1836 folgt Friedrich von Blücher und 1860 Joh. Chr. Friedrich Wilhelm Mohrmann, der damals auch Bansow innehat. Heute ist Otto Wilhelm Mohrmann der Besitzer von Lüdershagen.

Um 1534 ist Nikolaus Trebbow Kirchherr zu Lüdershagen; das Kirchlehn haben ihm beide Landesherren, Herzog Heinrich und Herzog Albrecht VII.,

[1] 7 km nördlich von Krakow.
[2] M. U.-B. 1964. 2795.
[3] Vgl. Personen-Register des M. Urkunden-Buches.
[4] Akten im Grossh. Archiv.
[5] Zunächst nur als sechsjähriger Pfandbesitz für die Summe von 13000 Gulden.
[6] Wie anderswo, so verwüstet auch in Lüdershagen der dreissigjährige Krieg die Bauernhöfe. 1663 giebt es dort nur noch zwei Bauern, einen Kossaten und einen Einlieger.

im Jahre 1516 verliehen.[1]) Ihm folgt später Johann Chelecampianus (Gehlsfeld),
den das Visitations-Protokoll von 1541 nennt. Als seinen unmittelbaren Vorgänger aber bezeichnet dasselbe Protokoll den Barthold Hoyer, sodass man annehmen muss, dass dieser noch zwischen Trebbow und Chelecampianus seinen
Platz gehabt hat, also zwischen 1534 und 1541. Um 1607 wird Adam Pullow
genannt.[2]) 1622 folgt Christian Suderow, der 1632 über Kriegsdrangsale aller
Art klagt und von dem es 1644 heisst, er sei nach Danzig gegangen. Nach
einer interimistischen Seelsorge durch M. Erich Timmendorf erhält 1647 der
Thürkower Pastor Balthasar Huttenheber die Pfarre zu Lüdershagen, auch hat
er die von Lübsee zu verwalten. Als aber 1655 Johann Häger berufen wird,

Kirche zu Lüdershagen.

erhält auch Lübsee wieder seinen eigenen Pastor. Nach Häger's Tode 1661
folgt Samuel Lütkemann, der vorher elf Jahre lang Pastor in Berendshagen war.
1669 wird der Lübseer Pastor Johann Kortüm berufen. Diesem wird 1695
Johann Scheinert (Scheiner) substituiert. Scheinert, welcher später auch die
bis dahin von Krakow versorgte Kapelle zu Gross-Grabow als Seelsorger zu
verwalten hat, nennt sich in Folge davon Pastor zu Lüdershagen und Gross-
Grabow. Er stirbt den 24. Februar 1739. Ihm folgt am 13. December 1739
Joh. Daniel Eichner († 1759, den 13. Februar), diesem 1760 Joh. Friedr.

---

[1]) Wir haben kein ausdrückliches Zeugniss darüber gefunden, dass die Kirche zu Lüdershagen der Kamminer Diöcese und dem Güstrower Archidiakonat unterstellt war, der ganzen Lage
und örtlichen Verbindung nach aber muss es so und nicht anders gewesen sein. Die Angabe bei
Wigger, Ann., S. 118, Anmkg. 10, beruht auf einer Verwechselung mit Lübsee.

[2]) Auf einer Glocke, die jetzt nicht mehr vorhanden ist: Ritter, M. Jahrb. IX, S. 453. Nach
einer auf der Pfarre in Lüdershagen erhaltenen Aufzeichnung war er dort von 1590 bis 1618 Pastor.

Curtius. Als aber 1779 wiederum Vakanz ist, wählt die Lübseer Gemeinde zusammen mit der Lüdershäger Gemeinde den Dietr. Andr. Gottvertrau Sickel († 1807). Ueber die Geistlichen des XIX. Jahrhunderts s. Walter a. a. O.

Kirche. Die Kirche zu Lüdershagen ist ein gediegener Feldsteinbau aus der ersten Zeit des Ueberganges vom romanischen zum gothischen Stil und gehört als solcher dem Ende des XII. oder auch dem Anfange des XIII. Jahrhunderts an. Der Chor, dessen Ostwand platt abschliesst und der gegen das Langhaus um drei Stufen erhöht ist, ist mit einem gratlosen, allmählich aus dem Viereck in die Backofenform umsetzenden Backsteingewölbe geschlossen. Das Langhaus, welches eine verhältnissmässig sehr grosse Länge hat, ist flach gedeckt. Der Thurm, welcher sich als ein schlechteres jüngeres

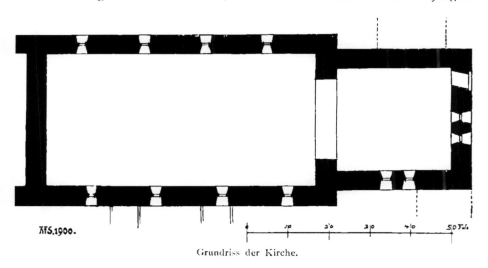

Granitgefüge darstellt, ist im Oktober 1776 bis zum Kirchendach eingestürzt und nicht wieder in die Höhe geführt. Er befindet sich jetzt mit der Kirche zusammen unter einem einzigen langen Satteldach. Sein Portal ist vermauert. Im Langhause sieht man an jeder der beiden Langseiten vier gleich weit von einander entfernte romanische Fensterschlitze. In der Ostwand des Chors dagegen sind drei näher an einander gerückte Fensterschlitze vorhanden, von denen der mittelste etwas höher ist. In der Südwand sitzen zwei romanische Schlitze, während an der Nordwand die Sakristei angebaut ist, deren Gewölbe dem des Chores ähnlich ist. Aber die alten Portale auf den Langseiten der Kirche sind durch stillose Neuerungen sehr entstellt.

Von besonderem Interesse sind die erst in jüngster Zeit wieder frei- gelegten **mittelalterlichen Malereien** des Chorgewölbes, die unter der Tünche aufs Beste erhalten waren und dem XIV. Jahrhundert angehören werden. Man sieht auf der Ostseite den Weltenrichter, wie er in einer Mandorla thront. Ihn umgeben die vier Evangelisten-Symbole mit gothischen Majuskel-Bei-

Grundriss der Kirche.

XIS.1900.

Kirche.

Mittelalter- liche Malereien.

schriften. Dazu Sonnen, Monde und Sterne. Nach den Ecken zu die Apostelfürsten, nordwärts der hl. Petrus, südwärts der hl. Paulus. Unter dem Weltenrichter sieht man in kleineren Figuren die hl. Maria mit dem Kinde und zwei
andere Heilige, die vielleicht als die hl. Anna und der hl. Joachim oder Joseph
gedeutet werden können. Dem Weltenrichter gegenüber auf der Westseite
steht als Wächter des Himmels ein grosser Cherub und ausserdem etwas
kleiner abermals die Gestalten des hl. Petrus und Paulus. Auf der Nordseite
reihen sich zwei Heilige an, eine nicht zu bestimmende weibliche Figur und
ein Bischof, und auf der Südseite ebenfalls zwei nicht zu bestimmende Heilige,
eine Märtyrerin mit Krone und Palme, und eine männliche Gestalt.

Kanzel.   An der **Kanzel** vom Jahre 1702 sieht man das **LEVETZOW · BRÖMSE**'sche
Allianzwappen.

Grabstein des Hans v. Kollen.

Glocken.   Im Thurm zwei **Glocken**, von denen die eine 1894 von **C. Oberg**-
Wismar umgegossen ist. Die kleinere ältere ist von 1463. Sie
hat die Inschrift: ✛ o · rex ✛ glorie ✛ xpe ✛ vei ✛ cu ✛ pace ✛
ano · dni · cccc · lxiii · Dazu das nebenstehende Zeichen. Auch
im Ostgiebel befindet sich noch eine kleine alte Glocke.[1]

Grabstein.   An der Südwand des Chors, draussen, der **Grabstein** eines Ritters mit
der Inschrift: **ANNO 1580 DEN 17 MAR IS DE EDLE ERENFESTE HANS
V KOLLEN G . . . . GNEDICH SI . . . . SIN LEVENT · GEENDICH VN
GEFRI ·**

Kleinkunst-   **Kleinkunstwerke.** 1. 2. Silbervergoldeter Kelch des klassicierenden
werke.   Stils. Unten am Fuss eingraviert **V · H · 1793** (Otto Konrad Hahn - Lübsee).

---

[1] Die Vorgängerin der grösseren Glocke war laut Inschrift 1607 unter Herzog Karl's
Patronat zur Zeit des Christoffer von Kollen (Adam's Sohn) und des Pastors Adam Pullow vom
Glockengiesser Jochim Pullow gegossen worden. Vgl. M. Jahrb. IX, S. 453.

Nach den nebenstehenden Stempeln (Güstrower Stadtwappen und I G S) eine Arbeit von **Joh. Gottlieb Schmidt**, der 1765 ins Amt trat. Patene ebenso gestempelt. — 3. 4. Kleiner silbervergoldeter Kelch auf rundem Fuss, mit gefälteltem Knauf nach spätromanischer Art, im Ganzen aber von gothischer Form. Patene und Kelch ohne Zeichen. — 5. Ovale silberne Oblatenschachtel mit Inschrift: **LÜDERSHAGEN 1812**. Mit den Stempeln des Rostocker Goldschmiedes **Joh. Daniel Becker**, der 1796 ins Amt eintrat: ® BECKER . — 6. Silberne Kanne, geschenkt von Frau **BAHLMANN**. — 7. Zinnkelch, ohne Stempel, auch ohne Patene. — 8. 9. Zwei Messingschalen, laut Inschrift 1730 von **JOH. HEINRICH JÄGER** gestiftet. — 10—13. In der Sakristei zwei Paar Leuchter aus jüngerer Zeit, das eine Paar 1886 von Frau **BAHLMANN**-Charlottenthal geschenkt.

Das Filial-Kirchdorf Lübsee.[1]

Nachrichten aus dem früheren Mittelalter fehlen. Um 1550 ist das Gut Lübtze im Besitz der pommerschen und werleschen Adelsfamilie von der Osten, zu deren althergebrachten Sitzen es gerechnet wird. Nach vorübergehenden Verpfändungen an die von Maltzan und von der Lühe kommt es 1592 an die von Linstow, die es bis 1712 behalten.[2] In diesem Jahre überlässt es Georg Linstow pfandweise für 15000 Thaler auf zwölf Jahre an Kord Christoph von Schack, verkauft aber das Lehn- und damit das Reluitionsrecht des Gutes an den Landrath Joachim von Moltke auf Hinzenhagen für 800 Thaler. Dieser giebt es weiter für 1000 Thaler an Joachim Dietrich von Levetzow auf Gross-Grabow, und dieser wieder für 2000 Thaler an Erhard von Hahn auf Kuchelmiss. Inzwischen aber hat auch Kord Christoph von Schack 1743 den Lehnbrief erhalten. »Erschlichen« sagen die Gegner. Doch gelingt es dem Kuchelmisser Hahn, das Gut Lübsee 1759 für sich einzulösen. Kord Christoph von Schack verlässt freilich das Gut erst im Jahre 1765. Aus Hahn'schen Händen geht es 1780 in Gräflich Wallmoden-Gimborn'schen Besitz über, kommt 1797 an den 1788 in den Adelsstand erhobenen Kammerrath Otto Konrad Hahn, 1798 an Christian Wilhelm Schröder, 1801 an den Hauptmann Ludwig von Lützow, 1812 in Schaumburg-Lippe'schen Besitz, 1837 an Rittmeister Friedr. von Meibom, 1842 an Joh. Friedr. Traugott Kortüm auf Zehna und 1844 an J. D. Staudinger, dessen

Geschichte des Dorfes.

---

[1] 14 km nordnordöstlich von Krakow. Nach der im XVI. Jahrhundert vorkommenden Form des Namens Lubbetze von Kühnel als »Ort des Lubek« oder auch als »Nachkommen des Luba« gedeutet: M. Jahrb. XLVI, S. 87.

[2] Vor dem dreissigjährigen Kriege giebt es fünf Bauern und vier Kossaten in Lübsee, 1662 aber nur noch zwei Bauern und einen Kossaten.

Familie es bis heute festgehalten hat. Grünenhof ist schon seit dem vorigen
Jahrhundert eine Pertinenz von Lübsee [1])

 Die im Mittelalter zur Kamminer Diöcese und zum Güstrower Archidiakonat [2]) gehörende Kirche zu Lübsee hatte bis ins XVIII. Jahrhundert hinein
ihren eigenen Pfarrer. Um 1534 ist Johann Schröder Kirchherr daselbst.
1632, also fast hundert Jahre später, finden wir wieder einen Namen: es ist

Altaraufsatz.

der des Pastors Joh. Everingius, von dessen Wittwe 1643 in den Kirchenakten
die Rede ist. 1653 ist der Lüdershäger Pastor Balthasar Hüttenheber auch
Pastor zu Lübsee, anscheinend schon von längerer Zeit her. Aber 1654
erhält Lübsee wieder seinen eigenen Pastor in Johann Kortüm. Er klagt sehr
über den baulichen Verfall von Kirche und Wedem. Als er 1669 nach
Lüdershagen versetzt wird, versorgt er Anfangs beide Gemeinden, die in

---

[1]) Vgl. Staudinger, Mancherlei aus Mecklenburgs Vergangenheit, S. 66—72.
 [2]) Der um 1534 wirkende Pfarrer Joh. Schröder war noch durch den Güstrower Probst
eingesetzt worden.

Lüdershagen und die in Lübsee. Aber schon 1673 folgt ihm in Lübsee Nikolaus Poemeler, diesem im Jahre 1690 der Schwiegersohn Nikolaus Richter, und auf Richter, welcher im März 1732 stirbt, Justus Heinrich Linse, welcher 1765 aus dem Leben scheidet und der letzte Lübseer Pastor ist. Denn die Vereinigung der Lübseer Kirche mit der zu Lüdershagen wird unter dem Pastorat des Joh. Friedr. Curtius zu einer Thatsache, die bis heute keine Aenderung erfahren hat.

Kirche. Die Kirche ist ein auf der Grundlage eines länglichen Vierecks errichteter Feldsteinbau, der nicht der ältesten Zeit, sondern anscheinend erst dem XV. Jahrhundert angehört. Im Innern eine flache Balkendecke. Thurm und Sakristei sind neu, sie stammen aus den sechziger Jahren des XIX. Jahrhunderts.

Besondere Beachtung verdient der **Altaraufsatz**, ein gothisches Triptychon (oder richtiger Pentaptychon) aus der Zeit von 1500, dessen Schnitzerei eine Annaselbdritt-Gruppe mit den zwölf Aposteln darstellt und dessen Flügel ursprünglich acht Bilder aus dem Annen- und Marien-Leben enthielten:

Kirche.

Altaraufsatz.

Innenflügel vom Altaraufsatz.

Abweisung des hl. Joachim vom Opfer, Botschaft des Engels an die hl. Anna, desgleichen an den hl. Joachim, Begegnung beider bei der goldenen Pforte, Botschaft des Engels an die hl. Maria, Mariae Tempelgang, ihre Vermählung mit dem hl. Joseph und die Geburt Christi.[1]) Jetzt sind nur noch vier davon vorhanden: es fehlen nämlich die Aussenflügel und damit auch die grossen von Lisch noch beschriebenen Figurengruppen der hl. Maria mit dem Christ-

[1]) Ueber die Versetzung des dritten und vierten sowie des siebenten und achten Bildes s. Lisch, M. Jahrb. XLI, S. 206. Vgl. den Gadebuscher Altar in Band II der M. Kunst- u. Gesch.-Denkm., S. 468 ff.

kinde und des hl. Joachim, welcher die hl. Maria als Kind an der Hand führt. Endlich ist auch die Predella mit den vier lateinischen Kirchenvätern nicht mehr vorhanden, deren Spruchbänder Lisch noch zu lesen vermochte, wenngleich er in seinen Akten über den Altar bereits die Unmöglichkeit ihrer Wieder-herstellung andeutete.

Glocken.

Im Thurm zwei **Glocken**. Die grössere ist im Jahre 1852 zur Zeit des Pastors **A. E. F. KOCH** bei **F. C. Haack & Sohn** in Rostock umgegossen worden. Die zweite Glocke hat weder Inschrift noch Giesserzeichen. Auf dem Kirchenboden befindet sich noch eine dritte Glocke mit der Inschrift a ✠ ʋ ✠ ɾ ✠ m ✠ a ✠ ɾ ✠ i ✠ a und dem neben-stehenden Zeichen eines oft vorkommenden tüchtigen Glocken-giessers aus den sechziger und siebenziger Jahren des XV. Jahr-hunderts.

Kleinkunst-werke.

Kleinkunstwerke. 1. 2. Silbervergoldeter gothischer Kelch auf sechs-passigem Fuss und mit einem aufgelötheten Krucifixus als Signaculum. Am Knauf der Name **IHESVS**. Am Fuss ein **LINSTOW - BÜLOW**'sches Allianz-wappen mit den Initialen **I E L** und **S V B · 1629**. Keine Werkzeichen, weder am Kelch noch an der zugehörigen Patene. — 3. Silberne Oblatendose klassi-cierenden Stils und mit den eingravierten Initialen **F · S · 1798**. Keine Werk-zeichen. — 4. Taufbecken von Messing: **JURGEN SPECKTIEN KOSTER IN LUBES ANNO 1692.** 5. 6. Neue Kanne von 1859 und neue Taufschale von 1889. Geschenkt von **H. STAUDINGER**-Lübsee und **P. MEYER**-Bansow. — 7. 8. Zwei zinnerne Altarleuchter mit denselben Wappen und Initialen wie am Kelch. Stadtwappen Güstrow, Meisterzeichen HP (**H. P. L.**). — 9. Ein zinnerner Leuchter, laut Inschrift von **CHRISTIAN BOLTZENDAHL DEN 25. MAY 1760** ge-stiftet. Als Stempel das Güstrower Stadtwappen und das Meisterzeichen **D F B**. — 10. 11. Zwei zinnerne Vasen mit der Inschrift: **S · D · LANGEN 1746.**

Das Kirchdorf Serrahn.[1]

Geschichte des Dorfes.

Im Jahre 1296 werden Mühle und See des Dorfes Serrahn Eigenthum des Klosters Neuenkamp (Franzburg) auf dem Festland Rügen.[2] Von den landesherrlichen Einkünften aber, die Fürst Nikolaus von Werle aus der-selben Mühle zu beziehen hat, gehen elf Mark Wendisch jährlich im Jahre

---

[1] 7 km östlich von Krakow. Der Name bedeutet Aalkiste, Aalfang. Vgl. Kühnel, M. Jahrb. XLVI, S. 133. M. U.-B. 1286. In einer Urkunde vom 21. December 1386 heisst es: . . . . den drudden äl, de där vanghen eder grepen wert in dem tzarane. Lisch, M. Jahrb. XVII, S. 85. 89. 319.

[2] M. U.-B. 2388.

1357 durch Pfandvertrag auf Macharius Brüsehaver über.[1]) Am 21. Juli 1375 weilen die Fürsten Lorenz und Johann in Serrahn, von wo sie eine Urkunde erlassen, welche Parchimer Angelegenheiten behandelt.[2]) Diese Urkunde und noch zwei andere des Jahres 1427, eine vom 17. März 1427, durch welche die von Buke einige Güter im Dorfe Bresen bei Stavenhagen verpfänden und die Auflassung des Lehns »vor den heren tome Sarane« verheissen, die andere vom 15. August 1427, vermittelst welcher Fürst Wilhelm seinen Willbrief ·to deme Tzarane« ausstellt, legen die Vermuthung nahe, dass die Herren von Werle in dem malerisch gelegenen Dorfe von Zeit zu Zeit ihre Sommerresidenz aufschlugen.[3]) Zu beachten ist ferner, dass 1422 ein Joachim von Weltzien dort wohnhaft ist, welcher als werlescher Vasall Pfandinhaber gewesen sein könnte.[4]) An die von Hahn auf Kuchelmiss kommt »der Tzerrahn« mit Aalfang, Mühle und Zubehör erst im Jahre 1453 auf Grundlage

Ansicht von Serrahn.

eines Vertrages zwischen Herzog Heinrich d. ä. und Herzog Heinrich d. j. auf der einen und Hinrich Hahn zu Kuchelmiss auf der anderen Seite. Und nun bleibt Serrahn bei der Hahn-Kuchelmiss'schen Linie bis zum Uebergange des grossen schönen Besitzes 1896/97 an den Prinzen Albert von Sachsen-Altenburg, Herzog zu Sachsen.

Von mittelalterlichen Geistlichen in Serrahn ist kein Name bekannt geworden. Um 1541 wirkt dort unter Hahn'schem Patronat Joh. Boddei,[5]) um 1557 Peter Robe, um 1576 Valentin Krüger, der die Konkordienformel unterschreibt, um 1605 David Bornemann,[6]) und 1616 wird Peter Dambeck Pastor, der noch 1664 am Leben ist. In diesem Jahre wird ihm sein Schwieger-

[1] M. U.-B. 8374.
[2] M. U. B. 10757.
[3] Beyer, M. Jahrb. XXXII, S. 110, Anmkg. 5.
[4] Akten im Grossh. Archiv.
    Nicht Kodde, wie fälschlich gelesen worden ist.
[5] Eine der früheren Glocken von 1605 trug seinen Namen.

sohn Georg Martini adjungiert (✝ im November 1684). Es folgen 1685 Johann
Susemihl, und 1702 Urban Oesler. Nach Oesler's Tode im Jahre 1719 leben
alte Streitigkeiten über das Patronat, besonders über die Mitwirkung des
herzoglichen Superintendenten zu Güstrow bei der Einsetzung des Serrahner
Pastors, wieder auf, die schon bei Martini's Berufung zu Auseinandersetzungen
geführt hatten.

In Folge davon
bleibt die Ser-
rahner Pfarre acht
Jahre lang un-
besetzt. 1727
wird Heinr.
Schröder von
seinem Patron be-
rufen und mit
Hulfe des Ratze-
burger Super-
intendenten ein-
gesetzt, aber noch
im Jahre 1732
ermangelt er der
herzoglichen Kon-
firmation. Doch
scheint es, als ob
er sie in diesem
Jahre erreicht hat.
Er wirkt bis 1755.
Es folgen nun von
1756 bis 1774
Enoch Brummer-
städt und von
1776 bis 1807
dessen Schwieger-

Inneres der Kirche.

sohn Ernst Schondorff. Ueber die Geistlichen des XIX. Jahrhunderts siehe
Walter a. a. O.

Kirche.   **Kirche.** Die im Anfange des XIII. Jahrhunderts erbaute und dem
hl. Nikolaus geweihte Kirche ist im Jahre 1872 durch den Baurath Krüger zu
einer Kreuzkirche umgebaut und vergrössert. Eine Grabkapelle und eine
Vorhalle haben diesem Umbau weichen müssen, auch hat die Kirche dadurch
ihren ursprünglichen Charakter verloren, der sie bis dahin jenen grösseren
Landkirchen anreihte, welche in der Zeit des Ueberganges vom romanischen
zum gothischen Stil entstanden.[1] Ferner hat die Südseite des Chors leider

---

[1] Lisch, M. Jahrb. VIII B, S. 103.

Altarbild der Kirche zu Serrahn von Pfannschmidt.

jenes schöne frühgothische Portal verloren, das Lisch noch beschreibt. Der ganze Innenraum ist gewölbt. Chor und Langhaus zeigen je ein altes Gewölbe aus der Zeit der Erbauung, die übrigen drei Gewölbe sind neu, von 1872.

Altar und **Kanzel** sind ebenfalls neu, nämlich gute Schnitzarbeiten aus der Werkstatt des Kunsttischlers **Meyer** in Schwerin. Als Altargemälde ein 1873 gemalter Christus am Kreuz mit Johannes, Maria und Maria Magdalena von **Pfannschmidt**, ein Gemälde, das zu den besten Werken des Künstlers zählt. Es ist ein Geschenk des damaligen Patrons.[1] — Der **Orgelprospekt** ist ein Werk von 1740. Ueber den Pfeifen König David mit der Harfe, und acht musicierende Engel, aus Holz geschnitzt. — Das früher in der Kirche gewesene **Epitaphium** der **ANNA VON DER GRÖBEN** vom Jahre 1580 ist zerfallen, die Reste sind nicht mehr vorhanden.[2]

Die vier im Thurm hängenden **Glocken** sind aus älteren Glocken von Jllies-Waren im Jahre 1844 umgegossen worden, ein abermaliger Umguss der einen Glocke fand 1864 statt.[3]

Kleinkunstwerke. 1—3. Silbervergoldeter Kelch auf rundem Fuss mit der Inschrift **DEO ET ECCLESIAE SARRANENS(I) SACRVM** und dem Wappen der Familie **COTHMANN**. Neben dem Wappen die Anfangsbuchstaben **J** und **C**, unter dem Wappen die Jahreszahl **1648**. Ohne Werkzeichen, ebenso die zugehörige Patene und eine kleine kreisrunde Oblatenschachtel. Die drei Stücke sind ein Geschenk des Herzoglichen Kanzlers **JOHANNES COTHMANN** auf Hinzenhagen.[4] — 4. 5. Silbervergoldeter Kelch auf rundem Fuss, geschenkt von **M**(ax) **G**(raf) **H**(ahn) — **E**(mmy) **G**(räfin) **H**(ahn) **GEB • Z • E •**(ulenburg). Die zugehörige Patene hat das Jahr **1865**. Ohne Stempel. — 6. Neue silberne Abendmahlskanne, geschenkt von demselben gräflichen Paar **1869**. Stempel: **HEYLANDT• BERLIN.** — 7. 8. Grosser zinnerner Kelch mit Patene, von 1848. — 9. Längliche silberne Oblatenschachtel, auf der Unterseite die Inschrift: **FRAUW EMARENTIA DE KAMPTZEN GEBOHREN • V • LEVTZOWEN 1708.** Von dem Güstrower Goldschmied **Abraham Ratke:** [G] [AR].[5] — 10. Messingschale, von der Küsterfrau **BALTHASAR EGGERS 1692** geschenkt. — 11. 12. Zwei Leuchter, 1867 vom Grafen **HAHN**-Kuchelmiss geschenkt. — 13. Ein auf dem Altar stehender Krucifixus, geschenkt von demselben.

Marginalia: Altar und Kanzel. Orgelprospekt. Epitaph. Glocken. Kleinkunstwerke.

---

[1] Der alte Altar stammte von 1712.

[2] Lisch, Geschl. Hahn II, S. 224.

[3] Die grösste der älteren Glocken war 1605 gegossen worden. Das Inventar von 1811 nennt aber nicht den Namen des Giessers. Die zweite Glocke war ohne Inschrift und Namen. Die dritte war 1691 von Vites Siebenbaum in Schwerin gegossen worden.

[4] Ueber den in der ersten Hälfte des XVII. Jahrhunderts lebenden J. Cothmann vgl. Lisch, M. Jahrb. II, S. 191. VI, S. 157. IX, S. 62. 66. 241. XII, S. 111. XXIV, S. 51.

[5] Die von Kamptz sassen von 1686 bis 1757 auf Koppelow und Ahrenshagen c. p. Ahrenshagen ist nach Serrahn hin eingepfarrt.

Das Filial-Kirchdorf Dobbin.[1]

Schon um 1347 sitzen die von Barold auf Dobbin.[2] Sie bleiben im Besitz des Gutes bis über 1630 hinaus. Da übernimmt es Johann von Walsleben auf Grund bedeutender Geldforderungen von ihren Kreditoren. 1672 aber geht es von Moritz von Walsleben durch Kauf auf Hans Rudolph von Grabow über. Von dessen Erben kommt es 1693 an Dietrich Wilhelm von Witzendorff. Aber schon 1699 giebt er es wieder ab an Hermann von Wickede. Von diesem reluiert es 1701 der Leutnant Jürgen Ernst von Barold. 1731 erhält der Major Christoph August von Barold den Allodialbrief über Dobbin. Er richtet 1732 eine Glashütte ein (Hütten). Als er aber 1746 kinderlos stirbt, da kommt, nachdem es zuerst den Anschein hat, als ob die von Fineke die Erben werden, der Major von Lepel, welcher das Barold'sche Testament anficht, in den Besitz der Güter Dobbin, Hütten und Zietlitz. 1829/30 wird Karl Aug. Ludwig von Jasmund Herr auf Dobbin c. p., und 1854 folgt Georg Philipp von Brocken, dessen Familie es noch heute hat.

　　Nach Ausweis des Visitations-Protokolls von 1534 gehört die Kirche zu Dobbin während des Mittelalters zum Güstrower Archidiakonat und somit zur Kamminer Diöcese. Der Güstrower Probst ist es nämlich, der den damaligen Kirchherrn Johannes Domer eingesetzt (instituiert) hat. Das Kirchlehn selbst ist landesherrlich und wird zu jener Zeit durch die herzoglichen Vögte vergeben. 1555 ist Johann Rosenthal Kirchherr zu Dobbin, 1573 M. Sylow. 1625 wird Joachim Willich als ein auf der Pfarre alt gewordener Pastor genannt. Ihm wird in ebendemselben Jahr Andreas Duncker adjungiert. Die Kriegsnoth vertreibt ihn 1637 nackt und bloss von seiner Pfarre nach Güstrow, von wo aus er einen seine Drangsale lebhaft schildernden Brief an den Herzog Adolf Friedrich richtet. Man ersieht daraus, wie hart die ganze Dobbiner Parochie vom Kriege mitgenommen war. Von 1638 an finden wir ihn in Krakow. Nachdem die Kirche, deren Patronat Moritz und Ulrich Wedige von Walsleben ohne viele Umstände an sich zu reissen suchen, lange Zeit als »mater vagans« ohne eigenen Hirten gewesen (1650 bei Krakow, 1662 bei Kieth, währenddess Duncker's Schwiegersohn Stud. theol. Piperites mit Predigten aushilft), wird im Jahre 1663 in Henricus Alwartus wieder ein eigener Pastor bestellt. Doch schon fünf Jahre später ist von seinem kümmerlichen Gesundheitszustande die Rede, und 1692 wird Joh. Arend berufen, der bis 1731 lebt. Darauf geschieht es, dass in den Wirren zwischen dem Herzog

---

[1] 15 km südöstlich von Krakow. Mit »Ort des Doba« übersetzt Kühnel den Namen: M. Jahrb. XLVI, S. 41.

[2] M. U.-B. 6737. Vgl. Lisch, M. Jahrb. XXIV, S. 305 und 306.

Karl Leopold und dem für ihn von Kaiser und Reich als Administrator eingesetzten Herzog Christian Ludwig bei der Berufung des Paschen Hane im Jahre 1737 gänzlich übersehen wird, dass der Major von Barold (s. o.) das Patronat usurpiert. Die Folge davon ist, dass es nach Hane's Tode im Jahre 1758 zwischen dem Herzog Friedrich und dem Generalmajor von Lepel zu einem Prozess kommt, in welchem jener obsiegt. Während dieser Zeit ist Johann Gottfried Hommel Pastor zu Dobbin, der nachher, und zwar von 1766 an, im Pfarrdorf Mecklenburg wirkt. Um 1766 findet wieder einmal eine Verbindung mit der Kirche zu Kieth statt. Es ist unter dem Pastorat des Joh. Christoph Bühring. Nach dessen Tode aber im Jahre 1781 wird Dobbin mit Serrahn vereinigt. Dies Verhältniss dauert bis 1859. Da endlich wird die Dobbiner wieder zur Kiether Kirche gelegt, mit der sie noch heute verbunden ist, und die, gleich ihr, unter landesherrlichem Patronat steht.

Kirche. Die aus alten grossen Kirchenziegeln in Form eines Oblongums erbaute Kirche ist in den sechziger Jahren einem Umbau unterzogen worden. Ihr Inneres stellt einen ungetheilten Raum mit flacher Balkendecke dar. Der im Westen stehende Thurm ist neu. An der Nordseite der Kirche befinden sich noch Reste eines glasierten Frieses in Vierpassformen. Am Ostgiebel ein aus glasierten Steinen gebildeter Kleeblattbogenfries. Die beiden Giebel sind mit hohen Spitzbogenblenden verziert. Alle diese Bauformen zeigen, dass die alte Kirche eine Kirche gothischen Geschmacks aus dem Anfange des XIV. Jahrhunderts war.[1]) Kirche.

Das vom Ende des XV. Jahrhunderts stammende **Triptychon**, ein Schnitzwerk, ist in neuerer Zeit als feststehende Wand in etwas gewaltthätiger Weise eingerichtet. In der Mitte die Figur der hl. Maria mit dem Christkinde. Zu beiden Seiten je sechs Figuren. Links der hl. Petrus, die hl. Dorothea (vielleicht auch Elisabeth), Gott Vater mit Christus, der hl. Johannes Evang., die hl. Katharina und Maria Magdalena. Rechts die Annaselbdritt-Gruppe, die hl. Margaretha, der Apostel Paulus, die hl. Agnes, die hl. Barbara und der Apostel Jakobus. Die Malerei der Rückwände ist nicht mehr erhalten. Oberhalb des Altaraufsatzes ein **Krucifixus.** Triptychon. Krucifixus.

Am Predigtstuhl der **Kanzel** und an ihrem Treppenaufgang sieht man in neu übermalten Bildern den Heiland und sechs Apostel, unter denen ursprünglich die vier Evangelisten vorhanden gewesen sein werden. Kanzel.

Barold'sches **Epitaphium,** auf Holz gemalt. In der Mitte ein Krucifixus, rechts von demselben knien zwei ältere und drei jüngere Männer, links eine ältere und eine jüngere Frau, ein Knabe und ein Mädchen. Auf den das Bild beiderseits einfassenden Pfeilern sind sechzehn Familienwappen angebracht. Epitaph.

Am **Glave**'schen **Stuhl** die **Wappen** der Familien **Oldenburg** und **Linstow** mit den Unterschriften H PASCHEN VON OLDENBURG 1702 · FR · DORO- Wappen.

[1]) Lisch, M. Jahrb. XXVII, S. 221.

THEA MARIA VON OLDENBURG GEB · LINSTOW. — An einem Kirchenstuhl
der Nordwand das eingeschnittene **Barold**'sche **Wappen** mit der Unterschrift:
CLAVES BAROLDT ANNO (1)606. — Desgleichen an der Südwand das **Grabow**-
sche **Wappen**, darunter: MAGDAL(E,NA GR(A)BOVW(EN). Die eingeklammerten
Buchstaben sind jetzt verdeckt.

Altar-Aufsatz.

Gemälde.   Am Stuhl der Ostwand neben dem Altar ein allegorisches **Gemälde**
(Wie der Hirsch schreit nach frischem Wasser u. s. w.), daneben
ein dem Verfasser unbekannt gebliebenes Wappen. Im Wappen
oben: zwei Lilien, gold in blau; unten: Keilerkopf, schwarz in
weiss.

Neben der Kanzel ein **Oelbild** von Luther. In der Kirche hängen Oel-
gemälde. ausserdem fünfundzwanzig **Oelgemälde** verschiedener Güte, die der Domänen- rath **VON BROCKEN** zusammengekauft und der Kirche geschenkt hat.

Im Thurm zwei **Glocken**. Die grössere (Dm. 1,70 m) ist von Michael Glocken. Begun in Friedland gegossen und hat die Inschrift: CHRISTOPHORVS AVGV- STVS DE BAROLT LAESAM RESTITVIT VNI AC TRINO AETERNOQVE DEO VSQVE LAVS HONOR ET GLORIA · AMEN · Die beiden Chronosticha ergeben, jedes für sich, die Jahreszahl 1728 (s. o.). Die kleinere Glocke ist 1872 umgegossen.[1])

Kleinkunstwerke. 1. 2. Silbervergoldeter Kelch von auffallender Grösse, Kleinkunst-
werke. auf achtpassigem Fuss, mit der Inschrift (Chronostichon): EU! HONORIS IE- HOVAE ET PIETATIS IN PARENTES NOTA VENIENS A CHRISTOPHORO AVGVSTO DE BAROLDT NOBILI HVIVS AEDIS PATRONO (1741). Die Patene dazu ohne Inschrift. Mit den Stempeln des Güstrower Goldschmiedes Leonhard Mestlin: 〔G〕 〔LM〕. — 3. 4. Neugothischer silberner Kelch auf sechs- passigem Fuss, von 1653, mit dem eingravierten Allianzwappen und Namen von **MORITZ VON WALSLEBEN** und **MARGARETHA MARIA VON MALTZAN**. Patene ohne Inschrift. — 5. Achtpassig geformte silbervergoldete Oblaten- schachtel mit der Inschrift (Chronostichon): QVAE PARENS PIE LEGAVIT MATER ROGAVIT FILIVS EXACTE DONAVIT (1731). Zeichen wie beim Kelch 1. — 6. Silberne Oblatenschachtel mit einem doppelt verschlungenen *S L*. Ohne Werkzeichen. — 7. 8. Weinkanne, Taufschüssel, neu. — 9. 10. Zwei zinnerne Leuchter auf dem Orgelchor, einer mit **PHILIEP SCHMIDT 1654**, der andere mit **HEINRICH MARIEN 1654** bezeichnet. Keine Werkzeichen. — 11. 12. Zwei neugothische Leuchter, geschenkt vom Oberstlieutenant **ANTON VON LANDSBERG**. — 13. 14. Zwei andere Leuchter sind ein Geschenk des Domänenrath **VON BROCKEN**. — 15. Zinnernes Becken auf drei Füssen, laut Inschrift 1721 von **FRL · M · D · V · BUCHWALDTEN** geschenkt. Von dem Güstrower Zinngiesser **Daniel Martin Ahlstorff**.

Vorgeschichtliche Plätze

s. am Schluss des Amtsgerichtsbezirks Goldberg.

---

[1]) Sie war ebenfalls von Michael Begun in Friedland im Jahre 1728 gegossen, als Chri- stoffer August von Barold das altväterliche Gut an sich gebracht hatte. Vgl. Crull, M. Jahrb. XL, Seite 204.

Blick auf die Stadt Goldberg.

Amtsgerichtsbezirk Goldberg.

Die Stadt Goldberg.[1]

Geschichte
der
Stadt.

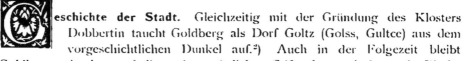eschichte der Stadt. Gleichzeitig mit der Gründung des Klosters
Dobbertin taucht Goldberg als Dorf Goltz (Golss, Gultce) aus dem
vorgeschichtlichen Dunkel auf.[2] Auch in der Folgezeit bleibt
Goldberg mit dem naheliegenden geistlichen Stift, das noch heute in Blüthe
steht und einen der schönsten landschaftlichen Punkte Mecklenburgs darstellt,
in vielfacher und enger Verbindung. So z. B. gewinnt das Kloster schon
am 9. Juli 1231 durch eine Schenkung des Fürsten Johann von Mecklenburg
das Patronat über die Goldberger Kirche, die zusammen mit denen in Lohmen,
Ruchow, Karcheez und Woserin den Archidiakonatsbezirk des Dobbertiner
Probstes bildet.[3] Und hundert Jahre später wird sogar durch Bischof Ludolf
die Goldberger Pfarre mit allen ihren Einkünften dem Kloster völlig einverleibt.[4]
Auch Liegenschaften und Rechte verschiedener Art erwirbt Dobbertin sowohl
im Orte Goldberg selber als auch auf dessen Feldmark und Gewässern.[5]

[1] Kühnel, M. Jahrb. XLVI, S. 53, verbindet den Namen des Ortes mit dem altslavischen
Stamm golü - - kahl, nackt.

[2] M. U.-B. 343.

[3] M. U.-B. 386. 425. 983. 3478. Später kommen auch die Kirchen zu Upahl, Zidderich
(Ziddarg) und Woosten hinzu.

[4] M. U.-B. 5332. Die Kirche bleibt aber beim Kloster nur bis 1649.

[5] M. U.-B. 343. 922. 933. 1347. 1593. 3588. 4123. 5157. 6550.

Auffallender Weise aber macht solche Erwerbungen in einem noch viel
grösseren Umfange als Dobbertin das ferne auf Festland Rugen gelegene
Cistercienserkloster Neuenkamp (Franzburg), für welches die Besitzverhältnisse
in Goldberg und Umgegend während des XIII. und XIV. Jahrhunderts etwas
besonders Anziehendes gehabt haben müssen.[1] Doch ändert sich dies im
XV. Jahrhundert. Denn am 26. Februar 1448 richtet der Abt Johann von
Morimond an die Aebte seines Ordens zu Doberan und Dargun die Auf-
forderung, in eine Prüfung einzutreten über die Frage, ob es im Interesse des
Klosters Neuenkamp liege, seinen durch einen »rector bonorum« verwalteten
grossen Güterbesitz in der Umgegend von Goldberg auch fernerhin festzuhalten.
Die Antwort muss verneinend ausgefallen sein. Denn sieben Jahre später
gehen die Neuenkamper Klostergüter bei Goldberg mitsammt den Dörfern
Below, Zidderich, Medow und Augzin durch Kauf an die Herzöge Heinrich d. ä.
und Heinrich d. j. von Mecklenburg über.[2] Aber das unstreitig bedeutsamste
Ereigniss des XIII. Jahrhunderts in der Geschichte Goldbergs ist die Erhebung
des in der alten Terra Kutin (Kutsin, Quetzin) gelegenen und noch im XIII.
Jahrhundert mit der Terra Parchim vereinigten Ortes zur Stadt durch einen
Fürsten, der zu den fesselndsten Charakteren des mecklenburgischen Regenten-
hauses zählt. Es ist dies Pribislav I. von Parchim-Richenberg, ein Herrscher,
der, wenn auch durchaus christlich und kirchlich im Sinne seiner Zeit, dennoch
die Schattenseiten der damaligen geistlichen Bestrebungen erkennt und dadurch
in Konflikte geräth, deren er auf die Dauer nicht Herr zu werden vermag.[3]
Als Grundlage für die Ordnung der städtischen Verhältnisse in Goldberg
verleiht Fürst Pribislav seinen neuen Bürgern im Jahre 1248 das Parchimsche
Recht, oder besser gesagt die Parchimschen Privilegien in Form von Statuten,
welche fünfzehn Paragraphen enthalten.[4] Was ihn aber bewog, den neuen
deutschen Namen Goldberg an die Stelle des alten wendischen Namens Goltz
zu setzen, bleibt unbekannt; es ist darauf hingewiesen worden, dass die Endung
berg auch in seinen anderen beiden Neugründungen, Sternberg und Richenberg, von ihm beliebt worden sei.[5]

Wie dann Pribislav in Folge seiner bekannten Fehde mit dem Bischof
Rudolf von Schwerin im Jahre 1256 die Herrschaft einbüsst und wie das Land

[1] M. U.-B. 2305. 2334. 2335. 2336. 2382. 2388. 2389. 2730. 2989. 2992. 3291. 3443.
3457. 3651. 4611. 4974. 6425. 7268. 8674. 10604. Vgl. Lisch, M. Jahrb. XVII, S. 87.

[2] Duge, Urkundliche Nachrichten über Goldberg und Umgegend, S. 124. 125.

[3] Beyer, M. Jahrb. XI, S. 36—96 (Urkundliche Geschichte des Fürsten Pribislav I. von
Parchim-Richenberg und seiner Nachkommen) Vgl. Lisch, M. Jahrb. X, S. 40. XVII, S. 23 ff.

[4] M. U.-B. 599. 3929. Ueber die weiteren herzoglichen Privilegienbestätigungen vgl. Duge,
a. a. O., S. 58, 120 ff., 124 ff., 152 ff. — In dem Umstande, dass Bischof Rudolf noch im Jahre
1261 (M. U.-B. 922. 923) Goldberg als Dorf bezeichnet, braucht keine besondere Feindschaft gegen
die Stadt und ihren Gründer erblickt zu werden. Die Bezeichnung »Dorf (villa)« erklärt sich aus
dem Charakter der Konfirmationsurkunde, den die beiden bischöflichen Erlasse haben, da sie auf
eine Urkunde des Bischofs Wilhelm zurückgehen, welche verloren ist, von der man aber annehmen
darf, dass sie kurz vor der Stadtgründung erlassen worden ist.

[5] Beyer, a. a. O., S. 54.

Sternberg dauernd an die Linie Mecklenburg, die Lande Goldberg und Plau dagegen, und zuletzt auch Land Parchim, an die Linie Werle gelangen, das kann hier nur angedeutet werden.[1])

Eine äusserlich glänzende Zeit bricht für Goldberg an, als es bei der ersten werleschen Landestheilung am 2. December 1316 für die Linie Werle-Goldberg zur Residenz erhoben wird.[2]) Doch dauert diese Periode, aus welcher die Anlage des in späterer Zeit als Amtssitz dienenden fürstlichen Schlosses stammt, und die sich im Mecklenburgischen Urkundenbuch durch viele von Goldberg her erlassene fürstliche Verbriefungen aller Art kennzeichnet, nur bis zum Jahre 1374, in welchem die Linie Werle-Goldberg erlischt und die andern beiden Linien Werle-Waren und Werle-Güstrow als Erben ihre Stelle einnehmen.[3]) Da tritt Goldberg den Städten Güstrow und Waren gegenüber wieder in den Hintergrund. Doch auch diesen beiden werleschen Linien sind von der Geschichte nur noch zweiundsechzig Jahre beschieden. Da werden ihre blutsverwandten Vettern, die Herzöge von Mecklenburg, auf Grund eines Erbvertrages als Landesherren ihre Rechtsnachfolger. Es geschieht dies im Jahre 1436. Seit dieser Zeit ist somit Goldberg eine mecklenburgische Stadt.[4]) Was sonst aus dem XIV. und XV. Jahrhundert an Goldberger Urkunden auf uns gekommen ist, beschränkt sich auf ein paar fromme Vermächtnisse und Stiftungen für die dortige Kirche in den Jahren 1318, 1328, 1330 und 1331,[5]) sowie auf wenige Goldberger Privatangelegenheiten, die hier keine Bedeutung haben.

Goldberger Stadtsiegel
von einer Urkunde des Jahres 1309.

Das ehemalige Schloss zu Goldberg wird im Jahre 1507 Wittwensitz der Herzogin Margarethe, Gemahlin des Herzogs Balthasar, der mit ihr zwanzig Jahre lang vermählt gewesen war und in einer Urkunde vom 21. Juli 1501 Schloss, Stadt und Vogtei Goldberg als Leibgedinge für sie ausgesetzt hatte.[6]) Doch ist von ihren näheren Beziehungen zur Stadt nichts bekannt geworden.

[1]) Beyer, M. Jahrb. XI, S. 71. Wigger, M. Jahrb. L, S. 269.

[2]) M. U.-B. 3860.

[3]) M. U.-B. 10665 B. Vgl. dazu 7771, 7772 und 9394. Zum Bau der Goldberger Burg vgl. Doberaner und Parchimer Genealogie in M. Jahrb. XI, S. 16 und 17. Darnach ist Fürst Johannes III. van Rüden der eigentliche Erbauer der Burg (1316—1352). Vgl. Wigger, M. Jahrb. L, S. 234 und 235.

[4]) M. U.-B. 11042. Vgl. Duge, a. a. O., S. 117--120.

[5]) M. U.-B. 3947. 4985. 5167. 5291.

[6]) Duge, a. a. O., S. 58. Vgl. Wigger, M. Jahrb. L, S. 200. Fabricius, M. Jahrb. III, S. 122. 126.

Für die nachfolgenden Zeiten kann hier auf das schon öfter angezogene, Vieles enthaltende Buch des Goldberger Stadtsekretärs Duge verwiesen werden, in welchem die ganze Geschichte der Goldberger Stadtverwaltung mit aller jener Breite, Ausführlichkeit und Hingebung an tausend Einzelheiten geschrieben ist, wie sie zuletzt ein mitten darin stehender und wirkender alter Praktiker und Lokalpatriot zu gewinnen pflegt. Wir erwähnen daraus nur den Aufruhr der Goldberger Bürgerschaft wider den Amtshauptmann von Jasmund im Jahre 1570 (S. 71/72), den Uebergang Goldbergs an den Güstrower Landestheil durch den Fahrenholzer Vertrag von 1611 (S. 83), den Mangel an Nachrichten über die Zeit des dreissigjährigen Krieges (S. 85), den durch Blitzschlag verursachten Kirchenbrand am 23 Januar 1643, wobei nur die Mauern stehen

bleiben (Seite 87),[1] die vom Kloster Dobbertin gegen Eintauschung von Kuppentin erlangte Abtretung von Pfarre und Kirche der Stadt an die Landesherrschaft im Jahre 1649 (S. 192), das Hauptquartier des Kaiserlichen General-Feld-

Ehemaliges Schloss zu Goldberg (nach Zeichnung bei Duge a. a. O.).

marschall-Leutnants Grafen von Cob in Goldberg im Jahre 1675 (S. 101),[2] die hohen Steuern in der Zeit des Herzogs Karl Leopold (S. 103), die grossen Drangsale während der letzten drei Jahre des siebenjährigen Krieges (S. 144 ff.), die endlosen Streitereien zwischen Amt und Stadt und den charakteristischen Regierungserlass an den Amtshauptmann Buchholz mit dem immerfort sich wiederholenden Tadel »Du bist es, der« u. s. w. (S. 150), die Misshelligkeiten zwischen dem Kloster Dobbertin und der Stadt, wobei in Folge mangelnder Urkundenkenntniss Rechte der Stadt verloren gehen (S. 158), die im Jahre 1792 geschehene Abtragung des Walles, der das Amtshaus von Zeiten des alten Schlosses her umgiebt, und die damit bewirkte Ausfüllung des Schlossgrabens durch den Oberhauptmann von der Lühe (S. 177), den Rückzug der Preussen durch die Stadt nach der Schlacht bei Jena, die

---

[1]) Andere grosse Brände, bei denen fast die ganze Stadt in Flammen aufging, waren die von 1500, 1678 und 1728. Doch blieben Kirche und Schloss (Amtshaus) verschont.

[2]) Lisch, M. Jahrb. XVII, S. 231.

Franzosenzeit und ihre Kriegsschäden (S. 179 ff.), die Entdeckung der Goldberger Stahlquelle durch den Apotheker und Rathsherrn Kychenthal im Jahre
1816 (S. 193), die in Goldberg mit ungewöhnlicher Heftigkeit wüthende
Cholera des Jahres 1859 (S. 247 ff.) und die Aufhebung des Amtes bei Gelegenheit der
neuen Gerichts-
organisation
im Jahre 1879
(S. 322/23).

Auch mag
hier auf die
mit grossem
Fleiss zusam-
mengestellten
Personal-
verzeichnisse
des Buches hin-
gewiesen wer-
den (S. 270 ff.),
die es ge-
statten, dass
wir die sonst
übliche Zusam-
menstellung
der Geistlichen
(S. 288. 289)
an dieser Stelle
unterlassen.

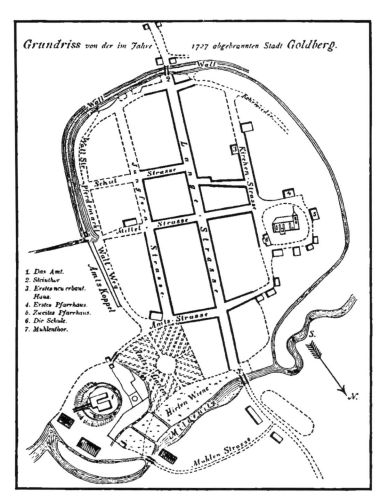

Grundriss von der im Jahre 1727 abgebrannten Stadt Goldberg.

1. Das Amt.
2. Steinthor.
3. Erstes neu erbaut. Haus.
4. Erstes Pfarrhaus.
5. Zweites Pfarrhaus.
6. Die Schule.
7. Mühlenthor.

Kirche.

Kirche.

Was noch an
altem Mauer-
werk im Chor
und Schiff vor-
handen ist,
lasst erkennen, dass die im Jahre 1842 einer Restauration unterzogene alte
Kirche ein einschiffiger gothischer Backsteinbau aus der letzten Hälfte des
XIII. oder dem Anfange des XIV. Jahrhunderts war und einen aus dem
Achteck gebildeten Chor hatte. In dieser Beziehung sind das auf Stein-
wölbung berechnete ausgebildete Strebepfeiler-System, das in Höhe von
2,50 m angebrachte Kaffsims und vor allem das auf der Südseite wohl
erhaltene alte Portal mit einer aus Birnstäben und ausgekehlten Kanten bestehenden Wandung und Bogenlaibung besonders zu beachten. Statt der

inneren Wölbung, die ohne allen Zweifel einstmals vorhanden war, wahrscheinlich aber im grossen Brande von 1643 (s. o.) verloren ging, sehen wir jetzt im Innern eine flache Holzdecke, dazu eine solche Ueberfülle von Emporen, dass hier jedes architektonische Interesse erlischt. Die Fenster sind durchweg neu. Im Westen ist ein etwas schmälerer, aus Backstein mit untermischten grossen Granitsteinen erbauter dreistöckiger Thurm vorgesetzt, der ein vierseitiges Pyramidendach trägt.

Im Innern sind zwei alte **Stühle** zu beachten, der des Pastors mit der Inschrift: **DIESEN BEICHTSTVL HABEN H · MICHAEL LAVRENTZ RATHSVERWANTER IN ROSTOCK V̄D̄ H · JOHAN FRANCISCVS CLAVSING PREDIGER IN GVSTROW DISER KIRCHE ZV EHR̄E BVWEN LASSEN VND VEREHRET ANNO 1656 DEN 6 JANVARIVS —** und der des Kirchen-Vorstehers mit der Inschrift: **DER KIRCHEN SCHMUCK AN DIESEM ORT ZU MEHREN AUCH GOTT ALHIE IN SEINEM AMPT ZU EHREN AN DIESEM ORT WO DIE VORSTEHER STEHEN DIS STUHLGEBAW WIRD WIEDERUMB GESEHEN · GESETZT VON H · FRIDERICH FLOTOW VORSTEHER UND OECON · AŌ 1677 · M · JUN ·**

Gestühl.

Kirche zu Goldberg.

Im Thurm drei **Glocken.** Die grösste (Dm. 1,17 m) hat die Inschrift: **SOLI DEO GLORIA · ME FUDIT J · V · SCHULTZ ROSTOCHII ANNO 1794. —** Die zweite (Dm. 0,92 m) ist 1880 vom Hofglockengiesser **Ed. Albrecht** in Wismar umgegossen worden.[1]) — Eine dritte, die »Klingglocke«, ist ohne Inschrift.

Glocken.

Kleinkunstwerke. 1. Silbervergoldeter Renaissancekelch mit Engelsköpfen und Blumenwerk in Treibarbeit. Inschrift: **WOLF · ETER · ANNA · ETERIN · 1609 JAR.** Meisterzeichen , Stadtzeichen fehlt. — 2. Silbervergoldeter gothischer Kelch von 1600, mit einem aufgenieteten Krucifixus am Fusse. An den Rotuli des Knaufes der Name **I · H · E · S · V · S ·** Ohne Werkzeichen. — 3. Silbervergoldeter kleinerer Kelch mit der aufgenieteten

Kleinkunstwerke.

---

[1]) Ihre Vorgängerin hatte die Inschrift: **CONSOLOR VIVA, FLEO MORTUA, PELLO NOCIVA.**

Kreuzesgruppe und den Werkzeichen des Güstrower Goldschmiedes **Lenhard Mestlin** (1705--1739 in der Amtsrolle). — 4. 5. Zwei silberne Patenen, die kleinere mit der Inschrift auf der Rückseite: **CHRISTOFF FRANS RÜBE • 1732.** Dieselben Werkzeichen wie beim Kelch unter 3. — 6. Silbervergoldete längliche Oblatenschachtel mit denselben Werkzeichen und den Initialen: **F • M • H • G • P •** — 7. Kleine silberne Oblatenschachtel ohne Werkzeichen. Auf dem Deckel die Inschrift: **SOPHIA • ELISABEHT • FALKEN • VND • IHRE • KINDER • HABEN DIES IN GOT-TES EHRE GEGEBEN;** an der Schachtelseite:

JOHAN • ERNST
MATTEUS ⎫
CATTRINA • SABINA ⎬ **KONOWEN**
SOPFIA • ELISABET ⎭
1681 •

Kelch (1).

— 8. 9. Kelch und Oblatengefäss von Silber zur Krankenkommunion, 1882 der Kirche geschenkt. — 10—13. Grosser silberner Kelch mit Patene, geschenkt 1892 von **M : L •,** dazu 1897 von anderer Seite ein Ciborium und eine Patene. 14. Silbervergoldete Altarkanne. Von **Sy & Wagner**-Berlin 1874. — 15. Silbernes Taufbecken, von **Heinersdorf**-Berlin 1882. 16. Im Taufständer eine Schale von Messing. In ihrem Innern die in Treibarbeit ausgeführte Darstellung der Verkündigung Mariae mit der zweifelhaften, schon oft erwähnten Luther-Legende.[1]) Am Rande die Umschrift: **GOTT • HAT • MICH • IN • DER • HEILIGEN • TAVFF • SVE • SEINEM • KINDE • GENOMEN • AVFF • SICH • MIT • MIR • VERBUNDEN • DER • HEILIGE • GEIST • DER • IST • DAS • PFAND • FVHRT • MICH • SUM • RECHTEN • VATERLAND • WAN • ALES • VNGLVCK • VBERWVNDEN • ANNA DINGGRAVEN • DIES • VEREHRT • 1661.** — 17. 18. Zwei messingene Opferschalen, beide mit der Inschrift: **Aº 1700 CHRISTOF RICHTER.**

*　　　　*　　　　*

Ehemalige Kapelle.　　Im Westen der Stadt, in einem Wiesengrunde, ein etwas erhöhter runder Platz, in dem sich vor einigen Jahren noch Mauerreste befanden. Hier stand,

[1]) S. auch Kirch-Kogel.

nach Duge, a. a. O., S. 65, die im Visitationsprotokoll von 1557 genannte **Kapelle des Heiligen Kreuzes.**

✳   ✳   ✳

An der Scheide bei dem Goldberger Stadtacker und dem Acker an der Zidderich-Steinbecker Scheide befindet sich ein länglich runder Platz, der im Volksmunde der »alte Ziddericher Kirchhof« heisst. Alte Mauersteine und Felsen finden sich noch heute. Hier stand die im Jahre 1786 niedergelegte **Zidderiche Kirche**, die eine Filia der Goldberger Kirche war. Nordöstlich von diesem Platz, nach dem Dobbertiner See zu, auf der »Dörpstäd«, soll das alte **Dorf Zidderich** (Ziddarg) gestanden haben.

Ehemalige
Zidderiche
Kirche.

Das Kloster Dobbertin.[1])

Aus einer von den Fürsten Johann und Nikolaus von Mecklenburg am 28. August 1227 zu Güstrow ausgestellten Bestätigungsurkunde ist zu ersehen, dass das Kloster Dobbertin unter Fürst Heinrich Borwin I. zur Zeit der Mitregentschaft seiner beiden Söhne Heinrich (1219—1226) und Nikolaus (1219—1225), also zwischen 1219 und 1225, als Mönchskloster nach der Regel des hl. Benedikt ins Leben getreten ist.[2]) Aber eine genauere Angabe über Jahr und Tag fehlt. Der alte Borwin selbst schenkt bei der Gründung das Dorf Dobbertin (Dobrotin), sein Sohn Heinrich südöstlich vom Dorf Jellen (Gelin) einen Landstrich mit dem See Langhagen, und sein Sohn Nikolaus das westlich vom Kloster gelegene Dorf Dobbin, jedes dieser Gebiete mit vierzig Hufen. Dazu kommen Kornlieferungen aus Goldberg (Dorf Golz). Und als Fürst Nikolaus vor der Zeit (den 28. September 1225) aus dem Leben scheidet, da fügt sein Bruder Fürst Heinrich (Heinrich Borwin II.) für das Seelenheil des Verstorbenen das weiter nördlich gelegene Dorf Lohmen und alles Ackerland, das zwischen den Lohmenschen Feldscheiden und dem Gardener See (See Gardone) liegt, sammt dem anstossenden Theil dieses Sees, der reichen Morgengabe des Klosters hinzu. Kaum ist wieder ein Jahr vergangen, da folgt auch Heinrich Borwin II. dem jüngeren Bruder Nikolaus im Tode nach: den 5. Juni 1226. Dies Mal aber lassen die Fürsten Johann und Nikolaus von Mecklenburg, die Enkel des alten Borwin, der den Tod beider Leibeserben überlebt, sich daran genügen, dem Klosterbesitz den Kleesten-Bach (Bach Clestene),[3]) der die Grenze zwischen Golz und Dobbertin bildet, anzuschliessen und dem

Geschichte
des
Klosters.

---

[1]) 6 km nördlich von Goldberg. Nach Kühnel, M. Jahrb. XLVI, S. 40, ist der Name mit dem altslavischen Stamm dobrŭ = gut zu verbinden und als »Ort des Dobrota« zu übersetzen.

[2]) M. U.-B. 343.

[3]) Kühnel, M. Jahrb. XLVI, S. 33.

Probst ein Drittel der Gerichtseinkünfte zu überweisen. Es geschieht dies in der am Eingange erwähnten Bestätigungs-Urkunde. Drei Jahre später, den 24. April 1230, erzeigt Fürst Johann von Mecklenburg dem Dobbertiner Kloster, das damals noch Mönchskloster ist, seine weitere Gunst damit, dass er ihm oder vielmehr der Schutzpatronin des Klosters, der heiligen Jungfrau Maria, und den Provisoren zu ewigem Besitz die Kirche in Goldberg verleiht (ecclesiam in Goltz cum omni iure et prouentibus suis ad nos pertinentibus beate virgini (sc. in Dobertin) et prouisoribus eiusdem loci libere contulimus perpetuo possidendam).[1]) Bald nachher aber wird das Mönchskloster in ein Nonnenkloster umgewandelt. Das muss, wenn, wie es den Anschein hat, alle gemachten und zu machenden Kombinationen und Schlüsse richtig sind, in oder vor dem Jahre 1234 geschehen sein, wenigstens ist anzunehmen, dass die Urkunde, welche zuerst von einem Benediktiner-Nonnenkloster in Dobbertin redet, auf den 27. Oktober 1234 fällt.[2]) Aus was für Gründen diese Umwandlung stattgehabt habe, erfahren wir freilich nicht; nur soviel steht fest, dass Bischof Brunward von Schwerin, wie er selbst sagt, seine Genehmigung dazu gab, und dass die letzte Regelung und Ordnung der Sache am 21. Oktober 1243 von dem schon im XII. Jahrhundert gegründeten Marienkloster in Stade erfolgt, wohin sich, wie es den Anschein hat, die Dobbertiner Mönche als nach ihrem Mutterkloster zurückgezogen hatten.[3]) Etwas ganz Gewisses ist freilich hierüber, d. h. über das ursprüngliche Verhältniss des Dobbertiner zum Stader Marienkloster, nicht zu sagen.

Gleichzeitig mit der Umwandlung des Dobbertiner Mönchsklosters in ein Nonnenkloster beginnt nun eine lebhafte Förderung seiner Interessen nach allen Richtungen. Der Konvent erhält vom Bischof die freie Wahl des Probstes und der Priorin, und dem Probst werden die Archidiakonatsrechte über die Kirchen zu Goldberg, Lohmen, Ruchow, Karcheez und Woserin verliehen.[4]) Besonders schnell aber wächst der Güterbesitz des Klosters, wie schon wenige Jahre später aus einer Urkunde vom 23. November 1237 zu erkennen ist. Damals sind die Grenzen des nächsten Klostergebiets der Jasenitzbach, d. i. der Abfluss der Lüschow in den Jawir-, Jager- oder Dobbertiner See; die Mildenitz bis zu dem weiland[5]) zwischen Dobbin und Kläden gelegenen, aber in der

---

[1]) M. U.-B. 386. Später erscheint auch der hl. Johannes Evangelista als Schutzpatron neben der hl. Maria (vgl. M. U.-B. 1347) und noch wieder später (nämlich in bischöflichen Ablassbriefen von 1337 und 1360) der hl. Quirinus, der Bischof und Märtyrer: M. U.-B. 5833 und 8730.

[2]) M. U.-B. 425, Anmkg.

[3]) M. U.-B. 551. Wie verhängnissvoll falsche Lesung und Datierung von Urkunden für die Geschichtserzählung werden kann, zeigt ein Vergleich der Darstellungen von W. G. Beyer, M. Jahrb. XI, S. 67. 68 und Julius Wiggers, Gesch. der drei Landesklöster, S. 5 mit der Anmkg. zu M. U.-B. 425. — Lisch, M. Jahrb. XXXI, S. 10, vermuthet, dass die ersten Dobbertiner Nonnen durch Vermittelung des Klosters von Stade aus dem Kloster Zeven gekommen sein könnten.

[4]) Nach dem ›Verzeichniss der Pfarlehen und Kirchen‹ in den Schwerinschen Stiftssprengel gehörig‹ kommen später die Kirchen zu Gr. Upahl, Zidderich und Woosten hinzu. Vgl. Anmkg. zu M. U.-B. 425.

[5]) Vgl. Karte von Schmettau.

Zeit zwischen 1786 und 1824 abgelassenen Wostrowitz- oder Kläden-Dobbiner
See; der Bresenitz-Bach, d. i. der Abfluss des Woseriner oder Hof-Holz- und
Mühlensees zur Mildenitz; der Garden-Bach, der aus dem Gardener See[1]) in
den Woseriner See abfliesst, aber schon aus der Nähe von Oldenstorf (Ode-
winestorp) herkommt und die Oldenstorfer Mühle treibt; die Lomnitz oder der
Steinbach oder Bollbach;[2]) nachher wieder (selbstverständlich südlich von der
Lohmenschen Grenzscheide) der Gardener Bach bis zur Oldenstorfer Mühle,
und von dieser an eine Linie, die über den Bolz- und Spendiner See bis an

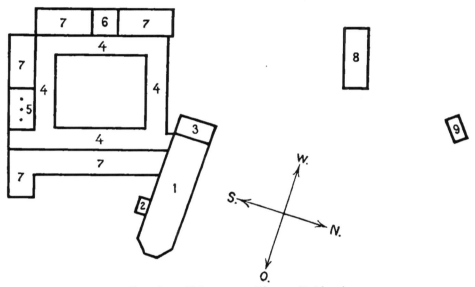

Situations-Skizze vom Kloster Dobbertin.
1. Kirche. 2. Sakristei. 3. Thurm. 4. Kreuzgang. 5. Ehemaliges Refektorium. 6. Chor- oder
Andachtssaal. 7. Wohnungen der Konventualinnen. 8. Klosterhauptmanns-Haus.
9. Aeltestes Klosterhäuschen.

die Lüschow zurückführt. Diese Grenzen umfassen die Feldmarken Dobbertin,
Kläden, Wolframshagen (d. i. Alten- und Nienhagen) und Lohmen, nicht auch
schon Dobbin und Oldenstorf, welche erst dreissig Jahre später erworben werden.
Von den berührten Seen aber gehörten 1237 der Jawir- sowie der Woseriner
See und die Lüschow dem Kloster zur Hälfte, alle andern aber mit Ausnahme
des Gardener Sees ganz und ungetheilt.

¹) Mit Vorbehalt des ganzen Gardener Sees für den Landesherrn im Gegensatz zu der
ersten Schenkung (s. o.).
²) M. U.-B. 469. Im Clandrian'schen Regest heisst es »Bach Gardene . . . gantz und gar
bis in die Bach Lumenitz«. Vgl. M. U.-B. 1347. Bei Oldenstorf scheint der alte urkundliche
Name Gardener Bach verschwunden zu sein, dafür aber der nach den Gefällverhältnissen ebenso
berechtigt erscheinende Name »Bresenitz« den Vorzug erhalten zu haben. Vgl. Messtischblatt 946.

Als weiteres Gebiet besitzt das Kloster ferner schon um dieselbe Zeit die nördlich anstossenden Feldmarken von Gerdshagen mit vierzig und Upahl mit zwanzig Hufen, die Meierei Klein-Schwiesow mit zwei Hufen nordwestlich von Güstrow, sowie im Lande Roebel sechs Hufen des Dorfes Zielow und in dem von schluchtigen Seen durchsetzten Lande Turne den Hauptplatz der späteren »Sandprobstei«, nämlich das Dorf Laerz (Lositz) mit vierzig Hufen,[1]) dazu dreissig Hufen, die zwischen den Dörfern Krümmel (Crumemir) und Schwarz (Zwertitz) gelegen sind. Der Kern jener Besitzungen, deren sich das Kloster heute noch erfreut, ist somit bereits um 1237 fest umschrieben. Dazu kommen nun als weitere Erwerbungen: 1251 Dorf und Feldmark Kleesten, wie sie Ritter Lippold besessen; 1262 sechs Hufen in Dabel von Dietrich von Flotow sowie zwei Hufen in Bülow

und eine Hufe in Stieten von Heinrich von Rolstede; 1265 Dorf und Feldmark Demen sammt dem Kirchlehn aus Siegfried von Grönau's Händen; 1275 Dorf Dobbin mit dem angrenzenden, später nicht wieder vorkommenden Dorf Devestorp und 1277 das Dorf Oldenstorf und weitere Antheile am Jawir-See, soweit dieser die Feldmark Dobbin berührt, unmittelbar von den werleschen Fürsten; von dem Markgrafen von Brandenburg als damaligen Oberlehnsherrn 1280 das in der Sandprobstei südlich von Schwarz gelegene und in dessen Feldmark aufgegangene Dorf Sag-

Dobbertiner Klostersiegel
an einer Urkunde vom Jahre 1249.

witz und 1282 das Eigenthum der Dörfer Schwarz und Zeten mit dem Patronatsrecht, sowie das Eigenthum des vom Ritter Wolter von Malchow erstandenen Dorfes Diemitz, nachdem, wie aus der päpstlichen Bestätigungsurkunde vom 28. Januar 1263 und der werleschen vom 15. December 1274 sowie aus der in dieser enthaltenen Abgrenzung der Sandprobstei zu ersehen ist, den letzten formellen Bestätigungen über die ebengenannten Gebiete deren thatsächlicher Besitz bereits längere Zeit hindurch voraufgegangen war.[2]) Auch sind inzwischen

---

[1]) Ein Streit mit dem Kloster Krevese in der Altmark um das Dorf Laerz wird am 21. September 1249 zu Roebel durch einen Vergleich aus der Welt geschafft: M. U.-B. 634. An dieser Urkunde das älteste Siegel des Klosters. Die Zielower Hufen werden noch vor 1274 wieder umgetauscht gegen das Dorf Grobe im Lande Malchin (Grube bei Teterow?): M. U.-B. 1347. Die Klein-Schwiesower Hufen gehen 1350 an das Bützower Domkollegiatstift über: M. U.-B. 7105. Dazu 6315.

[2]) M. U.-B. 680. 935. 983. 1046. 1347. 1368. 1440. 1513. 1610. Vgl. besonders Anmkg. zu 1347. Zur »Sandprobstei« ist auch M. U.-B. 4418 zu vergleichen, in welcher Urkunde Fürst Heinrich der Löwe, nunmehr der Lande Stargard Herr, die Konfirmation des Klosterbesitzes

bis zum Jahre 1263, beziehungsweise 1274, verschiedene kleinere Erwerbungen erfolgt, über die sich Einzelurkunden mit bestimmten Datierungen nicht erhalten haben. Es sind dies die Dörfer Grobe und Pillekesthorpe im Lande Malchin, die Mühle sammt zwei Hufen in Pajow, zwei Hufen in Drosenow,[1] drei Hufen in Alt-Sammit, vier Hufen in Daschow, zwei Hufen in Zidderich und zwei Hufen in Goldberg. Den letztgenannten reihen sich drei Goldberger Hufen an, die Ende des Jahres 1281, und vier Burower Hufen, die 1289 aus Kramon'schem Besitz in den des Klosters übergehen.[2] Als grössere Erwerbungen aber bis Ende des dreizehnten Jahrhunderts sind ferner zu nennen: dreissig vom Ritter Heinrich Knuth erworbene Hufen des später in die Feldmark Laerz einbezogenen Dorfes Tralow, während von den Herren von Tralow selber im Jahre 1295 sechs Hufen in Sarnestorf (Zahren im Kirchspiel Kuppentin) gekauft werden;[3] das von Vicke von Brüschaver erstandene und vom Brandenburger Markgrafen 1285 zu eigen gegebene Dorf Wale, das schon vor 1600 als »Walsche Feldmark« zu Diemitz gelegt worden;[4] die andere Hälfte des Jawir-Sees sammt dem »Vogts-Zug« auf dem Kleestener See 1286 vom Landesherrn von Werle;[5] das Dorf Lupendorf vom Ritter Nikolaus Hahn und der landesherrliche (d. i. werlesche) Antheil am Aalfang zu Eldenburg im Jahre 1290;[6] das Dorf Seelstorf (Bosscelesdorp) und acht Hufen zu Woserin 1292, welche beide Dethlev Wackerbart vom Kloster zu Lehn übernimmt, nachdem er zugleich Pfandträger des Klostergutes Dobbin geworden. Auch ist er es, welcher 1295 zehn Hufen zu Wilsen als Geschenk an das Kloster stiftet, deren jährliche Erträgnisse den Nonnen für ihre Kleidung zu Hülfe gegeben werden sollen.[7] Hand in Hand mit diesen Güter-Erwerbungen gehen erhebliche Schenkungen von Zehnten durch die Bischöfe Heinrich und Rudolf von Havelberg und die Bischöfe Wilhelm und Rudolf von Schwerin.[8] Dazu ertheilt Papst Urban IV.

vollzieht. Ueber das Haus des Sandprohstes in Röbel s. Lisch, M. Jahrb. VIII B, S. 117. Die landesherrlichen Anrechte und Gefälle an Kleesten, Klaeden und Oldenstorf werden erst 1402 erworben.

[1] Ueber Drosenow und Pajow im alten Lande Plau vgl. Schildt, M. Jahrb. LVI, S. 173 bis 175 und 181. Davon heute noch die Dresenower Mühle und der Paschen-See. Ueber Grobe und Pillekesthorpe ebendaselbst S. 205.

[2] M. U.-B. 1593. 2031. Vgl. auch 3588.

[3] M. U.-B. 1808. 2327. Vgl. Schildt, a. a. O., S. 216, und ferner M. U.-B. 1225. 2472. 2600. 2624. 3505. 6712.

[4] M. U.-B. 1814. Vgl. Schildt, a. a. O., S. 216. An Wale haben auch die von der Dolla Ansprüche, welche sie im Jahre 1337 aufgeben (M. U.-B. 5802), sowie Henning Glöde, der darüber den 28. Mai 1366 dem Kloster die Abfindung bestätigt (M. U.-B. 9484. 9485).

[5] M. U.-B. 1863. — Den Augziner Antheil an der Fischereigerechtigkeit auf dem Jawir-See erwirbt den 8. Februar 1297 das Kloster Neuenkamp auf Festland Rügen vom Ritter Iwan von Below: M. U.-B. 2437. 3443. 6830. Vgl. auch die Abweisung der Goldberger Ansprüche an den Jawir-See im Jahre 1330: M. U.-B. 5157.

[6] M. U.-B. 2048. Vgl. auch 6171. Eine wichtige Sache für das Kloster war auch der Aal- und Fischfang in der Mildenitz: M. U.-B. 3632. — 1577 kaufen Achim und Werner von Hahn das Gut Lupendorf vom Kloster zurück.

[7] M. U.-B. 2184. 2247. 2337. Vgl. 6918, Anmkg.

[8] M. U.-B. 790. 922. 923. 1963.

von Orvieto aus einen Schutz- und Schirmbrief. Und als das Kloster ein besonderes Krankenhaus baut, wozu es Hülfe braucht, da kommt wiederum aus dem fernen Italien von denselben Höhen Orvietos, wo einer der schönsten Dome der Christenheit steht, ein am 28. Mai 1291 verfasster Ablassbrief, den der Erzbischof Peter von Arborea (Oristano) und die Bischöfe Wilhelm von Cagli, Maurus von Amelia, Perron von Larino und Theobald von Cava zu Gunsten des Klosters erlassen.[1]) Aber auch die Laienwelt wetteifert mit der Geistlichkeit in frommen Stiftungen und Vermächtnissen aller Art, wofür das Kloster dann gelegentlich die Gemeinschaft seiner Gebete und guten Werke oder die Aufnahme in seine Brüderschaft, oder Lebensrenten, oder auch die Abhaltung von Memorien gewährt.[2]) Im Besondern sind es die Herren von Werle, die nicht aufhören, das in der Mitte ihres Landes gelegene Kloster, welches bei der Landestheilung am 16. Oktober 1326 zum Goldberg-Parchimschen Theil gelegt wird, mit Gunsterweisungen aller Art zu erfreuen.[3]) Als in den dreissiger Jahren des XIV. Jahrhunderts die finanziellen Verhältnisse vorübergehend, wie es scheint, misslich werden, hilft Bischof Ludolf von Schwerin an seinem Theil mit Inkorporierung der Goldberger Pfarre und Kirche, deren Patronat bereits in Klosterhänden ist, in das Tafelgut des Konvents.[4]) Auch vom Sitz des Papstes in Avignon kommt Hülfe, zuerst durch einen Schutzbrief Johann's XXII. vom 23. Oktober 1333, dann ein paar Jahre später durch einen grossen Ablassbrief vom 12. December 1337, in welchem zwölf fremde Bischöfe die Gläubigen zwecks Erlangung von Sündenvergebung zu fleissigem Besuch des Klosters und seiner Kirche auffordern.[5]) Als weitere Erwerbungen in der ersten Hälfte des XIV. Jahrhunderts sind zu verzeichnen: 1308 vier Hufen und zwei Katen im Dorfe Kuppentin, welche der Kloster-Probst dem Fredebern von Woosten abkauft; 1309 einundzwanzig Hufen zu Penkow im Lande Malchow, die der werlesche Vasall Zwickow besessen hat und die in späterer Zeit an das Kloster Malchow übergehen; im selben Jahr vier Hufen in Severin aus dem Besitz der Familie von Brüsewitz; 1326 das Dorf Matersen bei Schwaan aus den Händen der Familien Stüve und Klawe. 1332 aus Linstow'schem Besitz die in der Nähe von Hohen-Wangelin gelegenen Seen bei Drewitz, Malkwitz, Kraaz und Cramon sowie dreizehn und eine halbe Hufe zu Lexow im Lande Roebel, wozu später ebendaselbst noch zwölf und eine halbe Hufe kommen, die die von Budde und Pape zu Lehn getragen haben; 1336 das ganze Mallin'sche Dorf Dabel, das ebenso wie das schon 1265 erworbene Demen bis in die vierziger Jahre des XVII. Jahrhunderts im Besitz des Klosters bleibt (s. o. S. 173); 1338 das Dorf

---

[1]) M. U.-B. 983. 1964. 2031. 2120. 2795. Vgl. auch 2951. 3136. 3327. 5291. 5572. 5573. 5631. 6688. 6787.

[2]) M. U.-B. 1153. 2017. 2045. 2624. 2822. 2896. 2905. 2984. 3136. 3327. 3420. 4123. 4277. 4974. 4985. 5811. 7408. 7438. 7446. 7453. 7498. 7649. 10142. 10618. 10619. 11219. 11393. 11818.

[3]) M. U.-B. 3680. 6550.

[4]) M. U.-B. 5332.

[5]) M. U.-B. 5457. 5833.

Garden, dessen Besitzer von alter Zeit her die von Hagen waren; und 1342 das Dorf Baumgarten bei Waren, die Schamper Mühle und Antheile an Sietow aus der Hand des Johann von Gerden.[1]) Am 14. März 1334 fügen die Fürsten Nikolaus III. und Bernhard von Werle das Patronat der Sietower Kirche hinzu und geben zugleich dem Kloster das freie Eigenthum von Sietow und auch das von Laerz, das der Konvent bis dahin bloss zu Mannrecht (jure vasallico) besessen hatte.[2]) Neben diesen Erwerbungen von Gütern spielen die von einzelnen Hebungen eine geringere Rolle, zumal sie in vielfachem Wechsel von einer in die andere Hand übergehen.[3])

In der zweiten Hälfte des XIV. Jahrhunderts sind folgende Vermehrungen von Grund und Boden zu verzeichnen: 1363 vier Hufen im Dorf Weisin von denen von Lobeke; 1382 alle landesherrlichen Gefälle und Rechte im Dorf Gerdshagen, das im Uebrigen schon einhundertfünfzig Jahr Klosterbesitz war (s. o.); 1385 86 das Dorf Holzendorf westlich von Dabel, zum kleineren Theil (zwei Hufen und Krug) von den Kramonen auf Rosenow und Mustin, zum grösseren Theil (zehn Hufen) von Jakob Penzin; 1389 eine Worth in Röbel; 1392 eine Worth in Malchow und am 9. Oktober desselben Jahres vom Knappen Henneke Hardenack die beiden Dörfer Boek und Seedorf. Auch beginnt das Kloster im Jahre 1396/97, schrittweise die Dörfer Jellen (Gellant) und Bossow (Borsow) zu erwerben, jenes von den Bellinen, dieses von den Linstowen.[4])

Von Dingen und Ereignissen, welche sonst noch das Kloster in der zweiten Hälfte des XIV. Jahrhunderts berühren, mögen hier ein grosser, von nicht weniger als achtzehn Bischöfen aus Avignon am 12. März 1360 ausgestellter Ablassbrief, der zu fleissigem Bitt- und Bet-Besuch und zur Unterstützung des Klosters in jeder Weise auffordert, genannt werden, und ferner ein bitterböser, von mehrfachem Mord und Todtschlag begleiteter Aufruhr der

---

[1]) M. U.-B. 3205. 3311. 3330. 4479. 4654. 4772. 4780. 4788. 5369. 5370. 5725. 5893. 5915. 5934. 6042. 6191. 6202. 6229. 6255. 6390. 6549. 6550. 7408. 7846. 8218. 8303. 8975. 10890. 11075. Ueber die von Pape vgl. Lisch, M. Jahrb. XXXII, S. 29 ff. — Matersen geht Ende des XVI. Jahrhunderts an Herzog Ulrich über: M. U.-B. 7846, Anmkg. — Ueber Severin ist auch eine ungedruckte Urkunde vom 6. Januar 1400 zu vergleichen. — Penkow, das jetzt dem Kloster Malchow einverleibt ist, lässt sich bis 1626 als Besitz von Dobbertin nachweisen. Dagegen ist es 1688 nicht mehr bei Dobbertin. Statt seiner finden wir Roez in den Dobbertiner Kontributions-Registern, soweit sie im Grossherzoglichen Archiv vorhanden sind. Penkow muss somit in der Zeit zwischen 1626 und 1688 mit Roez vertauscht sein. (Besondere Akten über diesen Tausch haben wir freilich trotz alles Suchens bis jetzt nicht aufzufinden vermocht). Demgemäss verzeichnet denn auch der erste mecklenburgische Staatskalender, der die Klostergüter aufführt — es ist der von 1777 — Penkow als zu Kloster Malchow und Roez als zu Kloster Dobbertin gehörend.

[2]) M. U.-B. 6390.

[3]) Die bedeutendsten Hebungen hatte das Kloster im XVI. Jahrhundert in Klocksin, Zietlitz, Serrahn, Ahrenshagen, Kuchelmiss, Langhagen (Langkavel), Rothspalk, Gr.- und Kl.-Lukow, Raden, Bansow u. a. m.

[4]) M. U.-B. 9119. 11480 A u. B. 11724. 11748. Dazu noch nicht gedruckte Urkunden. Das Dorf Seedorf war einstmals zwischen Speck und Boek gelegen. Vgl. Schildt, M. Jahrb. LVI. S. 218. — Ueber Bossow vgl. Beyer. M. Jahrb. XXXII, S. 116.

Laerzer Bauern wider einige vom benachbarten Adel, über den durch Vermittlung des Klosterprobstes 1385/86 ein Sühnevertrag zu Stande kommt.[1]) Mit dem grossen Ablassbrief, der auf missliche Zeiten oder wenigstens auf besondere Bedürfnisse im Kloster schliessen lässt, mag jener Bittbrief, den eine nicht sicher zu bestimmende Priorin Ida (Yda) an den Lübecker Rath richtet, einen gewissen ursächlichen und zeitlichen Zusammenhang haben[2])

Im XV. Jahrhundert wird der schon im XIV. Jahrhundert begonnene Erwerb von Bossow schrittweise fortgesetzt.[3]) In ähnlicher Weise beginnt 1405 der von Gross-Breesen aus den Händen Verschiedener, die dort Besitz und Anrechte haben, besonders aus denen des Lüdeke von Weltzin, der damals auf Kuchelmiss sitzt, und denen der Herren von Bellin, die auf mehreren Gütern in der Umgegend angesessen sind.[4]) Ganz ebenso, d. h. meistentheils schrittweise, vollzieht sich die Erwerbung einer beträchtlichen Anzahl anderer Güter und Dörfer während des XV. und XVI. Jahrhunderts, von denen im Laufe der nachfolgenden Zeit mehrere zu blossen Feldmarken geworden und einige wenige auch vom Kloster wieder abgegeben sind. Genannt seien Darze,[5]) Stralendorf[6]) und Domsühl[7]) bei Parchim, Gelland (Jellen) nordöstlich und nahe bei Dobbertin,[8]) Schwinz östlich und noch näher an Dobbertin,[9]) Mestlin und Rüst westlich von Goldberg,[10]) Hohen-Augzin, Mühlenfeld und Nienhof bei Mestlin,[11]) Glaveke bei Mestlin,[12]) Glave und Gülz bei Dobbin im Lande Krakow,[13]) Kalpin-

---

[1]) M. U.-B. 8730. 11684. 11757.

[2]) M. U.-B. 9429.

[3]) Vgl. Dobbertiner Urkunden von 1413 und 1412. Noch nicht gedruckt.

[4]) Dobbertiner Urkunden von 1403, 1405, 1410, 1412, 1420 und 1437.

[5]) Darze geht 1477 aus dem Besitz der Familie von Schwerin an die von Restorff über. Aber bis 1508 haben dort auch die von Hagenow auf Kressin den grössten Theil der landesherrlichen Gefälle inne. Diese erwirbt 1508 das Kloster Dobbertin, die letzten Restorff'schen Besitzanrechte aber löst es anscheinend erst 1529 ab. — Die nun folgenden Anmerkungen beruhen auf bisher nicht gedruckten Clandrian'schen Regesten im Grossherzoglichen Archiv.

[6]) Nicht mehr im Besitz des Klosters. Dieses erwirbt Stralendorf von 1514 bis 1529, überlässt aber sein Anrecht daran 1776 der Stadt Parchim.

[7]) Erworben 1462/64 von den Herren von Schwerin, aber 1645 bei Ablösung der Ablager-Verpflichtungen mit Dabel und Demen zusammen an das herzogliche Domanium übergegangen.

[8]) Erworben schrittweise zwischen 1401 und 1455 von den Bellinen und Passowen.

[9]) Von den Hagenowen auf Kressin 1460.

[10]) 1448 von den Herren von Gustävel. Mit dem Gut und Dorf auch das Kirchlehn und die Vikarei in der Kirche. Die Verzichtleistungen der Familienangehörigen der Familie Gustävel ziehen sich in vielen Beurkundungen bis 1488 hin.

[11]) Wie unter 10. Jetzt nur noch Feldmarken. Vgl. Schildt, M. Jahrb. LVI, S. 195.

[12]) Im Jahre 1429 werden die von Hagenow auf Kressin als Herren der Feldmark Glaveke genannt. Aber 1461 haben zwei Henneke Glaveke, von denen der eine in Parchim und der andere in Krivitz wohnt, noch Höfe und Hufen zu Glaveke, welche in diesem Jahre vom Kloster Dobbertin angekauft werden. Darüber auch 1462 noch Urkunden. Vgl. Schildt, M. Jahrb. LVI, S. 195, wo gesagt wird, dass Glaveke schon 1429 Feldmark war.

[13]) Bereits 1456 vom Kloster erworben. Bis dahin waren die von Linstow auf Alt-Gaarz die Besitzer von Glave sowie von der Gülzer Feldmark und dem Gülzer See gewesen. 1574 findet darüber ein weiterer Vertrag zwischen dem Kloster und Hans Barold auf Dobbin statt. Von 1616 an gehört Glave ganz dem Kloster. Vgl. Schildt, M. Jahrb. LVI, S. 203.

storf zwischen Passow und Seelstorf,[1]) Kirch-Kogel und Rum-Kogel nordöstlich von Dobbertin,[2]) Lenzen und Lähnwitz nördlich von Dobbertin zwischen Gross-Upahl und Woserin,[3]) und ein Feld bei der schon 1342 erworbenen Schamper Mühle bei Roebel.[4])

Als vorübergehender Kloster-Besitz, wie z. B. Stralendorf und Domsühl, mögen auch die Mühle zu Krakow, Hof Prüzen und einige Hufen in Kadow zwischen Ruest und Techentin und in Burow südlich von Lübz erwähnt werden.[5])

Aus alledem ersieht man, dass bereits die Urkunden des Mittelalters vom XIII. bis zum XVI. Jahrhundert jenen ganzen Grundbesitz aufrollen, den das Kloster noch heute sein eigen nennt.

Von sonstigen wichtigeren Urkunden des Klosters aus dem XV. und XVI. Jahrhundert, deren Regesten von Clandrian angefertigt sind, nennen wir ein am 16. September 1434 vom Koncil zu Basel an die Stiftsdekane zu Hamburg, Stendal, Bremen, Halberstadt und den bischöflichen Official zu Ratzeburg erlassenes Mandat, auf das Wohl und Wehe des Klosters Dobbertin zu achten; zwei herzogliche Generalkonfirmationen des Güterbesitzes von 1441 und 1455; eine im Jahre 1498 gegebene päpstliche Erlaubniss für die Kloster-jungfrauen vom Orden des hl. Benedikt, dreimal in der Woche Fleisch zu essen; eine in demselben Jahre angeordnete Visitation des Klosters durch den Cistercienserabt zu Cismar, den Prior von Marienehe und den Domprobst zu Güstrow, sowie zwei kaiserliche Besitzbestätigungen, eine von Kaiser

---

[1]) Feldmark zwischen Seelstorf und Passow (Schildt, a. a. O., S. 216). 1446 erwirbt Dobbertin die ersten acht Hufen zu Kalpinstorf von den Weltzienen, 1447 die landesherrlichen Gefälle daselbst, sammt dem wüsten Feld zu Kalpinstorf (es scheint also noch ein Theil des Dorfes vorhanden gewesen zu sein) und 1535 die letzten zwölf Hufen von den Passowen auf Zidderich.

[2]) 1435 kauft Dobbertin Kirch-Kogel (Kerckowalck, Wendisch-Kowalk, Klein-Kowalk) und Rum-Kogel (Rumen-Kowalk, Gross- oder Deutsch-Kowalk) von Vicke Woosten's Wittwe. Vorher (1407,9) waren beide Dörfer in Besitz der Familien Schönow, Bellin und Dessin. 1508 löst das Kloster Passow'sche Anrechte ab. Aber bereits seit 1440 hat es von Herzog Heinrich d. ä. das Kirchlehn von Kogel.

[3]) Der Erwerb von Lenzen und Lähnwitz beginnt 1447. Damals kauft Dobbertin von David Rodenbeke vier Hufen in Lenzen und sechs in Lähnwitz (Lonneuisse, Lonnewitze) mit allem Herrenrecht. Zwei Hufen behält Klawes Restorff auf Bolz. 1454 kauft Dobbertin hinzu einen Hof mit zwei Hufen in Lenzen, den bis dahin Klawes Gernegrot's Wittwe Grethe besessen hat. 1471 kommen weitere zehn Hufen der Feldmark Lähnwitz hinzu, die Olde Gert Buter und seine Söhne Klawes und Lüdke, zu Hohen-Zehna und Güstrow wohnhaft, besessen haben. In früherer Zeit, 1413, hat Gerd Ganzow's gewesene Ehefrau Eddele einen Hof zu Lähnwitz, den sie an Jakob Trost und Werneke Kramon verpfändet.

[4]) 1416 erwirbt Dobbertin einen Antheil am Gottuner Felde, der bei der Schamper Burg und da gelegen ist, wo das Kloster die Schamper Mühle hat bauen lassen.

[5]) Die Krakower Mühle erwirbt das Kloster von Marquard von Mölln (Molne), der seine Tochter ins Kloster giebt, im Jahre 1409. Weitere Ablösungen von Anrechten daran erfolgen 1426, 1443, 1447 und 1453. — Als wiederkäuflicher Pfandbesitz kommen 1420 Hof und Gut Prüzen von Heinrich von Bülow, Joachim's Sohn, eine Zeit lang ans Kloster. — 1449 verträgt sich das Kloster um zwei Hufen zu Burow mit Henneke und Joachim von Plessen, und 1478 erwirbt es sechs Hufen auf dem Felde zu Kadow von Heinrich und Helmuth von Plessen.

Karl V. aus Augsburg am 14. September 1530 und die andere von Kaiser Maximilian II. aus Wien am 10. Mai 1566.

Einen wie heftigen Widerstand das Kloster Dobbertin der Reformation entgegensetzte, ist bekannt; ebenso, wie sehr der Widerstand der Nonnen durch die in der benachbarten Stadt Lübz residierende Herzogin Anna, Wittwe Herzog Albrecht's VII., welche dem alten Glauben bis zu ihrem Tode im Jahre 1567 die Treue hielt, unterstützt wurde. Wir können uns deshalb hier — und müssen es auch aus andern Gründen — daran genügen lassen, auf die lesenswerthen Aufsätze von Lisch über die Herzogin Anna und über die Reformation im Kloster Dobbertin zu verweisen, die von zahlreichen Briefen und Akten begleitet sind und ein anschauliches Bild der damaligen Gewissensverhältnisse der Menschen gewähren.[1]) Dass das Kloster Dobbertin im Jahre 1570 trotz aller Gegenversuche von Seiten der Herzöge und Visitatoren noch

gut katholisch war, erhellt aus einem Briefe des Herzogs Ulrich vom 15. Mai 1570 an seinen Bruder, den Herzog Johann Albrecht.[2]) Ebenso schwierig und unerquicklich wie die Verhandlungen zwischen den Visitatoren und Nonnen über den Glauben waren die der Herzöge und Stände über die Einziehung des einen und die Erhaltung des andern Theiles der Klöster. Die Erhaltung des Klosters Dobbertin und seine Ueberweisung an die Stände war freilich von Anfang an in Aussicht genommen,[3]) wenigstens schon seit dem Ruppiner »Machtspruch« oder, was dasselbe ist, seit dem schiedsrichterlichen Spruch des

Konvents-Siegel.

Kurfürsten Joachim von Brandenburg vom 1. August 1556.[4]) Zu einer endgültigen Entscheidung gelangte man aber erst in den Sternberger Reversalen vom 2. Juli 1572. 1572 war denn auch das Jahr, in welchem jene Grundlagen für die Verwaltung der drei Klöster Dobbertin, Malchow und Ribnitz geschaffen wurden, nach denen sie noch heute geführt wird. Diese Verwaltung hat, wie der Augenschein beweist, von Anfang an es verstanden, den Ort und seine Umgebung so zu gestalten, dass Dobbertin mit Recht zu den schönsten Landschaftsidyllen in Mecklenburg gerechnet wird.

Die Namen der Pröbste, Priorinnen und des weiteren Klosterpersonals im Mittelalter können hier nicht aufgeführt werden. Wir verweisen in dieser

---

[1]) M. Jahrb. XXII, S. 3—100: Anna, geb. Markgräfin von Brandenburg, Gemahlin des Herzogs Albrecht von Mecklenburg. Mit Anlagen. Ebendaselbst S. 101—172: Die Reformation des Klosters Dobbertin. Mit Anlagen.

[2]) Lisch, a. a. O., S. 170.

[3]) Lisch, a. a. O., S. 102 und 103. — Wiggers, Gesch. der drei Landesklöster, S. 73. 74.

[4]) Wiggers, a. a. O., S. 86.

Beziehung auf Lisch, M. Jahrb. XXII, S. 171, 172, auf Wiggers, a. a. O., S. 39, Anmkg. 2, auf von Meyenn, M. Jahrb. LIX, S. 177 ff., sowie besonders auf die Register zum Mecklenb. Urkundenbuch, und fügen nur folgende Pröbste hinzu: Nikolaus Mestorp (÷ 1417), Nikolaus Scharbow (seit 1418), Matthias Weltzien (um 1440), Nikolaus Beringer (Beringk, 1452, 1456), Helmich von Flotow (1464, 1479) und Johannes Thun (um 1490, später Bischof von Schwerin).

Dobbertin und der Jawir-See.

Auch über die ersten lutherischen Geistlichen in Dobbertin während des letzten Drittels des XVI. Jahrhunderts (eher kann ja keine rechte Rede davon sein), sind wir nur mangelhaft unterrichtet.[1]) Nach dem Abgange des Andreas Eberlin, dem die Visitatoren 1557 kein günstiges Zeugniss auszustellen wissen, werden um 1569 Michael Pauli und nach ihm Joachim Krüger genannt. Eine vollständigere Reihe finden wir in den uns zugänglichen Akten erst von den letzten Zeiten des dreissigjährigen Krie-

Siegel des Dobbertiner Probstes Arnold (1302).

ges an. Um 1643 ist Petrus Zander Pastor in Dobbertin. Es folgen 1673 Magnus Elwers, 1677 Martin Hut (Huet, Huth), 1704 Kaspar Wilhelm Heerder (Harder), 1738 Christian Hintzmann, 1758 Gotthard Georg Studemund und 1797 Samuel Dietr. Hoppe (÷ 1811). Die Geistlichen des XIX. Jahrhunderts siehe bei Walter a. a. O.

Kirche. Das Aeussere der Dobbertiner Klosterkirche lässt heute weder sehen noch vermuthen, dass ein mittelalterlicher Kern darin enthalten ist: so sehr erscheint der Bau als ein Erzeugniss der der romantischen Periode des

Kirche.

---

[1]) Lisch, M. Jahrb. XXII, S. 116.

XIX. Jahrhunderts angehörenden Gothik, die man, da sie des eindringenderen
Studiums der alten Gothik ermangelte, als Phantasie-Gothik und gelegentlich
auch mit Anspielung auf ihr Prototyp, die Friedrich-Werdersche Kirche in
Berlin, nach deren berühmtem Erbauer als Schinkel-Gothik zu bezeichnen pflegt.
In der That hat denn auch die Dobbertiner Kirche, die der Werderschen so
ähnlich sieht, wie eine Schwester der andern, und die daher unter den mecklenburgischen Kirchen wie ein Fremdling erscheint, in der Zeit von 1828 bis
1837, also im engsten Anschluss an die Bauzeit der Werderschen Kirche in
Berlin (1824—30), einen von Schinkel entworfenen und von Demmler aus-

Südostseite der Kirche.

geführten vollständig neuen Steinmantel und einen ebenso neuen doppelhelmigen
Thurm erhalten.[1]) Nirgends eine Spur vom Alten, alle Einzelheiten, Sockel,
Portale, Strebepfeiler, Fialen, Gesimse, Galerien, Licht- und Schallöffnungen
sprechen die Formsprache jener Zeit, welche sich an ungenügenden Vor-
stellungen von der Sache genügen liess, und auf die wir hier nicht näher
einzugehen brauchen. Und doch stecken die alten Wände der langen einschiffigen Kirche mit ihrem dem Ende des XIII. oder Anfange des XIV. Jahrhunderts angehörenden Chorschluss aus dem Achteck hinter dem neuen
Mantel. Dagegen tritt uns die innere Architektur im Wesentlichen noch in
ihrem alten Charakter entgegen: die gesammte Wölbung, die Wandpfeiler mit

---

[1]) Der alte Thurm soll durch Blitzschlag vernichtet worden sein.

ihren Diensten und vor allen Dingen die westliche Zweitheilung der Kirche in eine Ober- und Unterkirche, von denen die letztgenannte zwei Schiffe auf-weist, deren Kreuzgewölbe von frühgothischen Pfeilern getragen werden.[1]) Auch enthält die den Konventualinnen des Klosters für besondere gottes-dienstliche Zwecke dienende Oberkirche noch ihre ältere Einrichtung aus der Zeit vor Schinkel, d. h. Altar, Kanzel und Gestühl aus dem XVIII. Jahrhundert. Im Uebrigen aber bemerkt man im Innern der Kirche auch wieder die Zu-stutzung mancher architektonischer Einzelheiten, wie die der Blenden, Nischen und besonders der Wandpfeilerdienste, die unten mit bedeutungslosen Baldachinen

Westseite der Kirche und Klostergebäude.

(für nicht vorhandene Statuen) statt mit Konsolen schliessen, im Sinne der vorhin genannten romantischen Gothik des XIX. Jahrhunderts.

Bei seiner erst im Jahre 1857 vorgenommenen Erneuerung ist der schräge auf die Südwestecke der Kirche stossende Kreuzgang des Klosters, der ein volles Viereck darstellt, offenbar besser weggekommen. Damals war man schon vorsichtiger. Die beiden an die Kirche anstossenden Arme des Ganges haben eine flachere, die anderen beiden eine steilere Wölbung. Die als Kragsteine aus den Wänden hervorragenden, sämmtlich aber aus Thon gebrannten Konsolen

---

[1]) Die mittleren Pfeiler sind abgefaste Granitmonolithe. Die Beschreibung der alten Kirche bei Lisch, M. Jahrb. VIII, S. 132. Zu den dort ausgesprochenen Vermuthungen über den anfäng-lichen Zustand der alten Kirche vermögen wir freilich keinen Anlass zu finden.

der Gewölberippen, ebenso die Schlusssteine im Scheitelpunkt der Gewölbe des Kreuzganges sind zum grössten Theil mit hübschen Laubornamenten aller Art verziert, einige der Kragsteine aber auch mit Sprüchen in gothischen Minuskeln des XIV. Jahrhunderts, wie im nördlichen Arm des Ganges, nahe der Kirche:

> Mocht ic minen wille han
> ich wolt mine lieysere fin riue lan.

Inneres der Kirche. Blick auf den Altar.

Auf einem anderen Kragstein:

> Swe lef wil fin nu naber ist
> de lene warlic eleyne brist.

Darüber der Hexameter:

> Angor gaudia pellit triftia fidus amicus.[1]

Bei der Restauration des Kreuzganges sind im westlichen Gange Gewölbeschilde angebracht worden, welche die Namen der damaligen Domina von Quitzow, Priorin von Flotow, der Provisoren von Blücher und von Behr sowie des Klosterhauptmanns von Maltzan, endlich auch die Jahreszahl 1858, das Jahr der Vollendung der Arbeiten, enthalten.

[1] M. Jahrb. XXVII, S. 199.

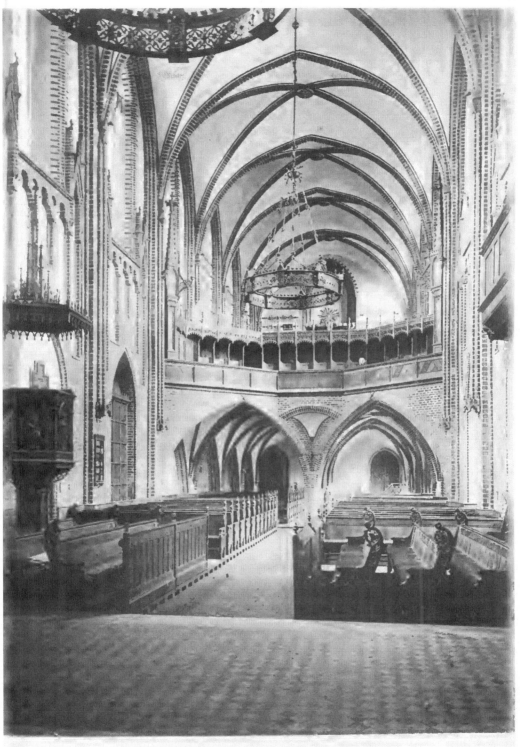

Kirche zu Dobbertin (Blick vom Chor nach Westen).

Unmittelbar an dem südlichen Arm des Kreuzganges liegt das alte Refektorium, das jetzt zur Wohnung einer Konventualin hergerichtet ist. Die gothischen Kreuzgewölbe des Raumes, ihrer acht, ruhen auf drei runden Monolithen, von denen zwei durch die für die Wohnung dienenden neuen

Inneres der Kirche (Oberkirche).

Querwände in die Mitte genommen und so zu einem grossen Theile verdeckt worden sind. Westwärts führt eine Thür in zwei gewölbte Räume, die ursprünglich nicht zum Refektorium gehörten und jetzt als Wirthschaftsräume benutzt werden.

Am westlichen Arm des Kreuzganges liegt der Chor- oder Andachts-saal der Konventualinnen, der ansprechend restauriert ist, aber keine nennens-

werthen älteren Archi-
tekturtheile mehr aufzu-
weisen hat, wenngleich
sich hier ebenso wie in
dem ganzen Erdgeschoss
der den Klosterhof um-
gebenden Wohnungen
allerlei altes Mauerwerk
erhalten hat.

Nordwärts von der
Kirche, hinter dem Hause
des Klosterhauptmanns,
steht am Eingang zum
Park ein kleines Häuschen,
das sich als ein alter
massiver Steinbau dar-
stellt. Es enthält jetzt
Werkstätten für Rade-
macher- und Glaser-
Arbeiten. Hier sind drei
alte Kreuzgewölbe ohne
Rippen, wie sie der vor-
gothischen Zeit des romani-

Kreuzgang.

schen Stiles eigen waren, erhalten geblieben.[1]

[1] M. Jahr-
buch XXVII,
Seite 198.
Die Schlüsse,
die hier auf
Zeit und Be-
deutung ge-
macht werden,
können wir uns
nicht aneig-
nen. In Dob-
bertin selbst
geht die Sage,
dass hinter
dem Hause des
Klosterhaupt-
manns die
älteste Kirche
des Klosters
gestanden
habe.

Kreuzgang.

Für die Baugeschichte der alten Kirche ist an sicheren Daten nichts beizubringen. Es darf vermuthet werden, dass die schön und hoch gewölbte Kirche, welche sich jetzt in Schinkel's »modificierter Gothik« — so lautete sr. Zt. der Ausdruck — darstellt, eine dem Charakter der Kirchen aus der Zeit des Ueberganges vom romanischen zum gothischen Stil entsprechende Vorgängerin hatte, welche Ende der zwanziger Jahre des XIII. Jahrhunderts bereits fertig dastand, aber im nachfolgenden XIV. Jahrhundert von der jetzt vorhandenen grösseren und geräumigeren Kirche abgelöst wurde. Von der Stiftung einer Vikarei am »Marien-Altar« durch Beke Königsmark hören

Hof im Kreuzgang.

wir 1403; von einer anderen, deren Patronat Nikolaus Dessin hat, im Jahre 1408; von einer dritten am »Altar am Chor«, die von Hinrik Bardey und Joh. Dürkop gestiftet ist und deren Patronat der Rath zu Goldberg haben soll, 1427; und von einer Memorienstiftung am »St. Jakobs-Altar« für Otto Schwerin im Jahre 1446. In den Visitationsprotokollen des XVI. und XVII. Jahrhunderts wird ihrer nicht mehr gedacht, wohl aber der Stiftungen für Arme, unter denen eine, das Armenhaus St. Jürgen, welches ausserhalb des Dorfes und unmittelbar an der Mildenitz liegt, auf ein gleichnamiges Leprosen-Hospital des Mittelalters zurückgeht, das andere aber, das im Dorfe selbst liegt, auf einer im Jahre 1612 gemachten Schenkung des Amtshauptmanns Jochim von Oldenburg beruht. Beide Häuser sind Fachwerkbauten.

Der jetzige **Altarschrein**, dessen Gehäuse 1857 nach einem **Krüger**'schen   Altar. Entwurf von dem Tischler **Christiansen** in Schwerin angefertigt ist, enthält ein Gemälde von **Gaston Lenthe** auf Goldgrund, das die Kreuzigung darstellt. Die überlebensgrossen Figuren des Bildes sind auf ein Mittelfeld und zwei flügelartige Seitenfelder vertheilt. Als Predella das Gemälde der Abendmahls-einsetzung von **Gustav Stever 1859.**

Kanzel.

Die **Kanzel**, ebenfalls nach einem **Krüger**'schen Entwurf von **Christiansen**-Schwerin angefertigt, enthält in den Füllungen ihres Predigtstuhles die vom Bildhauer **G. Willgohss**, einem geborenen Dobbertiner, aus Holz geschnitzten Figuren des Moses, Jesaias, Johannes Baptista und des Paulus.

Altaraufsatz und Kanzel in der Oberkirche.

In der westlichen Oberkirche steht jetzt der bis 1857 in der Kirche am Hauptaltar verwendete **Altaraufsatz**, der sammt der damit verbundenen **Kanzel** von **Klinkmann** 1747 angefertigt ist: ein Werk des Barockstils.

Gestühl.

Das **Gestühl** der Oberkirche ist in der Zeit von 1746 bis 1749 angefertigt.

Steinerner Taufbehälter.

Am Eingang zur Kirche ein steinerner **Taufbehälter** vom Jahre 1586, ein treffliches Werk der Renaissance, welches höchst wahrscheinlich von dem Bildhauer **Philipp Brandin** (s. Güstrow) angefertigt worden ist. Die Inschrift lautet: **AUGUSTIN(US) : JANVA BAPTISMI DAT SEMINA CHRI-STIANISMI · ANNO 1586** Darunter an der einen Seite: **JOACH · V · D · LVHE F F T**; an der entgegengesetzten Seite: **ANNO DOMINI M·D·XXCVI.** Also ein Geschenk des damaligen Klosterhauptmanns **VON DER LÜHE**. Der Deckel von Eichenholz hat keine Inschrift. Die dazu gehörende zinnerne

Taufbehälter.

Taufschale.

nerne **Taufschale**, ohne Inschrift und Stempel, zeigt nur den Vermerk: **XIII ℞ 1586.** Hinter diesem Steinwerk von monumentaler Bedeutung muss nun freilich

Hölzerner Taufbehälter.

der zur Zeit, wie es scheint, höher geschätzte und deshalb allein in Gebrauch befindliche hölzerne **Taufbehälter**, ein Schnitzwerk von dem erst vor wenigen Jahren verstorbenen Bildhauer **Siegfried** in Güstrow, an Bedeutung zurückstehen.

Krucifixus.

In der Sakristei ein **Krucifixus**, Geschenk des Klosterhauptmanns **VON MALTZAN** vom Jahre 1866.

Kelch (1).

Glasgemälde. Die fünf Fenster des Chors enthalten Glasmalereien, die von Gill-meister-Schwerin 1857 ausgeführt sind. Man sieht in der Mitte die Auferstehung, darüber als Hauptbild die Himmelfahrt und ganz oben Gott Vater, in den Seitenfenstern aber die Gestalten von Abraham, Moses, David Elias, Petrus und Paulus, Augustinus und Luther. Die Entwürfe zu den Mittelbildern stammen von **Gaston Lenthe**, die für die Seitenfenster von **Gustav Stever**.

Im Thurm drei **Glocken,** alle drei im Jahre 1872 gegossen von **Collier** in Berlin.[1])

Kleinkunstwerke. 1. Sil-

bervergoldeter früh-gothischer oder, wenn man will, spätromani-scher Kelch des XIII.

[1]) Die Beschreibung der älteren Glocken, welche im Jahre 1872 noch wohl erhalten waren und nur deshalb umgegossen wurden, weil ihr Geläut keinen harmo-nischen Klang bildete, hat uns Lisch im M. Jahrb. XL, S. 195—197, erhalten. Die älteste und grösste war nach Lisch in die Zeit zwischen 1340—50 zu setzen, die andere war 1719 von Michael Begun gegossen, und die dritte (zugleich die zweit-grösste) erst im Jahre 1863 von Hausbrandt-Wismar. Die Vorgängerin dieser letzt-genannten war nach dem

Messingschüssel (9).

Inventar von 1811 ebenfalls eine Glocke des Mittelalters. Das Inventar von 1811 nennt aber auch noch eine vierte Glocke, die 1776 von Joh. Valentin Schulz in Rostock gegossen war.

Jahrhunderts, auf rundem Fuss mit einem dieser Zeit entsprechenden Krucifixus als Signaculum. Kupa und Fuss sind noch ganz romanisch. Die als Vierpässe geformten zehn Rotuli des Knaufes mit den in Rauten eingeschlossenen Lilien der hl. Maria, das darüber gelegte und auch den oberen und unteren Annulus umspielende Blattwerk verrathen den Einbruch der Gothik. Ohne Inschrift und ohne Werkzeichen. — 2. Silbervergoldeter hochgothischer Kelch, auf sechspassigem Fuss mit einem aufgenieteten Krucifixus. Auf den sechs Rotuli des Knaufes der Name IhﬂSVS. Oberhalb des Knaufes am sechsseitigen Schaft noch einmal der Name iḩrﬁuş, unterhalb des Knaufes aber der Name maria. Keine Inschrift und keine Zeichen. — 3. Silbervergoldeter spätgothischer Kelch, mit aufgenietetem Krucifixus auf dem sechsseitigen Fuss. Auf den emaillierten Rotuli des Knaufes die Buchstaben I h ﬂ S V S. Oberhalb und unterhalb des Knaufes spätgothische Verzierungen. — 4. 5. 6. Drei silbervergoldete alte Patenen, ohne Inschriften. Eine von ihnen hat die Werkzeichen ⟨P⟩ ⟨IH⟩. — 7. Neue Abendmahlskanne. Von **Hossauer**-Berlin. — 8. Silberne Oblatenschachtel. Auf dem Deckel das von Schenck'sche Wappen mit dem Zusatz: **JVFFER + MARIA + SCHENCKKEN**. — 9. Achtseitige getriebene Messingschüssel mit einer männlichen Halbfigur in der Tracht der zweiten Hälfte des XVII. Jahrhunderts und den Initialen **G • V • F •**. — 10. Silberne Taufschale zu Haustaufen, neu. — 11. 12. Zwei silberne, mit dem Namen des Klosterhauptmanns **JOCHIM VON BASSEWITZ** und der Jahreszahl **1714** versehene Altarleuchter. Treibarbeit im Barockstil. Die Leuchter ruhen auf drei Kugeln, welche von Adlerklauen gehalten werden. Am Fusse das **BASSEWITZ**'sche Wappen Mit den Werkzeichen ⟨S⟩ ⟨IM⟩. — 13. 14. Zwei neuere silberne Altarleuchter. Geschenk der Kloster-

Leuchter (11).

Gesticktes Kreuz einer Casula in der Kirche zu Dobbertin.

provisoren Landrath **VON BLÜCHER** auf Suckow und Vice-Landmarschall **VON BEHR** auf Hindenberg zur Einweihung der Kirche nach ihrer letzten Restauration am 9. Oktober 1857. — 15. 16. Im Chorsaal zwei zinnerne Altarleuchter von 1608, auf drei Sphinxfüssen ruhend, vor Zeiten auf dem Altar der Kirche dienend. Ohne Inschrift und Werkzeichen. — 17. Ebendaselbst ein sechszehnarmiger messingener Kronleuchter mit dem Bulow-schen Wappen, laut Inschrift ein Geschenk der Domina **SOPHIA · CATARINA · VON BÜLOW** im Jahre 1728. — 18. Klingebeutel mit dem **KAMPTZ**'schen Wappen von 1726. — 19. Neben der Thür, die aus der Kirche in die Sakristei führt, befindet sich unter Glas und Rahmen eine reiche altgothische Stickerei in Form eines Kreuzstreifens, der einst ein Messgewand verzierte. —

Kleine Gruppe von Alabaster.

20. Im Chorsaale eine kleine Gruppe aus Alabaster, welche Gott Vater thronend mit dem Krucifixus darstellt. Anscheinend dem XV. Jahrhundert angehörig.

Grabsteine. Draussen, an der Nord- und Südseite der Kirche, giebt Grabsteine. es eine Reihe von Grabsteinen, die bis zur Restauration im Jahre 1857 in der Kirche gelegen haben und deswegen als ursprünglich dazu gehörig hier genannt werden mögen. Auf der Nordseite: 1. Ein den Kelch segnender

Priester unter gothischem Baldachin. Ganze Figur. An den Ecken die Evangelisten-Symbole. Unten ein Wappenschild (drei aufgerichtete Pfeile). Umschrift: Anno : dni : m · cccc decimoseptio · obiit · dominus ✕ nicolaus ✛ meztorp ✿ hiuius ✛ ecclesie · prepositus : cui⁹ ✕ aia ✕ req'escat ✕ in pace · ame : [1)] 2. **D. C. V. D. LÜHE**, ✝ 1733.[2)] 3. **A. E. V. PREHN** a. d. H. Lübzin, ✝ 1758. 4 **AGNESE JOHANNA VON PLÜSKOW**, ✝ 1748. Eine ältere Inschrift dieses Steines lautet: Ano ✛ dni ✛ m ✛ b'cbiii ✛ die ✛ epiphanie ✛ dni ✛ transacto ✛ hora ✛ quasi ✛ duodecima ✛ tempore ✛ noctis ✛ b(eate memorie ✛ obiit ✛ dominus ✛ nepos ✛ heninghi ✛ cuius ✛ anima ✛ requiescat ✛ i ✛ perpetua ✛ pace.[3)] — 5. **OELGARD MARIA ELISABETH VON LÜTZOW** a. d. H. Schwechow, ✝ 1755. 6. **MARIA ELEONORE VON HOLSTEIN**, ✝ 1736. — 7. Frau **INGEBORG EMERENZ VON WELTZIN**, geb. **VON BESTENBORSTEL**, ✝ 1743. 8. **ANNA MARGARETHA DOROTHEA VON BÜLOW** a. d. H. Elmenhorst, ✝ 1728. — 9. Frau **ANNA SABINA VON MEERHEIMB**, geb. **HEFER**, gest. 1660, Gemahlin des Oberstlieutenants **Hans Wilhelm von Meerheimb**, gest 1660. — 10. Frau Klosterhauptmann **AGNES HEDWIG VON BASSEWITZ**, geb. **VON KRACKEWITZ**, ✝ 1732. 11. Die Wittwe des Klosterhauptmanns **Curt von Behr** auf Greese, **ANNA LEVEKE VON BEHR**, verwittwete **V. LOWTZOW**, geb. **V. D. LÜHE**, ✝ 1699, und ihre Tochter, die Domina **ANNA SOPHIA VON BEHR**, ✝ 1705. Zu beiden Seiten das Behr'sche Wappen. — 12. Landrath und Klosterhauptmann **CURT VON BEHR** auf Greese, ohne Angabe des Sterbejahres. — 13. Domina **ILSE DESSIN**, ✝ 1608. 14. Domina **VON SCHARFFENBERG**, ✝ 1687, 85 Jahre alt. 15. Konventualin **ANNA LEVEKE VON BÜLOW** a. d. H. Gr.-Siemen, ✝ 1747. — 16. Domina **O. A. J. VON KRUSE**, ✝ 1792, 92 Jahre alt. — 17. Grabstein des Mühlenbauers **HEINRICH GLOEWE**. Unter einem gothischen Baldachin in ganzer Figur der Verstorbene, die Hände zum Gebet erhoben. Er ist bärtig, trägt bürgerliche Kleidung, hat ein kurzes Schwert am Gürtel und ein Kreuz unter der Brust. An den vier Ecken die Evangelisten-Symbole. Inschrift: hir · licht · broder hinric · gloue · ba dobertyn : en : meyster · mole · to · bulwe · got · | bn · bze · leue · brulwe · late · zine · zele · raste · bn rounwe.[4)] — Auf der Südseite beim Thurm: 18. Domina **SOPHIA CATHARINA VON BÜLOW**, ✝ 1727.

Bildnisse. Im Chorsaal des Klosters eine Anzahl von **Bildnissen** in Oel: 1. Herzogin **LOUISE**, Gemahlin des Grossherzogs **Friedrich Franz I.**, gestorben am 1. Januar 1808, welche zu dem von der hochseligen Herzogin Louise Friederike 1763 verliehenen Ordenskreuz pour la vertu im Jahre 1781 einen auf der linken Brust zu tragenden silbernen Stern für die Konventualinnen hinzufügte. 2. Domina **ANNA LEVEKE VON BÜLOW** aus dem Hause Gr.-Siemen, ✝ den

---

[1)] Lisch, M. Jahrb. XXVII, S. 237.
[2)] Die unter 2 bis 6 Genannten sind Konventualinnen, ebenso die unter 8.
[3)] Lisch, M. Jahrb. XXVII, S. 237.
[4)] Lisch, M. Jahrb. XXVII, S. 238.

23. Februar 1747, 20 Jahre Domina. — 3. Domina **OELGARD ANNA ILSABE VON KRUSE** aus dem Hause Varchentin, 35 Jahre lang Domina, starb am 28. Juli 1792, 92 Jahre alt. — 4. Domina **HEDWIG ELISABETH DOROTHEA VON QUITZOW** aus dem Hause Gerdshagen, 37 Jahre Domina, starb den 29. Mai 1875 im 96. Lebensjahre. — 5. Klosterhauptmann **JOACHIM VON BASSEWITZ**, Klosterhauptmann zu Anfang des XVIII. Jahrhunderts. — 6. Klosterhauptmann **J. H. VON BÜLOW**, um die Mitte des XVIII. Jahrhunderts. — 7. Klosterhauptmann **HANS FRIEDRICH CHRISTIAN VON KRACKEWITZ** auf Briggow, 15 Jahre Klosterhauptmann, gest. 1. November 1790. — 8. Klosterhauptmann **CARL PETER BARON VON LE FORT** auf Boek, von Johannis 1836—1854. 9. **VON STRALENDORFF**, Provisor des Klosters. — 10. **VON GRABOW**, Provisor des Klosters um die Mitte des vorigen Jahrhunderts. — 11. Landrath **HANS DIETRICH WILHELM VON BLÜCHER** auf Suckow, Provisor von 1828—1861. — 12. Vice-Landmarschall **JO-**

Siegel-Bild im Kreuzgang, auf die Wand gemalt.

HANN HEINRICH CARL VON BEHR auf Hindenberg, Provisor von 1845 1865. — 13. Landrath **JOSIAS VON PLÜSKOW** auf Kowalz, Provisor des Klosters von 1862 an bis 1888.

Das Kirchdorf Mestlin.[1]

Am 9. Oktober 1312 wird das Dorf Mustelin zum ersten Mal urkundlich genannt: an diesem Tage unterhandeln dort König Erich von Dänemark und Markgraf Woldemar von Brandenburg über gemeinsame Interessen, welche ihren Krieg mit Rostock betreffen.[2] Eine zweite Staatsaktion begiebt

Geschichte des Dorfes.

---

[1] 11 km westlich von Goldberg. Den Namen des Dorfes, der in alter Zeit auch Mustelin und besonders Mostelin geschrieben wird, verbindet Kühnel mit dem altslavischen Wort mostú = Brücke. Er könnte nach einer Person soviel heissen wie Ort des Brück, Brückdorf. Vgl. M. Jahrb. XLVI. S. 17 (§ 16) und S. 93.

[2] M. U.-B. 3570. Das Fragezeichen des Urkundenbuches bei Mestlin möchten wir diesmal für eine allzu grosse Vorsicht seiner damaligen Redaction ansehen.

sich dort am 8. Juli 1317: da bestätigt der Fürst Johann d. j. von Werle-
Goldberg sei-
ner Stadt Gold-
berg die Privi-
legien, welche
ihr 1248 der
Fürst Pribislav
von Parchim
verliehen
hatte.[1]) Das
alles lässt auf
eine gewisse
Bedeutung
des Ortes
schliessen.
Damals, d. h.
1317, könnte
auch die ver-

Kirche zu Mestlin.

hältnissmässig grosse Dorfkirche
mit ihrem Chor und Schiff schon
so ausgesehen haben, wie sie
heute aussieht. Auch mögen
dort die von Gustävel, welche
vierzig Jahre später als die
Herren von Mestlin, Neuenhof,
Ruest und Hohen-Augzin genannt werden, bereits als werlesche Vasallen gesessen haben.[2])
Aber 1448 geht diese ganze
Begüterung aus ihren Händen
an das Kloster Dobbertin über,
mit ihr 1450 auch das Kirchlehn, und das Kloster ist nunmehr funftehalbhundert Jahre in
deren Besitz.[3])

In der zweiten Hälfte des
XIV. Jahrhunderts wird ein
Pfarrer Heinr. Pramule genannt,

Ostseite der Kirche.

[1]) M. U.-B. 3929.
[2]) M. U.-B. 7583. 7875.
[3]) Noch nicht gedruckte Clandrian'sche Regesten von 1448, 1450,
1452, 1454, 1456, 1457, 1458, 1461, 1471, 1476, 1488. Ueber die Feldmarken von Neuenhof
und Hohen-Augzin (jetzt Vimfow) vgl. Schildt, M. Jahrb. LVI, S. 195.

und 1389 als Kirchen-Rektor ein Lowitz (s. Ruester Glocke). Die späteren Pfarrer sind: um 1557 Joachim Harney,[1] 1569 Nik. Georgius, 1586 Joh. Lönnies (Lonnies), 1604 Andreas Schnepel, von 1617 an Bartholomaeus Simonis (Simons, Simonius), von 1645 an bis 1688 dessen Sohn Johann Simonis († 1696); von 1688 an Andreas Petri; seit 1706 Georg Brenneke; nach dessen Tode von 1717 an Karl Helmuth Neander, der Brenneke's Wittwe heirathet und noch 1749 im Dienst ist; von 1750 bis 1794 Joh. Clamor Buchholz, und von 1794 an dessen Schwieger-sohn Joh. Adam Schulz († 1820). Walter a. a. O.

Portal auf der Südseite.

Als Filial-Kirche zu der Mestliner wird die Kirche zu Ruest schon im Visitationsprotokoll von 1557 erwähnt. Um 1650 wohnt der Mest-liner Pastor, weil es z. Zt. in Mestlin kein Pfarrhaus giebt, im »Vikarien-Katen« zu Ruest. Es scheint da-her, als ob der Schutz- und Schirmbrief, den die Königin Christina 1646 für das Kloster Dobbertin und seine Güter ihrem schwedi-schen Heere in Deutsch-land einschärfen lässt, und der im Grossh. Archiv zu Schwerin er-halten ist, für Mestlin keinen Nutzen mehr gebracht hat. Die Dörfer Mestlin, Ruest, Dabel, Kläden, Dobbin und Seel-storf waren übrigens schon zu Anfang des Krieges in den zwanziger Jahren des XVII. Jahrhunderts durch den Oberst Hunich schwer mitgenommen worden.

Kirche. Die Abbildungen der Kirche lassen die Verhältnisse von Chor, Schiff und Thurm zu einander deutlich erkennen. Ausgesprochen romanisch tritt uns der aus Granitfindlingen aufgebaute und mit einem achttheiligen Kuppel-gewölbe im Charakter des XIII. Jahrhunderts geschlossene niedrige Chor ent-gegen, dessen Kalkputz nach aussen hin jene Quadrierung erkennen lässt, die in Mecklenburg öfter vorkommt, und deren Wirkung nicht selten durch

Kirche.

---

[1] Ueber Harney s. Lisch, M. Jahrb. XXII, S. 116.

rothe Färbung erhöht wird. Wie eine kleine bescheidene Nische öffnet sich
sein Innenraum mit Hülfe des in seiner Ursprünglichkeit erhaltenen Triumphbogens, dessen grosse Kreuzesgruppe von trefflichster Wirkung ist, nach dem
verhältnissmässig sehr hohen hochgothischen Langhause hin, das durch zwei
schlanke, mit alten und mit jungen Diensten geschmückte achtseitige Pfeiler in
zwei Schiffe (Männer- und Frauen-Seite) getheilt wird, von denen jedes mit
drei gothischen Kreuzgewölben
im Stil des XIV. Jahrhunderts
geschlossen ist. Sehr viel jünger
erscheint der in seinem oberen
Theil mit Fachwerk schliessende
Thurm, dessen Wetterfahne mit
der Jahreszahl 1750 ebenso wie
die des Chors mit 1745 auf Dach-
reparaturen des XVIII. Jahrhunderts
hinweist, doch lässt dessen Portal
bestimmt erkennen, dass er in
seinem unteren Theil ebenfalls schon
dem XIV. Jahrhundert angehört.
Beachtung verdient auch die charakteristische frühgothische, abwechselnd mit glasierten und nicht
glasierten Steinen ausgeführte Wandung und Laibung des Portales auf
der Südseite des Schiffes. Höchst
eigenthümlich ist endlich der
Schmuck der Rippen in den
gothischen Gewölben des Lang-

Portal auf der Südseite.

hauses, er besteht aus aufgelegten, aber schon im Brande mit den Rippensteinen
verbundenen tellerförmigen Zierscheiben, die allerlei Rosettenwerk enthalten
und verschieden gefärbt sind.[1])

Eucharistie-
Schrank.   In der Ostwand des Chors ein alter **Eucharistie-Schrank** mit eisen-
beschlagener Thür, ausserdem sowohl im Chor wie im Langhause verschiedene
rundbogige Nischen. Eine Sakristei ist nicht vorhanden.

Altar-
aufsatz.   Der **Altaraufsatz** ist neu. Er enthält ein Bild aus dem Jahre 1859 von
G. Lenthe: Christus am Kreuz.

Kanzel.   Die eichene **Kanzel** mit den Figuren der vier Evangelisten ist ein Werk
von 1689: H • HANSZ JACOB BRANDT, VERWALTER ALLHIE, UND SEINE FRAU
ARMGART DOROTHEA SCHNEPELS HABEN DIESE KANTZEL GOTT ZU EHREN
V : DIESER KIRCHĒ ZUM ZIERAHT NEU ERBAUEN V : AUSS STAVIEREN
LASSEN • AŌ 1689 •

[1]) Vgl. Lisch, M. Jahrb. XXI, S. 276. Von einer grösseren Reparatur des Kirchthurmes
hören wir 1746/48.

Auf dem **Triumphbalken** eine treffliche Gruppe des XIV. Jahrhunderts (siehe oben). Triumph-balken.

Im Chor und unmittelbar vor demselben im Langhaus liegen mehrere Grabsteine. **Grabsteine,** die ursprünglich nicht dort gelegen, sondern theilweise erst 1859 bei der Restauration der Kirche ihre jetzigen Plätze erhalten haben. Wir heben darunter hervor: 1. Pastor **JOHANN SIMONIS,** ÷ 1696, und seine Ehe-frau **SOPHIA ZANDE-RIN,** ÷ 1700. — 2. Pastor **ANDREAS PE-TRI,** ÷ 1705, und seine Ehefrau **MARGARETA SIMONIS,** ÷ 1722. ··· 3. **LORENS FRAHM,** ÷ 1715, und seine Ehe-frau **DOROTHEA WEBER.** — 4. Pensio-narius **HAUSBRANDT** zu Mestlin, ÷ 1674, 71 Jahre alt, und seine Hausfrau **CATRINA LVNEBURGS,** ÷ 1686, 88 Jahre alt. — 5. Frau **ARMGARD DOROTHEA BRANDTEN,** geb. **SCHNEPELS,** ÷ 1699. Vgl. Kanzel.

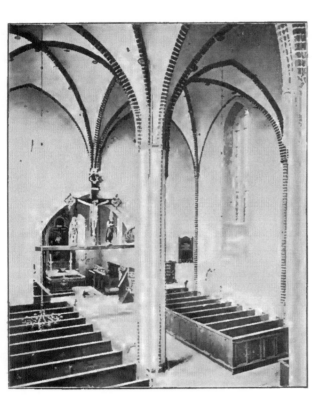

Inneres der Kirche.

Im Thurm hängen zwei **Glocken.** Die grössere (Dm. 1,24 m) ist laut Inschrift 1683 zur Zeit des Kloster-hauptmanns **CHRI-STOFFER FRIEDRICH VON JASMVND** und des Pastors **JOHANNES SIMONIS** von **Vites Siebenbaum** in Schwerin gegossen worden, die zweite (Dm. 0,97 m) 1776 zur Zeit des Klosterhauptmanns **H. J. C. VON KRACKEWITZ** und des Pastors **JOHANN CLAMOR BUCHHOLTZ** von **J. V. Schultz** in Rostock.

Glocken.

Kleinkunstwerke. 1. 2. Silbervergoldeter Kelch, unter dem Rand ein-gravirt: **ANNO 1672 HAT DREWS WELTZIN DIESEN KELCH ZV GOTTES EHREN IN DIE KIRCHE ZV MESTELIN** verehret. Vom Güstrower Goldschmied Heinr. Hölscher: Ⓖ ⑭. Patene ohne Stempel. 3. Zinnerner Kelch, ohne Inschrift und ohne Werkzeichen. — 4. 5. Kleiner zinnerner Krankenkelch, ohne Inschrift; Patene ebenso, beide mit dem Stempel des englischen Zinns. ––

Kleinkunst-werke.

6. Aus Ruest ein Zinnkelch mit der Inschrift: **ANNA CATARINA SCHLEEN 1744**. Ohne Stempel.   7. Von dort noch ein silbervergoldeter Kelch mit demselben Stempel wie der Kelch unter 1. — 8—11. Neues silbernes Krankengeräth, vier Theile, mit zinnernem Weinbehälter. Von **Prüfer**-Berlin. — 12. Silberne Oblatenschachtel, inwendig vergoldet, neu, ohne Stempel. — 13. Silbervergoldete Weinkanne, neu, von **Prüfer**-Berlin. — 14. Noch eine silbervergoldete Weinkanne mit der Inschrift: **GOTT ZU EHREN VON JOHANN FRIEDERICH SOLTWEDEL KIRCHENJURATEN ZU MESTLIN PALMARUM 1861**; ohne Stempel. — 15. Neues messingenes Taufbecken. — 16. Altes getriebenes messingenes Taufbecken, im Innern der Sündenfall, am Rande eingraviert: **HANS KORDES HEFT • DIT BECKEN VOREHRET THOR GEDECHTNISS ANNO 1661**. — 17. Altes achteckiges zinnernes Taufbecken mit einer gekrönten Rose als Stempel und mit der Inschrift: **AREND KALSOW 30 JAHRIGER KVCHMEISTER BEIM CLOSTERAMBT DOBBERTIN 16 • 91**. — 18. Runde Schüssel von Zinn mit dem nur auf die Qualität des Zinns sich beziehenden Stempel: **BLOCKTIN**. — 19. 20. Zwei neusilberne Leuchter, geschenkt 1883 von **M • DEHNS**.

21. 22. Zwei zinnerne Altarleuchter, der eine 1729 von **JOHANN SOLDTWEDEL**. Von einem Parchimer Zinngiesser **N C B 1726**. Der zweite mit **JOCHIM CHRISTIAN SCHATELIA 1743**. Von einem Parchimer Zinngiesser **H R 1740**. — 23. 25. Noch drei zinnerne Leuchter, alle drei mit den gleichen Zeichen des Parchimer Zinngiessers **N C B 1726**; auf dem ersten **M • S • N • B • W • 1729 •**, auf dem zweiten **HANS JACOB BRENNER SCHVLTZ IN MESTLIEN 1730**, auf dem dritten **ILSABET GERRAHNS 1737**.

Das Filial-Kirchdorf Ruest.[1])

Filial-Kirchdorf Ruest.

Ueber die weltlichen und kirchlichen Verhältnisse des Dorfes Ruest ist alles Nöthige bereits bei Mestlin bemerkt. Von besonderem Interesse sind die alten Glocken der Kirche.

Kirche.

Kirche. Die Kirche ist, wie die Abbildung zeigt, ein frühgothischer Bau vom Ende des XIII. oder Anfang des XIV. Jahrhunderts. Das Portal auf der Südseite hat nach innen einen Rundbogen- und nach aussen einen Spitzbogen-Schluss. Im Innern eine flache Balken- und Bretterdecke. Der Fachwerkthurm scheint dem XVIII. Jahrhundert anzugehören.

Altaraufsatz.

Der **Altaraufsatz**, ein Werk des Barockstils, stammt laut Inschrift auf der Rückseite aus dem Jahre 1693, als **CHRISTOFF FRIEDERICH VON JASS-**

---

[1]) 12 km nordwestlich von Goldberg. Den Namen deutet Kühnel, M. Jahrb. XLVI, S. 123, nach dem altslavischen Wortstamm rust- (polnisch ruszczek = Mäusedorn) als Mäusedornort.

MUNDT Klosterhauptmann und **JOHANNES SIMONIS** und **ANDREAS PETRI**
Pastoren waren (s. o. bei Mestlin).

Die **Kanzel** gehört gleichfalls dem XVII. Jahrhundert an.   Kanzel.

Gestühl einfach und ohne Schmuck.   Gestühl.

In einem Nordfenster zwei kleine gemalte, aber verblichene unbekannte   Wappen.
Wappen ohne Unterschrift.

Kirche zu Ruest.

Im Thurm drei **Glocken**. Die grössere (Dm. 1,01 m), 1389 zu Ehren   Glocken.
des hl. Stephanus (in veneratione[m] beati Stephani protomartyris) und zur Zeit
des Rektors **LOWITZ** gegossen, hat die Inschrift: Anno : dni : Mere ∘ lxxxix ∙
in veneoc ∙ bti ∙ ftefani protþomiſ ∙ tpoib⁹ ∙ lowitz recoiſ ∙ in Moſtelin ∙
⊕ O RЄX XPЄ VЄЛI DЄCORIS ∙ ΛV ∙ PЛCЄ ∙ CЄLЄSTI ⊕ ⊕ ¹) — Die
zweite Glocke (Dm. 0,81 m). Inschrift oben: ✠ nobiliſ ²) (Rundbild) ex ❀
ere ❀ tibi ❀ pfallo ❀ pater ❀ anguſtine ✠ ad ❀ laudem ❀ criſi ³) ❀ ſepul=
cþro ❀ quo ❀ jacuiſti ❀ anᵒ ❀ mᵒ ❀ bᶜbiiiᵒ. In dem Rundbilde zwischen
den Wörtern nobiliſ und ex eine hl. Maria mit dem Kinde. Weiter im Felde:
❀ S ❀ ЛICOLЛЄ ✷ ORЛ ❀ PRO ❀ ЛOBIS. Darunter der hl. Nikolaus, die

---

¹) Es wäre besser gewesen, auf den verrenkten Hexameter zu verzichten und zu schreiben:
O REX DECORIS CHRISTE VENI CUM PACE COELESTI. Dass der Geniti decoris bei rex
der deutschen herkömmlichen Bezeichnung ›König der Ehren‹ entsprechen soll, ist leicht einzusehen. Oder will Jemand gar das ungewöhnliche und etwas bedenkliche Adjektiv ›decoris‹ (für
decorus) lesen?

²) Statt **nobili.**

³) Statt **Chriſti.**

drei Brote auf einem Buche in der Hand tragend; unter ihm in einem Rundbildchen die Figur des Jonas, halb im Rachen eines Delphins. Auf der Gegenseite des Feldes: ✠ S ✠ ᴀVGVSTIℲℲℲ ✠ ORᴀ ✠ PRO ✠ ℲOBIS ✠. Darunter
der hl. Augustinus, von Sternen umgeben, mit dem Bischofsstab in der Rechten
und dem brennenden Herzen in der Linken. Unter ihm als kleine Figur
Simson, der dem Löwen den Rachen zerreisst. Darunter endlich: ✠ hen-
nick ✠ van ✠ campen ✠. Unter dem hl. Nikolaus, der gleichfalls wie der
hl. Augustinus von Sternen umgeben ist, steht: ✠ o ✠ u ✠ d ✠ ꝫ ✠ a ✠ ꝛ
— Die dritte Glocke (Dm. 0,60 m) ist ohne Inschrift und Giesserzeichen.[1]

Kleinkunstwerke. 1—3 Kelch, Patene, Kanne, alle drei von Silber
und neu: von **Prüfer-Berlin**. — 2. Zinnerne Patene, ohne Inschrift (der dazu
gehörige Kelch in Mestlin). — 3—7. Fünf zinnerne Altarleuchter: der erste
von **JACOB SOLTAU 1702**; der zweite von **HANS JACOB BRANDT 1703**; der
dritte von **HANS DIECKMAN 1703**; der vierte von **JACOB SCHRÖDER 1714**;
der fünfte von **PASCHEN WIESE 1725**. Die Leuchter unter 1, 2, 3 und 5 sind
von einem Schweriner Zinngiesser **F L S** mit der Jahreszahl (**16 99** und einem
Stern. Der unter 4 ist von einem Parchimer Zinngiesser **C M** mit der Jahreszahl **1670** und einer Kanne. Als Stadtzeichen für Schwerin ein Kreuz und
für Parchim ein **P**. — 8. Alte kupferne Taufschüssel.

Das Kirchdorf Woserin.[2]

Schon frühe gewinnt das Kloster Dobbertin Hufen-Besitz in Woserin, später
auch allerlei Gerechtigkeit am Woseriner See, und die Kirche gehört
bereits seit 1234 zum Dobbertiner Archidiakonat.[3] Um 1292 ist Detlev
Wackerbart Lehnträger des Klosters auf dessen acht Woseriner Hufen.[4] Freilich
den weitaus grösseren Grundbesitz haben dort die von Woserin; sie sind die
eigentlichen Herren des Dorfes. Doch treten sie es im Jahre 1319 den
Kramonen ab. Diese erwerben zehn Jahre später das Patronat der Kirche zu
Woserin und bleiben nun bis spät ins XVII. Jahrhundert hinein in dessen
Besitz. Sie haben auch die benachbarten Güter Borkow und Mustin.[5] Im
Jahre 1365 überlassen sie dem Kloster Dobbertin wiederkäuflich gewisse Fischerei-
Gerechtigkeiten am Woseriner See.[6] Nachdem sie Gut und Dorf länger als

[1] Ueber die sagenhaften »Moor-Glocken« bei Ruest vgl. Masch, M. Jahrb. XV, S. 351.
[2] 13 km nordwestlich von Goldberg. Den Namen verbindet Kühnel, M. Jahrb. XVI, S. 161,
mit dem altslavischen Stamm ožar : Brand und übersetzt ihn mit »Brandort, Ort des Ožara, des
Brand.« Brandshagen würde der Deutsche sagen.
[3] M. U.-B. 425. 469u. 983. 2184.
[4] M. U.-B. 2247.
[5] M. U.-B. 4061. 5029. 9397. 10655.
[6] M. U.-B. 9405. Da von den acht Klosterhufen später keine Rede mehr ist, so werden
sie durch die Kramone zurückgekauft sein.

viertehalbhundert Jahre im Besitz gehabt haben, geht es in den siebenziger Jahren des XVII. Jahrhunderts an den mit den Kramonen verschwägerten Balthasar von Moltke über. 1696 aber hat es bereits Jobst von Bülow, dessen Familie es bis 1761 festhält. Von den Bülowen kommt es 1761 an die Pritz- buer, von diesen 1802 an die herzogliche Kammer, und von der Kammer 1849 in die Reihe der Grossherzoglichen Haushaltsgüter.

Von den mittelalterlichen Geistlichen des Dorfes haben wir bis jetzt keine Nachricht. Bei der Kirchenvisitation von 1541 lässt sich der Geistliche trotz aller Hei- schung und La- dung nicht sehen und nicht hören. 1627 wird Werner Coloander be- rufen; er ist 1653 noch im Amt und verwaltet auch die von den Kra- monen erbaute Kapelle in Bor- kow, die aber nicht als eigent- liche Filialkirche angesehen wird. 1660 heisst der Pastor Georg Philipp Spon. Es folgen 1689 Detlof Josua Müller, 1714 Friedrich Passow, nach 1752 dessen Sohn Detlof Fried-

Kirche zu Woserin.

rich Passow bis 1793, und in demselben Jahre der Enkel Friedrich's mit Namen Friedrich Wilhelm Passow (÷ 1833). Vgl. Walter a. a. O.

Kirche. Die Abbildung der aus dem XIII. Jahrhundert stammenden und den vielen mecklenburgischen Kirchen aus der Zeit des Uebergangs vom romanischen zum gothischen Stil sich anschliessenden Kirche erspart uns die Beschreibung ihres Aeusseren. Das Thurmportal hat auf der Aussenseite einen Spitzbogen- und auf der Innenseite einen Rundbogenschluss. Die früheren Eingänge an den beiden Längswänden und an der Südwand des Chors sind zugemauert. Im Innern ist Langhaus und Chor durch je ein Kreuzgewölbe geschlossen. Eine Sakristei fehlt. An der Nordwand des Chors ist ein massiv gemauertes Bülow'sches Erbbegräbniss angebaut.

Kirche.

Altar,
Kanzel und
Gestühl.

Altar, Kanzel und **Gestühl** sind vor etwa 30 Jahren neu angefertigt. Als Altarbild ein Gemälde von Gaston Lenthe: Christus am Kreuz mit Johannes und Maria.

Epitaph.

Beachtung verdient ein **Sandstein - Epitaph** für **CHRISTOFFER VON KRAMON**. In der Mitte der Krucifixus, rechts davon zwei Männer, links drei Frauen knie-
end. Rechts
und links vom
Hauptfelde die
Wappen und
Namen der
**REIMER
KRAMMON,
JOCHIM VĀ
BVLOW, MAR-
GARETHE
LINSTA, ANNE
KRAMON.**
Ganz unten die
Inschrift: **AŌ
1524 IST DER
EDLER VND
ERNVESTER
CHRISTOF-
FER CRAMON
GEBOREN
VND AŌ 1551
HADT EHR
SICH MIT DER
ERBAR VND
VEILTVGEND-
SAME JVNG-
FER DORO-
THEA BELO-
WEN VOR-
EHELVHEDT,**

Epitaph des Christoffer von Kramon.

**MIDT WELCHER EHR 41 JAHR IM EHESTANDE GELEBETH VND DREI KIN-
DER ZVSAMEN GETZEVGEDT, ALSE EINEN SOHN REIMER CRAMON VND
ZWEHE DOCHTER ILSE VND ANNE CRAMON · AŌ 1592 SEINES ALTERS 68
IN GODT CHRISTLICH ENDTSCHLAFFEN DEM GODT GNADEN ·** Dann folgt
noch eine längere Unterschrift in poetischer Form und zuletzt **ANNO 1597**
als Jahr der Vollendung des Epitaphs. Zu beiden Seiten des Epitaphs je
ein Pfosten von Sandstein mit einer Reihe Wappen und Namen.

Im Thurm drei **Glocken.** Die grössere (Dm. 0,95 m) hat die Inschrift: Glocken.
**O REX GLORIAE JESU CHRISTE VENI CUM PACE ANNO DOMINI MCCCCXCIX·
RENOV · MDCCCLIII.** Die zweite Glocke (Dm. 0,73 m) hat die Inschrift:
GLORIA LAUS ET HONOR TIBI SIT · MDCCCLX. — Die dritte Glocke (Dm.
0,48 m) hat eine lateinische Spiegel-Inschrift, welche als REX CHRISTE
REDEMPTOR zu lesen ist.[1]

Kleinkunstwerke. 1. 2. Silbervergoldeter gothischer Kelch auf sechs- Kleinkunst-
werke.
seitigem Fuss und mit dem **IHESVS**-Namen auf den Rotuli des Knaufes. Am
Fuss das Kramon'sche und das Linstow'sche Wappen, mit der Unterschrift:
REIMAR KRAMON MARGARETA LINSTOW 1608. Auf der zugehörigen Patene
ist ein Agnus Dei eingravirt. Beide ohne Stempel. — 3. 4. Silbervergoldeter
Kelch auf rundem Fuss mit dem eingravirten Namen **M · L · V ZÜLOW.** Die
zugehörige Patene ist ohne Stempel, aber der Kelch hat die schon oft vor-
gekommenen Werkzeichen des Güstrower Goldschmiedes **Lenhard Mestlin,** der
von 1705 bis 1739 nachzuweisen ist. 5. Krankenkelch und Patene von
Zinn. Inschrift am Kelch: **SOFIA MÜLLERN 1759.** Beide Stücke mit der
Marke des eng-

lischen Zinns. —
6. Silberne Obla-
ten-Schachtel mit
der Inschrift:
**MATTHIAS VON
BÜLOW CATA-
RINA MAGDA-
LENA VON PE-
DERSTORF.** Mit
den Stempeln des
Güstrower Gold-
schmieds **Heinrich
Hölscher** (1658
bis 1706). —
7. Noch eine sil-
berne Oblaten-
schachtel, unten
eingravirt: **GOTT
ZU EHREN DER
KIRCHE ZU WO-
SERIN 1738.**

Vom Güstrower
Goldschmied **Len-
hard Mestlin** —
8. Neue silberne
Taufschale. Ohne
Stempel. — 9.
Zwei zinnerne
Altarleuchter,
neu, von **Bechlin-
Güstrow.**

- · — · — · —

[1] Ueber die Vor-
gängerinnen der ersten
und zweiten Glocke
siehe W. G. Beyer
im M. Jahrb. XXII,
Seite 325 ff.

Von den nach den
alten Glocken er-
neuerten Inschriften
ist die zweite, wie
Crull-Wismar erinnert,
der Anfang eines Palm-
sonntag-Hymnus.

Kelch (1).

Das Kirchdorf Lohmen.[1]

Kirchdorf
Lohmen.

Die Geschichte des Dorfes Lohmen steckt in der des' Klosters Dobbertin, zu dem es seit bald siebenhundert Jahren gehört. Seit ebenso langer Zeit besitzt das Kloster das Patronat der Kirche, die während des Mittelalters zugleich dem Archidiakonat des Dobbertiner Probstes einverleibt ist.[2]

In den siebenziger und achtziger Jahren des XIII. Jahrhunderts wirkt dort der Pleban Bernhard; ihm folgen in den ersten Jahrzehnten des XIV. die Pfarrer Johann und Bodo. Hundert Jahre später ist Johannes Poserin Pleban von Lohmen.

Kirche zu Lohmen.

Nachher giebt es wieder einen Zeitraum von mehr als hundert Jahren, über den wir nichts erfahren. Von 1553 an ist Joachim Rosenow Pastor zu Lohmen, um 1586 Heinrich Kokitz, von 1600 an bis über 1624 hinaus Stephan Wiese, von den vierziger Jahren des XVII. Jahrhunderts an Vincentius Lucow, der 1673 seinen Sohn Bernhard als Substituten erbittet und erhält (s. Glocken). Es folgen 1704 Hinrich Rossau, 1722 Joach. Friedr. Zesch, Anfang der dreissiger Jahre des XVIII. Jahrhunderts nach vielen Wirren Joh. Martin Rohrberg, 1750 M. C. T. von Storch, der 1784 an Franz Nikolaus Lüthgens einen Kollaborator

---

[1] 12 km nördlich von Goldberg. Den Namen Lomene (Lomen, to Lome) verbindet Kühnel, M. Jahrb. XLVI, S. 86 mit dem altslavischen Wort lomū Bruch, Windbruch, Steinbruch und übersetzt ihn mit ›Steinbruchort,‹ demgemäss auch den Namen des Abflusses aus dem Lohmenschen See, welcher Lomenitz, Lomenitz heisst, mit ›Fluss aus dem Steinbruch.‹ Neben dem slavischen Namen Lomenitz findet sich schon im frühen Mittelalter der Name ›Stenbeke.‹ Heute heisst der Abfluss Bohl-Bach.

[2] M. U.-B. 343. 425. 469. 983. 1347.

erhält und noch im selben Jahre stirbt. Der nachfolgende Pastor Regendanz wird 1795 seines Amtes entsetzt. 1796 folgt Detl. Hartw. Dietr. Heinr. Zander († 1845). S. Walter a. a. O. Die Kapelle zu Gerdshagen, an welcher die Kirche zu Lohmen vom Mittelalter her eine Filia hat, wird 1789 wegen Baufälligkeit gelegt.[1]

Kirche. Die Kirche, aus Chor, Langhaus und Thurm bestehend, ist ein aus gleichmässig ausgewählten und zum Theil gut behauenen Feldsteinen aufgeführter Bau im Charakter der spätromanischen oder frühgothischen Kirchen des XIII. Jahrhunderts. Nur an den Giebeln sowie an den Einfassungen der Fenster und Portale und an dem jüngeren oberen Stockwerk des Thurmes[2] sind Backsteine zur Verwendung gekommen. Die Art der Wölbung im Innern,[3] ebenso die Form der Schlitzfenster im Chor und der breiteren dreitheiligen Fenster im Schiff wird durch die Abbildungen veranschaulicht. Die beiden frühgothischen Portale auf der Nord- und Südseite des Langhauses, beide in vorgeschobenen Mauerkernen und von gleicher Wandung und Laibung, sind erst in neuerer Zeit zugemauert. Der Haupteingang zur Kirche führt daher jetzt durch das einfachere Thurmportal. An der Nordseite des Chors die Sakristei, an der Südseite eine Vorhalle.[4]

Portal auf der Südseite.

Kirche.

Beim Eintritt in die Kirche fallen am meisten die reichen **Malereien** der Wände auf. Aber die von dem Maler **Andreae** in den Jahren 1872 und 1873 ausgeführte Restauration hat soviel Neues hinzugethan, dass es nicht mehr möglich ist, ein sicheres Urtheil über den Bestand des Alten aus frühgothischer Zeit zu gewinnen. Das Weltgericht im Chor oberhalb des Altars und der sitzende Christus als Schmerzensmann an der Südwand des Chors,

Wandmalereien.

[1] Akten im Grossh. Archiv.
[2] Die Wetterfahne zeigt die Jahreszahl 1771.
[3] Im Chor haben die Rippen ein quadratisches Durchschnittsprofil.
[4] Lisch. M. Jahrb. XXI, S. 268.

der grösste Theil der Kreuztragung[1]) an der Südwand des Langschiffes, ebendaselbst die Annagelung ans Kreuz, der stehende Krucifixus in der nachfolgenden Scene, die hl. Barbara[2]) am Triumphbogen, die hl. Maria mit dem
Jesuskinde, die hl. Katharina und ein heiliger Bischof ebendaselbst haben eine
alte Grundlage, ebenso das Brustbild einer Heiligen oberhalb eines rothen
Kreuzes der Orgel gegenüber und endlich die Rankenmalerei und die Bemalung
der Gewölberippen: — alles Uebrige ist gründlich neu und verdeckt sogar

Inneres der Kirche (Blick auf die Orgel).

theilweise alte Darstellungen, die man aus dem einen oder anderen Grunde
nicht mehr sehen wollte.[3])

Innere Ein-   Die **innere Einrichtung** der Kirche stammt aus den siebenziger Jahren
richtung.   des XIX. Jahrhunderts. An der Nordwand des Chors ein gothisches **Triptychon**
Triptychon. des XV. Jahrhunderts. Neben der gekrönten hl. Maria mit dem Christkind
vier sitzende Heilige, Johannes Baptista, ein Bischof, Katharina und Maria

---

[1]) In der Gruppe auch die Gestalt der hl. Veronica.

[2]) Der Thurm, den sie als Attribut bei sich hatte, ist übermalt. Dagegen hat der hl. Georg
einen Thurm erhalten, der ihm nicht zukommt.

[3]) Nach Angabe des früheren Kirchenrathes Lierow. Alt sind auch die Engel hinter dem
Triumphkreuz, aber der Teppich verdeckt die Gestalt der von den Engeln zum Himmel getragenen
reuigen Maria Magdalena. Vgl. Lisch, M. Jahrb. XI., S. 161—167.

Magdalena. Die Malereien in den Flügeln aber gehören dem XVII. Jahrhundert an.[1]) Unter der Abendmahlseinsetzung in der Predella die Inschrift:

TALIS ERAT CHRISTI COENAM INSTITUENTIS IMAGO
CUM DARET IN NOSTRUM PIGNORA CHARA CIBUM
CORPUS ENIM SANGUINEMQUE SUUM, QUO LIBERAT ORBEM
CREDENTUM COETUS PARTICIPARE JUBET •

Daneben steht **ANDR • CELICH • F •** (fecit).[2])

An der Nordwand des Langhauses hängt jetzt der hölzerne **Triumph-Krucifixus** mit den Symbolen der Evangelisten: ein Werk des XV. Jahr-

Triumph-Krucifixus.

Inneres der Kirche (Blick auf den Altar).

hunderts. — An der Südwand des Chors sieben gothische **Chorstühle** von guter Schnitzarbeit, an denen aber die Restauration von 1873 nicht spurlos vorübergegangen ist. Gegenüber, rechts vom Eingang in die Sakristei, ein Stuhl, den Klosterhauptmann **V. JASMUND** und Küchenmeister **ARENDT CALSOW** zu Dobbertin 1687 haben bauen lassen. Links vom Eingang ein anderer mit der Inschrift: **VORSER** (Vorsteher) **HANS HASS MOLER, HINRICH HAN, SCHULZE ZU VPAL, CLAGES ROLOFF, SCHULZE ZU LVM • ANNO 1616.**

Gestühl.

In den Fenstern der an die Nordseite des Chors angebauten Sakristei sechs theils Wappen theils Heiligenfiguren enthaltende **Rundbildchen** mit Unter-

Glasmalerei.

---

[1]) Nach dem Inventar von 1811 dem Jahre 1684.
[2]) Andreas Celichius, Hofprediger und Superintendent zu Güstrow in den letzten Jahrzehnten des XVI. Jahrhunderts. Vgl. Glöckler, M. Jahrb. IX, S. 170. 180. 204. Lisch, XXXV, S. 6.

schriften, die früher auf die Fenster der Kirche vertheilt waren, alle von 1655, einem Restaurationsjahr der Kirche. Man liest die Namen von **CHURDT BEHR**[1]) und **ANNE LEVEKE VON DER LÜHE, JASPER TEIDES, JOCHIM BENNIT, HANS MOLLER, JOCHIM SCHLIEMANN** und **JOCHIM KLEVENOW.** Eine siebente Scheibe ist bei der Restauration 1872/73 zertrümmert.

Gemälde.   **Gemälde.** Zu beachten ein Bildniss des Pastors **LUCOW** auf der Nordseite des Chors mit langer lateinischer Unterschrift (geb. 1611, gest. 1679). S. Grabstein.

Triptychon.

Glocken.   Im Thurm hängen drei **Glocken** aus Gussstahl, die im Sommer 1884 zu Bochum gegossen worden sind, ohne Inschrift und ohne Zeichen. Im Giebel des Langhauses noch eine kleine Glocke, die »Beichtglocke«.[2])

Grabsteine.   In der Sakristei liegen jetzt drei **Grabsteine,** die vor 1872/73 ihren Platz im Chor der Kirche hatten: der des Pastors **Lucow** mit der Inschrift: **DN : VINCENTIVS LVCOW P · L · HIC QUIESCIT 1679;** der des **Hans Hasse** mit der Inschrift: **ANNO MD · CVIIII HIER LICHT HANS HASSE**[3]) **BEGRAVEN, SINE SELE IS HOC EHRHAVEN, DITT GRAFF HEFT HE ERWORFEN . . . . ;** und ein dritter mit der Inschrift: **ANNO MDCXIII HIR LICHT ANNA BARSOWEN BEGRAVEN . . . .**[4]

[1]) Curt von Behr war 1655 Klosterhauptmann des Klosters Dobbertin.

[2]) Von den älteren Glocken war nach dem Inventar von 1811 die eine vom Jahre 1402, die andere von 1432, und die dritte 1696 von Ernst Siebenbaum gegossen worden, als Bernhard Lucow Pastor war.

[3]) Hans Hass war Müller zu Garden und Kirchenjurat zu Lohmen.

[4]) Da der Müller Hans Hasse am Kirchenstuhl der Vorsteher noch 1616 genannt wird, so bezieht sich die Zahl 1609 anscheinend nur auf die Legung des Steines.

Kleinkunstwerke. 1. Grosser silbervergoldeter Kelch, ohne Inschrift. Vom Güstrower Goldschmied **Abr. Ratke:** Ⓖ ⒜Ⓡ.[1] — 2. Silbervergoldete Patene mit dem eingravierten Namen **C REUTER.** Vom Güstrower Goldschmied **Joh. Friedrich Molstorf:** Ⓖ ⒻⓂ.[2] — 3. Desgl., aber ohne Inschrift und Stempel. — 4—6. Geräth zur Krankenkommunion: Kelch, Patene und Oblatendose von Silber. Vom Güstrower Goldschmied **Justus Theodor Rust.**[3] Als Stempel das Stadtwappen und ⓉⓇ. — 7. Silberne Oblatenschachtel, ohne Inschrift. Die Stempel sind undeutlich. — 8. Messingene Taufschale, neu. Von **Westen**-Güstrow. — 9. Achtseitiges getriebenes Messingbecken, auf hölzernem Schaft stehend. Inschrift: **CHRISTOFFER RICHTER 1696.** — 10-13.Vier treffliche alte Zinnleuchter auf dem Altar. Inschrift: **DIES SCINT DIE LOHMER**

Triumphkreuz.

KIRCHEN LEUCHTERS 1737. Von einem Güstrower Zinngiesser **J T B.** — 14. 15. Zwei silberne Leuchter, vom verstorbenen General **VON ELDERHORST**[4] zu Schwerin im Jahre 1868 geschenkt. Am Fuss der Leuchter ein Abriss seiner Lebensgeschichte eingraviert. Ohne Werkzeichen.

[1] 1706—1708. Vgl. Crull, a. a. O. — [2] 1688—1709. Vgl. Crull, a. a. O. — [3] 1754 bis 1764. Vgl. Crull, a. a. O. — [4] Geboren 7. Oktober 1789 zu Klein-Upahl und getauft am 11. Oktober desselben Jahres in der Kirche zu Lohmen.

Das Dorf Kirch-Kogel.[1]

Geschichte des Dorfes.

Als zu der Bellin'schen Begüterung zusammen mit Reimershagen, Jellen, Suckwitz, Rum-Kogel, der Kogelschen Mühle sowie mit Gross- und Klein-Breesen anscheinend schon von alter Zeit her gehörend, tritt uns das Dorf Kirch-Kogel zuerst am 31. März 1303 urkundlich entgegen.[2] Wie der Bellin'sche Besitz in Kirch-Kogel zu Anfang des XV. Jahrhunderts in den des

Ansicht von Kirch-Kogel.

Vicke Woosten übergeht und von dessen Familie 1435 an das Kloster Dobbertin kommt, das 1440 auch das Kirchlehn daselbst erwirbt, ist oben bereits erzählt worden. S. 357, Anmkg. 2.

Namen von mittelalterlichen Geistlichen sind uns bis jetzt nicht überliefert worden. Eine Filial-Kapelle der Kirche zu Kogel giebt es in alter Zeit zu Suckwitz, sie wird noch in den Visitations-Protokollen des XVII. Jahrhunderts erwähnt, nachher nicht mehr. Um 1557 ist Nikolaus Vogelsang Pastor in Kogel, 1577 Ulrich Lemann, 1586 Heinrich Guss. 1592 folgt Dionysius Sangelius, der nachweislich noch 1624 das Amt führt. Sein Nachfolger ist Johann Mund, der 1639 nach Wustrow (Fischland) versetzt wird. Nach ihm wird die Pfarre mit der des Vicentius Lucow in Lohmen verbunden, bis

---

[1] 9 km nordnordöstlich von Goldberg. Der Name heisst in alter Zeit und lange übers Mittelalter hinaus bis in die Neuzeit hinein Kowalk, was soviel wie Schmiededorf bedeutet. Ueber Kerk-Kowalk und Rum Kowalk vgl. Kühnel, M. Jahrb. XLVI, S. 72, und Schildt, M. Jahrb. LVI, Seite 125.

[2] M. U.-B. 2861. Vgl. 9989.

1653 wieder Georg Schwartz für Kogel berufen wird, der im Visitations-
Protokoll von 1662 genannt wird. Es folgen 1672 Joachim Rossau, 1710 Joh.
Friedr. Schröder (÷ 1715), 1716 Joh. Friedr. Plahn (÷ 1750), 1752 Karl
Leopold Groth (÷ 8. Nov. 1798) und 1799 Groth's Schwiegersohn, Joh. Friedrich
Schultze (÷ 1830). S. Walter, a. a. O.

Kirche. Die Kirche hat einen gewölbten, zum grössten Theil aus   Kirche.
Granitblöcken aufgeführten Chor auf quadratischer Grundlage aus dem XIII.

Triptychon.

Jahrhundert, ein bald nachher errichtetes, im Innern flach gedecktes längeres
Schiff, das ursprünglich auf zwei Gewölbejoche berechnet war, und auf dem
Westende einen Thurm, der so in das Schiff eingebaut ist, dass er aus dessen
Dach emporzuwachsen scheint. Im Chor schmale Spitzbogenfenster, im Schiff
breitere dreitheilige, von einem darüber gelegten Rundbogen zusammengefasste
Spitzbogenfenster, deren Steingepföst aber aus neuerer Zeit stammt. Zwei
alte Portale an der Südseite des Langhauses sind jetzt zugemauert. Auf der
Südseite des Chors eine Vorhalle. Auf der Nordseite eine Grabkapelle mit
der Inschrift **F · G · 1764.**

Das **Triptychon** des Altars ist in jüngerer Zeit (1883) mit sichtlich gutem   Triptychon.
Willen, aber auch mit grossem Mangel an Verständniss restaurirt. Neu ist das

Mittelfeld, aber es passt zu den daneben und in den Flügeln übrig gebliebenen Aposteln nicht im Mindesten. Der Tadel muss leider um so schärfer ausgesprochen werden, als der hieneben abgebildete Rest des alten Mittelstücks jedem Kennerauge sofort zeigt, dass dieses einstmals von ungewöhnlicher Schönheit war. Die hl. Maria mit dem Kinde ist von feiner statuarischer Empfindung, und flott und geschickt erscheint auch das übrige Schnitzwerk. Dem Moses vor dem brennenden Busch gegenüber war einstmals, nach Analogie vieler Bildwerke desselben Ty-

pus, der Ezechiel vor der verschlossenen Pforte angebracht, und dem thronenden Kaiser oder König (nicht Bischof) sammt dem hinter ihm stehenden Kurfürsten oder Herzog gegenüber rechts ein Ritter, ausserdem ebendaselbst noch ein knieender und ein musicierender Engel. Auf der Rückseite der Flügel vier gemalte Bilder: Kreuzigung, Gethsemane, Auferstehung, Geisselung. Auf der Rückwand eine ältere Aufschrift: **ANNO 1685 IM OCTOBER IST DIS ALTAR RENOVIRET WORDEN · KLOSTERHAUPTMANN LANDRATH CHRISTOPH FRIEDR · V · JASMUND · PASTOR JOACHIM ROSSOVIUS ·**

Ehemaliges Mittelstück des Triptychons.

Kanzel.   Die **Kanzel** ist ein einfaches Werk der Renaissance vom Ende des XVII. Jahrhunderts. An ihr die eingegrabenen Namen: **ERTMANN SCHARPINCK · CHRISTOFFER GANS 1671 · ERNST KARNATZ · JOHAN WOLDENBARCH · MARTEN TAM 1671 · PETER WOLDENBARCH · BARTELT LANCKHOF · HANS LALE 1671 ·**

Taufstein.   Der alte **Taufstein** des XIII. Jahrhunderts, in seiner Art ein prächtiges Werk aus Granit, steht jetzt ausserhalb der Kirche unter einer mächtigen Linde.

Glocken.   Im Thurm drei **Glocken**. Die beiden grösseren (Dm. 1,10 und 1,05 m) sind im Jahre 1839 von **F. C. Haack** in Rostock umgegossen worden. Die dritte, die »Klingglocke« (Dm. 0,27 m) ist ohne Inschrift.[1]

---

[1] Das Inventar von 1811 enthält keine Angaben über die Inschriften der alten Glocken.

An der Südwand des Chorraumes zwei ehemalige alte **Stuhlwangen**. Alte Stuhl
Die eine mit dem Wappen und Namen **JVRGEN GRABOW ✳ ANNO 1572**, die   wangen.
zweite mit dem Wappen und Namen **ELISABET RETSTORP ANNO 1572**.

Im Mittelgang des Langhauses der **Grabstein** des Pastors **JOHANN** Grabstein.
FRIEDRICH SCHRÖDER, geb. 27. December 1685, gest. 4. März 1715, 5 Jahre
Prediger zu Kogel, und der des Pastors **KARL LEOPOLD GROTH**, geb. 1717,
gest. 1798.

Unter der Tünche befinden sich Reste alter **Wandmalereien**, die unter-   Wand-
sucht sein sollen, aber wieder übertüncht worden sind.   malereien.

Bei Erneuerung der Kirchenfenster im Jahre 1884 wurden aus den alten   Glas-
Kirchenfenstern sieben kleine gemalte **Rundbildchen** von Glas herausgenommen malereien.
und dem Pastor zur Aufbewahrung übergeben. Unter ihnen die Namen:
**JOCHIM PRANGE 1665; DAVIT BRANDT; CORNELIVS PETERSN; JOCHIM
BERENDS 1665; TIES WVLFF; JVRGEN SCHLAVEKE** und **HARM SENGE-
BVSCH**.

Kleinkunstwerke. 1. Silberner Kelch auf sechspassigem Fuss, laut Kleinkunst
Inschrift und Wappen 1740 gestiftet von **JOACHIM MATTIAS FRIEDERICH**   werke.
VON GRABOW und **MARGARETA SOPHIA VON PENTZEN**. Vom Güstrower
Goldschmied **Joh. Caspar Livonius**: [G] [ICL]. — 2. Silbervergoldeter Kelch auf
sechsseitigem Fuss von 1830. Mit den Güstrower Werkzeichen [G] [M].
3. Silbervergoldete Patene, neu. Berliner Fabrikat. Von **Theodor Köppen** 1885.

— 4. Silberne | Taufschale, neu.
Oblatenschachtel | Von **Th. Köppen**-
aus dem XVIII. | Berlin. — 9. Mes-
Jahrhundert. | singenes altes
Ohne Werk- | Taufbecken. In
zeichen. — 5. | der Schale der
Silberne Wein- | Sündenfall. Als
kanne, inwendig | Umschrift die viel
vergoldet. Neu. | besprochene und
Von **Th. Köppen**- | niemals befriedi-
Berlin 1885. — | gend gedeutete
6. 7. Zinnerner | Legende.[1])
Kelch mit Patene. | —
Für Kranken- | [1]) Zuletzt von Steg-
kommunion. — | mann, Mitth. a. d. ger-
8. Messingene | manisch. National-Mu-
| seum. 1899, S. 11–28.

Taufstein aus dem XIII. Jahrhundert.

Blick auf Gross-Poserin.

Das Kirchdorf Gross-Poserin.[1]

Geschichte
des
Dorfes.

»Duo Posirina«: so heissen Gross- und Klein-Poserin in einer Urkunde des Bischofs Brunward von Schwerin vom 3. August 1235, in welcher die Pfarrgrenzen von Kuppentin festgesetzt werden, die diese beiden Dörfer nebst elf anderen in sich schliessen.[2] Auch erhält die Kuppentiner Pfarre nicht unerheblichen Hufenbesitz in Poserin. Dann aber schweigen die mittelalterlichen Urkunden bis zum Visitationsprotokoll von 1534, in welchem die Kirchen zu Poserin und Plauerhagen dem ursprünglichen Verhältniss gemäss als Tochterkirchen der Mutterkirche zu Kuppentin bezeichnet werden, in denen der Landesherr das Kirchlehn zu vergeben habe. So auch noch im Visitationsprotokoll von 1564. Aber schon im Visitationsprotokoll von 1582 wird bemerkt, dass Gross-Poserin seinen eigenen Pfarrsitz erhalten habe. Der Landesherr behält das Patronat bis ins XVII. Jahrhundert: da schenkt es Herzog Hans Albrecht II. an Matthias von Linstow, den damaligen Besitzer von Damerow, beiden Poserin und Horst [Matthieshorst].[3] Und nun haftet es am Besitz von Damerow bis zum Jahre 1814. Als aber in diesem Jahre Gross-Poserin, das bis dahin Pertinenz von Damerow gewesen war, durch Kauf an die Familie Rosenow übergeht, die es noch heute besitzt, da gelangt auch das Patronat in deren Hände.

Vom XIV. bis in den Anfang des XVII. Jahrhunderts gehören die Dörfer und Güter Damerow, beide Poserin und Horst zu der grossen Hahn'schen

<hr>

[1] 9 km südöstlich von Goldberg. Von Kühnel mit dem altslavischen Wort »požarŭ = Brand« verbunden: M. Jahrb. XLVI, S. 110. Also ungefähr soviel wie »Brandshagen«. Vgl. Woserin.

[2] M. U.-B. 436.

[3] Im Gegensatz zu Hahnenhorst. Zuletzt im Staatskalender von 1812 aufgeführt, also 1813 bereits gelegt. Vgl. Schildt, M. Jahrb. LVI, S. 189. — In einem späteren Aktenstück wird versehentlich Herzog Adolf Friedrich als der Verleiher des Patronats an Matthias von Linstow genannt.

Begüterung.[1]) Aber beim Beginn des XVII. Jahrhunderts gehen sie sammt der Schäferei von Karow durch Kauf zu erblichem Besitz an Matthias von Linstow über, der daraufhin in der Zeit von 1605 bis 1608 die erforderlichen landesherrlichen Konsense und Lehnbriefe erhält. Bald darauf giebt er freilich Klein-Poserin zu erblichem Besitz an die von Grabow auf Woosten ab, die den Lehnbrief dafür am 23. Januar 1613 erhalten. Die übrigen Güter aber, Damerow, Gross-Poserin, Horst und die Schäferei zu Karow, bleiben nicht nur bis zum Tode des letzten Damerower Linstow im Jahre 1708 (s. Grabstein), sondern auch noch während der nachfolgenden verschiedenen Besitzperioden der von Holstein, Walsleben, Behr,[2]) Hahn, Münster und Reden[3]) in einer Hand. Erst im Jahre 1814, nachdem unter Graf Münster Klein-Poserin schon zwanzig Jahre lang, nach voraufgegangenem mannichfachen Besitzwechsel, wieder als Pertinenz an Damerow zurückgekommen war, findet eine Veränderung in der Weise statt, dass Gross-Poserin und das inzwischen für das gelegte Gut Matthiesshorst an anderer Stelle anscheinend in nicht ganz legaler Weise entstandene Neu-Poserin[4]) aus ihrem alten Zusammenhange mit Damerow ausscheiden und an die Familie Rosenow übergehen, die noch heute in deren Besitz ist.

Namen von mittelalterlichen Geistlichen sind nicht überliefert. 1534 ist Joh. Steinhäuser Inhaber der Kirchlehne zu Kuppentin und Gross-Poserin. Hinrik Brosius, der 1541 genannt wird, und Jochim Evers, der 1562 als verstorbener Seelsorger von Gross-Poserin aufgeführt wird, können daher nur Miethpriester gewesen sein. Es folgen nun als wirkliche Poseriner Pastoren 1563—1604 Antonius Woltke, 1604—1629 Balthasar Adelheit (Alheit), 1630

---

[1]) Lisch, Geschl. Hahn II, S. 247 ff.

[2]) Eine Tochter des letzten Reimar von Linstow auf Damerow war an Levin Philipp von Holstein verheirathet. Eine Tochter dieses Ehepaars, Margaretha Elisabeth Ulrica, wurde die Erbin von Damerow e. p. (s. Glocken) und reichte im Jahre 1722 dem Ernst Sigismund von Walsleben die Hand. Doch starb sie schon im Jahre 1723. Darauf gelangte Hans Reimar von Walsleben, der sich 1720 mit Margarethe Elisabeth von Walsleben aus dem Hause Leistenow und Buschmühlen vermählt hatte, durch einen schon vor 1727 abgeschlossenen Vertrag in den Besitz Damerows und der genannten Nebengüter. Er ist es, der sich mit seiner Gemahlin in der Wetterfahne des Kirchthurms verewigt hat. Die Tochter dieses Ehepaares nun, mit Namen Gottlieb Oelgard, vermählte sich 1743 mit Matthias Melchior von Behr auf Nustrow und brachte so ihrem Gemahl die Güter Damerow, Gross-Poserin, Matthiashorst und Karow hinzu. Von 1754 an war sie Wittwe. So kommt sie in einer der beiden Glocken-Inschriften der Poseriner Kirche vor. In Behr'schem Besitz bleiben die Güter bis 1788.

[3]) Der 1788 in den Adelsstand erhobene Kammerrath von Hahn ist Besitzer von 1788 bis 1792; nach ihm, von 1792 bis 1798 Reichsgraf G. W. A. D. von Münster, der von 1794 an auch als Besitzer von Klein-Poserin im Staatskalender aufgeführt wird; von 1798 bis 1812 der Geh. Kriegsrath F. L. W. von Reden. Aus den Händen der Reden'schen Gläubiger gelangen Damerow und Klein-Poserin an die Familie von Vincke und von dieser 1862 an die von Henckel, die sie heute noch hat. Gross-Poserin und Neu-Poserin aber kommen um dieselbe Zeit in die Hände der Familie Rosenow.

[4]) 1807 beschäftigt sich der Regierungsfiskal mit der Frage über die Entstehung eines ›neuen Hofes‹ (Neu-Poserin) und 1808 mit der Frage über willkürliche Verkleinerung von Bauerhöfen in Gross-Poserin. Neu-Poserin erscheint 1811 zum ersten Mal im Staatskalender.

bis 1638 dessen Schwiegersohn Markus Gerkens, 1638—1667 Samuel Adelheit, Balthasar's Sohn, 1667—1678 Nikolaus Gladow, 1679—1687 Joachim Schultze, 1688—1716 Jonas Rümker, 1717—? (über 1736 hinaus) Joh. Peter Rümker, nach 1736—1783 Jonas Christoph Rümker und 1784—1833 Joh. August Uhlig. Ueber die Geistlichen im XIX. Jahrhundert s. Walter a. a. O.

Im Visitationsprotokoll von 1582 heisst es, die Wedem sei erst vor einigen Jahren aufgeführt. Seit dem XVII. Jahrhundert ist Karow, das vorher gleich Gross-Poserin von Kuppentin aus versorgt wurde, Filial-Kirchdorf von Gross-Poserin.

Kirche.

Kirche. Die aus Feldsteinen erbaute kleine Kirche, welche auf der Grundlage eines länglichen Vierecks einen ungetheilten, schlichten Innenraum enthält, der mit einer der Form des Dachstuhls folgenden bretternen Verkleidung in neuerer Zeit geschlossen ist, hat von ihrer Ursprünglichkeit aus dem XIII. Jahrhundert kaum etwas bewahrt. Die Nordwand wird von später angesetzten Pfeilern gestützt, die Fenster haben eine neuere zweitheilige Form mit gothischem Spitzbogenschluss erhalten, und der vorgesetzte breitere Thurm trägt auf seinem Satteldach einen kleinen achtseitigen Dachreiter mit einer mehr zwiebel- als glockenförmigen Haube, deren Wetterfahne die Walsleben-schen Initialen **H · R · V · W ·** und **M E V W** mit der Jahreszahl **1755** zeigt.[1]

Innere Einrichtung.
Grabstein.

Die **innere Einrichtung** ist im Jahre 1876 erneuert. — Vor dem Altar ein **Grabstein** des **Reimar von Linstow** mit der Inschrift: DIESEN LEICH-STEIN HAT DEM WOLGEBOHRNEN WOLSEELIGEN HERRN, HERRN REIMAR LINSTOWEN, ERBHERRN AVF DAMERAV, CARAV VND HORST WIE AVCH PA-TRONEN DIESER POSERINSCHEN VND CARAVSCHEN KIRCHEN ALS DEN LETZTEN VON DIESER LINIE, DA ER ANNO 1708 DEN 3. MARTZII SEINES ALTERS IM 70 JAHR, NACHDEM ER ANNO 1638 AVF DEM HAVSE DAMERAV GEBOHREN, SEELIG IM HERRN ENTSCHLAFFEN, DERO HERTZGELIEBTEN EHEHERRN SETZEN LASSEN, DERO HINTERLASSENE FRAV WITTWE FRAV MARGARETHA ELISABET VON BVCHEN VON HAVSE TORNOW · VNTER JESVS SCHIRMEN   BIN ICH FVR DEN STVRMEN   ALLER FEINDE FREY.

Glocken.

Im Thurm zwei **Glocken.** Die grösste (Dm. 1,01 m) hat die Inschrift: SOLI DEO GLORIA · GOTTLIEB OELGARDT VON BEHR GEB · V · WALSLEBEN · PATRONINN · JONAS CHRISTOPH RÜMKER PASTOR POSERIN · & CAROV · ME FUDIT JOH · VALENT · SCHULTZ ROSTOCHII ANNO 1773. — Die kleinere Glocke (Dm. 0,90 m) hat auf der einen Seite ihres Feldes die Inschrift: ICH RUFF ZUM GOTTESDIENST, BEKLAGE EURE LEICHEN, UND WÜNSCHT IHR, DAS ICH NICHT SOL GEBEN UNGLÜCKSZEICHEN, SO LASST DER WECHTER STIM DAS HARTE HERTZ ERWEICHEN · JOH · PETER RÜMKER

---

[1] S. o. S. 393, Anmkg. 2. Dazu stimmt nach Herrn Pastor Fichtner's Mittheilung in der Kirchenrechnung des Jahres 1755 eine Eintragung von 5 Thlr. 36 Schill., die Patronus Rittmeister von Walsleben für den neuen Knopf des Thurmes und seine Wetterfahne vorgeschossen, nachdem der Werth des alten Knopfes in Anrechnung gebracht worden war.

P • POSERIN • & CARAV • Auf der anderen Seite des Feldes: ZUR ZEIT DER WOLLGEB • FREUL : MARG : ELISAB : V • HOLSTEN PATRONIN D • K • BIN ICH UMGEGOSSEN VON M • BEGUN • 1719 •

Kleinkunstwerke. 1. Versilberter Kupferkelch auf sechspassigem Fuss mit silbervergoldeter Kupa. Inschrift: SAMVEL BÄRCHOLTZ HAT DISEN KELCH VEREHRET IN DIE KIRCHE ZV POSERIN • ANNO 1652 Ohne Werkzeichen.[1]) — 2. Kleiner silbervergoldeter Kelch ohne Inschrift und Zeichen. — 3. Kleine silbervergoldete Patene ohne Stempel. — 4. Kleiner silbervergoldeter Kelch, geschenkt von einer Freiin V. VINCKE-Braunschweig 1886. Inschrift

Kleinkunst-
werke.

Grabstein des Reimar von Linstow.

und Stempel nicht vorhanden. Die dazu gebrauchte silbervergoldete Patene hat die Inschrift: FR • L • V • VINCKE, GEB • V • BIEL AUF DAMEROW VON 1813—1862 UND (auf der Unterseite die Fortsetzung) IHRE DANKBAREN TÖCHTER E • V • VELTHEIM GEB • V • VINCKE U • L • V • VINCKE 1886 • — 5. Das dazu geschenkte Ciborium hat auf dem Deckel die Aufschrift: KIRCHSPIEL GR • POSERIN. — 6. Silbervergoldetes Geräth zur Krankenkommunion. — 7. 8. Silbervergoldeter Kelch auf sechspassigem Fuss mit einer aufgenieteten Kreuzesgruppe als Signaculum und mit dem eingravierten WALSLEBEN'schen Wappen. Darunter die Jahreszahl 1726. Ohne Stempel. Ebenso die zugehörige Patene. — 9. Silberne runde Oblatenschachtel, in einem Lorbeerkranz auf dem Deckel die Buchstaben E • P • — 10. 11. Zwei neusilberne Altarleuchter. — 12. Klingebeutel mit Silberbügel.

---

[1]) Samuel Bergholz war von 1642 an eine Zeit lang im Pfandbesitz von Klein-Poserin.

Das Kirchdorf Woosten.[1]

Geschichte
des
Dorfes.

Die Kirche zu Woosten finden wir im XV. Jahrhundert bei dem Archi-
diakonat des Dobbertiner Klosterprobstes.[2]) Aber sie ist schon im
XIII. Jahrhundert vorhanden, wie das Vermächtniss des Rostocker Gärtners
Frise im Jahre 1269 beweist.[3]) Das Dorf selbst aber gehört zu der grossen

Kirche zu Woosten.

Begüterung des pommerschen Klosters Neuenkamp, die diesem bis zur Mitte
des XV. Jahrhunderts verbleibt.[4]) »Im Lager vor Woosten« heisst es am
26. Juli 1361 in einer Privaturkunde, deren Inhalt hier nicht von Gewicht ist.[4])

[1]) 4 km südöstlich von Goldberg. Den Namen Woosten (Wutzen, Woceten, Wusten,
Wozsten) verbindet Kühnel, M. Jahrb. XLVI, S. 161, mit dem Wort ustije (= Mündung) und
übersetzt ihn mit Hinweis darauf, dass der Woostener See einstmals ein Theil des Goldberger
Sees war, mit »Mündungsort«, verweist aber auch bei der Variante Woceten auf das polnische
Wort osetno (oset = Distel).

[2]) »Verzeichnuß der Pfarlehen und Kirchenn in den Schwerinischen Stifftssprengel gehörig.« Vgl M. U.-B. 425, Anmkg.

[3]) M. U.-B. 1153.

[4]) M. U.-B. 8924.

Aber wir erfahren über dies Lager vor Woosten, in dem sich u. a. Mannen und Geistliche des Herzogs Albrecht von Mecklenburg befinden, nichts Näheres. Handelte es sich um eine Belagerung von Woosten? Sass hier ein Lehnträger des Klosters Neuenkamp, der gleich anderen Rittern jener Zeit die Wege unsicher machte und deswegen gezüchtigt werden sollte, zu welchem Zweck sich im selben Jahre alle benachbarten Landesherrn von Pommern bis Holstein und Lauenburg und von Brandenburg bis nach Dänemark hin mit einander verbanden?[1] War dies vielleicht einer der alten Herren von Woosten, die vom XIII. bis ins XIV. Jahrhundert hinein öfter urkundlich vorkommen, oder schon einer der Herren von Grabow, die, nachdem das Kloster Neuenkamp Dorf und Gut aus der Hand gegeben, alsbald die Herren auf Woosten

Inneres der Kirche.

werden und dort schon 1419 als wohnhaft (morantes) nachgewiesen werden können? Die von Grabow halten sich dort, zwei Perioden des Pfandbesitzes in der zweiten Hälfte des XVII. Jahrhunderts abgerechnet,[2] bis zur Mitte des XVIII. Jahrhunderts. 1751 kommt es an die von Plessen und 1752 von dem Kammerherrn Engelke von Plessen an die herzogliche Kammer. Von dieser geht es 1849 an das Grossherzogliche Hausgut über.

Mehr als zweifelhaft ist es, ob ein im Jahre 1307 genannter Geistlicher Johann von Woosten auch Kirchherr zu Woosten ist. Erst vom XVI. Jahrhundert an lässt sich aus den hier zu erreichenden Akten eine vollere Reihe

[1] Rudloff, Hdb. d. m. Gesch. II, S. 454.

[2] Major Christian Trapmann und dessen Sohn Adolf Ditmar, Levin Heinrich von Linstow sowie dessen Wittwe Margarethe Elisabeth von Linstow, geb. von Zülow, und deren Sohn Georg Ernst von Linstow folgen einander im Pfandbesitz von Woosten. (Trapmann'scher Pfandbesitz von den vierziger bis in die sechziger Jahre des XVII. Jahrhunderts, darauf Linstow'scher Pfandbesitz bis ins erste Jahrzehnt des XVIII. Jahrhunderts, 1707 wieder in Grabow'schen Händen.)

von Geistlichen herstellen. Es sind: Paulus Wigand (um 1541, verheirathet), Johannes Hadelmann (von 1552 an, auch 1557 genannt), Johann Dobberzin (von 1568 bis 1584), Johann Seehusen [Schusen] (1604 genannt), Christian Honertus (1629 bis 1679), Henricus Honertus (von 1680 an, auch 1690 genannt), Cain Lorenz (Cajus Laurentius, von 1710 bis 1717),[1]) Christian Wendt (von 1718 bis ?), Ehrenreich Joachim Krauel (1760, 1762, 1769 genannt), Heinrich Hane (von 1773 bis 1792, nach Gadebusch versetzt), Karl Conradi (von 1792 bis 1805, nach Waren versetzt). Ueber die Geistlichen des XIX. Jahrhunderts s. Walter a. a. O.

Orgelbrüstung vom Jahre 1618.

Als Filia erscheint die im Jahre 1582 aus ihrem Verfall wieder-hergestellte Kapelle zu Wendisch-Waren schon im Visitationsprotokoll von 1541.

Kirche.

Kirche. Wie die Abbildungen zeigen, hat die Kirche in ihrem Chor, dessen Giebel gleich dem Westgiebel des Schiffes mit Blenden verziert ist, noch einen Bautheil aus der Zeit des Ueberganges vom romanischen zum gothischen Stil. Doch sind die Fenster in der Süd- und Ostwand des Chores bereits den jüngeren Fensterformen des gothischen Langhauses, das im Innern mit flacher Bretterdecke geschlossen ist, gleichgemacht. Auch in den Portalen wechselt Romanisches und Gothisches mit einander. Der im Westen als Dachreiter aufgesetzte Thurm aus Fachwerk drückt unvortheilhaft auf die Blenden des Giebels.

---

[1]) In den Akten wechseln die Vornamen Cajus und Cain mit einander ab.

Altar und **Kanzel** sind zu einem Körper verbunden.

An der Nordwand im Chor ein gothisches **Triumphkreuz**; ein anderes, stark beschädigt, auf dem Kirchenboden.

Die Brüstung des **Orgelchors** im Renaissancestil ist zu beachten, noch mehr aber die treffliche **Fünte** aus Sandstein, ein Werk im Geschmack des Philipp Brandin und seiner Schule, laut Inschrift im Jahre 1612, den 8. Januar, gestiftet von **ELAR GRABOW** und **S. DOROTHEA V. STRALENDORFF.**

Fünte vom Jahre 1612.

An der Südwand des Chors über dem Beichtstuhl ein hölzernes **Epitaphium** der MARIA DOROTHEA VON ZÜLOW, der am 4. Mai 1669 zu Woosten verstorbenen ersten Gemahlin des **Levin Heinrich von Linstow.** Die Inschrift gedenkt auch ihres sechs Wochen darnach verstorbenen Söhnleins GEORG BALTZER. Dazu zahlreiche Wappen.

An der nördlichen Seite des Triumphbogens eine über 2 m lange, festgeklammerte **Grabplatte.**[1] Mehrere Zoll vom Rande, gleichfalls ein längliches Viereck bildend, eine Randleiste von Erzguss mit der Inschrift: ANNO 1607 DEN 16 OCTOBRIS IST DER EDLE | GESTRENGE VND EHRENTVESTE ELAR GRABOW[2] AVFF WVSTEN ERBSESSEN IN GOTT DEM HERRN SELICHLICH | ENTSCHLAFFEN VND DEN 12 • NOVEMBRIS VNTER DIESEM STEIN CHRISTLICH VND EHRLICH ZV DER ERDEN BESTETIGETT WORDEN SINES ALTERS IM 75 • JHARE. In den vier Ecken je ein aus demselben Material wie die Randleiste hergestelltes Rundbild mit Wappen und Unterschrift: links oben das DER STRALENDORPPER«, rechts oben das DER GRABOWEN«, links unten das

Altar und Kanzel, Triumphkreuz.

Orgelchor, Fünte.

Epitaph.

Grabstein.

---

[1] Früher im Chor vor dem Altar.

[2] Siehe Taufstein.

»DE VAN DER LUE«, rechts unten das »DER OLDENBORGER«. In der Mitte des Steines noch einmal die grösseren Wappen der Familien Grabow und Stralendorff.

Glocken.

Im Thurm zwei **Glocken**. Die grösste (Dm. 0,90 m) und die kleinere (Dm. 0,75 m) haben beide die Inschrift: UMGEGOSSEN IM JAHRE 1838 BEY F • E • HAACK IN ROSTOCK IN GLORIAM DEI. Im Ostgiebel des Langhauses noch eine kleine Klingglocke, die ihrer Lage wegen nicht näher zu besichtigen ist.[1]

Kleinkunst-werke.

Kleinkunstwerke. 1. 2. Silbervergoldeter gothischer Kelch auf sechspassigem Fuss, mit dem Namen iljejus an den Rotuli des Knaufes. Am Fusse das Grabow'sche Wappen mit dem Namen JOHAN GRABOW • 1628. Keine Stempel, auch nicht an der zugehörigen Patene. — 3. 4. Zinnkelch und Zinnpatene, ohne Inschrift und Stempel. — 5. Länglichrunde silberne Oblatenschachtel mit Früchten und Blättern auf dem Deckel. An der Wandung der Schachtel die Inschrift: ZV GOTTES EHRN VND GVTEN ANDENKEN HAT DER EDLE VND MANVESTE H • ADOLPH DITHMAR TRAPMAN VND DIE EDLE VIEL EHR VND TVGENDSAME FRAWE MARGARETA TRAPMANS GEBORNE CRVGERS DER KIRCHEN ZV WOSTEN DIESE SCHATEL(!)VEREHRET AO 1665 DN 12 • NOV • 6. Silbernes Taufbecken, neu. 7. Neusilberne Kanne.

Ehemalige Einfriedigung der Fünte.

Unter dem Thurm, im Westen der Kirche, als ehemalige Einfriedigung der Fünte, vier mächtige Eichenständer, die beiden östlichen durch ein Querholz verbunden:

ANNO   T   1618 •
DEN 28   T A A V W   IANVARIJ.

Das Kirchdorf Brüz.[2]

Geschichte des Dorfes.

Eine wie wichtige, ernste und heilige, weithin wirkende Sache in alter Zeit eine Kirchengründung war, erkennt man so recht eindringlich an der ersten Urkunde über das Dorf Brüz bei Goldberg vom 10. August 1295.[3] Da sitzt noch das Geschlecht der Brüsewitze, die vom Dorf her den Namen

---

[1] Nach dem Inventar von 1811 hatten die beiden grösseren Glocken zwei Vorgängerinnen, von denen die eine einem unter dem Kompatronat des Adolf Ditmar Trapmann im Jahre 1680 von dem Nürnberger Hans Schuster ausgeführten Umguss entstammte, die andere aber (es war die grösste) einem Umguss im Jahre 1698, der unter dem Patronat des Georg Ernst von Linstow und seiner Mutter Margarethe Elisabeth, geb. von Zülow, von M. Ernst Siebenbaum bewirkt wurde.

[2] 6 km südlich von Goldberg liegt die Kirche von Brüz, 7 km (also 1 km weiter) das Dorf, dessen alter Name Brusenisz, Brusenisse, Brusewitz mit »Steinhagen« oder »Steindorf« zu übersetzen ist. Altslavisch brusŭ Stein. Vgl. Kühnel, M. Jahrb. XLVI, S. 30.

[3] M. U.-B. 2350. Vgl. Lisch, M. Jahrb. XXVI, S. 99—101. XXXVIII, S. 182—184.

genommen, auf dem alten Stammgut. Ritter Nikolaus von Brüsewitz ist das
Haupt der Familie. An der frommen That seines gleichnamigen Vorfahren,
der die Kirche gründete und baute, will er durch Erweiterungen, Verbesserungen
und besonders durch zahlreiche Seelenmessen zu Nutz und Frommen geistlicher und weltlicher, zum Theil längst abgeschiedener Herren, denen er sich
und die Seinen verpflichtet fühlt, zu Nutz und Frommen auch seiner ganzen
Verwandtschaft, seinen Antheil haben. Und nun kommt er an dem genannten
Tage mit dem obersten geistlichen Herrn der Diöcese, dem Bischof Gottfried
von Schwerin, sowie dem höchsten weltlichen Herrn des Landes, seinem Oberlehnsherrn, dem Fürsten Nikolaus von Werle, und mit vielen seiner Freunde,
den Bülow, Mallin, Weltzin, Klenow, Gustävel, Koss, Kardorff u. a. m. in
Parchim zusammen, um seine Stiftungen, zu denen in reichlichem Maasse allerlei
Einkünfte aus seinen Gütern Brüz, Diestelow, Grambow, Seelstorf (Buzeelstorp)
und der Schalentiner Mühle verwandt werden, mit Namen und Siegeln für
alle Zeiten zu verbriefen. Drei Altäre der Kirche sind es, an denen die
Messen gelesen werden sollen, am Hauptaltar sowie am St. Marien- und am
St. Katharinen-Altar in der Kirche zu Brüz. Wie lange die von Brüsewitz
auf Brüz gesessen haben, ist nicht zu sagen. Vielleicht bis zu ihrem Aussterben in Mecklenburg in der zweiten Hälfte des XV. Jahrhunderts.[1]) Nach
ihnen, noch im XV. Jahrhundert, und zwar bis 1486, treffen wir dort die
von Weltzien, die damals ausser Brüz und ihrem Stammgut Weltzin auch
Grambow und Diestelow besitzen. 1486 kauft Wedige von Maltzan auf
Grubenhagen Dorf und Gut Brüz mit dem Kirchlehn und mit der halben
Mühle zu Diestelow, tritt aber sechs Jahre später Brüz an die mecklenburgischen Herzöge ab, die es mitsammt dem Kirchenpatronat bis 1711
behalten. Den 30. April giebt Herzog Friedrich Wilhelm durch Tauschvertrag
in Auswechslung mit dem Gute Lübzin das Dorf an den Major Jürgen Ernst
von Petersdorf ab. Dieser verkauft Brüz ein Jahr später, den 29. Mai 1712,
an den Hauptmann Georg von Linstow auf Diestelow, und nun bleiben beide
Güter bis Ende der dreissiger Jahre des XIX. Jahrhunderts in einer Hand.
Während der zweiten Hälfte des XVIII. Jahrhunderts sind sie in Knesebeck-
schem (von 1744 an), Normann'schem (von 1781 an), Meerheimb'schem (von
1790 an) und Reden'schem Besitz (von 1796 an). Im XIX. Jahrhundert folgen
als Besitzer auf einander zuerst: Ernst Ludwig Engel (von 1799 an bis 1803),
Hans Georg Hartwig von Flotow (1803—1814) und G. F. von Storch (von
1815 an). Von der Familie Storch, die Diestelow noch bis 1850 behält, geht
Brüz am Ende der dreissiger Jahre des XIX. Jahrhunderts an die Familie
Eggerss über. Dieser folgen: 1850 Ernst Müller, 1861 Ferdinand und August
Friedr. Heinr. Karl von Schack, 1865 Barthold von Bassewitz, 1868 Rud. Albr.
Hartwig von Preen, 1881 Karl Luyken und 1895 Karl Hermann Lipke.

Um 1295 werden zwei Brüzer Geistliche mit Namen Johann genannt,
in der ersten Hälfte des XIV. Jahrhunderts die Pfarrer Arnold und Johann

[1]) S. Gamm'sches Verzeichniss im M. Jahrb. XI, S. 434.

von Schönberg und in der zweiten Hälfte Johann Katzow. Vom XV. Jahrhundert fehlen bis jetzt alle Nachrichten über Geistliche. 1542, auch noch 1557, wird dort Jochim Wulff als Kirchherr angetroffen. 1585 geht der Brüzer Pastor nach Woosten; das kann Johann Seehusen gewesen sein, der in Woosten um 1604 genannt wird. In den neunziger Jahren wirkt Dionysius Schultze in Brüz, der auf anscheinend nicht hinlänglich gegründete Anklagen hin eine Zeit lang seines Amtes enthoben (»entlaubt«) wird. Doch tritt er es später wieder an. 1621 ist er ein alter Mann, dem als junge Kraft Martinus Reineke substituiert wird, der bis ans Ende der sechziger Jahre des XVII. Jahrhunderts im Amte bleibt. Es folgen: 1668 Enoch Zander, 1703

Kirche zu Brüz.

dessen gleichnamiger Sohn († 1741),[1] 1741 W. Studemund, 1768 Joh. Christoph Lange und 1793 Franz Joachim Aepinus († 1817). Ueber die Geistlichen des XIX. Jahrhunderts s. Walter a. a. O.

Im XVII. Jahrhundert wird wiederholt die Filial-Kapelle zu Seelstorf (Possehlstorf) genannt.

Kirche.   **Kirche.** Dass alle Theile der Kirche, Chor, Schiff und Unterbau des Thurmes, dem XIII. Jahrhundert angehören, sieht man den Abbildungen an. Aber man möchte, abgesehen von den späteren Veränderungen der Lichtöffnungen, den in wendischem Ziegelverbande aufgeführten Chor, der mit seinen Lisenen und Friesen eine gewisse romanische Zierlichkeit aufweist, für jünger halten als den schweren wuchtigen Feldsteinbau des Schiffes und daher die Frage aufwerfen, ob nicht in diesem der älteste Bau aus dem zweiten oder

[1] Das Inventar von 1811 führt ein Bildniss von ihm auf.

dritten Decennium des XIII. Jahrhunderts erblickt werden dürfe, wie ihn der erste Ahnherr Nikolaus Brüsewitz ausführte und für dessen Zeit die dem Schiff gegebenen Lichtöffnungen besonders charakteristisch sind [1]) (man vergleiche Kühn, Neukloster, u. a. m.), in dem Chor aber eine jüngere Zuthat, die immerhin noch für das Ende des XIII. Jahrhunderts als von dem jüngeren Nikolaus Brüsewitz herstammend in Betracht gezogen werden könnte? Gewisses ist freilich nicht zu sagen. Indessen die von Lisch ausgesprochene Meinung, dass der ganze Bau von 1295 stamme und dass vorher eine hölzerne Kirche dagewesen sei, möchten wir nicht theilen (s. a. a. O.).

Wie man deutlich sehen kann, und wie auch die Sage geht, ist der obere Theil des alten Thurmes irgend einmal eingestürzt und dann wieder erneuert worden.[2]) Im Innern ist der Chor mit einem achttheiligen Backofengewölbe, das Langhaus dagegen mit flacher Bretterdecke geschlossen. Ob im Schiff früher Gewölbe vorhanden waren und ob diese bei dem Einsturz des Thurmes durchgeschlagen und nicht wieder hergestellt worden, lässt sich heute nicht mehr mit Bestimmtheit sagen, man möchte es aber glauben. Die alten Portale an der Nord- und Südseite mit trefflich profilierten spätromanischen

Ostseite der Kirche.

oder frühgothischen Wandungen und Laibungen sind zugemauert. Im Thurm an der Westseite ein grosses Portal, durch welches man sieben Stufen tief in die Kirche hineinsteigt. Vor dem Eingang auf der Südseite des Chors eine Vorhalle.[3])

Der **Altaraufsatz** bietet nichts Bemerkenswerthes. — Die **Kanzel** ist ein Schnitzwerk vom Jahre 1676 im Geschmack der Renaissance und laut Inschrift ein Vermächtniss von **HEINRICH SCHNEPEL**. An einem **Kirchenstuhl** die Jahreszahl **1665**. — An der Südwand des Chors eine Reihe **Wappen**

Innere Einrichtung.

[1]) Besonders zu beachten die halben Rundpfeiler zwischen den einzelnen Schlitzfenstern.
[2]) Am Wetterhahn des Thurmes die Jahreszahl 1770.
[3]) An der Südseite des Chors ehemals eine Grabkapelle der Familie von dem Knesebeck. Sie zerfiel, die Familie verzichtete auf ihre Wiederherstellung, und die in ihr aufgestellten, zum Theil sehr kostbaren Särge wurden mit ihrem Schmuck an Namens- und Wappenschildern in die Erde gesenkt.

aus Zinn von Angehörigen der Familie von Passow und ihrer Ehefrauen.[1]) — Am Ostfenster des Chors hängt eine **gemalte Fensterscheibe** mit dem sieben-theiligen Wappen des Herzogs **GUSTAV ADOLF** und der Jahreszahl **1699**. — An einem **Stützbalken** im Chorgewölbe die Namen: **FRAU V • NORMANN PATRONIN • HERR F • J • AEPINUS PASTOR** und die Jahreszahl **1776**.

Grabsteine.   **Grabsteine.** Im Mittelgang des Langhauses der Grabstein des Königl. Preuss. Kapitains **C. F. W. VON PASSOW**, Erbherrn auf Grambow und Weltzien, geb. zu Daschow 1727, gest. zu Grambow 1800.   Im Chor vor dem Altar der Grabstein des **C. C. VON PASSOW**, Erbherrn auf Radepohl, Wessin, Grambow und Welzin, geb. zu Radepohl 1709, gest. zu Grambow 1783.

Glocken.   Im Thurm zwei **Glocken**. Die grössere (Dm. 1,24 m) hat unter der Krone den Spruch: **LOBET DEN HERRN IN SEINEM HEILIGTHUM   LOBET IHN IN DER VESTE SEINER MACHT.** Auf der einen Seite des Feldes die Initialen des Herzogs **GUSTAV ADOLF: V • G • G • G • A • H • Z • M •**, auf der anderen Seite das Grabow'sche Wappen und die Angaben: **CHRISTOF HANS V • GRABOV • HAVBMAN.**[2]) **ENOCH ZANDER 20JÄHRIGER PREDIGER ZV BRVTZ ANNO MDCLXXXIX DEN XXX • MAI** sowie die Namen des Küsters **CHEMNITZ** und der Vorsteher **SCHVT, BABZIEN, DVNCKER.** Unten am Rande endlich: **M • VITES SIEBENBAVM GOSS MICH IN SCHWERIN.** — Die kleinere Glocke (Dm. 1,06 m) hat am oberen Rande die Inschrift: **o rex glorie chriſte ueni cum pace amen mᵒccccᵒxliᵒ.**[3]) An der Seite das nebenstehende Giesserzeichen des **Rickert von Mönke-hagen.**

Vasa sacra.   **Vasa sacra.** 1. 2. Silbervergoldeter Kelch aus neuerer Zeit (ca. 1830, 1840). Mit dem **PASSOW**'schen Wappen. Ohne Stempel, ebenso die zugehörige Patene.   3. 4. Schwerer Zinnkelch, versilbert und vergoldet, aus dem XIX. Jahrhundert. Keine Stempel, auch nicht an der zugehörigen Patene. — 5. 6. Kleiner Zinnkelch mit Patene. Mit dem Stempel des englischen Zinns. — 7. Geräth zur Krankenkommunion, neu. Ohne Stempel. — 8. Silberne Oblatendose, neu. Ohne Stempel.

---

[1]) Seit vor 1755 auf Grambow bei Lübz, das nach Brüz hin eingepfarrt ist.

[2]) Sr. Zt. Hauptmann des Amtes Goldberg und daher Vertreter des landesherrlichen Patronats. Das Inventar von 1811 hat irrthümlich die Jahreszahl 1679 statt 1689.

[3]) Lisch, M. Jahrb. XXVII, S. 234.

Das Kirchdorf Techentin.[1]

Als der alte Fürst Borwin im Jahre 1219 das Kloster Sonnenkamp gründet, legt er das Bauerndorf Techentin mit anderen zusammen zu der Morgengabe, mit welcher das neue Kloster beschenkt wird.[2] Vorläufig sind es freilich nur zwanzig Hufen und dazu der Techentiner Wald und See. Aber bald kommt mehr hinzu: der Dorfkrug, das angrenzende Dorf Hagen, die Mühle, und zu dem Patronat der Kirche das der Filial-Kapelle zu Below, welches die von Below, die Brüder Iwan und Dietrich Mann und die Brüder Nikolaus und Wedekin, am 8. April 1299 schenken.[3] Im Besitz von Neukloster bleibt denn auch Techentin bis zur Säkularisierung der Klöster im XVI. Jahrhundert.[4] Da tritt es in den landesherrlichen Domanialverband ein, und zugleich geht auch das Patronat an die Herzöge über, die es noch heute haben.

Als Geistliche werden genannt: im XIII. Jahrhundert der Pfarrer Reiner (Reineke, Reimar), der auch noch nach 1300 vorkommt, in der ersten Hälfte des XIV. Jahrhunderts der Pfarrer Johann, und in der zweiten Hälfte die Pfarrer Bernhard und Johann von Rostock. Das Kirchenvisitationsprotokoll von 1557 giebt an, dass Johann Steinhäuser (Steinheuser) nunmehr zweiundfünfzig Jahre lang Pastor in Techentin und Below gewesen sei. Indessen wird der Vorname mit dem des Kuppentiner Steinhäuser verwechselt sein (s. bei Poserin), denn auf der Belower Glocke von 1556 steht Nicclaves Stenhuser, was richtig sein wird. Ihm folgt 1564 von Woosten her Johann Hadelmann, der 1552 nach Woosten berufen worden und als Student zu Luther's Füssen gesessen hat. 1595 wirkt bereits Hadelmann's Schwiegersohn Joachim Lembke als Pastor in Techentin. Nach Lembke's Tode († 23. August 1623) folgt 1624 Johann Stephani, mit dessen Amtsthätigkeit es aber 1638 (wahrscheinlich in Folge des Krieges) ein Ende hat. Nach fünfjähriger Vakanz finden wir Joh. Permin († 9. April 1670). Weiterhin folgen: 1671 Zacharias Crull, der 1690 nach Plau versetzt wird, 1690 Joachim Christoph Danneel, der 1713 an Konrad Curtius und nach dessen Tode 1728 an Joh. Friedr. Aepinus einen Substituten erhält. Aepinus lässt sich 1750 als Adjunkten den Joh. Ludwig Behm beigesellen. 1773 wird Ad. Fr. Hövet Pastor

---

[1] 7 km westlich von Goldberg. Der Name Techutin, Thegentyn, Theghentin, Techentin heisst »Ort des Techuta, Techeta« und kann soviel heissen wie »Trostheim, Trostdorf« (altslavisch tĕha = Trost): Kühnel, M. Jahrb. XLVI, S. 142.

[2] M. U.-B. 254. 255. 429.

[3] M. U.-B. 871. 1120. 1254. 2551. 2595. Vgl. auch 3595. 4229. 9972. Ueber Techentinerhagen oder Langhagen s. M. U.-B. 4040 (S. 409). 4153.

[4] M. Kunst- u. Gesch.-Denkm. III, S. 449.

von Techentin und Below. Er stirbt im December 1800. Und nun folgt Joh. Heinr. Christian Mecklenburg, der 1808 nach Buchholz versetzt wird und dort am 6. August 1822 stirbt. Vgl. Walter a. a. O., dessen erste Angabe über Techentin nicht richtig ist.

Kirche. Die Kirche ist ein Feldsteinbau mit einem gothischen Chor aus dem Achteck, der möglicherweise als etwas jüngerer Theil dem Anfange des XIV. Jahrhunderts angehört. Im Innern eine den ganzen Raum überspannende flache Bretter- und Holzdecke. Im Westen ein hölzerner Thurm

Kirche zu Techentin.

als Glockenstuhl. Auf der Nordseite ein in früherer Zeit als Grabkapelle der Familie **VON TWESTRENG** [1]) benutzter Anbau, der jetzt, nach Hinwegräumung einer Wand, theilweise zur Kirche gezogen ist.

Altar neu, vom Bildhauer **Siegfried**-Güstrow, ebenso auch der **Taufständer**. Auch die **Kanzel** stammt aus neuerer Zeit.

Das alte gothische **Triptychon** aus dem XVI. Jahrhundert steht jetzt auf dem Boden des Thurmes. Im Mittelstück vier geschnitzte Figuren unter gothischen Baldachinen: die hl. Maria mit dem Christkind, ein Bischof, Johannes der Täufer und die hl. Katharina. Ausserdem wird dort noch eine ganze Reihe anderer gothischer Figuren aufbewahrt, die theils zu diesem, theils auch vielleicht zu einem anderen Altarschrein gehört haben können.

Unten im Thurm das ungefähr ein Meter hohe **Triumphkreuz** mit einem hochgothischen in Holz geschnitzten Christus.

Kirche.

Altar,
Taufständer,
Kanzel,
Triptychon.

Triumphkreuz.

---

[1]) Im Anfange des XVIII. Jahrhunderts ansässig zu Hagen im Kirchspiel Techentin.

Im **Beichtstuhl** ein grösserer Stuhl vom Jahre 1676 mit Schnitzerei im Renaissance-Geschmack.

Im Thurm drei **Glocken**, alle aus neuerer Zeit. Sie sind ein Ersatz für die im Jahre 1793 an die evangelische Kirche zu Ludwigslust und 1815 an die katholische Kirche zu Ludwigslust abgegebenen grossen Techentiner Glocken. Die grössere (Dm. 1,01 m) ist laut Inschrift 1861 zur Zeit des Pastors **J. C. RIEDEL** von **P. M. Hausbrandt** in Wismar gegossen; die zweite (Dm. 0,82 m) und die dritte (Dm. 0,65 m) von ebendemselben im Jahre 1850.

Kleinkunstwerke. 1. 2. Silbervergoldeter Kelch mit einem aufgelötheten Krucifixus. Inschrift am Fuss: ZV GOTTES EHREN HAT DIESEN KELCH THOMAS FRENTZKE NEBST SEINER FRAWEN EMERENTIA DOLLEN IN DER KIRCHEN ZV TECHENTIN VEREHRET · ANNO 1660. Nur der eine Stempel 🅗 H L (?). Die zugehörige Patene hat keine Werkzeichen. — 3. Getriebener Messingkelch, galvanisch vergoldet, auf achtpassigem Fuss. Unter dem Fuss eingravirt: ANNO 1723 D · 1 · DECEMBER ✳ MATTIAS PETERSEN PAST : SEN : ZU GOLDBERG UND ZIDDRIG VORSTEHER HANS KÖSTER UND FRANS PLAGEMAN. Also ursprünglich der ehemaligen Kirche zu Zidderich gehörend, das jetzt nach Techentin hin eingepfarrt ist. — 4. Zinnerner Kelch mit der Inschrift: DIESEN KELCH VER EHRET ABERMALS · DA DER VORIGE WEG GESTOHLEN ZUM HEILIGEN GEBRAUCH DER TECHENTINSCHEN KIRCHEN HANS SCHLIEMANN KÜSTER ZU TECHENTIN UND BELAU D · 1 · JANUARIJ ANNO 1725. Von einem Güstrower Zinngiesser. — 5. Zinnerner Kelch, laut Inschrift am 26. April 1723 geschenkt von **TRIEN ILSA KÖSTERS SEL · PETTERSEN WWE, HAUSFRAU ZU BELAU**. Dieselben Zeichen wie beim Kelch unter 4. — 6. 7. 8. Kleiner zinnerner Krankenkelch von einem Güstrower Zinngiesser **L H S 1740**, mit Patene und Oblatendose. — 9. 10. Kelch und Patene von Neusilber, vergoldet. 11. Geräth für die Krankenkommunion, neu, von **Sy & Wagner**-Berlin. — 12. Silberne Oblatenschachtel. Als Stadtstempel ein Adler, daneben der Stempel JÜRSS. — 13. Abendmahlskanne, neu, 1874 von **PRESTIN-HOF HAGEN** geschenkt. Dieselben Stempel wie bei 12. — 14. Taufkanne und Schale von Messing mit der Jahreszahl **1888**. — 15. Zinnerne Taufschale, versilbert und vergoldet, 1882 angeschafft, von **C. W. Kurtz**-Stuttgart. — 16—18. Zwei Opferschalen und eine Opferbüchse von Messing, neu. — 19. Silberner neuer Schöpflöffel (**BOHN PARCHIM**). 20. Leuchter von Zinn, gestiftet 1733 von **MARIA PRESTIENS**, von einem Parchimschen Zinngiesser **N C B 1726**.[1]) — 21. Auf dem Altar ein vergoldeter Krucifixus. — 22. Sechsarmiger Kronleuchter von Messing, neu, 1883 angeschafft. 23. 24. In der Kapelle auf dem Friedhof des Dorfes zwei zinnerne Leuchter. Der eine 1738 von **CARL HAAS** gestiftet. Im Stadtstempel der werlesche Stierkopf, und im Meisterstempel die Initialen **J · M · S ·** mit der Jahreszahl **1732**, dazu das Bild eines Storches. Der zweite von **CHRISTOFFER HAFEMANN** für die Belower Kirche gestiftet. Jahreszahl und Stempel undeutlich.

[1]) Vgl. Mestlin.

Das Filial - Kirchdorf Below.[1])

Geschichte
des
Dorfes.

Zu den Besitzungen, welche das pommersche Cistercienser-Kloster Neuenkamp (Franzburg) im XIII. Jahrhundert in der Nachbarschaft von Goldberg und Dobbertin schrittweise erwirbt, gehört seit 1296 auch das Dorf Below, das vorher als Stammsitz von alter Zeit her den Herren von Below

Inneres der Kirche zu Below.

eigen war.[2]) Diese aber schenken am 9. April 1299 das Patronat der Kapelle dem Kloster Sonnenkamp, das sich dreiviertel Jahre später, nämlich im Januar 1300, den ungestörten Besitz dieses seines Rechtes sowohl vom Kloster Neuenkamp als auch von Fürst Nikolaus II. von Werle verbriefen lässt.[3]) Nachdem aber Neuenkamp im Jahre 1455 seinen Grundbesitz im Goldberger Lande an die mecklenburgischen Herzöge verkauft hat, geht Below als Bauerndorf in

---

[1]) 8 km nordwestlich von Goldberg. Mit »Ort des Bêla« übersetzt Kühnel, M. Jahrb. XLVI, S. 24, den Namen des Dorfes.

[2]) M. U.-B. 2388. 2389. 3443. 3651. Das Kloster Neuenkamp selbst freilich bezeichnet den Besitz als sein Lehen, aber die von Below, die bald darauf auf Massow im Amte Wredenhagen sitzen, behalten noch Pächte und Zinsen in Below: M. U.-B. 2595. 9579 A. und B.

[3]) M. U.-B. 2595. 7238. Zur Ordnung des Gottesdienstes in Below vgl. M. U.-B. 9972.

den landesherrlichen Domanialverband über.[1]) Das Kirchenpatronat freilich verbleibt nach wie vor den Jungfrauen zu Neukloster, wie der Ausdruck im Visitationsprotokoll von 1557 noch lautet, als Nikolaus Steinhäuser Kirchherr zu Techentin und Below ist. Vgl. S. 405. Bald nach 1557 aber tritt der Landesherr an deren Stelle.

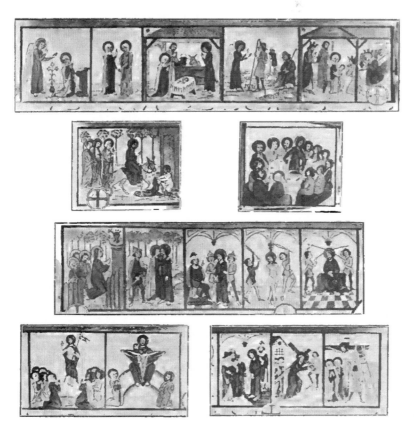

Wandmalereien.

Kirche. Die kleine Kirche ist ein Feldsteinbau aus dem XIII. Jahrhundert mit platt abschliessender, von zwei Eckpfeilern gestützter Ostwand. Im Westen ein vorgesetzter hölzerner Thurm oder Glockenstuhl. Die spitzbogig gebildeten Fenster haben nicht mehr ihre ursprüngliche Form. Auf der Südseite eine Vorhalle. Im Innern eine flache Bretterdecke.

Am meisten fallen die **Wandmalereien** auf. Sie sind vor einigen Jahren unter der Tünche zum Vorschein gekommen und von den Malern

Kirche.

Wandmalereien.

Michelsen und **Krause** mit gutem Verständniss wiederhergestellt. Es ist ein Bilderfries, der die Wände der Kirche in Augenhöhe umzieht; er beginnt an der Nordwand des Altarraumes mit der Verkündigung des Engels an die hl. Maria. Es folgen der Besuch bei der Elisabeth, die Geburt des heiligen Kindes, Verkündigung an die Hirten auf dem Felde und die Anbetung der drei Weisen aus dem Morgen-

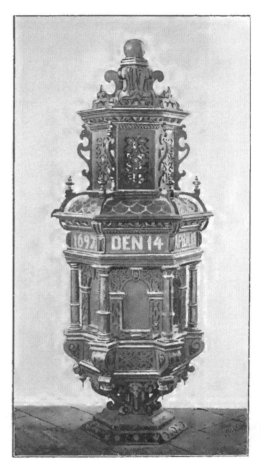

lande. Die Ostwand enthält nur nach der Südostecke hin ein Bild: den Einzug in Jerusalem.[1]) Die Fortsetzung an der Südwand enthält: die Einsetzung des heiligen Abendmahls, bei welcher die Stellung des Heilandes merkwürdig ist, er erscheint in der Mitte eines achteckigen Tisches, der ihn umgiebt. Es folgen die Fusswaschung,[2]) das Gebet in Gethsemane, der Verrath, das Verhör, die Geisselung, die Dornenkrönung, das Ecce homo, die Kreuztragung und die höchst eigenthümliche Kreuzigung. Und nun wird der Fries durch die Orgel-Empore im Westen unterbrochen. Es sind daher nicht erneuert die hier ohne Zweifel vorhanden gewesenen Bilder der Kreuzabnahme, Grablegung, Höllenfahrt und Auferstehung. Dagegen sieht man wieder an der westlichen Nordwand die Scene der Himmelfahrt und als Schluss eine Dreieinigkeits-Darstellung mit Gott Vater, der auf einem Regenbogen thront, dem Krucifixus und der Taube des heiligen Geistes. Alle diese Malereien sind mit

Taufbehälter.

naiver Kunst in der ersten Hälfte des XIV. Jahrhunderts hergestellt und verrathen trotz verschiedener Mängel eine in ihrem Formenkreis wohlgeübte und geschickte Hand. Ueber und unter den Bildern gothisches Rankenwerk.

Altar und Kanzel. **Altar** und **Kanzel** sind zu einem Körper vereinigt. Der **Altaraufsatz** stammt aus dem Jahre 1844, doch sind an der sonst für das Altargemälde

[1]) Hier sind selbstverständlich auch einmal mehr Bilder gewesen; aber es war nichts davon erhalten.
[2]) Nicht mit Photographie zu erreichen.

bestimmten Tafel vier geschnitzte Figuren angebracht, die man einem früheren gothischen Schrein entnommen hat.

Der **Taufbehälter**, ein Werk der Renaissance, hat die Aufschrift: **HANS SUDROW ANNO 1697 DEN 14 APRILIS**.

Im Thurm drei **Glocken**. Die grössere mit der Inschrift **EHRE SEI GOTT IN DER HÖHE UND FRIEDE AUF ERDEN** ist im Jahre 1846 auf Kosten der Belower Gemeinde umgegossen worden. — Die zweite, kleinere Glocke trägt die nachstehende Inschrift in Minuskeln: ɦelp godt · dorcḥ de gnade gades guet[1]) ɦauß timmermann deße klocke im ja(r) mccccſvi tḥo der tidt do vaß ḥ · nicklklaveß ſtenḥuſer paſtor und peter gotſchalck (und) tigeß koſter de vorſtend. Ausserdem mehrere Münzen und Kreise mit Kreuzen innerhalb der Inschrift und auch sonst im Felde der Glocke. Nebenstehendes Giesserzeichen. — Die kleinste Glocke hat die Inschrift: O rpe rex glorie veni cum pace · ano dni mccccciii. Mit vorstehendem Giesserzeichen

Kleinkunstwerke. 1. 2. Silberner einfacher Kelch auf sechs-passigem Fuss. Inschrift: **PETER ZLIEMAN SCHVLTE ZV BE-LOVW DESSEN (S)ELIGE HVSFRAVWE ANNE KOSTERS · ANNO 1650**. Keine Stempel, auch nicht an der zugehörigen Patene. — 3. Messingene einfache Taufschale mit der Inschrift: **HANS KÖSTER 1674**. — 4. 5. Zwei neue Armleuchter. — 6. 7. Zwei zinnerne Leuchter, geschenkt von **JOHANN SCHVLDT 1732** und **HANS ORTMANN 1730**, beide von einem Parchimschen Zinngiesser **N C B 1756**.

Marginalia: Tauf-behälter. — Glocken. — Kleinkunst-werke.

Das Kirchdorf Herzberg.[2])

Das Dorf Herzberg gehört zu den vierzehn Dörfern im Lande Sternberg, die Fürst Heinrich der Löwe von Mecklenburg am 11. November 1324 an die von Plessen verpfändet.[3]) Später, den 17. Juni 1367, erlässt Herzog Johann von Mecklenburg eine Urkunde, in welcher er ihnen im Besonderen den Besitz von Herzberg mit allen und jeden Rechten verbrieft.[4]) Eine sehr viel spätere, zuerst von Latomus im XVII. Jahrhundert mitgetheilte Sage macht die

Marginalia: Geschichte des Dorfes.

---

[1]) **guet** = goss. Das Inventar von 1811 sagt über die Glocken in Techentin und Below so gut wie gar nichts.

[2]) 15 km südwestlich von Goldberg. Um 1317 wird ein Hinricus de Hertesberge als Vasall des Grafen von Schwerin genannt: M. U.-B. 7284.

[3]) M. U.-B. 4570. Es sind ausser Herzberg die Dörfer und Güter Passow, Ruthen, Lutteran (Latran), Werder, Greven, Lindenbeck, Granzin, Wöten, Lenschow, Kossebade, Grabow, Zolkow und Badegow. Vgl. M. U.-B. 4959.

[4]) M. U.-B. 9641.

Plessen auch zu Grundern der Kirche in Herzberg, aber mittelalterliche Urkunden überliefern nichts davon.[1]) Bis 1793 bleiben sie die Herren des Gutes und Dorfes. Zwar verlieren sie es von 1670 an einige Jahrzehnte hindurch an die von Schack, aber sie behalten trotzdem die Hand darin, und 1733 sitzt wieder einer der Ihrigen auf dem altväterlichen Lehn. 1794 aber geht es in anderen Besitz über, zuerst auf ein Jahr an den Hauptmann Karl Baron von Birckhahn, 1795/96 an Jakob Friedr. Lange, von 1796 bis 1800 an Georg Aug. Freiherrn von Hammerstein, 1800 an Friedr. Burchard von Maltzahn, 1856 von dessen Erben an den kurz vor seinem Tode in den Adelsstand erhobenen Ernst Heinrich Ludwig Robert Schalburg, und 1892 von diesem für die Summe von 1140000 Mark an den Rittmeister Wilhelm Karl Arthur Albert von Treuenfels.[2])

Von den mittelalterlichen Geistlichen zu Herzberg ist keiner mit Namen auf uns gekommen. Zwischen 1591 und 1609 treffen wir dort den Pastor Lazarus Schlüter, nachher dessen Schwiegersohn Jakobus Cotelmann, nach Cotelmann's vor 1659 erfolgtem Tode wieder dessen Schwiegersohn Konrad Crato (÷ 10. August 1681)[3]) und zuletzt den Daniel Wilhelm Kaphengst, der am 4. Oktober 1722 stirbt. Nach Kaphengst's Tode setzt es Heinrich von Plessen als damaliger Patron der Kirche zu Herzberg trotz langdauernden Widerstandes von vielen Seiten durch, dass Herzog Karl Leopold sich zuletzt mit der Kombinierung der Kirchen und Pfarren zu Herzberg und Granzin einverstanden erklärt. Schon Kurt Christoph von Schack, der sich als damaliger Besitzer von Herzberg auch als Patron von Herzberg und Lenschow bezeichnet (in Lenschow war eine zu Herzberg gehörende Filial-Kapelle), hatte dies im Jahre 1683 nach Crato's Tode mit vergeblicher Mühe zu erreichen gesucht.

Kirche.

Kirche. Die Kirche ist ein gothischer Feldsteinbau des XIV. Jahrhunderts auf der Grundform eines im Osten platt abschliessenden länglichen Vierecks. Auch der im Westen vorgesetzte Thurm besteht bis zu halber Höhe aus Felsen, von da an aus Fachwerk. Er endigt mit einer von acht hölzernen Säulen gebildeten offenen Laterne. Zweitheilige gothische Fenster, eins in der Ostwand, je zwei in den Längswänden, erhellen den mit flacher Balken- und Bretterdecke überspannten Raum. Das Hauptportal an der Südseite des Langhauses hat eine einfache, aus vier gewöhnlichen Kanten gebildete Wandung und spitzbogige Laibung ohne Kapitellband. Ueber dem Portal die Angabe: **RENOVAT · 1860.** Draussen an der Ostwand, deren Giebel mit Blenden verziert ist, steht als Anbau eine der Familie **VON MALTZAHN** gehörige Grabkapelle.[4]) An der Südseite der Kirche eine Vorhalle.

[1]) Westphalen, Mon. ined. III, S. 1923, Anmkg. Vgl. Kunst- u. Gesch.-Denkm. II, S. 288. III. S. 386.

[2]) Raabe-Quade, Vaterlandskunde I, S 858.

[3]) Er selbst schreibt sich Crato. Andere schreiben Crotins.

[4]) Die von Maltzahn hatten auch Lenschow, das seit 1873 zu der Treuenfels'schen Begüterung gehört.

Altar, Kanzel und **Gestühl** bieten nichts Bemerkenswerthes.

Der aus Holz geschnitzte **Taufbehälter** hat die Form eines grossen Bechers. Die dazu gebrauchte Schale ist von Messing.

An der herrschaftlichen **Empore**, die jetzt mit den Wappenmalereien der Familie **VON TREUENFELS** verziert ist, giebt es auch die Wappen des **H. VON PLESSEN** und seiner Gemahlin **J. D. VON SPERLING** aus dem Jahre 1741.

Beim Eingange von der Thurmseite her hat sich ein eingemauertes steinernes **Weihwasserbecken** erhalten.

Im Thurm befinden sich zwei **Glocken**. Die grössere (Dm. 0,92 m) hat auf der einen Seite des Feldes den Namen des **FRIEDRICH CARL ALBRECHT, BARON VON MALTZAHN**, auf der andern unten am Rande den des Giessers **P. M. HAUSBRANDT** mit der Jahreszahl **1840**. Die kleinere ältere Glocke (Dm. 0,51 m) hat eine nachlässig und ungleichmässig im Charakter der ersten Hälfte des XVI. Jahrhunderts behandelte schlechte Minuskelschrift. Man liest: anno · dni · mvcrrii · fanctuʒ · nicolauʒ · vertelt ſchillinck. Dazu das nebenstehende Giesserzeichen.[1])

Kleinkunstwerke. 1. 2. Silbervergoldeter Kelch mit der Inschrift: **ZUR HERTZBERG'SCHEN KIRCHE 1813.** Parchimsche Stempel: [P] und [MICHAEL]. Die zugehörige Patene hat die gleiche Inschrift. — 3. Silbervergoldete neugothische Oblatendose mit dem eingepressten Bilde der Grablegung auf dem Deckel. — 4. Silbervergoldete Abendmahlskanne, neu, ohne Inschrift. — 5. 6. Zwei Altarleuchter, ohne Inschrift.

Die wichtigsten vorgeschichtlichen Stellen

in den Amtsgerichtsbezirken Güstrow, Krakow und Goldberg.

Amtsgerichtsbezirk Güstrow. Stadtgebiet Güstrow. Hinter den im Jahre 1573 auf Befehl der Herzogin Elisabeth aufgeforsteten Heidbergen (s. Denkstein von 1883) trifft man in der Richtung auf die Nebel zu die »Königshorst«, welche der Volksglaube zu einer Opferstätte macht. Hier soll ein alter Mahlstein gefunden sein. — Im Priemer, jenseits der Jagdbrücke, beim Wärterhause, Reste von Kegelgräbern; ein besser erhaltenes nördlich vom »Pflanzgarten«; und in der Nähe, jenseits des Weges, vier

---

[1]) Die Schriftcharaktere des Namens Schillinck sehen mehr wie Reste von Buchstaben, denn wie Buchstaben aus. Aber als Reste stimmen sie sehr gut zu der von Grotefend vorgeschlagenen Lesung. Bertelt Schillinck ist anscheinend der Name des Giessers. Wäre es der eines Geistlichen, so würde der Titel »Dominus« nicht gefehlt haben. Vgl. Fünte in Kröpelin.

andere, aus denen eine Henkelurne ins Güstrower Museum gekommen ist; weiter östlich ein gleiches grösseres, aus dem verschiedene Urnenscherben geborgen sind; in derselben Richtung weiter noch andere, aus denen bei gelegentlichen Forstarbeiten grosse Steine, die einen Ring bildeten, sowie auch ausserhalb dieses Ringes stehende Urnen in grosser Zahl hervorgeholt worden sind. Fünf anscheinend unversehrte Gräber liegen am »Mittelwege« östlich vom Pflanzgarten. Endlich noch einige andere aufgegrabene und ihrer Steinringe beraubte Gräber dieser Art am Mittelwege nach der Lössnitz hin. — Ueber Moorfunde bei Güstrow s. Beltz, M. Jahrb. LXIV, S. 151.

Lüssow. In den fünfziger Jahren des XIX. Jahrhunderts sollen auf dem Gutsacker neben der Wiese am Mühlenbach viele Urnen gefunden, aber nicht zur Untersuchung gelangt sein. In den Lüssower Tannen und auf dem »Hilgenberge« verschiedene Erderhöhungen, die möglicher Weise Grabanlagen sind.

Suckow. Auf der Suckower Feldmark sollen bis zur Mitte des XIX. Jahrhunderts vier Kegelgräber gewesen sein. Man spricht auch von dort gefundenen, aber verloren gegangenen Bronzeschwertern.

Sarmstorf. Auf dem Acker des Erbpächters Kind ein im Jahre 1881 geöffnetes Kegelgrab. Funde daraus im Schweriner und im Güstrower Museum. Auch sonst auf demselben Acker verschiedene Gräber der Bronzezeit von theils beerdigten, theils verbrannten Leichen. Vgl. Beltz, Vorgesch., S. 46. M. Jahrb. XLVII, S. 288.

Kuhs. Die im M. Jahrb. II B, S. 108, erwähnten Kegelgräber sind angeblich in den achtziger Jahren des XIX. Jahrhunderts abgefahren worden. Von Fundstücken nichts geborgen.

Plaaz. Zehn Minuten nördlich vom Kruge zu Plaaz, in dem Dreieck zwischen Bahn, Chaussee und Wald, ein grosses wohlerhaltenes Hünengrab, dessen Deckstein ungefähr 2,50 m lang und 2 m breit ist. Vgl. M. Jahrb. VIII B, S. 90. Abbildung s. u. S. 419. Beltz, M. Jahrb. LXIV, S. 97.

Reinshagen. In den Reinshäger Tannen ehemals ein Hünengrab, bei dessen Oeffnung man eine Aschenschicht mit Steinsplittern gefunden haben soll. Die Steine sind gesprengt und fortgeschafft worden.

Kluess. Die Stelle der in die geschichtliche Zeit des werleschen Hauses hineinragenden alten Fürstenburg Pustekow sieht im Wesentlichen noch heute so aus wie vor vierzig Jahren: Lisch, M. Jahrb. XXVI, S. 60. Beyer, M. Jahrb. XXXII, S. 65 ff. Der von Lisch im M. Jahrb. XII, S. 455, erwähnte »Fliederwall« ist bis auf eine ganz geringe Erhöhung abgeackert. — Ueber einen bedeutenden Bronzefund in der »Hütung« zwischen dem alten und neuen Devwinkel vgl. Lisch, M. Jahrb. XXX, S. 136—138. XXXII, Q.-B. a, S. 7. Im alten Devwinkel wurde in jüngerer Zeit (zuerst 1888) auch ein Gräberfeld mit Urnen angeschnitten.

Bölkow. Ueber den grossen alten Burgwall Bisdede vgl. Lisch, M. Jahrb. XII, S. 453—455. Dazu S. 27, Anmkg. 1. XXXVI, S. 127. Beyer,

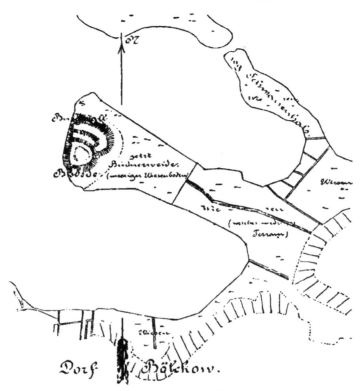

Wendischer Burgwall Bisdede.

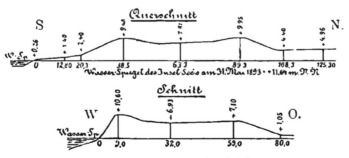

Querschnitte des Burgwalls Bisdede.

M. Jahrb. XXXII, S. 65—71, will in dem hohen Wall eine Tempelburg der Circipaner erkennen. Ueber die mecklenburgischen Burgwälle im Allgemeinen s. Beltz, Vorgesch., S. 161. Abbildung des Walles im M. Jahrb. LXII, S. 12.

Braunsberg. Ueber Hügelgräber mit Bronzefunden vgl. Lisch, M. Jahrb. XXXI, S. 59, 60.

Gross-Upahl. Ueber Hügelgräber auf der Feldmark Gross-Upahl s. Lisch, M. Jahrb XX, S. 281. Vgl. dazu M. Jahrb. II B, S. 109. VI B, S. 68.

Tieplitz. Auf der Tieplitzer Feldmark mehrere sehr bemerkenswerthe Hügelgräber: eins nahe am Verbindungsweg von der Güstrow-Sternberger Chaussee nach Ruchow; das zweite in dem an der alten Dobbertin-Bützower Landstrasse sich erstreckenden Buchengehölz; das dritte auf der Höhe zwischen dem Hofe Tieplitz und dem Gross-Upahler Wege; das vierte, fünfte und sechste nahe bei einander an der Upahler Scheide. Funde aus diesem und noch aus einem siebenten Grabe sind im Besitz des Herrn von Bassewitz (bis 1900 auf Tieplitz). Vgl Lisch, M. Jahrb. II B, S. 109. III B, S. 113. VI B, S. 68. XX, S. 281. — An der Ruchow-Tieplitzer Scheide, nördlich vom Lenzener See die »Dörpstand«, wo bis ins XVII. Jahrhundert hinein das Dorf Bohnrade gelegen haben soll. Indessen fehlt es an jeder Begründung dieser Sage. »Bohnrade« ist der Name für einen der beiden kleinen Seen auf dem Ruchower Felde: vgl. C. Ch. v. Bülow, M. Jahrb. XXXVII, S. 184.

*   *   *

Amts-
gerichts-
bezirk
Krakow.
Amtsgerichtsbezirk Krakow. Krakow. Ueber die Burgwälle bei Krakow, im Besonderen über den südlich von der Halbinsel Schwerin auf einer besonderen kleinen Insel gelegenen wendischen Burgwall in Form eines Ringwalles vgl. Lisch, M Jahrb. XXIV, S. 303 ff., und Beyer, M. Jahrb. XXXII, S. 100. Ueber den Wall auf dem Ehmkenwerder vgl. Beyer, a. a. O., S. 97. Er verschliesst genau den genannten Werder, der heute nur noch eine Halbinsel ist, gegen den »Jördenberg« und erstreckt sich von NW nach SO ungefähr 30 m lang in gerader Richtung, nicht halbmondförmig wie Beyer will; aber er senkt sich nach beiden Enden etwas ab. Höchste Höhe 2½ m. Im Volksmunde »Schwedenschanze« geheissen.

Alt-Sammit. Ehemals Hünengräber und Hügelgräber (Kegelgräber) auf der Feldmark des Gutes. Vgl. Lisch, M. Jahrb. XI, S. 391. XII, S. 407 bis 409. XXVI, S. 115, 135, 179. Beltz, M. Jahrb. LXIV, S. 81. 106. 125. Noch 1883 bei Gelegenheit des Bahnbaues ein Hünengrab aufgedeckt, dessen Funde ins Grossherzogliche Museum kamen. Ueber ein Urnenfeld zu Alt-Sammit vgl. Lisch, M. Jahrb. XXVI, S. 169. Ueber Höhlenwohnungen (besser Wohngruben) s Lisch, M. Jahrb XXVI, S. 129. Beltz, M. Jahrb. LXIV, S. 85.

Gross- und **Klein-Tessin.** Oestlich von Gross-Tessin, nördlich und südlich von einem Feldwege, Hügelgräber. Ebenso drei Hügelgräber nordwestlich vom Hofe Klein-Tessin. Noch eins südsüdwestlich von der Südspitze des Cossen-Sees nahe der Alt-Sammiter Grenze.

Hinzenhagen. Westlich vom Hofe im Moor ein Hügel, der höchst wahrscheinlich eine Grabanlage ist. Ueber einen bedeutenden Fund von Bronzen berichtet Lisch, M. Jahrb. XL, S. 149—151.

Lüdershagen. Ueber ehemalige Hünengräber im Lüdershäger Holz vgl. Ritter, M. Jahrb. IX, S. 358.

Bellin. Ueber einen Grabfund der Bronzezeit s. Beltz, M. Jahrb. LX, S. 29.

Wilsen und **Wilser Hütte.** Auf dem Wege von Wilsen zum Wilser Waldwärterhause liegt rechts eine Gruppe von sieben Hügelgräbern, nahe diesem Hause noch eins, das ebenfalls rechts liegt. Eins auch links vom Wege. — Auf dem Wege von Serrahn nach Langhagen, dicht vor Wilser Hütte, links (nördlich) des Weges, fünf Hügelgräber; rechts (südlich), etwas weiter vom Wege, deren zwei. Einige der letztgenannten sind nach Steinen durchwühlt worden.

Kuchelmiss. Hügelgräber südwestlich vom Schloss und nördlich vom Schloss am Heidberge. Ueberreste eines Burgwalles muthmasslich im Schlossgarten, wo jetzt ein Eiskeller angelegt ist.

Serrahn. Zwei mit Busch bestandene Hügelgräber auf dem Wege zwischen dem Ahrenshäger Waldwärterhause und Serrahn. — Hügelgrab zwischen den Wegen von Serrahn nach Gross-Bäbelin und nach Kieth. — Nahe am Tagelöhnerkaten von Hof Serrahn ein Hünengrab, dessen Deckstein zerschlagen ist, Glietstein genannt. — Zwei Hügelgräber bei der Kreuzung der Wege Serrahn-Langhagen und Hof Serrahn-Kuchelmiss. Ein drittes südlich des Langhäger Weges ist zerstört. — Am Wege nach Kuchelmiss, östlich, erst eins, dann zwei Hügelgräber. — Am Wege nach Langhagen, südöstlich der Ziegelei, ein Hügelgrab; östlich davon, nach dem Walde zu, noch eins. — Am Wege nach Halalit, und zugleich südlich vom Wege nach der Bäbeliner Scheide, ein Hünenbett: sieben Tragsteine, darüber ein grosser Deckstein, der umgesunken ist. — Ebendaselbst, nördlich vom Wege, ein Hügelgrab. — An dem von der letztgenannten Stelle aus ins Holz führenden Wege, gleich nach dem Eintritt ins Holz, nach Norden zu, ein Hügelgrab.

Dobbin. Am See eine bis ins Mittelalter hineinreichende Burganlage mit Feldsteinfundamenten und von einem ausgehobenen Graben umgeben.

Römisches Bronzegefäss, gefunden bei Dobbin.
Im Grossherzogl. Museum zu Schwerin.

Der Durchmesser des Grabenringes beträgt etwa 20 m.

Vgl. Lisch, M. Jahrb. XXIV, S. 307. Beyer, M. Jahrb. XXXII, S. 99. Südlich davon ein früher zerstörtes Hügelgrab. Ueber dieses und andere Hugelgräber der Dobbiner Feldmark vgl. Lisch, M. Jahrb. XI, S. 377. — Oestlich von dem schmalen Vorsprung des Sees ein schon durchforschtes Hünengrab, von dessen grösseren Tragsteinen drei noch erhalten sind. — Westlich vom Hofe ein zerstörtes Hünengrab. Vgl. Lisch, M. Jahrb. XI, S. 346. Beltz, M. Jahrb. LXIV, S. 105. Neuerdings noch viele Funde aus einem bronzezeitlichen Urnenfelde (seit 1897).

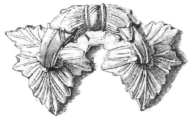

Henkel vom umstehend abgebildeten Bronzegefäss.

Ueber das grosse schöne römische Bronzegefäss, das bei Dobbin gefunden ward, vgl. Lisch, M. Jahrb. VIII B, S. 50, Taf. III.

*   *   *

Amtsgerichtsbezirk Goldberg. Goldberg. Auf der Goldberger Viehweide, und zwar neben dem »Bergwerder«, zwölf schon etwas abgeplattete Kegelgräber. Sie haben noch bis 1 m Höhe. Vgl. Wiechmann-Kadow, M. Jahrb. XXIV, S. 272. — Ueber Pfahlbauten-Funde s. Beltz, M. Jahrb. LXIV, S. 155.

Dobbertin. Da, wo heute Kirche und Kloster stehen, war ein grosser wendischer Burgwall, ein regelmässiges Oblongum, rings von See- und Moorgrund eingeschlossen, mit dem einzigen Zugang vom Werder her. Auf dem Werder aber, dem heutigen Park, lag das alte Wendendorf, ein grosses Viereck, an der einen Seite vom See, an der andern vom Moor umschlossen. Von dem Wall, der das Wendendorf umgab, sind heute noch die Umrisse theilweise zu erkennen. Vgl. Lisch, M. Jahrb. XXVII, S. 185—187.

Dobbin. Westlich von Dobbertin, etwa 2 km entfernt, auf der Hufe des Erbpächters Wendt zu Dobbin, an der nach Below führenden Landstrasse, ein Flachgräberfeld. — Auf derselben Hufe wurde vor Jahren auch ein megalithisches Grab (Hünengrab) geöffnet.

Kläden. Im Klädenschen Holz finden sich viele Hugelgräber, theils in der Richtung des Weges von Dobbertin nach Gross-Upahl, theils in der Nähe der Feldmark Woserin, am Wege von Sternberg nach Dobbertin. Auch nahe beim Forsthof zu Kläden mehrere Hugelgräber. Vgl. Lisch, M. Jahrb. III B, S. 122. XVI, S. 258. XXXVI, Q.-B. 2, S. 3. XXXVIII, S. 140, 141.

Woserin. Nach der Borkower Scheide hin, rechts und links vom Wege, der von Sternberg nach Dobbertin führt, mehrere Hugelgräber. Vgl. Lisch, M. Jahrb. III B, S. 121. XXXVIII, S. 144.

Damerow. An der Chaussee von Karow nach Damerow der Rest eines Hünengrabes, d. h. nur noch der Erdkern. Die Steine sind entfernt. Die Feldmarken von Damerow und Karow waren früher reich an megalithischen und anderen vorgeschichtlichen Gräbern. Vgl. Ritter, M. Jahrb. IX, S. 355 und 368/69. Dazu Lisch, M. Jahrb. VIII B, S. 94. Ritter, M. Jahrb. XII, S. 409—412. XIII, S. 372.

Lohmen. Ueber einen Moorfund s. Lisch, M Jahrb. XXI, S. 230. Beltz, M. Jahrb. LXIV, S. 150.

Mestlin. Ueber ein Hünengrab bei Mestlin s. Lisch, M. Jahrb. XXVII, S. 165. XXXI, S. 58, über ein Kegelgrab ebendaselbst XXXVIII, S. 143. Beltz, M. Jahrb. LXIV, S. 104.

Vimfow. Ueber Pfahlbaureste s. Wiechmann, M. Jahrb. XXXII, S. 231.

Ueber alle diese und andere Funde in den drei Amtsgerichtsbezirken Güstrow, Krakow und Goldberg, die hier nicht erwähnt sind, vgl. das vor einiger Zeit erschienene Kartenwerk von Beltz: vier Karten zur Vorgeschichte von Mecklenburg.

Hünengrab von Plaaz (vgl. o. S. 414).

Blick auf die Stadt Parchim.

Amtsgerichtsbezirk Parchim.

Die Stadt Parchim.[1]

Geschichte der Stadt.

Geschichte der Stadt. Für die Geschichte der Stadt Parchim giebt es eine Reihe guter brauchbarer Arbeiten, auf die hier verwiesen werden kann.[2] Wir begnügen uns deshalb damit, aus der grossen Zahl von Urkunden, auf denen diese Geschichte ruht, nur diejenigen hervorzuheben, die als deren Hauptgrundlagen anzusehen sind. Einige von ihnen,

[1] Ueber die verschiedenen Deutungen des Namens (»Ort des Parchim«, »Sonnenberg«) vgl. M. Jahrb. XLVI, S. 103. Beyer, M. Jahrb. VI, S. 59. Lisch, M. Jahrb. VIII, S. 4. Beyer, M. Jahrb. XXXVII, S. 161 ff. Anders Hübbe, topogr. Entwicklung d. Stadt Parchim (1899), S. 11.

[2] Die besten Arbeiten zur Geschichte der Stadt Parchim sind bis jetzt: 1) die mit kritischen und ergänzenden Anmerkungen begleitete Ausgabe der Cordesius'schen Chronik vom Jahre 1670, unter dem Titel »Chronik und Urkunden der Mecklenb.-Schwerinschen Vorderstadt Parchim, nebst einem Abdruck von M. Mich. Cordesii Chronik v. J. 1670, aus diplomatischen Quellen verfasst von Friedrich Joh. Christoph Cleemann«. Parchim 1825. Im Verlage des Verfassers. Gedruckt bei F. J. Zimmermann. — 2) Betrachtungen über die Vergangenheit, Gegenwart und Zukunft der Stadt Parchim von Dr. jur. W. G. Beyer (späteren Geh. Archivrath). Parchim und Ludwigslust 1839. Im Verlag der Hinstorff'schen Hofbuchhandlung. 3) Neueste Geschichte der mecklenburg-schwerinschen Vorderstadt Parchim vom Jahr 1801 bis 1852. Zur Ergänzung und Fortsetzung der Cleemann'schen Chronik herausgegeben von Wilhelm Ludwig Icke, Prokurator und Advokat daselbst. Parchim 1853. Druck von H. Zimmermann. (Von allgemeinerem Interesse sind darin die Aufzeichnungen über die Napoleonische Zeit im Anfange des XIX. Jahrhunderts.) — 4) W. G. Beyer, Urkundliche Geschichte des Fürsten Pribislav I. von Parchim-Richenberg und seiner Nachkommen, M. Jahrb. XI, S. 36—96.

Aus der Literatur jüngerer Zeit erwähnen wir besonders drei lesenswerthe Arbeiten von Bösch in den Berichten der Parchimer Stadtschulen: Parchim in seiner ersten Entwicklung, 1879.

Die Stadt Parchim aus der Vogelschau, von Süden gesehen.

Nach einer von Bösch veröffentlichten Federzeichnung aus der zweiten Hälfte des XVII. Jahrhunderts.

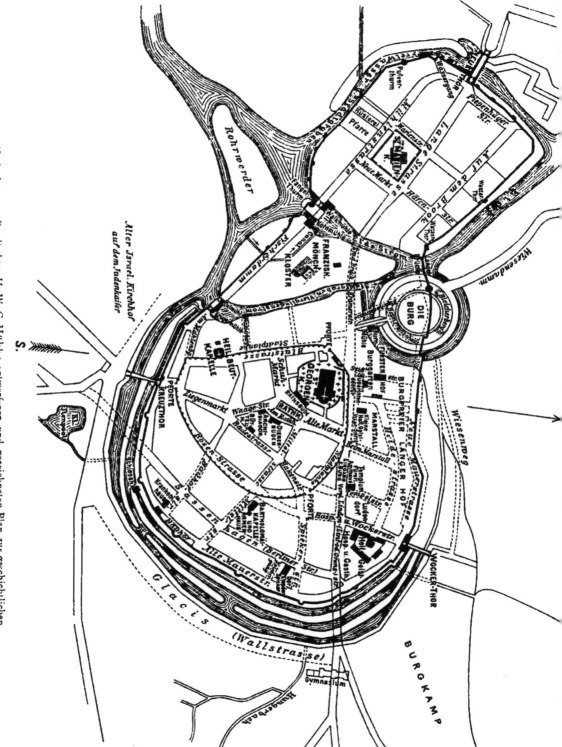

Nach dem von Baudirektor H. W. C. Hübbe entworfenen und gezeichneten Plan zur geschichtlichen Entwicklung der Stadt Parchim.

und darunter recht wichtige, sind erst in jüngerer Zeit ans Licht gezogen worden. [1]

Zum ersten Male genannt wird der Name Parchim (und zwar in derselben Schreibweise, die noch heute gilt) in jener Frankfurter Urkunde des Kaisers Barbarossa von Anfang Januar des Jahres 1170, in welcher das vom Baiern- und Sachsen-Herzog Heinrich dem Löwen gegründete Bisthum Schwerin bestätigt wird. Damals, also vor bald achthundert Jahren, ist Parchim ein befestigter Burgplatz (castrum), der mit allen dazu gehörenden Dörfern (villis) auf beiden Seiten der Elde der Schweriner Diöcese zugewiesen wird. [2] Doch behält diese Diöcese nicht ihre volle ursprüngliche Ausdehnung im Süden der Elde. Denn der Bischof von Havelberg vermag auf Grund älterer Rechtstitel von den Kaisern Otto I. und Konrad III. her nachzuweisen, dass ihm seit 946 das Gebiet von der Quelle der Elde westwärts bis zu deren Einmündung in die Elbe gehört. [3] Und da ihm dieses Besitzrecht selbst vom Kaiser Barbarossa, unbekümmert um den Inhalt der dem Schweriner Bischof Berno im Januar 1170 ausgestellten Urkunde, neun Jahre später in einer Urkunde vom 29. Juni 1179 zu Magdeburg zugestanden wird, so ist bei dem in Folge davon ausbrechenden Rechtsstreit beider Diöcesen das Endergebniss ein Vertrag vom 16. December 1252, in welchem das Bisthum Schwerin von seinen Forderungen an Havelberg zurücktritt. [4]

Als dieser Vertrag vollzogen wird, da ist Parchim bereits seit einem Vierteljahrhundert eine Stadt. Ihre ersten geschriebenen Statuten verdankt sie dem Fürsten Heinrich Borwin um die Mitte der zwanziger Jahre des XIII. Jahr-

---

Parchim vor zweihundert Jahren (nach einem alten Bilde aus der Vogelschau), 1882. Das ehemalige innere Kreuzthor zu Parchim (abgebrochen 1847), 1895. Als allerjüngste Arbeit sei genannt: H. W. C. Hübbe, zur topographischen Entwicklung der Stadt Parchim. Parchim, Wehdemann's Buchhandlung 1899 (im Wesentlichen ein an sich nicht unannehmbarer Versuch, mit Kombinationen und Vermuthungen [die Urkunden selbst freilich lassen uns hierin im Stich] den ältesten Kern aus der Altstadt Parchim herauszuschälen).

Als kurze Uebersichten über die Geschichte der Stadt sind zu nennen die in Klüver's Mecklenburg, Bd. II, in Lisch's Mecklenburg in Bildern, Bd. IV, in Raabe-Quade's Vaterlandskunde, Bd. I, und die in Senator Beyer's Festgabe zur Versammlung des patriotischen Vereins in Parchim 1864.

Ueber die sonstige Parchimer Literatur ist zu vergleichen: Friedrich Bachmann, landeskundliche Literatur über die Grossherzogthümer Mecklenburg (Güstrow, Opitz & Comp., 1889), S. 427—429.

[1] S. M. U.-B. 384, Anmkg. Dazu Band X des M. Urk.-Buches (1879), Nachträge, S. 456 ff. Im Besonderen 7171. 7178. 7197. 7200. 7223. 7255. 7290. 7297. 7298. 7308. 7399. Vgl. Lisch, M. Jahrb. XLII, S. 169.

[2] M. U.-B. 91. »Der nördliche Theil des Ringwalles ist als begrünter Hügel auf der ›Bleiche‹ oder ›kleinen Wiese‹ noch jetzt sichtbar«: Hübbe, zur topographischen Entwicklung der Stadt Parchim, S. 7.

[3] M. U.-B. 14. 52.

[4] M. U.-B. 130. 341. 376. 520. 710. Vgl. dazu M. Kunst- u. Gesch.-Denkm. III, S. 298. Lisch, M. Jahrb. XVIII, S. 277. Wigger, Annalen, S. 132 u. 133. M. Jahrb. XXVIII, S. 193. 194.

hunderts. Auch ist dieser immerfort bemüht, den Zuzug christlicher Kolonisten zu vermehren.[1])

Unter dem Schutz des heiligen Georg, der gleich dem heiligen Michael als ein Hauptkämpfer gegen die Schaar der Dämonen verehrt wird, war schon in früherer Zeit als erste christliche Kultusstätte die Hauptkirche in der Altstadt entstanden.[2]) Sie wird freilich erst 1229 zum ersten Mal urkundlich genannt. Aber wie ausgedehnt ihr Sprengel war, ist daraus zu ersehen, dass in dem ebengenannten Jahr der Fürst Johann vier kleinere Kirchspiele von ihr abzweigt und mit eigenen Plebanen besetzt.[3]) Es sind dies die Pfarren und Kapellen zu Damm, Klokow, Lanken und Möderitz. Doch behält der Pleban zu Parchim, also der von St. Georg, das Patronat dieser vier Kapellen und erhält ausserdem als Burgkaplan eine Aufbesserung seiner Einkünfte mit sechs Hufen im Dorfe Boek, das ehedem Möderitz gegenüber gelegen war und jetzt ein Theil der Parchimer Feldmark ist. 1249 aber tritt hierin eine Aenderung ein: da überweist Fürst Pribislav die Kapellanei der Burg mit ihren Einkünften dem Pleban der Marienkirche in der anscheinend auf landesherrlichem Areal gegründeten Neustadt, die bei dieser Gelegenheit zum ersten Mal urkundlich genannt wird.[4]) Auch erhält der Pfarrer von St. Marien einen Hof und Hausplatz zwischen dem Burggraben und dem Mühlendamm sowie, im Zusammenklang mit einer voraufgegangenen bischöflich-schwerinschen Bestimmung, die Berechtigung zur Errichtung von Schulen in der Alt- und Neustadt.[5]) Diese das bisherige Verhältniss umkehrende Stiftung wirkt noch heute darin nach, dass nicht der Archidiakonus an der Hauptkirche von St. Georgen auf der Altstadt, sondern der Pastor an St. Marien auf der Neustadt nebst dem Landessuperintendenten und zwei Mitgliedern des Rathes zum Scholarchat gehört.[6])

Eine feste und sichere Entwicklung des städtischen Zunftwesens in dieser Zeit lässt die anscheinend bald nach der Gründung der Stadt, also etwa um 1230, entstandene Amtsrolle der Meister und Brüder der Fischerzunft zum hl. Petrus erkennen.[7]) Das Wachsen des Kommunalvermögens aber offenbart

[1]) M. U.-B. 319. Vgl. dazu 337. 476. 1743 (nachfolgende Bestätigungen der städtischen Privilegien). Ueber die weitere Entwicklung des Parchimer Rechts vgl. Cleemann, a. a. O., Seite 153—164.

[2]) Ob ursprünglich in Verbindung mit einem Leprosen-Stift? Vgl. Hübbe, a. a. O., S. 15.

[3]) M. U.-B. 370. Klokow. einstmals westlich von Parchim bei Spornitz gelegen. Vgl. Schildt, M. Jahrb. LVI, S. 210. ›Klokower Kirchhof‹ heisst noch heute ein Platz am Rande des Sonnenberges, gegen das Neustädter Feld hin. Vgl. Anmkg. zu M. U.-B. 370. — Die Kirche zu Möderitz stand bis 1818. Vgl. Raabe-Quade, Vaterlandskunde I, S. 900. Schlie, M. Kunst- und Gesch.-Denkm. III, S. 376. — Ueber Boek s. M. U.-B. 319, Anmkg., und Schildt, a. a. O., S. 210. — Weiterer Hufenbesitz in Boek kommt 1274 hinzu, als bereits St. Marien in dieser Beziehung an die Stelle von St. Georg getreten war; M. U.-B. 1336. Ebenso im Jahre 1301; M. U.-B. 2724. 2725.

[4]) M. U.-B. 633. Vgl. die Bestätigung durch die Schweriner Grafen Gunzelin und Helmold im Jahre 1201: M. U.-B. 1201. Bösch, a. a. O., 1879, S. 14 und 23.

[5]) M. U.-B. 7171. Vgl. dazu 7197. 7200. 7235.

[6]) Vgl. W. G. Beyer, M. Jahrb. XI, S. 57. Ueber die weitere Entwicklung der Schulen vgl. Cleemann, a. a. O., S. 344—353.

[7]) M. U.-B. 384 mit Anmkg.

sich in dem Ankauf des Dorfes Bicher zur städtischen Feldmark im Jahre 1240.[1]) Auch die bekannten Wirren, welche nach dem Zusammenbruch der Herrschaft des Pribislav im Jahre 1256 entstehen und Stadt und Land Parchim fast zwei Jahrzehnte lang als wechselndes Besitz-Objekt in den Händen der Fürsten von Mecklenburg und Werle, der Grafen zu Schwerin, der Herzöge von Sachsen und der Markgrafen von Brandenburg erscheinen lassen, stören die Entwicklung der Stadt wenig oder gar nicht.[2]) Am 6. Juni 1265 gewährt die Herzogin Helena von Sachsen dem Heiligengeist-Hause zu Parchim das Eigenthum von drei Hufen im Dorfe Grebbin, die dem Stift schon 1260 von David von Grebene geschenkt worden waren.[3]) Und dass Kauf und Verkauf von Grundbesitz bei dem angedeuteten Oberhoheitswechsel nicht leiden, zeigen die Verträge zwischen den Klöstern Reinfeld und Dünamünde über die Dörfer Krüzen und Siggelkow und die damit zusammenhängenden Verfügungen des Bischofs von Havelberg über die Zehnten in beiden Dörfern.[4])

Politisch ruhigere Zeiten beginnen freilich erst mit der dauernden Herrschaft der Herren von Werle, die in der Mitte der siebenziger Jahre des XIII. Jahrhunderts eintritt. Die nächsten wichtigeren Ereignisse, welche für die Stadt Parchim Bedeutung haben, sind: die Vollendung des Baues von St. Marien und seine Einweihung durch den ehemaligen Halberstädter Bischof Ludolf, den Bruder des Schweriner Bischofs Hermann (von Schladen) am 19. Juni 1278;[5]) ein im Jahre 1282 geschlossener Vertrag zwischen Alt- und Neustadt über die Benutzung ihrer Rathhäuser, über Gerichtstage in Alt- und Neustadt, über den Fischverkauf auf dem alten Markt und über das Ausstehen von auswärtigen Krämern und Kaufleuten mit ihren Waaren auf dem Markt der Neustadt;[6]) die völlige Zerstörung der Georgen-Kirche durch einen Brand, sodass Papst Nikolaus IV. im Jahre 1289 Veranlassung findet, durch einen grossen Ablassbrief an seinem Theile zum Wiederaufbau der Kirche beizutragen;[7]) die Erwerbung des weiland östlich am Wocker-See auf dem Wege nach Stralendorf gelegen gewesenen Dorfes Grambow zur städtischen Feldmark und zu

---

[1]) M. U.-B. 508. Vgl. Schildt, M. Jahrb. LVI, S. 210. Im Jahre 1256 wird auch das Dorf Wozlabin in Verbindung mit Bicher als Parchimsches Stadtdorf genannt: M. U.-B. 767. Vgl. Beyer, M. Jahrb. XI, S. 66.

[2]) M. U.-B. 782. 783. 921. 927. 1025. 1035. 1036. 1142. 1151. 1166. 1180. 1201. 1243. 1267. 1359. 1360. Beyer, M. Jahrb. XI, S. 75—78.

[3]) M. U.-B. 1048. 7178. Weitere Erwerbung von Hufen in Grebbin finden 1286 statt: M. U.-B. 1850.

[4], M. U.-B. 1184. 1185. 1217. Ueber die Dörfer Siggelkow und Krucen (Crutzen) vgl. Lisch, M. Jahrb. XIV. S. 74. Mit dem nicht mehr vorhandenen Dorfe Krüzen mag, wie auch schon von Anderen vermuthet worden ist, der im Mittelalter oft genannte Name des Kreuzthores crucedor) auf der Südseite der Altstadt in Verbindung zu setzen sein. Wenigstens ist diese Vermuthung allen anderen (vgl. Hübbe, a. a. O., S. 13 vorzuziehen.

[5, M. U.-B. 7200. Vgl. dazu Lisch, M. Jahrb. XXXIII, S. 164—166. Ueber Unterstützung des Baues durch einen Schweriner Ablassbrief s. M. U.-B. 7197 und Lisch, M. Jahrb. XLII, Seite 168—170.

[6]) M. U.-B. 1598.

[7], M. U.-B. 7223.

vollem Eigenthum im Jahre 1310;[1]) sowie die von den Herren von Werle in demselben Jahre 1310 gestattete Absperrung des besonderen Zuganges von der Stadt zur Burg durch eine Mauer.[2])

In anderer Weise nicht ohne Bedeutung sind die »pia corpora« der Stadt. Wir nennen die 1277 gestifteten Memorien für Fürst Heinrich von Werle (Heinrich Borwin II.),[3]) die Grote'sche Vikarei in St. Georgen 1288,[4]) die Rampe'sche Vikarei im Heiligengeist-Stift 1298, von welcher ein wöchentlicher Messdienst für die Kapelle des Siechenhauses zu St. Nikolai vor der Stadt abgezweigt wird,[5]) die Stut'sche Memorienstiftung in St. Marien 1302,[6]) die Nöt'sche Memorienstiftung in St. Marien 1303,[7]) die Wittenburg'sche in St. Georgen 1304,[8]) die Schossing'sche in St. Georgen 1305,[9]) die Schele'sche in St. Marien im selben Jahr,[10]) die Pechstein'sche (Piesten) Vikarei in St. Georgen 1307,[11]) die Vikarei der Bruderschaft zum hl. Grabe 1309,[12]) die Vikarei des Heiligengeist-Stiftes in St. Georgen 1310,[13]) und die Dambek'sche Memorienstiftung zu Nutzen des Heiligengeist-Stiftes 1312.[14])

Inzwischen hat sich im Hause Werle jene Vatermords-Katastrophe vollzogen, welche, nachdem nicht ferne von Parchims Mauern im Jahre 1293 eine entscheidende Schlacht geschlagen ist, die Fürsten und Brüder Nikolaus II. und Johann II. zu den eigentlichen Herren des Landes macht, ausgenommen das kleine Penzliner Gebiet, das vorläufig noch bis 1307 dem jüngeren Sohne des ermordeten Fürsten Heinrich verbleibt.[15]) Doch wird der friedliche Fortschritt Parchims, in welchem der thatkräftige Fürst Nikolaus II. seine Residenz aufgeschlagen hat, dadurch nicht gehemmt. Das vorpommersche Kloster Neuenkamp gelangt 1296 in den Besitz der Scolen'schen (Scolencken-) Mühle, der späteren Rathsmühle, die seit 1282 das Kloster Doberan gehabt hatte;[16]) die St. Georgen-Kirche tritt 1299 in den Besitz des Dorfes Bergrade ein, das vorher die von Metzeke zu Lehn getragen hatten;[17]) beide Kirchen, St. Georgen

---

[1]) M. U.-B. 3375. Vgl. Cleemann, a. a. O., S. 241. Schildt, M. Jahrb. LVI, S. 210.

[2]) M. U.-B. 3416. Vgl. Cordesius bei Cleemann, a. a. O., S. 33—35. Ferner S. 175. 176. Hubbe, a. a. O., S. 27 und 28.

[3]) M. U.-B. 1438.

[4]) M. U.-B. 1968. 1978. 2137. 2203. 2204. 2301.

[5]) M. U.-B. 2521.

[6]) M. U.-B. 2812.

[7]) M. U.-B. 2844.

[8]) M. U.-B. 2934. 3146.

[9]) M. U.-B. 3008.

[10]) M. U.-B. 3026.

[11]) M. U.-B. 3146.

[12]) M. U.-B. 3308. In welcher Kirche sie ihren Platz hatte, wird nicht gesagt.

[13]) M. U.-B. 2816. 3368. 5040. 7255.

[14]) M. U.-B. 3524.

[15]) S. Kirchbach bei Westphalen, Mon. ined. IV, S. 831 und 832.

[16]) M. U.-B. 1611. 2403. Cleemann, a. a. O., S. 179—181. Doberan erhält 1329 wiederum Hebungen aus der Klostermühle zu Parchim geschenkt: M. U.-B. 5097.

[17]) M. U.-B. 2549. Vgl. 6476. 6606. 6838. 7262. Ueber die aus Einkünften von Bergrade gestiftete ewige Lampe in St. Georgen vgl. Cleemann, a. a. O., S. 220.

und St. Marien, vertragen sich um die Theilnahme der Schulen an ihren Gottesdiensten; [1] auch haben sich die Franziskaner in der Stadt niedergelassen und werden 1246 zum ersten Mal urkundlich genannt. [2]

Bei der Werleschen Landestheilung am 2. December 1316 wird Parchim die Vorderstadt des einen und Güstrow die des anderen Landestheils. [3] Doch fühlt sich der neue Herr des Parchimschen Landestheils, Johann III., veranlasst, der Stadt Goldberg als Residenz den Vorzug zu geben. Aus welchen Gründen, wird nicht gesagt. Die Entwicklung der geistlichen und weltlichen Verhältnisse in der Stadt Parchim nimmt ihren Fortgang in gewohnter Weise. Es seien genannt: die Stiftungen des Vikars Johann von Wittenburg für das Heiligen-geist-Hospital und die von ihm eingerichtete Vikarei in St. Marien 1317; [4] die 1318 vom Rath der Stadt vorbereitete und später unter Anschluss des Bürgers Heinrich von Augzin (Evzin) zu Stande gebrachte Vikarei in der St. Nikolai-Kapelle vor dem Thore der Stadt; [5] die 1323 gestiftete Mallin-Mönch'sche Vikarei in St. Georgen; [6] das werlesche Familien-Uebereinkommen über das Patronat von St. Georgen 1326; [7] die von Plaue'sche Bewidmung eines Altars in St. Georgen 1328; [8] die Huldigung der Stadt Parchim an die Söhne Johann's III. von Werle am 16. Juli 1331, die dafür zwei Tage später die Privilegien der Stadt bestätigen; [9] die Nienkerken'sche Vikarei in St. Georgen 1333; [10] die Verlegung der Röbelmann'schen Vikarei aus St. Marien in Plau nach St. Marien in Parchim 1335; [11] die Bussel'schen beiden Vikareien 1345, die eine in St. Georgen, die andere in St. Marien; [12] die Konstituierung der Gregors- und Augustinus-Bruderschaft (als Kaland) am 12. März 1345; [13] die Gründung der Kapelle des hl. Bartholomaeus auf dem Sassenhagen am 20. Mai 1349; [14] ein Vermächtniss von Werner Schüttens Wittwe an die St. Nikolai-Kapelle 1351; [15] die Zuweisung eines Speichers an die Heiligen-geist-Kapelle durch den Priester Johann Sasse zwischen 1351 und 1355; [16] die Stiftung von jährlich einem Pfund Wachs an St. Georgen durch Konrad

[1] M. U. B. 3172. 3176.
[2] M. U.-B. 586. Vgl. 3524. 5291. 6807. Cleemann, a. a. O., S. 95. 203 205
[3] M. U.-B. 3860.
[4] M. U.-B. 3873. 4513.
[5] M. U.-B. 4010. 5013.
[6] M. U.-B. 7297. 7298. 7308. Vgl. 6207.
[7] M. U.-B. 4774.
[8] M. U.-B. 4883.
[9] M. U.-B. 5255. 5257.
[10] M. U.-B. 5446. 5418.
[11] M. U.-B. 5615. 5751. Vgl. dazu 7290, wo 1320 von einer in St. Georgen (nicht nach St. Marien, belegenen Vikarei die Rede ist.
[12] M. U.-B. 6594. 6738.
[13] M. U.-B. 6500. Vgl. dazu 11221. Ueber den zweiten Kaland in Parchim, den St. Marien-Magdalenen-Kaland, s. Cleemann, a. a. O., S. 290—291.
[14] M. U.-B. 6964. 6965.
[15] M. U.-B. 7444.
[16] M. U.-B. 7557.

Grambow 1356; [1]) die Wozenitz'sche Memorienstiftung 1360; [2]) die Stiftung
von zwei Vikareien in St. Georgen durch den Vikar Hermann Koss 1379; [3])
die Ueberweisung des Eigenthums des wüsten Dorfes Hakenbek« mit der
angrenzenden Mühle an St. Marien durch den Fürsten Lorenz von Werle am
19. November 1380; [4]) und die Berechtigung zur Prägung städtischer Münzen,
wie sie wenigstens 1384 nachweisbar ist. [5])

Dass die Stadt über ihren inneren Angelegenheiten auch die auswärtigen
ihres werleschen Landesherrn nicht versäumt, ist aus mehreren Urkunden zu
erkennen. Bei Gelegenheit des Freund- und Verwandtschaftsvertrages zwischen
Werle und Mecklenburg am 12. Mai 1316 huldigt sie auf Geheiss der Fürsten von
Werle dem Fürsten Heinrich von Mecklenburg (»uppe de rede, dat wy vnde
vnse vedder van Mekelborch ewylyken vnd vnse rechten eruen thŏzamme
blyuen en deme anderen truwelyke thŏ helpende, wor vnde want is en not is«).
Auch wird bestimmt, dass bei etwa ausbrechenden Streitigkeiten die Rathmannen der Stadt und die Mannen des Landes neben denen von Sternberg
ein Schiedsgericht bilden sollen. [6]) In der zwischen Mecklenburg und Werle
einerseits und den pommerschen Herzögen andererseits lange Zeit hindurch
schwebenden rügischen Erbfolge-Angelegenheit treten am 19. März 1344 die
Städte Rostock und Wismar für den Herzog Albrecht, Güstrow und Waren
für Nikolaus III. von Werle, sowie Parchim und Malchin für Johann III. von
Werle vermittelnd ein und übernehmen für die vorläufigen Abmachungen auf
friedlichem Wege die Bürgschaft. [7]) Als es aber 1351 zur Entscheidung mit
den Waffen kommt, da stellt Parchim vierzig Mann. Das ist viel, wenn man
erwägt, dass zur selben Zeit Rostock sechzig, Wismar vierzig, die Städte Neubrandenburg, Malchin, Güstrow, Friedland und Waren aber beziehungsweise
nur dreissig oder zwanzig Mann aufbringen. [8]) Demgemäss fehlt auch Parchim
nicht bei späteren Staatsverträgen und Landfriedensschlüssen in den Jahren
1353, 1354, 1363, 1365 und 1366. [9]) Nichts aber zeugt mehr von dem Selbst-
gefühl der Städte jener Tage als der, unbeschadet der Treue gegen den
Landesherrn, am 23. September 1374 geschlossene Bund der Städte Parchim,
Malchin, Teterow und Laage zu gegenseitigem Schutz ihrer Privilegien. [10]) Es
ist dies bald nach dem Aussterben der Goldberger Linie des Hauses Werle,
welcher der Parchimsche Landestheil bis dahin gehört hatte. Aber schon am

[1]) M. U.-B. 8190.
[2]) M. U.-B. 8793.
[3]) M. U.-B. 11219.
[4]) M. U.-B. 11288.
[5]) Cleemann, a. a. O., S. 134. Masch, M. Jahrb. VI B, S. 52. 55. 57. XV, S. 350. XXIX,
S. 231. XXXIII, S. 175. 177. XXXVI, Q.-B. c, S. 3. Ueber Parchimsche Privat-Münzen vgl.
Beyer, M. Jahrb. II B, S. 123.
[6]) M. U.-B. 3824.
[7]) M. U.-B. 6391. 6392. 6393. Vgl. dazu 6616.
[8]) M. U.-B. 7524. Vgl. Rudloff, Hdb. II, S. 311—314.
[9]) M. U.-B. 7731 (zu 7717). 7771. 7772. 7911. 9174. 9394. 9560.
[10]) M. U.-B. 10635.

14. December desselben Jahres bestätigen die Fürsten der anderen beiden Linien Güstrow und Waren, welche den an sie heimgefallenen Landestheil, mit Ausschluss der durch Weiterverpfändung schon 1373 an Mecklenburg gekommenen Stadt Laage, gemeinsam regieren, die Privilegien der Stadt Parchim [1])

Wie kurzen Prozess die Bürger der Stadt mit denen machen, von welchen sie sich in ihren Rechten für verletzt erachten, zeigt die Niederbrennung des den Knappen Otto, Martin und Heinrich Barner gehörenden Dorfes Lenschow und die Beilegung der gegenseitigen Feindschaft durch einen Vergleich am 21. August 1352.[2]) Ebenso nimmt Parchim am Ende des XIV. Jahrhunderts und später sehr lebhaften und thätigen Antheil an den Bemühungen der Fürsten und Städte, das tief eingerissene Raubwesen zu beseitigen. Die Stadt geht schonungslos gegen die Schnapphähne in ihrer Nachbarschaft vor.[3]) Unter den weiteren Erhebungen von Grund und Boden in der zweiten Hälfte des XIV. Jahrhunderts seien erwähnt das Burglehn des Knappen Nikolaus Wozenitz auf der Burg zu Parchim 1352,[4]) das Dorf Schalentin mit der Mühle 1353[5]) und vor allen Dingen aus Hahn'schen Händen 1366 die Dörfer Klokow, Voddow, Lübow, Brokow, Slepkow und Slate, welche alle bis auf Slate und das als Büdnerdorf wieder neu erstandene Klokow in die Parchimsche Feldmark eingezogen sind.[6]) Wegen aller übrigen vorübergehend oder dauernd in den Besitz der Stadt und ihrer Körperschaften kommenden Güter und Dörfer verweisen wir auf die alphabetisch geordneten ausführlichen Nachrichten bei Cleemann, a. a. O., S. 219—271. Unter ihnen interessieren natürlich am meisten die, welche sich mit denjenigen Gütern beschäftigen, die noch heute im Besitz der Stadt sind.[7])

Den auf der Nordseite der Stadt liegenden Burgwall, für welchen schon die Goldberger Linie des Hauses Werle seit langem kein Interesse mehr

----

[1]) M. U.-B. 10665. Vgl. 3860 und 10433. Ferner Rudloff, Hdb. II, S. 493. 494.

[2]) M. U.-B. 7648.

[3]) Beyer, Betrachtungen, S. 8. Rudloff, Hdb. II, S. 545. 546.

[4]) M. U.-B. 7671. Ueber andere Häuser auf der Burg (in castro) s. Anmkg. daselbst.

[5]) M. U.-B. 7769.

[6]) M. U.-B. 9449. 9457. Vgl. 3883. Cleemann, a. a. O., S. 226.

[7]) Wie die Dörfer Damm und Matzlow in Gefahr sind, im Jahre 1569 der Stadt verloren zu gehen, siehe S. 231. Wann sie zur Stadt gekommen sind, steht urkundlich nicht fest, aber um 1370 gehören sie bereits dazu: M. U.-B. 10129. 11026. — Ueber den 1318 schrittweise beginnenden Erwerb von Gischow im XIV. Jahrhundert s. M. U.-B. 4010. 9403. 11221. Cleemann, a. a. O., S. 234—240. — Ueber Kiekindemark fehlt es an Urkunden, s. Cleemann, a. a. O., S. 242. — Ueber Malchow, das 1375 an Parchim kommt, s. Cleemann, a. a. O., S. 246. Dazu M. U.-B. 10772. — Die Markower Mühle beginnt 1342 schrittweise an Parchim überzugehen: M. U.-B. 6207. 7555. 7999. 10423; s. Cleemann, a. a. O., S 246. 247. — Ueber Neuburg fehlen mittelalterliche Urkunden; s. Cleemann, a. a. O., S. 251. 252. — In Paarsch beginnt Parchim vor 1370 Fuss zu fassen: M. U.-B. 10129. 10250. Anmkg. S. Cleemann, a. a. O., S. 252—258. — Schon 1310 (s. o.) erwirbt das Heiligengeist-Stift das Dorf Rom: M. U.-B. 3368. Cleemann, a. a. O., S. 259. 260. — Ueber den Erwerb von Slate und Klokow s. o. Dazu Cleemann, a. a. O., S. 243 bis 245, 266—268. — 1309 gelangen die ersten vier Hufen in Stralendorf an die Bruderschaft des hl. Grabes in Parchim: M. U.-B. 3308. Cleemann, a. a. O., S. 268—270. Die letzten Dobbertiner Anrechte an Stralendorf gewinnt Parchim 1776. S. o. S. 356.

gehabt hat, verkauft Fürst Lorenz von Werle wenige Jahre nach deren Aussterben, nämlich den 31. Mai 1377, für 600 Mark lüb. Pfennige an die Rathmannen zu Parchim (»den borchwal bynnen vnde bûten der stad tû Parchem,
dar wanne dat hus vp gelegen hadde, myt beiden demmen vnde weghen,
alze van der stat vore tû gheit vnde hinden af bette an dat harde velt, vnde
myt allen weghen an demmen vnde an brügghen, de deme suluen walle
bynnen der stat vnde buten tû vnde afgan, myt der molen, de bynnen der
stat tu Parchem licht, de de Borchmole het, myt alleme watere vnde myt
watervlote tû vnde af, myt deme damme vnde walle, dar dat hus vppe steit,
dat nû Wedeke van der Belowe heft, dat is tüschen der molenvlot vnde deme
borchgrauen, vnde alle de spikere vnde ere stede, de dar bynnen vppe der
Eldene vnde by der Eldene an den demmen edder an dem walle vornomet
ligghen edder leghen hebben, de der herschop vnde den borchmannen tûhoren
edder hort hebben, vnde de dik hindene deme walle, de tû der borch vnde
dem huse hort, myt aller visscherige vnde watere, myt aller grunt, myt wisschen
vnde myt grase vnde myt holte . . . . .«). Doch behält der Fürst noch einen
Hof (»den langen hof«) innerhalb der Stadt,[1] für welchen vorgesehen wird,
ihn später bei vorkommender Gelegenheit zu Stadtrecht zu legen. Diese Gelegenheit wird schon 1436 bei dem Aussterben des letzten Zweiges der Fürsten
von Werle gekommen sein, wenn wir auch nichts Besonderes darüber hören.
Die letzte erhaltene werlesche Privilegien-Bestätigung ist von 1410, die erste
mecklenburgische noch vor dem Uebergange der Stadt an das Haus
Mecklenburg vom 11. November 1418 und die zweite mecklenburgische bald
nach diesem Uebergange am 3. December 1436.[2] Charakteristisch aber für
jene Zeiten des XV. Jahrhunderts, in denen es mit dem neunten mosaischen
Gebot nicht immer genau genommen wurde, ist die wenige Jahre später
erfolgende Eventual-Huldigung der Stadt Parchim an den Markgrafen von
Brandenburg auf den Fall des Aussterbens des mecklenburgischen Hauses.[3]

Die weiteren zahlreichen mecklenburgischen Privilegien-Bestätigungen
von 1466 bis 1748 sind bei Cleemann, a. a. O., S. 146–153, verzeichnet. Sie
bekunden ausreichend das gute Einvernehmen zwischen den Landesherren und
der Stadt, die u. a. auch an der zwischen den mecklenburgischen Herzögen
und den ihnen benachbarten Herrschern in Brandenburg und Pommern zu
Wilsnack am 25. Juli 1479 abgeschlossenen Konvention zur Sicherung der
Landstrassen nebst Rostock, Wismar, Schwerin, Grevesmühlen, Ribnitz, Gadebusch, Gnoien, Güstrow, Malchin, Brandenburg, Friedland, Waren und Röbel
theilnimmt.[4] Am 12. März 1481 ordnet Herzog Albrecht VI. in mildester
Weise einen Streit zwischen Stadt und Bürgerschaft über Verwaltungsangelegen-

---

[1] M. U.-B. 11026. Cleemann, a. a. O., S. 355—361. Vgl. dazu S. 208. 217. Der Burg-
Teich (piscina dominorum) ist später in den Wocker-See abgelassen worden. — Ueber die Burg-
mühle und die übrigen Mühlen der Stadt vgl. Cleemann, a. a. O., S. 178—190.

[2] Cleemann, a. a. O., S. 139—145.

[3] Cleemann, a. a. O., S. 145.

[4] Cleemann, a. a. O., S. 147—150.

heiten.[1]) Ein besonderes Interesse beweist Herzog Ulrich im Jahre 1569 der Stadt, indem er zu ihren Gunsten in der Sache des Herzogs Johann Albrecht wegen der Dörfer Damm und Matzlow vermittelnd eintritt. Die Stadt hält es freilich trotzdem für nöthig, den Kaiser anzurufen, und der Schutzbrief des Kaisers Maximilian II. erfolgt denn auch in der That bald darauf am 21. November 1569.[2])

Inzwischen werden im XV. Jahrhundert bis zu den Zeiten der Reformation hin viele weitere Stiftungen zu Gunsten der Kirchen, Kapellen und Hospitäler gemacht, doch muss es hierfür genügen, wenn auf die Verzeichnisse bei Cleemann, a. a. O., verwiesen wird.[3])

Die Durchführung der Reformation, die damit beginnt, dass im Jahre 1528 Kaspar Lönnies zum ersten lutherischen Pastor an St. Jürgen bestellt wird, während St. Marien vorläufig noch dem alten Dienst verbleibt, ist das eigentliche Werk des Johann Riebling, der 1540 auf Herzog Heinrich's Ruf nach Parchim kommt und von hier aus als Superintendent und Visitator des mecklenburgischen Kirchenwesens eine durchgreifende Wirksamkeit entfaltet.[4]) Das alles kann hier als Anfang der neueren Zeit nur kurz angedeutet werden. Demgegenüber ist als die politisch bedeutsamste und folgenschwerste Neuerung von den Einwohnern der Stadt selbst stets die durch den Fahrenholzer Vertrag von 1611 vorbereitete Güstrower Landestheilung von 1621 betrachtet worden, durch welche Parchim für immer seinem alten wendischen Verbande entrissen und dem Schweriner Landestheil eingefügt worden

---

[1]) Cleemann, a. a. O., S. 150—152.

[2]) Cleemann, a. a. O., S. 153. 231. 232.

[3]) St. Georgen S. 285—293 (s. u.). — St. Marien S. 322 u. 323 (s. u.). — St. Bartholomaei-Kapelle S. 328—331 (s. u.). — Haus zum hl. Geist S. 331—334, 1766 als Spital eingegangen mit Verlegung der Armen nach St. Bartholomaei. Der ehemals dazu gehörende Speicher (Spieker, granarium lapideum) auf dem Sassenhagen (M. U.-B. 7557) ist noch heute Kornspeicher. St. Nikolai-Kapelle vor dem Wocker-Thor S. 334 und 335, 1690 abgebrochen. — Gertruden-Kapelle vor dem neuen Thor S. 335, 1644 noch vorhanden. Wann sie abgebrochen worden, ist bis jetzt nicht ermittelt; 1795 der Gertruden-Kirchhof noch im Gebrauch. — Heiligenbluts-Kapelle, im südlichen Stadttheil, S. 335, 1405 fundirt, dient bereits 1618 als Schulhaus, an ihrer Stelle später das frühere Gymnasium, das zu Weihnacht 1802 bezogen wurde. — Die sonstigen vielen Armenhäuser und Armenstiftungen, Gilden und Bruderschaften s. S. 335. 344. — Vgl. dazu Bösch, a. a. O. 1879, S. 22—25 (dort auch S. 24 über den Rest der alten Franziskaner-Kloster-Kirche). Derselbe, a. a. O. 1882. S. 1—10, über die alten Gebäude in Parchim auf Grund eines Stadtbildes aus der Vogelschau, das zwischen 1670 und 1690 zu setzen ist, irrthümlicherweise aber die Kapelle St. Bartholomaei als St. Laurentii bezeichnet. — Ueber die ehemaligen Stadtthore s. Bösch, a. a. O. 1895, S. 1—7. — Ueber den »Tempel« und das »Tempelhaus oder »Templerhaus«, dessen Entstehungsgeschichte vorläufig im Dunkel bleiben muss, s. Lisch, M. Jahrb. XXIX, S. 10 bis 15. XLIII, S. 32. Ob die sich daran knüpfenden Fragen so einfach zu lösen sind, wie Cleemann (Chronik S. 211) sich vorstellt, muss abgewartet werden. Es bedarf dazu weiterer Funde von Urkunden und Akten.

[4]) Cordesius bei Cleemann, S. 24. Schnell, M. Jahrb. LXIII, S. 209. Ueber die erste Visitation in Parchim s. M. Jahrb. VIII, S. 48. Ein vollständiges Verzeichniss der Parchimer Geistlichkeit ebendaselbst S. 25. Ferner S. 293—302. 325—327. Sonstige Personalverzeichnisse S. 383 bis 406. 424. 456. Ueber die Geistlichkeit des XIX. Jahrhunderts s. Walter a. a. O.

war. Damit war zugleich eine Auflösung der bis dahin bestehenden Vogtei Parchim und eine Einverleibung der zu ihr gehörenden Domanial- und ritterschaftlichen Dörfer in die umliegenden Aemter verbunden, welche nachtheilig auf Handel und Verkehr wirkte. Ebenso machte sich in der Folge ein natürliches Zurücktreten der Stadt hinter Gustrow und Schwerin bemerkbar. Das Gefühl über diese Unbill scheint die Einwohnerschaft nie verlassen zu haben, selbst nicht während aller jener bekannten Kriegsbedrängnisse, denen die Stadt ebenso wie die meisten übrigen mecklenburgischen Städte im Laufe des XVII. und XVIII. Jahrhundert ausgesetzt war.[1] Aber auch auf der Gegenseite erlischt nicht der Gedanke, der Stadt ein Aequivalent zu gewähren, und so erhält sie am 12. September 1667 das fürstliche Land- und Hofgericht, aber nur bis 1708: da wird es nach Güstrow verlegt, um dieser Stadt für den Verlust von Hof und Residenz im Jahre 1695 eine Entschädigung zu gewähren. Eine kaiserliche Resolution vom 12. September 1736, dieses Gericht in Parchim wiederherzustellen, kommt in Folge der damaligen politischen Wirren nicht zur Ausführung. Inzwischen tritt die Periode der bekannten preussischen Pfand-Administration der Aemter Plau, Wredenhagen, Marnitz und Eldena von 1734 bis 1787 ein, die in Parchim ihren Sitz hatte.[2] Doch das Gefühl für eine ausgleichende Gerechtigkeit gewinnt allmählich, besonders nach den Freiheitskriegen, wieder die Oberhand.[3] Der spätere Grossherzog Friedrich Franz I., der im Jahre 1792 befohlen hatte, dass die Superintendentur, welche der Stadt 1783 genommen und nach Ludwigslust versetzt worden war, an ihren alten Platz zurückkehre, legt 1818 das Oberappellationsgericht nach Parchim und erhebt 1827 mit reicherer Fundirung die ehemalige Lateinschule zum Friedrich Franz-Gymnasium.[4] Indessen 1840 wandert das Oberappellationsgericht wieder aus, es geht nach Rostock, wo es bis zur neuen Gerichtsorganisation im Jahre 1879, dem Jahre seiner Endschaft überhaupt, seinen Sitz gehabt hat. 1867 aber gewinnt Parchim wieder dadurch einen Zuwachs, dass das zweite mecklenburgische Dragoner-Regiment dort seine Garnison erhält.

[1] Ausführliche Nachrichten ausser bei Cordes-Cleemann bei Klüver, Mecklenburg II, S. 298—303. — Ueber die Parchimer Brandschäden s. Cleemann, a. a. O., S. 467—474. — Ueber den schwarzen Tod s. ebendaselbst S. 474—479.

[2] von Schultz, M. Jahrb. LIX, S. 1—85, besonders S. 72.

[3] Icke, a. a. O., S. 92. 143.

[4] Ueber das von 1888 bis 1890 erbaute und am 15. April 1890 eingeweihte neue Gymnasium vgl. das Schulprogramm von Ostern 1891 (Direktor Dr. Julius Strenge).

Die St. Georgen-Kirche.

Baubeschreibung. Die heutige St. Georgen-Kirche ist nicht mehr der älteste Bau. Denn dieser wurde in den achtziger Jahren des XIII. Jahrhunderts durch einen Brand zerstört. »Ich habe der grossen Bullen von Rom etliche selbst gesehen und gelesen. Die eine ist Anno 1289 unter der Regierung des Römischen Kaysers Rudolphi, vom Pabste Nicolao dieses Namens dem vierdten, an die Stadt Parchim abgegangen, darinnen er mit grossen Promissen der Indulgentien die Einwohner vermahnet, eine milde Beysteuer zu geben, damit die St. Georgs-Kirche, welche damahls, wie die Bull bezeuget, durch den Brand gantz verstöret gewesen ist, möchte wieder gebauet und gebessert werden«: so schreibt Cordesius in seiner Chronik.[1] Wieviel damals von der alten Kirche stehen geblieben und ob das, was stehen geblieben, ganz oder theilweise in den Neubau vom Ende des XIII. Jahrhunderts wieder aufgenommen worden, vermag heute Niemand mehr zu sagen. Aber für den, der auf diesem Gebiete bewandert ist, genügt auch jetzt noch, nachdem durch die letzte Restauration der Kirche manche störende Härten und Unebenheiten ausgeglichen sind, ein Blick, um besonders an dem Pfeiler- und Gewölbebau zu sehen, dass hier allerlei Kompromisse mit früheren Plänen und Ausführungen mit und wider Willen der Baumeister haben eingegangen werden müssen. Um nicht fehlzugehen ist es nöthig, das hierherzusetzen, was Lisch noch im Jahre 1843 selber sah und niederschrieb. Er sagt: »In dem Thurmgebäude besitzt die Kirche eine grosse architektonische Merkwürdigkeit, indem dasselbe ohne Zweifel und klar das älteste Kirchengebäude in sich aufgenommen hat, und dadurch zur Vergleichung ähnlicher Bauten sehr dienlich ist. Das älteste Kirchengebäude war nämlich eine Kirche oder Kapelle von zwei kleinen niedrigen Gewölben Länge, bestehend aus einem Mittelschiffe, das zwei Stockwerke hoch war, und zwei Seitenschiffen von der Höhe eines Stockwerkes. An diesen alten Bau ward das Schiff der eigentlichen Kirche angesetzt und über denselben der Thurm gebauet, und die alten Seitenschiffe gingen in die Seitenschiffe der jüngeren Kirche über. Dies alles ist noch klar zu sehen. Der alte Bau war im schönen Uebergangsstyl in den ersten Zeiten der Stadt ausgeführt. Die Gewölbe sind eingeschlagen, aber es sind noch überall die Träger und Anfügungen zu sehen; die Kämpfergesimse aus Granit stehen in den jetzigen Mauern noch klar und kräftig. Man hat die Mauern, wo es nöthig war, verdickt, um den Thurm tragen zu können, und z. B. an der Nordseite (jetzt im Innern) einen gewaltigen Strebepfeiler gegengeschoben. An der südlichen Wand des zweiten Stocks dieses alten Gebäudes steht (jetzt innerhalb des jetzigen südlichen Seitenschiffes) noch der ganze Fries aus halben

---

[1] In der Cleemann'schen Ausgabe auf S. 20 und 21. M. U.-B. 7223.

Kreisbogen. In der aussern westlichen Wand des Thurms kann man diesen alten Bau klar erkennen, und sehen, wie und wo die jüngeren Theile angesetzt sind. Alte Bogenöffnungen sind vermauert; das Fenster über der Thurmpforte ist noch ein schmales, glatt und schräge eingehendes Fenster aus der Uebergangsperiode; ein gleiches kleineres Fenster steht noch daneben in der Wand des ehemaligen Seitenschiffes, und darüber stehen auf Wandstreifen noch Reste des Rundbogenfrieses.« [1]

Als dieser alte Bau 1289 (oder kurz vor 1289) abbrannte,[2] da entstand der jetzige schwere gothische Hallenbau mit seinen achtseitigen Pfeilern, die

St. Georgen-Kirche zu Parchim.

an die ziemlich gleichzeitigen Pfeiler in St. Marien zu Wismar erinnern. Dabei ist es sehr wahrscheinlich, dass sich, wie auch Lisch sagt, an das dreitheilige Schiff am Ende des XIII. oder im Anfange des XIV. Jahrhunderts ein einschiffiger kürzerer Chor ansetzte. Vielleicht ähnlich wie bei der in ihrer Ursprünglichkeit weit besser erhaltenen St. Marien-Kirche auf der Neustadt. Denn es ist von dem (von Westen her gezählten) jetzigen vierten Pfeilerpaar an, dessen südlicher Partner die Kanzel aufgenommen hat, deutlich zu sehen, dass man in der St. Georgen-Kirche einstmals Wände wegnahm und die Pfeiler aus Mauern heraus zurechtbaute. Das mag am Ende des XIV. oder

[1] M. Jahrb. VIII, S. 108 und 109.
[2] Lisch meint, dass dieser Theil der Kirche noch älter gewesen sein könne als der, welcher 1289 abbrannte. Aber zu dieser Annahme giebt es keinen Anlass, wenigstens keinen zwingenden.

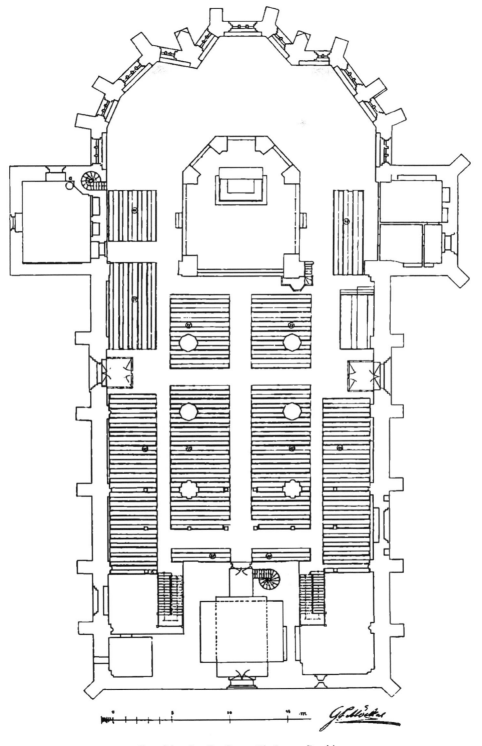

Grundriss der St. Georg-Kirche zu Parchim.

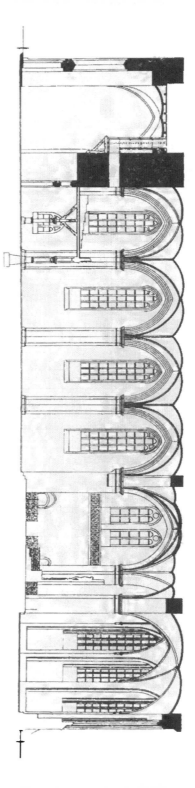

Längsschnitt der St. Georg-Kirche zu Parchim

St. Georgen-Kirche zu Parchim (Blick auf den Altar).

St. Georgen-Kirche zu Parchim. (Blick auf die Orgel.)

im Anfange des XV. Jahrhunderts geschehen sein; an bestimmten Nachrichten fehlt es leider. Aber man erkennt, dass es sich, wie an sovielen Orten anderwärts, z. B. in Bützow, darum handelte, einen gothischen Chorschluss aus dem Achteck zu haben, und dass man für die immerfort sich mehrenden Vikareien und Seelenmessenstiftungen eines geräumigen Umganges um den Chor bedurfte, um, wiederum ganz ebenso wie in Bützow, Altar an Altar zu reihen.[1]) Nur sieht man der Bauerei bei strenger Prüfung leider an, dass es nicht gelang, die neuen Theile den alten harmonisch anzugliedern. Der Chorschluss erscheint steif, eckig, eng und gedrückt, der weite Umgang leidet an allerlei Ungleichmässigkeiten, wie schon Lisch hervorgehoben hat, und ausserdem fehlt es an jenen feineren architektonischen Einzelheiten, durch welche z. B. die Kirchen zu Wismar, die Dome in Güstrow und Bützow und die alle anderen weit übertreffende Abteikirche in Doberan in so hervorragender Weise ausgezeichnet sind, es sei denn, dass man die wie eine fremdartige Zuthat wirkenden Giebel der nördlichen und südlichen Vorhalle mit ihrem Schmuck an glasierten Steinen heranziehen will, die derselben späteren Zeit angehören und dem Grundplan endschliesslich eine kreuzförmige Gestalt gegeben haben. Trotzdem ist und bleibt das Ganze ein stattliches Bauwerk, und durchaus anziehend wirkt der Blick vom Altarraum durch das Schiff der Kirche hindurch auf die Orgel mit ihrer neuen Empore.

Der Thurm war vor dem Brande des Jahres 1612 bedeutend höher als heute.[2]) Auch hatte die Kirche ein Dachreiterthürmchen, das noch 1728 vorhanden, zu Cleemann's Zeiten aber nicht mehr zu sehen war.[3])

Der **Altaraufsatz** ist ein stattliches Werk nach einem Entwurf des Geh. Hofbauraths **Möckel**.

Altaraufsatz.

> Dass man den alten Altaraufsatz an die Seite setzte, wird Niemand missbilligen. Denn so wie er erschien und heute noch erscheint, ist er der traurige Rest eines früheren grösseren Werkes, das 1842 noch stand und von ungewöhnlicher kunstgeschichtlicher Bedeutung war. »Seitdem (sagt Lisch in der Einleitung zu der uns von ihm aufbewahrten gründlichen Beschreibung des mit Schnitzereien und Malereien gefüllt gewesenen Flügel-Schreins) ist die Kirche im Jahre 1844 gründlich restauriert und damit alles alte Schnitzwerk aus der Kirche entfernt. Von dem alten Hochaltare sind die zwölf Apostel abgebrochen und zu beiden Seiten eines auf Leinewand gemalten Christusbildes auf einem neuen Altarschreine angebracht, dessen zwei Pfeiler ausserdem mit zwei weiblichen Heiligen von dem alten Altar verziert sind.«[4]) Die nun folgende ausführliche Beschreibung hierherzusetzen, hat keinen Sinn. Die kunstgeschichtliche Wichtigkeit dieses Werkes aber steckt besonders in dem am 19. November 1421 darüber aufgerichteten

---

[1]) Cordes, bei Cleemann, S. 16, spricht von einstmals fünfunddreissig Altären in St. Georgen und S. 18 von zehn Altären in St. Marien.

[2]) Cleemann, a. a. O., S. 273. Dort auch allerlei über die Schicksale des Thurmknopfes in den Jahren 1659, 1695 und 1819.

[3]) Bösch, a. a. O. 1882, S. 5.

[4]) M. Jahrb. XXIII, S. 365. Vgl. dazu Icke, a. a. O., S. 246. 247.

Kontrakt mit dem Maler **Henning Leptzow** zu Wismar (opidanus opidi Wismariensis, wonaftig tho der Wismer). Ein Maler übernimmt die Herstellung der »Tafel«, nicht allein in Malerei und Vergoldung, sondern auch in Bildschnitzerei (»druttich snedene bilde myd eren hûseten, pilren, simbôrien vnde maschelrygen«) [1]) und was dabei sonst an Handwerksarbeit in Holz und Eisen zu leisten ist. Er verspricht, alles so zu machen, wie es sich von Rechts

Der alte Altaraufsatz in späterer Umgestaltung.

wegen gebühre; er will auf die Flügel malen, was und wieviel die Herren darauf haben wollen, und es soll alles so werden, dass jeder Meister des Malergewerbes sagen müsse, dass er seinem Herrn Gott und seiner eigenen

---

[1]) hûsete = Nischen, in denen die Heiligen stehen; pilre = Pfeiler, die diese Nischen von einander trennen; simboria = ciboria = Baldachine (die alten Ciborien der Kirche hatten ja die Form von Baldachinen); maschelrygen = Reihen von Maschen, also alles gothische Netz-, Maass- und Rosettenschnitzwerk, besonders wohl das, was für die einzelnen Basen der Bildwerke angewandt zu werden pflegte. Die Erklärungsversuche, welche Lisch a. a. O., S. 371, und zum zweiten Mal im M. Jahrb. XXVII, S. 227—229 giebt, wollen uns zum Theil nicht annehmbar erscheinen.

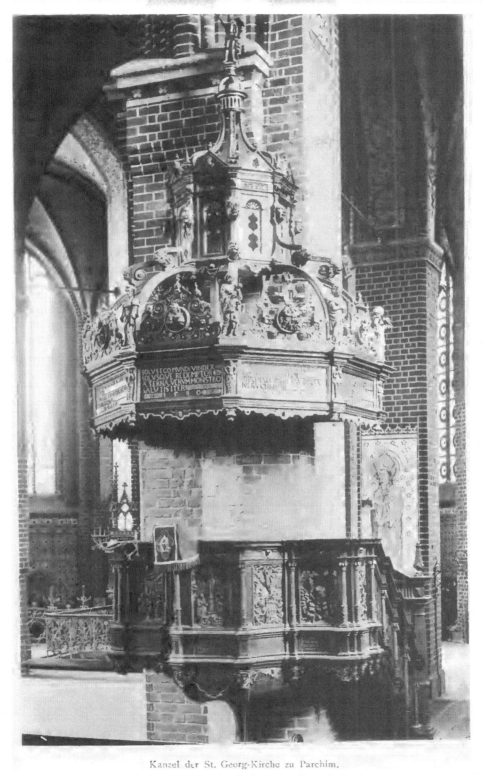

Kanzel der St. Georg-Kirche zu Parchim.

Redlichkeit Genüge gethan habe. Alles das für freie Wohnung in Parchim (er zieht also zur Anfertigung des Werkes von Wismar nach Parchim hinüber), für drei Fuder Brennholz, zwei Seiten Speck und 210 lübische Mark.

Der schlichte, nur auf Redlichkeit und Gottesfurcht gegründete Kontrakt, in welchem, wie Lisch sagt, die Vergoldung nicht quadratfussweise berechnet wird, nicht von Höhe und Breite, nicht von Rissen und Kartons, Vorlagen und Zeichnungen die Rede ist, steht, in niederdeutscher Sprache verfasst, aber mit einer lateinischen Einleitung und mit lateinischem Schluss versehen, vollständig abgedruckt im Mecklenb. Jahrb. XXIII, S. 373—376 als ein wahrhaft anziehendes Dokument alter mecklenburgischer Einfachheit und Treue. Darum wäre es auch Pflicht gewesen, das Werk, zu dem dieser Kontrakt die Grundlage bildet, unangetastet stehen zu lassen.

Die Kanzel. Ein hervorragendes Schnitzwerk der Renaissance und ein echter Repräsentant ihrer vom Geiste des Humanismus erfüllten Zeit ist die Kanzel, welche sich als eine Stiftung des aus Parchim gebürtigen Lübecker Bürgers **JOHANNES GRANTZIN** im Jahre 1580 darstellt: **IN DEI HONOREM AC PATRIAE SVAE ORNAMENTVM D·D·IOHANNES GRANSIN CIVIS LVBECENSIS,** so lautet die Inschrift in der unteren Hängeplatte unterhalb des Mittelfeldes am Predigtstuhl, wo neben dem Krucifixus die Gestalten des Donators und seiner Ehefrau nebst ihren Wappen erblickt werden. In der untersten Schriftreihe am Kanzeldeckel liest man: **ANNO DOMINI 1580 MENSE AVGVSTO**; und die Zahl **1580** kehrt noch einmal wieder oberhalb der Halbfigur des segnenden Christus im Schmuck des kronenartig gestalteten Kanzeldeckels. Wie diese Halbfigur, so bilden auch die vier Evangelisten, diese aber als kleinere Vollfiguren in sitzender Stellung und gleich jener in einem plastischen Rundrahmen, den bildnerischen Schmuck des Deckels zwischen seinen Kronenreifen. An der Basis dieser Reifen aber stehen die Schnitzfiguren christlicher Tugenden wie die Fides oder Religio, Caritas, Spes, Justitia, Fortitudo (?) und Temperantia (?). Unter der Halbfigur des Heilandes das lateinische Distichon:

Kanzel.

> **SOLVS EGO MVNDI VINDEX SOLVSQVE REDEMPTOR**
> **AETERNAE VERVM MONSTRO SALVTIS ITER.**

Unter Matthaeus:

> **OS HOMINIS FORMAMQVE GERIT MATHEVS, IESV**
> **NATVRAE HVMANAE REFERENS AB ORIGINE CAVSAM.**

Unter Markus:

> **ILLE LEONINO MARCVS SPECTABILIS ORE**
> **BAPTISTAE TYPVS EST LATE CLAMANTIS EREMO.**

Unter Lukas:

> **CORNIGERI LVCAS SPECIE BOVIS INDICE CERTO**
> **PRAEDIXIT PASSI FATALIA FVNERA CHRISTI.**

Unter Johannes:

> **ASSIMILANT AQVILAE COELI PER INANE VOLANTES**[1]**)**
> **MYSTICA TRACTANTEM DEITATIS SACRA IOANNEM.**[2]**)**

---

[1] An der Kanzel steht irrthümlich VOLANTIS.

[2]) Vgl. Otte-Wernicke, Hdb. I, S. 482. Die Bilder des Lukas und Johannes sind vertauscht.

Oben aber auf der Spitze eines kleinen zierlichen Gehäuses, welches die Reifen der Deckelkrone trägt, steht die Figur des alten Schutzpatrons der Kirche: der hl. Georg.

Noch anziehender als der Deckel ist die Architektur des Predigtstuhles. In seinen Füllflächen finden wir als Schnitzreliefs die Geburt des Heilandes, die Taufe im Jordan, das Abendmahl, die Kreuzigung (s. o.), die Auferstehung, die Himmelfahrt und das Weltgericht. Unter der Geburt das Distichon:

> NASCITVR EN CHRS [1]) DE VIRGINE CONDITOR ORBIS
> CANTAT ET ANGELICVS GAVDIA MAGNA CHORVS.

Unter der Taufe:

> VOX PATRIS E COELO RESONAT IORDANE IOHANNES
> BAPTIZAT CHRISTVM, PNEVMA COLVMBA VOLAT.

Unter dem Abendmahl:

> DAT SVB PANE SVVM CORPVS VINOQVE CRVOREM
> DISCIPVLIS CHRISTVS VERVS HOMOQVE DEVS.

Unter dem Krucifixus:

> VT MISEROS REDIMAT, CRVCE CHRISTVS PENDET IN ALTA,
> QVA MORIENS MORTIS CONTVDIT IMPERIVM.

Unter der Auferstehung:

> INFERNI CHRISTVS VICTOR MORTISQVE RESVRGIT,
> PERDITA AB ADAMO VITA BEATA REDIT.

Unter der Himmelfahrt:

> ASCENDIT CHRISTVS DEXTRAE ASSIDET AETHERA PATRIS
> IMPLENS AC PRAESENS OMNIA VBIQVE REGIT.

Unter dem Weltgericht:

> ADVENIET CHRISTVS IVDEX, VT GAVDIA VITAE
> AETERNAE IVSTIS, TARTARA DETQVE MALIS.

Künstlernamen haben sich bis jetzt nicht gefunden. Aber die Kanzel gehört ohne Frage zu den allerbedeutendsten Leistungen ihrer Zeit. Sie übertrifft die des lübischen Meisters **Tönnies Evers** in Neustadt (s. o. Bd. III, S. 284), könnte aber dennoch recht wohl von diesem Meister herstammen, wenn die Zeit und Mannigfaltigkeit seiner Kunst in Betracht kommen. Denn an einen Lübecker Meister werden wir schon denken müssen, da der Stifter in Lübeck seine zweite Heimath gefunden hatte.

Rathsstuhl. **Der Rathsstuhl.** Ein gleichfalls sehr bedeutendes Werk der Schnitzkunst im Geschmack der Renaissance ist der Rathsstuhl, der aus einem älteren unteren Theil von 1608 und einem jüngeren oberen Theil von 1623 besteht. Den unteren Theil zieren im Ganzen zwölf Statuetten der christlichen Tugenden mit Beischriften: **SAPIENTIA, BENIGNITAS, LIBERALITAS, CASTITAS, SOBRIETAS,**

---

[1]) An Stelle der seit dem Inventar von 1811 üblichen falschen Deutung ἐν καιροῖς ist ohne Zweifel die von Grotefend und Hofmeister vorgeschlagene EN! CHRISTUS die einzig richtige.

Rathsstuhl in der St. Georgen-Kirche zu Parchim.

HVMILITAS, SEDVLITAS, TACITVLITAS, PATIENTIA, PAX,[1]) **TEMPERANTIA** und **VERITAS.** Am unteren Theil die Warnung, den Stuhl irgendwie zu beschädigen: **OPERIS HVIVS VIOLATOR INFELIX ESTO,** am oberen ein Distichon, welches versichert, dass der Stuhl zum Lobe des mit aufrichtigem Herzen von uns bekannten einen und dreieinigen Gottes angefangen und vollendet sei:

SINCERO TRINVM QVEM CORDE FATE-MVR ET VNVM,

IN LAVDEM SVNT HAEC COEPTA PER-ACTA DEI.

Dazu das Datum der Vollendung:

ANNO A NATO CHRI-STO 1623 · 3 JVLII.[2])

Fünte.

Die Fünte gehört ungefähr derselben Zeit an, in welchem der obere Theil des Rathsstuhles vollendet wurde, denn ihre Stifter, die Kirchen-Juraten **ANDREAS JEGER** und **CHRISTIAN KRULLE,** werden im Jahre 1619 als Provisoren genannt.[3]) Es ist ein treffliches Werk aus Stein, das als Ersatz für eine ältere zu Glockengut verwandte eherne Fünte in die Kirche gestellt sein soll.[4]) Am sechsseitigen Becken die auf vier Kartuschen vertheilten

Fünte.

---

[1]) Neben dem Namen die Jahreszahl 1608. Statt **TACITVRNITAS** steht **TACITVLITAS,** das von dem vereinzelt überlieferten alten Adjektiv tacitulus abgeleitet sein würde.

[2]) Vgl. Cleemann, a. a. O., S. 279. Indem er, was oben und unten steht, mit einander vereinigte und das Distichon nicht beachtete, las er die Inschrift mit denselben Versehen und Fehlern, die schon im Inventar von 1811 stehen und noch heute in Goldschrift prangen, nämlich cepta peragia dei. Das Inventar von 1811 zählt im Ganzen sieben grössere Stühle und Emporen mit Schnitzwerk auf, wovon heute nur der Rathsstuhl übrig geblieben ist. Das gewöhnliche Gestühl war (wie in St. Georg in Wismar) vielfach mit Hausmarken und mit Daten versehen.

[3]) Cleemann, a. a. O., S. 285.

[4]) Cleemann, a. a. O., S. 19. 278.

beiden Spruche Marci X, 14 u. 15 und Matthaei XXVIII, 19 u. 20, sammt den die übrigen beiden Seiten füllenden Reliefbildern, die diesen Sprüchen entnommen sind. Im Becken selber eine ältere grosse **Messingschüssel**, in deren gothisch stilisierten Rankenwerk der Ritter St. Georg als Drachentödter und Befreier der sagenhaften Königsjungfrau erscheint, während der Rand mit Thieren verziert ist. Man sieht ein Einhorn, einen Hirch, verschiedenenes Damwild und verfolgende Hunde. Die Schüssel ist ein nicht geringes Prachtstück in ihrer Art.

Messingschüssel.

Epitaphien. Von den ehemaligen vielen Epitaphien der Kirche sind nur zwei auf uns gekommen, das, welches von der **ANNA ELISABETH SCHWASSMANN**, geb. **GIESE**, dem Andenken ihrer Eltern, des Bürgermeisters **Matthaeus Giese** († 1713) und dessen Gattin, **Katharina**, geb. **Kempen** († 1726), errichtet und mit den Wappen beider geschmückt ist, und das des Superintendenten **Henricus Ascanius Engelken** († 1734).[1]

---

[1] Ausführlichere Angaben darüber im Inventar von 1811. Vgl. Cleemann, a. a. O., S. 279. Das Inventar von 1811 zählt nicht weniger als fünfzehn Epitaphien auf. Dass darunter sehr viele, zum Theil auch gewiss leicht wieder herzustellende und auch vom Standpunkte der Geschichte sehr zu beachtende Kunstwerke waren, ist ausser allem Zweifel. Es sei nur das des Reformators

Wandmalereien. Von den bei Gelegenheit der letzten Restaurationen aufgefundenen Wandmalereien waren nur zwei soweit zu retten, als sie hier im Bilde erscheinen: St. Gregorius und St. Ambrosius. Neben ihnen werden somit die andern beiden abendländischen Kirchenväter St. Hieronymus und St. Augustinus dagewesen sein.

Zurückgestellte Werke. Unter den im Thurm aufbewahrten Schnitzwerken nennen wir zwei grosse Figuren des **Gekreuzigten** ohne das zugehörige Triumphkreuz und einen als »**Schmerzensmann**« sitzenden Christus in Lebensgrösse, der aus einem Eichenklotz kunstvoll geschnitzt ist; ferner zwei wahrscheinlich zu den genannten Krucifixen gehörende **Gruppen** des **Johannes** und der **Maria**. Wo sie einst aufgestellt waren, wusste Niemand mehr. Gewiss die eine Gruppe in St. Georgen, die andere vielleicht in St. Marien.

Epitaph des Bürgermeisters Matthaeus Giese und dessen Gattin Katharina, geb. Kempen.

und Superintendenten Riebling erwähnt. Dagegen bewahrt die Kirche noch eine Reihe von Grabplatten des XVIII. Jahrhunderts, die ohne künstlerische Bedeutung sind.

Wandmalerei.

Epitaph des Superintendenten Henricus Ascanius Engelken.

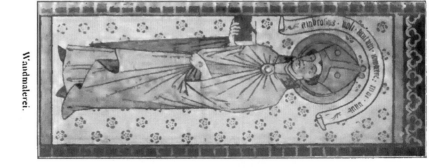

Wandmalerei.

Im Thurm fünf **Glocken.** Die grösste hat im Felde das Wappen des Glocken.
Herzogs **ADOLF FRIEDRICH** mit den Initialen **H A F,** dazu den Spruch: **IS
GODT MIT VNS WOL KAN WEDDER VNS WOL GODT VERTRUWET DE
HEFT WOL GEBUWET • CONVOCO VIVENTES QVANDO FIT CONCIO SACRA
DEFLEO DEFUNCTOS CUM TUMULANTUR HUMI • SIT NOMEN DOMINI BENE-
DICTUM M • MICHGEL WESTFAL • ANNO DOMINI 1622.** Die Wörter der

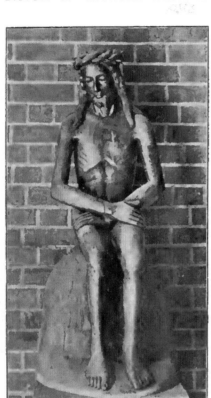

Christus als »Schmerzensmann«.

Inschrift sind durch Löwenmasken von
einander getrennt. — Die zweite Glocke
ist im August 1613 von demselben
Giesser gegossen. Die Inschrift dieser
Glocke ist niederdeutsch. Aber sie war
ihres ungünstigen Platzes wegen nicht
vollständig zu lesen. Wenn wir das
Wenige, was zu lesen war, mit dem
vereinigen, was im Inventar von 1811
steht, dann kommen die nachfolgenden
Reime zum Vorschein:

**IM NAMEN IHESV BVIN ICK GEGATEN
VHT DEM FVHR BVIN ICK GEFLAHTEN
VN BERVEFF DIE LEVTH
GODTES WORT ZV HÖREN ZVR SELIG-
KEIT.**[1]

— Die dritte Glocke hat die Inschrift:
**ANNO 1665 • M • ADAM • DANCKWART
ME FVDIT.** — Die vierte Glocke, die
»Armensünder-Glocke«, über den drei
vorigen hängend, ist ohne Schrift, ebenso
auch die Viertelstunden-Glocke,
aber beide haben nach dem
Inventar von 1811 das schon
ein paar Male vorgekom..ene
nebenstehende Giesserzeichen.

Kleinkunstwerke. 1. Silbervergol- Kleinkunst-
deter gothischer Kelch auf sechspassigem Fuss. Am Knauf der Name **IHESVS.** werke.
Am Fuss als Signaculum ein erhaben gearbeiter Krucifixus, dazu die Inschrift:
**DIE RECHTE HAND DES HÖCHSTEN KAN ALLES ÄNDERN JOHANN ANDREAS
NEVBAVR D • 1682.** Vom Rostocker Goldschmied **Jürgen Müller:** 🖾 🖾. —
2. Silbervergoldeter gothischer Kelch auf sechspassigem Fuss. Am Knauf der
Name **IHESVS.** Auf dem Fuss als Signaculum ein erhaben gearbeiter Kruci-
fixus, dazu die Inschrift: **ZU DER EHRE GOTTES DEM ALTAR ZV EINEM
ZIEHR • H • JVRGEN HINTZPETER • DOROTHEA RÖRDANTZEN •** Es folgen

---

[1] Cleemann giebt a. a. O. S. 275 auch das Datum an: im August 1613.

weiter: **ANNA HINTZPETERS · ELISABETHA HINTZPETERS · DOROTHEA HINTZ-PETERS**; darüber **ANNO 1639 · DEN 28 JVLY · — JVDITHA HINTZPETERS · NATHANAEL HINTZPETER.** Auf der Unterseite des Fusses: **S · GEORGI IN PARCHIM ZVSTENDICH.** — 3. Silbervergoldeter gothischer Kelch auf sechspassigem Fuss. Am Knauf der Name **ihrſuś.** Unten am Fuss die Jahreszahl **1695.** Keine Werkzeichen. — 4. Späterer Kelch auf rundem Fuss mit einem Krucifixus als Signaculum. Inschrift: **HUNC DONAVERE CALICEM TEMPLO GEORGIANO IGNOTI 1743.** Mit den Werkzeichen des Parchimer Goldschmiedes **C. D. Ebel:** Ⓟ 🔲. — 5. Desgleichen, auf rundem Fuss mit einem Krucifixus als Signaculum. Parchimer Werkzeichen: Ⓟ Pors. — 6—10. Fünf Patenen. Eine davon mit den gleichen Werkzeichen wie Kelch Nr. 5, eine zweite ohne Werkzeichen von **G · F · H · 1742,** eine dritte **1858** von **D · JOH · PFITZNER** geschenkt, die beiden letzten vom Parchimer Goldschmied **Quirling.** 11. Kreisrunde silberne Oblatenschachtel auf drei Kugelfüssen in Granatapfelform. Oben auf dem Deckel ein zwei Zoll hoher plastischer Krucifixus, neben diesem die Inschrift: **GOT VNDT DEM HEILIGEM ABENDTMAHL ZU EHREN DER KIRCHE ZUM ZIER VOREHRET DIESES IN S GEORGY KIRCHEN ADAM STVDEMAN MARGARETA MEYERS ANNO 166? IN PARCHEM.** Ohne Werkzeichen. — 12. Schöpflöffel mit denselben Werkzeichen wie der Kelch Nr. 5. — 13. Abendmahlskanne mit Deckel und Griff. Inschrift: **VINALEM HUNC TEMPLO GEORGIANO SACRAM RECUDERE ET AUGERE FECIT JACOB BERNHARD POLCHOW SVPINTENDENS 1745.[1])** Parchimer Werkzeichen wie bei 4. 14. Kleinere Abendmahlskanne mit der Angabe auf der Unterseite, dass sie 1783 umgemacht ist. Ⓟ 🔲. — 15. Silberner Deckelkelch aus neuerer Zeit, 1883 von der Wittwe des Pastors **HERMANN** gestiftet. 16. Messingener Kronleuchter, mit der Inschrift: **IOCHIM BRANDT VND DESSEN FRAVW GERTRUD ELSEBE DATTNBERGES VEREHREN DIESE KRON IN SANCR (!) GEORGI KIRCHEN GOT ZV EHR IN ANNO 1668.** — 17—21. Fünf messingene Wandarme, einer mit der Inschrift: **DIT · IS · DER · SCHOSTER · ARM · 1586.**

St. Marien.

Beschreibung des Baues.

Baubeschreibung. In architektonischer Beziehung ungleich bedeutsamer als die St. Georgen-Kirche der Altstadt erscheint die von St. Marien auf der Neustadt. In ihr haben wir unzweifelhaft noch den alten Bau vor uns, der am 19. Juni 1278 geweiht wurde (s. o. S. 423), wenngleich es nicht ausgeschlossen ist, dass ebenso wie der dem XV. Jahrhundert angehörende Anbau auf der Nordseite und der Giebel des Chores auch die Wölbung der Kirche und die jetzige Gestaltung des Chores nicht von Anfang an da waren.

[1]) Fehlerhaft für Vinalem hunc cyathum recudi et augeri fecit cet.

Denn in dieser Beziehung ist es zu beachten, dass sich, wie Herr Landbaumeister Hamann dem Verfasser mittheilt, oberhalb der jetzigen Gewölbe
an der Innenseite der sehr sauber gemauerten Wände des Schiffes einfache
Lisenen gefunden haben, welche annehmen lassen, dass einstmals eine flache
Balken- und Bretterdecke, ähnlich wie in den ziemlich gleichzeitigen Bauten
in Neukloster und Rühn, den Verschluss bildete. Auch ist, wie wir hinzufügen möchten, wohl zu glauben, dass, wenn die in der That einen späteren
Charakter zeigende Rippenwölbung schon in dem sorglich und geschmackvoll

St. Marien zu Parchim.

verfahrenden XIII. Jahrhundert ausgeführt wäre, sicherlich auch die Vollendung
der Kapitell-Kränze um die Pfeiler im Innern nicht unterblieben wäre, für
welche noch heute kein schöneres und passenderes Muster gewählt werden
könnte als das an den verwandten Pfeilerbildungen des Güstrower Domes bald
nach 1226 (s. o. S. 200). Für die Beurtheilung des Chores ist aber besonders
dessen nördliche Seitenansicht ins Auge zu fassen, wo neben den zwei längeren
spätromanischen Fensterschlitzen, die jetzt als geschlossene Blenden behandelt
sind, der dritte kürzere Schlitz als eine unzweifelhaft spätere Zuthat erscheint,
die nur bei einer nachträglichen Neugestaltung des Ganzen vorgenommen sein
kann. Aus der älteren Gestaltung mit zwei Schlitzen aber und aus dem
Umstande, dass die jetzige Gestaltung der platt abschliessenden Ostwand des
Chors auch in ihrem älteren unteren Theil — von dem viel jüngeren äusserst

malerisch gestalteten gothischen Giebel ganz abgesehen — in gar keinem

Einklange mit den Seitenwänden sich befindet, ist der Schluss zu machen, dass der allerälteste Chor der Kirche kürzer war, nur eine Jochspannung hatte und, in Uebereinstimmung mit vielen anderen mecklenburgischen Kirchen aus der Zeit des Ueberganges vom romanischen zum gothischen Stil, die üblichen drei Schlitzfenster hatte, von denen sich das mittlere etwas höher erhob als die beiden seitlichen. Wir stimmen deshalb unserem Freunde Hamann zu, wenn er den Grundplan des alten Chores im

St. Marien, von Südosten gesehen.

Gegensatz zu den jetzigen so zeichnet, wie es hier geschehen ist.

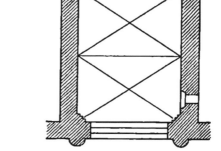

Ehemals!   Chor von St. Marien.   Jetzt!

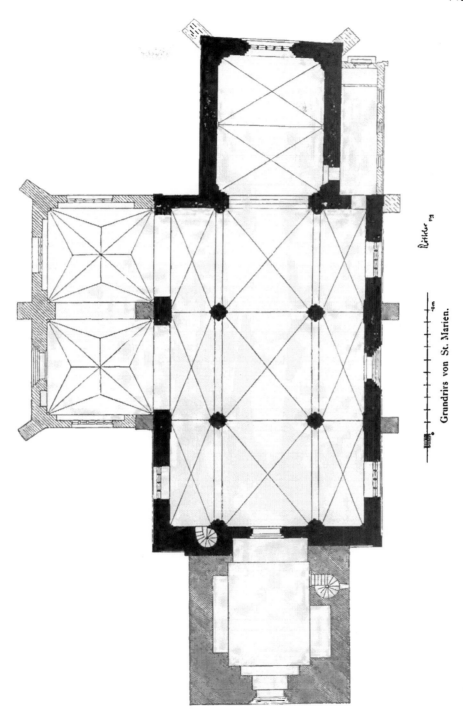

Grundriſs von St. Marien.

Unter den übrigen spätromanischen und frühgothischen Bautheilen fesseln im Innern am meisten die Pfeiler, zunächst die als Halbsäulen gestalteten östlichen Schlusspfeiler des Mittelschiffes, welche die Langwände des Chors aufnehmen, und deren Kapitellbildung die vom Ratzeburger Dom her in Mecklenburg am meisten bekannte romanische Würfelform mit der schlichten Zier eines in seiner Spitze nach unten gehängten Dreiecks ist.[1]) Dann die mit kräftigen Runddiensten belebten schönen Pfeiler des Mittelschiffes, von denen die südlichen ihren Mauerkern mit Rundungen statt rechtwinkliger Ecken auftreten lassen, während er bei den nördlichen mit rechtwinkligen Ecken zwischen den Runddiensten sichtbar wird: in der That sehr ansprechende Gebilde, deren Reiz durch gute, ihnen ursprünglich auch sicher zugedacht gewesene stilgemässe Kapitelle nach Art der genannten des Güstrower Domes

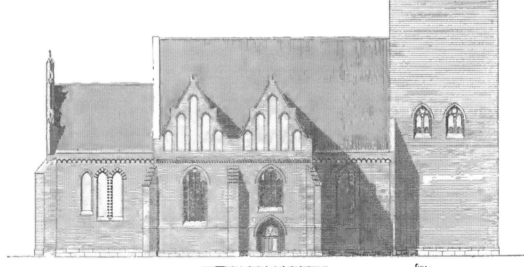

Aufriss der Kirche.

wesentlich erhöht werden würde. Vom äusseren Schmuck der Kirche gehören die theilweise noch erhaltenen Lisenen und Bogenfriese am Schiff und Chor in diese ältere Periode des Baues, desgleichen die Rundblende am äusseren Nordostende des Mittelschiffes sowie der ganze Thurm mit seinen monumental wirkenden Zierstreifen grosser Vierpassformen, die als Kennzeichen der be-

---

[1]) S. Abbildung bei Lübke, Gesch. d. Archit. I. S. 596. Vgl. auch die Portal-Kapitelle in Neukloster: M. Kunst- u. Gesch. Denkm. III, S. 454. 455.

St. Marien-Kirche zu Parchim. (Vom Chor her aufgenommen).

Orgel-Empore der St. Marien-Kirche zu Parchim.

ginnenden Gothik aufgefasst werden
dürfen, ebenso auch das Portal des
Thurmes und das auf der Südseite
des Schiffes.

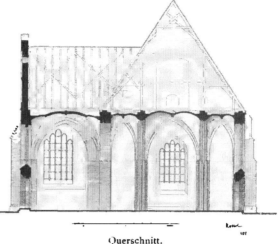

Querschnitt.

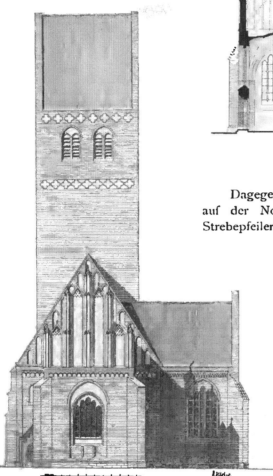

Dagegen weisen der gothische Anbau
auf der Nordseite der Kirche mit seinen
Strebepfeilern, seinen vier- und fünftheiligen
Fenstern und seinen beiden
Sterngewölben auf eine sehr
viel spätere Zeit hin, am
meisten wohl auf die erste
Hälfte des XV. Jahrhunderts;
und es ist in dieser Beziehung
auch von jeher beachtet
worden, dass unter den jüdischen Grabsteinen, welche
einen Theil des Fundamentes
dieses Anbaues bilden, der
jüngste die Jahreszahl 1345
aufweist,[1] sowie dass das
Ganze in einer Urkunde des
Jahres 1482 als »dat nyghe
buwet« bezeichnet wird.[2]
Gleichzeitig mit diesem An-
bau mag auch der in früherer Zeit bereits vergrösserte Chor sein fünftheiliges
Fenster sammt dem schmuckreichen Giebel erhalten haben, der an die verwandten Giebel auf der Nord- und Südseite von St. Georgen erinnert. Ein

[1] M. U.-B. 7399, o.

[2] Cleemann, a. a. O., S. 211. 316. Lisch, M. Jahrb. VIII, S. 106. Angeblich von den
Schustern und Tuchmachern erbaut: Cordesius-Cleemann, S. 19. 316.

noch späterer Anbau auf der Südseite des Chors, der künstlerisch von keinem
Belang war, ist in jüngster Zeit wieder entfernt worden.

Die Kirche besitzt in ihrer Fünte, ihrem Altaraufsatz, ihrer Kanzel,
ihrer Orgel-Empore und ihrem Orgel-Prospekt fünf hervorragende Kunstwerke.
Ebenso verdienen auch ihre Glocken die eingehendste Aufmerksamkeit.

Altar-
aufsatz.

Der **Altaraufsatz** ist ein gothisches Doppeltriptychon des XV. Jahrhunderts mit einer festen Rückwand für die Flügel, sobald sie bei Oeffnung
des Schreines zurückgeschlagen werden: somit eins von jenen seltenen Werken
des Mittelalters mit vollständiger Erhaltung aller Theile.

Wenn die Flügel geschlossen sind, sieht man auf den ebengenannten
festen Rückwänden die lebensgross gemalten Gestalten der hl. Maria mit dem
Kinde und des hl. Johannes Evangelista: ohne Zweifel die Schutzpatrone der
Kirche und des Altars. Die Predella enthält in bedeutend kleineren stehenden
Halbfiguren den Heiland mit den klugen und thörichten Jungfrauen und der
bekannten Gegenüberstellung von Kirche und Synagoge durch die erste Jungfrau auf jeder Seite.[1]) Die darüber stehenden beiden Flügelseiten aber zeigen
in vier Darstellungen, in denen die Figuren noch wieder kleiner erscheinen
als in der Predella, die zwei Bilder füllende Jagd auf das Einhorn als Symbol
der Menschwerdung Gottes und ausserdem die Gruppe der hl. Maria und des
Johannes mit dem Krucifixus und die Beweinung des vom Kreuz genommenen
todten Christus durch ebendieselben: alles das in jener frei behandelten Land-
schaftsdarstellung, die für die zweite Hälfte des XV. Jahrhunderts nach flandrischen Vorbildern charakteristisch ist.[2])

Die Jagd auf das Einhorn verlangt eine Beschreibung. Wir geben sie
hier mit den Worten des verstorbenen Pastors Koch im M. Jahrb. XLII, S. 171:
»Auf der Tafel zur Linken steht rings von Waldung und blauen Bergen umgeben die kräftige Gestalt eines Engels mit ausgebreiteten bunten Flügeln und
einem wehenden rothen Mantel. In seiner Rechten hält er einen Speer und
in der Linken ein langes gebogenes goldenes Horn, das er mit vollen Backen
bläst. Darüber liest man auf einem aufgerollten Bande die Worte: »AVG
MARIA, GRATIA PLANA, DOMINVS THAVM«. Vor ihm weg springen
drei schlanke Hunde von rother, schwarzer und weisser Farbe, und über ihnen
flattern wieder drei Bänder mit den Worten: SPAS, IUDAS, CARITAS.
Nun erhebt sich vor ihnen ein hohes Brettergehege, in brauner Farbe, oben
im Zickzack ausgeschnitten, und zieht sich um einen grünen blumigen Hügel
(Garten). Man sieht eine verschlossene Thür. Auf der Mitte des Hügels sitzt
die heilige Jungfrau. Mit beiden Händen umfasst sie die Vorderfüsse eines
schlanken, weissen Einhorns, das sich vor ihr erhebt und sich umsieht, als
horche es auf den Klang des Horns und auf die heranspringenden Hunde.

---

[1]) Vgl. Altaraufsatz in der Nikolai-Kirche zu Rostock Bd. I, S. 183. Otte-Wernicke, Hdb. I,
S. 85. 86. 511.

[2]) Dazu passt auch die in den Namen der Heiligen und den beigesetzten Sprüchen ein
paar Male vorkommende Form des **H** für M. Vgl. Otte-Wernicke, Hdb. I, S. 409.

Altarschrein in der Marienkirche zu Parchim.

Altarschrein der Marienkirche zu Parchim.

Altarschrein der Marienkirche zu Parchim.

Links steht ein rother, vorn geöffneter Altar nach alter Weise, zu dem Stufen hinaufführen. Ein leinenes Tuch mit goldener Borte ist darüber gebreitet und darauf stehen zwölf Lichter, davon das mittelste sich oben in drei Rosen theilt (die grünende Ruthe Aarons). Daneben auf der Erde liegt der Laib eines weissen Brotes. Auf der andern Seite dagegen steht ein Brunnen mit drei Röhren, aus denen Wasser in einen Kübel fliesst, aus welchem es dann wieder hervorquillt. Vor dem Brunnen steht ein goldener Eimer mit schwarzen Bändern. Hinter dem Brunnen sieht man in einem grünen Busch Gott den Vater. Am Fusse des Busches taucht die goldene Sonne auf mit einem Gesicht darin, dessen grosse Augen noch sichtbar werden. Strahlen gehen von ihr aus.«

»In diesem Bilde der Jagd des Einhorns durch einen Jäger mit Hunden ist der Rathschluss der Menschwerdung Christi symbolisch dargestellt. Gott selbst wurde als der Himmelsjäger betrachtet, welcher sein Kind auf die Erde trieb. Nach einer alten Sage sollte das fabelhafte Einhorn von solcher Stärke sein, dass es durch keine Tapferkeit der Jäger gefangen werden könne. Sobald es sich aber einer Jungfrau nähere, lasse es von aller Wildheit ab und lege den Kopf in ihren Schoss, worauf es wie wehrlos gefangen werde. Diese Sage mit Anwendung auf die Menschwerdung Christi und seine Geburt von der Jungfrau findet sich seit dem XI. Jahrhundert. Seit dem XIV. bis XVI. Jahrhundert ist das Einhorn das geläufige Bild für Christus.«[1]

Garten und Brunnen im Bilde zu Parchim sind Anspielungen auf den hortus conclusus und den fons signatus im Salomonischen Hohen Liede, die auch sonst vielfach neben anderen marianischen Typen, wie der Erschaffung der Eva, dem brennenden und nicht verbrennenden Busch Mosis, dem goldenen Gefäss mit dem Himmelsbrode des Manna, dem grünenden Stabe Aarons, dem bethauten Vliess Gideons, dem unverletzten Hervorgehen Daniels aus der versiegelten Löwengrube, der verschlossenen Pforte des Ezechiel und dem elfenbeinernen Thurme des Hohen Liedes, mit der Darstellung der Jagd des Einhorns vereinigt werden.[2]

Klappt man die äusseren Flügel zurück, so zeigen sich acht Bilder des Marienlebens, für die es keiner Beschreibung und Erklärung bedarf. Sie sind ebenso wie die vorhergehenden mit sauberer und geschickter Hand durchgeführt und enthalten viele kleine anmuthende Züge, welche den Betrachter festhalten. Es sind die Verkündigung des Engels, der Besuch bei Elisabeth, die Geburt des hl Kindes, die Beschneidung, die Anbetung der hl. drei Könige,

---

[1] Wörtlich nach Bergau, Altpreussische Monatsschrift, 1867 (November - December), S. 723 ff. Vgl. M. Jahrb. XXXIII (Altar der Kirche zu Lübbersdorf bei Friedland). — Piper, Evangel. Kalender 1859, S. 36 ff. Otte-Wernicke, Hdb. I, S. 509. 512. — Als mecklenburgische Denkmäler mit der Darstellung des Einhorns sind bis jetzt zu nennen: Gestickte Decke in St. Marien zu Rostock; Altar im Heil. Kreuz-Kloster; Altar in Dorf Mecklenburg; Taufschüssel in St. Georgen zu Parchim; Altar in St. Marien zu Parchim; Altar zu Lübbersdorf bei Friedland, ehemaliger Altarschrein in der Kirche zu Crivitz (s. bei Garwitz).

[2] Otte-Wernicke, Hdb. I, S. 509.

die Darstellung im Tempel, die Flucht nach Aegypten, Jesus als Knabe bei den Schriftgelehrten im Tempel und von den Eltern gesucht.

Sobald die inneren Flügel zurückgeschlagen werden, kommt in Gold und Farben die Holzplastik zum Vorschein. In der Mitte die hl. Maria mit dem Kinde in einer von Engeln umgebenen Strahlenmandorla, deren Umrandungen in vier etwas grösseren Blattbildungen Hände und Füsse des Heilandes mit den Nägelmalen zeigen. Neben der Madonna, jederseits auf zwei Stockwerke vertheilt und noch im Mittelschrein befindlich, im Ganzen acht Heilige, die vier abendländischen Kirchenväter, Annaselbdritt, Maria Magdalena, Johannes Baptista und Christophorus, alle mit echten alten Unterschriften an der Basis. Ebenso die Heiligen in den Flügeln, jederseits acht; im linken Flügel: Andreas, Ursula, Petrus, Katharina, Margaretha, Johannes Evangelista, Apollonia, Matthaeus; im rechten: Barbara, Paulus, Dorothea, Bartholomaeus, Agnes, Georg, Gertrud und Laurentius.[1])

Eherne Fünte von 1365.

Alles das ist verhältnissmässig gut erhalten und bedarf nur an einzelnen Stellen der Nachbesserung durch eine mit Vorsicht und Verständniss geführte Hand, ebenso freilich einer Reinigung und Erneuerung des Firnisses. Jedenfalls kann an dieser Stelle nicht ausdrücklich genug darauf aufmerksam gemacht werden, dass es sich hier um ein seltenes und werthvolles vollständiges Werk des Mittelalters handelt, das bis heute vor pietätloser Behandlung

---

[1]) Einzelne niederdeutsche Schreibweisen der Namen sind zu beachten: Matthews, Applonia, Margreta, Ursela, Agneta, Jurien, Lawrens, Pawlus, Dortea, Bartelme.

bewahrt geblieben ist und somit ein besseres Schicksal gehabt hat als sein alter Partner, der Hauptaltar in St. Georgen.

Ebenso bedeutend wie der Altaraufsatz ist die **eherne Fünte** der Kirche von 1365. Sie erinnert in ihrem Aufbau an die Wittenburger (M. Kunst- u. Gesch.-Denkm. III, S. 56 und 57), die dreiundzwanzig Jahre früher Meister **Wilken** goss; aber die Stilisierung ihrer Formen ist grossartiger. Man sehe

die wahrhaft monumental wirkenden Buchstaben im oberen Theil und das an die Doberaner Stuhlwangen derselben Zeit anklingende Blatt- und Traubenwerk im unteren Theil. Die dreizehn in gothische Nischen gestellten Heiligen, welche die mittlere Wandung des Kessels umziehen, stellen ohne Zweifel ebenso wie an der Wittenburger Fünte den Heiland und die zwölf Apostel dar. Die Umschrift lautet:

LⱭVⱭR LVDⱭ
WⱭTTⱭD DⱭT
MⱭST hⱭRM
GVD DID VⱭD.

Eherne Fünte von 1365.

Eherne Fünte.

Wenn, wie Lisch es richtig thut, zu MⱭST das Abkürzungszeichen und auf das Schluss-M in hⱭRM das Dehnungszeichen gesetzt wird, dann lautet der Spruch in der Uebersetzung:

Lieben Leute, wisset das,
Meister Hermann goss dies Fass.[1]

Als zweite Inschrift folgt: ARRO DRI MCCCLXV und davon getrennt Ⱨ MARIA.[2]

---

[1] M. Jahrb. VIII B, S. 106 und 107. Aber nicht ›dass‹ zum Folgenden, sondern ›das‹ zum Vorhergehenden. — [2] Was Ⱨ vor MARIA heissen soll, kann nur gerathen werden. Für egregia: Schluss-Ⱨ von AVE? Anders Lisch, M. Jahrb. VIII B, S. 107.

Kanzel.

Kanzel.　　　Ein vortreffliches Schnitzwerk ist die **Kanzel**, wenngleich sie an den bildnerischen Reichthum der Kanzel in St. Georgen nicht hinanreicht.　Da sie vom Jahre 1601 ist und mit der des Lübecker Meisters **Tönnies Evers** in Neustadt viele Aehnlichkeit hat, so wäre es nicht unmöglich, dass dieser auch die Kanzel in St. Marien zu Parchim verfertigt hätte.[1]) Die Aehnlichkeit ist wenigstens grösser als die mit der unter der Leitung von **Evers** entstandenen und von den Meistern **Hans Böhle** und **Görries Quade** angefertigten Kanzel in St. Jürgen zu Wismar vom Jahre 1608.[2]) Indessen es kann der Verfertiger

Aufgang zur Kanzel.

auch sehr wohl ein gleichstrebender Meister in Parchim sein. Am Predigtstuhl die Gestalten des Heilandes und der zwölf Apostel Petrus, Andreas, Jakobus major, Johannes, Philippus, Bartholomaeus, Matthaeus, Thomas, Jakobus minor, Simon, Judas Taddaeus,[3]) Matthias.

Unter der Mittelgestalt des Heilandes: Ich bin der Weg, die Wahrheit und das Leben; Niemand kommt zum Vater denn durch mich.«

Unter den zwölf Aposteln das der Legende gemäss auf sie vertheilte apostolische Glaubensbekenntniss. Unter Petrus: »Ich glaube an Gott den

[1]) M. Kunst- u. Gesch.-Denkm. III, S. 284.

[2]) M. Kunst- u. Gesch.-Denkm. II, S. 86—88.

[3]) Vom Bildschnitzer versehentlich als der falsche Judas mit dem Beutel dargestellt.

Vater« u. s. w.; unter Andreas: ·Und an Jesum Christum unsern Herrn«;
unter Jakobus major: »Der empfangen ist« u. s. w.; unter Johannes: »Gelitten
unter Pontio und Pilato« u. s. w.; unter Philippus: ·Niedergefahren zur Hölle«
u. s. w.; unter Bartholomaeus: »Aufgefahren gen Himmel« u. s. w.; unter
Matthaeus: »Von dannen er kommen wird« u. s. w.; unter Thomas: »Ich
glaube an den heiligen Geist«; unter Jakobus minor: »Eine heilige christliche
Kirche« u. s. w.; unter Simon: »Vergebung der Sünden«; unter Judas: »Auferstehung des Fleisches«; unter Matthias: »Und ein ewiges Leben«.

An der Kanzelthür das Brustbild des Heidenapostels Paulus und darunter
die Jahreszahl 1601, die ein zweites

Mal an der Wange des Treppenaufganges vorkommt.

Auf den Vorsprüngen des
Schalldeckels, oder besser gesagt
auf den Verkröpfungen seines Gesimses, sechs frei stehende Engel.
Zwischen ihnen in den Aufsätzen, die
als Bekrönung des Gesimses dienen,
die alttestamentliche Bundeslade und
die vier grossen Propheten als Halbfiguren in Hochrelief. Darunter entsprechende Bibelstellen. Unter der
Bundeslade Röm III, 25: Gott hat
Christus fürgestellt zu einem Gnaden-
stuhl durch den Glauben in seinem
Blut, damit er die Gerechtigkeit, die
vor ihm gilt, darbiete«. Unter Ezechiel,
der nach Kap. XXXVII mit dem
Todtenkopf dargestellt ist, die Worte
in Kap. III, 27; unter Jesaias, dem
nach Kap. VI, 6 Engel, Zange und
Kohle gegeben sind, Kap. VIII, 20;
unter Jeremias, nach Kap. XXVII, 2
mit einem Joch um den Hals, die
Worte in Kap. VII, 23; und unter
Daniel, der mit Anspielung auf die

Ständer von der Orgel-Empore.

Löwengrube (Kap. VI, 16·22) mit einem Löwen dargestellt ist, Kap. XII, 3.
Auf dem obersten Theil des Deckels, der wieder für sich eine Art Krone
bildet, stehen zwei posaunenblasende Engel und nackte Gestalten, die vielleicht
ebenso die Auferstehung andeuten sollen wie die unter ihnen aus kleinen Rundbildern hervorschauenden Köpfe, die keine besonderen Beziehungen zu haben
scheinen. Ganz oben aber thront auf einem Regenbogen und von einer
Wolkenmandorla umgeben der Weltenrichter, der auf alles unter ihm hinab-
schaut.

Brüstung der Orgelempore in der Marien-Kirche zu Parchim.

Brüstung der Orgelempore in der Marien-Kirche zu Parchim.

Die Kanzel ist im Jahre 1886 von einer Schicht dicker Oelfarbe, womit ihre Schnitzereien und Intarsien überzogen waren, in geschickter Weise befreit worden und erstrahlt somit wieder in ihrer alten Feinheit und Schönheit.[1])

Orgel-
Empore
und
Orgel-
Prospekt.

Noch mehr als die Kanzel springt das die ganze Breite der Kirche füllende reiche und schöne Schnitzwerk der **Orgel-Empore** und des **Orgel-Prospektes** in die Augen. Cleemann giebt an, dass es ebenso wie die Kanzel dem Jahre 1601 entstamme.[2]) Das mag richtig sein, obwohl bereits das Inventar von 1811 darauf hinweist, dass es an einer Inschrift über die Orgel fehle. Aber wenn es mit 1601 seine Richtigkeit hat, dann kann sich diese Zahl nur auf die Empore beziehen, nicht auch auf den Prospekt. Das Schnitz-werk der Empore ist nämlich in der That in jenem feinen Geschmack der Hochrenaissance ausgeführt, der in Norddeutschland um die Wende vom XVI. zum XVII. Jahrhundert die Herrschaft hatte. Aber der die Brüstung der Empore überschneidende und gleich dem Ober-Prospekt stark ausladende Unterprospekt der Orgel gehört einer späteren Zeit an, in der bereits der Barockstil herrscht. Man vergleiche in dieser Beziehung die einfacheren Orgel-Prospekte in St. Jürgen (1614) und St. Nikolai (1617/19, nach 1703 wieder zusammengestellt) zu Wismar mit diesem Parchimschen Prospekt, der als Doppel-Prospekt denen in Gross-Eichsen und Mühlen-Eichsen am ähnlichsten ist, die aus dem letzten Drittel des XVII. Jahrhunderts stammen, mag er im Uebrigen auch reicher und üppiger sein als diese.[3]) Wir halten deshalb den Parchimschen Prospekt in St. Marien für ein Bauwerk, das mindestens sechzig bis siebenzig Jahre jünger als die Empore und somit nicht vor 1670, ja vielleicht gar erst gegen 1700 ausgeführt ist, bedauern aber, darüber keine Nachrichten bei-bringen zu können. Von einer Reparatur hören wir im Jahre 1752. Das ist Alles.

Glocken.

Glocken. Vier Glocken birgt der Thurm. Die grösste Glocke ist vom Jahre 1514 und hat die nachfolgenden Inschriften, deren einzelne Wörter durch allerhand kleine figürliche Darstellungen von einander getrennt werden. Oben: Āno dn̄i MDXiiii Circa festū Joħaniš Baptiste par(!)[4]) magistrū ħinricū de luphe ħoc opuš cofūmatū est. Darunter ein Christuskopf in Profil. In der Mitte: Salua noš iħeſu pro quibuš virgo mater te orat ✝ Joħanes aut apoſtoluš virgo dei electuš cui virginem matrem dn̄s virgini comē-dabat alleluia. Nach Salua noš ist ein Marienbildchen in einer Glorie ein-geschoben, nach electuš die Figur des Johannes mit dem Kelch, und am

---

[1]) Mecklenb. Anzeigen 1886, Nr. 139 (18. Juni).

[2]) A. a. O., S. 321.

[3]) M. Kunst- u. Gesch.-Denkm. II, S. 88. 136. 498. 504. Auch die alte Bützower Orgel erhielt in späterer Zeit einen vorgesetzten Unterprospekt: a. a. O. IV, S. 61. Sehr in Betracht kommt auch der Doppel-Prospekt in der nicht weit von Güstrow gelegenen Kirche zu Recknitz, der in der Zeit von 1703 bis 1718 von J. C. Gerhard in Rostock erbaut ist: a. a. O. IV, S. 295. 296. Anmkg. 2.

[4]) Für per.

Schluss sieht man die Figuren eines Engels und eines Sackpfeifers. Die den Johannes betreffenden Verse aber werden verständlich, wenn man sich für den jüngsten der Apostel, der in der christlichen Ikonographie eine besondere und bedeutungsvolle Vielgestaltigkeit gewonnen hat, die auf sein Evangelium, Kap. XIX, 26, 27, zurückgehende und bereits vom hl. Augustinus entwickelte legendarische Vorstellung einer gotterwählten virgo vergegenwärtigt. »Virgo et mente et corpore« nennt ihn Augustinus; und »παρθένος« oder auch »ὁ παρθένος« ist daraufhin sein griechischer Beiname. »Am Kreuze gab ihm der sterbende Heiland den allergrössten Beweis seines Vertrauens, indem er, der jungfräuliche Meister, seine jungfräuliche Mutter dem jungfräulichen Jünger anvertraute (virgo virginem virgini commendat)«.[1]

Die zweite Glocke stammt, wie Schrift und Trennungszeichen ausweisen, von demselben Giesser und aus derselben Zeit. Auch hat sie gleich dieser eine ungewöhnliche Inschrift, nämlich die aus dem Ev. Lucas, Kap. X, 40, bekannten Worte der Martha über ihre Schwester Maria zum Heiland: Non est, martha inquit, tibi cure, quod soror mea me reliquit solam ministrare, jube illi ut me adiuuet.[2] Darauf folgt das Monatsdatum des Glockengusses in den Worten Me mater genuit tempore quo ipa generata fuit, also der Geburtstag der hl Maria, d. i. 8. September. Und zuletzt der Spruch aus dem Buch der Weisheit, Kap. V, 1: Stabut iusti in magna constacia aduersus eos qui se angustiaberut et qui abstulerunt labores eorum · alleluia. Zwischen eos und qui Doppelkreuz und Axt, zwei Heilige und das mecklenburgische Wappen. Auf alleluia folgen ein Engel, eine weibliche Gestalt mit einem Salbgefäss (?) und ein Engel.

Die dritte Glocke ist laut Inschrift im Jahre 1751 unter Herzog CHRISTIAN LUDWIG zur Zeit des Superintendenten JAKOB BERNHARD POLCHOW, des Pastors KARL CHRISTIAN ENGEL und des Oeconomus ANDREAS RÖNNBERG von Otto Gerhard Meyer in Rostock gegossen worden.

Die vierte Glocke, die »Klingeglocke«, hat keine Inschrift.

Grabsteine. Grabsteine. Vor dem Altar der Stein des Bützower Stiftsdekans Nikolaus Tzolkow mit einer Inschrift, welche voll ausgeschrieben lautet wie folgt: Anno domini mcdvii in octaua die apostolorum petri et pauli obiit dominus et magister Nicolaus Czolkow decanus ecclesie butzowensis · Orate pro eo.

Von nicht geringerem historischen Interesse sind die oft behandelten jüdischen Grabsteine mit hebräischen Inschriften aus der Zeit von 1267 bis 1345, die im Fundament des nördlichen Anbaues verwendet sind, bezüglich

---

[1] Vgl. Joh. Ficker, Darstellung der Apostel in der altchristlichen Kunst (Leipzig, Seemann 1887), S. 32. 33. Stadler, Heiligen-Lexikon III, S. 277. 285. 286. — Die Inschrift ist von Herrn Dr. Hofmeister zweimal aufs Genaueste mit den davon erhaltenen Abschriften verglichen worden. Die Lesung bei Cleemann, a. a. O., S. 309, ist daher als verkehrt zu bezeichnen.

[2] In der Vulgata steht das richtigere »dic« für »jube«.

deren wir uns aber damit begnügen, auf das Mecklenb. Urkundenbuch zu verweisen.[1]) Das ehemalige Kreuzthor hatte ebenfalls solche jüdische Grabsteine in seinem Fundament (s. u.). Auch in Speier, Nürnberg, Augsburg, Zürich, Regensburg, Breslau, Schweidnitz, Basel und anderswo sind solche Vermauerungen jüdischer Grabsteine in verschiedenen Fundamenten gefunden worden.[2])

Ueber ehemals (nämlich 1869) gefundene **alte Wandgemälde** auf den Wänden des Chors vgl. Lisch, M. Jahrb. XLII, S. 168 Es waren Spuren von Isaaks Opfer und der Bekehrung des Apostels Paulus sichtbar geworden. Doch liess sich nichts davon erhalten.

Wand-
gemälde.

Grabstein des Bützower Stiftsdekans Nikolaus Tzolkow.

Kleinkunstwerke. 1—4. Zwei silbervergoldete Kelche ohne Inschrift, beide mit Parchimer Werkzeichen (P) [HEI DEN]. Dazu zwei silbervergoldete Patenen, ebenfalls ohne Inschrift und mit denselben Werkzeichen wie die Kelche. Beide, Kelche und Patenen, tragen die Jahreszahl **1776**. — 5—7. Noch ein kleinerer prächtiger, jetzt für die Krankenkommunion verwandter Kelch auf sechspassigem Fuss und mit rundem gekerbten Knauf, daran das Jesusmonogramm ihc.[3]) Auf dem Fuss zweimal das Katt'sche Wappen mit dem Bilde einer Katze im Schilde und mit der Unterschrift: **MELCHIOR ✳ KATT**. Zwischen den beiden Katt'schen Wappen die Inschrift **ELISABETH CLAWES 1637**, darunter das nebenstehende Randow'sche Wappen mit der Unterschrift:

Kleinkunst-
werke.

HEINRICH VON RANDOW.

---

[1]) M. U.-B. 7399.
[2]) Vgl. Cleemann, a. a. O., S. 313.
[3], Für ihc, wenn es nicht etwa ihſ (lang ſ sein soll.

Dazu eine Patene vom Parchimschen Goldschmied **Heiden** und eine kleine runde silberne Oblatendose; auf dem Deckel unter einer Krone die verschlungenen Buchstaben *E • E M • W*. — 8. Kreisrunde silberne Oblatenschachtel. Treibarbeit im Barockstil. Ohne Werkzeichen. — 9. Grosse silberne Weinkanne, auf dem Deckel in erhabener Arbeit das Lamm mit der Fahne. Angefertigt 1847 aus einer Taufschüssel, die von **JOACHIM BRASCH** und **S • OELGART KRIVITZEN ANNO 1720**, einem Krug, der 1703 von **CHRISTIAN ACIDALIUS**, und einer Giesskanne, die 1736 von **M K L W W** geschenkt war. Parchimsche Arbeit in klassicierendem Stil: MICHAEL P . — 10. Kanne von Steingut, das den Eindruck der Achatschleiferei darzustellen sucht. — 11. Neue Messingschüssel, laut Inschrift 1857 von **A. SCHULTHEISS** angefertigt. — 12—16. Fünf Zinnleuchter, stark verputzt; aus dem XVIII. Jahrhundert (1736 und 1737). — 17. Eiserner Kronleuchter im Mittelschiff.

(Vorderseite.)   Schachfigur.   (Rückseite.)

[Im Grossherzoglichen Museum.]

Vortrage-
kreuz.   Kupfervergoldetes frühgothisches, noch stark romanisierendes **Vortragekreuz** mit hölzernem Kern, 52 cm hoch. Früher mit einer Oeffnung im Fuss zum Hineinstecken eines Tragschaftes. Aus dem XIII. Jahrhundert. Auf der Vorderseite in der Mitte ein kreisrundes bis auf den Holzgrund geleertes Feld von gut 7 cm Durchmesser. Was mag darin einstmals angebracht gewesen sein? Ein Christusbild? Ein Lamm? Ein Madonnenbild? Kaum etwas Anderes! Denn um dieses Rund herum finden wir an den vier Kreuzesenden, welche die Form eines frühgothischen Vierpasses haben, die Evangelisten - Symbole,

Vortragekreuz aus St. Marien in Parchim.

die mit einem Stempel in das kreisrunde vergoldete Kupferblättchen geschlagen
sind. Oben der Adler des Johannes mit der Unterschrift S · IOhᴀ̄ΠΠ'. Seitwärts vom Mittelfelde links der Mensch des Matthaeus mit der Unterschrift
S · ſΠᴀ̄TᴀVS. Ihm gegenüber der Stier mit der Unterschrift S · ſΠᴀ̄RᴄVS
(nicht S. Lucas), also ganz so, wie auf einem Terrakotta-Relief des V. Jahrhunderts aus den Katakomben. Demgemäss unten der Löwe mit der Unterschrift S · ᴌVᴄVS (VS, nicht ᴀ̄S). Dieselben Evangelisten-Stempel ein zweites

Bartholomaeus-Kapelle.

Mal in den vier Ecken des länglich sechspassigen Fusses. Aber in den beiden
mittleren Pässen, welche zwischen ihnen liegen, findet sich ein etwas kleinerer
Stempel mit dem Bilde des Löwen, der ohne Zweifel den Heiland als den
Löwen aus Juda symbolisieren soll. Auf der Gegenseite acht Glaseinfassungen,
von denen zwei der kleineren (die, welche dem mittleren zunächst sind) fehlten
und daher durch neue ersetzt sind. Irgend welche Nachrichten über dieses
alte Vortragekreuz sind bis jetzt nicht aufgefunden worden.[1]

¹) Nachdem das Vortragekreuz für das Museum erworben war, stellte es sich heraus, dass

Schach-
figur.

Noch älter als dies Vortragekreuz ist eine aus Parchim stammende, anscheinend nicht aus Elfenbein, sondern aus Wallrosszahn geschnittene **Schachfigur** (Höhe 0,08 m), die einen thronenden, Scepter und Becher haltenden König darstellt, neben dem Mundschenk und Spielmann knieen, dieser die Doppelflöte spielend, jener einen Becher darreichend. Besonders hübsch geschnitten erscheint die Rückseite des Thrones mit ihren durchbrochen gearbeiteten romanischen Verschlingungen. Wahrscheinlich vom Ende des XII. Jahrhunderts oder dem Anfange des XIII. Jahrhunderts.[1]

*   *   *

Stab- oder
Stangen-
leuchter.

Besondere Beachtung verdient auch ein aus Holz geschnitzter spätgothischer **Stab-** oder **Stangenleuchter** mit der Figur der hl. Katharina in einem offenen Tabernakel, oberhalb dessen der Kerzenhalter angebracht ist, einstmals reich in Gold und Farben strahlend, wie in den Vertiefungen des Schnitzwerkes noch zu erkennen ist. Höhe 2,70 m. Figur der hl. Katharina 0,36 m hoch. Der zweiten Hälfte des XV. Jahrhunderts angehörig.

Stab- oder Stangen-Leuchter.
Im Grossherzoglichen Museum.]

Bartholo-
maeus-
Kapelle.

Die im Jahre 1349 auf dem Sassenhagen gegründete **Bartholomaeus-Kapelle**, jetzt Herberge zur Heimath, ist so gründlich erneuert, dass von dem alten Bestande nicht viel übrig geblieben ist

ein vor ungefähr dreissig Jahren von einem Dr. Jenning auf der Strasse erworbenes und nachher dem früheren Lisch'schen Antiquarium geschenktes Goldglas, welches dem Verfasser mit der mündlichen Tradition der Herkunft aus Parchim übergeben worden war, ganz genau in das leere Rund des Vortragekreuzes passte. Dieses aus zwei zusammengeschmolzenen grünlichen Gläsern (Bildglas und Deckglas) bestehende Goldglas zeigt Mutter und Kind, ohne Zweifel die hl. Maria mit dem Jesuskinde. Dass dieser Umstand nicht genügt, um zu behaupten, dass Glas und Kreuz zu einander gehören, ist selbstverständlich. Es muss daher die Einfügung dieses Glases nur als ein Bestreben angesehen werden, ihm einen würdigen Platz zu geben.

[1] Ausführliche Beschreibung bei Lisch, M. Jahrb. XXII, S. 296–301.

Das **Rathhaus** am altstädtischen Markt hat, wie der an die Ludwigs- Rathhaus.
luster Gothik erinnernde Mittelbau zeigt, im zweiten Jahrzehnt des XIX. Jahrhunderts eine im Sinne der damals herrschenden romantischen Gothik ausgeführte Umgestaltung erfahren. Es geschah das bei Gelegenheit seiner Einrichtung für das Grossherzogliche Oberappellationsgericht.

Sehr zu bedauern ist der im Jahre 1847 und 1848 erfolgte Abbruch Kreuzthor.
des **Kreuzthores**, richtiger Krüzenthores, das als Doppelthor aus einem inneren

Rathhaus.

und äusseren Theil bestand. Wir geben hier die Abbildung beider nach
mehreren kurz vor dem Abbruch von dem späteren Baurath Ludwig Bartning
aufgenommenen Blättern.[1]) Hier bildeten, ebenso wie bei dem nördlichen
Anbau von St. Marien, eine Anzahl von jüdischen Grabsteinen des XIV. Jahrhunderts, die dem in der Nähe liegenden alten jüdischen Kirchhof entnommen
waren, das Fundament.[2])

---

[1]) Eine von dem verstorbenen Landbaumeister Voss in seiner Schülerzeit angefertigte
Zeichnung hat Bösch, a. a. O. (1895) veröffentlicht. Sie giebt aber nur die eine Seite des inneren
Thores. — Die Bartning'schen Blätter befinden sich in der Sammlung des Vereins für M. Gesch.
u. Alterthumskunde.

[2]) Cleemann, a. a. O., S. 312. 314. — Icke, a. a. O., S. 239. 249.

Das Wockerthor und das Neuethor. Gleich dem Kreuzthor waren auch das **Wockerthor** und das **Neuethor** oder Neustädter Thor Doppelthore aus der ersten Hälfte des XIV. Jahrhunderts. Ueber den Abbruch des Neustädter Thores 1838 vgl. Icke, a. a. O., S. 176; über die Beseitigung des letzten Restes vom Wockerthor, das schon 1805 neugebaut« worden war, im Jahre 1883 vgl. Bösch, a. a. O. (1895), Seite 6.

Moltke-Denkmal. Dafür ist die Stadt mit einem am 2. Oktober 1876 enthüllten schönen grossen **Bronze-Denkmal** des in ihren Mauern geborenen

Das Kreuzthor (Aussenthor).

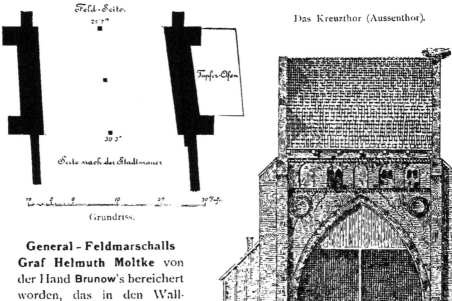

Grundriss.

General - Feldmarschalls Graf Helmuth Moltke von der Hand **Brunow's** bereichert worden, das in den Wall-Anlagen rechts vom ehemaligen Kreuzthor einen Platz erhalten hat. Als weitere geschichtliche Merkwürdigkeit ist seit 1891 das mit einer Gedenktafel versehene Geburtshaus Moltke's in der Langenstrasse zu nennen.

Das Kreuzthor (Innenthor).

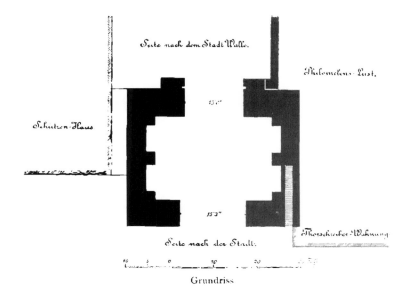

Seite nach dem Stadt-Walle.

Philomelens Lust.

Schützen-Haus

Thorschreiber-Wohnung

Seite nach der Stadt.

Grundriss

Zuletzt sei hier der einzige unter dem Namen »**Fangelthurm**« in der Nähe von Stralendorf noch erhaltene Landwehrthurm erwähnt, der gleich den Stadtthoren der Mitte des XIV. Jahrhunderts angehört. Eine lebhafte Schilderung von seiner einstmaligen Bedeutung als Wacht- und Wartthurm zum Schutz der Feldmark giebt Bösch, a. a. O. (1879), S. 19.

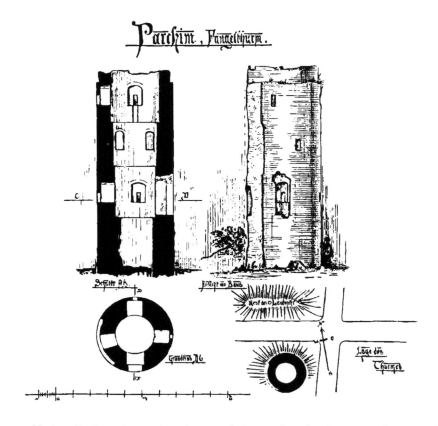

Parchim, Fangelthurm.

Und soll einmal von berühmten Söhnen der Stadt gesprochen werden, dann darf auch der im Hochsommer des Jahres 1802 gestorbene und in der Georgen-Kirche beigesetzte Schriftsteller Engel nicht vergessen werden, der sich mit seinem »Lorenz Stark« und überhaupt als gewandter Prosaist in der deutschen Literatur einen Ehrenplatz erworben hat.

Das Filial-Kirchdorf Paarsch.[1]

Mag in altwendischer Zeit die Familie der Parcek das Dorf gegründet und innegehabt haben, in deutscher Zeit gewinnen dort um 1370 die von Wozenitz und Kassow Besitz und Rechte, und schon früher erwerben Geistliche und Bürger der Stadt Parchim jährliche Kornhebungen für Kirchen und Stiftungen. Besonders ist es die St. Georgen-Kirche, die erhebliche Einkünfte aus Paarsch bezieht und zuletzt das ganze Dorf besessen haben soll. Aber durch die Umwälzung aller Rechtsverhältnisse in der Reformationszeit wird daraus ein Stadtdorf geworden sein, wenngleich es an einer älteren Urkunde darüber fehlt.[2] Den Pfarrdienst hat von jeher der Archidiakonus zu Parchim gehabt. Auch wird Paarsch demgemäss, wie es ja die Lage auf dem rechten Ufer der Elde mit sich bringt, als zur Schweriner Diöcese gehörig in den Kirchenakten aufgeführt.[3]

Geschichte des Dorfes.

Kirche. Die Kirche ist ein gothischer Neubau mit spitzem Thurm von 1870/71.[4] Auch die ganze innere Einrichtung ist neu, desgleichen sind es sämmtliche **Vasa sacra** und die **Glocke**, welche von dem Glockengiesser Albrecht Hausbrand aus einer alten Glocke mit der Inschrift ijrlp ✠ iljrjuß ✠ bnbr ✠ maria umgegossen ist und die Jahreszahl **1874** hat.

Kirche.

Vasa sacra.

Glocke.

Der im Inventar von 1811 erwähnte gothische Schnitz-Altar soll nach Lübeck hin verkauft sein. Eine Beschreibung bei Lisch, M. Jahrb. XI., S. 206.

Das Kirchdorf Garwitz.[5]

Dass Garwitz schon um 1278 ein Kirchdorf ist, wird durch den in der Bestätigungsurkunde des Pfarrers der Neustadt Parchim als Zeugen genannten Garwitzer Pleban Heinrich bewiesen.[6] Sonst aber fehlt es an früh-

Geschichte des Dorfes.

[1] 5 km östlich von Parchim. Die Form Parceke im XIV. Jahrhundert deutet Kühnel, M. Jahrb. XLVI, S. 102, als »die Parcek«.

[2] Es giebt ein paar bisher nicht gedruckte Urkunden von 1391, 1475 und 1495, in denen von Hebungen aus Paarsch die Rede ist. Aber sie sind hier ohne Bedeutung. Vgl. »Parchimsche Kirchenbriefe« im Grossh. Archiv.

[3] Vgl. M. U.-B. 5233. 7296. 10010. 10129. 10250. Cleemann, a. a. O., S. 27. 30. 168. 170. 252—258. 269. Wigger, Annal., S. 132.

[4] Die alte Kirche war ein Holzfachwerkbau mit »Lehmschlag«. Lisch, M. Jahrb. XI., S. 205. In einer bisher nicht gedruckten Urkunde vom 22. März 1464 wird sie als »nen erbaute und fundirte Kapelle« bezeichnet. Vgl. »Parchimsche Kirchenbriefe« im Grossh. Archiv.

[5] 12 km westlich von Parchim, auf dem rechten Ufer der Elde. Kühnel, M. Jahrb. XLVI, S. 48, deutet den Namen patronymisch als »Nachkommen des Garz«.

[6] M. U.-B. 7200.

mittelalterlichen Urkunden. Aus zwei späteren Urkunden von 1465 und 1470
ist zu ersehen, dass die Stadt Parchim verschiedene Einkünfte aus dem Dorfe
bezieht.[1]) Auch wird Garwitz zu dieser Zeit als »Garseviz« (neben Möderitz
und der Marien-Kirche zu Parchim) im »Verzeichnus der Pfarrlehen vnd
Kirchenn in den Schwerinischen Stiftssprengel gehörig« bezeichnet.[2]) Endlich
gewinnt man aus der Urkunde von 1465 den Eindruck, als ob es von jeher
ein landesherrliches Bauerndorf in der »Voghedige to Parchim« gewesen sei,
wenngleich dort im XVII. Jahrhundert auch Adelsfamilien gewohnt haben.[3])

Ueber den bis in die Neuzeit währenden Wechsel in kirchlicher Beziehung sind schon im III. Band der M. Kunst- u. Gesch.-Denkm. bei Klinken,
S. 376. 377, die nöthigen Bemerkungen gemacht. Garwitz ist vom XVI. Jahrhundert her, vielleicht schon länger, mit Raduhn verbunden gewesen, das einst
im Mittelalter seine eigene Pfarre hatte. So kommt es, dass, als im Jahre
1645 in Folge Blitzschlages das Pfarrhaus in Garwitz abbrennt, der damalige
Kirchherr Daniel Hanichius nach Raduhn hinüberzieht, wo es ein zweites
Pfarrhaus für ihn giebt. Das Patronat, das im Jahre 1589 durch Vergleich
mit dem Landesherrn an die von Restorff auf Bolz, Mustin, Radepohl und
Wessin gekommen war, ist bis ins XVIII. Jahrhundert hinein vielfachem, mit
der Veränderung des Pfandbesitzes der Vogtei Crivitz meistentheils zusammen-
hängendem Wechsel unterworfen.[4]) Raduhn bleibt bei Garwitz bis 1822.
Als aber im Jahre 1820 die alte Parochie Möderitz, die seit 1229 bestanden
hatte und von dieser ältesten Zeit her im Mittelalter durch den Pleban von
St. Georgen zu Parchim vergeben wurde, aufgelöst wird und die Dörfer Möderitz
und Neuhof zu St. Georgen zu Parchim, die vom Mittelalter her aber mit
Möderitz verbunden gewesenen Dörfer Domsühl, Zieslübbe und Bergrade zur
Parochie in Klinken gelegt werden, da giebt es 1821 eine grosse Klage dieser
ebengenannten drei Dorfschaften bei der Grossherzoglichen Regierung, und die
Folge davon ist ein Tausch im Jahre 1822: Klinken giebt Domsühl, Zieslübbe
und Bergrade an Garwitz ab und erhält dafür von Garwitz das Dorf Raduhn.[5])

Im Jahre 1542, als die von Below zu Loppin und Klinken die Kirche
zu Garwitz zu verleihen haben und Raduhn und Damerow als Filialkapellen
zu Garwitz gehören, ist Bartholomaeus Selig (Salige) Kirchherr zu Garwitz

---

[1]) Cleemann, Chronik u. Urk. d. Vorderstadt Parchim, S. 234.

[2]) Wigger, Annal., S. 132.

[3]) Von Hebungen und Renten aus Garwitz handeln noch vier Urkunden von 1413, 1454.
1457 und 1503. Vgl. »Parchimsche Kirchenbriefe« im Grossh. Archiv. Doch sind sie ohne Belang
für uns.

[4]) Um 1623 hat Levin von Stralendorff zu Garwitz und Schlieven das Patronat, um 1640
Gebhard Moltke (nicht zu verwechseln mit dem gleichnamigen Toitenwinkler Moltke), um 1672
Kurt Christoffer von Moltke's Wittwe, die Agnes Dorothea von Bülow, 1707 haben es Joh. Otto
von Grabow und Magdalene Ilsche von Lehsten, und 1744 Hauptmann von Warnstedt zu Sildemow.
Wann das Raduhner Patronat wieder herzoglich wurde, wissen wir nicht zu sagen, wahrscheinlich
mit der Wiedereinlösung der Vogtei Crivitz: vgl. M. Kunst- u. Gesch.-Denkm. III, S. 324. Das
Garwitzer Patronat war bereits 1744 wieder in den Händen des Herzogs.

[5]) Cleemann, Chronik, S. 248.

»Er ist ziemlich gelehrt, will sich von Tag zu Tag bessern. 1545 nennt Cleemann in seinem Repertorium universale, S. 141, einen Joachim Benekendorf als Pastor von Garwitz, aber wir haben ihn in den uns zu Gebote stehenden Kirchenakten nicht gefunden. Dagegen können wir um 1588 den Jakob Sasse und um 1616 den Erasmus Grapengiesser als Pastoren von Garwitz, Raduhn und Damerow nennen. Es folgen Daniel Hanichius, der zwischen 1623 und 1664 nachzuweisen ist, Henricus Arndius von 1666 bis 1670, Enoch Simonis von 1672 bis 1727, Hermann Becker (seit 1707 Substitut und Schwiegersohn von Simonis) bis 1747, Joachim Franz Becker, adjungiert 1744 und gestorben am 1. December 1744; Joh. Adolf Weber, substituiert 1744, emeritiert 1787 und gestorben 1792; Joh. Konrad Anton Beneke von 1787 bis 1792; und Joh. Christian Gottlieb Heidensleben von 1793 bis 1814. Vergleiche Walter, a. a. O.

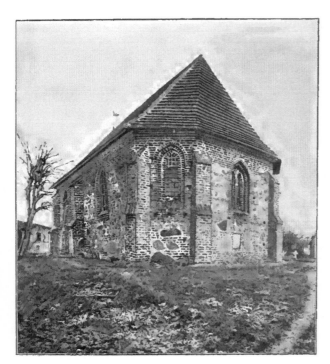

Kirche zu Garwitz.

Als Filialen gehören somit, unter Bezug auf das oben Gesagte, zu Garwitz die Kirchen oder Kapellen von Damerow, Domsühl, Zieslübbe und Bergrade.

Kirche. Die Kirche, ein gothischer Bau von Felsen und Ziegeln aus dem XIV. Jahrhundert, schliesst im Osten mit drei Seiten aus dem Achteck ab, bietet aber im Uebrigen nichts Besonderes. Sie hat ihren Haupteingang im Westen und eine zweite schmale Thür in der Nordwand, während eine dritte Thür im Süden jetzt zugemauert ist. Im Innern eine einfache Holzdecke. Die Glocken hängen in einem besonderen Glockenstuhl westlich von der Kirche.

Der **Altaraufsatz** ist ein gothischer Flügelschrein des XV. Jahrhunderts mit Schnitzarbeit. In der Mitte die figurenreiche Kreuzigung, daneben in sehr viel grösseren Gestalten rechts der hl. Johannes Evangelista und links der hl. Georg. In den Flügeln die Figuren der zwölf Apostel und vier weiblicher Heiligen, der Barbara, Gertrud, Katharina und einer vierten, die unbestimmbar

Kirche.

Altaraufsatz.

Altaraufsatz in der Kirche zu Garwitz.

bleibt. An der Krönung des Schreins die Worte **O crux · aue · spes · unica · hoc · passionis · tempore · auge · piis · iusticiam · regisque · dona · ueniam · Ee suma deus trinitas collaudet omnis spiritus, quos per crucis mysterium saluas, rege per saecula'** aus dem Hymnus de passione Domini, dessen Anfang lautet: **Verilla regis prodeunt.**[1])

Im Westen die **Orgel-Empore.** An der Brüstung derselben sind zwölf geschnitzte Heiligenfiguren angebracht, unter ihnen die Annaselbdritt-Gruppe und verschiedene Apostel. Die Figuren stammen offenbar von einem ehemaligen Triptychon.

(Randnotiz: Orgel-Empore.)

Kanzel und **Gestühl** neu.

An der Wand im **Beichtstuhl** zwei geschnitzte Figuren, die hl. Katharina und ein Bischof.

(Randnotiz: Kanzel und Gestühl.)

Im Glockenstuhl zwei **Glocken.** Die grössere (Dm. 0,94 m) hat die Inschrift: **O | rex ' glorie | yhesu | xpe venu ' cu | pace | maria ' Anno domy ' m°cccc° | liii.** Als Trennungszeichen Heiligenfiguren, Bäume, Thürme. Kein Giesserzeichen. — Die zweite (Dm. 0,66 m) hat die Inschrift: **Anno mcccccb ∴ heft mi David Fowtehen in godtes namen gathen ∴ verbum domini manet in aeternum ∴**.

(Randnotiz: Glocken.)

Kleinkunstwerke. 1. 2. Silbervergoldeter Kelch mit Patene, ohne Inschrift und Zeichen. — 3. 4. Silberner Krankenkelch mit Patene. Parchimscher Stempel: Ⓟ ⚬. — 5. Silberne Oblatenschachtel. — 6. Taufschale von Messing, neu versilbert. — 7. 8. Zwei zinnerne Altarleuchter, auf dem einen: **JOHAN FRIEDERICH HARBRECHT 1805**; auf dem andern: **HA(N)S JOCHIM FRIDERICH KLANKO · 1809.** — 9—11. Drei zurückgestellte Altarleuchter von Zinn, der eine gestiftet von **JOCHIM HARBREGT 1733**, der zweite von **HANS HEYN 1746**, der dritte von **JOHANN BORGERT 1750.** Alle drei von Parchimschen Zinngiessern. — 12. Seidenes Kelchtuch, gezeichnet **HANS FRIEDRICH HARBRECHT.**

(Randnotiz: Kleinkunstwerke.)

---

[1]) Daniel, Thesaurus hymnologicus I, S. 160. 161. — Der Altarschrein soll vor Jahren aus der Crivitzer Kirche hierher versetzt sein. Zur Zeit des Inventars von 1811 war in Garwitz ein anderer Altaraufsatz da, der ein Marienbild in der Mitte hatte, dem seitwärts die Apostel zugesellt waren. Aber auch in der Crivitzer Kirche wird der jetzige Garwitzer Altar 1811 nicht erwähnt. Der hier zurückgesetzte ältere Altar enthielt die Darstellung der Legende vom Einhorn. Es bedarf hier somit noch weiterer Aufklärung. Möglicher Weise stammen die Figuren an der Orgel-Empore von einem geschenkten Altar-Schrein.

Das Filial-Kirchdorf Damerow.[1]

Geschichte des Dorfes.

Aus mittelalterlichen Urkunden ist zu ersehen, dass schon 1278 Einkünfte an Korn aus Damerow an St. Marien in Parchim zu liefern sind.[2] Andere Hebungen, die nach Parchim fliessen, werden später genannt.[3] Ausserdem haben die von Goldenbow 1308 in Damerow wie in Zieslübbe Grund und Boden, ebenso erhält ihn dort als Geschenk vom Landesherrn 1344 der Bürgermeister Iwan von Radim zu Parchim.[4] Was dieser hat, scheint dasselbe zur Burg in Parchim gehörende Burglehn zu sein, das wir später, 1374, in den Händen des Iwan von der Below finden und das in diesem Jahr durch Kauf an den Parchimschen Bürger Hermann von Kratel übergeht, der gleichzeitig auch den Goldenbow'schen Besitz in Damerow erwirbt.[5] Hiermit und mit anderen Einkünften aus Gischow stiftet er der St. Margaretha und St. Barbara zu Ehren eine Vikarei in St. Georgen zu Parchim, die am 24. April 1392 von dem Schweriner Bischof Rudolf III. bestätigt wird.[6]

Als Filia von Garwitz begegnet uns die Kapelle von Damerow schon im Visitationsprotokoll von 1542.

Kirche.

Kirche. Die kleine Fachwerk-Kirche in Damerow ist mit einem Dachreiterthürmchen, auf dessen Spitze eine Wetterfahne mit der Jahreszahl **1791** angebracht ist, versehen. Im Innern alles neu.[7]

Glocke.

Im Dachreiter eine kleine **Glocke** (Dm. 0,42 m) mit der Inschrift: **NILS AHSBERG 1754 AUF UND NIEDER UND WIEDER AUF IST MEIN GANZER LEBENSLAUF · ME FUDIT J · H · ARMOWITZ IN LÜBECK.**

Kleinkunstwerke.

Kleinkunstwerke. 1. Silbervergoldeter Kelch, am Fuss die Inschrift: **HERMANNO BECKERO XXI ANNORUM PASTOR (!) ANNO 1720 EX COLLECTIS PIORUM TOTIUS PAROCHIAE.** Keine Werkzeichen. — 2. Zinnerne Patene mit

---

[1] 9 km nordwestlich von Parchim. Kühnel, M. Jahrb. XLVI, S. 36, übersetzt den Namen mit »Ort des Damer gieb Frieden«. Nach Anderen soviel wie »Eichenhain«.

[2] M. U.-B. 7200. Vgl. Lisch, M. Jahrb. XXXIII, S. 164. Im Register versehentlich mit Damerow bei Plau verwechselt.

[3] M. U.-B. 9208. 10129.

[4] M. U.-B. 3232. 6440.

[5] M. U.-B. 10583. 10649. 10650.

[6] Cleemann, Chronik d. Stadt Parchim, S. 231. Vgl. Parchimsche Kirchenbriefe im Grossh. Archiv zu Schwerin.

[7] Die männlichen Nachkommen der zwei Bauern Pingel, die nach der Legende einstmals nach Rom gereist sind, um den Papst um eine Kirche zu bitten, haben deshalb in der Kirche einen besonderen Stuhl im Altarraum.

dem eingravierten Namen J · J · C · **KNUHTS 1766**, von einem Parchimschen Zinngiesser, dessen Zeichen eine Waage mit **W** und **1740** ist. — 3. Zinnernes Taufbecken mit der Inschrift **THOMAS PINGEL 1692**, von dem Parchimschen Zinngiesser **C · N** mit der Jahreszahl **1670**. — 4. 5. Zwei neue zinnerne Altarleuchter. Ohne Stempel. — 6. Klingbeutel von Sammet, darauf gestickt: **J · HARM 1827**.

Das Filial-Kirchdorf Zieslübbe.[1])

Ein Theil derselben Urkunden des frühen Mittelalters, die von dem Domanial-Bauerndorf Damerow handeln, berichten auch von Zieslübbe. Die von Goldenbow sind dort von 1308 bis 1395 mit Besitz und Rechten

Kirche zu Zieslübbe.

nachweisbar, neben ihnen der Parchimsche Bürgermeister Iwan von Radim, der Parchimsche Bürger Hermann von Kratel und später auch Hermann Steinbeck, der den 21. December 1380 zwei Höfe zu Zieslübbe an die Stadt Parchim verkauft.[2]) Am 2. Februar 1457 nimmt die Stadt das Dorf für 735 Mark von den Herzögen Heinrich d. ä. und Heinrich d. j. in Pfandbesitz und überlässt

---

[1]) 8 km nordwestlich von Parchim. Kühnel, M. Jahrb. XLVI, S. 167, deutet den Namen mit »die ćićelub«.

[2]) M. U.-B. 3232. 6440. 10583. 10650. 11295.

am 30. September desselben Jahres den Hof, welcher bis dahin von Clawes Kempe bewirthschaftet worden war, an den Bauern Henneke Dreval.[1])

Wie Zieslübbe von dem ehemaligen Kirchdorf Möderitz an Garwitz gekommen, ist oben S. 466 berichtet worden.

Kirche.

Kirche. Die Kirche ist, wie die Abbildung zeigt, ein frühgothischer Felsen- und Ziegelbau des XIV. Jahrhunderts. Den Innenraum überspannt eine flache Bretterdecke. Im Westen ein hölzerner Thurm oder, besser gesagt, Glockenstuhl.

Innere Einrichtung.

Die **innere Einrichtung** ist ohne Bedeutung. Im **Pastorstuhl** zwei geschnitzte Figuren, die hl. Maria mit dem Christkind auf dem Arm und der hl. Johannes mit dem Kelch.

Glocken.

Im Thurm zwei **Glocken.** Die grössere (Dm. 0,79 m) ist ohne Inschrift, hat aber das Giesserzeichen:

Die kleinere (Dm. 0,39 m), hat die Jahreszahl **1851.**

Kleinkunstwerke.

Kleinkunstwerke. 1. Silbervergoldeter gothischer Kelch auf sechspassigem Fuss, mit hübschen Verzierungen an der Kupa. An

Kelch (1).

dem sechsseitigen Schaft oben der Name gracia, an den sechs Rotuli des Knaufes der in seinen Buchstaben arg versetzte Jesusname, unter dem Knauf am Schaft: dritas. Ohne Stempel.[2]) — 2. Silbervergoldete Patene. Ohne Stempel. — 3. 4. Zwei zinnerne Altarleuchter.[3]) Inschrift an dem ersten: **ERTMAN MÖLLER VOREHRET DIESEN LEVCHTER ZVR EHRE GOTTES IN DER KIRCHE ZU SISLÜB · 1699**; an dem zweiten: **JOCHIM DANIEL PINGEL VEREHRET DIESEN**

[1]) Cleemann, Chronik, S. 271. Vgl. Parchimsche Kirchenbriefe im Grossh. Archiv.
[2]) Der Goldschmied wusste offenbar nicht recht, was er machen sollte.
[3]) Leider mit Bronzefarbe überstrichen.

LEVCHTER ZV ZIESLVB IN DER KIRCHE ZVR EHRE GOTTES • 1710. Durch die Bronzefarbe sind die Stempel undeutlich geworden, zu erkennen noch bei beiden das Parchimsche Stadtzeichen **P**. — 5. Noch ein zurückgestellter zinnerner Leuchter, gestiftet von **JOHANN MARKWART 1854**. Mit dem Stadtstempel **P** und dem Meisterstempel **F D**.

Das Filial-Kirchdorf Domsühl.[1]

Als Nachbardorf von Frauenmark wird Domsühl im Anfange des XIV. Jahrhunderts zum ersten Mal urkundlich genannt.[2] Seine Anlage ist die eines wendischen Rundlings«, in dessen Mitte die Kirche liegt, die von

Eichen-Ring in Domsühl.

einem breit und weit gepflanzten Kranz alter und junger Eichen umgeben ist. Wenn die Kühnel'sche Ableitung des Namens von der wendischen Bezeichnung dạbu für Eiche richtig ist, dann könnte dieser, wie man sieht, planmässig ausgenützte und immer wieder nachgepflanzte hübsche Ring von Bäumen schon auf die allerälteste Zeit des Dorfes zurückgehen. Es ist aber zu beachten, dass dort im XIV. Jahrhundert vorzugsweise oder ausschliesslich deutsche Bauern sitzen und die Parchimsche Familie Wozenitz durch Pfandvertrag mit

---

[1] 9 km nordnordwestlich von Parchim. Kühnel, M. Jahrb. XLVI, S. 42, verbindet den Namen Domptzuel, Dometzule u. s. w. mit dem altslavischen Wort dạbŭ = Eiche.

[2] M. U.-B. 3562.

dem werleschen Landesherrn schrittweise die Herrenrechte über das Dorf gewinnt.[1]) Wann dieser Vertrag gelöst worden, erfahren wir nicht.[2]) Von verschiedenen Einkünften, welche die Herren des Maria-Magdalenen-Kalands in Parchim 1418, 1428, 1434 und 1458 erwerben, erzählen spätere Urkunden, und von einer Abgabe an St. Georgen in Parchim, die der Bauer Hermann Witte zu leisten hat, hören wir im Jahre 1503.[3])

Ueber die kirchlichen Verhältnisse s. o. S. 467.

Domsühl im Winter.

<table>
<tr><td>Kirche.</td><td>

Kirche. Das Kirchengebäude stammt nur in seinem kleineren westlichen Theil, einem Felsen- und Ziegelbau, aus älterer Zeit. Die Fenster haben einen neueren Rundbogenschluss, aber ein älteres Portal hat seinen</td></tr>
</table>

---

[1]) M. U.-B. 8793. 10090. 10091. Da die Urkunde 10091 dieselbe Sache zum Inhalt hat wie 8793, so muss ihr dasselbe Datum gegeben werden, das diese hat: 29. September 1360. Wenigstens folgt nicht aus dem Inhalt der Urkunde 10090 vom 24. August 1370, dass die Urkunde 10091 dieser nachdatiert werden müsse, wie im Urkundenbuche angenommen wird. Die Bauern, welche genannt werden, sind Hermann Garwitz, Heinrich von Bercrode, Dietrich Godeke und Henneke Parum (alias Peters).

[2]) Ob schon vor 1469? Am 1. Februar 1469 verpfändet Herzog Heinrich für 100 Rhein-Gulden verschiedene Einkünfte an die Bruderschaft St. Georgii und St. Augustini aus dem Dorfe Domsühl. Die Wozenitze sollen freilich erst Ende des XVI. Jahrhunderts ausgestorben sein. Gamm, M. Jahrb. XI, S. 458.

[3]) Parchimsche Kirchenbriefe im Grossh. Archiv. Cleemann, a. a. O., S. 233.

gothischen Spitzbogen behalten. Der neue östliche Theil ist in den vierziger Jahren des verflossenen Jahrhunderts erbaut. Im Innern eine flache Holzdecke.

Sonst kaum etwas von Bedeutung. An der Brüstung der Orgel-Empore sieht man Malereien aus der Barockzeit, den Salvator mundi und die Apostel.

Im Thurm drei **Glocken**. Die grösste (Dm. 1,22 m) ist laut chrono-   Glocken.
grammatischer Inschrift den **19. NOV. 1720** zur Zeit des Möderitzer Pastors **NIEMANN** von **Michael Begun** in Sternberg gegossen worden. — Die zweite (Dm. 0,94 m) und dritte (0,47 m) sind ohne Inschrift. An der zweiten aber sieht man ein **T**, das als Giesserzeichen angesprochen werden kann. Vielleicht soll es ein Antoniuskreuz sein.

Kleinkunstwerke. 1. Grosser silbervergoldeter gothischer Kelch auf Kleinkunst-
sechspassigem Fuss, mit einem aufgehefteten Krucifixus als Signaculum. Auf   werke.
den Roteln des Knaufes keine Buchstaben. Auf dem Fuss die Inschrift: **PASTOR SAMVEL KOCH · JURATEN ANDRESVS (!) FROD, CLAS HARPRECHT · DIESEN KELCH GEKOFT TO DOMSVL IN DE KIRCH TO GOTES ERREN DKE (!) PAWRSCHAFT BEZALT AO 1645.**[1]) — 2. Patene von Nickel, neu, geschenkt von **S(OPHIE) N(IENDORF)** und **C(AROLINE) P(ÖHL)** 1877. — 3. Kleiner Kronleuchter von Messing mit der Inschrift: **GOTT ZU EHREN HAT VEREHRET DIESE KROHN HANS SACHGOW UND ELISABETH PINGELS IN DER KIRGE ZU DEMZÜHL ANNO 1714 · GOTT SEY MIER SÜNDER GNEDIG.**

Das Filial-Kirchdorf Bergrade.[2])

Der Name des Dorfes, für den sich im Mittelalter die Nebenformen Berc- Geschichte
rode und Bergroda finden, verräth die Gründung durch deutsche Kolo-   des
nisten. Als werlesche Vasallen treffen wir hier die von Metzeke und Brüsewitz Dorfes.
schon im XIII. Jahrhundert mit Besitz und Anrechten, in welche (noch vor 1299) Anfangs theilweise, nachher ganz und gar, die St. Georgen-Kirche zu Parchim eintritt, die u. a. aus den Bergrader Einkünften auch eine ewige Lampe speisen lässt. Dieses alles schon in der ersten Hälfte des XIV. Jahrhunderts.[3]) Noch heute gehört das Dorf an St. Georgen.

Ueber die kirchlichen Verhältnisse s. o. S. 467.

---

[1]) Hierunter eine ältere weggehämmerte Inschrift, von der nichts mehr im Einzelnen zu erkennen ist.

[2]) 6 km nördlich von Parchim.

[3]) M. U.-B. 2549. 6476. 6606. 6838. 7262. Cleemann, Chronik, S. 219—223. In Folge falscher Datierung der Urkunde 2549 bei Cleemann, der sie auf das Jahr 1309 setzt, findet sich bei Raabe-Quade, Vaterlandskunde I, S. 288, die irrige Angabe, dass Bergrade erst seit 1309 zu St. Georgen in Parchim gehöre.

Kapelle.

Altar-
schrein.

Kapelle. Die 1868 neu erbaute Kapelle ist ein Ziegelbau in gothischem Stil mit einer kleinen Apsis nach Osten und mit einem eingebauten kleinen Thurm, der einen vierseitigen Pyramidenhelm trägt.

Sehr zu beachten ist der **Altarschrein**, ein Werk der Spätgothik des XV. Jahrhunderts, dessen das Inventar von 1811 nicht erwähnt und der daher

Altarschrein in Bergrade.

von anderswo dahin versetzt sein muss.[1]) Er ist offenbar von demselben Meister einstmals angefertigt, der den Schrein der Kirche zu Kraak und auch die Gruppe des Triumphbogens daselbst geschnitzt hat. S. Band III d. M. Kunst- u. Gesch.-Denkm., S. 24. Im Mittelstück die Anbetung der heiligen drei Könige. In den Flügeln je vier Apostel: Thomas, Bartholomaeus, Johannes Evangelista, Mathias, Andreas, Jakobus major, Simon, Jakobus minor, sämmtlich mit ihren Attributen. Die Hinterseiten der beiden Flügel sind nicht bemalt.[2])

---

[1]) Von Parchim?

[2]) Als vollständig verunglückt ist die neue Bekrönung zu bezeichnen. Es wäre zu wünschen, dass sie bald wieder entfernt würde.

Im Thurm eine **Glocke** (Dm. 0,66 m) mit der Inschrift: SOLI DEO Glocke.
GLORIA • M • ERNST SIEBENBAUM HAT MICH GEGOSSEN ANNO 1704 • ZU
GOTTES EHRE WILL ICH KLINGEN, LASS O HERR MICH WOHL GELINGEN •
JOACHIM DEHTLOF PROVISOR DER KIRCHE ST • GEORGN IN PARCHIM.

An **Abendmahls - Geräthschaften** sind nur ein Kelch und eine Patene Abend-
vorhanden. Der Kelch ist von **Jürst & Co.**-Berlin, die Patene von **Hossauer**- mahls-
Berlin. Geräthe.

Das Gut und Kirchdorf Frauenmark.¹⁾

W ie in alter Zeit, schon vom XII. Jahrhundert her, die bereits im XIII. Jahr- Geschichte
hundert erloschene Adelsfamilie Dargun, die von dem bei Gadebusch des
gelegenen Dorf Dargun (jetzt Dragun) herzustammen scheint, auf Frauenmark Dorfes.
sitzt, dessen deutscher Name sofort wieder an das im Gadebuscher Kreise vorhandene und gleich dem benachbarten Dorf Dragun nach Vietlübbe hin eingepfarrte Frauenmark erinnert und daher wie eine Kolonialgründung nach
diesem erscheint; wie, was urkundlich bezeugt ist, der um ungefähr 1230
lebende Ritter Hermann von Dargun in dem zwischen Crivitz und Parchim
gelegenen Dorfe Frauenmark die Kirche gründet, die im Charakter der Kirchen
des Ueberganges vom romanischen zum gothischen Stil erbaut ist und somit
ein paar Jahrzehnte jünger ist als die romanische Kirche in Vietlübbe, welche
von der Zeit des älteren Ratzeburger Domes nicht weit entfernt sein mag; ²⁾
wie nach dem Absterben des Lazarus von Dargun, des Sohnes von Hermann,
Gut und Dorf Frauenmark wieder an die Herren von Werle kommen und in
der Zwischenzeit, als vorübergehend die Grafen von Schwerin in diesem
Landestheil regieren, das Patronat der Kirche zu Frauenmark durch Graf
Gunzelin III. dem Kloster Rühn überwiesen wird; wie dies kaum anders als
im Jahre 1264 geschehen sein kann und dabei der Tod des Lazarus von
Dargun vorausgesetzt werden muss; wie endlich die Schönberge (Schönenberg,
Schonenberg, Sconenberch) als werlesche und später mecklenburgische Vasallen
die Herren von Frauenmark werden, deren Vorfahren aus Friesland gekommen
sein sollen und die deshalb auch »Friesen-Schönberge« heissen, und wie die
Pfarre und der Kirchhof, und seit 1404 auch die »Dornhorst«, das Asylrecht
haben: alles das hat Lisch im M. Jahrb. XXV, S. 282—307, an der Hand einer
Reihe von erhaltenen Urkunden ausführlich auseinander gesetzt und dabei die
alte Kirche aufs Beste beschrieben.³⁾

¹⁾ 13 km nördlich von Parchim.
²⁾ M. Kunst- u. Gesch.-Denkm. II, S. 489 493.
³⁾ Vgl. M. U.-B. 1009. 1023. 2333. 3562. Die Schönberge auf Meschendorf bei Bukow
hiessen zum Unterschiede von ihnen die von Strand-Schönberg«. Vgl. Lisch, M. Jahrb. XI,
S. 200—202. XXXVIII, S. 181. XI, S. 185.

Die Schönberge beginnen als Bürger zu Parchim den Erwerb von Frauenmark schrittweise, wie es den Anschein hat, nämlich im Jahre 1357 mit dem Ankauf einer jährlichen Hebung von zwölf Hühnern aus dem Dorfe, zu deren Lieferung sich damals der Knappe Bolte Katt anheischig macht.[1]) Fünfzig Jahre später sitzt bereits mitten zwischen seinen Bauern Jakob von Schönberg als Herr auf Frauenmark.[2]) Von dort aus wird denn auch das nach diesem Geschlecht genannte und stets mit Frauenmark verbunden gewesene Dorf Schönberg angelegt worden sein. Doch fehlt es darüber an einer zuverlässigen Nachricht. Die von Schönberg bleiben im Besitz von Frauenmark bis zum Tode des letzten ihres Geschlechts, des Klaus Heinrich von Schönberg. Nach ihm, 1683, erhält Joachim Christoph Mylius (alias Milies) als nächster Agnat die Belehnung, der Lehnbrief selbst ist am 18. August 1687 ausgestellt.[3]) Am 23. December 1734 erhält der Leutnant Heinrich Daries, der Schwiegersohn des ebengenannten Mylius, den Lehnbrief über Frauenmark. Daries verpfändet das Dorf sofort bis 1751 an den Kapitän Joachim Lüders von Tönnicke. So kommt es an dessen Schwiegersohn Christian Wilhelm von Roth. Roth verkauft Gut und Dorf im Jahre 1746 an den Hauptmann Hartwig Joachim Ulrich von Bülow. Dieser erhält darüber den Lehnbrief am 9. Februar 1753. Nachdem das Bülow'sche Vermögen in Verfall gerathen, tritt Baron C. von Forstner 1765 den Besitz von Frauenmark an und erwirbt auch Gömtow und Schönberg. Aber auch Baron von Forstner geräth in Konkurs, und so kauft 1780 der Erbprinz Friedrich Franz Frauenmark sammt Schönberg und Gömtow, für welches schon damals der Name Friedrichsruhe gebraucht wird, der heute der allein übliche ist.[4]) Im Jahre 1811 verkauft die herzogliche Kammer Frauenmark und Schönberg an Heinrich Christian Gercke. In Gercke'schen Händen bleiben sie bis 1824. Da wird Justus von Unger Besitzer. Ihm folgt 1832 Frau Luise von der Sode, deren Familie noch heute die Güter hat.

Mittelalterliche Geistliche werden mehrmals genannt: um 1278 Pfarrer Johann; um 1312 Joh. Dattenberg; in der zweiten Hälfte des XIV. Jahrhunderts Konrad Fromhold; um 1397 der von Papst Bonifaz von Rom her direkt eingesetzte Hermann von Köppen, damals Vikar zu Lüchow und später Bischof von Schwerin;[5]) um 1409 Brandanus Lydenow; um 1411 als Kaplan Johannes Ladewich (Ludewich); nach ihm Peter Viti, den Gerck von Schönberg (Schonenbergk) um des Mastgeldes willen in vigilia Petri und Pauli des Jahres 1442 ersticht; um 1455 Arnold Plawe[6]) und bis zum Jahre 1536 oder 1537

---

[1]) M. U.-B. 8317.

[2]) Urkunde vom 15. Juni 1409. Bei Lisch, a. a. O., S. 302. Neben den Schönbergen haben zeitweise auch Andere Anrechte an Frauenmark, so im XV. Jahrhundert Erdmann Wilhonet und Kersten von Koppelow, im XVI. Henning von Koppelow und im XVII. die von Trebbow und von Koppelow.

[3]) Lisch, M. Jahrb. XVIII, S. 106.

[4]) Vgl. Lisch, M. Jahrb. XVIII, S. 275. 276.

[5]) Rudloff, Hdb. d. m. Gesch. II, S. 709.

[6]) M. Jahrb. XXIV, S. 32.

Petrus Schröder, an dessen Stelle das Kloster Rühn den Matthaeus Blomenberg präsentiert. Um 1542 ist Dionysius Brunow Pastor zu Frauenmark,
später (nämlich bis in die sechziger Jahre des XVI. Jahrhunderts hinein)
Nikolaus Wichard (Wigert, Wigers). Er lässt Pfarre, Haus, Weib und Kind
im Stich [1]) und wird 1570 durch Adam Aderpohl (Aderpoel) ersetzt, der aber
alsbald mit Konrad und Elert von Grabow auf Woosten und Gömtow und
Heinrich von Schönberg auf Frauenmark sowie mit Henning Trebbow daselbst
und der gesammten Bauerschaft in Streit geräth und schon 1575 den Rostocker
Johann von Cölln zum Nachfolger erhält. Cölln geht später nach Crivitz.
Ihm folgt in Frauenmark 1594 Johann Gieseler (Gislerus), der noch nach 1619

Kirche zu Frauenmark.

im Amte ist. Um 1635 ist Jürgen Lindemeier »Stiftsprediger, d. h. vom
Stift zu Rühn bestellter Pastor, aber schon 1639 ist von seiner Wittwe die
Rede. 1646 erhält Johann Gottschalk, Pastor zu Frauenmark, wegen schwäch-
licher Gesundheit seine Entlassung. Ihm folgt Heinrich Holst, dem 1688 (oder
schon 1687) sein Schwiegersohn Paul Agricola, Pastor zu Kladow, substituiert
wird. Agricola stirbt 1713. Die Prinzessin Maria Elisabeth zu Rühn beruft
nun den Karl Jakob Decker. Dieser lässt sich 1745 den Joh. Friedr. Bohl
substituieren. Ihm folgt 1777 (oder schon 1776) Philipp Wanckel und diesem
1787 Ernst Justus Gottfr. Wichard (+ 1830). Vgl. Walter a. a. O.

Mit Frauenmark zusammen unter Rühnschem Patronat stehend, wird
die Filial-Kapelle zu Severin schon 1264 genannt.[2])

---

[1]) Nikolaus Wigerd ist später Pastor in Wamckow. Vgl. M. U.-B. 3562, Anmkg.
[2]) M. U.-B. 1009. Vgl. 2333.

Kirche. Die Kirche zu Frauenmark ist ein alter Felsenbau, bestehend aus Apsis, Chor, Langhaus und Thurm. Die Apsis, die im Innern fast einen Halbkreis bildet, ist von roh behauenen Felsen aufgeführt und wird im Osten durch ein Radfenster, im Norden und Süden durch je ein kleines längliches Fenster mit altem Rundbogenschluss erleuchtet. Der Chor, ebenfalls von Felsen, übertrifft die Apsis an Breite nach jeder Seite um einen halben Meter und ist gegen das Langhaus um drei Stufen erhöht. Im Norden und Süden je eine jetzt zugemauerte Thür, diese im Spitzbogen, jene im Rundbogen.

Inneres der Kirche zu Frauenmark.

Sowohl an der Nordseite, wie an der Südseite je zwei Fenster im Rundbogen. Das viel breitere Langhaus hat mit dem Chor gleiche Höhe. Auch hier im Norden und Süden je eine jetzt zugemauerte Thür. In neuerer Zeit (1872) sind an den beiden Langseiten Schlitzfenster spätromanischen Stils, die theilweise entstellt waren, wieder hergestellt worden.[1]) Der Thurm, welcher die Breite des Langhauses besitzt, ragt nur ungefähr ein bis zwei Meter über das Langhaus empor. In seiner Westwand ist jetzt der Eingang für die Gemeinde. An der Nordseite des Chors ist 1872 eine Sakristei angebaut. Im Innern ist

---

[1]) Vgl. Lisch, M. Jahrb. XI., S. 185.

Altar der Kirche zu Frauenmark.

alles mit weissem Kalk übertüncht. Die Apsis und der Chor sind in alt-romanischer Art, d. h. mit Kuppelwölbungen ohne Rippen, geschlossen, das Langhaus ist mit einer Balken- und Bretterdecke überspannt. In der Apsis zwei Vertiefungen für ehemalige Wandschränke.

Altar. Die eingehendste Beachtung verdient der Schrein des alten Klapp-altars. Im Mittelstück die von Engeln umgebene Mutter Gottes mit dem Kinde in einer Strahlenglorie, deren Wolkenrand mit fünf fünfblätterigen Rosen verziert ist, in denen die Hände und Füsse des Heilandes mit den Nägeln und das vom Schwert durchbohrte Herz der hl. Maria angebracht sind. Zu Seiten der Maria, in halb so grossen Figuren, die Annaselbdritt-Gruppe, der hl. Georg, ein nicht besonders gekennzeichneter Bischof und der hl. Johannes Evangelista. Im Flügel links (vom Beschauer) sechs Heiligenfiguren, je drei übereinander: der Apostel Petrus, die hl. Katharina, der Apostel Paulus und drei andere, von denen nur der hl. Antonius zu bestimmen ist. Im rechten Flügel ebenso sechs Heilige, von denen Johannes Baptista, Maria Magdalena, Christophorus, Barbara und Laurentius zu erkennen sind.[1]) An der Predella eine Kopie nach Lionardo's Abendmahl, unterschrieben: LISETTE GERKE ME FIERI FECIT 1814.

Das **Triumphkreuz** ist gleich dem Altar mit Farben wieder aufgefrischt.

Im Langhaus hängt ein grosses **Gemälde**, Christus auf dem Meer, angeblich von Frau AUGUSTE BUCHHOLTZ, geb. V. D. SODE, gemalt und geschenkt.

Eine grosse **Steinplatte** vor dem Altar enthält, soweit sie noch zu lesen sind, die Namen der in dem Gewölbe unter dem Fussboden der Kirche beigesetzten Geschlechter wie folgt: GEBOHRNE HERREN HARDENAK · V · GRABOU · FRAU SOPFIA · ELISABET · V · SCHACKEN · COHRT · JOSUA · V · GRABOU · ELISABET · CHRISTINA · V · BOTHEN · UHLERICH · FRIEDERICH · V · GRABOU · ELISABET MARGARETA · V · BERRNSTORF ANNO 1746.[2])

Im Thurm zwei **Glocken**. Die grössere (Dm. 1,18 m) hat die Inschrift: ICH KLOCKE MIT MEINEM KLANK · RUFE DIE LEVTE ALLE SAMT · KOMET HORET GODTES WORT MIT FLEIS · DAS WIRD EUCH BRINGEN INS HI-MELSCHE PARADIS · DAR WERDEN WIR MIT SCHAL GODT LOBEN UBER-ALE · IN GODTES NAMEN BIN ICH GEFLOSEN · HEIN VAM DAM HAT MI GE-GOSEN : H · HEINRICVS HOLST PASTOR ANNO 1653. Die Glocke ist 1893 von C. Oberg in Wismar umgegossen, die Inschrift aber wieder angebracht. Die zweite Glocke (Dm. 0,90 m) hat vorne die Inschrift: EHRE SEI GOTT u. s. w.; hinten: GEGOSSEN 1722 · UMGEGOSSEN 1890 · C · OBERG-WISMAR.

Marginalien: Altar. — Triumph-kreuz, Gemälde. — Steinplatte. — Glocken.

---

[1]) Lisch, M. Jahrb. XL, S. 185—187.

[2]) Das Gewölbe ist mit den darin stehenden Särgen 1872 zugeschüttet. Die in der Kirche vorhandenen Wappen und Inschriften sind gleichzeitig vernichtet!!! Warum auch dies letztere geschehen musste, wird wohl kaum Jemand einzusehen vermögen. Die von Grabow sassen wie auf Woosten bei Goldberg, so auch auf den nach Frauenmark hin eingepfarrten Gütern und Dörfern Gömtow (Friedrichsruhe) und Severin. Vgl. Lisch, M. Jahrb. XL, S. 187.

Kleinkunst-
werke.

Kleinkunstwerke. 1. Silberner Kelch fast ohne allen Schmuck. Vom Parchimschen Goldschmied **Heiden:** ⟨P⟩ ⟦NEI DEN⟧. — 2. Silberne Patene. — 3. Aeltere silberne Patene. — 4—6. Geräth für Krankenkommunion: Kelch, Patene, Oblatenschachtel, alles von Silber und inwendig vergoldet. Ohne Inschrift und Stempel. — 7. Neue silbervergoldete Oblatenkapsel. Von **Heinersdorf**-Berlin. — 8. Ovale Oblatendose von Zinn. Stempel: ⟦H·A·VOSS⟧ ⟦:N:STRELITZ⟧. — 9. Neue silbervergoldete Weinkanne. Ohne Inschrift und Stempel. — 10. Kupfernes Taufbecken, schwach versilbert. — 11. Noch ein kupfernes Taufbecken.

~~~~~~~~~~

Das Filial-Kirchdorf Severin.[1]

Geschichte
des
Dorfes.

Als mit der Kirche zu Frauenmark verbunden und gleich ihr unter dem Rühner Archidiakonat stehend wird die Kapelle zu Severin schon im Jahre 1264 erwähnt.[2] Die Verbindung beider besteht somit bereits bis ins siebente Jahrhundert hinein. Mit Besitz und Rechten treten hier zu Anfang des XIV. Jahrhunderts die von Brüsewitz auf, verkaufen aber davon am 24. Juni 1309 einen Antheil an das Kloster Dobbertin.[3] Durch eine Schenkung des Fürsten Günther von Werle aber gewinnt auch der Kirchherr zu Frauenmark um 1312 allerlei Gerechtsame an Kornhebungen und ausserdem an der Weide auf der Severiner und Frauenmarker Feldmark.[4] Ueber die weitere Entwickelung der Besitzverhältnisse im Mittelalter sind wir nicht unterrichtet. Von jeher werden, wie auch heute noch, Bauern in Severin gewohnt haben; in alter Zeit gab es deren ja auch in Frauenmark.[5] Im XVII. Jahrhundert finden wir die Woostensche Linie der Herren von Grabow im Besitz von Severin. Sie bleiben darin bis in das dritte Jahrzehnt des XVIII. Jahrhunderts. 1722 folgt auf Grund eines Pfandkontraktes Hauptmann Gustav Ludwig von der Lühe; aber schon 1746 sucht Hans Ulrich von Quitzow, auf den als Lühe'schen Verwandten[6] das in Konkurs gerathene Gut Severin im Cessionswege übertragen ist, um die Belehnung nach. Er erhält sie, und seine Familie bleibt nun bis 1872 im Besitz. Es folgt Ernst Karl Paul Neckel bis 1898, nach ihm Karl Ernst von Meyenn, der aber Gut und Dorf schon im Sommer 1900 wieder verkauft hat.

Alte
Kirche.

Kirche. Die **alte** Kirche ist als Ruine in ihrem Feldstein-Mauerwerk bis zur Dachhöhe erhalten. In der flachen Ostwand des ehemaligen Chor-

---

[1] 10 km nordnordwestlich von Parchim. Kühnel, M. Jahrb. XLVI, S. 133, verbindet den Namen, dessen Versionen im XIII. und XIV. Jahrhundert Ceberin, Zeberin, Zebberin und Sebbrin sind, mit dem altslavischen Wortstamm sebrŭ, sebor- Bauer und übersetzt ihn mit »Ort des Sebor«

[2] M. U.-B. 1009. 2333.

[3] M. U.-B. 3330.

[4] M. U.-B. 710. 3464. 3466. 3562. 5233. Vgl. Lisch, M. Jahrb. XXV, S. 291. 293. 300.

[5] M. U.-B. 3562.

[6] Die Frau des von der Lühe war eine von Quitzow.

raumes sieht man eine Gruppe von drei Fensterschlitzen aus der Zeit des Ueberganges vom romanischen zum gothischen Stil. Entsprechende Bildungen von Licht- und Thüröffnungen finden sich auch in den übrigen Theilen des Mauerwerks, das, unseres Bedünkens, sehr wohl der schon im XIII. Jahrhundert gekannten ersten Kapelle angehört haben kann.[1]

Altar-Aufsatz. Das treffliche Schnitzwerk des im Grossherzoglichen Museum stehenden gothischen Triptychons mag dem Anfange des XVI. Jahr-

Altar-aufsatz.

Altaraufsatz von Severin (im Grossh. Museum).

hunderts angehören. In der Mitte die hl. Maria in einer Strahlenglorie. Halb so gross die übrigen Heiligen-Figuren, Johannes Evangelista, Katharina, Maria Magdalena, Georg, Barbara, Johannes Baptista, eine nicht mehr zu bestimmende weibliche Heilige und Christophorus.[2]

Sunte Hulpe. Auch bewahrt das Museum eine Sunte-Hulpe-Figur aus Severin von 70 cm Höhe.

Sunte Hulpe.

Die **neue** im Jahre 1872 eingeweihte **Kirche** ist theils von Felsen, theils von Ziegeln im neugothischen Stil erbaut. Der im Westen vorgesetzte Thurm ist zur Hälfte in den Körper des Schiffes hineingebaut.

Neue Kirche.

Im **Innern** ist alles neu.

Auf einer schwarzen **Holztafel** von einem Sarge ein Krucifixus mit zwei QUITZOW'schen Wappen (s. o.)

Holztafel.

[1] Anders Lisch im M. Jahrb. XL., S. 186.
[2] Lisch, M. Jahrb. XL, S. 187.

Glocken.   Im Thurm zwei **Glocken**. Die grössere (Dm. 1,18 m) ist 1871 von **Ed. Albrecht** in Wismar aus einer älteren umgegossen. Die kleinere (Dm. 0,97 m) ist mit hübschen einfachen Verzierungen versehen und trägt die Inschrift: ⓑ anno * domine (!) * m * cccc * unde * rrvii * sancta * anna * iſ * min name * ora * pro nobiß petenare (!) noroep (!) * iheſuß * maria * johanneß *[1])

Vasa sacra.   **Vasa sacra.** 1. Silbervergoldeter Kelch, welcher laut Inschrift ein Geschenk des **GUST. VON DER LÜHE UND SEINER EHELIEBSTEN** vom Jahre **1727** ist. Von einem Parchimschen Goldschmied: Ⓟ ⒸⒹⓁ. — 2. Silbervergoldete Patene, laut Inschrift geschenkt von **HANS ULERICH VON QUITZOW 1768.** Von einem Parchimschen Goldschmied: Ⓟ ⒸⒽ.

*   *   *

Schlieven.   **Schlieven.** Die Kapelle zu Schlieven, welche im Visitationsprotokoll von 1593 zum ersten Mal genannt wird, ist erst im Jahre 1872 abgebrochen worden, um nie wieder aufgebaut zu werden.[2])

Friedrichs-
ruhe.   **Friedrichsruhe** (Gömtow). Wie die Kapelle zu Schlieven, so war auch die zu Gömtow von jeher mit der Mutterkirche zu Frauenmark verbunden. Sie kommt ebenfalls 1593 zum ersten Mal urkundlich vor und wird unseres Wissens im Visitationsprotokoll von 1708 zum letzten Mal genannt.

Das Kirchdorf Grebbin.[3])

Geschichte
des
Dorfes.   Schon im XIII. Jahrhundert tritt uns Grebbin als ein Bauerndorf mit Anrechten landesherrlicher Vasallen und kirchlicher Stiftungen entgegen, von denen die erstgenannten, wie herkömmlich, vielfachem Wechsel unterworfen sind. Im Jahre 1262 verschreibt der Ritter David von Grebene (Greben), welcher derselbe ist, der 1265 als Zeuge in einer diese Schenkung betreffenden Urkunde der Herzogin Helena von Sachsen erscheint, später (1271) bei Fürst

---

[1]) Was nach **ora pro nobis** und vor **iheſus** steht, wird der Glockengiesser verschuldet haben. — Das Inventar von 1811 spricht von einer Glocke aus dem Jahre 1597 mit dem Namen des Herzogs Ulrich und von einer zweiten vom Jahre 1427 mit der Inschrift: SI DEUS PRO NOBIS, QUIS CONTRA NOS · BEATI QUI VERBUM DEI AUDIUNT ET CUSTODIUNT. Hier muss ein Irrthum vorliegen, da diese Inschrift nicht zum XV. Jahrhundert passt. Sie gehört dem Ende des XVI. Jahrhunderts an und wahrscheinlich der Glocke des Herzogs Ulrich.

[2]) Lisch, M. Jahrb. XI., S. 189.

[3]) 11 km nördlich von Parchim. Die alte Form des Namens im XIII. Jahrhundert, nämlich Grabbin, Grabyn, will Kühnel, M. Jahrb. XLVI., S. 56, mit dem Stamm ›grabū Hainbuche‹ oder auch mit dem andern ›grab- = rauben‹ verbunden wissen und schlägt demgemäss die Uebersetzung ›Hainbuchenort‹ oder ›Ort des Graba‹ vor.

Heinrich dem Pilger und zuletzt (1282) bei dem Fürsten Pribislav von Belgard in Pommern auftritt, dem Heiligengeist-Stift in Parchim drei Hufen im Dorfe Grebbin.[1]) Dazu kommen 1286 vier andere Hufen in demselben Dorf, welche das Stift von den Kramonen gekauft hat.[2]) Die Kirche im Dorfe bezeichnet Fürst Johann von Werle am 7. April 1364 als eine von seinen Vorfahren gegründete und ausgestattete (ecclesia a nostris progenitoribus est fundata et dotata) und giebt ihr das Privilegium, ihre dortigen Besitzungen nach Vasallen- recht (jure vasallico) zu nützen.[3]) Ausser den Kramonen, die am 15. Juni 1368 eine Hebung von 20 Schilling Lübisch aus Grebbin an Henneke von Grabow verkaufen, treffen wir dort um 1372 auch Reimbern von Mallin mit Besitz und Rechten, über die er zu Gunsten zweier Basen verfügt.[4]) Wie später auch die Heyne'sche Vikarei zu Parchim Einkünfte aus Grebbin bekommt, wie 1457 die Herzöge Heinrich d. ä. und Heinrich d. j. für 550 gute vollwichtige rheinische Gulden und 300 Mark Pfennige das ganze Dorf an die Stadt Parchim verpfänden und 1503 auch die St. Georgen-Kirche zu Parchim mit Einkünften von acht verschiedenen Stätten im Dorfe her verzeichnet steht, berichtet Cleemann in seiner Chronik, S. 240.[5])

Um 1284 giebt es einen Kirchen-Rektor Gerhard in Grebbin, im Uebrigen begegnen uns keine Namen von solchen, wenngleich sie hier und da, besonders die des XV. Jahrhunderts, noch versteckt sein mögen. 1526 ist Johann Voss Kirchherr zu Grebbin. Er wird wegen nicht erfüllten Schuld- versprechens von Klaus Parkentin zu Dassow und dem bischöflichen Vogt Bernd Rohr zu Schönberg gefangen gesetzt. 1531 beruft Herzog Albrecht VII. den Andreas Ratke zum Pastor in Grebbin. 1577 finden wir dort Paul Müller. Ihm folgt 1621 der Schwiegersohn Martin Rode, der 1651 emeritiert wird. Die weiteren Nachfolger sind August Theophili (1651 bis 1687), M. Erdmann Krüger (1688 bis 1729), Ernst Daniel Köppe, der im December 1728 introdu- ciert wird, aber schon am 6. Januar 1729 stirbt, M. Dietr. Christoph Bölkow (1730 bis 1763), Karl Ludw. Zachow (1764, abgesetzt 1784), und Aug. Friedr. Hovet, der 1784 eingeführt und 1806 emeritiert wird. Vgl. Walter a. a. O.

Das Patronat ist von jeher landesherrlich gewesen, soweit es nicht zeit- weise an die Pfandinhaber der Vogteien Lübz und Crivitz übergeht.[6]) Schon 1534 werden die Kapellen zu Kossebade und Woeten als zur Mutterkirche in Grebbin gehörig genannt, aber nicht auch schon Dargelütz, welches damals noch seine eigene Pfarre hat. Hier wirkt um 1542 der Pastor Joh. Brandt unter dem Patronat der Herren von Hagenow. Indessen im Visitations-Proto- koll von 1708 heisst es, dass Dargelütz schon über hundert Jahre lang zu Grebbin gehöre, von der Kapelle zu Woeten aber — sie wird im Visitations-

---

[1]) M. U.-B. 7178. Vgl. dazu 1048.
[2]) M. U.-B. 1850. 7202.
[3]) M. U.-B. 9258.
[4] M. U.-B. 9796. 10294.
[5]) Vgl. Parchimsche Kirchenbriefe im Grossh. Archiv.
[6]) M. Kunst- u. Gesch.-Denkm. III, S. 323. 324.

protokoll von 1633 als sehr baufällig bezeichnet — keine Rudera mehr vorhanden seien.

Kirche.

Kirche. Die aus Chor, Langhaus und Thurm bestehende Kirche von Grebbin ist ein Feldsteinbau des XIII. Jahrhunderts im Charakter der Uebergangszeit zum gothischen Stil. Der Chor hat ein kuppel- oder backofenartig gestaltetes Gewölbe ohne Rippen und wird in seiner platt abschliessenden Ostwand durch drei, und in seiner Südwand durch zwei schrägwandige Fensterschlitze erleuchtet, während die Nordwand, an welche sich die gleichfalls von Felsen erbaute Sakristei anlehnt, keine Lichtöffnungen hat. Nach dem Schiff hin öffnet sich der Chor mit einem spitzbogigen Triumphbogen. Das frühgothische Schiff oder Langhaus ist mit flacher Balken- und Bretterdecke geschlossen. An der Südseite zwei Eingangsportale, eins im Chor, das andere im Langhause. Ein drittes in dem mit einem Satteldach geschlossenen Thurm.

Altaraufsatz.

Der **Altaraufsatz** stammt aus der Barockzeit. An ihm die Wappen des **GEORG HEINRICH VON LEHSTEN** und des **NIKOLAUS VON WARNSTEDT.**[1]

Kanzel, Gestühl, Taufbehälter.

Kanzel, Gestühl und **Taufbehälter** mit Messingbecken sind neu und ohne Inschrift. — Im Chor drei kleine **Wand-Nischen**, von denen eine (die nördlichste in der Ostwand) noch mit einer Thür verschlossen ist.

Glocken.

Im Thurm drei **Glocken.** Die grösste (Dm. 1,12 m) ist laut Inschrift 1788 von **J. V. Schultz** in Rostock gegossen. — Die zweite (Dm. 1,05 m) hat am Kranz in erhabenen gothischen Minuskeln: ✳ iḥrﬅus ✳ ﬁliuﬅ ✳ marie. Kein Giesserzeichen. Die dritte Glocke (Dm. 0,61 m) hat oben am Kranz die Inschrift: **H · MARTINVS · RODIVS · PASTR · AVGVSTIN · FRIELING JURAT · HEIN · VAM DAM · HAT MICH GEGOSSEN : ANNO : 1650.**

Kleinkunstwerke.

Kleinkunstwerke. Die Abendmahls-Geräthe, Kelch, Patene, Oblatenschachtel und Kanne, sind neu und ohne Werkzeichen. — Ausserdem ein Zinnkelch und eine Zinnpatene mit dem nebenstehenden Parchimschen Stadtzeichen und einem Meisterzeichen, das einen Arm mit dem Hammer darstellt; ferner drei Zinnleuchter, von denen der eine 1855 von **JOH. BOLBUCK** und der zweite 1779 von **JOCHIM JAKOB JAKOBS** gestiftet ist, während der dritte ohne Inschrift und Stempel ist. Mit Stempeln ist übrigens nur der erste Leuchter versehen: es sind die des Parchimschen Zinngiessers **F. Drebing.**

---

[1] Georg Heinrich von Lehsten starb 1696 als mecklenburgischer Geh. Rath. Die Gemahlin des letztgenannten war Magdalena Sophie von Barnewitz, die ihm ihren Antheil an der Pfandgerechtigkeit auf die Aemter Lübz und Crivitz zubrachte. Ein jüngerer Nikolaus von Warnstedt auf Sildemow und Woeten war mit Georgia Henriette Ilsabe von Lehsten aus dem Hause Wardow vermält. Ein älterer Nikolaus von Warnstedt starb 1660 als mecklenburgischer Amtshauptmann.

Das Filial-Kirchdorf Kossebade.[1]

Im 1250 verfügt Bischof Rudolf von Schwerin über die Zehnten von zehn Hufen im Bauerndorf.[2] Ob und wie die Herren von Kossebade, die unter dem Namen Kosboth noch bis Ende des XVIII. Jahrhunderts auf verschiedenen Gütern in Mecklenburg sitzen, zu diesem Dorfe in Beziehung stehen, ist nicht mehr zu ermitteln. Im Jahre 1324 gehört Kossebade mit zu jenen vierzehn Dörfern im Lande Sternberg (ausser Kossebade die Dörfer Passow, Ruthen, Lutheran, Greven, Werder, Lindenbeck, Herzberg, Lenschow, Woeten, Grabow, Zölkow, Badegow und Granzin), welche Fürst Heinrich von Mecklenburg sammt dem Schloss Eldenburg (mit Dorf und Vorwerk Lübz) und sammt seinem Antheil am Lande Ture an die von Plessen verpfändet, die bis dahin die Ribnitzer Heide, das Land Gjedsör auf Falster, Stekeborg, die Mühlen zu Wismar, den Hof zu Mecklenburg und das Holz zu Grabow im Pfandbesitz gehabt hatten.[3] Wie dann später Verträge über Hebungen aus Kossebade zwischen dem Parchimschen Bürger Gerhard Koss einerseits und Brand und Heinrich von Grabow andererseits geschlossen werden, wie dreizehn Mark Pächte aus Kossebade an die Heine'sche Vikarei in Parchim gelangen, wie die von Plessen zu Lübz noch 1453 über Pächte aus Kossebade verfügen und 1456 der zwischen ihnen und den Herzögen errichtete Pfandkontrakt erlischt, erfahren wir aus späteren Urkunden.[4]

Ueber die kirchlichen Verhältnisse siehe bei Grebbin.

Kirche. Chor und Langhaus der dem XIV. Jahrhundert angehörenden und aus roh behauenen Feldsteinen aufgebauten gothischen Kirche bilden einen ungetheilten Raum, der, wenn auch mit Strebepfeilern bewehrt, dennoch mit flacher Bretterdecke geschlossen ist. Die Ostwand ist aus drei Seiten eines Achtecks gebildet. Der hölzerne Thurm trägt ein Satteldach. Aussen an der Südmauer ursprünglich drei kreisrunde Blenden, deren eine in späterer

Geschichte des Dorfes.

Kirche.

[1] 13 km nördlich von Parchim. Den Namen verbindet Kühnel, M. Jahrb. XLVI, S. 74, mit dem altslavischen Wort kosa = Sense, Sichel, und übersetzt ihn mit »die Kosobod« (Sensenstecher).

[2] Eine Reihe von Akten des Grossh. Archivs aus den Jahren 1507, 1514 und 1515 beziehen sich nicht, wie angenommen worden, auf das im Amte Lübz gelegene Kossebade, sondern ohne allen Zweifel auf jenes Kossebodendorppe, das im Lande Waren zusammen mit Wischmolen in der Nähe von Torgelow gelegen hat, und das im Jahre 1350 von sich reden machte, als die von Maltzan mit den Kossebaden oder Kosseboden in Fehde lagen. Vgl. Lisch, Maltzan. Urk. II, S. 81—85. M. U.-B. 7142 A. B. C. Kossebodendorf war also auch noch im XVI. Jahrhundert da und nicht schon, wie angenommen worden, bald nach 1350 verschwunden. Schildt, M. Jahrb. LVI, Seite 218.

[3] M. U.-B. 4570. 4959.

[4] M. U.-B. 6427. 6446. Cleemann, Chronik, S. 166. 170. 171. 229. 245. Akten im Grossherzoglichen Archiv.

Zeit zu einem Rundfenster gemacht worden ist. Neben dem Eingang auf der Südseite, im Innern, ein steinernes Weihwasser-Becken.

Kanzel und
Altar,
Gestühl.

Tripty-
chon.

Kanzel und **Altar** sind zu einem Körper vereinigt. Sonst kaum etwas Bemerkenswerthes. An der Wange eines **Stuhles** ist eingeschnitzt **A D · D K · H G ANN 1664.** Ausserdem findet man noch den Schrein eines gothischen **Triptychons** aus dem XV. Jahrhundert. Aber die Figuren sind von ihren Plätzen losgelöst und vereinzelt in der Kirche aufgestellt.

Glocken.

Glocken. Im Thurm zwei Glocken. Die grössere (Dm. 1,03 m) ist laut Inschrift 1853 von **P. M. Hausbrandt** in Wismar, die zweite (Dm. 0,82 m) im Jahre 1865 umgegossen worden. Wahrscheinlich von demselben Giesser. Aber der Name fehlt.[1]

Kleinkunst-
werke.

Kleinkunstwerke. 1. 2. Kelch und Patene sind neu und ohne Bedeutung. — 3. Ein alter Zinnkelch ohne Stempel und Inschrift. — 4. Ein anderer Zinnkelch hat das Parchimsche Stadtzeichen und ein Meisterzeichen, das einen Krug mit den Buchstaben **C M** und der Jahreszahl **1776** darstellt. — 5. 6. Zwei zinnerne Patenen, von denen die eine dieselben Stempel wie der unter 4 genannte Kelch hat, die andere aber mit dem englischen Zinnzeichen und einer Waage mit den Initialen **D W** gestempelt ist. — 7—10. Vier Altarleuchter von Zinn. Der eine enthält die Namen von **CHRISTIAN GOTTSCHALCK** und **JACOB GOTTSCHALCK** mit der Jahreszahl **1767**, dazu das Parchimsche Stadtzeichen und ein nicht überall deutlich zum Vorschein gekommenes Meisterzeichen (Waage mit **W**). Ein anderer ist von **JACOB GOTSCHALDT 1741** gestiftet. Auch hier das Parchimsche Stadtzeichen und ein undeutliches Meisterzeichen. Ein dritter ist **1737** von **CLAVS PINGEL** gestiftet. Er hat das Parchimsche Stadtzeichen und ein Meisterzeichen, das eine Lilie mit den Initialen **N C B** und der Jahreszahl **1726** darstellt. Ein vierter hat den Namen des **CHRISTIAN DUNCKER.** Hier die gleichen Zeichen wie bei dem zuerst genannten Leuchter, aber nicht deutlicher.

Das Filial-Kirchdorf Dargelütz.[2]

Geschichte
des
Dorfes.

In dem Kampfe wider den Kurfürsten Otto von Brandenburg, den Herzog Albrecht von Mecklenburg von 1370 auf 1371 zu bestehen hat, um die märkischen Pfandgüter und die Lande Marnitz, Stargard und Fürstenberg festzuhalten, wird Dargelütz zum ersten Mal urkundlich genannt; und zwar in der Kriegsschaden-Rechnung, welche die für Herzog Albrecht gerüsteten

[1] Das Inventar von 1811 giebt zwei Vorgängerinnen an, von denen die eine mit nicht gelesener »Mönchsschrift«, die andere ohne Inschrift gewesen sei.
[2] Gut 6 km nördlich von Parchim. Kühnel, M. Jahrb. XLVI, S. 37, übersetzt den Namen mit »Nachkommen des Dargola« und erinnert an den altslavischen Wortstamm dragü = lieb, theuer, westslavisch darg, sowie an den čechischen Ortsnamen Drahelice.

beiden Brüder Johann und Helmold von Plessen nach Beendigung des Krieges aufstellen.[1]) Da haben ihnen die Wendischen, die unter Bernhard von Werle-Waren und dessen Sohn Johann auf Seiten des Brandenburgers stehen, im Dargelützer Holz den Weg verlegt, und bei der Säuberung des Waldes verliert ein Rantzau, der auf Seite der Plessen reitet, sein Pferd. Neun Jahre später, im Testament des Priesters Hermann Koss zu Parchim vom 31. Oktober 1379, kommt Dargelütz wieder vor: da vermacht der Testierende zwei Nonnen in Dobbertin, Adelheid Koss und Margarethe Grundgrieper (Gruntgriper), auf deren Lebenszeit jährlich zwei Mark Lübisch und eine Naturallieferung von fünfzig Hühnern, die nach dem Tode der Nonnen auf die Familie Grundgrieper übergehen sollen. Zugleich bedenkt er auch die Kirche zu Dargelütz mit einer Mark.[2]) Ob damals schon die von Hagenow auf Dargelütz sassen, ist nicht mehr zu ermitteln. Unmöglich wäre es nicht. Denn hundert Jahre später, 1471, sind sie die Herren auf Dargelütz, Darze, Wozinkel, Voigtsdorf, Rom, Markow (jetzt Markower Mühle bei Parchim), Boeken,[3]) Moederitz, Schlieven, Klein-Niendorf bei Lübz und Kressin bei Goldberg. Die von Hagenow bleiben bis 1581 auf Dargelütz.[4]) Nach dem Tode des letzten ihres Stammes, des Christoph von Hagenow, gehen die Güter Kressin und Dargelütz an Arnd von Möllendorf über. Die von Möllendorf behalten Dargelütz, zwei Pfandbesitz-Perioden der von Plessen und Kramon in der zweiten Hälfte des XVII. Jahrhunderts abgerechnet, bis zum Beginn des XIX. Jahrhunderts. Da kommt es an die von der Lühe, aus deren Händen es die Grossherzogliche Kammer 1869 käuflich erwirbt. Seitdem ist Dargelütz ein Pachthof.

Kirche. Die Kirche ist ein Fachwerkbau ohne Schmuck und Zierrath. Die Spitze des etwa einen Fuss von der Westwand abstehenden Thurmes wächst als achtseitige Pyramide aus dem vierseitigen Dach heraus. Im Innern eine flache Bretterdecke. Kirche.

Altar, Kanzel und **Gestühl** sind ohne Bedeutung. An der inneren Westwand aber sieht man ein beachtenswerthes grosses **Epitaph** von Holz mit den gemalten Bildern des **ARND V. MÖLLENDORFF** und der **ELISABETH WARDENBERGES** in der Tracht aus der Mitte des XVII. Jahrhunderts. Ausserdem sind zwei kleine **Alliance-Wappen** zu nennen, das des **JOCHIM V. MÖLLENDORFF** und der **MARIA ELEONORA VON KOPPELOW**, sowie das des **JOACHIM V. MÖLLENDORFF** und der **CATHARINA SABINA V. GRABOW**. Altar,
Kanzel,
Gestühl,
Epitaph.

Wappen.

Im Thurm zwei **Glocken**. Die grösste (Dm. 0,86 m) ist 1863 von **P. M. Hausbrandt**, Hof-Glockengiesser in Wismar, umgegossen worden.[5]) —

---

[1]) M. U.-B. 10111 (614).
[2]) M. U.-B. 11219.
[3]) Schildt, M. Jahrb. LVI, S. 210.
[4]) Vgl. Akten im Grossh. Archiv.
[5]) Nach dem Inventar von 1811 war die Vorgängerin 1689 von Vites Siebenbaum gegossen worden, und zwar unter Kramon'schem Patronat. Die von Kramon waren damals in vorübergehendem Pfandbesitz von Dargelütz.

Die zweite (Dm. 0,66 m) hat am Kranz die Inschrift: **AERNDT ∗ VON ∗ MOLLENDORFF ∗ DER ∗ ELTER ∗ ANNO ∗ 1662**. Giesserzeichen nicht vorhanden.

Kleinkunst-
werke.

Kleinkunstwerke. Kelch, Patene und Weinkanne, silbervergoldet, sind vor etwa drei Jahren auf Kosten der Gemeinde beschafft. Ohne Inschrift und ohne Werkzeichen. — Von älteren Stücken sind noch vorhanden: ein Kelch von Zinn ohne Inschrift und Zeichen, dazu eine Patene von Zinn mit dem Parchimschen Stadtzeichen und einem Meisterzeichen, das eine Lilie, die Buchstaben **N C B** und die Jahreszahl **1726** enthält. Ausserdem sind zu nennen: vier zinnerne Altarleuchter. Zwei davon haben die Inschrift **A⁰ • 1724 J • H • V • MOLLENDORFF**, das Parchimsche Stadtzeichen **P** und ein Meisterzeichen, das eine Waage mit einem **W** zwischen den Schalen, darüber **D M** und darunter die Jahreszahl **1703** enthält. Der dritte Leuchter ist ohne Inschrift, hat aber gleichen Stempel wie die beiden vorigen Der vierte ist ebenfalls ohne Inschrift, er hat das Parchimsche Stadtzeichen und ein Meisterzeichen, das einen Baum mit den Initialen **H R** und der Jahreszahl **1740** enthält.

Das Filial-Kirchdorf Rom.[1]

Geschichte
des
Dorfes.

Schon im Jahre 1310 kommt das Dorf »Rome« in das Eigenthum des Heiligengeist - Stiftes zu Parchim.[2] Von Einkünften aus Rom und Moederitz, die der Parchimsche Bürger Reinward Medow zu einer Vikarei in Parchim vermacht, ist im Jahre 1320 die Rede, aber von thatsächlicher Errichtung einer solchen durch den Rath der Stadt Parchim und deren bischöflicher Bestätigung erst im Jahre 1329.[3] Einen Krug zu Rom giebt es schon um diese Zeit. Verschiedene Anrechte, die in späterer Zeit die von Möllendorff und Stralendorff haben (darunter vier zum Parchimschen Tempelhause gehörige Romer Bauern), kauft die Stadt Parchim 1618 und 1658 zurück,[4] 1618 war auch die Jurisdiktion des Parchimer Rathes als im Dorfe zu Recht bestehend anerkannt worden. Von einem Vergleich zwischen Stadt und Kirche im Jahre 1768 über das Romer Holz berichtet Cleemann, Chronik, S. 260.

Ueber die kirchlichen Verhältnisse siehe bei Lanken.

Kapelle.

Kapelle. Die Kapelle ist ein dürftiger Fachwerkbau, ohne Thurm. Auf der Ostspitze Knopf und Wetterfahne mit der Inschrift **1768** und **1861**. Auf einem Balken an der Westseite der Kirche die Inschrift: **PAST ∴ IOHANNE •**

---

[1] 7 km ostnordöstlich von Parchim. Als ›Ort des Rom-‹ von Kühnel, M. Jahrb. XLVI, S. 122, gedeutet.

[2] M. U.-B. 3368. Vgl. Cleemann'sche Chronik, S. 259.

[3] M. U.-B. 4190. 5040. Vgl. dazu 2816.

[4] Cleemann, a. a. O., S. 211.

LANBIO • PROV : CHRIS(TIANO) PAULI • IURATIS CHEE (HOM?)OT • ET TIES KÖNIKE. Wo die Buchstaben fehlen, ist jetzt ein Ständer eingesetzt. Ueber dieser Inschrift, an demselben Balken, stehen noch andere grösstentheils nicht mehr lesbare Buchstaben und Zahlen. Zu entziffern ist: 1668 DEN 9 APRIL. Im Innern nichts von Bedeutung.

Die **Glocke** im Westgiebel (Dm. 0,44 m) hat die Inschrift: SOLI DEO GLORIA • ANNO 1776 HAT MAGISTRATUS PARCHIMENSIS ZUM DRITTEN MAHL MICH ZUM UMGUS BEFORDERT ME FECIT ROSTOCHII JOHANN VALENTIN SCHULTZ.

Glocke.

Abendmahls-Geräthe und **Taufschale** sind nicht vorhanden, es werden die von Lanken gebraucht.

Drei zinnerne **Altarleuchter** mit Inschriften. Am ersten die Inschrift: DAVIED DVCHT GIEBT DEN LEVTER IN DIE RÖMER KIERCH UND GIEBT DAS LICHT DABEI. Von einem Parchimschen Zinngiesser K•B 1760. Am zweiten die Inschrift: MATHIAS JOCHIM HOMOTH 1730. Dazu die Stempel eines Parchimschen Giessers D M W • 1703. Am dritten die Inschrift: JOHAN HASE • CHRISTIAN HASE 1657. Dazu die Stempel eines Parchimschen Giessers C • B mit einer Lilie und der Jahreszahl 1706.

Leuchter.

Das Kirchdorf Damm.[1]

Es ist oben S. 422 berichtet worden, wie das Dorf Damm bereits im Jahre 1229 zu einer eigenen Kapelle gelangt, aber unausgesetzt im engsten Verbande mit St. Georgen in Parchim bleibt.[2] Anrechte von Neukloster an zwölf Hufen, wovon im Jahre 1267 die Rede ist, können nur kurze Zeit von Bestand gewesen sein — wenn es hiemit überhaupt seine Richtigkeit hat , denn schon 1271 und später giebt es diese Anrechte nicht mehr.[3] Dagegen betreten wir mit Damm und Matzlow das seit 1252 von Schwerin her nicht mehr angefochtene kirchliche Gebiet des Havelberger Bischofes auf dem linken Ufer der Elde (s. o. S. 421). Wenn nichtsdestoweniger der Schweriner Bischof am 24. April 1325 zu Malchow auf dem rechten Ufer der Elde eine Kapelle als Filia der Kirche in Damm zuweist und damit die Einkünfte des Dammer Geistlichen verbessert,[4] so beruht das entweder auf

Geschichte des Dorfes.

---

[1] 6 km westlich von Parchim den in Mecklenburg mehrfach vorkommenden Namen Damm oder Damme (für den stellenweise die Nebenformen Dambenowe und Damnio vorkommen) verbindet Kühnel, M. Jahrb. XLVI, S 37, mit dem altslavischen Wort dabŭ = Eiche und übersetzt ihn mit »Eichdorf«.

[2] M. U.-B. 370.

[3] M. U.-B. 1120. Vgl. 1215 und die weiteren Urkunden über Neukloster.

[4] M. U.-B. 4620.

einem verloren gegangenen Vertrage mit dem Havelberger Bischof, oder aber
es könnte die Kirche zu Damm, das uns ebenso wie Matzlow von 1370 an
als städtisches Kämmereigut entgegentritt,[1] in kirchlicher Beziehung als eine
von Anfang an und noch vor dem Vertrag von 1252 untrennbar zu St Georgen
in Parchim zugehörende und gleich dieser Kirche unter der kirchlichen Jurisdiktion des Schweriner Bischofs stehende Tochterkirche angesehen werden, von
welcher der Bischof von Havelberg ausnahmsweise die Hand abliesse. Dazu
würde der Umstand stimmen, dass in der Schweriner Urkunde von 1325 der
Zustimmung des Havelberger Bischofs auch nicht mit einer Silbe gedacht wird.
Doch dem steht wieder entgegen, dass das schon öfter genannte mittelalterliche
Verzeichniss der Pfarrlehne und Kirchen im Schweriner Stift gar keine links-
eldischen Kirchen aufführt und dass ein Zeugniss vom 14. November 1399
die Kirche zu Matzlow ausdrücklich der Havelberger Diöcese zuweist.[2] Da
nun aber die Kapelle zu Matzlow von jeher als Tochter der Mutterkirche zu
Damm auftritt (s. die Visitationsprotokolle von 1534 an), so darf auch diese
ohne Zweifel als zur Havelberger Diöcese gehörend angesehen werden, wenngleich es kein besonderes Zeugniss darüber giebt.

Wie die Dörfer Damm und Matzlow im Jahre 1569 Gefahr laufen, der
Stadt Parchim verloren zu gehen, ist oben bereits berührt worden.[3]

»Der Pastor zu St. Georg (in Parchim) hat zu verlehnen gehabt die
Kirchen zu Lanken, Damm, Maslau, Möderitz, item Malchow. Das Jus
patronatus aber zu Möderitz ist Anno 1629 um 200 Rthlr. an Vicke Stralendorf
zu Möderitz mit fürstlichem Konsens verkauft«: so schreibt Cordesius in seiner
Chronik, S. 27. Auf dieses seit 1229 bestehende mittelalterliche Lehns-
verhältniss des Kirchenrektors von St. Georgen ist es zurückzuführen, dass
nachher in der protestantischen Zeit der zweite Kaplan oder Diakonus von
St. Georgen immer zugleich Pastor zu Damm und Matzlow ist. Der ganzen
Reihe Dammer Pastoren, wie Cleemann sie sowohl in seinem Repertorium
universale S. 19, wie in seiner Chronik S. 299 und 300, aufzählt, haben wir,
nach den Kirchenakten im Grossh. Archiv nur noch hinzuzufügen den Gregorius
Rump vor 1535, Joachim Quade um 1535 und den Ernestus Rothmann um
1542. Dagegen ist der von Cleemann in seiner Chronik genannte Pastor
Sterne Clemens um 1450 das Produkt eines komischen Missverständnisses der
Glocken-Inschrift O * Pastor * eterne * o * clemens *.[4]

Die Kirche oder Kapelle zu Malchow ist nach Ausweis der Visitationsprotokolle 1649 noch vorhanden, 1705 aber nicht mehr. Der Quartal-Gottes-
dienst, der dort bestand, muss also innerhalb dieser Zeit seine Endschaft
erreicht haben. Das jus patronatus war hier sowohl wie in Damm und
Matzlow vom Pastorat zu St. Georgen in Parchim, dem es im Visitations-

---

[1] M. U.-B. 10129. 11026.

[2] Parchimsche Kirchenbriefe im Archiv S. 89. Vgl. Wigger, Annalen, S. 132 und 133,
Anmkg. 1.

[3] Cleemann, Chronik, S. 231. 232.

[4] A. a. O., S. 231, nicht 1453, sondern 1456.

protokoll von 1563 noch beigelegt wird, schrittweise an die Herzöge übergegangen, wenngleich der Magistrat zu Parchim noch im Jahre 1607 sein jus
vocandi hervorhebt und die landesherrlichen Anrechte auf das jus praesentandi
et confirmandi eingeschränkt zu sehen wünscht. Wie Malchow von 1330 an
allmählich in den Besitz der Stadt Parchim übergeht und im besonderen von
den Hanenzageln und Brüsewitzen an den Kirchenrektor von St. Georgen abgetreten wird, lassen die Dokumente des Mecklenb. Urkundenbuches 5180
(1330), 11046 und 11047 (1377) sowie 10918 (1376) erkennen.[1]

Blick über die Elde hinüber auf die Kirche zu Damm.

Kirche. Die dem dritten Jahrzehnt des XIII. Jahrhunderts angehörende
kleine Kirche ist ein Feldsteinbau gothischen Stiles ohne Sockel und o h n e
Sims, mit einem Chorschluss aus dem Achteck. Zur Bewehrung der Mauern
dienen Strebepfeiler mit je einem grossen Felsblock als Unterlage. Auf dem
Westende des Firstes ein hölzernes Dachreiterthürmchen. Die mit einem
Stichbogen geschlossenen Thür- und Fensteröffnungen machen sammt den
grossformigen Kirchenziegeln in ihren Wandungen und Laibungen den Eindruck,
als ob sie ursprünglich wären. Im Innern eine flache Bretterdecke.[2]

Der **Altaraufsatz** ist 1823 vom Bauinspektor **Frey** entworfen und vom   Innere Ein-
Maler **J. Stoll** in Neustadt ausgeführt. — **Kanzel** (von 1704) und **Gestühl** sind   richtung.

---

[1] Vgl. Cleemann, Chronik, S. 246. Dazu Parchimsche Kirchenbriefe im Grossh. Archiv.
[2] Im Jahr 1900 hat eine Erneuerung des Innenraumes stattgefunden.

Zinntafel.

ohne Bedeutung. Zu beachten ist eine **Zinntafel** in Herzform mit dem Namen der Frau **FR. JOHANNA DOROTHEA VON BIELCKEN, GEB. VON COL-DITZEN**, gestorben den 4. Oktober 1751.

Glocken.

Im Dachreiter zwei **Glocken**. Die ältere (Dm. 0,72 m) hat die einreihige Inschrift: ☉ * Paſtor * ererne + ☉ + clemens[1]) + ᵃⁿᵃ + ᵈⁿⁱ + m + cccc + lvi +. Die jüngere ist 1883 zur Zeit des Pastors **ROESE** von **Ed. Albrecht** in Wismar aus einer älteren umgegossen worden.[2])

Kleinkunst-
werke.

Kleinkunstwerke. 1. Silbervergoldeter Kelch auf rundem Fuss mit der Inschrift: **J · J · BUSSE · D · FÜRSTL · MECKL · HOFFRAHT UND BÜRGER-MEISTER IN PARCHIM**. Mit dem Stadtstempel **P** und dem Meisterstempel **E**. — 2. Silbervergoldete Patene mit Inschrift: **W · E · BUSSEN GEBOHRNE V · SCHARNHORSTEN · ANNO 1723**. Dieselben Stempel wie am Kelch. — 3. Längliche silberne Oblatenschachtel mit Inschrift: **ANNA ELISABEHT BUSSEN · CHRISTIAN BUSSE**. Dieselben Stempel wie beim Kelch und bei der Patene. 4. Taufbecken, neu, Berliner Fabrikat. — 5—8. Vier im Gebrauch befindliche zinnerne Altarleuchter: der erste 1738 von **DORATIA SCHVLTZEN**, der zweite 1759 von **JOCHIM CHRISTIAN MARCKWARDT**, der dritte 1736 von **JOCHIM ZACHOW**, der vierte 1735 von **JOCHIM KAFEN** gestiftet. Drei davon, und zwar der erste, dritte und vierte, tragen den Stempel des Parchimschen Zinngiessers **D M W 1703** mit dem Bilde einer Waage, der zweite hat keine Zeichen. 9 12. Vier zurückgesetzte zinnerne Altarleuchter. Inschrift des ersten: **JOHAN LEMKE VEREHRET DIESEN LEVCHTER ZVR EHRE GOTTES IN DER KIRCHE ZV DAM 1716**. Mit dem ebengenannten Parchimschen Meisterstempel **D M W 1703**. Der zweite, ohne Stempel, ist 1707 von **JOHAN GILHOF** gestiftet. Der dritte, ebenfalls ohne Stempel, hat die Inschrift: **1687 HAT DIESEN LEÜCHTER VOREHRT TOHMAS MARCKCKWARDT IN DER KIRCH ZVM DAM**. Der vierte, mit undeutlichem Stempel, ist von **CLAVES HENNING** gestiftet. 13. Ein zurückgestellter zinnerner Kelch mit den Zeichen des oben genannten Zinngiessers **D M W** und mit der Inschrift: **JOHAN GILHOF 1698 · D · DAM-MER KIRCH**. - 14. Seidenes Kelchtuch mit Stickerei. In der Mitte in einem Lorbeerkranz: **C P C · A M Z · ANO 1746**.

Das Filial-Kirchdorf Matzlow.[3])

Filial-
Kirchdorf
Matzlow.

In geschichtlicher Beziehung ist alles Nöthige bei dem Kirchdorf Damm bemerkt. Von einem Ueberfall, den Matzlow am 28. Mai 1617 von den Spornitzern erlitt, die ihr abgepfändetes Vieh wieder zu gewinnen suchten, berichtet Cleemann in seiner Chronik auf S. 268.

---

[1]) Zu diesem alten Gesange vgl. Dettmar-Chronik zum Jahre 1316, Ausgabe von Koppmann, S. 428. — [2]) Ihre Vorgängerin vom Rostocker Giesser J. V. Schultz hatte die Jahreszahl 1789. Vgl. Inventar von 1811. [3]) 10 km westlich von Parchim. Matzlow, auch Maslowe und Masslowe geschrieben, wird von Kühnel als ›Ort des Maçal‹ gedeutet: M. Jahrb. XLVI, S. 92.

Kirche. Die Kirche zu Matzlow ist ein einfacher Fachwerkbau. Auf dem Thurm eine Wetterfahne mit der Jahreszahl **1831**. Im Innern nichts von Bedeutung.

Altar und **Kanzel** sind zu einem Körper vereinigt.

Im Thurm zwei **Glocken.** Die grössere (Dm. 0,76 m) ist laut Inschrift von **C. Jllies** in Waren 1854 (aus einer älteren vom Jahre 1742 und vom

Matzlow.

Giesser **Joh. Vorbeck**) umgegossen worden. - Die kleinere (Dm. 0,69 m) hat die Inschrift: **ANNO 1723 · HAT MICH GEGOSSEN MICHAEL BEGUN · DA HERR JOHAN HINRICH ZIEL PASTOR UND JACOB WILKEN UND CLAUS ROHDE KIRCHENJURATEN WAREN.**

Kleinkunstwerke. Abendmahlsgeräthe sind nicht vorhanden, dieselben werden aus Damm mitgebracht. Aber Beachtung verdient ein kupfervergoldetes frühgothisches Ciborium, welches an das Grossherzogliche Museum zu Schwerin abgegeben ist. Ausserdem sind hier viele zinnerne Leuchter aufzuzählen. Von ihnen sind zur Zeit vier im Gebrauch. Der eine ist 1779[1]) von **JOHAN GILHOF** gestiftet und später mit dem Namen **L. TILSE 1868** versehen. Stempel undeutlich. Den zweiten (mit dem Zeichen des

[1] Also nicht zu verwechseln mit dem Dammer Johann Gilhof.

Parchimschen Giessers **C • G 1804**) stiftete **DAVIED WULFF 1805**; den dritten, dessen Stempel undeutlich sind, **JOHANN JOCHIM CHRISTIAN GILHOF ANNO 1832**. Der vierte nennt als Stifter: **CHRISTIAN DAVIED LEMCK 1804**. Er hat aber die Zeichen des Parchimschen Giessers **H L • H •** mit der Jahreszahl **1719** und ist also älteren Ursprungs. — Acht zinnerne Leuchter sind zurückgestellt. Der erste ist 1736 von **JOCHIM PINGEL** gestiftet. Er hat das Stadtzeichen **P** und als Meisterzeichen eine blosse Waage. Der zweite (1741 von **JOCHIM HENCK**), der dritte (1748 von **JOHANN JOCHIM NIMAN**), der vierte (1799 von **JOHAN ROHDE** und **B. J. P. JOCH. CHR. ROHDE**) und der fünfte (1748 von **JOCHIM CHRISTIAN HENIG**) haben dieselben Stempel wie der erste. Die drei folgenden haben keine Werkzeichen, aber als Stifter werden genannt: **HANS JOCHIM BRANDT, DANIEL MVLSO, ALTENTEILMAN JOHANN JOCHIM ROHDE**.

Sanduhr (im Grossh. Museum), 22½ cm hoch und breit.
Sehr häufig in mecklenburgischen Stadt- und Dorfkirchen.

Ciborium aus der Kirche zu Matzlow.

Das Kirchdorf Slate.[1]

Geschichte des Dorfes.

Bei Gelegenheit der Bestimmungen über die Weidegrenzen der Stadt Parchim wird der Slater Bach in der ersten Hälfte des XIII. Jahrhunderts dreimal genannt.[2] Schon damals mag das Dorf Slate (Slote) mit den zum Theil untergegangenen Dörfern Klokow, Brokow, Lübow, Voddow, Slepkow, Meierstorf und Menzendorf zu jenem Besitz der Familie Mallin gehört haben,

Kirche zu Slate.

uber deren Heimfall die mit den Mallinen verschwägerten Geschlechter Hahn und Plessen am 4. März 1343 einen Vergleich errichten.[3] Die Hahn'schen Antheile kauft die Stadt Parchim im Jahre 1366, ob auch in diesem Jahre schon die Plessenschen Antheile, darüber fehlt es an einem Zeugniss.[4] In Folge davon finden wir Slate bereits im Heberegister der Stadt Parchim nach 1370 unter den Kämmereigütern der Stadt verzeichnet.[5] Ueber den Wechsel von Pächten und Hebungen in Slate von einer Hand in die andere berichten fruhere und spätere Urkunden in grösserer Zahl, die hier nicht von Belang

[1] 4 km südlich von Parchim am linken Ufer der Elde. Altslavisch zlato = Gold. Nach Kuhnel ›Die Zlata‹. Vgl. M. Jahrb. XLVI, S. 134.

[2] M. U.-B. 319. 337. 476.

[3] M. U.-B. 6288.

[4] M. U.-B. 9449. 9457

[5] M. U.-B. 10120.

sind.[1]) Bemerkt sei nur, dass dabei im XV. und XVI. Jahrhundert die auch in der Priegnitz angesessenen Geschlechter von Rohr und Winterfeld sehr betheiligt sind und dass 1384 und 1394 ein Slater Pleban Nikolaus Gruder genannt wird.

Das Kirchen-Patronat scheint nach Ausweis der Visitationsprotokolle von 1534 an stets landesherrlich gewesen zu sein. Ueber die Zugehörigkeit zur Havelberger Diöcese liegt kein ausdrückliches Zeugniss vor, aber dessen bedarf es auch nicht, da hierüber die linkseldische Lage des Dorfes hinreichend entscheidet. Als Tochterkirche gehört die Kirche zu Gr.-Godems schon vom Mittelalter her zu Slate.[2]) 1603 wird auch eine Kapelle zu

Gothisches Triptychon.

Kl.-Godems erwähnt. Als Pastoren sind vom XVI. Jahrhundert an nachweisbar Joh. Rades (1503, 1534), Joachim Hampe um 1542, Joh. Possehl von 1563 bis 1588, die beiden Simon Muchow, Vater und Sohn, von denen der letztgenannte 1634 an den Misshandlungen durch die Kaiserlichen stirbt Nach zwanzigjähriger Vakanz, während welcher die Seelsorge von Parchim aus statthat, folgt Franz Niemann (Neander) bis 1659. Weiter sind zu nennen Melchior Dorn von 1661 bis 1679 und die drei Weber von 1680 bis 1802 Joachim, Johann Adolph und David Heinrich (Vater, Sohn und Enkel).[3]) Ueber die Geistlichen des XIX. Jahrhunderts vgl. Walter a. a. O.

Kirche.   **Kirche.** Die Kirche in Slate, ein frühgothischer Bau aus dem XIV. Jahrhundert, ist zum grössten Theil aus Backsteinen erbaut. Nur im Thurm

[1] M. U.-B. 8187. 10.495. Cleemann, Chronik, S. 266—269.
[2]) M. Kunst- u. Gesch.-Denkm. III, S. 309.
[3] Cleemann, Repert. universale, S. 69. 70.

finden sich Felsen mit Backsteinen untermischt. Einfache Strebepfeiler be-
wehren den ganzen Bau, dessen Ostwand mit drei Seiten aus dem Achteck
abschliesst. Der zwei Stockwerke hohe Thurm ist mit einem weit ab-gewalmten Satteldache geschlossen. Der einzige Eingang zur Kirche führt durch das westliche Thurm-portal. Die Fenster sind in neuerer Zeit wieder aus-gemauert, so dass nur die Umfassungsränder als alt anzusehen sind. Im Innern ist der Chor bis an den Triumphbogen hinan ge-wölbt, das Langhaus da-gegen mit einer flachen Decke überspannt.[1])

Thonplatte (im Grossh. Museum).

Beachtung verdient das Schnitzwerk des doppel-flügeligen gothischen **Trip-tychons** auf dem Altar, wenngleich es jetzt weiss überstrichen ist. In der Mitte die gekrönte heilige Maria mit dem Christkinde auf dem Arm. Im Flügel links die Anbetung der hl. drei Könige, im Flügel rechts die heilige Sippe, Mutter Anna und Maria mit dem Kinde im Vorder-grunde.[2]) Auf den Rück-seiten der Innenflügel die Verkündigung des Engels mit den beiden Gestalten des Engels auf der einen und der hl. Maria auf der anderen Seite, während auf den Innenseiten der Aussenflügel Johannes Baptista und die hl. Katharina als Gemälde erscheinen. Die Aussenseiten der Aussenflügel sind ohne Malerei.

Triptychon.

Die **Kanzel** ist 1594 von dem Pastor **SIMON MUCHOW** dem älteren gestiftet, hat aber keine künstlerische Bedeutung.

Kanzel.

[1]) Lisch, M. Jahrb. XXII, S. 323—325. — [2]) Anders Lisch im M. Jahrb. XXII, S. 324, der die Darstellung Christi im Tempel erkennen will.

**Tauf-
behälter.**

Thonplatte.

Eigenartig muss der alte **Taufbehälter** gewesen sein, den Lisch nennt, aber nicht eingehend genug beschreibt. Er war von Holz. Ihn zierte aber eine (eine?) **Thonplatte** mit dem Relief der Kreuzigung (etwas über 23 cm hoch), die, nach dem Kostüm eines der Schächer zu urtheilen, zwischen 1500 und 1520 angefertigt war. Jetzt im Grossherzogl. Museum.

Oelbild.

An der nördlichen Wand des Langhauses, in der Nähe der Kanzel, ein grosses **Oelbild** des Pastors **HAEGER** zu Slate († 1873).[1]

Glocken.

Im Thurm zwei **Glocken.** Die grössere (Dm. 0,77 m) ist mit einem erhabenen Bilde der hl. Maria mit dem Christkinde geschmückt, hat aber sonst weder Inschrift noch Giesserzeichen. — Die zweite (Dm. 0,64 m) ist ebenfalls ohne Inschrift und Giesserzeichen.

**Kleinkunst-
werke.**

Kelch (1).

Kleinkunstwerke.

1. Silbervergoldeter frühgothischer Kelch auf kreisrundem Fuss. Auf dem Fuss ein Rundbild mit der Kreuzigungs-Gruppe. Am Knauf acht Roteln, von denen vier mit merkwürdigen Köpfchen in der Form der calices ansati geschmückt sind. Unter dem Fuss eine später eingravierte Inschrift: **AŌ 1617 • VP • OSTRN • HAT • H • SIMON • MVCHOW • PASSTOR • VND • DINIES • SCHVLT • GADESMAN • ZVR • KARKEN • SLAT • VPT • NIGE DEN KELCK • AVS • BETERN LATEN.** Keine Werkzeichen. — 2. Silbervergoldete Patene. — 3. 4. Kelch und Patene von Zinn mit der Marke des englischen Zinns. Am Fuss des Kelches die Inschrift: **ADAM WITTE 1•7•0•3.** 5. Neues Geräth zur Krankenkommunion: Kelch, Patene, Oblatendose und Flasche. — 6. Silbervergoldete Oblatenschachtel mit einem Kreuze auf dem Deckel. Ohne Inschrift und Zeichen.   7. Neue Weinkanne, anscheinend Berliner Fabrikat.   8. Messingene Taufschale im Taufstein, mit einem Kreuz auf dem Boden. — 9. Neue kleinere Taufschale von Messing. Geschenk des verstorbenen Revierförsters **SUHR** zu Poitendorf. — 10. 11. Zwei übersilberte grosse Altarleuchter.[2]

[1] Enkel des letzten der drei Weber. — [2] Ueber einen im Jahre 1854 gemachten grossen Münzfund bei Slate vgl. Lisch, M. Jahrb. XIX, S. 414—417.

Das Kirchdorf Siggelkow.[1])

ass das Cistercienserkloster Dünamünde in Folge des lebhaften Antheiles, Geschichte
den Mecklenburg an den Kreuzzügen nach Livland nimmt, im XIII. des
Jahrhundert (1235) auf mehreren Punkten unseres Landes zu erheblichem Dorfes.
Grund und Boden gelangt, z. B. in Wustrow auf dem Fischlande, in Bentwisch
und Volkenshagen bei Rostock und in Crucen, Zachow und Siggelkow bei
Parchim, ist eine unumstössliche Thatsache, wenngleich die Original-Urkunden
darüber verloren gegangen sind. Ebenso steht fest, dass die Besitzungen bei
Parchim schon im XIII. Jahrhundert (1270) an das Kloster Reinfeld übergehen,
wenngleich die von diesem Kloster hierüber überkommenen Urkunden als
spätere Anfertigungen erkannt sind, deren Form sie zu Fälschungen stempelt.
Aber der I n h a l t giebt zu gleichem Verdachte keinen Grund. »Wenigstens
ist in den ziemlich zahlreichen Zeugennamen kein bedeutender Irrthum auf-
gefallen; und wiewohl sich nicht jeder einzelne Punkt in diesen Urkunden
anderweitig als richtig nachweisen lässt, so verstossen die Thatsachen doch
auch nicht gegen die sonst bekannten. Einige ganz vermoderte und zerfressene
Reinfeldsche Urkunden aus dem Ende des XIII. Jahrhunderts führen zu der
Vermuthung, dass die andern sich in gleichem Zustande befunden haben, und
dass die fälschenden Mönche nicht darauf ausgegangen sind, Urkunden zu
erdichten, sondern, um die zerfallenen Originale zu ersetzen, neue Abschriften
angefertigt und denselben die alten Siegel angehängt haben.«[2])

Im Jahre 1452 kauft Herzog Heinrich zu Mecklenburg vom Reinfelder
Abt und Konvent das Dorf Siggelkow mit den beiden Feldmarken Krüzen
und Zachow gegen die jährliche Orbör von 40 Mark Lübisch aus Grevesmühlen, und bald nachher haben bereits die von Koppelow ihre Hände im
Dorf. Sie verursachen mit ihren Anrechten allerlei Zank und Streit. Denn
die Bauern wollen an ihren alten Rechten keine Schmälerung erleiden. Trotz-
dem werden jene die Herren über die Bauern, wenngleich diese auch mit der
Stadt Parchim im XV. und XVI. Jahrhundert Verträge über Land und Hebungen
schliessen.[3]) Die von Koppelow bleiben im Besitz von Siggelkow, Möllenbek,
Menzendorf, Mentin, Repzin u. a. m. bis 1763. Da kauft der Hauptmann
Henning von Bülow auf Kummin das Dorf Siggelkow. Als aber das Bülow'sche
Vermögen 1778 in Konkurs geräth, erwirbt der 1794 in den Adelstand erhobene

[1] Etwas über 7 km südöstlich von Parchim. Den Namen, der im XII. Jahrhundert Sikle-
kowe, Syglecowe, Szichlicowe, und im XV. Tzichelchouwe geschrieben wird, übersetzt Kühnel mit
»Ort des žichlik«: M. Jahrb. XLVI, S. 134.

[2] M. U.-B. I, Vorrede, S. XXXI und XXXIII bis XXXV. M. U.-B. 426. 488. 946. 965.
1184 1185. 1217. 1280. Vgl. Lisch, M. Jahrb. XIV, S. 64. 72. 81. 271. 276.

[3]) Cleemann, Chronik, S. 265 und 266.

Amtmann Georg Friedrich Prollius die Bülow'sche Beguterung (Kummin, Tessenow und Mühlenberg) und damit zugleich das Dorf Siggelkow. Aus seinen Händen geht Siggelkow endlich im Jahre 1796 an die herzogliche Kammer über, die es dem landesherrlichen Domanium einverleibt.

Schon im Jahre 1256 giebt es in Siggelkow einen Pleban Hermannus. 1411 hören wir von einem Kirchherrn Heinrich Molenbeke. 1542 heisst er Joh. Kleinefelt. Um 1585 stirbt Er Paulus an der Pestilenz. Es wird dies derselbe sein, der mit vollem Namen auf dem Kelch (s. u.) als Pastor Paulus Liezen genannt wird. Es folgen: 1587 Blasius Schultz († 1594), 1595 Jochim Neese († 1632), 1633 Ulrich Zander († 1638), 1643 Joh. Lantzius, der 1653 durch Feuer und Krieg von seiner Pfarre vertrieben und in Lanken Seelsorger wird, das er nach Dencker's Tode schon seit 1643 von Siggelkow aus mitverwaltet hat. Er ist der letzte Pastor von Siggelkow. Nach ihm wird die Kirche mit der in Gross-Pankow verbunden, bei welcher sie bis heute als kombinierte Mutterkirche« verblieben ist.

Kirche.

Kirche. Die kleine Kirche ist ein mit Ziegeln ausgemauertes Fachwerkgebäude. Im Innern eine Bretterdecke. Kleine hoch sitzende Fenster mit bleieingefassten Rautenscheiben geben das nöthige Licht. Im Hahn des mit einem Satteldach versehenen hölzernen Thurmes ausgeschrieben die Jahreszahl 1796.

Die **innere Einrichtung** ist ohne Bedeutung.

Glocken.

Im Thurm zwei **Glocken.** Die grössere (Dm. 1,09 m) ist ebenso wie die zweite (Dm. 0,68 m) von **J. V. Schultz** in Rostock im Jahre 1797 gegossen worden.

Kleinkunstwerke.

Kleinkunstwerke. 1. Spätgothischer silbervergoldeter Kelch mit rundem Knauf. Auf dem sechspassigem Fuss ein aufgehefteter Krucifixus. Auf dem Fuss eingraviert: DIS • KELCK KOSTETH 4 GVLDEN H • PAVLVS LITZEN • PASTOR THOR SIGGELKOW • JAKOP • LOPPIHIN • JOCHIM • VAGETH • JOCHIM • SIMAN • GADES • HVS • LVDE • TO DER SIGKOW. Ohne Jahreszahl und Werkzeichen. 2. Silbervergoldete Patene ohne Werkzeichen. — 3. 4. Zwei zinnerne Altarleuchter ohne Inschrift und Stempel.

Das Kirchdorf Marnitz.[1])

Geschichte des Dorfes.

Im Jahre 1275, als Graf Heinrich von Dannenberg Land und Festung Grabow aus seinen Händen gegeben hat oder hat geben müssen (an Sachsen-Lauenburg, wie es den Anschein hat),[2]) überlässt er pfandweise

---

[1]) 14 km südlich von Parchim. Kühnel, M. Jahrb. XLVI, S. 91, verbindet den Namen, der im XIII. und XIV. Jahrhundert Merniz, Mernitze, Mernyz heisst und noch 1461 »tor Merntze« geschrieben wird, mit dem altslavischen Stamm mirū = Frieden und übersetzt ihn mit »Nachkommen des Miron, Miren«.

[2]) M. Kunst- u. Gesch.-Denkm. III, S. 177.

auch seine Burg Marnitz sammt den dazu gehörenden Gütern dem Grafen
Helmold von Schwerin.[1]) Die Grafen von Schwerin halten sich daher in der
Folge hier bisweilen auf, wie z. B. jener von Marnitz datierten Urkunde des
Jahres 1298 zu entnehmen ist, in welcher sie dem Kloster Stepenitz in der
Priegnitz das Eigenthum des ihm von den Herren von Putlitz geschenkten
halben Dorfes Porep (Poreybe) bestätigen.[2]) Aber der brandenburger Markgraf
lässt ihnen nach dem Aussterben des Dannenberger Hauses keine Ruhe. Wir
hören von Grenzverletzungen, Einfällen, Friedensbrüchen und Gewaltthaten aller
Art, welche zuletzt dahin führen, dass Droiseke von Kröcher, Henning von
Blankenburg, Busso von der Dolle und Georg Hasenkop auf die Klage des
Grafen Nikolaus von Schwerin wider den Markgrafen Waldemar von Branden-
burg im Jahre 1317 einen Schiedsspruch fällen.[3]) Mit was für einem praktischen
Erfolge, wissen wir freilich nicht. Jedenfalls hält dieser Schiedsspruch auf die
Dauer nicht vor. Denn ausser dem Vertrag an der Dober am 24. Mai 1325
giebt es auch 1354 wegen Streitigkeiten zwischen beiden Theilen über die
Lande Perleberg, Marnitz, Neustadt und Stavenow eine schiedsrichterliche
Entscheidung durch die Herzöge Barnim d. ä. von Pommern-Stettin und
Albrecht von Mecklenburg.[4]) Damals sind es Graf Otto von Schwerin und
Markgraf Ludwig der Römer, die mit einander uneins sind. Das Ergebniss
dieser Entscheidung fasst Chemnitz in seiner mecklenburgischen Chronik zum
Jahre 1356 mit folgenden Worten zusammen: »Was gestald vor zween iahren
Hertzog Albrecht zu Mecklenburg nebenst Hertzog Barnimen zu Stettin in der
zwischen Ludwigen, Marckgraffen und Churfursten zu Brandenburg, und Graff
Otten dem ersten zu Schwerin wegen der Lande, Stätte und heuser Perleberg,
Marnitz, Newstadt und Stauenowe schwebenden irrungen zu scheidesrichtern
erwehlet worden, ist vorgedacht. Ob nun zwar J.J F.F. G.G. sich eußerst
bemuehet, beide theile zu vergleichen, ist doch alle ihre arbeit umbsonst und
vergebens gewesen. Es hat aber Hertzog Albrecht zu Mecklenburg nicht
ablaßen wollen, sondern allein als unterhendler unter ihnen sich gebrauchen
laßen, auch sie endlich (1356), am mitwochen nach der Himmelfart Christi, zu
Perleberg? also und dergestald verglichen: Es soll nemlich Ludwig der Römer,
Marckgraff und Churfurst zu Brandenburg, Graff Otten zu Schwerin und seine
rechte erben mit den heusern Marnitz, Stauenowe' und denen darzu gehorigen
landen, wie selbige in ihren grentzen und scheiden liegen, Jtem mit der Neustadt und allen andern örtern, welche Graff Otto und seine Vorfahren von den
vorigen Churfürsten und Marckgraffen zu Brandenburg zu lehen getragen, zum
rechten lehen verleihen, darbeneben auch Graff Otten mit 100 marck Silbergeldes iehrlicher gulte aus Hauelberg, Jtem mit 25 marck Silbergeldes iehrlicher Hebung aus der Churfurstlichen Cammer belehnen, Hergegen Graff Otto
zu Schwerin ihn deswegen huldigen und vor sich, seine erben und nachkommen

---

[1]) M. U.-B. 1356.
[2]) M. U.-B. 2494.
[3]) M. U.-B. 3927.
[4]) M. U.-B. 4630. 8018.

aller zur Statt und Land zu Perleberg habenden anforderung zu ewigen Zeiten sich begeben.«[1])

In die Rechte Otto's tritt Herzog Albrecht von Mecklenburg nach Erwerbung der Grafschaft Schwerin im Jahre 1358 ein.[2]) Mit diesem Jahre werden Burg und Land Marnitz mecklenburgisches Gebiet. Die Pfandinhaber der Burg sind um 1359 Ludolf von Elvede und Ernst von Dotessem, die dem Herzog allerlei Belästigung verursachen.[3]) Das mag Ursache sein, dass wir schon 1363 einen anderen Pfandinhaber auf Burg Marnitz finden, den Ritter Gerd von Wustrow (Wôzsterowe).[4]) Aber aufs Neue giebt es 1370 und 1371 einen Kampf mit Brandenburg um Burg und Land Marnitz, den Herzog Albrecht von Mecklenburg siegreich beendet und der mit dem Frieden zu Prenzlau am 4. September 1371 besiegelt wird.[5]) Ein anschauliches Bild dieses Krieges gewinnen wir aus den Kostenrechnungen der Gebrüder Reimar, Johann und Helmold von Plessen, die für den Herzog gegen die Mannen des Markgrafen Otto von Brandenburg streiten und jenem die im wechselnden Spiel und Glück des Kampfes von den Feinden bereits eroberte Burg Marnitz wieder zurückgewinnen helfen.[6]) Dies Verhältniss ist zugleich die Ursache, dass die von Plessen in den Pfandbesitz der festen Burg Marnitz kommen, welche der Herzog Albrecht nunmehr, um sie sich vor dem Brandenburger zu sichern, von der Krone Böhmen zu Lehn nimmt.[7]) Wie lange die von Plessen im Pfandbesitz von Marnitz waren, vermögen wir nicht zu sagen. Gewiss ist nur, dass die Vogtei Marnitz, trotz aller Fehden und Räubereien hin und her über die Grenze, das ganze XV. Jahrhundert hindurch in ungestörtem Besitz Mecklenburgs bleibt und dass zu Anfang des XVI. Jahrhunderts die Plessen nicht mehr ihre Pfandinhaber sind. An ihrer Stelle finden wir den Stephan von Bülow, der im Jahre 1505 auf sein, seiner Söhne und deren Söhne Leben den Lehnbrief über Schloss und Vogtei Marnitz erhält. Als er aber 1514 den Versuch macht, für sich und seine Nachkommen die erbliche Belehnung zu erlangen, wird er ein für allemal abgewiesen. In dieser Abweisung ist der Pulsschlag jener neuen Zeit zu spüren, die den auf das Lehnswesen gegründeten Staat des Mittelalters in einen Beamten-Staat umzuwandeln sich anschickt.[8]) Demgemäss kommen nach dem Absterben des letzten Bülow'schen Lehnträgers die Herzöge Adolf Friedrich und Hans Albrecht II. 1625/27 dahin überein. Amt und Gut Marnitz von dessen Erben einzulösen. Aber in den nächsten Jahren ist es nicht ein mecklenburgischer Hauptmann, der das Amt Marnitz zu verwalten hat, sondern ein auswärtiger,

[1]) M. U.-B. 8235. 8261.

[2]) M. U.-B. 8541.

[3]. M. U.-B. 8815　Vgl. dazu 8558.

[4]) M. U.-B. 9209. Im Jahre 1369 ist auch von einem Restorff'schen Burglehn »vppe deme huze tu der Mernitze« die Rede: vgl. M. U.-B. 9967.

[5]) M. U.-B. 10237. Vgl. 10331. 10449. 10450.

[6]) M. U.-B. 10111. 10112. 10439. Vgl. Rudloff, Hdb. d. m. Gesch. II, S. 478—482.

[7]) M. U.-B. 10439. 10591. 10634.

[8]. Lisch, M. Jahrb. VI, S. 153.

den der Usurpator Wallenstein einsetzt, mit Namen Georg Kustosz. Dieser verdrängt den Hauptmann Gottschalk von Kleinow aus Neustadt und verwaltet zwei oder drei Jahre lang mit dem Amte Neustadt zugleich die Aemter Marnitz und Grabow.[1]) Erst in der nachfolgenden Zeit, als die Herzöge wieder in den Besitz ihres Landes kommen, sind mecklenburgische Hauptleute die Verwalter des Amtes. Aber einzelne noch auf die alten Zeiten des Lehnswesens zurückzuführende Anrechte an Marnitz, wie die der Herren von Koppelow als Besitzer von Mentin etc. und die der Herren von Winterfeld als Besitzer des Gutes Malow, das von 1696 an von den Weisinen her durch die Hände der von Ditten, Wenkstern und Saldern geht, verschwinden erst nach der Auslösung des Amtes Marnitz aus jenem mehr als fünfzigjährigen preussischen Pfandbesitz im Jahre 1787, in den es mit den Aemtern Plau, Wredenhagen und Eldena zur Zeit der Wirren unter Herzog Karl Leopold gerathen war.[2]) Mit dem Amte Lübz ist Marnitz seit 1812 vereinigt.

Namen von mittelalterlichen Geistlichen im Orte Marnitz selbst sind nicht überliefert. Zwischen 1520 und 1542 ist Marcus Sarnow als Pastor zu Marnitz nachzuweisen,[3]) zwischen 1590 und 1597 Andreas Möller. Als um 1604 eine Vakanz eintritt, interessiert sich die Herzogin Sophie von ihrem Wittwensitz in Lübz aus für die Besetzung der Pfarre und ist Anlass zur Berufung des Holsteiners Joachim Gertner. Doch dieser zieht zurück, und an seine Stelle tritt 1605 Isaak von Köln. 1633 folgt Nikolaus Scherbeck († 1637), 1642 Adam Ernesti und 1673 jener unglückliche Albert Lüderus, der in den Verdacht der Zauberei und Mordbrennerei geräth, zum Tode auf dem Scheiterhaufen verurtheilt und am 25 Februar 1675 zu Schwerin hingerichtet wird.[4]) Seine Nachfolger sind Joh. Adolph Wöbbeking bis 1694, Joh. Christian Warning bis 1716, Joh. Georg Martini bis 1739, Albr. Joh. Joach. von Sieden bis 1775 und Friedr. Christoph Frensdorf bis 1822. S. Walter a. a. O.

Kirche. Die Kirche in Marnitz ist ein Fachwerkbau ohne Bedeutung. Im Innern eine flache Holzdecke. Westlich von der Kirche ein freistehender hölzerner Glockenthurm mit einem Satteldach.

Die **innere Einrichtung** bietet nichts Bemerkenswerthes. Im Thurm hängen zwei **Glocken.** Die grössere (Dm. 1,04 m) hat die mehrmals verglichene, in ihrer ersten Hälfte arg verdorbene Inschrift: ꟿ ꟿ | O RAX ⚬ GLORIA ⚬ XPA ⚬ VARI ⚬ AVꟿ ⚬ PꟿA ✠.[5]) Darunter ein Antlitz, das das des Heilandes sein soll. —

Kirche.

Innere Einrichtung, Glocken.

---

[1]) Lisch, M. Jahrb. XXXVII, S. 40 und 41. Vgl. XXXVI, S. 19, Anmkg.

[2]) Lisch, M. Jahrb. XVII, S. 240. — Von Schultz, M. Jahrb. LIX, S. 13. Akten im Grossh. Archiv von 1696 bis 1796.

[3]) In dem Visitationsprotokoll von 1541/42 heisst er bloss Marcus.

[4]) Das Grossh. Archiv bewahrt die letzten, mit Blei geschriebenen Unschuldsbetheuerungen des Mannes.

[5]) Dass der erste Theil der Inschrift missrathen ist, aber einen Aufruf an das Volk enthält, beim ersten Glockenschall die Aufmerksamkeit vom Irdischen ab auf das Himmlische hinzulenken, ist anzunehmen. Man sollte am ersten die zweite Hälfte eines Pentameters vermuthen: O PLEBS

Die zweite Glocke (Dm. 0,82 m) ist laut Inschrift 1817 zur Zeit des Predigers
F. CH. FRENSDORF von **J. G. W. Landre** in Lübeck gegossen worden.

Kleinkunst-
werke.

Kleinkunstwerke 1. 2. Zwei silbervergoldete Kelche aus neuerer Zeit,
im Geschmack des klassicierenden Stils. Mit den Parchimschen Stempeln Ⓟ
HEIDEN. — 3.—5. Zwei silberne Patenen und eine silberne Oblatenschachtel,
alle drei ohne Werkzeichen. — 6. Neue silberne Weinkanne von 1883, von
Scheele-Leipzig. — 7. Taufbecken von Messing mit der eingravierten Inschrift:
F S ANNO 1687. — 8.—11. Vier zinnerne Altarleuchter ohne Inschrift, alle
von demselben Parchimschen Zinngiesser **I · C · B** mit der Jahreszahl **1795** und
dem Bilde eines Armes, dessen Hand einen Hammer hält.

*　　　*　　　*

Ehe-
malige
Burg.

Von der ehemaligen **Burg** ist nicht mehr viel zu sehen. An ihrer
Stelle erhebt sich, nordöstlich vom Dorf, der ehemalige Amtssitz auf dem
»Bauhof« zu Marnitz, der jetzt Erbpächter-Wohnhaus ist und einen Hügel einnimmt, welcher von einem theilweise zum Garten gezogenen Wall und Graben
umgeben ist.

Das Filial-Kirchdorf Meierstorf.[1]

Geschichte
des
Dorfes.

Im XIV. Jahrhundert gehört Meierstorf (Meerstorf) zu der Mallin'schen
Begüterung, über deren Erbschaft sich am 4. März 1343 die von Hahn
und Plessen mit einander vertragen.[2]) Zu Anfang des XVI. Jahrhunderts (1526)
aber ist Meierstorf bereits als Pertinenz der Koppelow'schen Güter Möllenbeck
und Mentin nachzuweisen und bleibt es bis 1790. Von da an tritt, nach
Ausweis des Staatskalenders, vielfacher Wechsel ein. 1791 hat es Ad. Alb.
Wilh. von Flotow, 1791—94 der Kammerrath Otto Konrad von Hahn, 1795
Adam Christoph Frank, 1837 Herm. Burmeister, 1840 Georg Friedr. Peters,
1844 Friedr. von Passow, 1847 Vincent Moritz Mann, 1857 Rudolph Bergell,
1860 Kammerjunker Friedr. von der Lühe und 1871 Aug. Ludw. Karl Heinr.
Keding, der heute noch im Besitz ist.

Zur Kirche von Marnitz hat Meierstorf von jeher gehört.

Kirche.

Kirche. Die kleine Kirche ist ein schlichter Fachwerkbau, dessen Ostwand mit drei Seiten aus dem Achteck schliesst. Der **Altaraufsatz** von 1721
ist ohne Bedeutung.

SUSTINE TE, halt' an dich, stehe still. Aber die missverstandene Vorlage kann ja auch anders
gelautet haben.

[1]) 15 km südlich von Parchim.
[2]) M. U.-B. 6288.

Im Thurm zwei **Glocken**, (Dm. 0,65 m und 0,56 m), die beide im Jahre Glocken. 1821 zur Zeit des Pastors **F. CH. FRENSDORF** von **V. Schultz** in Rostock gegossen worden sind.[1])

Die **Vasa sacra** bestehen in einem silbervergoldeten Kelch mit der Vasa sacra. Aufschrift: V · D · LÜHE MEIERSTORF 1870, und einer zugehörigen silbernen Patene.

Das Kirchdorf Suckow.[2])

Der Name des Dorfes taucht zugleich mit seiner Kirche auf: den 10. Juli 1328 Geschichte überlässt nämlich der Knappe Otto Hunger unter Zeugenschaft mehrerer des ihm verschwägerten Mitglieder der Familie von Quitzow das Patronat der Dorfes. Kirche zu Suckow dem benachbarten, d. h. über anderthalb Meilen östlich davon gelegenen Kloster Stepenitz.[3]) Das lässt darauf schliessen, dass die alte Priegnitzer und mecklenburgische Adelsfamilie der Hunger oder Hungerstorf im XIII. Jahrhundert und vielleicht schon früher das Dorf Suckow besass und dessen Kirche erbaute. Zwei Jahre später, den 22. Februar 1330, spricht Graf Heinrich von Schwerin auf seiner Burg zu Neustadt dem Nonnenkloster zu Stepenitz das Eigenthum der Dörfer Suckow und Drenkow zu, ohne dass von deren bisherigen Besitzern die Rede wäre.[4]) Aber aus einer Urkunde vom 30. Mai 1333 ist zu ersehen, dass die Herren von Putlitz die wirklichen Geber und Schenker sind, um damit für ihr Seelenheil etwas zu thun.[5]) Wie denn dasselbe Kloster, das im Jahre 1230 einer ihrer Vorfahren, Johann Gans der ältere, Edler von Putlitz, gestiftet hatte, im Jahre 1291 von dessen Nachkommen auch mit der Hälfte des Bauerndorfes Porep unter gräflich-schwerinscher Zustimmung beschenkt worden war.[6]) So begreift es sich, dass bei dem endgültigen Verzicht Mecklenburgs auf die Priegnitz und das Land Perleberg in den Verträgen von Seehausen (1356) und Prenzlau (1371) die Klosterantheile von Marienfliess zu einer Scheidung der Dörfer Suckow und Porep in einen mecklenburgischen und einen brandenburgischen Theil zu führen vermochten.[7]) Zwar schmilzt der mecklenburgische Besitzstand des Klosters Marienfliess bei Stepenitz um die Mitte des XVI. Jahrhunderts, als es an die Säkularisierung

---

[1]) Nach dem Inventar von 1811 hatten ihre Vorgängerinnen keine Inschriften.

[2]) 17 km südöstlich von Parchim. Der Name wird als ›Ort des Suk oder Ort der Suka‹ gedeutet. Vgl. Kühnel, M. Jahrb. XLVI, S. 140.

[3]) M. U.-B. 4949. Der Name des Klosters selbst ist Marienfliess (Rivus S. Mariae).

[4]) M. U.-B. 5123.

[5]) M. U.-B. 5425. Von einzelnen Kornhebungen aus vier Suckower Bauerhöfen, die die Mariengilde zu Perleberg erworben hat, hören wir den 18. März 1332 in einer gräflich-schwerinschen Bestätigungsurkunde. M. U.-B. 5316.

[6]) M. U.-B. 2347. 2494. 3175. Vgl. Bergau, Inv. d. Bau- und Kunstdenkm. d. Provinz Brandenburg (unter Marienfliess) S. 521 ff.

[7]) M. U.-B. 8235. 10237.

geht, sehr zusammen, und auch die Herren von Putlitz verspüren die Neigung, davon Vortheil zu ziehen, doch gelingt es dem kleinen Kloster, das noch heute als Damenstift besteht, einen Theil seiner Anrechte an Suckow und Porep sammt dem Patronat über beide von jeher als Mater und Filia mit einander verbunden gewesene Kirchen[1]) zu behaupten, und in der Folge treten auch die von Putlitz im XVI. und XVII. Jahrhundert wieder in ihrer alten Rolle als Patrone des Klosters auf, wann und so oft es sich darum handelt, diesem sein jus patronatus zu erhalten. In Folge davon giebt Herzog Adolph Friedrich im Jahre 1650 nach und lässt es bei seinem Jus episcopale

Kirche zu Marienfliess. (Nach Bergau.)

(Bestätigung und Einführung des vom Kloster Berufenen) bewendet sein. Im Jahre 1818 aber übergeben Domina und Konventualinnen freiwillig ihr Patronatsrecht dem Grossherzog von Mecklenburg. Eine weitere Klarstellung aller Punkte in dieser Uebereinkunft enthält der letzte am 31. Mai 1874 zu Babelsberg konfirmierte Grenzvertrag zwischen Preussen und Mecklenburg über Suckow, Porep und Drenkow.

Als Geistliche zu Suckow werden genannt Jochim Quade (bis 1540), Joachim Werner (von 1540 bis in die achtziger Jahre des Jahrhunderts), der Sohn Hieronymus Werner (1588—1624), der Enkel Christian Werner (1625 bis ?), Christian Niemann (1650 bis in die achtziger Jahre des Jahrhunderts), Joachim Georg Prehn (1688—1711), Engelke Seyer (1712—1749), Joh. Heinr. Crell (1749—1797), Joh. Gottfried Struensee (1797—1841). S. Walter a. a. O.

Kirche.   **Kirche.** Die Kirche ist ein mit Strebepfeilern bewehrter gothischer Feldsteinbau, der im Innern einen ungetheilten flachgedeckten Raum bildet

---

[1]) Nachweislich wenigstens seit 1534. Vgl. Riedel. Cod. dipl. brandenb. I., III., No. XLIII, S. 264—266.

und im Osten platt abschliesst. Der Ostgiebel ist mit nicht weniger als elf gothischen Blenden verziert. Im Westen ein zwei Stockwerk hoher hölzerner Thurm mit steiler Spitze.

Die **innere Einrichtung** der Kirche stammt aus dem Jahre 1867. — Innere Einrichtung. Als **Altarbild** ein Gemälde von **Th. Fischer-Poisson:** Christus am Kreuz, zur Seite die hl. Maria und der hl. Johannes. — Im Thurm ein **Triumphkreuz,** das nicht ganz werthlos ist. An einem Balken im Thurm die Angabe: **ANNO DNI 1588.**

Im Thurm hängen zwei **Glocken.** Die grössere (Dm. 1,12 m) hat die Glocken. chronogrammatische Inschrift: CAMPANAE VOX VNI DEO SACRA SONET PER- PETVO.[1]) Darunter: CAPITVLO STEPENIZENSI PATRONO JVBENTE HAEC ECCLESIAE SVCOVIANAE CAMPANA REPARATA EST•[2]) A • R • S •[3]) QVO VOVE- MUS • DUR GOTHES GNADE GOS MICH CHRISTIAN HEINZE VON BERLIEN • Hinten: ENGEL SEYER[4]) PASTOR KIRCHENVORSTEHER CHRISTOPH MICHEEL FRIDERICH WIESE. — Die zweite Glocke (Dm. 0,62 m) ist 1835 von **J. C. Haack** in Rostock gegossen worden.[5])

Kleinkunstwerke. 1. 2. Silbervergoldeter Kelch mit dem Stempel Kleinkunst- Die zugehörige Patene hat denselben Stempel. — 3. Neusilbernes Geräth für werke. Kranken-Kommunion. Gestempelt: BITTERLICH-Berlin. — 4. 5. Zinnerner Kelch mit Patene, von dem Parchimschen Giesser I H 1775. — 5. Taufschale von Messing, ohne Inschrift.

Das Filial-Kirchdorf Porep.[6])

as geschichtlich wichtig ist, hat bereits bei Suckow (s. o., S. 507) Er- Filial- wähnung gefunden, das in politischer wie in kirchlicher Beziehung von Kirchdorf jeher mit Porep verbunden war. Porep.

Kapelle. Die Kapelle zu Porep ist ein schlichter Fachwerkbau in Form Kapelle. eines länglichen Vierecks. Der durch viereckige Fenster erleuchtete Innenraum ist mit einer Holzdecke überspannt. Im Westen ein hölzerner Thurm mit einer achtseitigen steilen Spitze, die mit Schindeln gedeckt ist. Auf der Spitze eine Wetterfahne in Form eines Vogels mit den Buchstaben P K und der Jahreszahl 160?.

---

[1]) Also 1726 gegossen.

[2]) Auch in der zweiten Inschrift die Jahreszahl 1726.

[3]) Anno Reparatae Salutis, oder Redemptae S.

[4]) Engel Seyer war Pastor in Suckow von 1712—1749.

[5]) Das Inventar von 1811 giebt an, dass die kleinere Glocke einen Riss habe, enthält aber sonst nichts über Inschrift u. s. w.

[6] 22 km südsüdöstlich von Parchim. Den Namen verbindet Kühnel. M. Jahrb. LVI, S. 110, mit dem alt-slavischen Wort porabu Holzschlag und übersetzt ihn demgemäss mit Holzschlagort«.

Auf dem **Altar** steht ein gothischer Schrein mit geschnitzten Heiligenfiguren, die bemalt und vergoldet sind. Im Mittelschrein die Annaselbdritt-
Gruppe, zur Rechten der hl. Laurentius mit dem Rost, zur Linken der
hl. Dionysius, die abgeschnittene obere Hälfte seines Schädels mit der Bischofsmütze in der Hand tragend. Die kleineren Figuren in den Flügeln sind rechts
unten die hl. Ursula und der hl. Thomas (im Kostüm der Renaissance, einen
Pfeil in der Hand haltend),[1] oben die hl. Kathrina und der hl. Paulus; links

Spätgothisches Triptychon.

unten der hl. Nicolaus und die hl. Margaretha mit einem Drachen, oben der
hl. Petrus und die hl. Dorothea mit Korb und Kind neben sich. Werden die
inneren Flügel zugeklappt, so kommen Gemälde zum Vorschein: der hl. Christophorus mit dem Christkind, der Engel Gabriel mit dem Spruchband: **AVE
MARIA GRACIA PLENA, DOMINVS TECUM**, die hl. Maria mit dem Spruchband:
ECCE ANCILLA DOMINI, FIAT MIHI SECUNDUM VERBUM TUUM, und der
hl. Georg mit dem Drachen. — An der Predella fünf Halbfiguren, in der
Mitte der Heiland, zu seinen Seiten die lateinischen Kirchenväter St. Gregor,
St. Hieronymus, St. Ambrosius und St. Augustinus

[1] Die Pfeile bei St. Ursula und St. Thomas sind ursprünglich, keine spätere Zuthat.

Ausserdem ist ein kleines **Triumphkreuz** zu nennen, das nicht mehr an seinem Platze steht.

Die **Altar-Kanzellen** tragen die Jahreszahl **1584.** Diese Zahl findet sich auch hie und da am **Gestühl**.

Im Thurm zwei **Glocken**. Die grössere (Dm. 0,68 m) ist im Jahre 1886 von **Ed. Albrecht** in Wismar gegossen worden. — Die kleine (Dm. 0,53 m) hat die Inschrift: **SOLI DEO GLORIA**, darunter: **AVFF ORDER DES KLOSTER STEPNITZ GOSS MICH CHRISTIAN HEINTZE VON BERLIN · ANNO 1736 ·**

Stab-Leuchter.

Kleinkunstwerke. 1. 2. Kelch und Patene von Zinn, mit der das Eigenthum der Kirche zu Porep andeutenden Inschrift: **P · KIRCH 1714 ·** Dazu die nebenstehenden Parchimschen Stempel. — 3. Zinnerner Kelch, ohne Inschrift. Mit den nebenstehenden Parchimschen Stempeln. — 4. Silberne Patene, ohne Inschrift. Zweimal der Stempel **(LW)**. — 5. Zinnerne Oblatenschachtel, zu 1 und 2 gehörig. — 6.—9. Vier Altarleuchter von Zinn, der eine ohne Inschrift mit den Stempeln des Parchimschen Giessers **C M**; der andere von 1678 von **PAGEL RUSCH** mit denselben Stempeln; der dritte 1675 von **HINRICH NIEMANN**, mit den Stempeln wie bei dem Kelch unter 3; der vierte von **JOCHIM MEIENBORCH**, mit den

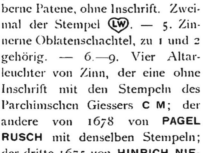

Stab-Leuchter.

Stempeln des Parchimschen Meisters **P W**. — 10. 11. Ausserdem zwei aus Holz geschnitzte tragbare Stab- oder Processionsleuchter mit Engeln, die den Lichtteller tragen.

Vorgeschichtliche Plätze

s. am Schluss des Amtsgerichtsbezirks Plau.

Landschaftsbild aus der Umgegend von Lübz (Kirchdorf Karbow
mit Vietlübbe im Hintergrunde).

Amtsgerichtsbezirk Lübz.

Die Stadt Lübz.[1]

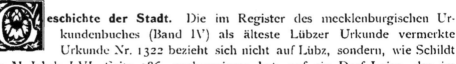

eschichte der Stadt. Die im Register des mecklenburgischen Urkundenbuches (Band IV) als älteste Lübzer Urkunde vermerkte
Urkunde Nr. 1322 bezieht sich nicht auf Lübz, sondern, wie Schildt
im M. Jahrb. LVI, Seite 186, nachgewiesen hat, auf ein Dorf Loize, das im
Mittelalter den südöstlichen Theil der jetzigen Wendisch-Priborner und etwa die
ganze heutige Tönchower Feldmark einnahm.[2] Freilich ist damals auch Lübz
noch ein Dorf in der alten Landschaft Ture wie viele andere, aber bald wird es
deren Hauptort. Denn noch heute ist nach Lage und Ausdehnung das Amt
Lübz mit der Ture identisch.[3] Den Grund zu dieser Bedeutung verdankt

[1] »Ort des Lubek« oder »Nachkommen des Lub', Luba«: so deutet Kühnel, M. Jahrb.
XLVI, S. 87, den Namen, dessen Varianten im XIII. und XIV. Jahrhundert sind: Louize, Loubze,
Lubize, Lubeze, Lubetz, Lubitze, Luptze.

[2] Die Urkunde Nr. 1322 vom 13. April 1274 zählt den Güterbesitz des märkischen Klosters
Stepenitz im Lande Werle auf. Es sind die Dörfer und Güter Karbow, Wilsen, Kreien, Darz,
Damerow (bei Vietlübbe), das ehemals bei Vietlübbe gelegene Stuvendorf (Schildt, M. Jahrb. LVI,
S. 168—171), Vietlübbe, sechs Hufen in Barkow, zwei Hufen in Plau, zwei Hufen in Dresenow
(Dresenower Mühle bei Ganzlin), drei Hufen in Loize (nicht Lübz) und das ganze Dorf Stolp.
Ueber das Schicksal dieses Besitzes in der Zeit der Säkularisirungen s. M. Kunst- u. Gesch.-Denk-
mäler III, S. 301, Anmkg. 4. und IV, S. 507 (Suckow). Ueber Stolp vgl. Schildt, M. Jahrb. LVI,
S. 164. 216. Nicht zu verwechseln mit dem Dorf Stolpe bei Neustadt, wie in Band III der
M. Kunst- u. Geschichts-Denkm., S. 310, geschehen ist.

[3] Lisch, M. Jahrb. X, S. 33—35. XVI, S. 187. Ritter, M. Jahrb. XIII, S. 401.

aber der Ort nicht einem der werleschen Fürsten, sondern den beiden brandenburger Markgrafen Hermann und Otto. Es war im Jahre 1308 bei einem
jener vielen Einfälle und Raubzüge, unter denen die Ture ebenso zu leiden
hatte wie das benachbarte Land Marnitz: da bauten die genannten beiden
Markgrafen die Eldenburg bei Lübz, um daran für die Zukunft einen Stütz-
punkt zu haben. Noch heute zeugt davon ein alter Stein, der in der Mauer
der Burg Oebisfelde gefunden ist und die Inschrift enthält: ANNO DOMINI
M · CCC · VIII DOMINVS hARMANNVS MARChIO ELDEBVRGh CVM
MAGNO AXERCITV CIRCVMVALLAVIT AT AXPIRAVIT · TVNC hOC
CARACVLVM STRVCTVM RVIT.[1]) Dazu stimmen denn auch die Annalisten und Chronisten späterer Zeit. Die lübische Detmar-Chronik bemerkt
zum Jahre 1308: »Des sulven jares weren de marcgreven wol mit ver dusent
groten rossen vnde mit vele anderen volke in deme lande to Wenden vnde
bueden dat vaste hus de Eldeneborch, dat oc Lubyze is gheheten. dar starf in
deme here de weldighe marcgreve Herman, des langhen marcgreven Otten
sone; de let enen junghen sone, marcgreven Johanne. do de marcgreve dar
storven was, do blef dar mit dem here marcgreve Otte mit deme pyle, deme
gy wol was mit orloghe; de dede groten schaden deme lande, er he toch
van dannen. dar na wart dat orloghe vorevenet.«[2]) Von der Zeit an spielt
nun die Eldenburg bei Lübz lange Zeit hindurch eine Rolle.[3]) Auch ist von
ihr aus manche Urkunde ins Land gegangen. Als brandenburgischer Hauptmann waltet hier zuerst der Ritter Johann von Kröcher.[4]) Aber im Frühjahr
1316 weilt bereits Fürst Heinrich von Mecklenburg auf der Burg. Sie gehört
ihm noch nicht, indessen verträgt er sich darüber mit den Herren von Werle für
den Fall der geplanten Bezwingung des Brandenburgers.[5]) Diese Bezwingung
gelingt in der Schlacht bei Schultendorf (oder Gross-Woltersdorf), unweit
Gransee im Kreise Ruppin, an einem der Tage des August-Monats im Jahre
1316.[6]) In dem darauf folgenden Frieden von Templin am 24. November 1317
tritt zwar Fürst Heinrich von Mecklenburg die Eldenburg sammt der Burg
Wredenhagen formell dem Markgrafen wieder ab, aber so, dass beide sammt
Land und Vasallen ihm und seinen Erben für den Fall, dass der Markgraf
ohne Leibeserben aus der Welt gehe, verschrieben bleiben.[7]) Zugleich nimmt
Fürst Heinrich beide Schlösser als Pfand für die Aufrechterhaltung des Friedens
aus der Hand des Brandenburgers mit der Bedingung zurück, dass sie vorläufig den beiden brandenburgischen Vasallenfamilien von Kröcher und von Reder
zur Bewahrung anvertraut werden.[8]) So kommen sie thatsächlich unter mecklen-

---

[1]) M. U.-B. 3207. Vgl. Riedel, Cod. diplom. brandenb. III, Bd. I, S. 14.
[2]) Koppmann, Detmar-Chronik, S. 406.
[3]) M. U.-B. 3424. 3767. 3816. 3818.
[4]) M. U.-B. 3606.
[5]) M. U.-B. 3816. 3818.
[6]) Koppmann, Detmar-Chronik, S. 431, Anmkg. 1.
[7]) M. U.-B. 3942. 3943.
[8]) Vgl. M. U.-B. 4299.

burgische Oberhoheit, nicht aber zur Freude des Hauses Werle, das darnach
strebt, »dat hus to Lubcze mit der Thure« wieder in seine Hand zu bekommen.[1]) Lübz selbst ist, wie gesagt, um diese Zeit ein Dorf, an dem
die von Mallin und Plessen Anrechte haben. Zugleich wird es als Kirchspiel
bezeichnet, was es wahrscheinlich schon von der Zeit der ersten kirchlichen
Organisation her im XII. Jahrhundert gewesen sein wird. Später, von 1324
an, sind es die von Plessen allein, die vom Fürsten Heinrich von Mecklenburg den Pfandbesitz von »hus vnd slot Luptze, anders genomet de Eldeneborch« mit vierzehn Dörfern in der Ture erhalten und, nachdem auch Brandenburg 1329 von neuem in eine Abtretung gewilligt und Kaiser und Reich den
mecklenburgischen Herzögen den Besitz des Schlosses Eldenburg mit der
Ture 1348 bestätigt haben, ungestört bis zum Jahre 1456 (von 1352 an unter
der stargarder Linie des mecklenburgischen Hauses) im Besitz bleiben.[2]) Nur
haben sie bis auf Weiteres das Schloss für die beiden mecklenburgischen
Herzöge und auch den Markgrafen von Brandenburg offen zu halten, so oft
es noth ist: Och schole wi hertoghe Johan beholden dat hus to der Eldenen-
borch mit deme lande, dat de Thüre het, vnde scholen dat suluen losen van
den vogheden her Jane van Plessen vnde sinen eruen, also dat wi hertoghe
Albrecht scholen beholden den vrigen weeh wedder vnde vort dor dat vorbenomede slot tů der Eldanenborch in aldusdaner wis, ofte marcgreue[1] edder
de sine vns riden wolden to vnsen noden, dat de scholen ouer dat vorbenomede
slot wedder vnde vort riden; edder oft wi edder de vse den marcgreuen riden
wolden to sinen noden, dat wi edder de vse wedder vnde vort darouer riden
moghen: dat scholen de gene, de dar voghede nu vppe sin, edder swan dar
andere vpgheset werden, wo dicke dat schüt, vns hertoghen Albrechte vnde
vnsen eruen io bebreuen, dat se vs dat hůs to alsodaner not open holden
scholen. Den denst, den wi marcgreue Lodewigh don scholen, wen de pande
los sint, den wi em vnde he vns wedder bebreuet heft, den schole wi hertoghe
Albrecht half don vnde vnse broder half.«[3]) Den Zusatz »van Lubetze« führen
die von Plessen auf Lubz in den Urkunden.[4]) Auch den »van der Eldeneborch«.[5]) Nach dem Erlöschen des Hauses Stargard im Jahre 1471 fällt Lübz

[1]) M. U.-B. 4358. Eine gewisse Befriedigung erlangt Werle erst im Erbvertrag von 1344:
M. U. B. 6434. Eine ausführliche und gründliche Darlegung aller politischen Verhältnisse in dieser
streitlustigen Zeit finden wir bei Koppmann, M. Jahrb. IV, S. 211 ff., in dem sehr lesenswerthen
Aufsatz Die Erwerbung des Landes Stargard durch Fürst Heinrich II.«. Ueber die Eldenburg
und ihren Uebergang an das Haus Mecklenburg sind besonders zu vergleichen S. 221 und S. 235.

[2]) M. U. B. 4570. 4959. 5081. 6203. 6860. 7679. 8049. Vgl. Cleemann, Chronik d. Stadt
Parchim, S. 166, 171. 245.

[3]) M. U. B. 7679. Vgl. Doberaner Genealogie bei Lisch, M. Jahrb. XI, S. 20.

[4]) M. U. B. 8581. 8582. 9491. 10292. 10763. 10988. M. Jahrb. VIII, S. 333: »wonachtig
to Lubetze« 21. März 1425).

M. U.-B. 10639. Im Urkundenbuch-Register heisst es versehentlich bei Eldenburg:
»untergegangen«. Die Burg mit ihrem Berchfrit ist heute Amtssitz. S. Abbildung. »Eldenburg,
anders Lubz genannt«: so heisst es noch im XV. Jahrhundert: Lisch, Mecklenburg in Bildern IV,
Seite 17.

mit der Eldenburg und dem Land Thure wieder an die mecklenburgische Linie zurück. 1509 ist schon von einem »Amtmann« zu Lübz die Rede.[1])

Wann das Dorf Lübz zur Stadt erhoben worden, ist völlig unbekannt. Die Annahme, dass dies ungefähr um 1370 geschehen sei, schwebt in der Luft. Aus der in das Parchimsche Stadtpfandbuch eingetragenen Nachricht über Wiedereinlösung von Burg und Ort im Jahre 1456 durch den stargarder Herzog Heinrich d. ä. aus den Händen der Plessen ist auch nichts zu ersehen,[2]) und weitere Urkunden aus dem XV. Jahrhundert, das noch immer als das dunkelste des Mittelalters erscheint (obwohl es das nicht zu sein brauchte, wenn die Urkundenschätze dieses Jahrhunderts veröffentlicht wären), sind bis jetzt nicht bekannt geworden. Wir müssen uns deshalb in dieser Frage bescheiden. Thatsache ist, dass in der ersten herzoglichen Privilegienbestätigung vom Jahre 1506 Bürgermeister und Rath genannt werden. Auch wird dabei vorausgesetzt, dass es ältere Privilegien gegeben habe. Aber diese werden nicht vorgewiesen und gar nicht mit Namen und Datum des Ausstellers, wie es sonst doch Brauch ist, angeführt. Das erscheint verdächtig.[3]) Wir dürfen deshalb annehmen, dass sich wirklich städtische Verhältnisse erst nach der Auslösung der Vogtei Lübz aus den Händen der von Plessen allmählich gebildet haben, also nach 1456, und dass die erste Privilegienbestätigung zugleich die erste Befestigung dieser Verhältnisse bedeutet. Bis 1760 bleibt die Stadt amtssässig. Von da an gehört sie dem landständischen Verbande an. Ihr Stadtreglement vom 13. Oktober 1761 ist am 21. November desselben Jahres veröffentlicht.

Für den Ort oder die Stadt Lübz selber wird ohne Zweifel die Zeit des fürstlichen Wittwensitzes von 1537 bis 1634 die bedeutungsvollste gewesen sein. Es wohnen hier auf dem alten Burgplatz drei Herzoginnen hintereinander. Zuerst die Herzogin Anna, die Wittwe Herzog Albrecht's des Schönen, die durch ihren Widerstand gegen Luther's Lehre, durch ihre Begünstigung der Dobbertiner Nonnen und durch allerlei Zwiespalt mit ihren Söhnen bekannt geworden ist. Ferner die Wittwe des Herzogs Johann Albrecht, Herzogin Anna Sophie, die das Amt nur vierzehn Jahre inne hat (von 1576 bis 1591), während es ihre Vorgängerin von 1547 bis 1567 besessen hatte. Endlich die früh verwittwete Gemahlin des Herzogs Johann, Herzogin Sophie, die Mutter der Herzöge Adolf Friedrich und Johann Albrecht II., eine ungemein umsichtige, weit blickende und werkthätige Regentin, zugleich eine der am schwersten geprüften

---

[1]) M. Jahrb. VIII B, S. 137. Um 1562, zur Zeit als Lübz fürstlicher Wittwensitz ist, werden sogar drei Amtshauptleute neben einander genannt. Später, im XVII. und XVIII. Jahrhundert, finden wieder verschiedene Verpfändungen des Amtes statt (zusammen bald mit Crivitz, bald mit Marnitz, z. B. an die von Barnewitz und von Passow). Vgl. Kunst- u. Gesch.-Denkm. III, S. 323. Klüver, Mecklenburg II, S. 280.

[2]) Et eodem anno in festo pasche ab ipsis de Plessen castrum Luptze fuit redemptum pro vigesies sex mille marcis bone monete. Die Urkunde über den Vertrag selber scheint nicht wieder aufgefunden zu sein.

[3]) In der Privilegienbestätigung von 1506 heisst es: »na Lude vnnde Inholde des olden breues«.

Frauen und Mütter, die noch am Abend ihres Lebens ihre Söhne vor dem
Usurpator Wallenstein ins Exil gehen sehen muss und erst wenige Jahre vor
ihrem Tode die Rückkehr beider auf den väterlichen Thron erlebt. Sie wohnt
von den drei fürstlichen Wittwen am längsten auf dem Schloss zu Lübz, nämlich
von 1592 bis 1634.

Wir können hier nicht ausführlicher werden, sondern müssen uns damit
begnügen, auf die verschiedenen geschichtlichen Studien zu verweisen, die
Lisch über diese Zeitperiode veröffentlicht hat.[1]) Auch die Geschichte der
Reformation in der Stadt Lübz, die, in Folge des Widerstandes der bei ihrem
alten Glauben beharrenden Herzogin Anna, sowohl hier wie in ihrem anderen
Leibgedings-Amte, dem Amte Crivitz, verhältnissmässig erst spät zur Geltung
kommt, hat in Lisch ihren Darsteller gefunden.[2]) In die Zeit der Herzogin
Anna fällt der Wiederaufbau der durch Brand völlig eingeäscherten Kirche
des »Städtlein«, wofür in der Zeit von 1568 bis 1571, und vielleicht noch
länger, innerhalb und ausserhalb Landes gesammelt wird.

In die spätere Zeit der Herzogin Sophie fällt der Aufenthalt des Königs
Gustav Adolf von Schweden in Lübz auf einer Durchreise: es ist im Mai 1620,
wie wir aus dem Tagebuch des Herzogs Adolf Friedrich erfahren. Eben
dasselbe Buch enthält in den Aufzeichnungen des schlimmen Kriegsjahres
1637 auch eine Nachricht über die Plünderung von Lübz, Crivitz und Parchim
durch kaiserliche Wallonen und Kroaten am 23. Juli.[3]) Der Rath der Stadt
Lübz berichtet, dass nach der Plünderung »im Herbst 1637 in die fünf
Wochen kein Mensch in der Stadt bedauern konnte und alles ruinirt und
ausgeplündert worden«.[4]) Auch 1660, als die Kaiserlichen die Schweden verfolgen, klagt der Rath darüber, dass die Stadt durch die Kriegsvölker »aus-
gemergelt« und nicht im Stande sei, die durch Feuersbrunst eingeäscherten
beiden Pastorenhäuser aus eigenen Mitteln wieder aufzubauen.[5])

Weniger aufregend verläuft das XVIII. Jahrhundert. Doch sieht die
Stadt während der langen Zeit der preussischen Verwaltung der vier Pfand-
ämter Eldena, Plau, Wredenhagen und Marnitz — sie dauert von 1733 bis
1787 — eine Schwadron Ziethen-Husaren in ihren Mauern, zu deren Erhaltung,
nach einer Berechnung im Stadtbuch, für die Zeit von vierundfünfzig Jahren
eine Beisteuer von im Ganzen 114553 Reichsthalern aufgebracht werden muss.[6])
Da liegen die Brandenburger wieder einmal beim Thurm ihres alten Markgrafen,
aber nicht mit kriegerischen Absichten, sondern in friedlichem Garnisonsdienst,
solange sie nicht ins Feld gerufen werden. In der den dreissiger Jahren des

[1]) Lisch, M. Jahrb. I, S. 62. VII, S. 66—69. VIII B, S. 134—138. XII, S. 475—477.
XVIII, S. 100. XXII, S. 1—100. Mecklenburg in Bildern IV, S. 18—20.

[2]) M. Jahrb. XXII, S. 173—197.

[3]) M. Jahrb. I, S. 137—139. XII, S. 105. Vgl. XVII, S. 216. M. Kunst- u. Gesch.-Denk-
mäler III, S. 324.

[4]) M. Jahrb. XVII, S. 218.

[5]) Akten im Grossherzogl. Archiv.

[6]) Vgl. von Schultz, Verpfändung mecklenburgischer Aemter unter Herzog Karl Leopold
und deren Reluition. M. Jahrb. LIX, S. 1—85, besonders S. 71—73.

XVIII. Jahrhunderts entstammenden Beschreibung Mecklenburgs von Klüver heisst es: »Doch ist das Schloss mehrentheils gäntzlich verfallen, bis auf einige wenige Zimmer, welche die Pfandesinhaber des Amtes bewohnen«.[1]) Nach dem Aufhören der Pfandherrschaft (1752) wird das Schloss zum Sitz des Grossherzoglichen Amtes bestimmt. Seit 1812 ist die Verwaltung der beiden Aemter Lübz und Marnitz hier vereinigt, und seit 1879 ist auch der grössere Theil des ehemaligen Amtes Goldberg dazu gelegt.

In kirchlicher Beziehung ist nicht viel von Lübz zu berichten. Um 1349 heisst der Kirchherr Heinrich von dem Steinbeke, um 1367 Gherwen Teterow und um 1534 Herr Hinrich Möller. Die letzten vorreformatorischen Geistlichen im XVI. Jahrhundert sind Joh. Holste, Jakob Roddeke, Jakob Rütink und (der letzte Prädikant der Herzogin Anna) Heinrich Arndes.[2]) Die ersten protestantischen Geistlichen im Sinne Luthers zählt Lisch auf: es sind Nikodemus Bergius von 1560 bis 1569, Elias Aderpol von 1569 bis 1571, Hermann Kirchhof von 1571 bis 1574, Valentin Grön von 1574 bis 1601. Zu Grön's Zeit wirkt zuerst ein zweiter Prediger zu Lübz, und das bleibt dann so bis ins XIX. Jahrhundert hinein. Anscheinend ist das Hofkapellanat der herzoglichen Wittwen die Ursache dieses Verhältnisses. Als Kapellan der Herzogin Anna Sophie wird Andreas Duncker genannt, an dessen Stelle 1582 Christoph Werner tritt, der nachher zu Gröns Zeit als zweiter Stadtprediger (oder Diakonus, wie es in der Folge heisst) thätig ist. Nach Grön wird 1602 Petrus Risch Hauptpastor, er bleibt es bis zu seinem Tode am 27. Juli 1638. Neben ihm wirken als Kapellane oder Diakoni Sebastian Lau (Low) bis 1605, Michael Hüncke seit 1605, Joachim Gernerus von 1609 bis über 1633 hinaus, und seit 1635 Joh. Bierstädt.[3]) 1639 werden Valentin Stakius und Christoph Neovinus berufen, jener ins Pastorat, dieser in das Diakonat. Valentin Stakius stirbt 1643. Nach dreijähriger Vakanz wird 1646 Friedrich Wagner ins Pastorat berufen. Er ist noch 1662 im Amte, während sein Amtsbruder Neovinus den Magister Johann Lukow zum »Nachfahr« hat. 1662 wird Thomas Kellner als zweiter neben Wagner berufen. Aber — hier sind Lücken in den auf dem Grossherzoglichen Archiv zu Gebot stehenden Akten — 1695 ist Thomas Kellner »Senior«, und als sein Substitut wird Christian Warnemünde genannt, während Justus Wilhelm Kappe seit 1667 zweiter Pastor ist.[4]) Nach Thomas Kellner's Tode im Frühjahr 1704 wird Kappe zum Senior ernannt, lebt aber nur bis 1707 und hat als Diakonus seit 1704 Paul Simonis neben sich. Dieser wird 1707 erster Pastor, später Präpositus (schon vor 1720) und stirbt den 26. Januar

---

[1]) Klüver, Beschr. Mecklenburgs II, S. 280.

[2]) Lisch, M. Jahrb. XXII, S. 174.

[3]) Zu gleicher Zeit wirken als fürstliche Hof- oder Burg-Kapellane seit 1609 Johann Neovinus, seit 1627 Georg Rost und seit 1628 Kaspar Wagner, welcher als solcher der letzte gewesen zu sein scheint.

[4]) Kappe wird von dem damaligen Landrath von Lehsten als Vormund der Barnewitz'schen Erben, denen mit den Vogteien Lübz und Marnitz zugleich die herzoglichen Kirchenpatronate in beiden Vogteien verpfändet sind, ins Amt gerufen.

1729. Ihm folgt der schon 1707 als Diakonus berufene Joachim Hartwig,[1]) welcher als Präpositus den 20. Februar 1750 stirbt. Wenige Wochen nach ihm (25./26. März) stirbt sein seit 1730 neben ihm wirkender Amtsbruder Ulrich Jakob Kämpffer. 1750 werden Justus Friedrich Statius als erster und Joh. Georg Studemund als zweiter Pastor berufen. Studemund aber bleibt nur bis 1758, und es folgt ihm Joach. Joh. Hartwig Friedr. Quandt (von 1759 bis 1771). Statius dagegen wird 1765 suspendiert, und es folgen nun Samuel Christoph Litzmann (1765 bis 1767) und Gotthilf Christian Schramm (1767 bis 1807). Als Quandt im Jahre 1771 nach Buchholz versetzt wird, werden beide Pfarrstellen kombiniert, und Schramm ist von da an alleiniger Pastor von Lübz. Doch werden von diesem Zeitpunkte an die rectores scholae als Kollaboratoren des geistlichen Amtes eingesetzt.[2]) Ueber die Geistlichen des XIX. Jahrhunderts s. Walter a. a. O.

Die Kirche.

Beschrei-
bung des
Baues.

Baubeschreibung. Die Kirche ist ein Ziegelbau auf einem von behauenen Felsen gebildeten Sockel. Aber von der, wie oben bereits bemerkt, in den sechziger Jahren des XVI. Jahrhunders (vor 1568) durch Brand völlig zerstörten alten Kirche ist kaum etwas übrig geblieben, vielleicht nicht einmal der Sockel. Ob der des Thurmes? Es haben sich in den Lübzer Kirchenakten des Grossherzoglichen Archivs zwei herzogliche Briefe erhalten, einer vom 8. Mai 1568, den Herzog Johann Albrecht I. geschrieben hat, und ein anderer von Herzog Ulrich, der vom 19. Mai 1571 datiert ist. In dem Brief von 1568 heisst es, »vor etlichen vergangenen Jahren« sei die Kirche niedergebrannt, und der Herzog giebt Bürgermeister und Rath des »Städtleins« seine Zustimmung zur Erbauung einer neuen Kirche und auch eines neuen Glockenthurms. In Herzog Ulrich's Brief steht, »unlängst« sei der Brand gewesen, der Thurm sei bald bis zur Hälfte in die Höhe gebracht, und es könne nur gut geheissen werden, wenn weiterhin innerhalb und ausserhalb Landes für den Bau gesammelt werde.

Dies muss man wissen, um den jetzigen Bau zu verstehen, der als ein seltsames Unikum in Mecklenburg bezeichnet werden muss. Er ist ein Neubau in einer Zeit, in welcher die Traditionen der Spätgothik noch nicht überall erloschen sind. Daher die plump erscheinenden grossen viertheiligen Spitzbogenfenster des langen Kirchenraumes, der im Innern fast wie ein weltlicher Saalbau aussieht, sowie die Stützung der Ringmauern durch schwache Strebepfeiler, die von vornherein so angelegt und ausgeführt sind, dass sie schon

---

[1]) M. Jahrb. XXXIX, S. 61.
[2]) Cleemann, Repert. universale. Ferner Akten im Grossherzogl. Archiv.

von aussen her das Fehlen eines ihre Berechtigung nachweisen sollenden steinernen Gewölbes im Innern erkennen lassen. Daher ferner an dem im Profil eines Stichbogens flach gespannten hölzernen Tonnengewölbe jenes durch

Kirche zu Lübz.

die Konstruktion in keiner Weise bedingte sinnlose Formenspiel mit Rippen, die wie eine aufgeklebte Korbflechterei erscheinen und eine Nachahmung jener spätgothischen Stern- und Netzgewölbe sein sollen, welche den Menschen so reizvoll erschienen, dass man sie auch in der Zeit der Frührenaissance beibehielt, als sich der Pfeiler- und Säulenbau bereits nach antiken Mustern umgeformt hatte.[1]) Daher endlich die Renaissance-Formen aller Art am Thurm, unter denen die Zwerggallerie oberhalb der Eingangs-thüren des unteren Stockwerks, die aus Blend-Nischen von einem halben Stein Tiefe gebildet ist, und das unter dem zweitobersten Stockwerk angebrachte Band aus zwei sich durch-schneidenden Zickzack-linien, das nicht als wirk-lich gothisch, sondern nur als Reminis-cenz an etwas Aehnliches in der Gothik angesprochen werden kann, die meiste Auf-merksamkeit verdienen.

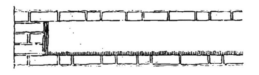

Vom Thurm der Kirche.

Der ganze Bau erscheint somit wie ein mit unzu-reichenden Mitteln unter-nommener Versuch eines Kompromisses zwischen Spät-gothik und Renaissance, zwischen einem ab-sterbenden älteren und einem werden-den neuen Stil. Was aber in solchem Falle anderswo nicht selten als et-was originell Gelungenes angesehen und anerkannt wird, das will hier dem Be-trachter des-halb nicht ein-leuchten, weil er diejenige Solidität des Materials und der Behand-lung vermisst, welche solchen Werken den Charakter der Monu-

---

[1]) Prächtige Beispiele dieser Art von monumentaler Gediegenheit und Wirkung sind in Mecklenburg der Waffensaal und der ältere Theil der anstossenden Kirche des Grossherzoglichen Schlosses in Schwerin sowie die Einfahrtshalle des Fürstenhofes in Wismar.

mentalität aufprägt. Es kann deshalb nur mit Befriedigung erfüllen, dass das Beispiel in Lubz keine weitere Nachfolge in Mecklenburg gefunden und damit seine Unfruchtbarkeit erwiesen hat.[1]

Nicht vergessen wollen wir hier im Fundament des Thurmes jenen bereits im dritten Bande der mecklenburgischen Kunst- und Geschichts-Denkmäler auf S. 351 erwähnten Stein, dem ein Kreuz eingemeisselt ist. Das Lübzer Kreuz tritt nicht sofort mit solcher Deutlichkeit vor die Augen wie die Kreuze auf den ähnlichen Steinen im Fundament der Kirchen zu Prestin

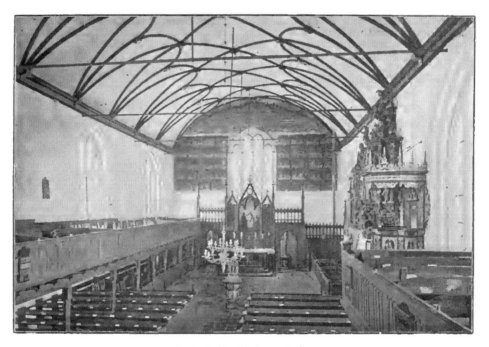

Inneres der Kirche zu Lübz.

und Satow (s. ebendaselbst S. 541). Nichtsdestoweniger könnte er recht wohl schon dem Fundament der ältesten Lübzer Kirche angehören, selbst wenn dieses nicht unverändert auf seinem ursprünglichen Platze liegen geblieben sein sollte. In solchem Falle aber wäre er jener Lapis primarius, von dem Durandus in seinem Rationale divinorum officiorum I, 1, 7 spricht: »Est autem ecclesia sic aedificanda. Parato namque fundamenti loco (juxta illud ›Bene fundata est domus domini super firmam Petram‹) debet episcopus, vel sacerdos de ejus licentia, ibi aquam aspergere benedictam ad abigendas inde daemonum phantasias, et primarium lapidem, cui impressa sit

Crux, in fundamento ponere. Vgl. Dolberg, Studien u. Mitth. aus dem Benediktiner- und Cistercienser-Orden X (Zur Gründungs- und Baugeschichte der Kirche der ehemaligen Cistercienser-Abtei Doberan in Mecklenburg), S. 46, Anmerkung.

Altaraufsatz. Der **Altaraufsatz** ist ein neugothisches Rahmenwerk zur Aufnahme eines Oelbildes von **Lenthe** aus dem Jahre 1848, das die Taufe Christi im Jordan darstellt. Damit verbunden sind vier kleine Reliefbilder vom Ende des XV. Jahrhunderts mit den Darstellungen der vier Evangelisten.[1]

Kanzel.

Kanzel. An der Südwand die **Kanzel**, ein Schnitzwerk von Holz mit fünf Seiten aus dem Achteck. An den Ecken Figuren in Hermenform, welche das vortretende Brüstungsgesims tragen. Zwischen ihnen, in portalartig ausgebildeten Nischen, weibliche allegorische Gestalten. Alles das im Charakter der Renaissance von 1600 bis 1625.

Taufbehälter. Der **Taufbehälter** ist ebenfalls ein Schnitzwerk dieser Zeit. Er hat die Jahreszahl **1605** und dazu eine Inschrift, welche besagt, dass die beiden Juraten

[1] Der frühere Aufsatz war ein Flügelaltar von 1574 mit Erneuerungen von 1603. In der Mitte die Kreuzigung als Schnitzwerk, in den Flügeln Gemälde mit Darstellungen aus dem Leben des Heilandes.

KARSTEN GIESENHAGEN und FRANZ GROGEN ihn haben anfertigen lassen. Eine zweite spätere Inschrift von 1697 giebt an, dass B • JOHANNES RISCH UND DESSEN FRAUW URSULA CHRISTINA STEMMWEDEN diesen Behälter erneuern liessen.

Taufbehälter.

Das **Grabdenkmal** der **Herzogin Sophia** aus Sandstein steht, allzu geklemmt, hinter dem Altar. Auf einem aus der Wand hervortretenden Unterbau erheben sich vier Säulen, die einen Fries und ein Gesims mit stark vorspringenden Verkröpfungen tragen. Zwischen den mittleren Säulen, nach Süden gekehrt und auf einem Kissen knieend, die Herzogin, zur Linken in gleicher Weise die älteste Tochter Anna Sophia, zur Rechten ein freier Raum. Die Körper beider Figuren sind von Sandstein und, soweit die Gewandung reicht, schwarz bemalt, Köpfe mit Kragen und Hände mit Stulpen aber sind aus weissem Marmor. Die Säulenschäfte sind aus rothem Sandstein, die Platten aus grünem Sandstein hergestellt. Im Sockel die Inschriften: In der Mitte: V • G • G • SOPHIA G • ZU SCHLESWIG HOLSTEIN GEBOREN A • M • DLXIX VND HERTZOG HANSEN ZU MECKLENBURG A • M • D • LXXXVIII VERMÄHLET HAT MITT S • F • G • GEZEUGET H • ADOLPH • FRIDERICHN, H • HANS ALBRECHTN VND FREWLIN ANNAM SOPHIAM AVCH IHRE STERBLICHKEIT WISSEND DIS MONUMENTUM A • M • D • CXXXIV IHR SELBST SETZEN LASSEN • IST SEELICH IN GOTT ENTSCHLAFFEN A • M • D • C • XXXIIII DEN XIV • NOVEMBRIS. — Links davon: V • G • G • ANNA SOPHIA GEBORNES FREWLIN ZU MECKLENBURG • H • HANSEN ZU MECKLENBURG TOCHTER IST GEBOREN A • M • DXCI VND SEELICH IN GOTT ENTSCHLAFFEN A • MDC • CHRISTVS IST MEIN LEBEN, STERBEN IST MEIN GEWINN. — Rechts davon: V • G • G • HEDEWIG GEBORNES FREWLIN ZU MECKLENBURG H • ADOLPH FRIDERICHEN TOCHTER-

Grabdenkmal der Herzogin Sophia.

LIN IST GEBOREN A · MDCXXX VND IN GOTT ENTSCHLAFFEN A · MDCXXXI ·
DER GERECHTEN SEELEN SEIN IN GOTTES HAND VND KEINE QUALE
RUHRET SIE AN.

Grabdenkmal der Herzogin Sophia.

Der Zeit nach könnten recht wohl die von Herzog Adolf Friedrich in
der Zeit von 1622 an beschäftigten Bildhauer **Franz Julius Döteber** und

Daniel Werner in Betracht kommen, aber wir wissen nichts von Beziehungen der Herzogin Sophie zu ihnen vor dem Jahre 1634. Gewiss ist nur, dass die Herzogin dies Denkmal selber noch bei ihren Lebzeiten setzen liess. Das geht ausser aus der vorstehenden Grabschrift auch aus dem Briefwechsel zwischen ihr und ihrem Sohne, dem Herzog Adolph Friedrich, bei Gelegenheit des Todes der kleinen Herzogin Hedwig hervor.

»Die Prinzessin ward während des Exils des Herzogs Adolph Friedrich I. am 11. August 1630 zu Lübeck, wo sich der Fürst nach dem Abzuge Wallenstein's aufhielt, geboren und hier am 12. September d. J. getauft. Die Grossmutter, welche seit der Uebersiedelung ihrer Söhne nach Lübeck mit diesen in grösserm persönlichen Verkehr stand, nahm das Kind zu sich. Sie musste es aber schon nach ³/₄ Jahren, am 17. Mai 1631, sterben sehen. In der Gruft der Heil. Bluts-Kapelle steht unter den Leichen der fünf letzten, jung gestorbenen Kinder des Herzogs Adolph Friedrich der Sarg der Prinzessin Hedwig nicht. Die Herzogin Sophie trug sie zu Lübz zu Grabe; aber auch hier ist keine andere Stelle für die Leiche zu finden, als in dem Unterbau des Monumentes selbst. Die Herzogin Sophia schreibt an ihren Sohn über das Begräbniss seiner Tochter an deren Sterbetage:

> »Weil nun diese schwürige läufften grosse begangnussen schwerlich zu-
> »geben werden, alß weren wir woll gemeinet, da D. L. damit einigk,
> »irgentt nach verfliessung einß Monateß den todten Corper in vnser
> »neu hieselbesten erbauten begrebnuß bestetigen vnd mit christ-
> »lichen Ceremonien ohne weitleufftigkeit hinsetzen zu lassen, D. L., dero
> »hertzliebe Gemahlin vnd andere doch leider der begrebnuß nicht bey-
> »wohnen konnen.«

Die Eltern

> »stellten es zu der Herzogin gefelligen disposition, weil sie mit der leich-
> »begengnuß bey ihrem bekandten Zustande jetzo nichts anordnen konnten.«

Nach diesen Worten ist die Begräbnissstätte der Prinzessin Hedwig nur in dem Unterbau des Epitaphiums hinter dem Altare zu suchen, da die Herzogin selbst in einem von Ziegelsteinen in der Erde ausgemauerten, gewöhnlichen Begräbnisse vor dem Altare ruht. Zugleich ergiebt sich aus diesen Worten, dass der architektonische Bau des Epitaphiums schon im Jahre 1631 fertig war, nach den Worten der Inschrift aber die Bildsäule der Herzogin Sophia erst im Jahre 1634 hineingesetzt ward. Vielleicht ward die Bildsäule der Prinzessin Anna Sophia zuerst fertig.[1])

Die unvorgesehene Beisetzung der Herzogin Hedwig beweist, dass für das ganze Denkmal ein anderer Plan bestand, den wir mit Hülfe der jetzt fehlenden sechs Ahnenbilder und der Wappenschilde rechts und links vom Fenster wie im Fenster selber errathen können. In der Lücke zwischen den Säulen, oberhalb der Inschrift der Herzogin Hedwig, sollte sicher Niemand anders in kniender Figur aufgestellt werden als der schon 1592 aus dem Leben geschiedene Herzog Johann, der Gemahl der Herzogin, ganz ebenso wie Herzog Ulrich im Dom zu Güstrow. Nur dann, wenn wir diese Figur hier annehmen, hat die Zusammenstellung aller Bildwerke an der Ostwand Sinn und Bedeutung. Man versteht das verkröpfte Gesims oberhalb der Figuren der Herzogin Sophie und ihrer Tochter, indem man erkennt, dass

---

[1]) Vgl. Lisch, M. Jahrb. XII, S. 476. 477. — Wigger, M. Jahrb. L, S. 299.

es als Träger der sechs überlebensgrossen Gemälde dienen sollte, die den Herzog und die Herzogin sowie die Elternpaare beider darstellten, und von denen drei zur Linken und drei zur Rechten des Fensters Platz gefunden hatten (s. u.), man versteht den mecklenburgischen und den holsteinischen Stammbaum seitwärts vom Mittelfenster und die Wappen der jüngeren Nachkommenschaft im Fenster selber und man versteht endlich auch das **TE DEVM LAVDAMVS**, das im Bogenfelde den Schluss bildet. In der That, das ganze Monument ist von der Herzogin grossartig gedacht, es stellt sich wirklich als ein würdiges Mittelglied zwischen den Denkmälern Herzog Ulrich's im Güstrower Dom und Herzog Adolph Friedrich's in der Doberaner Kirche dar, aber der dreissigjährige Krieg hat die Vollendung des Werkes gehindert, und die nachfolgende Zeit hat das, was da war, theilweise verkommen lassen und zuletzt auch noch, durch Fortnahme wichtiger Theile des Ganzen, den Zusammenhang gestört.

Stralendorff'sches Epitaph.

Epitaphien.

Epitaphien.

Stralendorff'sches Epitaph.

Epitaphium des **HEINRICH STRALENDORFF** aus dem Jahre 1630, an der Südwand der Kirche, aus Sandstein und Stuck. Die auf zwei Tafeln, eine obere und untere, vertheilte lateinische Inschrift besagt, dass im Jahre 1630 die Gebrüder und Erben **ADOLPH JOACHIM VON STRALENDORFF**, Sr. Majestät Kaiser Ferdinand's II. Rath und Kämmerer, und **JOHANNES ALBRECHT (ALBERTUS) VON STRALENDORFF** dieses Epitaphium ihrem Vater, dem am 13. August 1605

als herzoglich mecklenburgischer Rath und Hauptmann zu Lübz verstorbenen
HEINRICH VON STRALENDORFF, Erbherrn auf Goldebee, Preensberg und Neuen-
hagen, und ihrer am 21. Juli 1626 verstorbenen Mutter **URSULA VON GÜLEN**,

Pentz'sches Epitaph.

sowie ihren Brüdern
FRIEDRICH († 1597),
**ULRICH SIGIS-
MUND** († 1600),
KASPAR OTTO
(† 1629 in Italien),
HEINRICH († 1627
in Schlesien) und
ULRICH († 1626 in
Ungarn) zu Ehren
haben setzen lassen
(placide in Christo
defunctis ac partim
in hoc templo hu-
matis).

An derselben
Südwand das höl-
zerne Epitaphium
der Frau **OELGARD
VON PENTZ** von
1666. In der Mitte
ein Oelbild, das den
Heiland im Gespräch
mit Maria, der
Schwester Martha's,
darstellt. Die Maria
hat aber das Porträt
der Verstorbenen.
Daneben, auf beide
Seiten vertheilt,
sechzehn Wappen-
Paare, und darüber
im oberen Theil des
Epitaphs im Ganzen
noch fünf Wappen.

Pentz'sches
Epitaph.

Die Inschrift besagt, dass Frau **OELGARD VON PENTZ**, erbgesessen auf
Rubiergard und Fritzholm sowie pfandgesessen auf den fürstlich mecklen-
burgischen Aemtern Lübz und Crivitz, den 19. Februar 1594 auf dem Hause
Warlitz geboren, 1611 zu der verwittweten dänischen Königin Sophie nach
Nikjöbing gekommen sei, sich 1620 mit dem königlichen Witthums-Hofmeister

und Rath **JOACHIM VON BARNEWITZ** vermählt und mit ihm einen einzigen Sohn gehabt habe, den 1622 geborenen **FRIEDRICH VON BARNEWITZ**, nachmaligen königlich dänischen Rath und Amtmann zu Aalholm, sowie dass sie 1626 Wittwe geworden sei. Sie habe sich 1635 aufs Neue mit dem fürstlich mecklenburgischen Geheimen Rath **HARTWIG VON PASSOW** vermählt, sei 1644 abermals Wittwe geworden, den 6. Juli 1654 zu Lübz auf dem fürstlichen Amtshause entschlafen und am 5. December desselben Jahres in der Kirche beigesetzt worden. Eine zweite Tafel meldet, dass der fürstlich mecklenburgische Landrath **HANS FRIEDRICH VON LEHSTEN** auf Wardow und Dölitz in seiner Eigenschaft als Vormund der hinterlassenen Erben dieses Epitaphium habe verfertigen und am 10. Mai 1666 habe aufrichten lassen.

Bülowsches Epitaph. Epitaphium des **CHRISTIAN VON BÜLOW** vom Jahre 1697, aus Holz, ebenfalls an der Südwand der Kirche, ein Werk üppigen Barockstils. In der Mitte das Oelbild des Verstorbenen in einem Rahmen, der mit kriegerischen Emblemen reich geschmückt ist. Zu beiden Seiten, zwischen Säulen, je eine

Bülow'sches Epitaph.

weibliche allegorische Figur, Leid und Freude. Ueber ihnen sechzehn kleine Familien-Wappen. In der Mitte, auf dem Oberbau, von zwei Putten getragen, das von Bülow'sche Wappen. Verschiedene Engel und durchbrochenes Ranken- und Blattwerk in geschicktester Arbeit heben den ganzen Aufbau in wirksamer Weise. In einem Kranz eine schwulstige Inschrift, welche besagt, dass **CHRISTIAN VON BÜLOW**, königlich dänischer Kammerherr und General-

Adjutant, »Erbherr auff Ruberegaardt Friedrichsholmb v. Rosesund«, Pfandherr der beiden Aemter Lübz und Crivitz, auf Lageholms Schloss in Schonen den 1. Januar Anno 1643 geboren und sich mit **OELGARD VON BARNEWITZ** den 13. März 1674 vermählt habe, dass er Vater von zehn Kindern gewesen sei, von denen ihn fünf überlebten, dass er am 16. Oktober 1692 in Rostock gestorben, mit herzoglicher Genehmigung im Erbbegräbniss der Lübzer Kirche den 9. Februar 1693 beigesetzt sei, und dass ihm seine tiefbetrübte Wittwe dieses Epitaphium im Jahre 1697 habe aufrichten lassen.

Sein **Sarkophag** steht in einem Gruftgewölbe südlich vom Altar und ruht auf acht Löwen, an den Ecken über dem Fussgesims sind bärtige Chronosgestalten mit kurzen Flügeln angebracht, und auf der oberen Platte ein liegender Krucifixus. Am Kopfende die Familienwappen der von Bülow und Barnewitz.

Sarkophag.

Glasmalereien. In dem viertheiligen Ostfenster des Chors, welches über dem Denkmal der Herzogin Sophia sich erhebt, sind zweiundzwanzig gemalte länglichrunde Scheiben mit Wappen und Namen im Jahre 1630 angebracht, welche den Herzog **JOHANN** und seine Gemahlin, die Herzogin **SOPHIE**, sowie deren Nachkommen bis zum Jahre 1630, ausserdem aber auch die Mutter des Herzogs Johann, die Herzogin **ANNA SOPHIE** im Gedächtniss der Nachwelt erhalten sollen.

Glasmalereien.

Unten links (heraldisch rechts) die Herzogin **ANNA SOPHIE**, ihr Sohn, der Herzog **JOHANN**, und dessen Gemahlin, die Herzogin **SOPHIE**, sowie die erste Gemahlin des Herzogs Hans Albrecht's II., die Herzogin **MARGARETHE ELISABETH.**

Darüber in der zweiten Reihe Herzog **ADOLF FRIEDRICH** mit seiner Gemahlin **ANNA MARIA**, Gräfin von Ostfriesland, und Herzog **HANS ALBRECHT II.** mit seiner zweiten Gemahlin, der Landgräfin **ELISABETH** von Hessen.

Nun folgen weiter nach oben die dritte Gemahlin des Herzogs Hans Albrecht II., die Fürstin **ELEONORA MARIA** von Anhalt, und die dem Herzog bis zum Jahre 1630 geborenen sieben Kinder sowie die ersten sechs Kinder erster Ehe des Herzogs Adolf Friedrich.

Damit bei einem zukünftigen Neubau keine Versehen gemacht werden, wie sie, gerade bei Glasfenstern, bei uns in Mecklenburg gar zu viel gemacht worden sind, geben wir hier eine Skizze von der Anordnung der Wappen, deren Zusammenhang bis jetzt nicht beachtet oder auch geradezu verkehrt angegeben ist: M. Jahrb. VIII B, S. 135.

Ausserdem giebt es in den Kirchenfenstern noch eine grosse Zahl bemalter Glasscheiben mit Wappen und Unterschriften. Sie sind alle von derselben Grösse, 32 cm hoch und 26 cm breit, aus demselben Jahr 1630, und beziehen sich auf zahlreiche Mitglieder mecklenburgischer Adelsfamilien: **V. D. LÜHE, LOWTZOW, BEVERNEST, PREEN, MALTZAN, PASSOW, MÖLLENDORFF, THUN, PENZ, PLESSEN, STRALENDORFF, HOLSTEIN, BÜLOW** und **HOBE,**[1] die entweder in den Witthums-Aemtern der Herzogin angesessen waren oder sonst irgendwelche Beziehungen zu ihr hatten.

---

[1] Lisch, M. Jahrb. VIII B, S. 136. Vgl. Inventar von 1811.

Vom Jahre 1630.

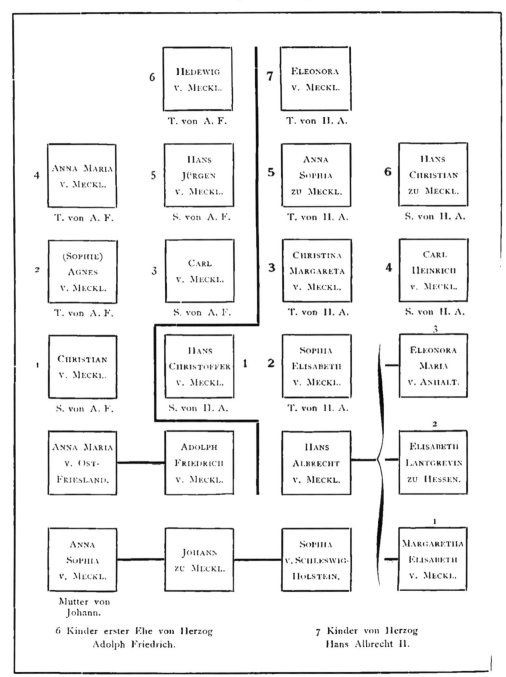

Skizze von der Anordnung der Wappen im viertheiligen Ostfenster des Chors.

In der Sakristei, und zwar in die Nordwand eingelassen, der schon im *Grabsteine.* dritten Bande der M. Kunst- u. Gesch.-Denkm., S. 415, behandelte **Grabstein** des Tempziner Antoniter-Präceptors **Johannes Kran**, der die grosse Kirche zu Tempzin erbaute. Die Inschrift lautet:

> Siste · gradum · quicumque · aderis · dic · parce · Johanni
> Cran · preceptori · te · precor · alme · deus · ̄
> qui · xviii · sui · regiminis · anno · libere · resignas · obiit ·
> deinde · Anno · dni · 1(524) · die · uero · iii · mensis · aprilis · [1]

Die übrigen in der Kirche liegenden Grabsteine sind ohne Bedeutung. Der der Herzogin **Sophie** ist ein Ersatz aus neuerer Zeit für den des Präceptors Kran, dessen Kehrseite für Inschrift und Wappen der Herzogin benutzt worden war: M. Kunst- u. Gesch.-Denkm. III, S. 416.

Oelgemälde. In der Kirche findet man auch zwei Oelbilder, das *Oel-* **Bildniss** des Pastors **Friedrich Joachim Hartwig**, gest. 20. Februar 1750, und *gemälde.* die Darstellung der **Himmelfahrt**. Ausserdem ist zu bemerken, dass, wie oben schon beim Denkmal der Herzogin Sophie erwähnt worden ist, an der Ostwand in **Schriftmalerei** der ganze Lobgesang Nr. 522 aus dem mecklenburgischen Kirchengesangbuch dargestellt ist.[2] Unterhalb dieser, rechts und links von dem Fenster, das die oben näher angegebenen herzoglichen Wappen auf Glas vom Jahre 1630 enthält, sieht man **bemalte Stuckplatten** mit Wappen in Relief, die heraldisch rechts den Stammbaum des Herzogs **JOHANN**, links den seiner Gemahlin, der Herzogin **SOPHIE**, darstellen. Unter diesen Wappen sah man einst in **Oelbildern** auf Leinwand die etwas über Lebensgrösse gemalten Bildnisse des Herzogs **JOHANN** und seiner Gemahlin nebst denen der beiderseitigen Elternpaare, des Herzogs **JOHANN ALBRECHT I.** und seiner Gemahlin **ANNA SOPHIE** sowie des Herzogs **ADOLPH** von Schleswig-Holstein und seiner Gemahlin, der Landgräfin **CHRISTINE** von Hessen.[3]

Im Thurm zwei **Glocken**. Die grösste (Dm. 1,25 m) hat oben die *Glocken.* Inschrift **SOLI DEO GLORIA**, im Felde das Wappen des Herzogs **KARL LEO-POLD** mit den Initialen **V · G · G · C · L · H · Z · M ·** und auf der Gegenseite Namen und Wappen der Pfandträgerin **OELGARD V. BARNEWITZ**,[4] sowie die

---

[1] Vgl. M. Kunst- u. Gesch.-Denkm. III, S. 416. Die von Lisch, M. Jahrb. IX, S. 457, vorgeschlagene Konjektur dic pacem für dic parce, ist, wie Kühne-Doberan richtig bemerkt hat, nicht anzunehmen. Es steht da nicht parce, sondern parce, was ja ohne allen Zweifel den besten Sinn giebt. Vgl. M. Kunst- u. Gesch.-Denkm. III (2. Aufl.) Nachträge, S. 727.

[2] Der Zusatz J. C. Koch 1733 scheint uns auf eine Erneuerung hinzuweisen.

[3] Vgl. Inventar von 1811. Als Lisch die Bilder 1843 zum ersten Mal sah, hingen sie in Fetzen von den Wänden herunter. Was davon zu retten war, ist später restaurirt und in die Ahnengalerie des Grossherzoglichen Schlosses versetzt worden, so u. a. die Bildnisse des Herzogs Johann Albrecht I. und der Herzogin Anna Sophie, die 1574 (vielleicht von Erhard Gaulrap) gemalt worden waren: M. Jahrb. VIII B, S. 134. XXI, S. 306.

[4] Verwittwete von Bülow. Deswegen ist zu ihrem Namen der Zusatz hinzugefügt W · V · BVLOW, woraus das Inventar von 1811 einen »Wilhelm von Bülow« gemacht hat, den man für ihren Sohn halten könnte. Indessen hat sie einen Sohn dieses Namens nicht besessen. Vgl. Epitaphien.

Namen des Präpositus **WILHELM PAUL SIMONIS**, des Pastors **FRIEDRICH JOACHIM HARTWICH** und der Provisoren **DANIEL ALISCHER** und **HANS JÜRGEN MÜLLER** sammt der Jahreszahl **1716**. - Die kleinere (Dm. 0,74 m) hat oben die Inschrift: **SOLI DEO GLORIA · JOH · VAL : SCHULTZ ME FECIT ROSTOCHII ANNO 1760.** Vorne im Felde: **FRIDERICH HERTZOG ZU MECK-LENBURG · C · H · ZACHARIAE · SUPERINTENDENS · JUST · FRIEDERICH · STATIUS · PASTOR · GOTTHARD · JOHANN · ROHL · PROVISOR.**[1])

Kronleuchter aus dem XVII. Jahrhundert.

Kleinkunst-werke. **Kleinkunstwerke.** 1. Silbervergoldeter Kelch auf rundem Fuss mit einem aufgehefteten Krucifixus als Signaculum. Inschrift: **GOTT KENNET ALLE DIE SO DIESEN KELCH GEGEBEN DER HÖCHSTE LASSE SIE IN VOLLEN SEEGEN LEBEN · 1746.** Als Stadtzeichen das **P** von Parchim und als Meister-zeichen der Stempel 🔯. — 2. Silberne Oblatendose, auf dem Deckel ein Weihekreuz und auf der Unterseite eingraviert: **O · M · R · C · M · C · 1745.** Dieselben Stempel wie beim Kelch. – 3. Silberne Weinkanne mit der Inschrift: **GEDENCKE DOCH AN JESU BLUDT DAS IST VERGOSSEN UNS ZU GUT.** Unter dem Fuss: **WIEGET 14½ LOTH 1746.** Dieselben Zeichen wie beim Kelch

---

[1]) Die Kirchenakten enthalten Berichte von zwei früheren Glockengüssen, 1607 durch Gerd Binke-Wismar und 1687 von Vites Siebenbaum-Schwerin.

und der Dose. — 4. 5. Zwei Patenen, ebenso gestempelt wie 1—3, die eine mit dem Namen: **LOUISA MAGDALENA WENDTEN • ANNO 1745.** — 6. Silberne Taufschale, neu. Von **Sy & Wagner** Berlin. — 7. Aeltere Taufschale von Messing, in der Schale die Verkündigung Mariae. — 8. Silberner Kelchlöffel. Stadtzeichen Parchim, Meisterzeichen undeutlich: **H A D?** — 9 Altarleuchter aus neuerer Zeit. Ohne Inschrift. — 10. Mitten in der Kirche ein schöner alter Rothguss-Kronleuchter aus dem XVII. Jahrhundert, mit Renovations-Inschriften aus dem XVIII. und XIX. Jahrhundert, während der Stifter des XVII. Jahrhunderts ungenannt bleibt.

Sophien-Stift. Die Stiftskirche ist neu hergestellt, theils aus Fachwerk, theils massiv. Vom alten Bau stammt nur noch der untere Theil des Ostgiebels. Als Thurm ein kleiner Dachreiter, darüber ein Kreuz. Die Tritte vor den Thüren bestehen aus alten Grabsteinen, die früher sicher in der Stiftskirche ihren Platz hatten. — Eine **Glocke** (Dm. 0,53 m). Inschrift oben: **EHRE SEI GOTT IN DER HÖHE**; weiter unten: **1833 W • FLÖRKE PASTOR • UMGEGOSSEN VON C • ILLIES IN WAREN 1858.** — Als **heilige Gefässe** sind vorhanden ein silbervergoldeter Kelch auf rundem Fuss mit den Schweriner Stempeln **Ⓢ ⒶⒹⓀ**, und vier neue Stücke, Patene, Oblatenschachtel, Weinkanne und Löffel. — Ausserdem ist in der Kirche ein neueres **Oelgemälde** der Herzogin **SOPHIE**, der Gründerin des Stiftes, angebracht worden.

(margin: Sophien-Stift.)

Der Amtsthurm und das Amtshaus.

Es giebt einen am 30. Januar 1509 zwischen den Herzögen Heinrich V. und Albrecht VII. einerseits und dem Maurermeister Andreas Techel andererseits abgeschlossenen Kontrakt über den Beginn eines Thurmbaues am Lübzer Schloss, um den der herzogliche Amtmann nachgesucht hat (»an gemelten Sloes einen neuen Thurm anzufahen«). In Folge davon hat Lisch die Meinung ausgesprochen, der jetzt stehende runde Thurm könne der Techel'sche Thurm sein.[1]) Ausser dieser Nachricht giebt es eine spätere vom Jahre 1558, nach welcher Maurermeister Hans als letzte Zahlung »für den Thurm zu Lüptze« am 29. Juli des genannten Jahres fünfzehn Thaler erhielt.[2]) Da nun dieser Hans höchst wahrscheinlich der aus der Geschichte des Herzogs Johann Albrecht I. hinlänglich bekannte Architekt Johann Baptista Parr ist, so ist auch dieser ohne Bedenken zum Baumeister des jetzt stehenden runden Thurmes gemacht worden.[3]).

Weder die eine noch die andere Annahme lässt sich halten. Der grosse runde massive Thurm, welcher seit langen Zeiten der einzige des alten Amts-

(margin: Der Amtsthurm und das Amtshaus.)

---

[1]) M. Jahrb. VIII, S. 136—138. Vgl. V, S. 48, Anmkg. 4.

[2]) Lisch, M. Jahrb. V, S. 23.

[3] Raabe-Quade. Vaterlandskunde I, S. 309.

schlosses ist, kann kein anderer als der des brandenburger Markgrafen vom Jahre 1308 sein: so sehr trägt er alle Kennzeichen des Ueberganges vom romanischen zum gothischen Stil an sich. Man sehe nur den gothischen, grösstentheils polnischen, bisweilen auch wendischen Verband, wie er für das bekannte Füllmauerwerk jener Zeiten herkömmlich war, den unteren abgetreppten Zickzack-Fries, die mittleren beiden Stromschichtfriese und den oberen spätromanischen Fries, der aus Rund-

bögen gebildet ist, die sich durchschneiden: wahrlich genug der Zeichen für einen Bau aus dem Beginn des XIV. Jahrhunderts. Der Lübzer Thurm des brandenburger Grafen ist, wie dies bestimmt ausgesprochen werden kann, der zeitgenössische Rival des an derselben Elde weiter stromabwärts gelegenen Neustädter Thurms, der vom schweriner Grafen errichtet ist. Er ist ferner ein zwingender Beweis dafür, dass die Jahrhunderte lang mit Dorf und Stadt Lubz urkundlich identifizierte Eldenburg auf demselben Platze, wo heute das Amtshaus steht, und nicht 1 km strom-

Der »Amtsthurm«.

aufwärts, wo auf beiden Seiten des Wassers Wallberge liegen, gesucht werden muss.[1]

Die von Techel und Parr gebauten Thürme, bei denen wir uns vielleicht ähnliche Bauten vorstellen dürfen, wie sie einst am Gadebuscher Schloss, am Schweriner Bischofshause und am Behr'schen Wohnhause in Nustrow vorhanden waren, sind im Laufe der Zeiten ebenso wieder verschwunden, wie die beiden im Jahre 1534 aufgeführten Giebel mit »zwei Erkern nach der welschen Manier«,

---

[1] M. Jahrb. VIII, S. 136. In den 1 km aufwärts an der Elde gelegenen Wallbergen, in denen nirgends Bauschutt vorhanden sein kann, sieht Landbaumeister Dreyer (brieflich an Geh. Reg.-Rath Dr. Schildt) eine Art mittelalterlicher Befestigung zur Sperre der Schiffahrt.

in denen »nur Ein Stuhl« sollte stehen können.[1]) In der Nähe des jetzigen
Amtshauses, oder richtiger gesagt auf der unter dem Namen Amtsfreiheit
bekannten Insel, die das jetzige Amtshaus in sich schliesst, giebt es Schutt
genug. »Hier finden sich allenthalben im Erdreich starke Rammpfähle, Mauer-
schutt, behauene Granitquadern, nicht nur auf dem erhöhten Platze, wo das
Amtshaus steht, sondern auch in der Ebene, wo vor einigen Jahren das
Kriegerdenkmal errichtet wurde. Noch im letzten Frühling, bei der Herstellung
eines neuen Brunnens, konnten wir auf dem Amtshofe vor Steinen nicht in

Friese vom Amtsthurm.

die Tiefe kommen, und auf dem
Wirthschaftshofe (neben dem Amtshofe) soviele Pfähle, dass wir sie
nur mit grosser Mühe entfernen
konnten, nicht nur Rammpfähle,
sondern auch horizontal liegende
Pfähle.« (Wörtlich nach einem
Briefe des Herrn Landbaumeisters
Dreyer, der vom 12. Juni 1893
datiert ist.)

Die auf S. 536 nachgebildeten
Zeichnungen überheben uns einer
eingehenderen Beschreibung des
Thurmes.

Das jetzige Amtshaus bewahrt
einige Reste vom alten Schloss.
Es sind dies die in die Aussenmauern des Hauses eingelassenen
Wappen des Herzogs Johann und
der Herzogin Sophie mit Inschriften

die ihre Namen und Titel enthalten (auch die Jahreszahl 1605 auf der Tafel
der Herzogin),[2]) sowie zwei im Jahre 1633 gemachte Wetterfahnen, die mit den
ebengenannten herzoglichen Wappen und mit den Initialen beider geschmückt
sind, von denen die der Herzogin mit dem Buchstaben **W** (= Wittwe) schliessen.

Der Thurm dagegen hat eine im Jahre 1763 aufgesetzte Wetterfahne mit
den Initialen des Herzogs Friedrich. Auch dient er seit langen Zeiten als Uhr-
Thurm der Stadt und enthält daher zwei zu der Uhr gehörende Glocken, von
denen die eine 1491 und die andere 1607 gegossen ist.[3]) Die Inschrift der
Glocke von 1491 lautet: 𝔄𝔫𝔫𝔬 · 𝔡𝔫𝔦 · 𝔪 · 𝔠𝔠𝔠𝔠 · 𝔵𝔠𝔦 · 𝔤𝔩𝔬𝔯𝔦𝔞 · 𝔦𝔫 𝔢𝔵𝔠𝔢𝔩𝔰𝔦𝔰 ·
𝔡𝔢𝔬; die der anderen, deren vollständige Lesung schwer zu bewerkstelligen
ist, lässt erkennen, dass die Herzogin Sophie »VON GOTS GNADEN GEBOREN
ZV S : HOLSTEIN HERZOGIN ZV MECKLENBURGK WITWE die Glocke hat
»VORFERDIGEN« lassen »ANNO DOMINI 1607«.

[1]) Vgl. M. Kunst- u. Gesch.-Denkm. I, S. 438 (453). II, S. 462. 531. (482. 531).

[2]) Lisch, M. Jahrb. VIII, S. 137.

[3]) Nach Lisch, a. a. O., irrthümlicher Weise 1602.

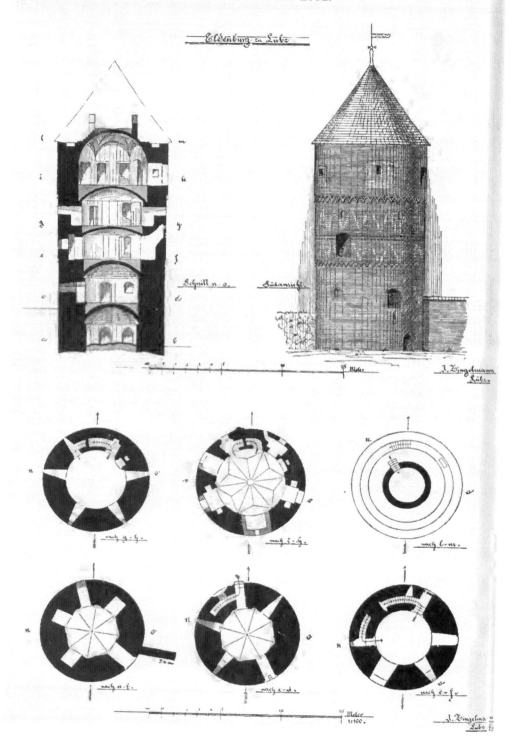

Eldenburg zu Lübz

Das Vorstehende war bereits geschrieben, da wurde von Herrn Archiv-Registrator Groth im Grossherzoglichen Archiv (am 29. November 1900) unter den fürstlichen Vormundschaftsakten ein starker in Schweinsleder gebundener Foliant aufgefunden, welcher ein auf Befehl des Herzogs Ulrich zur Zeit seiner Vormundschaft über den jungen Herzog Sigismund August im Jahre 1592 angefertigtes Inventar über die landesherrlichen Festungen, Häuser und Aemter enthält, das, weil es bisher am unrichtigen Orte gelegen hatte, von Niemand beachtet worden war. Es ist eine der wichtigsten älteren topographischen Quellen Mecklenburgs, denn es enthält die eingehendsten

Das Amtshaus und der Thurm der Eldenburg (Amtsthurm).

Aufnahmen über die bezeichneten alten Plätze Schwerin, Dömitz, Neustadt, Crivitz, Goldberg, Fürstenberg, Stargard, Neukalen, Ribnitz, Doberaner Hof in Rostock, Kloster Marienehe, Kloster Doberan, das fürstliche Haus zu Wismar, das Kloster zu Güstrow, über Rehna, Wittenburg und Lübz.

Aus dem Inventar von Lübz, auf das es hier ankommt, ist zu ersehen, dass auf der eigentlichen alten Hauptburg nicht weniger als neun einzelne Gebäude standen, und dass auf der Vorburg zwölf unbedeutendere Nebenbauten, darunter Ställe und Wagenschauer, hinzukamen. Auf der Hauptburg: 1. das »Neue Haus« mit der grossen Hofstube im untersten Theil, deren gewölbte Decke von drei Pfeilern getragen wurde, mit neun Zimmern im Mittelstock und zehn Zimmern im Oberstock für die herzogliche Familie. 2. Nächst der Hofstube, und zwar stadtwärts, ein neu aufgemauertes Gebäude als Nebenhaus. 3. Am neuen Hause der »weisse Thurm«. 4. Das Haus über dem Thurm mit der Kapelle. 5. Der »blaue Thurm« (dessen Platz aber nicht genauer angegeben wird). 6. Das »alte lange Haus« mit Kornboden,

Brau- und Backhaus. 7. An diesem alten Hause eine in Holz gemauerte Anlehnung, zwei Gemach hoch, verfallen. 8. Das Haus über der Küche mit Fleisch- und Räucherboden. 9. »Mitten Im Platz am Langen Hauße stehet ein grosser Hoher und dicker Runder fangen Thurm, daran eine hohe Leiter«.

Nun folgen die Nebenbauten der Vorburg: 1. Ein Haus von fünf Gebinden. 2. Hauptmanns Losament. 3. Waschhaus. 4. »Altfrauen Losament«. 5. Das Pforthäuslein. 6. Hühner- und Hundestall. 7. Wagenschauer. 8. Alter Stall. 9. Langer Stall. 10. »Alt gemauert Gebew«. 11. Thor. 12. Pforthaus.

Mit diesem Inventar sind alle in früherer Zeit aufgeworfenen Fragen erledigt. Der weisse und der blaue Thurm: das sind die beiden jüngeren Thürme von 1500 und 1558. Der grosse dicke runde Thurm aber ist der alte brandenburgische Thurm, ein richtiger »Berchfrit«, in dessen Inneres nur mittels einer angesetzten Leiter zu gelangen war. Er ist der einzige Rest der alten Eldenburg, die an keiner anderen als an dieser Stelle zu suchen ist

Dass das Lübzer Schloss im Jahre 1738 noch nicht abgebrochen war, erkennt man aus der kurzen Angabe in der diesem Jahre angehörenden zweiten Ausgabe von Klüver's Mecklenburg, Bd. II, S. 280. »Doch ist das Schloss mehrentheils gäntzlich verfallen, bis auf wenige Zimmer, welches die Pfandesinhaber des Amts bewohnen.« Man sieht, die letzte Stunde des alten Baues war nahe. Es zu erhalten und wieder zu erneuern, erschien zu kostspielig. Da musste es fallen, wahrscheinlich im Jahre 1752, als die Pfandherrschaft aufhörte und das Grossherzogliche Amt an deren Stelle trat.[1]) Aber auch den dicken alten Thurm zu beseitigen, dazu hatte glücklicher Weise Niemand den Muth.

<hr>

Das Filial-Kirchdorf Lutheran.[2])

Geschichte des Dorfes.

Der grosse Plessen'sche Pfandkontrakt über Schloss Eldenburg mit einem Theil der alten Ture umfasst auch das Dorf »Latran«.[3]) 1343 hat Ritter Fredebern von Wosten Anrechte an Pächten aus »Lateran«, die er dem Gerhard Gyscow überlässt.[4]) Im Uebrigen aber hat Lutheran als grosses Bauerndorf von jeher alle Zeiten überdauert, die der Plessen'schen Pfandwirthschaft, des fürstlichen Witthums-Amtes und der nachfolgenden Barnewitz'schen Pfandherrschaft bis zur Rückkehr zu den jetzt bestehenden Verhält-

[1]) In Aktenstücken von 1759 wird das Amtshaus als ein neuer Bau bezeichnet. Vgl. dazu Lisch, M. Jahrb. VIII B, S. 137.

[2]) Beinahe 2 km westsüdwestlich von Lübz. Die alte Form des Ortsnamens im XIV. Jahrhundert lautet Latran und Lateran. Da die Feldmark mit der von Rom grenzt, so hat man für den Namen stets eine Beziehung zum römischen Lateran gesucht und die spätere Metamorphose in Lutheran sogar thörichter Weise in reformatorischem Sinne verwendet. Kühnel lässt daher den Namen unerklärt stehen. Vgl. M. Jahrb. XLVI, S. 88.

[3]) M. U.-B. 4570. 4959. M. Jahrb. X, S. 34.

[4]) M. U.-B. 6345.

nissen im Jahre 1752. Auch wird es stets mit der Lübzer Kirche verbunden gewesen sein, wenngleich die erste Nachricht darüber erst aus dem Jahre 1609 stammt.[1])

Kirche. Die Kirche, aus Langhaus, Chor und Thurm bestehend, ist mit ihrer ganzen inneren Einrichtung ein Neubau von 1871.[2])

Im Thurm zwei **Glocken.** Die grössere (Dm. 0,82 m) ist im Jahre 1865 umgegossen worden.[3]) Die zweite (Dm. 0,70 m) hat die Inschrift: 𝔄𝔫𝔫𝔬 ✶ 𝔡𝔫𝔦 ✶ 𝔪 ✍ 𝔠𝔠𝔠𝔠 ✍ 𝔯𝔠𝔦 ✍.

Die **Abendmahls-Geräthe,** Kelch, Oblatendose und Weinkanne, sowie die Taufschale, sind neu. Die Oblatendose ist laut Inschrift von **LOUISE RÖHRDANZ 1871** geschenkt. Aelter dagegen ist eine silbervergoldete Patene. Unter drei Messing-Altarleuchtern ist einer 1866 von **J. EHLERS** in Lutheran geschenkt worden.

(margin) Kirche.

(margin) Glocken.

(margin) Abend-mahls-Geräthe.

~~~~~~~ . . . . ~~~~~~~

Das Filial-Kirchdorf Benzin.[4])

Seit dem Jahre 1300 gehört Benzin zu der ehemaligen Restorff'schen Begüterung im Lande Ture, welche die Dörfer Redickesdorff, Critzow, Wessentin, Kratel, Brook und Benzin umfasst.[5]) Doch ist dabei zu beachten, dass nur die beiden erstgenannten Dörfer als ganz und gar ihnen gehörend bezeichnet werden (integralis, totalis) und dass daher bei den übrigen nur auf Antheile zu schliessen ist. Redickesdorff ist schon 1582 nur noch eine Feldmark, die den Benziner Bauern unter den Pflug gegeben ist. Ebenso seit dem XVI. Jahrhundert das Dorf Kratel, an dessen Feldmark ausser den Benziner auch die Kreienschen Bauern einen Antheil haben.[6]) Broock gehört bereits 1538 ganz und gar zum Domanium. In demselben Jahr haben die von Restorff in Benzin noch vier Hufen und drei Katen, während die Landesherren dort sechzehn Hufen und einen Katen besitzen; 1570 aber gehört jenen nur noch eine Hebung von 2 Gulden 6 ßl. Im Antoni-Termin 1606 kauft endlich

(margin) Geschichte des Dorfes.

[1]) Kirchen-Visitationsprotokoll im Grossh. Archiv zu Schwerin. Das von 1534 enthält nichts über die Filialverhältnisse.

[2]) Lisch, M. Jahrb. XL, S. 206—208, beschreibt die alte Fachwerkkirche und zugleich einen Flügelaltar der gothischen Zeit, über dessen Verbleib keine Nachricht vorhanden ist. Der ebenfalls von ihm beschriebene Reliquien-Behälter wird im Grossh. Museum aufbewahrt.

[3]) Nach dem Inventar von 1811 hatte ihre Vorgängerin gothische Schrift (»Mönchsschrift«) und wurde deshalb nicht gelesen.

[4]) 4 km südöstlich von Lübz. »Ort des Beka« übersetzt Kühnel, M. Jahrb. XLVI, S. 25, den Namen, der im XIV. Jahrhundert »Bentcin« geschrieben wird.

[5]) M. U.-B. 2617. 10932.

[6]) Lisch, M. Jahrb. VIII, S. 223.

die Herzogin Sophie für 24000 Gulden die beiden Güter Kritzow und Wessentin, die noch vor ihrem Tode als »donatio mortis causa« an den Herzog Adolph Friedrich und seinen Sohn, den Herzog Christian, gelangen.[1]) Mit diesen Nachrichten ist der Uebergang des ehemaligen Restorff'schen Besitzes in der Ture aus dem ritterschaftlichen in den Domanial-Verband gekennzeichnet. Als Filial-Kapelle der Lübzer Kirche erscheint die Benziner Kapelle zuerst im Visitationsprotokoll von 1609; sie kann aber schon früher dazu gehört haben.

Kirche.

Kirche. Die Kirche ist ein Fachwerkbau[2]) auf der Grundform eines länglichen Vierecks mit flacher Bretter- und Balkendecke im Innern. Vor ihrer Westseite ein freistehender Thurm mit einem Kreuzdach. Ueber der Eingangsthür zur Kirche ein Fenster mit der auf Glas gemalten und auf vier kleine Scheiben vertheilten Jahreszahl **1592.**

Triptychon.

Spätgothisches **Triptychon** vom Ende des XV. oder Anfang des XVI. Jahrhunderts. Im Mittelfeld eine vielfigurige Kreuzigung mit den beiden Schächern, am Fuss des Christus-Kreuzes ein Engel, der mit dem Kelch das Blut auffängt. Beide Flügel sind horizontal getheilt und enthalten die zwölf Apostel. Oberhalb des Triptychons eine bereits der Zeit der Renaissance angehörige geschnitzte Bekrönung mit dem auf-

---

[1]) Nach Akten im Grossh. Archiv.
[2]) M. Jahrb. XL., S. 209.

Altar der Kirche zu Benzin.

erstehenden Christus und den Nebengruppen des »Noli me tangere« und der Emmahus-Jünger.

In den Fenstern haben sich kleine **Glasmalereien** in Bleifassung erhalten. In einem Fenster der Ostseite sieht man die Wappen des Herzogs **JOHANN**[1]) und der Herzogin **SOPHIE** vom Jahre **1592**; und in den Fenstern der Süd- und Nordseite zweiunddreissig Bildchen mit verschiedenen Darstellungen. Unter jedem Bildchen der Name eines Dorf-Eingesessenen vom Ende des XVI. Jahrhunderts.

(rechter Rand: Glasmalereien.)

Im Thurm zwei **Glocken**. Die grössere ist laut Inschrift 1854 von C. Jllies in Waren gegossen.[2]) — Die zweite (Dm. 0,51 m) ist alt, hat aber statt Verzierungen und Inschriften nur die drei Giesserzeichen:

(rechter Rand: Glocken.)

Die **Vasa sacra** sind neu und ohne Inschrift. Im Ganzen sind sechs Altarleuchter vorhanden, von denen drei aus Zinn gegossen sind. Von diesen hat der eine den Namen des **HINRICH TRALLOVW**, der andere den des **HINRICH STERNBERG** mit der Jahreszahl **1654**, und der dritte den des **HANS STERNBERG 1706**. Die Stempel sind theilweise undeutlich, doch ist auf dem einen der Parchimsche Stempel **P** und auf dem anderen der Meisterstempel I × P mit einem laufenden Pferde zu erkennen.

(rechter Rand: Vasa sacra.)

Das Filial-Kirchdorf Broock.[3])

Ueber alles die weltliche Verhältnisse Betreffende ist oben bei Benzin nachzulesen. In kirchlicher Beziehung darf nicht übersehen werden, dass das Dorf im Jahre 1234 zum Kuppentiner Pfarrsprengel gehört.[4]) Wann das Dorf mit der Pfarre zu Barkow verbunden ward, wissen wir nicht. Wahrscheinlich geschah es im Vertrage von 1252 zwischen dem Schweriner und dem Havelberger Bischof. Seine Lage weist es ebenso wie Barkow an die Havelberger Diöcese.

(rechter Rand: Filial-Kirchdorf Broock.)

[1]) Durch Versehen des Glasmalers heisst er »Hans Albrecht« statt »Johann«.

[2]) Ihre Vorgängerin war 1810 aus der Katharinen-Kirche in Rostock gekauft worden. Sie war vom Jahre 1680. S. Inventar 1811.

[3]) 5 km östlich von Lübz. Die Formen des Namens im XIII. und XIV. Jahrhundert lassen deutschen Ursprung vermuthen: Brück, Brook. Broke.

[4]) M. U.-B. 436. Vgl. Lisch, M. Jahrb. XVII, S. 18. 19.

Kirche.

Kirche. Im Chor der Kirche giebt sich eine romanische Anlage zu erkennen, obwohl er ganz aus Backsteinen aufgeführt ist und daher dem Feldsteinbau des Langhauses gegenüber wie eine Erneuerung aus jüngerer Zeit erscheint. Vielleicht dankt er seine jetzige Erscheinung einem Gewölbeeinsturz, wie ihn das Langhaus, das ebenso wie der Chor eine flache Balken- und Bretterdecke hat, noch erkennen lässt. Dann wäre auch das spitzbogige Fenster in der Ostwand des Chors zu verstehen, das grösser ist als alle übrigen, denen man sofort ansieht, dass sie aus verschiedenen Bauperioden stammen. Zu beachten ist besonders das frühgothische **Portal** auf der Südseite. Merkwürdigerweise steht hier der Glockenthurm, ein Holzbau mit Satteldach, unmittelbar vor diesem Portal.

Innere Einrichtung.

Im **Innern** nichts von Bedeutung, wenn man nicht einen hölzernen **Krucifixus** aus dem XVI. Jahrhundert und einen hölzernen **Opferkasten** mit der eingeschnittenen Inschrift **KLAVS ENGELCKE ANNO 1692** erwähnen will. Zu beachten wären auch wohl die **Deckenmalereien** aus dem zweiten oder dritten Jahrzehnt des XVIII. Jahrhunderts.

Glocke.

Die einzige **Glocke** (0,97 m Dm.) ist laut Inschrift 1855 von **P. M. Hausbrandt**, Hofglockengiesser in Wismar, umgegossen worden.[1])

Kleinkunstwerke.

Kleinkunstwerke. 1—4. Zwei zinnerne Kelche. Inschrift auf dem einen: **TEVES SCHLED ANNO 1650**; auf dem andern: **CATHARINA ELERS 1717.** Die Stempel sind verputzt, nur bei dem letztgenannten ist noch eine gekrönte Rose zu erkennen. Von den zugehörigen Patenen hat die erste weder Inschrift noch Stempel, die andere die Inschrift **ANNA MARIA EHLERS 1722** und daneben als Stempel die Marke des Engels mit **J · C · D ·** — 5—9. Fünf zinnerne Altarleuchter, mit Angaben von Namen und Jahreszahlen: **DAVIDT JANETZKY 1688, JOCHIM STEIN 1684, HANS STEIN 1683, JOCHIM ENGEL 1694.** Der fünfte aber hat nur die Inschrift: **DER BRÖCKER KIRCHEN · LEUCHTER.** Ausserdem auf jedem Leuchter: **A · C · WARNING PAST · 1741.**[2]) Stempel nicht gefunden.

*   *   *

Fund von Bronze-Alterthümern.

Im Juli 1890 wurde auf der Fehmerling'schen Erbpachthufe, 25 bis 30 cm unter der Erdoberfläche, ein bedeutender **Fund** von **Bronze-Alterthümern** gemacht, der an das Grossh. Museum in Schwerin abgegeben ist. S. unten.

---

[1]) Ihre Vorgängerin gehörte dem Mittelalter an, aber das Inventar von 1811 enthält nichts über ihre Inschrift.

[2]) Zu Barkow.

Das Kirchdorf Benthen.[1]

Geschichte
des
Dorfes.

Aus den Zeiten des Mittelalters ist bis jetzt nur eine Urkunde über Benthen bekannt geworden. Es ist die durch eine Abschrift des Pfarrers Thomas Tideus aus dem Jahre 1573 erhaltene Urkunde über die Weihe der Kirche am 5. Juli 1267. Sie lautet: Nos Hermannus dei gratia Zwerinensis episcopus dedicavimus ecclesiam in Benthem in honorem omnipotentis dei et Jesu Christi genitricis virginis Marie et singulariter Mathie apostoli et sanctorum Florentii et Cassii martyrum anno domini millesimo cc°lxvii, iii nonas Julii, pontificatus nostri anno v°.[2] Das ist alles, was wir aus der frühesten Zeit wissen. Zugleich sehen wir an dieser Urkunde, dass wir mit Benthen wieder in die Schweriner Diöcese eingetreten sind, so weit es den Lübzer Amtsgerichtsbezirk angeht.

Zu Anfang des XVI. Jahrhunderts und auch noch später giebt es vielen Streit zwischen denen von Passow und von Weltzien, die von langen Zeiten her auf ihren nach Benthen hin eingepfarrten Gütern Passow und Weisin sitzen und an einzelnen Bauerhöfen in Benthen verschiedene Anrechte haben. Allmählich gewinnen aber die von Weltzien das Uebergewicht in Benthen. Weisin, Grambow und Benthen halten sie bis 1700 fest. In diesem Jahre geht Benthen für 11000 Thaler an Adam Henning von Bülow über. Doch Ende der dreissiger Jahre des XVIII. Jahrhunderts lösen es die von Weltzien wieder ein und halten es nun bis 1796. Von da an wechselt der Besitz: Dr. Aug. Wilhelm Studemund bis 1801, Ad. Ernst Friedr. Otto von Flotow bis 1810, Justizrath Ernst Otto Friedr. von Raven bis 1833, Christian Carl Heinr. Düssler bis 1860, Carl Joh. Andreas Krey bis 1883, und von diesem Jahre an der jetzige Besitzer Karl Glantz.

Als Geistliche werden uns genannt: von 1553 an Andreas Wüsthoft, nachher Thomas Tideus bis 1574; Joh. Dietrich bis 1595; Kaspar Thurmann bis 1636 (?); Peter Guntbert bis 1671; die drei Lantzius, Joh. I, Joh. II und Adam Henning, von 1672 bis 1756; nach zweijährigen Patronats-Wirren Gustav Christian Drosten von 1758 bis 1788, und Joh. Samuel Hinze, der von 1798 bis 1822 Pastor in Benthen ist. S. Walter a. a. O.

Als Filialen werden die Kirchen zu Passow und zu Weisin zum ersten Mal im Visitationsprotokoll von 1557 urkundlich bezeugt, sind es also gewiss sehr viel länger, wahrscheinlich schon seit Gründung der Benthener Kirche im

---

[1] 6 km nördlich von Lübz. Der Name wird in späteren Zeiten mit Bentheim gleich gesetzt und daher für deutsch gehalten.

[2] M. U.-B. 2693.

XIII. Jahrhundert. Das Patronat aber, das in alter Zeit in einer Hand war, ist jetzt der Art vertheilt, dass jeder der Besitzer der drei Güter Benthen, Passow und Weisin es für die Kirche seines Gutes ausübt.

Kirche.   **Kirche.** Auf dem höchsten Platz im Dorfe liegt, von Bäumen ein-geschlossen, die alte Kirche: ein in romanischem Stil errichteter Bau mit Apsis, Chor, Langhaus und Thurm. Für den, welcher die Kirchen des Ueber-ganges vom romanischen zum gothischen Stil in Mecklenburg mit Aufmerksam-keit verfolgt, ist die Apsis, die der zuletzt ausgeführte Theil des Ganzen zu sein scheint, der auffallendste Theil. Nicht Feldsteine, sondern Ziegel in vor-

Kirche zu Benthen.

herrschend wendischem Verbande sind hier angewandt worden. Dabei giebt sich die Apsis äusserlich bereits als eine mit drei Seiten aus dem Achteck gebildete zu erkennen, wie sie bald nachher in der Gothik Bedürfniss wird, während im Innern noch die Rundung mit daraufgesetztem halben Halbkugel-gewölbe ohne Rippen und Grate beibehalten ist. Durch einen breitgurtigen runden Triumphbogen wird der Chor, der fast ein Quadrat bildet, von der Apsis abgetrennt. Er ist mit einem Kreuzgewölbe geschlossen, an welchem sich Rippen mit quadratischem Durchschnitts-Profil bemerkbar machen. Das Langhaus dagegen hat eine flache Balken- und Bretterdecke. Beide Theile, Chor und Langhaus, sind von Feldsteinen aufgeführt, die durch einen vortreff-lichen, im Laufe der Jahrhunderte steinhart gewordenen Mörtel verbunden werden, dem durch Einritzung von Doppelfugen eine Quadrierung aufgeprägt ist, wie sie sich öfter im Lande findet. Das prächtige alte Rundbogen-

Portal auf der Südseite ist in neuerer Zeit durch Einmauerung von Ziegeln verengt, und das, welches hier als »Priesterpforte« zum Chor führte, gänzlich zugemauert worden. Das ist um so mehr zu bedauern, als in allem Uebrigen die Kirche ihre Ursprünglichkeit und Symmetrie aufs Beste bewahrt hat. Der jüngere Thurm ist in seinem unteren älteren Theil von Felsen, in seinem oberen Theile von Ziegeln aufgeführt. In seiner Westwand ein spitzbogiges Eingangs-Portal, neben dem man im Innern einen alten steinernen Weihwasser-kessel findet.[1]

Das **Innere** bietet wenig. Im Norden eine **Empore** mit dem von Behr-Negendanck'schen Wappen und den Initialen **A. G. H. V. B.-N.** Von beson-derem Interesse ist im Westen der Kirche zu beiden Seiten des Ganges ein altes herrschaftliches **Gestühl** von Eichenholz, das den Weltzienen gehört hat und 1585 gesetzt ist, auf der Südseite für die Männer, auf der Nordseite für die Frauen. Hier wie dort fünf Felder mit eingeschnittenen Wappen und Namen sammt der genannten Jahreszahl: **ACHIM WELTZIN, UNSER SELIGER FADER, GNADE EHM GOTH; JASPER WELTZIEN, PILIP WELTZIEN, GNADE EHM GOTH; HINRICH WELTZIN; ACHIM WELTZIN.** Dazu am Frauen-Gestühl auf der Nordseite: **MARGARETHA VON WARNSTEDT, ELISABETH BVLOW, DOROTHEA GRABOW, ANNA BEHREN** und **MADDALENA PASSOW.** — An der Wand ein **Oelbild** auf Holz, Christus auf Golgatha, im Hintergrunde Jerusalem. — Ferner noch zu nennen eine **Grabsteinplatte** mit der Inschrift: **H · PETRUS GUNNIBERTUS 35 JAHR PASTOR ZU BENTEN STARB SEHLIG AŌ 1671 ALT 71 JAHR.**

Empore.

Gestühl.

Grabstein-platte.

Im Thurm nur eine **Glocke** (Dm. 1,06 m). Inschrift oben in fünf Reihen über einander: ✿ **ANNO + DOMINI + 1593 + JASPER + WELZIN + GNAD + IHM + GODT + PATRON + GEWESEN + HENRICH + WELTZIN + IZIGER + TIT + AVERSTER + PATRON + DER + KERKN + THO + BENTHEIM + HEN-RICH + WELTZIN + SINE + LEVEN + SONS + IOCHIM + WELTZIN + JVR-GEN + WELTZIN + MELCHER + WELTZIN + ADELOFF + FREDERICH + WELTZIN + BALTZER + WELTZIN + HENNINCK + PASSOW + HER + JOHANN + DIDRICH + ITZIGER + TIDT + PASTOR + THO + BENTEM + HANS + KAFOLT + TONS + LVBEKE + +** (hier folgt nebenstehendes Giesserzeichen). Unten am Schlagring: **CONVOCO + VIVOS + [AD +] TEMPVLVM (!) + MORTU OS + AD + SOPULC (!) + HRVM + MICHGEL + WESTFAL + HANS + KROGER + GHIM + DVNKER +.** Im Felde vorne und hinten je zwei Wappen mit Ini-tialen in viereckigen Rahmen, das Weltzien'sche mit **H W,** das Warnstedt'sche mit **M W,** das Weltzien'sche mit **I W** und das Bülow'sche mit **E B.** Ausser-dem noch das Passow'sche Wappen mit **H P** und das Restorff'sche Wappen mit **M R.** Endlich noch ein später eingraviertes Wappen mit drei Sternen im Schilde und drei Sternen über demselben, darüber **D G B** und darunter **G E G.**

Glocke.

[1] Lisch, M. Jahrb. XXXVIII, S. 179—181.

Von der weiteren älteren Inschrift **MARTA**[1] **BIN ICK GENANNT** sind die vier ersten Buchstaben durch das ebengenannte Wappen fast zerstört. Endlich, dem Passow-Restorff'schen Wappen gegenüber, noch das nebenstehende grosse Merkzeichen, und unter dem Weltzien'schen und Bülow'schen Wappenpaar die ziemlich tief und gross eingeritzte Inschrift: **A W A S W PA-TRONIN DER KERKEN** (Studemund's Wittwe).

Kleinkunst-werke.

Kleinkunstwerke. 1. 2. Silbervergoldeter Kelch ohne Inschrift und Stempel, dagegen die zugehörige Patene mit den Stempeln $\boxed{\text{VOSS}}$ $\boxed{\text{L}}$. — 3. 4. Silbervergoldeter Kelch mit Patene, beide mit dem **BEHR-NEGENDANCK**'schen Wappen, darunter: **BERLIN, 6. DECEMBER 1854.** Von **Gerike**-Berlin. — 5. Silberne Weinkanne, ohne Stempel. — 6. Silberne Oblatendose mit dem **BEHR-NEGENDANCK**'schen Wappen und dem Datum des **26. DECEMBER 1855.** — 7. 8. Zwei Krankengeräths-Bestecke, ein älteres von Zinn ohne Werkzeichen, und ein jüngeres von Silber, von **Sy & Wagner**-Berlin. — 9. 10. Ein grosser und ein kleiner zinnerner Kelch, der kleinere ohne Stempel, der grössere mit dem eines Parchimschen Giessers **N C B 1726.** — 11. 12. Zwei zinnerne Patenen, die grössere von einem Parchimschen Giesser mit einem Stempel, der einen Arm mit Hammer zeigt, sonst aber undeutlich ist, die andere von dem Parchimschen Giesser **N C B 1726.** — 13. Messingene ovale Taufschale zu Haus-Taufen. — 14. 15. Zwei zurückgestellte Zinnleuchter, von einem Parchimschen Giesser **I C B 1795.**

Das Gut und Filial-Kirchdorf Weisin.[2]

Geschichte des Dorfes.

Im Jahre 1235 weist Bischof Brunward von Schwerin das Dorf Weisin an die Pfarre zu Kuppentin.[3] Wann Weisin diesem Sprengel wieder entzogen und zur Kirche von Benthen gelegt worden, ist nicht bekannt. Wahrscheinlich schon im XIII. Jahrhundert, nachdem die Kirche zu Benthen Ende der sechziger Jahre fertig geworden war. Das war auch die Zeit, als die Güter und Dörfer Weisin, Zarnestorf (wohl Zahren am Zahrenschen See), Kuppentin und Lalchow den Preenen als Vasallen der Herren von Werle gehörten.[4] In der Mitte des XIV. Jahrhunderts haben auch die von Lobeck Einkünfte aus Weisin,[5] und 1391 sind die von Dessin im Besitz von etwas

---

[1]) Nicht Maria (nach A. Hofmeister).
[2]) 5 km nordnordöstlich von Lübz. Der Name kommt in derselben Schreibweise schon im XIII. Jahrhundert vor. Kühnel, M. Jahrb. XLVI, S. 156, übersetzt ihn mit »Ort des Vyša«.
[3]) M. U.-B. 436.
[4]) M. U.-B. 1225.
[5]) M. U.-B. 9119.

mehr als fünf Hufen Landes daselbst. Dann aber folgen die von Weltzien als Herren von Weisin, nachweislich von 1509 bis 1701, vielleicht aber schon von früherer Zeit her, und erlangen u. a. auch für sich allein das Patronat der Kirche zu Benthen (s. o. S. 545). 1701 kommt Sigmund Friedr. von Restorff für 10900 Thaler auf zehn Jahre in den Pfandbesitz von Weisin. Der Vertrag wird 1711 erneuert. 1733 aber kauft Joh. Bernhard von Stralendorff das Gut für 19280 Thaler aus der Restorff'schen Konkursmasse. Von 1753 bis 1782 sind die von Rieben im Besitz von Weisin, dann ein Jahr lang der Major Gerhard von Levetzow. Es folgen bis 1819 Simon Peter Langfeld und Erben,

Frühere Burganlage bei Weisin.

bis 1837 Oberst Joh. Kaspar von Boddin, bis 1870 Joh. Friedr. Hofschläger und von da an Peter Godeffroy, der es noch heute hat.

Kirche. Die Kirche ist ein Fachwerkbau mit einem vom Westende des Daches emporsteigenden hölzernen Thurm. Im **Innern** nichts von Bedeutung. Die **Glocke** (Dm. 0,30 m) ist ohne Inschrift. Besondere **Vasa sacra** sind nicht vorhanden, es werden die von Benthen gebraucht.

Kirche.

*   *   *

Nicht ohne Interesse ist die alte von Wasser umgebene **Burganlage** mit ihrem Pallisadenschutz, wie er sich in früherer Zeit darstellte, aus der eine Zeichnung (nach einer Originalkarte des XVI. Jahrhunderts im Grossh. Archiv) zu unsern Händen gelangt ist.

*Burg-
anlage.*

Das Gut und Filial-Kirchdorf Passow.[1]

Geschichte des Dorfes.

Seit 1324 gehört Passow zu jenen vierzehn Dörfern des Landes Sternberg, die Fürst Heinrich der Löwe von Mecklenburg den Plessen verpfändet.[2] Bald nach dem Aufhören dieses Pfandkontraktes im Jahre 1456 finden wir dort die von Parsow (später Passow) ansässig. Sie können hier übrigens schon von langer Zeit her als Aftervasallen oder Hinterlehnsmänner der Plessen gesessen haben. Bis 1672 bleibt das Gut in Passow'schen Händen. Da erwirbt es der Rittmeister Daniel von Koppelow für 15000 Gulden. Aber schon 1686 kommt es durch Kauf an die Familie Schlottmann, die im Jahre 1703 für den bürgerlichen Namen Schlottmann den adeligen Namen von Freiburg eintauscht. Die von Freiburg bleiben bis 1796 im Besitz. Nachdem dann ein Jahr lang Heinrich Karl von Lowtzow das Gut gehabt hat, kommt es an Philipp von Behr-Negendanck, dessen Familie es noch heute besitzt.

Die Kirche zu Passow ist, soweit sich das aus den Visitationsprotokollen erkennen lässt, von jeher mit der von Benthen verbunden gewesen, deren Patronat bei den Weisiner Weltzienen war.

Kirche.

Kirche. Die Kirche zu Passow ist im Jahre 1868 in neugothischem Stil durch Baurath Krüger erbaut. Auf dem Thurm, ähnlich wie auf der Behr-Negendanck'schen Kirche in Lübchin, ein Bär in der Wetterfahne.

Altarbild. Wappen.

Im **Innern** ist ebenfalls alles neu. Als **Altarbild** Christus am Kreuz von **Waldemar Philippi 1868**. Im herrschaftlichen Stuhl hängen einige kleine **Blechschilde** mit Wappen und Namen von Verstorbenen der Familie von Behr-Negendanck und anderer mit ihr verbundener Familien. Im Ostfenster ein gemaltes **Doppelwappen** der Stifter: **H. A. F. V. BEHR-NEGENDANCK** und **L. V. BEHR-NEGENDANCK**, geb. **V. LEDEBUR 1868**.

Glocken.

Im Thurm zwei **Glocken**. Die grössere (Dm. 0,87 m) hat die Inschrift aus Epheser V, 14: **WACHE AUF, DER DU SCHLÄFST**. Die zweite (Dm. 0,72 m) hat die Inschrift Psalm 100, V. 1: **JAUCHZET DEM HERRN ALLE WELT**. Auf beiden Glocken der Name **H. A. F. BEHR-NEGENDANCK, PAT. D. KIRCHE**, und der des Grossherzoglichen Hofglockengiessers **C. Illies** zu Waren mit der Jahreszahl **1868**.[3]

Vasa sacra.

Als **Vasa sacra** dienen die der Kirche zu Benthen.

---

[1] 5 km nördlich von Lübz. Den Namen, dessen alte Form Parsow ist, deutet Kühnel, M. Jahrb. XLVI, S. 104 als »Ort des Pars« und verbindet ihn mit dem altslavischen Stamm prahŭ, drawenisch parch – Staub. Ort des Pars wäre dann dasselbe wie Staubendorf, Stubbendorf.

[2] M. U.-B. 4570. 4959.

[3] Früher nur eine Glocke, die nach dem Inventar von 1811 aus dem Jahre 1710 war, über die aber sonst nichts bemerkt wird.

Das Kirchdorf Granzin.[1]

Wo heute das zur Ture zählende Bauerndorf Granzin liegt, giebt es in der Geschichte ersten Hälfte des XIII. Jahrhunderts noch einen Wald, der nach dem des damaligem Kolonisierungsplan zu freier Feldmark gemacht werden soll. Die Dorfes. Zehnten, welche von dieser Feldmark fallen werden, soll das Kloster Rühn haben: so ordnet Bischof Brunward von Schwerin den 3. November 1235 an, nachdem er sich darüber vorher mit Nikolaus von Brüsewitz, dem Erbauer der Kirche zu Brütz (s. o. S. 401), zu dessen Gebiet der Wald gehört, geeinigt hat.[2] Mit der Ausrodung des Holzes muss bald angefangen sein, denn im Jahre 1268, als hier, nach dem Zusammensturz der Herrschaft des Pribislav von Parchim, die Herzöge von Sachsen eine Zeit lang als Oberlehnsherren auftreten, wird es bereits nöthig, die Grenze zwischen dem Rühner Antheil an Granzin und den Gütern Stralendorf und Lanken festzustellen.[3] Neun Jahre später hören wir von zwölf Hufen, die der Rühner Probst und Konvent dem Herder von Dämelow als Kloster-Lehnsmann überlassen.[4] 1308 gewinnt die Stadt Sternberg Pfandeinkünfte von der Granziner Bede.[5] 1324 aber gehört Granzin zu den vierzehn Dörfern des Landes Sternberg, welche den Plessen bis 1456 zu Pfandbesitz übergeben werden.[6] Unter ihnen als Pfandträgern, wie auch in der nachfolgenden Zeit der Witthumsämter und der späteren wieder beginnenden Verpfändung der Aemter Lübz und Crivitz an die von Barnewitz, erhält sich der alte deutsche Bauernstand des Dorfes, der die Grundlage des heutigen bildet.

Mittelalterliche Geistliche von Granzin (wenn es diese überhaupt gegeben hat und Granzin nicht vielleicht eine Filia von Herzberg war) sind bis jetzt mit Namen nicht auf uns gekommen. Aus den Visitationsprotokollen des XVI. Jahrhunderts und anderen Kirchenakten lässt sich erst von der zweiten Hälfte des XVI. Jahrhunderts an eine volle Reihe herstellen. Nach Jochim Döscher's (Doscher) Abgange beruft das Kloster Rühn, das bis zu seinem Aufhören im Jahre 1756 das Patronat behält, den Martinus Wolrabe. Ihm folgt 1591 Bartholomaeus Facelius, diesem sein Schwiegersohn Michael Zachow, welcher 1620 (von da an nachweislich, vielleicht schon eher) das Amt führt und 1627 stirbt. Sein Nachfolger, der von Wallenstein berufene Karl Wachen-

---

[1] 7 km nordwestlich von Lübz. Granzin = Grenzort. Altslavisch Granica = Grenze. Vgl. Kühnel, M. Jahrb. XLVI, S. 56.
[2] M. U.-B. 440. Vgl. Lisch, M. Jahrb. X, S. 34.
[3] M. U.-B. 1142. Beyer, M. Jahrb. XI, S. 75.
[4] M. U.-B. 1428.
[5] M. U.-B. 3222.
[6] M. U.-B. 4570. 4959.

husen,[1]) durchlebt die Gräuel des dreissigjährigen Krieges in Granzin und schreibt darüber den 9. Oktober 1637 einen ausführlichen Brief an den Herzog Adolph Friedrich. Ihm wird 1670 der Sohn Heinr. Christian substituiert, diesem wieder 1715 Joachim Birkenstaedt, und nun bleibt die Granziner Pfarre über hundert Jahre in Birkenstaedt'schen Händen. Auf Joachim B. folgt 1765 Karl David B. und 1796 Christian Heinr. B. (gest. 12. Januar 1829). Ueber ihn und die weiteren Geistlichen des XIX. Jahrhunderts s. Walter a. a. O.

Wie Herzberg als Filial-Kirchdorf an Granzin gekommen, ist oben S. 412 gesagt worden.

Alte Kirche zu Granzin.

Kirche.

Kirche. Die Kirche zu Granzin ist eine im November 1864 eingeweihte neue Kirche. Auch die **innere Einrichtung** ist neu. Als **Altarbild** »Christus am Kreuz« von **Fischer-Poisson, 1864.**

Grabstein.

Im Vorbau zum Süd-Portal der **Grabstein** des Pastors **CHR. HEINRICH BIRKENSTAEDT** zu Granzin, geb. 1771, gest. 1829, und seiner Ehefrau **BEATE CONRADINE**, geb. **GRAPENGIESSER**, geb. 1774.

Glocken.

Im Thurm zwei **Glocken.** Die grössere (Dm. 1,01 m) hat die Inschrift: anno dni mcccclxxxvi help ghot vnde maria vt aller not ✠ o rex glorie ihu xpe veni cum pace amen. Dazu das nebenstehende Giesserzeichen. — Die kleinere Glocke (Dm. 0,81 m)

---

[1]) Lisch, M. Jahrb. XXXVII, S. 7.

Früherer Altar der Kirche zu Granzin.   (Im Grossherzogl. Museum.)

hat oben die Inschrift: **SOLI DEO GLORIA · JOHANN VALENTIN SCHULTZ ME FUDIT ROSTOCHY**. Auf der Vorderseite das mecklenburgische Wappen, darüber **V · G · G · U · S · H · Z · M ·**, auf der Rückseite: **ANNO MDCCIV IST DIESE GLOCKE UMGEGOSSEN PATRONIN FRAU ULRICA SOPHIA HERTZOGIN ZU MECKLENBURG ET REGENTIN VOM KLOSTER RÜHN PASTOR HERR · C · D · BIRKENSTAEDT JURAT J · GANTZEL.**

Vasa sacra. 1—3. Silbervergoldeter Kelch mit Patene und Oblatendose, Vasa sacra. laut Inschrift geschenkt von **MAGNUS KNEBUSCH** auf Greven und Lindenbeck im Jahre 1864. Ohne Werkzeichen.[1]) — 4. Neues silbervergoldetes Kranken-Geräth (**Sy & Wagner** - Berlin), geschenkt von Frau **SCHALBURG** ungefähr 1877/78.[2]) — 5. Silbervergoldete Weinkanne. Geschenkt von **EDUARD KNE-BUSCH** auf Lindenbeck 1884. — 6. Aeltere messingene Taufschale. Ein-graviert: **ANNA · MARIA · BECKERN · 1770.** — 7. Taufschale von Messing, neu. Graviert von **A. Lenthe**, Schwerin **1856.** — 8—11. Vier grosse Zinnleuchter vom Schweriner Zinngiesser **Beussmann 1864.**

---

[1]) Lindenbeck ist in Granzin eingepfarrt.

[2]) S. Herzberg, S. 412.

Alte Pfarre zu Granzin.

Das Gut und Kirchdorf Lanken.[1]

Geschichte
des
Dorfes.

Schon 1229 wird Lanken als besonderes Kirchspiel mit eigenem Pleban aus dem grossen St. Georgen-Kirchspiel zu Parchim abgezweigt.[2] In Folge davon aber bleibt der Kirchherr von St. Georgen zu Parchim der Inhaber des Patronats zu Lanken bis in die zweite Hälfte des XVI. Jahrhunderts hinein. Erst zwischen 1563 und 1599 geht dieses an die Landesherrn über, zunächst an den Herzog Ulrich.

Im XIII. Jahrhundert, um 1268, heisst der Gutsherr Jordan, er verträgt sich damals mit dem Rühner Probst um die Grenzscheide zwischen Granzin einerseits und Lanken und Stralendorf andererseits.[3] Um 1344 sitzt Nikolaus von Mallin d. j. auf Lanken.[4] Spätere Urkunden berichten von wechselnden Anrechten Einzelner an Lanken, z. B. denen der Wozenitze 1370,[5] der St. Gregorius- und St. Augustinus-Bruderschaft in Parchim 1372,[6] des Priesters Hermann Koss zu Parchim 1379.[7] Im zweiten Jahrzehnt des XV. Jahrhunderts wohnt Hartwig von Tralow auf Lanken. Um die Mitte desselben Jahrhunderts hat Joachim von Bülow auf Gömtow Anrechte an Lanken, 1471 besitzt Jürgen von Grabow den vierten Theil des Gutes.[8] 1500 und noch 1617 hören wir von Anrechten der Herren von Below. Doch den Löwen-Antheil wissen sich bis 1571 hin die Herren von Tralow auf Greven zu bewahren, die zugleich die eigentlichen Herren von Lanken und Beckendorf sind. Als es aber um die Mitte des XVI. Jahrhunderts den Anschein gewinnt, als ob der letzte mit Katharina Fabians vermählte Tralow ohne Leibeserben aus der Welt gehen werde, da lässt sich im Jahre 1555 Christian von Hagenow vom Herzog Johann Albrecht I. den Expektanz- und Lehnbrief auf den eventuell auf ihn fallenden halben Antheil an den Gütern Greven, Lanken und Beckendorf ertheilen. Ebenso macht es 1565/69 Reimar von Winterfeld, er erhält vom Herzog Johann Albrecht den Expektanz- und Lehnbrief über die Güter der Familien von Tralow, Hagenow und Sprengell im Fall des Aussterbens der einen oder anderen dieser Familien. 1571, als Balthasar von Tralow, der letzte seines

---

[1] 5 km westlich von Lübz. Lanken = Wiesenland, vom altslavischen laka = Sumpf, Wiese. Vgl. Kühnel, M. Jahrb. XLVI, S. 80.

[2] M. U.-B. 370.

[3] M. U.-B. 1142.

[4] M. U.-B. 6411.

[5] M. U.-B. 10089. Von einem Verkauf von Anrechten an Lanken, der in der Wozenitz'schen Familie bleibt, berichtet eine noch nicht gedruckte Urkunde von 1395.

[6] M. U.-B. 10347. Auch noch im XV. Jahrhundert,

[7] M. U.-B. 11219.

[8] Ueber einzelne Einwohner im XIV. und XV. Jahrhundert vgl. Cleemann, Chronik d. Stadt Parchim, S. 245. Vgl. Lisch, M. Jahrb. XXXI, S. 80.

Stammes, gestorben ist, einigen sich die Herzöge Johann Albrecht I. und
Ulrich über eine Theilung von dessen heimgefallenen Lehngütern mit Berück-
sichtigung des auf der Hälfte von Greven ruhenden Leibgedinges der verwittweten Katharina Fabians, und nun kommt Reimar von Winterfeld in der
That in den Genuss des oben genannten halben Antheils an Greven c. pert.
Er leistet darüber am 21. Januar 1580 den Lehneid. Aber schon im Jahre
1585 geht dieser Antheil an Greven, Lanken und Beckendorf durch Kauf für
die Summe von 11000 Gulden an Joachim von Stralendorff über, den Sohn
von Vicke von Stralendorff auf Goldebee, und 1588 erfolgt auch die Belehnung mit der anderen Hälfte, die Joachim von Stralendorff vom Herzog
Ulrich für 9600 Gulden erstanden hat. Fast hundert Jahre lang bleibt nun
Lanken in Stralendorff'schen Händen. Allein 1682 tritt eine Unterbrechung
durch Ernst Friedrich Fineke ein, der Greven und Lindenbeck c. pert. in Lanken
erwirbt.[1]) Alle Anrechte aber, die Ernst Friedr. von Fineke fast zwei Jahrzehnte inne hat, bringt 1698 der Hofgerichts-Präsident Ulrich von Stralendorff
für 19000 Thaler an sich. Indessen schon 1734 geht der Stralendorff'sche
Besitz von Greven c. pert Lanken, Beckendorf und Lindenbeck für 54000
Thaler an den Major Burchard Hartwig von Plessen über. Die von Plessen
bleiben bis 1791 im Besitz. Es folgen nun bis 1797 Oberschenk von Münch-
hausen, bis 1802 Otto von Qualen, bis 1805 Christ. Joachim Lüdeke, bis 1826
Hauptmann Joh. Ludwig von der Sode, bezw. dessen Erben, bis 1844 Hauptmann Aug. Gerh. von Henckel und seitdem K. Blanck. Bis 1900 ist Domänenrath Karl Friedr. Herm. Blanck der Besitzer gewesen ($\div$ 15. Oktober 1900).

Wie bei Granzin, so ist auch bei Lanken ein Pfarrer-Verzeichniss erst
vom XVI. Jahrhundert an festzustellen. Um 1534 ist Johann Mowe der vom
Kirchherrn zu St. Georgen in Parchim eingesetzte Pfarrer, um 1542 Heinrich
Legezu und von 1554 bis 1594 Kaspar Sommerfeld. Um 1542 gehört Greven,
das im Mittelalter seine eigene Pfarre hatte,[2]) noch nicht zum Kirchspiel von
Lanken, denn als eingepfarrte Dörfer werden damals nur Rom, Stralendorf,
Darze, die Mühle zu Schalentin und die Rothe Mühle ausser Lanken selber
im Visitationsprotokoll genannt. Wohl aber hat der Pastor ausser der Kirche
zu Lanken noch drei Filialkirchen oder Kapellen zu verwalten, Rom, Darze
und Stralendorf, wie sie das Protokoll von 1563 aufführt. Indessen muss bald
darauf eine Aenderung eingetreten sein. Denn als der Pastor Kaspar Sommerfeld nach vierzigjähriger Amtsthätigkeit im Jahre 1594 stirbt, wird er in den
Akten als Pastor zu Lanken und Greven bezeichnet; und in einem Briefe,
den Joachim von Stralendorff auf Greven 1599 an den Herzog Ulrich richtet
und worin er (ohne Erfolg) um das Patronat zu Lanken bittet, ist zu ersehen,
dass dies Patronat vom Pfarrer zu St Georgen in Parchim inzwischen an den
Landesherrn übergegangen ist. Auch werden Darze und Stralendorf weiterhin

---

[1]) E. F. Fineke zu Greven und Lindenbeck stiftet nach dem Inventar von 1811 1692 die
Kanzel in der ehemaligen Kirche zu Granzin, wohin Lindenbeck von alter Zeit her eingepfarrt ist.

[2]) S. »Verzeichnus der Pfarlehen und Kirchenn in den Schwerinischen Stiftssprengel gehörig« im Grossh. Archiv.

nicht mehr als Filialen genannt. Auf Sommerfeld folgen: bis 1624 Heinr. Stockmann; bis 1627 Ernst Koch; bis 1643 der von Wallenstein berufene Markus Dencker,[1]) der auch Gross-Pankow eine Zeit lang von Lanken aus verwaltet; bis 1677 Johann Lantzius, der Lanken und Siggelkow zusammen bedient und Anfangs in Siggelkow, nach 1653 aber in Lanken wohnt; bis 1725 Christian Grapengiesser († 1743); bis 1753 Jonas Husfeld († 1763); bis 1771 Christian Heinrich Husfeld; bis 1783 Joh. Joseph Gust. Binder; und bis 1814 Friedr. Bartholomaeus Hofmann. Ueber ihn und seine Nachfolger im XIX. Jahrhundert s. Walter a. a. O.

Kirche.

Kirche. Die Kirche zu Lanken ist, wie die Abbildung zeigt, ein aus unbehauenen Felsen und Ziegelmauerwerk aufgeführter frühgothischer Bau des XIV. Jahrhunderts von verhältnissmässig ungewöhnlicher Breite. Im Innern eine flache Holz- und Bretter-

Kirche zu Lanken.

decke. An der Nordseite eine gewölbte Sakristei, deren Giebel mit drei Blendnischen verziert ist. Statt des Thurmes ein freistehender niedriger Glockenstuhl.

Altar.

Auf dem **Altar** ein spätgothischer Doppelflügel-Altar mit jener kühnen Schnitzarbeit, die uns bereits in den Aposteln des Güstrower Domes, im Altar zu Kraack und noch in einigen anderen mecklenburgischen Werken entgegengetreten ist. In der Mitte die hl. Maria mit dem Christkinde, zur Rechten Jakobus d. ä., zur Linken eine Annaselbdritt-Gruppe. In den Flügeln die zwölf Apostel, zu je dreien in zwei Gruppen übereinander jederseits. Leider

[1]) Lisch, M. Jahrb. XXXVII, S. 7.

Flügelaltar der Kirche zu Lanken.

fehlt hier das »Maschelrygen-Werk« der Baldachine und Basen, das, wenn wir
es uns dem Mitteltheil entsprechend vorstellen, ohne Zweifel sehr hübsch ausgeführt gewesen sein wird. An der Predella auf übergeklebter Leinwand das
Gemälde der Abendmahls-Einsetzung aus späterer Zeit. Die Rückseiten der
Innenflügel sind bemalt, ebenso die beiden Seiten der Aussenflügel. Bei zugeklappten Innenflügeln sieht man acht Bilder aus dem Marienleben. Die
Rückwand der Aussenflügel enthält in Dreiviertel-Lebensgrösse die hl. Maria
mit dem Kinde und die hl. Katharina. Auch die Vorderseiten des kasten-
artigen Rahmens, in welchem sich die Doppelflügel mittelst Charnierbändern
bewegen, sind bemalt: links der hl. Nikolaus, rechts der hl. Antonius. Die
spätere Bekrönung des Altars aus der Barockzeit mit vortretenden Säulen und
Gebälk schliesst ein Oelbild, »Christus in Gethsemane«, in sich.

In der Nordwand ein alter **Eucharistie-Schrank.**

In dem Glockenstuhl drei **Glocken.** Die grösste (Dm. 1,18 m) ist ohne   Glocken.
Zeichen und Inschrift. — Die zweite (Dm. 0,98 m) hat die mit kleinen
Zierbildchen versehene Inschrift helṗ got iḣeſuſ maria o dꝫ̄ rex
iudeorum ano dn̄i mccccxxvii und das nebenstehende Giesserzeichen.
— Die dritte Glocke (Dm. 0,60 m) hat wie die erste weder Inschrift
noch Zeichen.

Kleinkunstwerke. 1. 2. Silbervergoldeter Kelch auf rundem Fuss. Auf Kleinkunst-
dem Fuss die Inschrift: HINRICH : DOLGE : VORSTEHER HIESIGER KIR- werke.
CHEN • HAT DIESEN KELCH VEREHRET. Parchimsche Arbeit: ℗ Ⓜ℗. Dazu
eine Patene von demselben Stifter aus dem Jahre 1706 und mit den gleichen
Werkzeichen. — 3. 4. Silbervergoldeter (einst zu profanen Zwecken, jetzt als
Kelch dienender) Becher, zu dem eine Patene gebraucht wird. Am Becher
die Stempel Ⓑ ⑫. — 5—7. Kleiner Zinnbecher, dazu Patene und Dose,
von dem schon öfter angetroffenen Parchimschen Zinngiesser I C W mit dem
Bilde der Waage. — 8. Krankengeräth von Silber, neu. — 9. 10. Zwei silberne,
inwendig vergoldete Patenen, die eine 1666 von ANNA NESEN[1]) gestiftet, mit
dem doppelten Stempel Ⓟ̲Ⓐ̲; die zweite 1843 von JACOB PINGEL, Büdner
in Stralendorf, gestiftet, mit den Stempeln des Parchimschen Goldschmiedes
Quirling. — 11. Silberne Weinkanne, auf dem Deckel ein vergoldetes Kreuz,
Geschenk von HERMANN BLANCK 1848. — 12. Neue silberne Oblatenschachtel,
Berliner Fabrikat. — 13. Neues Messingbecken. — 14. 15. Zwei zinnerne
Altarleuchter mit den Stempeln eines Parchimschen Giessers K • B • 1760. —
16. Noch ein Altarleuchter von Zinn, gestiftet 1797 von JÜRNGEN CHRI-
STIAN WANDTSCHNEIDER, ohne Stempel.

---

[1]) Frau des Pastors Lantzius.

Das Gut und Filial-Kirchdorf Greven.[1]

Geschichte des Dorfes.

Das Gut und Dorf Greven gehört zu jenen vierzehn im Lande Sternberg gelegenen Dörfern, die den von Plessen 1324 verpfändet werden und bis 1456 in ihrem Besitz bleiben.[2] Wenn uns nun 1419 ein Hartwicus Tralow als zu Greven wohnend (morans in Greben) genannt wird, so ist nichts im Wege, ihn für einen Plessen'schen Hinterlehnsmann zu halten. Wie das Gut Greven nach Balthasar von Tralow's Tode zuerst an Reimar von Winterfeld,

Altaraufsatz.

dann an die von Stralendorff und 1734 wieder an die Plessen kommt, ist schon bei Lanken näher auseinandergesetzt. Bis 1800 bleibt Lanken mit Greven zusammen. Da geht es an den Kammergerichts-Assessor Hans Detlev Baron von Hammerstein über. In Hammerstein'schen Händen befindet es sich — eine Unterbrechung zwischen 1802 bis 1806 abgerechnet — bis 1813. Nachher hat es bis 1824 Karl Baron von Barkhausen-Wiesenhütten, dann ein Jahr lang Joseph Ludwig von Oettinger, darauf bis 1852 Hofrath Karl Christian

---

[1] 4 km nordwestlich von Lübz. »Felsort« oder »Steindorf«, »Steinhagen« (wie auch Kammin) könnte als Uebersetzung gelten, wenn die Verbindung mit dem altslavischen Wort »grebeni« Fels richtig ist. Kühnel, M. Jahrb. XLVI, S. 57.

[2] M. U.-B. 4570. 4959.

Hartmann, bezw. dessen Erben, und seit 1853 Advokat Magnus Friedrich Vollrath Knebusch, in dessen Familie es heute noch ist.

Stralendorff'sches Epitaphium.

Ueber die kirchlichen Verhältnisse ist die Einleitung zu Lanken zu vergleichen.

Kirche. Die Kirche ist ein Backsteinbau aus dem Jahre 1721 auf der Grundform eines länglichen Vierecks mit platt abschliessendem Chor. Im Innern eine flache Holz- und Bretterdecke. Im Westen ein Thurm mit glockenförmigem Dach und aufgesetzter entsprechender Laterne.

Den **Altaraufsatz** bildet ein neu bemaltes gothisches Triptychon aus dem Anfange des XVI. Jahrhunderts mit Schnitzfiguren. Ueber dem Triptychon ein kleines **Triumphkreuz** aus älterer Zeit. Bedeutender als diese Dinge ist das im Jahre 1891 wieder hergestellte [1] **STRALENDORFF**'sche **Epitaphium**, eine Marmor- und Sandstein-Arbeit aus dem Anfange des XVII. Jahrhunderts. Die Inschrift lautet:
JOACHIM V · STRALENDORFF K · DAEN · OBERSCHENK AVF GREVEN V · LINDENBECK : STARB 1608 BETRAVERT V · SEINER WITTWE ANNA ROTERMUND. [2]

Kirche.

Altaraufsatz.

Triumphkreuz.

Epitaph.

An der Innenseite oberhalb der Eingangsthür eine hölzerne **Gedenktafel** mit der Inschrift: DIESE KIRCHE HAT GOTT ZU EHREN UND ZU VERRICHTUNG DES HEILIGEN GOTTESDIENSTES DIESER GEMEINE ALS PATRO-

Gedenktafel.

---

[1] Die Inschrift ›RENOVATUM EST‹ hat keinen passenden Platz erhalten.
[2] Sie vermählte sich später mit dem Wallenstein'schen Kanzler Gebhard von Moltke auf Toitenwinkel vgl. Bd. I. Ueber Jochim von Stralendorff s. M. Jahrb. IX, S. 171. 189.

NUS ERBAUET JOHAN CHRISTIAN VON STRALENDORFF ELISABETH DORO-
THEA VON WINTERFELD · ANNO 1721.

Grabsteine. Unter den **Grabsteinen** der Kirche verdient besondere Beachtung der des ebengenannten Erbauers der Kirche. Die Inschrift lautet: **JOHAN CHRI-STIAN VON STRALENDORF ELISABETH DOROTHEA VON WINTERFELDTEN.** Darunter Vers 9 des vierten Psalms. Oben an den Ecken je ein Engelskopf, unten an den Ecken ein Todtenkopf und eine Sanduhr.

Begräbniss. Unter dem Chorraum befindet sich ein jetzt vermauertes **VON PLESSEN-**sches **Begräbniss.**

Glocke. Im Thurm eine **Glocke** (Dm. 0,80 m) ohne Inschrift, aber mit dem bekannten nebenstehenden Glockenzeichen und mit verschiedenen Heiligenfiguren, unter denen eine thronende Maria mit dem Kinde zu nennen ist.

Kleinkunst-werke. **Kleinkunstwerke.** 1. 2. Zinnerner Kelch mit Patene, letztere mit der Marke des englischen Zinns und den Initialen **C C** oder **C G**, ersterer ohne Stempel. — 3. Taufschale von Messing. — 4—6. Drei zinnerne Leuchter ohne Inschrift. Als Stadtstempel auf allen dreien das Güstrower Wappen, als Meisterstempel je zweimal ein Anker mit den darüber stehenden Initialen **I. R. B.**

Das Kirchdorf Gischow.[1]

Geschichte des Dorfes. Wie die Stadt Parchim von den Herren von Woosten, Augzin, Schönberg, Barnekow, Weltzien und Karow schon im XIV. Jahrhundert schrittweise die Anrechte ankauft oder auch geschenkt erhält, welche diese an Gischow haben, und damit auch weitere geistliche und weltliche Rechte im Dorfe gewinnt, zeigt Cleemann in seiner Parchimschen Chronik S. 234 bis 240 durch Zusammenstellung aller Urkunden, die hierauf Bezug haben.[2] Kirche und Pfarre, damals unter Woosten'schem Patronat, werden 1304 zum ersten Mal als zur Schweriner Diöcese gehörig bekannt. Zugleich wird dafür gesorgt, dass durch deren Errichtung dem Pleban zu Burow kein Abbruch geschieht.[3] Das Patronat der Kirche besitzt der Rath der Stadt Parchim schon um 1360, oder doch bald nachher.[4]

Um 1310 giebt es einen Pfarrer Engelbert zu Gischow. 1542 ist Petrus Ebeling Kirchherr zu Gischow, den das Visitationsprotokoll als grossen

[1] 4 km südlich von Parchim. Die dem XIV. Jahrhundert angehörenden Nebenformen Giskowe, Gissekow deutet Kühnel, M. Jahrb. XLVI, S. 49, als »Ort des Jesik«.
[2] Vgl. M. U.-B. 4010. 5013. 6345. 9208. 9234. 9403. 10024. 10997. 11219. 11221.
[3] M. U.-B. 2942. 3182.
[4] M. U.-B. 8814.

Papisten bezeichnet. Einen Gegensatz zu ihm bildet 1563 der vom Super-
intendenten Riebling eingesetzte Pastor Joh. Rosendahl. Um 1605 ist Samuel
Nikolai Pastor zu Gischow und um 1612 wird von Cleemann in seinem
Repert. univ. Simon Bartels genannt. Nach ihm erst wieder von 1658 bis
1667 Joachim Valentin Mowius. Es folgen Ulrich Koch bis 1677, Christian
Giese bis 1689, Christian Schuchard bis 1698, Martin Schröder bis 1715,
Joh. Friedr. Jänicke bis 1739, Christian Mensebier bis 1791 und Joh. Heinrich
Fabricius von 1792 bis 1835. Ueber ihn und seine Nachfolger s. Walter a. a. O.

Kirche. Die Kirche ist ein vierseitiger Fachwerkbau mit flacher Decke
im Innern. Der Thurm steigt aus dem Westende des Kirchendaches als acht-
seitige Pyramide empor. In der Wetterfahne die Jahreszahl **1715**. Vor der
Kirchthür auf der Südseite eine **Holztafel** mit der Inschrift: DEI TRINUNIUS
IN HONOREM ET AETERNAM PAROCHIANORUM SALUTEM TRISTISSIMAS
INTER ARDENTIS VICINI BELLI CALAMITATES HOC TEMPLUM EXSTRUCTUM
EST ANNO QVO VOVEMUS · HAEC AEDES SACRATA DEO HIS IN TERRIS DIV
SIT TVTA.

Kirche.

Holztafel.

Im Jahre 1900 hat eine Erneuerung des Innenraumes stattgefunden.

Das alte gothische **Triptychon** des Altars hat als Mittelbild die hl. Maria
mit dem Christkind in der Sonne, zu den Seiten auf den Flügeln rechts den
hl. Johannes, links den hl. Bischof Servatius mit dem Petrusschlüssel. In ihren
Nimben die Namen: SANCTVS JOHANNES, SANCTVS SERVATIVS. Auf
der Rückseite der Flügel (hinter Johannes) die Messe des hl. Gregor, auf der
anderen Rückseite die Erhebung eines Bischofs zum Papst (Servatius?). Die
Predella hat ihre Ursprünglichkeit eingebüsst. — **Kanzel** und **Gestühl** einfach. —
Im Gange in der Kirche u. a. der **Grabstein** des Pastors JOHANN HEINRICH
FABRICIUS, zu Gischow seit 1792, gest. 20. December 1835.

Triptychon.

Kanzel und Gestühl, Grabstein.

Im Thurm zwei **Glocken**. (Dm. 0,91 m und 0,81 m). Beide tragen
bis auf ganz geringfügige Verschiedenheiten die Inschrift: ANNO 1723 GOS
MICH MICHAEL BEGUN · DA HERR HOFFRAHT JOHAN JOACHIM BUSSE ·
D · REGIERENDER BURGERMEISTER IN PARCHIM HERR JOHAN FRIEDRICH
JÄNICKE PASTOR UND HANS KAROW · SCHULTZ UND CHRISTIAN BURAU
KIRCHENJURATEN WAREN.

Glocken.

Kleinkunstwerke. 1. Silbervergoldeter Kelch im Rokokostil vom Jahre
1757. Mit den Stempeln [P] (CH). — 2. Silbervergoldeter Kelch auf rundem
Fuss, mit einem aufgehefteten Krucifixus als Signaculum und mit den Namen
der Geber: JACOB SCHRÖDER ANNA · ELISABETH SCHRÖDERINN 1727. Mit
den Parchimschen Stempeln (P) (CDL). — 3. 4. Zwei silbervergoldete Patenen,
die eine mit den Initialen J · S · A · E · S · 1727, also zu 2 gehörend, die
andere ohne Inschrift. Beide ohne Stempel. — 5. Krankengeräth, neu. —
6. Oblatendose, neu. — 7. Weinkanne, mit den Stempeln W. M. F. N. — 8. Tauf-
scnale von Messing, neu. — 9. 10. Zwei kleine Messingleuchter.

Kleinkunst-werke.

Das Kirchdorf Burow.[1]

Geschichte
des
Dorfes.

D as Erste, was wir urkundlich von dem alten, zum Lande Ture gerechneten Bauerndorfe Burow hören, ist eine vom Schweriner Bischof Hermann ausgefertigte Bestätigung des dem Krankenhause in Dobbertin durch fromme Männer wie den Pfarrer Detlev zu Lüdershagen und die Ritter Detlev Wackerbart und Heinrich Kramon in den Jahren 1288—1289 zugewiesenen erheblichen Hufenbesitzes im Dorfe.[2] Ferner ersieht man aus einer Urkunde des Jahres 1304, dass dort eine Kirche mit eigenem Pleban und grossem Pfarrsprengel vorhanden ist, welcher durch Abzweigung des Dorfes Gischow verkleinert wird.[3] Im Jahre 1341, als auch die von Weltzien einen Theil der landesherrlichen Gefälle erlangen, wird das Dorf als Gross-Burow (Major B.) bezeichnet, was das Vorhandensein eines Dorfes oder Hofes Klein-Burow zur Voraussetzung hat.[4] Von Lieferungen und Hebungen aus Burow, die von einer Hand in die andere gehen und wobei besonders die Familien Weltzien, Wosten, Gischow, Kramon, Schönberg und Katte, genannt werden, ist in den nachfolgenden Jahren öfter die Rede.[5] In Parchim ist es die Bartholomaeus-Kapelle mit ihrer Vikarei, die aus Burow erhebliche Einkünfte erlangt.[6] Im Uebrigen aber bleibt Burow unentwegt ein dem landesherrlichen Domanial-verbande angehörendes Bauerndorf.

Als mittelalterliche Geistliche werden in der ersten Hälfte des XIV. Jahrhunderts die Pfarrer Nikolaus und Jakob genannt. Der nächste Name, soweit wir bis jetzt wissen, ist der des Gregorius Freude (Frewde) in der zweiten Hälfte des XVI. Jahrhunderts. Nach ihm kommt Blasius Schultze, der 1587 nach Siggelkow geht (s. o. S. 502). Es folgen: Joachim Giese bis zu seinem Tode 1599; der von der Herzogin Sophie berufene Joachim Janentsche (Jenentsche, Jenenzky), welcher 1638 stirbt; Jakob Krüger von 1640 bis 1658 (†); Jonas Lincke von 1659 bis 1712 (†); Nikolaus Rechlin seit 1708, bis zu seinem Tode 1725; Justus Christian Dabelow von 1726 bis 1761 (†); Joh. Heinr. Hoffmann von 1762 bis 1799 und Christian Joachim Hoffmann von 1797 bis 1848. Ueber ihn und seine Nachfolger s. Walter a. a. O.

Das Patronat ist von Alters her landesherrlich gewesen, in der Zeit des Witthums-Amtes im XVI. und XVII. Jahrhundert aber »beim fürstlichen

---

[1] 7 km südlich von Lübz »Ort des Bura«: Kühnel, M. Jahrb. XLVI, S. 31.

[2] M. U.-B. 1964. 2031. Vgl. 3327. 6550. Lisch, M. Jahrb. X, S. 34.

[3] M. U.-B. 2942. Vgl. 3182.

[4] M. U.-B. 6124. Klein-Burow ist schon vor 1539 eine blosse Feldmark: Schildt, M. Jahrbuch LVI, S. 215.

[5] M. U.-B. 6345. 6452. 6453. 6462. 6585. 6677. 8317. 9234. 9348.

[6] M. U.-B. 10129. Vgl. Cleemann, S. 167. Im Register des mecklenb. Urkundenbuches wird irrthümlich die Bartholomaeus-Kapelle in Parchim nach Burow versetzt.

Hause zu Lübz« und während der früheren und späteren Verpfandungs-Perioden der Aemter beim jeweiligen Pfand-Inhaber.

Kirche. Die Kirche ist im Jahre 1873 neu gebaut. Sie hat einen hölzernen Thurm.

Auch die **innere Einrichtung** ist neu. Als **Altarbild** die Kreuzigungs-gruppe von **Fr. Lange 1871.**

In dem Fenster der Ostseite sind ältere **Glasmalereien** wieder angebracht. Zunächst unten ein frühgothisches Glasbild: Christus am Kreuz mit Maria und Maria Magdalena. Darüber achtzehn kleine Scheiben mit verschiedenen Bildern, man sieht z. B. den Salvator mundi, die Auferstehung und das Abendmahl, dazu die Namen früherer Bauern im Dorfe: **ROGGE, RUSCH, TESTMAN, WELZIN, RABE, TILSEN, HUSFELT, DUNKER, BREMER, KOLMORGEN, KNACKE, MAURIEN, STEIN** und den des Pastors **JONAS LINCKE.**

Im Thurm drei **Glocken.** Die grössere ist 1885 von **Ed. Albrecht** in Wismar gegossen worden.[1] — Die zweite (Dm. 0,93 m), die mit einem undeutlichen erhabenen Bischofsbild verziert ist, hat die Inschrift: O rex glorie xriste veni cum pace ✠ Anno dño(!)✠ d(!) • mccccxlii. — Die dritte (Dm. 0,62 m) hat die Inschrift: aue maria gra plen dñs tecu. Auch hier allerlei Verzierungen, dazu die nebenstehenden Giesserzeichen.

Kleinkunstwerke. 1. Silbervergoldeter Kelch mit dem aufgehefteten Krucifixus als Signaculum. Inschrift: **POCULUM SALUTIS DIGNE BIBENTIBUS J · C · D · P · B ET E · E · J · ANNO 1742.** Parchimsche Stempel: P und 🛡.[2] — 2. Silbervergoldeter Kelch mit einem aufgehefteten Krucifixus als Signaculum. Inschrift: **PRO INNUMERIS COLLATIS BENEFICIIS INPRIMIS AUTEM PRO EXAUDITIONE PRECUM IN PECULIARI QUADAM SOLLICITUDINE OFFERUNT HOCCE SACRIFICIUM EVCHARISTICUM JEHOVAE IN ALTARI BU-ROVIENSI SOLVUNTQUE EI VOTA SUA PAR CONJUGUM J · C · D · ET E · E · J · ANNO 1740.** Dieselben Zeichen wie beim Kelch 1. — 3. 4. Zwei silbervergoldete Patenen tragen dieselben Zeichen. — 5. Krankenbesteck von Alfenide, Geschenk des früheren Erbpächters **SCHONDORF** zu Burow. — 6. Oblatendose, neu. — 7. Weinkanne, geschenkt von der **SCHONDORF**'schen Familie. — 8. Taufbecken von Messing, neu, von **Meyne**-Schwerin.

[1] Ihre Vorgängerin vom Jahre 1737 (Giesser nicht genannt) trug die Namen des Herzogs Karl Leopold und der Barnewitz'schen Erben, die, so lange sie Pfandträger des Amtes Lübz waren, auch das Patronat statt der Herzöge ausübten, dazu auch den des Pastors Dabelow.

[2] Die Initialen in 1—4 weisen auf den Pastor Burowiensis Justus Christian Dabelow s. o.).

Das Gut und Filial-Kirchdorf Klein-Niendorf.[1]

Geschichte des Dorfes.

Das »in der vôghedye tho Parchim« gelegene Gut und Dorf Klein-Niendorf giebt Fürst Lorenz von Werle am 25. Mai 1377 »deme erliken manne Hinrick Belauw vnd sinen eruen .[2]) Die von Below sind darauf fast vierhundert Jahre lang (bis 1769) sitzen geblieben. Ihre Rechtsnachfolger sind nachher die Bolbrügge's bis 1828, Joh. Heinrich Lübbe bis 1845, und von 1845 an Heinr. Glantz, dessen Familie noch heute Hof und Dorf besitzt.

Die Kapelle zu Klein-Niendorf gehört nachweislich seit dem XVI. Jahrhundert zu Burow, wahrscheinlich schon früher und überhaupt von Anfang an.

Kapelle.

Kapelle. Die Kapelle ist ein Fachwerkbau ohne Thurm. Im Innern eine flache Bretterdecke. Auf dem Westgiebel eine Wetterfahne mit der Jahreszahl **1837.**

Innere Einrichtung.

Die **innere Einrichtung** ist einfach: **Kanzel, Altar** und **Taufständer** sind im Stil der Renaissance. Als **Altarbild** die Abendmahls-Einsetzung. An einer Wand hängen zwei **Bollbrügge**'sche **Wappenschilde** (Brücke, darunter drei Fische) mit der Unterschrift: **OECONOMIERATH CHRISTIAN FRIEDRICH BOLL- BRÜGGE, GEB · D · 22 · JULIUS 1758, GEST · D · 13 · JULIUS 1818.** Ausserdem ist eine kleine **gemalte Glasscheibe** mit dem Flotow'schen Wappen und der Unterschrift **DOROTHIA CATTRINA V · FLOTOWEN** zu nennen.

Glocke.

Eine kleine **Glocke** (Dm. 0,25 m) hängt am Westgiebel der Kirche. Sie hat keine Inschrift.[3])

Vasa sacra.

Vasa sacra. 1. Zinnkelch ohne Inschrift. Als Stadtzeichen das **P** von Parchim. Meisterstempel nicht mehr erkennbar. — 2. Patene, ebenfalls von Zinn, von dem Parchimschen Giesser **N C B**. — 3. Kleine silberne Patene mit den Initialen **M · S · B · 1687.** Meisterzeichen (GB).

~~~~~~

Das Kirchdorf Gross-Pankow.[4]

Geschichte des Dorfes.

Als Bauerndorf hat Gross-Pankow von Alters her allen Wechsel der Zeiten bis heute überdauert, aber mittelalterliche Urkunden v o r der zweiten Hälfte des XV. Jahrhunderts sind bis jetzt nicht zum Vorschein gekommen. Aus späteren Urkunden ersehen wir dann, dass die Bauern des Dorfes theils

---

[1]) 7 km südsüdwestlich von Lübz.
[2]) M. U.-B. 11025.
[3]) Vgl. Inventar 1811.
[4]) Fast 12 km südlich von Lubz. Der Name heisst nach Kühnel, M. Jahrb. XLVI, S. 102, soviel wie »Ort des Pak-«.

den Koppelow's auf Mentin, theils den Restorff's auf Kummin pflichtig sind, dass hierin mancher Wechsel vorkommt, und dass der Uebergang aus dem ritterschaftlichen in den landesherrlichen Domanial-Verband im XVIII. Jahrhundert schritt- oder stückweise vor sich geht. Der letzte Kumminsche Antheil an Gross-Pankow verschwindet erst im Jahre 1796, als der Amtmann Georg Friedrich von Prollius im Besitz von Kummin, Siggelkow und Tessenow ist. S. o. bei Siggelkow.[1])

Um 1542 heisst der Pastor in Gross-Pankow Erasmus Wentorp. Das Patronat hier und in Siggelkow haben die von Koppelow auf Mentin. Später, bis über 1615 hinaus, finden wir in Gross-Pankow den Pastor Matthaeus Waggatz. 1619 ist von seiner Wittwe die Rede, zugleich auch davon, dass er lange Jahre im Amte gewesen. Sein Nachfolger scheint Georg Krüger gewesen zu sein, den Cleemann in seinem Repertorium universale nennt, über den wir aber keine Akten gefunden haben.[2]) Nachher, wie durch Akten bezeugt wird, übernimmt der Pastor Markus Dencker in Lanken die Cura der Gross-Pankower Pfarre bis 1643 und darauf erst der Siggelkowsche Pastor Joh. Lantzius. Als dieser aber 1653, nachdem ihm das Kriegsvolk Haus und Hof in Siggelkow niedergebrannt hat, nach Lanken übersiedelt,[3]) da übernimmt sein Schwiegersohn Christian Grapengiesser die Pfarre in Gross-Pankow und erhält zugleich die Cura der Siggelkowschen Kirche, die von nun an als »kombinierte Mutterkirche« mit der in Gross-Pankow verbunden bleibt. Die Nachfolger von Christian Grapengiesser, welcher 1679 stirbt, sind Christoph Scherer bis 1696, Paul Agricola bis 1709, Joachim Manzel bis 1747, Lorenz Peter Trappe von 1750 bis 1759, Joh. Joach. Ballhorn von 1761 bis 1783 und Joh. Christian Hofmann I. von 1783 bis 1807. Ueber die Pastoren des XIX. Jahrhunderts s. Walter a. a. O.

Das Patronat über die Kirchen zu Gross-Pankow und Siggelkow geht erst am Ende des XVIII. Jahrhunderts an den Landesherrn über.

Kirche. Die Kirche ist ein vierseitiger Fachwerkbau vom Ende des XVII. oder vom Anfange des XVIII. Jahrhunderts. Im Innern eine flache Bretterdecke. Hoch oben an der Wand liegende und bis an die Decke reichende kleine quadratische Fenster erleuchten den Raum. Im Westen ein mit Brettern bekleideter und mit einem Satteldach geschlossener Thurm. Auf der Ostseite eine Balken-Inschrift, in welcher der Name **ERNST VON KOPPELAW** noch zu erkennen ist (s. o.).

Kirche.

Als **Altaraufsatz** ein Triptychon vom Ende des XV. Jahrhunderts. Im Mittelfeld Christus am Kreuz mit Maria, Maria Magdalena und Johannes. Drei

Altaraufsatz.

---

[1]) Akten im Grossh. Archiv über Gross-Pankow und Kummin (Cummin).

[2]) Cleemann bringt Siggelkow und Gross-Pankow versehentlich früher zusammen als richtig ist, und geräth dabei in allerlei Konfusionen.

[3]) Er stirbt erst im Jahre 1677. Ueber den schwer geprüften, aber unermüdlich thätigen Mann giebt es einen sehr lesenswerthen Brief, den seine Kinder und Schwiegerkinder am 22. April 1678 an den Herzog Christian Ludwig richten. Es fehlt darin leider ein Bogen.

kleine Engel mit Bechern fangen das Blut des Heilandes auf. Die beiden Flügel sind horizontal getheilt und enthalten in ihren zwölf Feldern die Apostel. Aber es fehlt das gothische »Maschelrygen-Werk« der Baldachine und Basen.

Glocken.

Glocken. Zwei Glocken: Die grössere (Dm. 79 cm) hat die Jahreszahl **1728.** Sie ist von **Christian Heinze-Berlin** gegossen und trägt die Namen des damaligen Patrons **ADAM ERNST VON KOPPELAV** und seiner Gemahlin **E :**

Altaraufsatz.

VON KOPPELAV,[1]) des Pastors **JOACHIMUS MANZEL** und des Vorstehers **GABRIEL HARM.**   Die kleinere Glocke (Dm. 38 cm) hat das bekannte nebenstehende Giesserzeichen aus der zweiten Hälfte des XV. Jahrhunderts.

Kleinkunstwerke.

Kleinkunstwerke. 1. Silberner Kelch.   Auf der Unterseite des runden Fusses: **IOCHIM BRASCHE MARIA GARVES 1680.** Keine Stempel. — 2. Kelch aus englischem Zinn mit der Bezeichnung des Stifters **H R 1740** und den Initialen des Zinngiessers **G L I S.** — 3—5. Drei Zinnleuchter, der eine 1703 von **JAKOB REDELIN** gestiftet, und vom Parchimschen Zinngiesser **D M W 1703** (Waage); der andere 1734 von **GABERGEL** (?) **MANNKE** gestiftet, und vom Parchimschen Giesser **N C B** (heraldische Lilie); der dritte 1739 von **IOCHIM HARMSEN** gestiftet, und von demselben Zinngiesser wie der zweite. — 6—8. Kanne, Oblatendose und Patene, neu, von **Prüfer-Berlin.**

¹) Mit dem Zusatz **NE DE VORSTERN** .NE   nee).

Das Kirchdorf Kreien.[1]

Geschichte des Dorfes.

as in der Ture gelegene Dorf Kreien gehört zu jenen mecklenburgischen Bauerndörfern, die das Kloster Stepenitz schon im XIII. Jahrhundert erwirbt. Drei Hufen im Dorf schenkt Johann von Schnakenburg um des Seelenheils seiner Gattin willen mit Zustimmung seines Bruders Hermann von Repentin den Nonnen in Marienfliess, drei andere kauft ihm das Kloster für 38 Mark Geldes ab, und als er auf dem Sterbebette liegt, da giebt er mit Zustimmung seiner zweiten Gattin Herburg noch zwei Hufen. Das sind acht Hufen, deren rechtmässigen Besitz sich das Kloster am 4. April 1271 bestätigen lässt. Drei Jahre später aber erfahren wir, dass es bereits dreissig Hufen an sich gebracht hat, aber ohne Angabe darüber, wie es dazu gekommen ist.[2] Weitere vier Hufen erwirbt das Kloster 1369 von der Familie Huskummer.[3] Als Kirchdorf aber tritt uns Kreien den 21. Oktober 1320 zum ersten Mal in seinem Pfarrer Heinrich entgegen, der als Zeuge in einer Urkunde genannt wird.[4] Das ist alles, was wir aus dem frühen Mittelalter über Kreien wissen. Dass mit der überall im XVI. Jahrhundert beginnenden Säkularisierung der Klostergüter auch das Kloster Stepenitz den weitaus grössten Theil seines mecklenburgischen Besitzes verliert, ist oben beim Kirchdorf Suckow, S. 508, schon bemerkt worden.

Als 1605 der alte Pastor David Meinemeyer gestorben ist, folgt ihm Sebastian Löwe (Low, Lou), der 1636 als dreiundsiebzigjähriger Mann aus dem Leben scheidet. Der Rektor Christoph Niefindt zu Grabow wird an seine Stelle berufen. Als weitere Pastoren werden genannt: von 1654 an Erasmus Wunsen; von 1666 an Jakob Brasch; von 1709 an Joh. Wolf, der 1749 emeritiert wird, aber erst 1754 stirbt; von 1749 an Georg Pagenkop; von 1786 an Joh. Christoph Wolleben und von 1797 an Ad. Gottl. Susemihl (✝ 1808). Ueber ihn und die Geistlichen des XIX. Jahrhunderts s. Walter a. a. O.

Als Filial-Kapelle von Kreien ist die zu Wilsen schon vom XVI. Jahrhundert her nachzuweisen.

---

[1] 7 km südlich von Lübz. Den Namen, der im XIII. Jahrhundert ebenso lautet wie heute Kreien, Kreygen) verbindet Kühnel, M. Jahrb. XLVI mit dem altslavischen Stamm kraj — Land, Gegend, und übersetzt ihn mit ›ländlicher Ort‹. Schon vom alten Magister Siemssen in Rostock so gedeutet: M. Jahrb. VI, S. 54.

[2] M. U.-B. 1223. 1322. Vgl. Lisch, M. Jahrb. X, S. 33.

[3] M. U.-B. 9922.

[4] M. U.-B. 4221. Das Personen-Register des Urkundenbuches macht wenigstens den dort genannten Hynricus de Cregen dazu. Nach der ganzen Stellung der Zeugennamen kann man ihn auch kaum für etwas Anderes halten, wenngleich es auffällt, dass der dem Kirchherrn zukommende Titel ›Dominus‹ bei ihm nicht, wie bei den vor ihm genannten Kirchherrn wiederholt worden ist.

Kirche.

Kirche. Die Kirche ist ein aus gesprengten Felsen aufgemauerter gothischer Bau mit platt abschliessenden Giebeln im Osten wie im Westen. Es giebt somit keine bauliche Trennung von Chor und Langhaus. Auch fehlt es an einem Thurm. Im Innern eine flache Bretter- und Balkendecke. Von den in neuerer Zeit veränderten Fenstern haben nur die in der Ostwand ihren alten Spitzbogen bewahrt; ebenso beide Eingänge (im Süden und Westen).

Altar-
aufsatz.

Der **Altaraufsatz** ist neu, ebenso das darin angebrachte Bild: Christus am Kreuz.

Romanischer Leuchter (im Grossh. Museum).

Kanzel,
Gestühl,
Tauf-
behälter.

Die **Kanzel**, vom Jahre 1710, renoviert 1880, hat in den Füllungen die auf Holz gemalten vier Evangelistenbilder. Dazu die Inschrift: **JACOBVS · BRASCHE · PAST · ELISA- BETHA · MARIA · POGGEN- BERGS · 1710 · 1880 ·** Die **Stühle** stammen von 1569: **M · JVRGEN FISCHER HAT VNS GEMACHT AŌ 1·5·6·9·** Der **Taufbehälter** von Holz hat die Jahreszahl **1664**. In ihm eine alte Messingschale.

Glocken.

Im Glockenstuhl, westlich von der Kirche, zwei **Glocken**. Die grössere (Dm. 0,95 m) hat die Inschrift: **GLORIA IN EX- CELSIS DEO ET IN TERRIS PAX IN HOMINIBUS BENEPLA· CITUM · AUDI HANC VOCEM ECCLESIA CREIENSIS! ANNO DOMINI MDCCCLV REGNANTE SERENISSIMO PRINCIPE FRIDERICO FRANCISCO II MAGNO DUCE MEGAPOLEOS ME FECIT HANS BRANDT WISMARIAE · PASTOR L · C · C · KAHLE SUERINENSIS JURATI : JO · BIELFELD · FR · BIELFELD · [1]** — Die ältere und kleinere (Dm. 0,75 m) hat unter einem Kranz von Blattverzierungen die Inschrift: **·: HANS VOS · GOSS · MICH · IN · LVNNEBVRG · ANNO 1681 · DEN 11 · YVNNVS ·** Als weiterer Schmuck zwei männliche Figuren mit langem Stab in der Linken, darunter ein Schmetterling, ebenso ein Schmetterling zu Anfang der Inschrift.

[1] Die Vorgängerin, 1736 von Christian Heintze-Berlin gegossen, hatte die Namen des Herzogs Karl Leopold, der Barnewitz'schen Erben als Patronen (qua Pfandherrschaft über die Aemter Crivitz und Lübz), des Pastors Joh. Wolf und der Juraten Klaus Darm und Hans Bull. Inventar 1811.

Kleinkunstwerke. 1.—3. Kelch, Oblatendose und Weinkanne sind neu: H. A. IÜRST & C?. BERLIN. — 4. Zinnkelch mit der Inschrift **DAVID BVRR · 1712 ·** Zweimal der Stempel **D W** mit Krone darüber. — 5. Zinnkelch, ohne Inschrift und Werkzeichen. — 6. Krankengeräth von Zinn, mit der Marke des englischen Zinns und dem Stempel **P R ROSTOCK**. — 7. Längliches Becken von Messing, ohne Inschrift. — 8. Taufschale von Messing, mit der Inschrift: **GOTT · ZV · EHREN · HAT · CHEL · SCLEDE · DIS · BEKEN · IN · DIE KREIER · TAVFFE · VEREHRET · ANNO · 1664** ☙ **PAST · ERASMO · GERHARD · EIDERO · HOL- SATO ·**[1]) — 9. 10. Zwei Altarleuchter von Messing, beide von **MARQUART STERNEBERCH** gestiftet. Ohne Zeichen. — 11. 12. Zwei zinnerne Leuchter, der eine mit der Inschrift: **HANS RUMP 1712.** Parchimscher Stempel: **C M** und Kanne mit Vogel; der andere mit der Inschrift: **CLAVS DARM 1715.** Nebenstehende Stempel.

Kleinkunst-
werke.

*　　　*　　　*

Ein dreifüssiger romanischer **Leuchter** und ein frühgothisches **Räucherfass,** beide von Bronze, sind aus der Kirche zu Kreien seiner Zeit an das Grossherzog- liche Museum ab- gegeben worden. Es muss aber bemerkt werden, dass an dem Leuchter nur der Fuss mit den drei Drachen- leibern und dem dazwischen ge- legten Blatt- und Rankenwerk alt ist. Schaft, Teller und Dorn sind neu und ähneln dem Valluhner Leuchter: vgl. M. Kunst- und Gesch.-Denk- mäler III, S. 110.

Leuchter
und
Räucher-
fass.

Frühgothisches Räucherfass,
im Grossh. Museum.

[1]) Sonst Erasmus Wunsen (s. oben), aus Eidera in Holstein.

Das Filial-Kirchdorf Wilsen.[1]

Geschichte
des
Dorfes.

Wie Kreien, so gehört auch Wilsen (Willesen) schon 1274 zu dem Kloster Marienfliess bei Stepenitz.[2] Das hindert natürlich nicht im Mindesten, dass auch das Kloster Dobbertin seit 1293 eine ihm von Detlev Wackerbart vermachte bedeutende Hebung aus dem Dorfe bezieht.[3]

Als Filiale von Kreien wird die Kirche oder Kapelle zu Wilsen zuerst im Visitationsprotokoll von 1609 genannt, als das Kloster Stepenitz seine mecklenburgische Begüterung bereits verloren hat und das Patronat wieder landesherrlich geworden ist. Die Visitation von 1609 scheint hier überhaupt die erste gewesen zu sein. 1714 ist von der Nothwendigkeit der Wiederherstellung des verfallenen und verwüsteten Baues der alten Kapelle die Rede.

Kapelle.

Kapelle. Die Kapelle ist ein vierseitiger Fachwerkbau aus dem XVIII. Jahrhundert, wahrscheinlich von 1715 (s. o. u. u.).[4] Im Innern eine flache Balkendecke mit Bretterbelag. Ein Thurm ist nicht vorhanden. Die Glocke hat ihren Platz an der Westseite unter einem kleinen Schutzdach. Die **innere Einrichtung** ist ohne Bedeutung. In den Fenstern der Kapelle kleine **Glasbilder** in Grau (Grisaillen) mit Namen und Wappen: CHRISTIAN SEYER 1715. JOHANN FRIEDRICH BERG 1715. H • JOACHIM GOTTFRIED BRASCHE • S • S • THEOL • STUD   H • ENGEL SEIHER • PAST • SUCOV : 1715.   H • JOHANNES WOLF, PAST • CREION : ET WILSSEN :   H • GEORG RISCH, PASTOR BARCO : 1715.   H • JOACIMUS DOBAV,[5] PAST : KARB : ET DARS . 1715.

Glocke.

Die **Glocke** (Dm. 0,37 m) hat die Inschrift: ANNO 1721 CATREN V BVELLOWEN GEB • V • BARNEWITZEN • JOHAN WOLF PAS •

Kleinkunstwerke.

Kleinkunstwerke. 1. Zinnerner Kelch mit der Inschrift FRANTZ ERNST LINCK 1716, von dem Parchimschen Giesser D M W (Waage). — 2. Zinnerne Patene mit den Stifter-Initialen F L L. Von demselben Giesser. — 3. Achtseitiges Messingbecken, ohne Inschrift. — 4. 5. Zwei zinnerne Altarleuchter, mit den gleichen Stempeln wie am Kelch und an der Patene. Beide 1716 gestiftet, der eine von CHRISTIAN RVMP, der andere von LVDEWICH HAASE.

[1] 10 km südlich von Lübz. Kühnel verbindet den Namen mit dem altslavischen Stamm vlüg- = feucht, polnisch wilg-, wilżenie = Feuchtigkeit: M. Jahrb. XLVI, S. 158.
[2] M. U.-B. 1322. 2247.
[3] M. U.-B. 2247. 2337.
[4] Nach dem Inventar von 1811 ist sie 1718 geweiht.
[5] Für Dabelow.

Das Kirchdorf Karbow.[1])

Geschichte des Dorfes.

Wie Kreien und Wilsen, so liegt auch das Bauerndorf Karbow sammt dem gleichnamigen Hofe in der Lübzer Turc und gehört gleich jenen vom XIII. Jahrhundert bis zur Säkularisierung im XVI. Jahrhundert dem Kloster Stepenitz.[2]) Einen Pfarrer Dietrich giebt es dort im Jahre 1320 und einen mit Namen Hinricus Wulff im Jahre 1373.[3]) Dann klafft aber eine Lücke von fast zweihundert Jahren. 1563 wird Jakobus Unverfert (Fürchtenicht, Imperterritus) berufen. Er wirkt noch im Jahre 1609, als die erste Kirchenvisitation von mecklenburgischer Seite in Karbow statt hat. Ihm folgt Michael Croschius.[1]) Diesem der an der alten Kanzel zu Darss im Jahre 1625 genannte Pastor Michael Slepkow und darauf von 1630 an Christoph Gypharius. Nachher wirken in Karbow Detlev Preen von 1653 an, Christian Fanter von 1661 an, Joachim Dabelow (Vater des D. in Burow) von 1698 an, Joachim Gammelin von 1725 an, Gotth. Friedr. Wolf von 1755 an (zuerst als Adjunkt des 1767 gestorbenen alten Gammelin), Ernst Joh Darjes von 1782 an und Karl Ludw. Musculus von 1799 bis 1808. Ueber ihn und seine Nachfolger im XIX. Jahrhundert s. Walter a. a. O.

Darss ist nachweislich um 1609 Filial-Kirchdorf von Kreien, ohne Zweifel aber schon in früherer Zeit damit verbunden.

Kirche. Die alte einschiffige Feldsteinkirche ist im Jahre 1604 abgebrannt. Auf das stehen gebliebene Gemäuer ist eine flache Balken- und Bretterdecke gelegt und dann das Dach aufgesetzt. Im Westen ein Thurm, der unten als Fachwerkbau und oben als Holzbau mit Bretterbekleidung behandelt ist. Aus seinem Kreuzdach erhebt sich ein kleineres vierseitiges Thürmchen, das ebenfalls mit einem Kreuzdach versehen ist. In seiner Wetterfahne die Jahreszahl **1749** (?). Auf dem Ostgiebel eine Stange mit einer Kugel und einem Hahn, in dem die Jahreszahl **1736** steht.

Kirche.

Auf dem Altar ein **Triptychon** mit Schnitzwerk vom Ende des XV. Jahrhunderts. In der Mitte die hl. Maria mit dem Christuskinde, daneben links der hl. Nikolaus, rechts die hl. Katharina. Ueber der Bekrönung ein **Triumphkreuz** mit Johannes und Maria (wohl von jeher an dieser Stelle).

Triptychon.

Die **Kanzel** ist ein Werk der Renaissance vom Jahre 1598. In den Füllungen als Schnitzwerk die vier Evangelisten.

Kanzel.

---

[1]) 10 km südöstlich von Lübz. Altslavisch heisst hribŭ der Hügel. Also »Hügelort«: Kühnel, M. Jahrb. XLVI, S. 65.

[2]) M. Jahrb. X, S. 33. M. U.-B. 1322.

[3]) M. U.-B. 4221. 10401.

[4]) So schreibt er sich selbst in einem Briefe des Jahres 1613.

Tauf-
behälter,
Epitaph.

Hölzerner **Taufbehälter** aus dem XVII. Jahrhundert.

Epitaphium des Pastors **Christian Fanter**. Holzarbeit, im Felde der Krucifixus in Relief, darunter Leidtragende (gemalt), jedoch ist die Malerei fast ganz vergangen. Inschrift: CHRISTIANUS FANTERUS, STERNBERGENSIS, PASTOR ECCLESIAE HUJUS CARBOVIENSIS ET DARSSENSIS AETAT : XLIX • MINIST XXIV ANNO MDCLXXXV.

Leuchter.

In der Kirche ein **Wandarmleuchter** von Messing aus dem XVII. Jahrhundert.

Glas-
malerei.

Im nördlichen Fenster des Chors zwei kleine **gemalte Scheiben**. In der einen die Inschrift HANS ALBRECHT. In der zweiten die Prudentia mit der Unterschrift ANNA ELISABETH HILLJENDORF.

Glocken.

Im Thurm zwei **Glocken**. Die grössere (Dm. 0,99 m) hat vorne im Felde die Inschrift: UNTER DER REGIERVNG DES D • F • V • H • H • CAROLI LEOPOLDI H • Z • M • HAT MIT VORWISSEN DER H • H • BARNEVITZISCHEN ERBEN ALS PFANDEINH • DES A • L • DIESE GLOCKE VON DENEN KIRCHEN MITTELN ZV CARBOW ANGESCHAFFET • D • JOACHIM GAMMELIEN P • JV-RATI C LNET[1]) P • SCHMIDT. Oben ringsumlaufend: LAVRENTIVS STRAHL-BORN ME FVDIT LUBECAE ANNO 1741. — Die zweite Glocke (Dm. 0,65 m) ist laut Inschrift im Jahre 1863 von **P. M. Hausbrandt**, Hofglockengiesser in Wismar, zur Zeit des Pastors **A. P. V. F. KÖPPEN** zu Karbow und Darss und der Juraten **SCHRODER** und **JACOBS** zu Karbow umgegossen worden.[2])

Kleinkunst-
werke.

Kleinkunstwerke. 1—3. Kelch, Patene, Oblatenschachtel von Silber. Neu, ohne Inschrift und Zeichen. — 4. Grosser Zinnkelch, ohne Inschrift, mit der Marke des englischen Zinns und mit den Zeichen G. G. — 5. Zinnerner Krankenkelch von J • M • 1792, mit der Marke des englischen Zinns und dem Stempel I C H. — 6. Silberne Weinkanne, geschenkt von ALBERT BADE und MARY BADE GEB. GESLIEN ZU SCHLEMMIN 1892. Ohne Werkzeichen. — 7. Taufbecken, achteckig, von Messing. Inschrift: JOSVA SEEHVSEN, BVRGER IN LVBECK, VEREHRET DIESES TAVFF BECKEN ZV GOTTES EHREN IN DER KIRCHEN ZV KARBOW • ANNO 1689. Treibarbeit. Auf dem Rande unter Fruchtstücken ein Stiefel. Gewiss war der Stifter ein in der guten Stadt Lübeck emporgekommener Schuster.

[1]) Für LENT.

[2] Ihre Vorgängerin war 1685 von Vites Siebenbaum gegossen worden und trug den Namen des Christian von Bülow als Pfandinhabers des Amtes Lübz, dazu den des Pastors Christian Fanter. Inventar 1811.

Das Filial-Kirchdorf Darss.[1]

Geschichte des Dorfes.

Auch das in der Lübzer Ture liegende Bauerndorf Darss ist seit der zweiten Hälfte des XIII. Jahrhunderts ein Stepenitzer Klosterdorf und bleibt es bis zur Säkularisation im XVI. Jahrhundert.[2]

Bei Gelegenheit der ersten mecklenburgischen Kirchenvisitation in Darss, die im Jahre 1609 stattfindet, heisst es im Protokoll, dass die Pfarre des Karbower Filialdorfes Darss sonst »die Michelsberger Pfarre« geheissen habe. Auch ist ebendaselbst von den dazu gehörigen Michelsberger Hufen die Rede. Das alles lässt erkennen, dass sowohl die ehemalige Selbstständigkeit der Pfarre als auch das im Mittelalter zwischen Karbow und Darss gelegene Dorf Michaelsberg, das schon 1539 als blosse Feldmark genannt wird,[3] noch im Gedächtniss der Menschen war. Die Selbstständigkeit der alten Pfarre zu Michaelsberg wird durch eine Urkunde des Jahres 1320 bestätigt. Um diese Zeit giebt es in Michaelsberg einen Pfarrer Nikolaus.[4] Da wird auch die Kapelle in Darss zu seiner Parochie gehört haben. Michaelsberg aber ist jenes alte Dorf Cesemowe, das Fürst Borwin I. dem Michaeliskloster in Lüneburg in Erinnerung an seinen damals dort bestatteten Vater Pribislav im Jahre 1219 als Geschenk überweist.[5] Ob die Kirche zu Michaelsberg (Chelsberg) schon im XV. oder erst im XVI. Jahrhundert eingegangen ist und ob ein Zusammenhang mit den Schicksalen der ehemaligen Kirche von Stuvendorf angenommen werden kann, über die wir besser unterrichtet sind, muss dahin gestellt bleiben.[6] An eine Identifizierung der Kirchen zu Stuvendorf und Michaelsberg aber kann schon deshalb nicht gedacht werden, weil die Plebane beider Kirchen neben einander in der angezogenen Urkunde von 1320 als Zeugen genannt werden.

Kirche.

Kirche. Die Kirche ist ein gothischer Neubau vom Jahre 1886. Auch die ganze innere Einrichtung ist neu.

Glasmalereien. Frühere Kanzel.

Im Thurm noch vier kleine **gemalte Fensterscheiben** aus der alten Kirche mit den Namen: **JOCHIM SLEDE, CATRINA DARNS, MARGARETA BRACKEN, JOCHIM DARN.** Alle vier tragen die Jahreszahl **1652.** Die **Kanzel**

---

[1] 14 km südsüdöstlich von Lübz. Dertze, Dasse vom altslavischen drači = Dornbusch: Kühnel. M. Jahrb. XLVI, S. 38. Also »Dorndorf«.

[2] M. U.-B. 1322.

[3] Schildt, M. Jahrb. LVI, S. 216.

[4] M. U.-B. 4221.

[5] M. U.-B. 260 (vgl. 126), 766. 1049. 1218. 1219. 1220.

[6] Lisch, M. Jahrb. XIII. S. 406. XXIII. S. 171. — Schildt, M. Jahrb. LVI. S. 170. 171.

aber, welche einst die alte Kirche zierte, steht im Schulzenhause zu Darss. Sie ist ein Werk der Renaissance und von guter Ausführung. In ihren Füllungen die Bilder der vier Evangelisten. Inschrift: **BEI ZEITEN HERRN MICHAEL • SLEPCOW PAST • S • ALT • 40 • S • AMPTS 12 • HAT HANS DANEK DIESEN P • STVHL IN GOTS EHRE GEGEBEN ANNO 1625.** Nach einer weiteren Inschrift ist die Kanzel im Jahre 1685 renoviert.

Glocke.   Im Thurm eine **Glocke** (Dm. 0,56 m) mit der Inschrift: **GOTT ZU LOB LIESSEN GIESSEN DIESE GLOCKE DIE GEMEINDE DARS BEI ZEITEN CHRISTIAN FANTERI PAST • VND CHRISTOFFER GANZLINS[1]) • JOACHIM MEHLER ME FECIT 1671.**

Vasa sacra.   **Vasa sacra.** 1—4. Kelch, Patene, Oblatenschachtel und Weinkanne sind neu und ohne Inschrift. — 5. Taufbecken, ebenfalls neu. — 6—9. Auf der Pfarre zu Karbow werden aufbewahrt: Zwei zinnerne Patenen, die eine von **CHRISTOFFER RUMPFF 1702** gestiftet, umgegossen 1758; die andere ohne Inschrift. Beide haben die Bezeichnung **FEIN ZINN** und den Stempel **N • C • B • 1706.** Ausserdem noch zwei zinnerne Leuchter ohne Inschrift, der eine mit dem Stempel **C. G. E.**, der zweite mit undeutlichem Stempel.

~ ~

Das Kirchdorf Vietlübbe.[2])

Geschichte des Dorfes.   Schon die ersten Urkunden von 1274 und 1288 offenbaren, wie das Kloster Stepenitz schrittweise das Dorf Vietlübbe erwirbt.[3]) Aus dem Klosterverbande tritt es zugleich mit dessen übriger Begüterung im XVI. Jahrhundert in den landesherrlichen Domanial-Verband zurück. S. oben bei Suckow, S. 508.

Mittelalterliche Geistliche sind nicht mit Namen überliefert. Von 1531 an wirkt dort Kaspar Paris, dem das Visitationsprotokoll nichts Gutes nachredet. 1552 wird Matthaeus Kalander berufen, dem 1620 sein gleichnamiger Sohn folgt. Beide haben auch die Seelsorge in Ganzlin, das, eine im Jahre 1709 noch bestehende Unterbrechung ausgenommen, mit Vietlübbe bis 1839 verbunden bleibt. Als der jüngere Matthaeus Kalander 1638 stirbt und der grösste Theil des Dorfes wüst daliegt, von Krieg und Pest verheert, da tritt eine längere Vakanz ein, an deren Beendigung auch 1649 noch nicht gedacht wird, nachdem der Pastor von Gnevsdorf zur Aushülfe berufen worden. Erst von 1661 an giebt es wieder eine ununterbrochene Reihenfolge: von 1661

---

[1]) Jurat.

[2]) Fast 12 km südöstlich von Lübz. Der Name lautet schon im XIII Jahrhundert so wie heute: Vitelubbe und bedeutet nach Kühnel, M. Jahrb. XLVI, S. 151, soviel wie »Familie Vitolub« oder »Ort des Vitolub«.

[3]) M. U.-B. 1322. 1955. Vgl. 10401.

bis 1665 Johannes Rude;[1] von 1667 an Kaspar Kuskow, der schon nach zwei Jahren stirbt; von 1670 bis 1702 Joachim Giese; von 1703 bis 1714 Joh. Christoph Burgward; von 1715 bis 1729 Nik. Christian Müller; von 1730 bis 1760 Joh. Bartsch; von 1762 bis 1765 Karl Aug. Manutius; von 1765 bis 1775 Otto Ernst Christian Wiggers;[2] von 1775 an J. L. Voss und von 1782 an Wilh. E. U. Passow. Bei seiner Berufung plant man bereits, das mit Gnevsdorf verbundene Dorf Retzow mit der Kirche in Vietlübbe zu vereinigen und Ganzlin zu Gnevsdorf zu legen, allein die Sache wird einstweilen wieder aufgegeben und kommt nun erst 1839 zu Stande.[3] Ueber Passow und seine Nachfolger im XIX. Jahrhundert vgl. Walter a. a. O.

Kirche. An Stelle der im Jahre 1878 abgebrannten älteren Kirche ist im Jahre 1882 eine neue Kirche gothischen Stils mit einem Chorabschluss aus dem Achteck erbaut. Der Chor ist gewölbt, das Langhaus dagegen hat eine flache Balken- und Bretterdecke. Der Thurm ist erst im Jahre 1896 hinzugekommen.

Die **innere Einrichtung** ist neu. Die beiden **Glocken** sind im Jahre 1881 von **E. Albrecht** in Wismar gegossen worden.[4] Auch die **Vasa sacra**, Kelch, Oblatendose und Weinkanne, sind neu.

Ein älteres getriebenes **Taufbecken** von Messing hat die Inschrift: **CHRISTO · RICHTER 1702**. Ein anderes ist ohne Inschrift.

Kirche.

Glocken.

Vasa sacra.

Taufbecken.

Vorgeschichtliche Plätze

s. am Schluss des Amtsgerichtsbezirks Plau.

---

[1] Vgl. Cammin bei Laage in Bd. I (2. Aufl.), S. 462.
[2] Vgl. Biestow bei Rostock in Bd. I (2. Aufl.), S. 309.
[3] Vgl. Stuhr, Kirchenbücher, M. Jahrh. LX, S. 33.
[4] Von den älteren Glocken war die eine 1620 (Giesser nicht genannt) und die andere 1766 von Joh. Valentin Schultz gegossen worden. Inventar 1811.

Die Burg zu Plau.

Amtsgerichtsbezirk Plau.

Die Stadt Plau.[1]

Geschichte der Stadt. 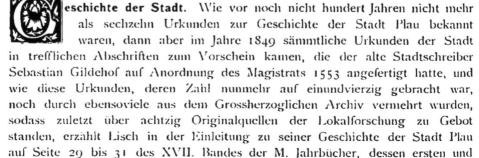 eschichte der Stadt. Wie vor noch nicht hundert Jahren nicht mehr als sechzehn Urkunden zur Geschichte der Stadt Plau bekannt waren, dann aber im Jahre 1849 sämmtliche Urkunden der Stadt in trefflichen Abschriften zum Vorschein kamen, die der alte Stadtschreiber Sebastian Gildehof auf Anordnung des Magistrats 1553 angefertigt hatte, und wie diese Urkunden, deren Zahl nunmehr auf einundvierzig gebracht war, noch durch ebensoviele aus dem Grossherzoglichen Archiv vermehrt wurden, sodass zuletzt über achtzig Originalquellen der Lokalforschung zu Gebot standen, erzählt Lisch in der Einleitung zu seiner Geschichte der Stadt Plau auf Seite 29 bis 31 des XVII. Bandes der M. Jahrbücher, dessen ersten und Haupttheil sie von Seite 1 bis 358 füllt.[2]

Indem wir auf diese Lokalgeschichte, die umfangreichste von allen, welche Lisch hinterlassen, verweisen, begnügen wir uns hier mit der Hervor-

[1] Die alte Form des XIII. Jahrhunderts ist Plawe und bedeutet soviel wie »Schwemme« oder Flössort altsl. plavü (flössen). Vgl. Lisch, M. Jahrb. XVII, S. 31, Anmkg. 1, und Kühnel, M. Jahrb. XLVI, S. 107. — [2] Vgl. Lisch, Codex Plawensis (Vermehrter Abdruck der Plauer Urkunden-Sammlung im M. Jahrb. XVII, S. 251—358).

hebung ihrer Hauptmomente an der Hand jener Quellen, deren Veröffentlichung inzwischen durch das mecklenburgische Urkundenbuch erheblich gefördert ist.

Die älteste der erhaltenen Urkunden ist die Bestätigung des Stadtrechtes für Plau durch die Söhne des jüngeren Fürsten Borwin im Jahre 1235.[1]) Diese Urkunde lässt erkennen, dass das Stadtrecht von Plau dasselbe ist wie das von Parchim und dass der ältere und der jüngere Borwin es sind, welche den wendischen Ort Plau mit deutschen Kolonisten besetzt und zur Stadt erhoben haben. Das muss, da der jüngere Borwin am 4. Juni 1226 und mehr als ein halbes Jahr vor dem älteren Borwin († 28. Jan. 1227) aus dem Leben schied, noch vor dem Sommer des Jahres 1226 geschehen sein, aber dass es nach 1223 gewesen sein müsse, dafür ist der Beweis nicht erbracht.[2]) Die Urkunde über die Stadtgründung selber ist verloren gegangen.

Im selben Jahre 1235 erfahren wir den Namen des Plauer Kirchherrn: er heisst Hermann (Hermannus de Plawe) und weilt am 3. August 1235 bei seinem schweriner Bischof in Warin.[3])

Wie Plau um diese Zeit zum Lande Parchim-Richenberg gehört, ist aus vier Urkunden zu ersehen.[4]) Fürst Pribislav, der sich Anfangs Dominus de Parchem und später Dominus de Richenberg nennt, gewährt am 7. April 1244 die Vergrösserung der städtischen Feldmark um das damals nördlich am Plauer See zwischen der Stadt und den Dörfern Quetzin und Plauerhagen gelegene Dorf Slapsow, das bis dahin ein Lehngut gewesen und von der Familie von Schnakenburg an Rath und Bürgerschaft von Plau verkauft worden war; er ordnet am 23. April 1254 von Plau aus die Kirchen- und Pfarr-Verhältnisse in Karow und giebt, als er ein Jahr später wieder in der Stadt weilt, Rath und Bürgerschaft die theilweise mit besonderen Vergünstigungen verbundene Erlaubniss zum Ankauf von Grund und Boden in den Dörfern Quetzin, Grapentin, Gardin, Gedin und Plauerhagen. Die vierte Urkunde handelt von dem Vertrage mit dem Bischof Rudolph (zu Dobbertin am 3. März 1255) über die Zehnten aus den Städten Parchim und Plau sowie aus den Dörfern Lalchow und Stiten.

Nach dem bekannten Zerfall des Fürstenthums Parchim-Richenberg im Jahre 1256 werden die Länder Plau und Goldberg sammt der Lübzer Ture der Herrschaft Werle einverleibt, während Parchim der Grafschaft Schwerin und Sternberg der Herrschaft Mecklenburg überwiesen wird.[5]) Demgemäss wird Plau von jetzt an eine werlesche Stadt. Sie bleibt es bis zum Aussterben des Hauses Werle im Jahre 1436. Die Fürsten von Werle weilen oft in der Stadt, und viele ihrer Urkunden gehen von dort ins Land. Als nach dem Tode Nikolaus I. († 1277) seine Söhne Heinrich und Johann die zu Güstrow

---

[1]) M. U.-B. 428. Lisch a. a. O., S. 35—42. 258—263.

[2]) Lisch, a. a. O., S. 33. 34.

[3]) M. U.-B. 436. Vgl. 560.

[4]) M. U.-B. 560. 732. 743. 745. Vgl. dazu 782. 843. 972. Lisch, a. a. O., S. 48—72. Schildt, M. Jahrb. LVI, S. 176 ff.

[5]) Beyer, M. Jahrb. XI, S. 71.

begonnene gemeinschaftliche Regierung aufgeben und ihre Gebiete so von einander sondern, dass Johann das Land Parchim übernimmt, da gehört auch Plau zu seinem Antheil. Das muss, nach Ausweis der Urkunden über die werleschen Staatsaktionen dieser Zeit, ungefähr um 1280 oder 1281 gewesen sein, wenn uns auch keine besondere Nachricht darüber aufbewahrt ist.[1]) Unter Johann's Sohne, dem Fürsten Nikolaus II., der nach dem frühen Tode des Vaters (÷ 1283) für sich und seine jüngeren Brüder die Herrschaft übernimmt und 1291 auch an die Stelle der durch den Vatermord gleichsam verfehmten Güstrower Linie tritt, wird der Bau einer festen Burg zu Plau vollendet. In einer Urkunde vom 6. Mai 1287, auf deren Inhalt es hier nicht ankommt, heisst es am Schluss: »datum in castro Plawe tempore prime fundationis ejusdem castri«.[2]) Wenn nun Lisch, an die Thatsache dieser Gründung und ihre immerhin etwas auffällige Datierung anknüpfend, die Vermuthung ausspricht, dass hiermit jene Misshelligkeiten zwischen Stadt und Landesherrn im Zusammenhange stehen müssten, um derentwillen am 3. März 1288[3]) eine Versöhnung zwischen beiden Theilen stattfindet, so mag er Recht haben. Aber Sicheres ist über die Ursache dieser Misshelligkeiten nicht überliefert.[4]) Für die Geschichte freilich hat es Bedeutung, dass die Stadt, die bereits mit Mauer und Graben umgeben ist, durch diesen Vertrag zu einer Verbesserung ihrer Befestigung verpflichtet wird.

Auch die schnelle Besitzergreifung des Güstrowschen Antheiles nach dem Vatermorde am 8. Oktober 1291[5]) hat ihre Folgen für Plau. Fürst Nikolaus II. von Parchim findet nämlich an der ganzen Verwandtschaft der Vatermörder in den fürstlichen Häusern von Pommern, Rügen und Mecklenburg eine nicht geringe Gegnerschaft. Um sich ihrer zu erwehren, verbindet er sich mit dem mächtigen und tapferen lauenburgischen Ritter Hermann von Rieben, dem er für seinen Beistand Stadt und Vogtei Plau verpfändet. Dem Fürsten Nikolaus gelingt es, einen seiner Gegner, den Fürsten Wizlav von Rügen, der bereits Stadt und Land Gnoien bei dieser guten Gelegenheit besetzt hatte, gefangen zu nehmen und mit sich nach Parchim zu führen. Er schlägt darauf im Jahre 1293 siegreich die entscheidende Schlacht bei Parchim, von der schon öfter die Rede gewesen, und treibt den jungen Fürsten Heinrich von Mecklenburg, der sich zuletzt in Waren festgesetzt hat, mit Hülfe der Bürger von Plau und Röbel, die mit Schiffen herankommen und Waren von der Muritz aus belagern, während Fürst Nikolaus selber von der Landseite her angreift, aus der Stadt, nicht ohne dabei zahlreiche Gefangene zu machen. Diese übergiebt er dem Hermann von Rieben. Das Lösegeld aber, das Rieben damit gewinnt, reicht aus, um einen Theil des Landes Plau von dem Pfandverhältniss frei zu machen und dem Fürsten Nikolaus zurückzugeben. Nachdem dann auch Fürst Wizlav von Rügen unter dem Drucke dieser Ver-

---

[1]) Wigger, M. Jahrb. I., S. 223. Lisch, a. a. O., S. 98. 99.

[2]) M. U.-B. 1903.

[3]) Nicht am 11. März (bei Lisch).

[4]) M. U.-B. 1957. Lisch, a. a. O., S. 101.

[5]) M. U.-B. 2134.

hältnisse sich entschlossen hat, seine Freiheit mit Preisgabe von Stadt und Land Gnoien zurückzukaufen, ist es dem von aller Welt geachteten thatkräftigen Fürsten Nikolaus II. von Werle beschieden, das ganze Land Werle unter seinem Scepter unangefochten zu vereinigen.[1]) Unter besonderen Vergünstigungen gewährt er der Stadt Plau am 15. Mai 1292 die Aufhebung der Dörfer Grapentin und Gedin zum Zwecke der Vergrösserung der städtischen Feldmark.[2]) Wie Fürst Nikolaus gleichzeitig besonders die Interessen des im Lande Rügen gelegenen Cistercienser-Klosters Neuenkamp (Franzburg) fördert, das in Plau die beiden Mühlen (Binnen- und Aussenmühle) erwirbt und besonders am Fisch- und Aalfang im grossen Plauer See, der im XII. und XIII. Jahrhundert auch unter den beiden Namen »Stuerscher See (lacus Sturizche)« und »See Cuzhin« (Quetzin) vorkommt und dessen Aale noch heute gepriesen werden, nicht unbedeutende Anrechte gewinnt, ist aus mehreren Urkunden der neunziger Jahre des XIII. Jahrhunderts zu ersehen.[3]) Diese Urkunden fallen in dieselbe Zeit, in welcher Fürst Wizlav von Rügen, nach vorläufiger Erledigung seiner ehrlichen Gegnerschaft durch eine ehrliche Aussöhnung und ebenso zweifellos auf eine dem Fürsten Nikolaus gemachte Anleihe hin, in den Pfandbesitz der Stadt Plau gelangt war. Diese Verpfändung währt von 1295 bis 1298.[4]) Um die Stadt wieder frei zu machen (in redempcionem ciuitatis nostre ac terre Plawe) verkauft er am 21. Mai 1298 zu Rostock dem Kloster Doberan die beiden Seen bei Krakow und Oldendorp für die Summe von 900 Mark Silbers in gewöhnlichem Gelde (vsualis monete).[5]) Wie eine Bethätigung seiner landesväterlichen Freude erscheint es dann, als er am 9. December 1299 der Stadt Plau vor versammeltem Rathe das Eigenthumsrecht ihres ganzen Grundbesitzes schenkt und ihr die bis dahin noch auf den Stadtgütern ruhenden Verpflichtungen und Leistungen erlässt, nämlich einen Rossdienst und die Lieferung eines Pfundes Pfeffer, jene gewöhnliche Abgabe einer Krugwirthschaft, die, wie Lisch annimmt, aus einer Zeit stammen mochte, in der es hier noch keine Stadt, sondern nur einen Krug gab, in dem Schiffer und Flösser Einkehr hielten.[6])

---

[1]) Die ausführlichste Schilderung des Güstrower Erbfolgekrieges, wie er heissen kann, findet sich in der Kirchberg'schen Chronik Kap. 172. 173 (Westphalen, Mon. ined. IV, S. 828—831). In der Detmar-Chronik, ad ann. 1391, werden die Ereignisse in ein Jahr zusammengezogen. Vgl. Rudloff, Hdb. II, S. 83—90. Lisch, a. a. O., S. 102. 103. Dazu besonders M. Jahrb. XXV, S. 26—32, und Wigger, M. Jahrb. L, S. 224. 226—228. Ferner Stichert in drei Rostocker Schulprogrammen von 1891, 1893, 1896: Nikolaus II. von Werle; Koppmann, M. Jahrb. LVI, S. 223 bis 236: Zur Gesch. des Fürsten Nikolaus II. von Werle. Die Führung der Vormundschaft im Lande Rostock durch Nikolaus von Werle ist nur bis zum Jahre 1291 nachzuweisen; Wigger, M. Jahrb. L., S. 266. Die Annahme einer längeren Dauer bei Rudloff, Hdb. II, S. 89, und Lisch, a. a. O., S. 103, ist damit nicht zu begründen, dass Fürst Nikolaus von Werle in Rostock über Angelegenheiten im Lande Güstrow und im Lande Plau Urkunden ausstellt: M. U.-B. 2239. 2295.

[2]) M. U.-B. 2165. 2199. Vgl. Lisch, a. a. O., S. 64—66. 103. 104. Schildt, M. Jahrb. LVI, S. 177.

[3]) M. U.-B. 2310. 2335. 2382. 2403. 2405. 2419. 2474. 2524. 2539.

[4]) M. U.-B. 2335. 2500.

[5]) M. U.-B. 2500. 2501.

[6]) M. U.-B. 2585.

Ein Jahr vorher hören wir zum ersten Mal vom Georgen-Hospital zu Plau, für welches der Bürger Dietrich Filter eine mit einer Vikarei verbundene erhebliche Stiftung macht.[1]) Die Stiftung wird unter die Aufsicht des Rathes gestellt, die Vikarei unter das Patronat des Bischofs von Schwerin. Von der Kräftigung des Bürgerstandes in Plau zeugen auch die Innungs- oder Zunftrollen der Schlächter vom 8. September 1306 und der Fischer vom 6. Mai 1307,[2]) und von dem guten Stande des Kommunalvermögens der Ankauf des Dorfes Quetzin im Jahre 1308 und der des Dorfes Gardin vom Dom-Kapitel zu Havelberg, welcher, wie aus verschiedenen Umständen zu schliessen ist, ungefähr in diese Zeit fallen muss.[3])

In der That stellt sich die Zeit unter der Regierung des Fürsten Nikolaus, der 1316 aus dem Leben scheidet, als die bedeutungsvollste für die Entwicklung der Stadt dar, in welcher wohlhabende Familien wie die der Swartepape aufkommen, die bis 1400 hin sehr oft urkundlich genannt werden und, von 1313 an, eine Reihe von Land- und Lehngütern erwerben.[4])

In der nachfolgenden Zeit gewinnt die Stadt Plau, die seit dem werleschen Landtheilungsvertrage vom 2. December 1316 zum Güstrower Antheil gehört und bei diesem auch in der zweiten Theilung am 14. Juli 1347 verbleibt, als befestigter Durchgangspunkt von Brandenburg her durch das werlesche Gebiet nach Mecklenburg und umgekehrt eine Bedeutung, die für die Bürgerschaft keineswegs immer mit Annehmlichkeiten verbunden ist.[5]) Denn durch diese Lage und Bedeutung wird die Stadt zu einem lebhaft begehrten Pfandobjekt, dessen strategische Ausnützung, bald durch die eine, bald durch die andere Hand, die gedeihliche Entwicklung im Innern gehemmt haben kann. Der erste, der davon Gebrauch macht, ist Fürst Heinrich der Löwe von Mecklenburg. Als sich ihm, nach dem Aussterben der Askanier in der Mark am 20. August 1320, allerlei Aussichten für die Verwirklichung seiner Pläne im Osten eröffnen, da schliesst er mit den beiden werleschen Fürsten Johann, dem älteren Johann II. von Werle-Güstrow und dessen Neffen, dem jüngeren Johann III. von Werle-Parchim (oder Werle-Goldberg), ein Bündniss, für welches die Stadt Plau am 23. December 1320 mit einer nur für diesen Zweck geleisteten Eventualhuldigung die Bürgschaft übernehmen muss.[6]) Das giebt nun allerdings noch keine besondere Störung, wie man daran sieht, dass die Stadt während dieser Bürgschaftsperiode, die bis 1325

---

[1]) M. U.-B. 2485. 2520. Ueber eine spätere Schenkung an das vereinigte St. Jürgen- und Heiligengeist-Hospital vor der Stadt durch die Familie Lorenz im Jahre 1370 vgl. M. U.-B. 10093. Ueber den Abbruch des alten St. Jürgen-Stiftes vor der Stadt im Jahre 1538 s. Lisch, M. Jahrbuch XVII, S. 174.

[2]) M. U.-B. 3108. 3164.

[3]) M. U.-B. 3220. Vgl. dazu 6874. 8060. Lisch, a. a. O., S. 23 ff. 67 ff. 107. Schildt, M. Jahrb. LVI, S. 177. In vorchristlicher Zeit gab die bei Quetzin (Kutsin, Kutin) gelegene Ganburg dem ganzen Lande weithin den Namen: Lisch, M. Jahrb. X, S. 36–41.

[4]) M. U.-B. 3660. 3819. Lisch, a. a. O., S. 40–46.

[5]) M. U.-B. 3800. 6779. Vgl. auch 3083.

[6]) M. U.-B. 4235.

dauert, das Dorf Wozeken zur Vergrösserung ihrer Feldmark ankauft.[1]) Auch verlaufen die nächsten beiden Jahrzehnte bis zur Mitte des XIV. Jahrhunderts trotz weiterer Schwächung des Landes Werle durch die neue Theilung am 14. Juli 1347 verhältnissmässig ruhig, sodass z. B. die Früchte des rügianischen Erbfolgestreites, wobei Werle und Mecklenburg im Bruderstorfer Frieden vom 27. Juni 1328 die Länder Tribsees, Grimmen und Barth als Pfänder gewinnen, auch für Plau insoweit eine Folge haben, als die durch Besitz und Rechte begründete Verbindung der Stadt mit dem Kloster Neuenkamp, das im Bruderstorfer Frieden zur Hälfte an Werle und zur andern Hälfte an Mecklenburg kommt, am 24. Juli 1328 aufs Neue bestätigt wird.[2])

Ferner hören wir schon zwei Jahre vorher von einer neuen Vikarei in der St. Marien-Kirche zu Plau, der Röbelmannschen (die freilich neun Jahre später in die St. Marien-Kirche zu Parchim versetzt wird), ferner von Besitzerwerbungen des Barthold Swartepape und der Plauer Kalandsherren, und endlich auch von der Schlichtung eines Streits über Fischereigerechtigkeiten zwischen der Stadt und dem Ritter Johann von Dussin durch Fürst Johann II. von Werle am 19. Mai 1337.[3])

Die Stadt Plau hat sich inzwischen zu einer Mittelstadt entwickelt, welche im Landfrieden vom 14. März 1354 zu zehn Gewaffneten verpflichtet und dadurch mit Roebel, Malchow, Neukalen und Penzlin auf gleiche Stufe gestellt wird, während Waren mit zwanzig, Güstrow und Malchin mit je dreissig, Parchim sogar mit vierzig, Teterow und Laage aber nur mit je fünf Gewaffneten verzeichnet stehen.[4]) Allein wie schwer es der getheilten werleschen Landesregierung wird, ihre Autorität besonders den durch einen Vertrag mit dem brandenburger Markgrafen übernommenen Pfandstädten in der Priegnitz gegenüber aufrecht zu erhalten, merkt man an dem auf Gegenseitigkeit beruhenden Hülfsvertrage, den die Fürsten Johann II. und Johann III. von Werle am 5. Oktober 1332 im Walde bei Plau mit einander schliessen (vor [de] stad tho Plawe in deme holte).[5]) Am schlimmsten aber offenbart sich das Sinken der werleschen Macht im Jahre 1341 darin, dass die Fürsten von Werle, um das Land vor Rauben, Morden und Brennen zu schützen, in Uebereinstimmung mit ihren Räthen, Städten und Mannen, die Selbsthülfe der Vasallen und Städte in Anspruch nehmen, und dass dieser Zustand, womit sie ihre eigene Regierung theilweise lahm legen, sechs Jahre lang dauert.[6]) Dabei erfolgt, wie bekannt, am 14. Juli 1347 die eben erwähnte zweite werlesche Landestheilung.[7])

---

[1]) M. U.-B. 4404. Lisch. a. a. O., S. 66. Schildt, M. Jahrb. LVI, S. 176.

[2]) M. U.-B. 4940. 4953.

[3]) M. U.-B. 4376. 4730. 4933. 5110. 5569. 5615. 5772. 6203. Vgl. dazu 9235. 9339. 10362. 10848. 11237. Von einer Vikarei »Trium regum«, bei welcher die von Mallin interessiert sind, hören wir am 3. Juni 1358: M. U.-B. 8487. 10487. Von einer Vikarei am Altar des heiligen Kreuzes in der Kirche zu Plau ist später die Rede: M. Jahrb. XVII. S. 344—348. Dazu S. 245.

[4]) M. U.-B. 7911.

[5]) M. U.-B. 5358.

[6]) M. U.-B. 6097, mit Anmkg.

[7]) M. U.-B. 6779.

Kein Wunder, dass der weitschauende Fürst und spätere Herzog Albrecht von Mecklenburg die Entwicklung der Dinge im Lande Werle ins Auge fasst, 1344 eine Erbverbrüderung ins Werk setzt, dieses Verhältniss durch weitere Verbindungen verschiedener Art fördert und zuletzt, schon von 1356 an, Stadt und Land Plau nebst der in der Folge immer hiemit vereinigten und zeitweise von der Burg Plau aus verwalteten Vogtei Krakow als Pfandbesitz zu erlangen und bis 1375 festzuhalten versteht.[1]) Wie aber dies Pfandverhältniss die Ursache davon ist, dass beide Städte, Plau und Krakow, in den um dieselbe Zeit wegen der Grafschaft Schwerin entbrennenden heftigen Krieg hineingezogen werden und von Herzog Albrecht's Feinden, besonders dem damaligen Herzog Erich von Sachsen-Lauenburg, schwere Drangsale aller Art erfahren, wie Plau am 24. August 1358 von dem ebengenannten Herzog erobert wird und Krakow in Flammen aufgeht, wie beide Städte erst im Frieden von Helsingborg am 18. Oktober 1358 an Herzog Albrecht zurückgegeben werden,[2]) wie sie dann zwar siebenzehn Jahre später durch die Fürsten von Werle wieder eingelöst werden,[3]) aber wie diese dennoch nicht zu völlig freiem Besitz gelangen, weil sie, durch die nachfolgenden Verhältnisse dazu genöthigt, beide Städte und Vogteien wieder an landesherrliche Vasallen verpfänden müssen,[4]) bis diese endlich, nach dem Aussterben des Hauses Werle im Jahre 1436, dauernd an das Haus Mecklenburg fallen: das ist schon oben S. 315 und 316 in der Geschichte der Stadt Krakow mit dem Hinweis auf die Darlegung in W. G. Beyer's Abhandlung über die wendischen Schwerine in M. Jahrb. XXXII, S. 107—110, berührt worden und ist ausserdem ausführlich bei Lisch in seiner Geschichte der Stadt Plau, M. Jahrb. XVII von S. 112 bis S. 132, zu lesen.

Indessen scheint die finanzielle Entwicklung der Stadt Plau durch die Periode der nun folgenden After-Verpfändungen keine Störung erlitten zu haben. Dasselbe gute Verhältniss zwischen Stadt und Pfandherrn, das sich in der Urkunde vom 8. September 1375 offenbart, in welcher Ritter Heinrich von Bülow in keiner Weise die Gerechtsame der Stadt jemals anzutasten gelobt, ist aus der Urkunde vom 24. April 1399 zu erkennen, in welcher die von Bülow der Stadt den ungehinderten Gebrauch ihrer Thore überlassen.[5]) Auch erwirbt die Stadt

---

[1]) M. U.-B. 6434. 7524. 7717. 7731. 7771. 7911. 8125. 8242. 8243. 9051. 9560. 10132. 11029. — Die After-Verpfändung von Plau am 2. Juni 1361 an Otto von Dewitz, Heinrich von Stralendorff und Danquard von Bülow, die Getreuen des Herzogs Albrecht, ändert nichts in der Hauptsache: M. U.-B. 8908.

[2]) M. U.-B. 8524. Vgl. dazu 8534. 8541. 8591. 8908. 9008. 9051. Vgl. Detmar-Chronik (ed. Koppmann) I, S. 529. 530. Ferner die Kriegsschaden-Rechnungen des Otto von Dewitz, des Subbeke von Putzekow und Raven von Barnekow: M. U.-B. 8453. 8509.

[3]) M. U.-B. 10769. Vgl. 9394. 9570 (Beyer, M. Jahrb. XXXII, S. 108, Anmkg. 3). 9937. 10561. 10569. 10768.

[4]) M. U.-B. 10767. 10959. Die von Bülow bleiben bis 1403/5 im Pfandbesitz von Plau: Lisch, a. a. O., S. 325—332 (Urkunden). Cod. Plawensis, NNr. 65—69. 71.

[5]) M. U.-B. 10767. Lisch, M. Jahrb. XVII, S. 317 und 324. Cod. Plaw., NNr. 54. 64.

während dieser Zeit schrittweise das Dorf Gaarz, um damit ihre Feldmark zu vergrössern.[1])

Aber der Ankauf von Gaarz ist auch der letzte Akt dieser Art in der Geschichte der Stadt Plau und zugleich der letzte im Sinne jener städtischen Entwicklung des XIII. und XIV. Jahrhunderts, die im Allgemeinen als deren Blüthe bezeichnet wird. Mit dem XV. Jahrhundert wird das anders. Da tritt an die Stelle ehrlich angesagter und ausgefochtener Fehde tückischer Ueberfall mit Plünderung, Raub und Mord, und es schwindet die öffentliche Sicherheit. Das spürt auch die Stadt Plau in heftigster Weise, wie u. a. eine Schadensrechnung aus den Jahren 1447 und 1448 über Einfälle aus der Mark mit namentlicher Aufzählung aller Unholde erkennen lässt.[2]) Dies Thun und Treiben wird so gewohnheitsmässig, dass noch zu Anfang des XVI. Jahrhunderts in einem Prozess zwischen den von Maltzan und dem Abt und Konvent zu Dargun in folgender Weise die Rede davon ist: Item do men plach to rôuende vth der Marcke vnd Priggenitze int lant to Stettin vnd Meckelnborch, ehr die Lentzke gebuwet wart, iss vnsse dorp Ghylow gedahn in bescherminge Olrich Moltzane . . . . . Item do die Lentzke gebüwet was vnd dat rôuent nâblêff, wart Olrich Moltzane de bescherminge vorbâden . . . .«[3]) Die hier gemeinte Lenz-Burg ist jene ehemalige, jetzt in Ruinen liegende Befestigung am östlichen Ufer des Plauer Sees auf einer alten Delta-Bildung vor der Einmündung der Elde, die als solche in Folge von allerlei Veränderungen der Ufer am Ende des XVIII. Jahrhunderts nicht mehr in ihrer vollen Ursprünglichkeit zu erkennen ist[4]) Diese Burganlage festungsmässig auszubauen und in gleicher Weise das Schloss zu Plau von Grund aus aufs Neue wehrhaft zu machen, übernimmt am 24. August 1448 ein Mann, auf den sich der Landesherr verlassen kann. Es ist Lüdeke Hahn auf Basedow, den Herzog Heinrich d. j. mit dieser Aufgabe betraut, deren Ausführung wir in sehr anschaulicher Weise aus einem Amtsregister der Stadt Plau von 1448

[1]) M. U.-B. 10706. 10848. 10868. 10985. Lisch, Cod. Plaw., NNr. 53. 55. 56. 57. 58. 59. 61. 62. M. Jahrb. XVII, S. 19 ff., 50—58. Schildt, M. Jahrb. LVI, S. 176. Die Stadt erwirbt das Dorf Gaarz als Lehn des Stiftes Havelberg, dem es einst von Fürst Borwin d. ä. am 29. December 1223 geschenkt worden war. In Folge davon erfolgt die Erneuerung des Lehnbriefes viele Male bis zum Aufhören des Stiftes im Jahre 1819. S. Cod. Plaw., Nr. 83, und Lisch, a. a. O., S. 54.

[2]) Lisch, Cod. Plawensis, Nr. 73. M. Jahrb. XVII, S. 340—342. Voran die Quitzow's, es folgen aber auch viele andere, deren Namen zum Theil heute einen besseren Klang haben. Ob mit der zunehmenden allgemeinen Unsicherheit vor 1448 auch der Verkauf der Neuenkamper Klostergüter in der Stadt Plau am 29. April 1437 an die Herzogin Katharina und ihre Söhne Heinrich und Johann einen Zusammenhang hatte, ist nicht zu sagen (es sind das ein Wohnhaus und die beiden Mühlen sammt Fischerei und Aalfang: Cod. Plaw., Nr. 72; M. Jahrb. XVII, S. 338 bis 340). Scheinen könnte es fast so. Doch darf nicht unerwähnt bleiben, dass bei dem Verkauf der Goldberger Güter desselben Klosters ein paar Jahre später andere Gründe als Ursache angegeben werden: s. o. S. 343.

[3]) Lisch, Gesch. d. Geschl. von Maltzan III, S. 141. M. Jahrb. XVII, S. 139. 140.

[4]) Lisch, M. Jahrb. XVII, S. 9 16. Vgl. auch XIII, S. 245.

und 1449 kennen lernen.[1]) Und in der That scheint die Errichtung der Lenzburg, wenigstens für Plau und Umgegend, mehr gewirkt zu haben als der voraufgehende Vertrag, welcher zur Unterdrückung der Raubfehden am 8. Mai 1442 zu Perleberg zwischen den mecklenburgischen Herzögen und dem Kurfürsten Friedrich II. dem Eisernen von Brandenburg geschlossen worden war, und dem sich, im Zusammenhange mit der von langer Zeit her erstrebten und endlich am 12. April 1442 zu Wittstock vollgültig festgesetzten Eventual-Succession Brandenburgs in Mecklenburg, am 26. Oktober desselben Jahres u. a. auch die Eventualhuldigung der Stadt Plau angereiht hatte.[2]) Denn es heisst in den bereits angezogenen Dargun-Maltzan'schen Prozessakten ausdrücklich: Item do die Lentzke gebuwet was vnde dat rouent nableff« . . . . Das ist dem Lüdeke Hahn zu danken, der nachweislich vom Ende der vierziger Jahre bis zum Anfange der sechziger Jahre als landesherrlicher Vogt die Burg Plau besetzt und von da aus die Obhut über die Sicherheit von Stadt und Umgegend in seine Hand nimmt.[3]) Nach ihm übergiebt Herzog Heinrich von Schwerin seinen beiden ältesten Söhnen, Albrecht VI. und Johann VI., auf sechs Jahre die Schlösser, Städte und Vogteien Güstrow, Plau, Laage und Stavenhagen, wie diese die fürstlichen Vögte bis dahin gehabt hatten, aber mit dem Zusatz: hagede denne vnsen kinderen nicht an deme lande to Wenden to bliuende, so mogen wy vnse kokene wedder to hope leggen. [4]) Auch hindert das nicht die Aufrechterhaltung der Anrechte der Stargarder Linie, wie daran zu ersehen ist, dass Herzog Heinrich d. ä. am 4. Juni 1465 seinen Antheil an Stadt, Schloss und Vogtei Plau für das Leibgedinge seiner zukünftigen Wittwe, der Herzogin Margarethe, wahrt, und dass sein Sohn Ulrich, nach Beilegung eines zwischen ihm und den schweriner Herzögen ausgebrochenen Zwistes durch den Kurfürsten Friedrich von Brandenburg, am 13. Juli 1469 die Privilegien der Stadt und des Landes Plau bestätigt.[5])

Nach dem Aussterben der stargarder Linie des mecklenburgischen Hauses im Jahre 1471 erlebt Plau die erste Privilegienbestätigung durch die von da an ganz allein regierende schweriner Linie am 8. Mai 1477. Es sind die beiden ältesten Söhne Herzog Heinrichs IV., die Herzöge Albrecht VI. und Magnus II., die an diesem Tage, wenige Wochen nach dem Tode ihres Vaters, selber in Plau anwesend sind, die Huldigung von Vasallen oder Mannen des Landes sowie der Bürgermeister, Rathmannen und Einwohner der Stadt entgegennehmen und ihnen die Zusicherung geben, sie bei allen ihren ererbten

[1]) Lisch, Gesch. d. Geschl. Hahn II, S. 98 ff. 112—114 (Plauer Amtsregister von 1448/1449). Vgl. M. Jahrb. XVII, S. 343. 344.

[2]) Riedel, Cod. diplom. Brandenb. II, 4, S. 256 ff. 260. 263. Rudloff, Hdb. d. m. Gesch. I, S. 18. II, S. 41. 178. 742—746. 749—754.

[3]) Cod. Plaw., NNr. 74. 76. 77. M. Jahrb. XVII, S. 140. 343. 344. 348—350.

[4]) Rudloff, Hdb. II, S. 786. Lisch, M. Jahrb. XVII, S. 141.

[5]) Rudloff, Hdb. II, S. 790. Lisch, Geschl. Maltzan III, S. 333. Cod. Plaw., Nr. 78. Ueber den Verbleib der Herzogin Margarethe s. Lisch, M. Jahrb. XXV, S. 33—48. Wigger, M. Jahrb. I, Seite 215.

Rechten und Privilegien lassen zu wollen.[1]) Sieben Jahre später, den 11. September 1483, nachdem Herzog Albrecht im Februar desselben Jahres aus der Welt gegangen war, geben die Herzöge Magnus und Balthasar der Stadt Plau, gegen Pacht und die zum Theil seit alter Zeit üblichen Aallieferungen an das Kloster Neukloster, den Rath und die Vikareien in der Kirche zu Plau, sowie alle Fischerei-Gerechtigkeiten, die weiland das Kloster Neuenkamp besessen hatten und die 1437 durch Kauf an das landesherrliche Haus gekommen waren (vischeryen weren vnde tzarane).[2])

Unter den Söhnen des Herzogs Magnus ist es besonders Herzog Heinrich, welcher der Stadt Plau das lebhafteste Interesse zuwendet. Wie er dort, ebenso wie an andern Stellen des Landes, den Weinbau ins Leben ruft und Burg und Festung weiter ausbaut, das hat Lisch auf Grund zahlreicher ausführlicher Nachrichten über Sachen und Personen, die dabei in Frage kommen, eingehend beschrieben, ebenso auch, wie nach Herzog Heinrichs Tode 1552 der Herzog Johann Albrecht rasch und lebhaft durch Werner Hahn auf Basedow das Schloss zu Plau besetzen und ein Inventar aufnehmen lässt, Herzog Ulrich aber Einsprache erhebt, und bei der nachfolgenden Landestheilung im Jahre 1556 Stadt und Land Plau an das herzogliche Haus Mecklenburg-Gustrow kommen, welches andere Punkte im Lande bevorzugt.[3]) Doch werden Schloss und Festung in Plau keineswegs vernachlässigt. Wir hören unter Herzog Ulrichs Regierung von einem Hauptmann, der zugleich das Amt oder die Vogtei verwaltet, einem Wachtmeister, Büchsenschützen, Wallmeister, einigen Landsknechten, einem Thorwärter, einem Thurmmann oder Thurmwächter, der die durchreitenden Reisigen anzublasen hat, und von anderen Personen, die zur Aufrechterhaltung der Ordnung an solchem Platze nöthig sind. Auch Herzog Johann Albrecht II. sorgt für den Bestand des Ganzen in der bisherigen Weise, aber unter ihm treten wieder die Verpfändungen des Amtes Plau in weitgehender Weise ein, die 1617 beginnen und, wenn man den bekannten preussischen Pfandbesitz oder Oberpfandbesitz, wie man auch sagen kann, hinzunimmt, erst mit dem Jahre 1787 ihre Endschaft erreichen. Von 1617 bis 1624 ist der pommersche Landmarschall Andreas Bugenhagen auf Brook und Nehring im Pfandbesitz, von 1625 bis 1636 der mecklenburgische Landrath Gregorius Bevernest auf Lüsewitz; nach ihm sein Sohn Joachim Friedrich von Bevernest bis 1652, dessen Gläubiger 1658 den Hans Rudolph von Grabow an seine Stelle bringen, der mit seinem Bruder Joachim Friedrich zusammen zugleich Hauptmann und Pfandbesitzer des Amtes Goldberg ist; von 1670 an (nach vorangegangener Einlösung des Amtes von den Bevernest'schen Gläubigern durch den Herzog Gustav Adolph und sofortiger Wiederverpfändung) der »wohlmögende Bürger und Kaufmann«, aber 1674 zum Baron erhobene Hans Erlencamp; nach dessen Tode im Jahre 1682 die Familie von Erlenkamp bis 1710; von 1710 an (nach vorheriger Einlösung von den Erlenkamp'schen

---

[1]) Cod. Plaw. Nr. 79.
[2]) Cod. Plaw. Nr. 80. Vgl. Nr. 72. Lisch. M. Jahrb. XVII, S. 90.
[3]) M. Jahrb. XVII, S. 143—153.

Erben zwecks neuer Verpfändung durch Herzog Friedrich Wilhelm) der braunschweig-lüneburgische Geh. Rath Freiherr Joachim Christoph Stisser von Wendhausen auf Karcheez; nach seinem Tode die Erben bis 1745; und bald nachher
der Jägermeister Gottlieb Heinrich von Brand, dessen Erben das Amt Plau im
Jahre 1783 zurückgeben: Brand, und vor ihm die Wendhausen'schen Erben,
selbstverständlich schon unter der im Jahre 1735 eingetretenen preussischen
Ober-Pfandherrschaft.[1])

Wie verhängnissvoll aber die Festung, welche bis dahin für Stadt und
Land Plau ein Segen gewesen war, im dreissigjährigen Kriege sich erweisen
sollte, das wurde die Einwohnerschaft bald gewahr. Nicht weniger als achtmal
ist Plau während des dreissigjährigen Krieges belagert worden. Wie am
30. Juni 1631 die Schweden vom Kirchthurm auf die Festung und die Kaiserlichen von der Festung auf den Kirchthurm schiessen, wie alle nur erdenk-
lichen Kriegsleiden die arme Einwohnerschaft erfassen, das kann man sich
vorstellen, wenn man die Berichte des Rathes darüber liest, die ausführlichsten
vielleicht, die aus dieser Zeit der Noth und des Elends auf uns gekommen
sind. Es mag daher wahr sein, wenn Lisch, a. a. O., S. 209, sagt, dass wohl
keine Stadt in Mecklenburg so schwere Leiden erduldet habe wie Plau.

Da wird denn im Jahre 1639 der wohl von Vielen schon lange gehegte
Gedanke laut, die Festung müsse geschleift werden. Auch Herzog Adolph
Friedrich ist dafür. Aber thatsächlich wird erst im Jahre 1660 wirklicher
Ernst damit gemacht, nachdem ein Befehl des Herzogs Gustav Adolph dazu
schon im Jahre 1657 voraufgegangen war. Trotzdem aber sind auch die
übrigen Kriege des XVII., XVIII. und XIX. Jahrhunderts nicht ohne schwere
Prüfungen für die Einwohnerschaft vorübergegangen. Doch hat sich Plau von
allen seinen vielen Schicksalsschlägen thatkräftig wieder emporgerafft und
freut sich heute des mächtigen alten Thurmes, den Lüdeke Hahn einst baute
und der in unserer Zeit als Wahrzeichen einer denkwürdigen Stadtgeschichte
wieder hergestellt ist.

Das alles kann hier nur angedeutet und nicht weiter ausgeführt werden.[2])
Ebenso müssen wir bezüglich der Geistlichen-Verzeichnisse auf die bereits angezogene Literatur verweisen. Lisch hat sie im XVII. Jahrbuch, S. 154—170,
für den ersten Pastor bis zum Jahre 1658 und für den zweiten, den Kapellan,
bis zum Jahre 1663 fortgeführt. In diesem Jahre stirbt der Kapellan Johann
Nordhausen, während der erste Pastor, Heinrich Lützing, schon 1658 aus der
Welt gegangen war. 1659 wird Heinrich Müller berufen; er stirbt 1674.
Neben ihm wirkt von 1663 an Bartholomaeus Minor als zweiter Pastor
(† 1671). Nach diesen beiden treffen wir David Hering von 1676 bis Ende
der achtziger Jahre als ersten und Henricus Wittsche von 1678 an als zweiten,
an dessen Stelle 1684 Joh. Wolff tritt. Nachdem dieser nach Hering's Abgang

---

[1]) Lisch, a. a. O., S. 193. 196. 207. 209. 229. 230. 237—241.
[2]) Ueber die Grösse der Stadt zu Anfang des XVII. Jahrhunderts vgl. Lisch, M. Jahrb. XVII,
Seite 195.

erster Pastor und 1709 Präpositus geworden, wirkt er noch bis 1724. Neben ihm Zacharias Crull (÷ 1696), Franz Hartwig (÷ 1699), Konrad Hauswedel (÷ 1713), Jakob Garwitz von 1714 an und Gabriel Diestler von 1723 an. Dieser wird nach Wolff's Tode 1724 erster Pastor und 1746 zum Präpositus ernannt.[1]) Nach ihm wird 1761 sein 1724 berufener Amtsbruder Joh. Friedr. Satow Präpositus. Neben ihm als zweiter Joh. Heinrich Lukow, der nach Satow's Tode (1766 oder 1767) Präpositus wird und bis 1798 lebt. Neben Lukow als zweiter von 1767 an Samuel Christoph Litzmann (÷ 1782), Joh. Joach. Ballhorn aus Gross-Pankow (÷ 1794) und J. K. G. Belitz, der 1795 berufen wird, 1798 die Präpositur übernimmt und 1827 aus dem Leben scheidet. S. Walter a. a. O.

Kirche zu Plau.

Die Kirche.

Baubeschreibung. Obwohl die Kirche durch die letzte Restauration in der Zeit von 1877 bis 1879 aussen und innen einen gewissen eleganten Zuschnitt erhalten hat, der besonders den Ostgiebeln von Langhaus und Chor mit ihren Auf- und Ansätzen ein modernes Aussehen verleiht, so ist dennoch

Beschreibung des Baues.

[1] 1730 wird die Präpositur des Plauer Cirkels dem Pastor Linse in Kuppentin gegeben.

die Anlage des Ganzen als die eines Baues aus der Zeit des Ueberganges
vom romanischen zum gothischen Stil im ersten Viertel oder in der ersten
Hälfte des XIII. Jahrhunderts heute noch zu erkennen. Auch wird man
bald gewahr, dass schon in früheren Zeiten wesentliche Veränderungen stattgefunden haben, von denen der Chor am meisten betroffen zu sein scheint.
Endlich ist nicht zu übersehen, dass, wenn am 30. Juni 1631 vom Kirchthurm
auf die Festung und von der Festung auf den Kirchthurm geschossen wird,
wenn bei dem grossen Brande am 6 November 1696[1]) der Thurm seine
»schöne hohe Spitze« verliert, und wenn bei einem nachfolgenden Brande am

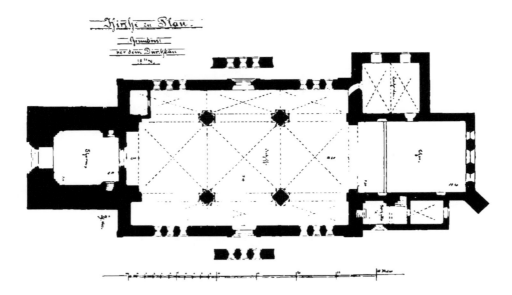

5. Mai 1756 die Kirche wiederum hart mitgenommen wird, Spuren von Neuerungen schon in früheren Zeiten müssen nachgewiesen werden können.[2]) Als
augenfälligste Neuerungen früherer Zeiten möchten wir im Chor, der ursprünglich
ohne Zweifel ein Kuppelgewölbe gehabt haben und vielleicht auch etwas
kleiner gewesen sein wird, den Einbruch gothisch gestalteter Fenster, und am
Schiff die Erniedrigung des Firstes hingestellt wissen, der, wie dies noch heute
an der Ostmauer des Thurmes zu sehen ist, einstmals viel höher auf einem
dem entsprechend auch viel steileren Dache entlang lief. Als etwas Neues
und allenfalls nur durch die Noth Gerechtfertigtes sind auch die stilwidrigen
Strebepfeiler auf der Nord- und Südostecke des Chores anzusehen. Sie stören

[1]) Lisch. M. Jahrb. XVII, S. 188. 189.

[2] Ueber den Thurmbau im Jahre 1560 (nachdem die frühere Spitze abgenommen war) und
über dessen langsamen Fortschritt ist die aktenmässige Darstellung bei Lisch, a. a. O., S. 170 - 172.
nachzulesen. Dort auch sind auf S. 186—192 die Brände in den Jahren 1455, 1553, 1560, 1563,
1631. 1676, 1696, 1720 und 1756 verzeichnet.

Inneres der Kirche zu Plau.

das den frühgothischen Bau des XIII. Jahrhunderts beherrschende romanische Lisenen-System. Auch gab es vor der Restauration von 1877/79 nur den einen Pfeiler auf der Südostecke des Chors. Uebrigens ist an dem Mauerwerk des Chors manches neu gemacht worden. Ein von Felsen aufgeführter Rest des alten Chors macht sich noch auf der Südseite bemerkbar, doch ist hier ein mit Weinlaub überrankter steinerner Laubengang errichtet, der ihn theilweise verdeckt.[1]) Den besten Eindruck mittelalterlicher Monumentalität bietet

Südportal.

das dreischiffige Langhaus der Kirche mit seinen wuchtigen Pfeilerpaaren, deren abgeschrägte Würfelkapitelle mit ihren schlichten Paralleltrapez-Flächen noch ganz romanisch erscheinen. Das eine dem Chor zunächst stehende Pfeilerpaar besteht aus vier an einander gesetzten mächtigen Halbsäulen, das andere Pfeilerpaar aus vier an einander gesetzten Halbpfeilern, die aus dem Achteck konstruiert sind. Ihrem Aufbau aus abwechselnd glasierten und nicht glasierten Ziegeln ist bei der letzten Restauration durch Malerei nachgeholfen worden. Frühgothische Profilierungen, bei denen der Rundstab auftritt, weisen auch die Wandung und Laibung des schönen Südportals auf, an welchem ausserdem das mit den Pfeilerkapitellen im Innern harmonierende Kapitellband unterhalb der Kämpferlinie, sowie der Wechsel zwischen glasierten und nicht glasierten Steinen, Beachtung verdient.

_____

[1]) Lisch spricht im M. Jahrb. VIII B, S. 120 (1843) von einer Pforte im Rundbogenstil auf der Südseite des Chors, die jetzt nicht mehr da ist. Sie war offenbar das älteste Architekturstück der Kirche (die »Priester-Pforte«) und hätte deshalb bei der letzten Restauration geschont werden sollen. Diese Sünde gegen das alte Bauwerk ist ebenso gross wie die, welche seiner Zeit an der Serrahner Kirche begangen worden ist. Vgl. oben S. 336 u. 337.

Nicht minder charakteristisch für den frühgothischen Stil sind die beiden andern Portale der Kirche, das auf der Nordseite des Langhauses mit einer Bogenlaibung, in welcher abgefaste und scharfeckige Steine mit einander abwechseln, und das auf der Westseite des Thurmes, dessen Wandung und Laibung aus wohlbehauenen Granitsteinen gebildet sind. Dagegen verrathen die Profile der Gewölbrippen im Mittelschiff wie in den Seitenschiffen (s. Zeichnungen) eine erheblich jüngere Zeit. Als echte Bildungen hochgothischen Stiles legen sie den Gedanken nahe, dass die Einwölbung des Schiffes erst in der ersten Hälfte des XIV. Jahrhunderts stattfand.

Man beachte ferner im Innern, und zwar in jeder Abseite am mittleren Gewölbe, zwei gemalte Hirschköpfe, welche Pflanzenwerk im Maule tragen. Es sind dies angeblich genaue Kopien, welche bei der letzten Restauration nach

Nordportal.

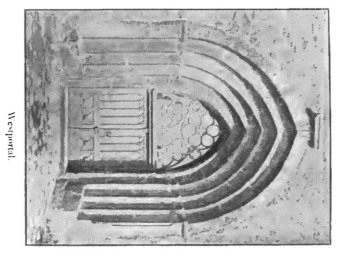

Westportal.

alten Originalen angefertigt wurden, die man an anderer Stelle gefunden hatte, hier aber leider nicht belassen konnte oder wollte.

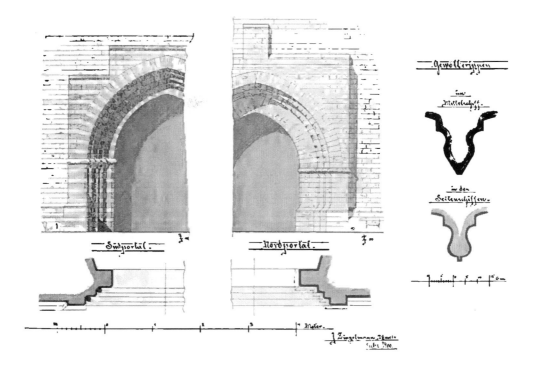

Südportal. Nordportal.

Gewölberippen

im Mittelschiff.

in den Seitenschiffen.

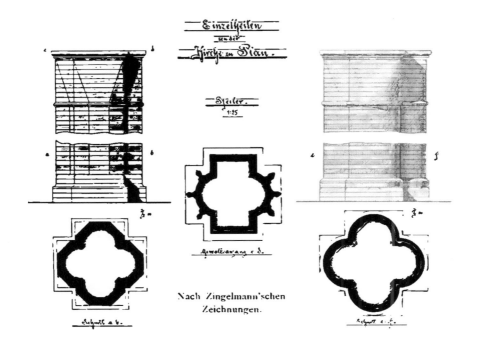

Einzelheiten
an der
Kirche zu Plau.

Pfeiler.
1:25

Nach Zingelmann'schen
Zeichnungen.

Innere Ein-
richtung
der
Kirche.

Altar, Altargitter, Kanzel, das ganze **Gestühl** und die **Emporen** sind 1879 bei der Restauration der Kirche im gothischen Stil neu angefertigt. Der **Altaraufsatz** enthält ein Oelbild, die Kreuzigung, von **Friedrich Lange,** 1860 in Rom gemalt und laut Inschrift auf der Rückseite von Fräulein **SOPHIE MICHAEL 1863** geschenkt.

Zurück-
gestellte
Schnitz-
werke im
Thurm.

Oben im Thurm ein alter Flügelschrein mit Schnitz-werk. Im Mittelfelde die Kreuzigungs-Scene; in den Flügeln vier Scenen: Pilatus sich die Hände waschend, die Geisselung, die Kreuztragung und die Grab-legung. Von den Malereien auf den Aussenseiten giebt es nur schwache Reste, zu er-kennen ist noch die Ge-burt Christi. An der Pre-della, auf Holz gemalt, die

Vor der letzten Erneuerung.

Brustbilder des Heilandes als Schmerzensmann und der vier Kirchenväter, der Heiligen Gregor, Hieronymus, Augustinus und Ambrosius. Auf ihren Spruchbändern sind Inschriften vorhanden, beim hl. Augustinus: [Sanctus Augustin]us dicit · Inspice vul[ner]a redemptoris; beim hl. Gregor: Sanctus Gregorius dicit · Passio Christi ab memoriam revocet[ur]; beim hl. Hieronymus: Sanctus Jeronimus : Passio tua, domine, singulare est remedium; beim hl. Ambrosius: Sanctus Ambrosius · Noli tantum amittere beneficium . . . . — Ebendaselbst die frühere **Kanzeltreppe** mit den geschnitzten Figuren von Evangelisten und Aposteln, und die alte **Kanzel** selber, in deren Füllungen sich die Gestalten der Treppe fortsetzen, den Heiland in ihre Mitte nehmend.

In einer Seitenkammer des linken Seitenschiffes das **Lesebrett** der alten Kanzel mit dem in Holz geschnitzten Symbol der Dreieinigkeit, und in einer

Aeltere
Schnitz-
werke.

der Thurm-
nischen ein aus
Holz ge-
schnitzter
Moses mit den
Gesetzesrollen,
der ehemals als
Träger der
früheren Kan-
zel diente.

An der in-
neren West-
wand des
Thurmes,
rechts und
links vom Ein-
gang, zwei
Grabsteine.
Beide sind auf-
gerichtet. Der
eine, von 1719
und mit den
Wappen der
Familien **VON
SPERLING**
und **VON KOP-
PELOW**, ist
der des **JÜR-
GEN VON
SPERLING**,
Erbherrn auf

Grabsteine.

Vor der letzten Erneuerung.

Wessin, Provisor des Klosters Malchow, und seiner Ehefrau **MARGARETHA**, geb. **VON KOPPELOW** aus dem Hause Möllenbeck; der andere der des **JOHANN CHRISTIAN STARCK**, gest. den 7. Mai 1782 zu Plau.

Fünte. Ein eigenartiges Werk des Plauer Rothgiessers Evert Wichtendal ist eine Bronze-Fünte vom Jahre 1570. Sie hat, wie die Abbildungen zeigen, drei Inschriften. Die oberste lautet: ICK BADEDE DI MIT WATER VND WVSCH DI VAN DINEM BLODE VND SALVEDE DI MIT BALSAM VND KLEDEDE DI MIT GESTICKEDEN KLEDERN · EZEK : XVI. Gleich darunter: ANNO DOMINI

Fünte.

MDLXX EVERT WICHTENDAL ME FIERI FECIT.[1]) Unten am Kessel: **GAT HEN VND LERET ALLE VOLKER VND DÖPET SE IN DEM NAMEN DES VADERS DES SONS VND DES HILLIGEN GEISTES • MAT • 28.** Oberhalb der obersten Schriftreihe acht Büsten, in voller Plastik aus der Wandung des Kessels hervortretend, abwechselnd männlich und weiblich, zu keiner bestimmten Deutung herausfordernd. Dazwischen kleine Engelfiguren in Relief, ihrer sechs, und zwei grosse Henkel. Zwischen der oberen und unteren Schriftreihe ein Bildstreifen, der auch die mittlere Schriftreihe mit Jahreszahl und Giessernamen aufgenommen hat. Der Bildstreifen lässt sich in vier Abschnitte eintheilen, von denen der eine zweimal vorkommt. Dieser zweimal vorkommende Abschnitt enthält fünf Bildchen: als Mittelstück den Krucifixus und jederseits von diesem eine hl. Maria mit dem Kinde und eine langbekleidete Figur mit

Lesebrett der alten Kanzel mit dem Symbol der Dreieinigkeit.

einem Reichsapfel, also wohl eine Art Salvator mundi. Genau auf der Gegenseite des Kessels dieselben fünf Bildchen. Zwischen beiden Abschnitten wieder jederseits ein aus fünf Bildern bestehender Abschnitt, der eine aber vom andern verschieden. Der eine Abschnitt enthält als grössere Halbfigur das Bild des guten Hirten mit dem Lamm, dazu den Stierkopf aus dem werleschen Wappen und drei kleine Bildchen: Simson mit dem Löwen, David und Goliath in der Tracht der Landsknechte und die Anbetung der heiligen drei Könige. Der andere Abschnitt enthält als grösseres Stück das fünftheilige mecklenburgische Wappen, eine hl. Maria mit dem Kinde im Strahlenkranz und drei kleine Bildchen: das Christkind mit Schächerkreuz, die Flucht nach Aegypten und die Taufe im Jordan in Halbfiguren.

Im Thurm vier **Glocken.** Die grösste (Dm. 1,76 m) hat auf der einen Seite die Namen der Mitglieder des Magistrats, der Pastoren, der übrigen Kirchenbeamten von 1846 und des Giessers **C. Jllies** in Waren, auf der ent-

---

[1]) Ueber die in der Mitte des XVII. Jahrhunderts in Plau ausgestorbene Rothgiesser-Familie Wichtendahl vgl. Lisch, M. Jahrb. XVII, S. 246.

Altarbild der Kirche zu Plau.

gegengesetzten Seite die Inschrift: IM JAHRE 1846 NACH DER GE-BURT UNSERES HERRN JESU CHRISTI IST DIESE 1696 DURCH EINE FEUERS-BRUNST GESCHMOL-ZENE UND 1700 WIE-DER HERGESTELLTE, DARAUF 1817 AM ZWEITEN PFINGST-TAGE WÄHREND DER NACHMITTAGS-PREDIGT AUFS NEUE DURCH EINEN BLITZ-STRAHL GERISSENE GLOCKE DURCH LANDESVÄTERLICHE HULD UND DEN FROMMEN SINN DER GEMEINE ERNEUERT WORDEN ZUR EHRE GOTTES UND DER GEMEINE ERBAUUNG. GOTTES GNADE WOLLE ÜBER DEN NEUEN BAU WALTEN UND DENSELBEN LANGE BEHÜTEN.

Ausserdem noch zwei Sprüche. — Die zweite Glocke (Dm. 1,43 m) hat die Inschrift: ANNO MDCC PLAVIAE AVXI-LIANTE DEO CVI LAUS SIT ET GLORIA IN VSVM COETVS PLAVI-ENSIS HAEC CAM-PANA FORMATA DIRI-GENTIBVS COMMIS-SARIJS GEORGIO JOR-DAN ET SAMUEL HE-RING UT ET TEMPLI

Bronze-Fünte vom Jahre 1570.

ANTISTITIBUS LORENZ TAUBEN ET JURGEN THUHMEN. Dazu: **M ERNST SIEBENBAUM AUS ROSTOCK HAT MICH GEGOSSEN.** - Die dritte Glocke (Dm. 1,18 m) hat die gleiche Inschrift wie die zweite. — Die vierte (Dm. 0,75 m) hat unter der Haube die Inschrift: peter ✻ ghot mick anno ✻ domini ✻ m ✻ cccc ✻ rrij ✻ diffe ✻ klocke ✻ hort ✻ tho ✻ kviffin ✻ help ✻ ihefus ✻ maria ✻[1])

Kronleuchter (20).

Kleinkunst
werke.
Kleinkunstwerke. 1. 2. Silbervergoldeter ungewöhnlich grosser Kelch auf sechspassigem Fuss mit der Inschrift: **VON DEM WAS GOTT BESCHEERET HAT GEBEN DIESES ZUR EHRE GOTTES ZWEY VERBUNDENE SEELEN • AO 1755.** Als Stadtzeichen der doppelköpfige lübische Adler in einem Kreise und der Meisterstempel ⊕. Die zugehörige silbervergoldete Patene hat die Inschrift: **DER PLAUER KIRCHE 1751** und nur den Stadtstempel. – 3. 4. Silbervergoldeter Kelch mit der am Fuss aufgenieteten Kreuzesgruppe als Signaculum. An den Rotuli des Knaufes der in Email eingelassene Name **IHESVS**. Inschrift am Fuss: calix fancti laurentii re (!) anno dni mccccrrr.

[1]) **Kviffin** Quetzin, dessen ehemalige Kirche diese Glocke besass. Pfarre und Kirche bestanden zu Quetzin vom XIII. Jahrhundert her bis 1641. Lisch, M. Jahrb. XVII, S. 23 ff, 67 ff. und 180 ff.

Die zugehörige Patene ohne Inschrift und Werkzeichen. — 5. 6. Silbervergoldeter Kelch mit einer aufgenieteten Kreuzesgruppe als Signaculum. An
den sechs Rotuli des Knaufes der Name Jesus: iljſuŝr, in welchem das r versetzt ist. An dem sechsseitigen Schaft, zwischen Knauf und Kupa, noch
einmal IhHSVS. Patene ohne Inschrift. Beide Stucke ohne Stempel. —

Kronleuchter (21).

7. 8. Aeltester silbervergoldeter Kelch auf rundem Fuss und mit runden Rotuli
am Knauf, die mit Rosen verziert sind. Dazu eine Patene. Beide ohne
Inschrift und Stempel. — 9. 10. Zur Kranken-Kommunion ein silbervergoldeter
Kelch mit einem einfachen Kreuz am Fuss und mit kleinen Rosen an den
Rotuli des Knaufes. Ohne Inschrift und Stempel. Dazu eine runde silberne
Oblatenschachtel. Auf dem Deckel in einem Lorbeerkranz eingraviert **M D H**.
Ohne Stempel. — 11. Silbervergoldete ovale Oblatenschachtel. Auf dem
Deckel zwei Monogramme, *C E B* und *G D 1751*. Schweriner Stempel:
S A L K. — 12. Silbervergoldete Weinkanne, neu. **Sy & Wagner**-Berlin 1879. —
13. Neue silberne Taufschale. Ohne Inschrift und Stempel. — 14—17. Vier
hübsche getriebene Messingbecken (in einer Seitenkammer im linken Seiten-
schiff). Am Grunde die Inschrift: **CHRISTOPHER RICHTER 1696**. — 18. Kling-

beutel aus Sammet, auf der vorderen Seite ein Monogramm aus *C E D*, auf der Rückseite: **ANNO 1755.** — 19—21. Drei Kronleuchter von Messingguss. Der erste (im Mittelschiff, dem Chor zu) ist neu. Inschrift: **PLAU MDCCCLXXXV • TH • L•**(ippert, der Giesser). Der zweite, ebenfalls im Mittelschiff, hat acht grosse und acht kleine Arme, sowie oben einen gekrönten doppelköpfigen Adler. Inschrift an der Kugel: **GOTT ZV EHREN VND DEN SEINIGEN ZVM GEDÄCHTNIS HAT DIESE KROHNE JOHANN CHRISTIAN RICHTER KVPFFER-SCHMITT AVS GVSTRAVW HIESIEGER KIRCHEN VEREHRET ANNO 1728.** Der dritte, über dem Orgelchor, hat oben am Ring eine gekrönte Maria mit dem Christkinde in einer Stralenmandorla.

> Ueber das im Jahre 1538 abgebrochene St. Jürgen-Stift, das vor der Stadt lag und mit dem Heiligengeist-Spitale verbunden war, über den darauf hin erfolgenden Aufbau eines Armenhauses im Innern der Stadt, über die ebenfalls vor der Stadt gelegene und 1536 anscheinend zum letzten Mal in Akten vorkommende St. Gertruden-Kapelle, über die in diesem Jahre ebenfalls zum letzten Male genannte Kapelle zum Hl. Kreuz, über die drei Gilden der Stadt (Unserer lieben Frauen-, Fronleichnams- und Elenden-Gilde), über eine St. Annen-Kommende und über die in der Zeit der Reformation eingegangene Kalands-Gesellschaft s. Lisch, M. Jahrb. XVII, S. 172—176.

~

Burg zu Plau.

Die Burg zu Plau. Die, wie oben bereits ausgeführt ist, in den achtziger Jahren des XIII. Jahrhunderts angelegte, im XV. Jahrhundert unter Lüdeke Hahn aufs Neue in den Stand gesetzte, im XVI. Jahrhundert unter Herzog Heinrich erweiterte und im XVII. Jahrhundert auf Befehl des Herzogs Gustav Adolph geschleifte Burg liegt innerhalb einer grossen und starken Umwallung, die in früherer Zeit vom See bespült wurde. Heute sind ausser dem vor etwas länger als einem Jahrzehnt mit einem neuen Zinnenkranz versehenen Berchfrit nur noch Theile der Mauer auf der südlichen und nördlichen Seite vorhanden. Der Thurm hat in drei Meter Höhe einen alten Eingang, der jetzt vom Walle her zugänglich ist, früher aber nur mit einer Leiter von aussen zu erreichen war. Eigenartig macht sich hier in dem starken Gemäuer des Thurmes die Anlage einer Wendeltreppe. Sie ist so angeordnet, dass »hier beim senkrechten Durchschnitt der obere Theil der vom Eingangsgeschoss in das zweite führenden Treppe unter dem unteren Theil der von diesem in das dritte Geschoss führenden liegt, sodass der Hinaufsteigende auf kurze Zeit das mittlere Geschoss passieren muss.«[1] Die Anlage der Schiessscharten im Eingangs- wie im

---

[1] Piper, Burgenkunde, S. 235.

zweiten Geschoss wird durch die Zeichnungen des Herrn Distriktsbaumeisters
Zingelmann veranschaulicht. Den Einblick in eine solche giebt ausserdem
Piper, Burgenkunde, S. 376 (Fig. 354). Zu beachten ist auch ein am Rande der
inneren Böschung vorhandener Eingang zu einem unterirdischen Gange. Nach
theilweiser Ausräumung desselben — schreibt Piper, a. a. O., S. 538 — konnte

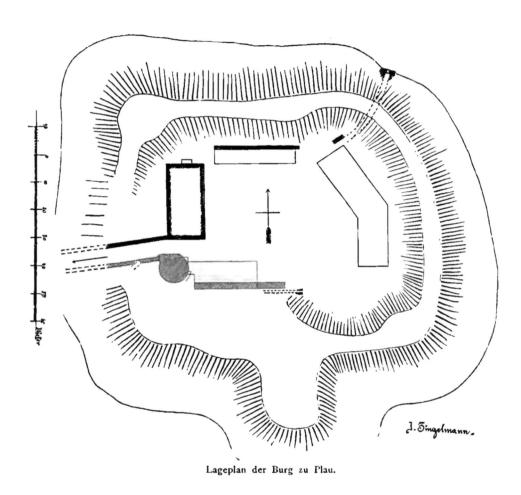

Lageplan der Burg zu Plau.

ich feststellen, dass es sich da um einen in Ziegeln ausgemauerten gewölbten
Gang handle, der unter der Böschung in der Richtung zur Grabensohle hinab-
geht und jedenfalls jenseits des Grabens — wie eine bestimmte örtliche Ueber-
lieferung weiss — in dem Keller eines der nahen dortigen Stadthäuser mündete.
Ein zweiter unterirdischer Gang geht in nordöstlicher Richtung durch den
Wall und wendet sich an seinem Ausgange dem Norden zu.

Neben dem Berchfrit steht über den wohlerhaltenen Keller-gewolben des alten Schlosses ein im Jahre 1822 erbautes Wohnhaus, das sich gleich dem ganzen Wall — nur den landesherrlichen Berchfrit aus-genommen — im Privatbesitz befindet. Vgl. die Zeichnungen.

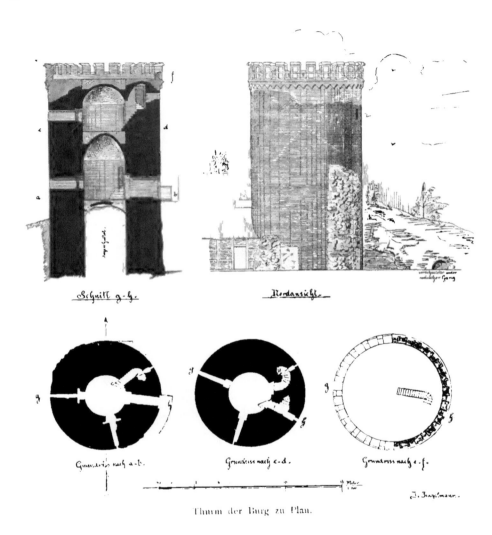

Schnitt g-h.   Nordansicht.

Grundriss nach a-b.   Grundriss nach c-d.   Grundriss nach e-f.

J. Inselmann.

Thurm der Burg zu Plau.

Das alte Rathhaus   Von sonstigen älteren Gebäuden mag nur noch das »alte Rathhaus« (domus consulatus seu theatralis) mit einem renaissancemässig zugestutzten gothischen Giebel und mit entsprechenden Thür- und Lichtöffnungen im Charakter der »Phantasiegothik« aus der ersten Hälfte des XIX. Jahrhunderts genannt werden. Dass es seit 1455 mehrmals von den oben schon erwähnten

Stadtbränden arg mitgenommen wurde und, nach einem Protokoll vom Jahre 1717, noch sieben kleine Thürme aus dem Brande von 1696 gerettet hatte, welche der Oberst von Zülow durch seine Leute herunterschiessen liess, erzählt

Das alte Rathhaus zu Plau.

Lisch, M. Jahrb. XVII, S. 190. Die hier in der Abbildung vorgeführte Form des alten Hauses stammt also wahrscheinlich aus dem Anfange des XVIII. Jahrhunderts.

Das Gut und Kirchdorf Karow.[1]

Schon im Jahre 1254 giebt es in Karow eine Kirche mit eigenem Kirchherrn, dessen dürftige Einnahmen Fürst Pribislav von Parchim am 23. April des genannten Jahres mit einem Gnadengeschenk von drei Hufen in Karow und zwei Hufen in Pajow verbessert.[2] Um 1295 sitzt Ritter Huno von Karow auf dem Gute.[3] Wie lange die von Karow hier gesessen haben, wissen wir nicht. Später, im XV. Jahrhundert, hören wir von Einfällen der Märker ins Land, es ist um 1447 oder 1448.[4] Damals haben bereits die von Hahn verschiedene Anrechte an Karow, die aber im Jahre 1605 durch

Geschichte des Dorfes.

[1] 10 km nördlich von Plau. »Ort des Kara‹ Kuhnel. M. Jahrb. XLVI. S. 66.

[2] M. U.-B. 732. Die Urkunde wird am 1. November 1371 durch Fürst Lorenz von Werle erneuert: M. U.-B. 10651. Vom Dorfe Pajow bei Hahnenhorst hat sich der Name noch im »Paschen-See« erhalten: Schildt. M. Jahrb. LVI, S. 181.

[3] M. U.-B. 2309.

[4] M. Jahrb. XVII, S. 342.

Kauf an Matthias von Linstow übergehen. Linstow'sches Gut bleibt Karow bis zum Ableben des Reimar von Linstow im Jahre 1708, der 1694 den Allodialbrief über Karow und Damerow erhalten hatte. Nach Reimars Tode übernimmt es sein Schwiegersohn Ulrich Wedige von Walsleben, 1747 erhält es Hans Reimar von Walsleben. Durch dessen Tochter Gottlieb Oelgard, die mit dem Hauptmann Matthias Melchior von Behr vermählt ist, kommen Damerow und Karow an die von Behr'sche Familie. Das währt bis zum

Jahre 1788.[1]) Die nachfolgenden Besitzer sind der Kammerrath von Hahn von 1788 bis 1792, der Geheim rath Franz Ludwig von Reden von 1792 bis 1812, der Amtmann Ludwig Christian Cleve sammt Erben von 1812 bis 1899 Emil Wilhelm Carl Cleve auf Karow wird 1845 von Grossherzog Friedrich Franz II. in den Adelstand erhoben. Seit 1899 ist Johannes Schlutius der Besitzer von Karow, Hahnenhorst, Grünejäger, Alt-Schwerin, Jurgenstorf, Werder und Leisten.

Der erste Kirchherr, der uns als Zeuge unter einer Urkunde des damaligen Plauer Archidiakonus Johann,

Kirche zu Karow (Ostseite).

des einzigen, der als solcher bekannt geworden ist,[2]) im Jahre 1293 genannt wird, heisst Ludolph. Um 1360 ist es Johann Bekmann, um 1374 Rudolphus Volquick. Bei der Kirchenvisitation im Jahre 1534 ist Johannes Scharfenberg (Schervenberch) Kirchherr. Er hat die Pfründe seit 1530, sein Miethling heisst Bernd Kroger. Als aber in der zweiten Hälfte des XVI. Jahrhunderts die Kirche zu Poserin von der in Kuppentin abgenommen und zu einem eigenen Kirchspiel erhoben wird, legt man auch Karow als Tochterkirche dazu.[3]) Und

---

[1]) S. o. S. 393, Anmkg. 2. — [2]) M. U.-B. 2199. Vgl. Lisch, M. Jahrb. XVII, S. 244. — [3]) S. o. S. 392 und 394. Die Angabe, dass Karow vorher von Kuppentin aus versorgt wurde, beruht auf einem Versehen.

seitdem ist der Titel des Poseriner Pastors: Pastor zu Poserin und Karow. Zur Zeit, als Samuel Alheit Pastor zu Poserin und Karow ist (1638 1667), tritt eine langdauernde Periode ein, in welcher das alte Bauerndorf Karow menschenleer dasteht und nur als »Schäferei Karow« bekannt ist, während Gross-Poserin im Jahre 1649 von zehn Bauern immer noch fünf behalten hat und im Jahre 1703 wieder siebenzig Beichtkinder aufweisen kann.[1]

Gothisches Triptychon.

Kirche. Die jetzige Kirche ist ein Umbau, besser gesagt Neubau von   Kirche. 1872.[2] Die frühere, gleich dieser aus Felsen und Backsteinen aufgebaute Kirche bildete ein schlichtes Viereck, aber die neue Kirche erhielt ein zweiarmiges Querschiff und erscheint somit wie eine Kreuzkirche. Alle vier Giebel

---

[1] Groth, M. Jahrb. VI, S. 143.
[2] Lisch, M. Jahrb. XL, S. 213.

sind mit gothischen Blenden verziert. Im Innern eine flache Bretterdecke. Ein Thurm ist nicht vorhanden, die Glocken hängen auf dem Kirchboden.

Triptychon.   Das alte gothische **Triptychon** zeigt im Mittelfeld als Schnitzarbeit die Kreuzigung, in den Seitenfeldern in zwei Reihen übereinander je vier Heilige. Links oben die Apostel Petrus und Thomas, unten der hl. Georg und die hl. Barbara. Rechts oben der hl. Antonius und Johannes Baptista, unten die hl. Katharina und die hl. Maria Magdalena.

Kanzel.   Die **Kanzel** ist neu. An ihr die geschnitzten Gestalten der Apostel Paulus, Petrus, Thomas, Philippus, Jakobus und Johannes.

Grabstein.   Vor dem südlichen Eingange ein zur Hälfte überbauter **Grabstein.** Es ist der des (wie an den Wappen zu sehen ist) in erster Ehe mit einer

Grabstein des Jurgen Dieterich von Stralendorff.

von Restorff (**A · S · R ·**) und in zweiter Ehe mit einer von Linstow (**S · M · L ·**) vermählt gewesenen **JÜRGEN DIETERICH VON STRALENDORFF, ERBHERRN AVF TRAMS VND MOLTOW** (geb. 1643, gest. 1680).[1]

Glocken.   Auf dem Kirchenboden zwei **Glocken.** Die grössere (Dm. 1,12 m) hat die Inschrift: ☩ ☩ ☩ ☩ **O rex glorie ihu̅ xp̅e beni cum pace ame̅ ano dni m°cccccic help god vn̅ sante ana sv̅s drv̅dde.** Die zweite (Dm. 0,91 m) führt die Inschrift: ☩ **O rex · glorie ihu̅ xp̅e beni cum pace ame̅ anno dni m°ccccc° vn̅ iii** ☩ ☩ **help got vn̅ maria.** Auf beiden Glocken unter einem Wappen mit dem Greifen das nebenstehende Giesserzeichen.

Kleinkunst-werke.   **Kleinkunstwerke.** 1. 2. Silberner, auffallend grosser Kelch auf rundem Fuss, mit der Inschrift: **CHRISTIAHN GRAMBOW GLAS MEISTER BEI HAHN-**

[1] Inv. 1811.

HOSTER GLASS HÜTT ZU GOTTES EHREN UND ZUM EWIGEN ANDENCKEN DER KIRCHE IST DIESER KELCH UND THÖLLER VEREHRET D · 1 · MAY ANNO 1783. Die Patene ist ohne Inschrift. Beide Stücke vom Schweriner Goldschmied Finck. — 3. Taufbecken von Messing, ohne Inschrift und Stempel. — 4. Neues Ciborium, in Form eines Deckelbechers. Ohne Stempel. — 5. Oblatenkasten von Holz. — 6. 7. Zwei zinnerne Altarleuchter, ohne Inschrift, von dem durch das Stadtwappen gekennzeichneten Güstrower Giesser I · I · K · 1774. In seinem Meisterstempel eine Frau, die mit der Rechten eine Schlange und mit der Linken einen Stab hält.

Das Gut und Kirchdorf Kuppentin.[1])

Als am 3 August des Jahres 1235 Bischof Brunward von Schwerin der Kirche zu Kuppentin das Pfarrgut und den Pfarrsprengel bestätigt: da ist dieser Sprengel ein grosses und ausgedehntes Kirchspiel, zu welchem ausser den jetzt noch dazu gehörenden Dörfern Kuppentin, Bobzin (Babazyn), Zahren (Syarnitze), Plauerhagen (Indago), Penzlin (Pentzarin), Daschow (Darsekow) und Gallin (Glyna) auch die später davon abgezweigten Dörfer Wessentin (Wazutin), Broock (Brück), Weisin (ebenso schon damals geschrieben), Kressin (Krosyna), Gross- und Klein-Poserin (duo Poserina) und das schon früh untergegangene Guthansdorf (noua uilla Guthani) zählen.[2]) Wessentin und Broock sind jetzt im Barkower Kirchspiel, Weisin bei Benthen und Kressin bei Poserin, das zwischen 1564 und 1582 zu einem eigenen Kirchspiel erhoben ist. Dagegen ist das Gut und Dorf Zarchlin hinzugekommen, das, früher zu Quetzin gehörig, seit dem Eingehen dieser Pfarre mit Plauerhagen und füglich auch mit Kuppentin verbunden ist.[3]) Die nachfolgenden Urkunden des XIII. und XIV. Jahrhunderts lassen erkennen, dass seit 1271 die von Preen als werlesche Vasallen auf Kuppentin, Weisin, Lalchow und Zahren (Zarnestorp) sitzen, dass die Pfarre sich zu einer von vornehmen Kirchherren begehrten Pfründe entwickelt, und dass allerlei von einer in die andere Hand gehende Hebungen aus Kuppentin, die zum Theil auch geistlichen Stiftungen in Schwerin, Parchim und Plau zu Gute kommen, ein gerne gesuchter und angenommener Besitz sind.[4]) So gehört z. B. die Mühle zu Kuppentin seit 1296 dem Kloster Neuenkamp auf Festland Rügen, die Fischerei im Mühlenteich aber schon seit 1285

Geschichte des Dorfes.

---

[1]) 10 km nordwestlich von Plau. Die Nebenformen des Namens sind im XIII. Jahrhundert: Kobandin, Cobendin, Cobbendin, Cubbandin und Cobbandin. Darnach »Ort des Kobbad oder Kubęta«: Kühnel, M. Jahrb. XLVI, S. 78.

[2]) M. U.-B. 436. Ueber Guthansdorf vgl. Schildt, M. Jahrb. LVI, S. 180.

[3]) Lisch, M. Jahrb. XVII, S. 19.

[4]) M. U.-B. 1225. 1780. 1824. 1903. 2137. 2203. 2327. 2472. 2485. 2520. 2600. 2624. 2718. 2719 5751. 6712. 7488. 7945. 9016.

dem Kuppentiner Kirchherrn.[1]) Auch das Kloster Dobbertin erwirbt dort im
Jahre 1308 Einkünfte aus Hufen und Katen.[2]) Anrechte verschiedener Art
haben auch die von Kramon, der Plauer Bürger Berthold Swartepape, der u. a.
die Hälfte der Mühle vom Kloster Neuenkamp zu Lehn nimmt. Nachher hat
auch der Knappe Ludolf Dessin ein Viertel von der Mühle.[3])

Wie lange die von Preen im Besitz von Kuppentin gewesen sind,
wissen wir nicht, wahrscheinlich gar nicht lange.[4]) Später kommt Kuppentin
als Lehn an die Cursen, die sonst urkundlich selten angetroffen werden, von
diesen an die von Restorff, und, nach dem Aussterben ihrer Kuppentiner Linie
im Jahre 1504, zurück an die Herzöge Balthasar und Heinrich, die Gut und
Hof in diesem Jahr an Henning Balge überlassen.[5]) Indessen schon am Ende
des XVI. Jahrhunderts sind die von Restorff wieder im Besitz von Kuppentin,
woran übrigens auch die Weltzien und Dessin verschiedene Anrechte gewinnen,
und nun behalten sie es bis 1732. Aus dem Restorff'schen Konkurse kauft
es Berend von Pressentin zu Daschow, in dessen Familie es bis 1804, bezw.
bis 1821 verbleibt, denn die Frau Charlotte Sophie Friederike von Freiburg,
die 1805 das Gut Kuppentin übernimmt und sich 1811 in Frau Dr. Charlotte
Sophie Friederike Bade verwandelt, ist eine geborne von Pressentin. Sie
stirbt schon 1812. Aber ihre Erben behalten Kuppentin bis 1821.[6]) Seit
1821 gehört Kuppentin zu den Gütern der Familie von Blücher.

In der ersten Hälfte des XIII. Jahrhunderts treffen wir den Pfarrer
Engelbert, der nachher Domherr von Schwerin wird, nachher in der zweiten
Hälfte desselben Jahrhunderts den Martin von Mallin, der vorher Notar des
Fürsten von Werle war und später Pfarrer in Malchin wird. In der ersten Hälfte
des XIV. Jahrhunderts wirken dort die Pfarrer Johann, Heinrich (der auch als
Offizial des Fürsten Johann III. von Werle mehrmals in Urkunden vorkommt),
Engelbert von Brüsewitz,[7]) der auch nach 1350 noch vorkommt, und neben
ihnen die Vikare Nikolaus und Erich; in der zweiten Hälfte des XIV. Jahr-
hunderts ausser dem schon genannten Engelbert von Brüsewitz die Pfarrer
Heinrich Wenemer und Wilken. Aus einer späteren Urkunde von 1490 lernen
wir endlich noch einen Kirchherrn Johann von Plawe kennen [8])

Seit 1532 ist Johann Steinhäuser (Steinhuser) Pastor zu Kuppentin.
Herzog Heinrich hat ihn berufen. Als Filiae werden die Kirchen zu Poserin
und Plauerhagen genannt. Aber Poserin hat 1541 bereits in Ern Hinrik
Brosius seinen eigenen Pastor, der im Protokoll ein Lob erhält und somit

---

[1]) M. U.-B. 2388. 2718. 2719.
[2]) M. U.-B. 3205.
[3]) M. U.-B. 4219. 4803. 10093, Anmkg. 10184. 10362.
[4]) M. U.-B. 2485. Vgl. M. Jahrb. XXVI, S. 101.
[5]) Akten im Grossh. Archiv (Repert. Fabr. Q 11½). Ueber die Einfälle der Märker im XV Jahrhundert s. M. Jahrb. XVII, S. 341.
[6]) Gesch. u. Stammtafeln des Geschl. von Pressentin, S. 65.
[7] Nicht Eckhard, wie im M. U.-B. 2718, Anmkg., zu lesen ist.
[8]) Ueber die alte Adelsfamilie von Plawe s. Lisch, M. Jahrb. XVII, S. 46 ff.

wohl schon der neuen Lehre zugeneigt ist. Steinhäuser dagegen wird im Protokoll von 1541/42 als Papist charakterisiert. Von 1554 bis 1598 folgt Jochim Guthan, darauf dessen Schwiegersohn Kaspar Neuenkirchen (Nienkercke) bis 1638. Nachdem fast sechs Jahre lang Vakanz gewesen, wird 1644 Michael Freudius berufen. Unter ihm findet ein Wechsel im Patronat statt. Herzog Adolph Friedrich, der dieses bisher gehabt hat, überlässt es im Tauschwege am 22. December 1649 dem Kloster Dobbertin und nimmt dafür die Patronate von Goldberg und Zidderich. Das Kloster Dobbertin aber verkauft es schon im Jahre 1651 für 500 Gulden an Lüder Dessins Erben auf Daschow.[1]) 1677

Kirche zu Kuppentin, von Osten gesehen.

bittet Freudius um seine Entlassung. Ihm folgt, wiederum nach längerer Vakanz, im Jahre 1680 der Belliner Pastor Joh. Schultze Nach Schultze's Tode im Frühjahr 1701 wird 1702 unter Jürgen von Dessins[2]) und Baron von Erlencamps[3]) Patronat Justus Henricus Linse berufen. Unter ihm abermals eine Veränderung im Patronat: Otto Friedrich von Pentz, der damals auf Daschow wohnt, überlässt seinem Schwager Henning Lambrecht von Lützow[4]) auf Penzlin den halben Theil seines an Daschow haftenden Patronats, der von dieser Zeit her am Gute Penzlin haftet. Die Möglichkeit, auch Kuppentin selber am Patronat seiner eigenen Kirche theilnehmen zu lassen, tritt in dem Augenblicke ein, in welchem beide Güter, Daschow und Kuppentin, in eine Hand kommen, wie dies 1730 geschieht und bis ins neunzehnte Jahrhundert hinein währt. Indessen gewinnt das Gut Kuppentin nicht eher Antheil am Patronat, als bis es Blücher'sches Gut wird, was 1821 geschieht. Linse stirbt 1746 Ein Versuch, seinen Sohn Theodor Jonas Linse im Jahre 1745 zum Substituten und Nachfolger zu machen, stösst auf unsägliche Schwierigkeiten in Folge der damals obwaltenden politischen

---

[1] S. u. Inschriften am Altar und an der früheren Glocke.
[2], Auf Daschow.
[3]) Als Pfandherr des Plauer Amtes für Plauerhagen.
[4], S. Inschrift an der Grabkapelle.

Wirren, gelingt aber zuletzt im Jahre 1746. Später (um 1766) finden wir dort den Pastor N. H. Lühtcke. 1781 ist die Pfarre wieder vakant. 1782 wird Christian Gottfried Mantzel berufen. Nach dessen Abgange folgt 1797 Joh. Friedr. Lüthke († 1819). Vgl. Walter a. a. O.

Kirche. Die Kirche zu Kuppentin gehört zu jenen verhältnissmässig wenigen im Lande, bei welchen das Langhaus noch ein Theil der alten Kirche ist, der grösser, höher und breiter und auch in einem jüngeren Stil ausgeführte Chor aber die Absicht erkennen lässt, schrittweise einen stattlicheren Neubau an die Stelle des ersten Kirchenbaues treten zu lassen. Sie schliesst sich somit jenem Typus an, als dessen bedeutendere Repräsentanten die Gottes- häuser in Dargun und Gadebusch anzusehen sind und giebt wie diese ein Bild davon, wie der Plan eines Umbaues mit Begeisterung erfasst und bis zu einem Theile ins Werk gesetzt wird, dann aber, dem Wechsel der Zeiten und Menschengedanken unterliegend, ins Stocken geräth und nun als ein unfertiges Ganzes der Nachwelt überliefert wird. Doch als Bauwerk steht die Kuppentiner hinter den beiden genannten zurück. Das Langhaus ist ein schwerer, ver- hältnissmässig niedriger, im Innern flach gedeckter Feldsteinbau aus der Zeit des Uebergangges vom romanischen zum gothischen Stil, der durch schmale Schlitzfenster mit schräge eingehenden glatten Wandungen und Laibungen erleuchtet wird,[1]) aber der mit fünf Seiten aus dem Zwölfeck gebildete Chor, dessen Dachfirst den des Langhauses bedeutend überragt, ist ein überaus zierlicher, auf einem Granitsockel schlank und elegant emporgeführter und gewölbter Ziegelbau der Gothik, bei welchem die vom alten Bau übernommenen Rundbogen des Frieses und auch die fein zugespitzten Nähte, mit oder in denen die Kappen zusammenstossen, unserer Meinung nach nicht dazu ver- führen dürfen, an den frühgothischen Stil des XIV. und gar des XIII. Jahr- hunderts zu denken. Vielmehr, wie in Dargun, so handelt es sich auch, wie wir glauben möchten, bei dem Chor der Kirche zu Kuppentin um einen Neu-

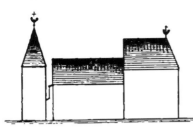

bau aus der zweiten Hälfte des XV. Jahr- hunderts, zu welchem der von Lisch an- gezogene, aber nicht in diesem Sinne ver- wandte Indulgenzbrief des Bischofs Konrad Loste vom Jahre 1486 in Beziehung gesetzt werden könnte.[2]) Was für Freude dieser Bischof an Kirchenbauten in seiner Diöcese hatte, ist ja hinlänglich bekannt. Auch dürfte der in Mecklenburg ungewöhnliche Polygonal- schluss des Chors aus dem Zwölfeck (vgl. Trebbow in Band II, S. 636) in dieser Beziehung zu denken geben.

Der Thurm ist ein Bau aus Holz, der besser Glockenstuhl als Thurm genannt wird.

---

[1]) Die äussere Wandung und Laibung der Fenster auf der Südseite ist scharfkantig abgestuft.
[2] Lisch, M. Jahrb. XVII, S. 17 u. 18.

Im Norden am Chor eine Grabkapelle der Familie von Lützow auf Penzlin.[1]) Neben dieser Kapelle, ostwärts, die Spuren eines weiteren Anbaues, wahrscheinlich die einer Garvekammer oder Sakristei.

Der **Altaraufsatz** ist ein Werk des Barockstils mit einer Predella und zwei Stockwerken. In der Predella das Gemälde der Abendmahls-Einsetzung,

Altaraufsatz.

im Hauptstock die Kreuzigung, rechts und links davon die geschnitzten Figuren der hl. Maria und des hl. Johannes, und zu deren Seiten die kleineren Figuren der Apostel Petrus und Paulus. Im Oberstock das Gemälde der Himmelfahrt, rechts und links ebenfalls je eine Apostelfigur. Die vier kleineren Apostelfiguren sind Reste aus einem älteren gothischen Triptychon. Als oberste

Inneres der Kirche zu Kuppentin.

Krönung des Ganzen Christus am Kreuze, aus Holz geschnitzt. Inschrift: HERR JÜRGEN V · DESSIHN FÜRSTL · BISCHOFL · EUTIN'SCHER KAMMER-JUNKER, PATRONUS DIESER KIRCHEN, UND FRAU URSULA ELISABETH GEBORNE V · SCHULTZEN, ALS DESSEN FRAU LIEBSTE, HABEN DIESEN ALTAR GOTT ZU EHREN U · DER KIRCHEN ZUM ZIERRATH VEREHRET ANNO 1696 DEN 10 APRILIS.

[1]) Unter einem Alliancewappen von Lutzow und von Oertzen) eine Inschrift, welche besagt, dass Heinrich Lambert von Lutzow auf Penzlin und Neuhof dies Begräbniss 1760 erbaut habe.

Kanzel.

An der innern Südwand, und zwar an dem Eckpfeiler zwischen Chor und Langhaus, auf einer Säule stehend, die aus Eichenholz geschnitzte **Kanzel** im Geschmack der Renaissance, laut Inschrift vom Jahre 1680. In den vier Füllungen die Evangelisten mit ihren Attributen.

Orgel.

Die **Orgel** ist in den siebziger Jahren des XIX. Jahrhunderts von **Friese**-Schwerin erbaut.

Christus als Schmerzensmann.

An der innern Nordwand, und zwar an dem Triumphbogen zwischen Chor und Langhaus, **Christus als Schmerzensmann**, mit Dornenkrone, Geissel und Rohr: eine Figur in Dreiviertel-Lebensgrösse. Darunter eine ovale Tafel mit Inschrift: S · D · G · A · TESTATURI FIDEM SUAM SALVIFICAM IN EUM QUEM HAEC EFFIGIES DESIGNAT JESUM ET VULNERATUM ET FLAGELLATUM HOC ΛΝΛΘΗΜΛ HUIC COLUMNAE AFFIGI CURAVERUNT JUSTUS HEINRICUS LINSEN KUPPENT · ET PLAUERHAG · ECCLESIAE P · T · PASTOR ET HEDWIG MARGARETA SCHULTZEN · Aᵒ 1715 D · 16 NOVBR.

Kanzel.

Das Werk selbst ist freilich sehr viel älter: es gehört der gothischen Zeit des XV. Jahrhunderts an.

An der Nordwand des Chors ein **Stuhl**, über dem viermal das **VON**
LÜTZOW'sche Wappen[1]) angebracht ist; ein gleicher Stuhl an der Südwand
mit dem **VON HARTWIG**'schen Wappen;[2])
und an einer **Empore** im Schiff eine
Reihe von Wappen der Familie **VON**
BLÜCHER.[3])

Christus als Schmerzensmann.

In der Kirche an den Wänden eine
Reihe kleinerer **Gedächtnisswappen**, die
von Sargdekorationen stammen und den
Adelsfamilien **VON BELOW, VON**
PRESSENTIN, VON HARTWIG, VON
BÜLOW, VON LÜTZOW, VON KIRCH-
RINGEN,[4] VON SCHMITT, VON KRUSE-
MARCK, VON OERTZEN, VON WICKEDE,
VON WINTERFELD, VON BLÜCHER,
VON RIEBEN und **VON LEVETZOW** an-
gehören.

In einem Spitzbogenfenster an der
Nordseite des Chors noch alte **Glas-**
malereien von Wappen Dabei eine
Inschrift: **DIESE LUFT HAT DER ED-**
LER GESTRENGER UND EHRENVESTER
JÜRGEN RHOR, ERBGESETEN IN ME-
HENBORG PENTZELLIN U · ZAREN
NEBEN SINER LEBEN HUSFRUWEN
MARGARETA FREIBURCH IN GOTTES
EHRE GEGEUEN NACH DER GNADE-
RIKN GEBORT UND MINSWERDING
ANNO 1615.

Im Thurm zwei **Glocken**. Die
grössere (Dm. 1,18 m) hat weder Inschrift noch Zeichen. Die andere (Dm.
1,03 m) ist unter dem Patronat des
G. V. BLÜCHER-Kuppentin, **C. SEELER**-
Penzlin und **H. V. HARTWICH**-Daschow
im Jahre 1883 von **Ed. Albrecht** in Wismar umgegossen worden.[6])

[1]) Im XVIII. Jahrhundert sitzt ein Zweig der Familie von Lützow auf dem eingepfarrten
Penzlin.

[2]) Seit 1804 auf Daschow. — [3] S. o. S. 604. — [4]) Sonst Kerkring. — [5] LUCHT.

[6]) Ihre Vorgängerin war 1693 gegossen worden, als H. Joh. Schultze Pastor, H. Jürgen von
Dessihn Patron, H. Christopher von Restorff und H. Hans Ernst von Dessihn Eingepfarrte und
Stoffer Malchow sowie Samuel Voss Vorsteher waren. Der damalige Giesser wird nicht genannt.

Kleinkunst-
werke.

Kleinkunstwerke. 1. 2. Neusilberner Kelch auf rundem Fuss. Inschrift: M(arie) B(ahlmann) (auf Penzlin) **1853.** Zeichen: HENNIGER. Dazu eine silberne Patene ohne Inschrift. — 3. 4. Zinnerner Kelch mit der Inschrift: ∴ CATARINA GOESMAN ∴ ∴ 1730 ∴. Englische Zinnmarke. Die zugehörige Patene ist ohne Inschrift. — 5. Silbervergoldetes Krankengeräth, neu, von 1879. Ohne Werkzeichen. — 6. Silberne Oblatendose, neu, ohne Stempel. — 7. Silberne Kanne, neu, ohne Stempel. — 8. Zinnerne Taufschale ohne Inschrift, neu. — 9. 10. Zwei neusilberne Altarleuchter mit der Widmungsinschrift M • B • 1853, vgl. Kelch. — 11. Neues Antependium, 1891 von zwei Damen der Gemeinde gearbeitet.

Das Filial-Kirchdorf Plauerhagen.[1]

Geschichte
des
Dorfes.

Der ursprüngliche Name des Dorfes ist einfach Hagen (Indago).[2] Deshalb ist es auch unzweifelhaft richtig, schon in der Urkunde vom 3. August 1235 den Namen Indago als Plauerhagen zu deuten und nicht mit dem älteren wendischen Dorf Gallin (Glyna) zu verbinden.[3] Als ein mit schwerer und mühevoller Arbeit dem Waldboden abgerungenes und auf landesherrlichem Grund und Boden entstandenes deutsches Hägerdorf, für dessen Bauernschaft der Kirchherr zu Kuppentin die Seelsorge übernimmt: so müssen wir uns diesen alten Hagen im XII. und XIII. Jahrhundert vorstellen.[4] Als aber die Plauer Bürger von der im Jahre 1255 gegebenen landesherrlichen Erlaubniss im Laufe der Zeit im »Hagen« für sich und ihre Stadt Grund und Boden zu erwerben, Gebrauch machen, da ist es ganz natürlich, dass für diesen Theil des Dorfes allmählich der Name Plauerhagen aufkommt, wie andererseits für denjenigen Theil des Hagens, an welchem die Herren auf und zu Kuppentin (wie z. B. nachher die von Dessin) Anrechte gewinnen, recht wohl der Name Kuppentinerhagen (Cobandinerhagen) längere Zeit hindurch üblich gewesen sein könnte und daher für diesen Theil des Hagens nicht an ein besonderes, später untergegangenes Dorf gedacht zu werden brauchte.[5]

Als landesherrliches Bauerndorf gehört Plauerhagen zu den grösseren Dörfern im Lande. Von seinem Rückgange im XVII. Jahrhundert haben sich Zeugnisse erhalten.[6] So giebt es z. B. im Jahre 1649 von sonst fünfzehn Bauern und neun Kossaten nur noch sechs Stellen im Dorfe, die bewohnt sind, in Kuppentin von sechs Bauern und zwei Kossaten nur noch drei, und Karow ist um diese Zeit, wie schon oben bemerkt ist, ganz wüste und menschenleer geworden.[7]

---

[1] 6 km nordnordwestlich von Plau.
[2] M. U.-B. 743. 6874. Vgl. besonders 10774 mit 10460, 10510 u. 10848.
[3] M. U.-B. 436. Vgl. Schildt, M. Jahrb. LVI, S. 180.
[4] Vgl. Fabricius, M. Jahrb. VI, S. 17 u. 18.
[5] M. U.-B. 2109. Vgl. 4040, S. 410. Schildt, a. a. O., S. 177. 178.
[6] Groth, M. Jahrb. VI, S. 142. Vgl. dazu Lisch, M. Jahrb. XVII, S. 211.
[7] M. Jahrb. VI, S. 142.

Die kirchlichen Verhältnisse sind bei Kuppentin besprochen. Früher hatte auch das zu Plauerhagen gelegte Gut und Dorf Zarchlin eine eigene Kirche, die gleich der Kapelle in Leisten mit der Kirche in Quetzin verbunden war. Als die Quetziner Kirche um die Mitte des XVII. Jahrhunderts einging, blieb die Zarchliner noch eine Zeit lang von Bestand, wie ein bei Plauerhagen im Inventar von 1811 erwähnter zinnerner Abendmahlskelch erweist, der die Aufschrift hatte: DIESEN KELCH VEREHRET IN DIE ZARCHELIN-SCHE KIRCHE HEINRICH ZERRANN 1658 (wenn nicht etwa 1638 dastand). Die Glocken der Zarchlinschen Kirche sollten 1648 an Goldberg gegeben werden.[1]) Ob es geschehen ist, haben wir nicht feststellen können.

Auch das nach Kuppentin eingepfarrte kleinere Dorf Gallin (Glin) hatte im Mittelalter eine eigene Kirche, die am 20. Mai 1354 vom Bischof Andreas von Schwerin geweiht worden war, und deren Patronat später das Kloster in Doberan erlangt hatte, wie denn beide Güter, Zarchlin und Gallin, schon vorher Doberaner Klosterbesitz geworden waren.[2]) Der dreissigjährige Krieg ist es, welcher beiden Dörfern, Zarchlin und Gallin, ihre ehemalige Bedeutung nimmt: in Zarchlin, wo vorher zehn Bauern gezählt werden, giebt es 1649 nur noch drei Personen, die Bauernhöfe sind sämmtlich wüste Stätten geworden; in Gallin, wo vorher elf Bauern und ein Schmied gezählt werden, giebt es ebenso wie in Zarchlin nur noch drei Personen,[3]) und in Leisten, wo vordem vier Bauern und drei Kossaten gewohnt haben, noch vier Personen. Kein Wunder, dass an allen drei Stellen Pfarre und Kirche nicht länger zu erhalten sind, und dass aus den Bauerdörfern Güter und Pachthöfe werden.

Kirche. Die Kirche ist ein schlichter vierseitiger Fachwerkbau mit einem aus dem Westende des Daches hervorkommenden kleinen Thurm, in dessen Wetterfahne die Zahl 1784 zu lesen ist.[1])   *Kirche.*

Die **innere Einrichtung** stammt vom Jahre 1868.

Im Thurm zwei **Glocken.** Die grössere (Dm. 0,89 m) ist laut Inschrift   *Glocken.* 1751, zur Zeit des Pastors THEODOR JONAS LINSEN, von Otto Gerhard Meyer in Rostock gegossen.[5]) Die kleinere (Dm. 0,77 m) ist im Jahre 1838 von J. C. Haack in Rostock umgegossen worden.[6])

Die **Vasa sacra** sind neu, 1869 angeschafft, und sämmtlich ohne   *Vasa sacra.* Inschriften.

---

[1]) Vgl. Lisch, M. Jahrb. XVII, S. 181. 185.

[2]) M. Kunst- u. Gesch.-Denkm. III, S. 354, Anmkg. 16. S. 582, Anmkg. 5. Vgl. auch Lisch, M. Jahrb. XVII, S. 18. 88. XXIII, S. 170. XXVIII, S. 274.

[3]) Groth, M. Jahrb. VI, S. 142.

[4]) Das Inv. von 1811 erwähnt eine bei der Eingangsthür angebrachte Tafel mit einer Inschrift, welche besagte, dass die Kirche im Jahre 1783.84 unter dem Patronat des Herzogs Friedrich erbaut und am 5. Juli 1784 vom Superintendent und Konsistorialrath Kessler, als Christian Gottfried Mantzel Pastor war, eingeweiht worden sei.

[5]) S. Kuppentin.

[6]) Ihre Vorgängerin trug die Inschrift: CHRISTIAN LVDWIG V · G · G · REG : HERZ : Z · MECKLENBVRG PATRONVS DIESER KIRCHEN.

Das Kirchdorf Barkow.[1]

Am 13. April 1274 erfahren wir, dass das Kloster Stepenitz in der Mark sechs Hufen in Barkow (Berchowe) erworben hat.[2] Spätere Urkunden von 1328, 1335 und 1342 betreffen Hebungen, die aus Barkow an St. Georgen, St. Marien und an den Kaland in Parchim gelangten.[3] Von diesen ist auch noch in Parchimer Kirchenvisitations-Protokollen und Akten von 1563 die Rede.[4] Auch das ehemals draussen vor dem Thore gelegene St. Jürgen- und Heiligengeist-Hospital der Stadt Plau erhält am 8. September 1370 eine Schenkung von Hebungen aus Barkow.[5] Dass das Dorf bereits um 1320 eine Kirche hat, ersehen wir aus einer Urkunde vom 21. Oktober d. J., in welcher der Kirchherr von Barkow, Dominus Johannes, als Zeuge auftritt.[6]

Weitere sichere Nachrichten des Mittelalters über das der Lübzer Ture angehörende Dorf sind bis jetzt nicht auf uns gekommen.[7]

Um 1591 ist der alte Pastor todt, er heisst Heinrich Krüger. Ihm folgt sein Schwiegersohn Johannes Friederici. 1615 wird Johannes Michaelis genannt, und 1629 beruft Wallenstein den Joachim Colerus, der bis 1679 im Amte ist.[8] Von ihm giebt es einen Brief vom 17. April 1641, in welchem er die entsetzlichen Drangsale schildert, die er in der voraufgehenden Kriegszeit erlitten habe. Nach dreijährigem »Exil« in Lübz sei er in seine Gemeinde zurückgekehrt. Aber sein Haus sei verwüstet. Auch in Karbow und Kuppentin seien die Pastoren gezwungen gewesen, zu weichen. Doch sei das Haus in Karbow noch in leidlichem Zustande, er bitte, dahin ziehen und von Karbow aus auch Barkow bedienen zu dürfen. Leider fehlt aber in den Akten die Antwort.

Nach Colerus beginnt die Periode, in welcher das Patronat in den Händen der Barnewitz'schen Familie als Pfand-Inhaberin des Amtes liegt. Dieser Zeit gehören an die Pastoren Christian Riebe (1680—1700), Georg Risch (1701—1736), Christian David Janenzky († 1733, schon Substitut des vorigen), und Augustin Christian Warning (1736—1765). Nachher folgen: Joh. Nikol. Roeper (1766—1772), Karl Leopold Hinze (1772—1782), Gottlob Friedrich Wenzel (1782—1787), Joh. Ad. Günther Hankel (1787—1792) und Joh. Karl Aug. Susemihl (1793—1817). Vgl. Walter, a. a. O.

---

[1] 6 km westlich von Plau. »Ort des Berka« nach Kühnel: M. Jahrb. XLVI, S. 23.
[2] M. U.-B. 1322.
[3] M. U.-B. 4883. 5615. 6203.
[4] Vgl. Anmkg. zu 4883 des M. Urk.-Buches.
[5] M. U.-B. 10093. Vgl. 10932.
[6] M. U.-B. 4221.
[7] Lisch, M. Jahrb. X, S. 34.
[8] Lisch, M. Jahrb. XXXVII, S. 7.

Broock gehört seit dem XVI. Jahrhundert (wenn nicht schon früher) als Filial-Kirchdorf zu Barkow. In ältester Zeit war es nach Kuppentin hin eingepfarrt. S. o. S. 603.

Schnitz-Altar aus Barkow, jetzt im Grossh. Museum. XVI. Jahrhundert, erste Hälfte.

Kirche. Die mit späteren Strebepfeilern gestützte, im Innern aber Kirche. flach gedeckte alte Feldstein-Kirche bildet ein Viereck, dessen Ostgiebel mit Blenden in Ziegelmauerwerk verziert ist. An der inneren Ostwand ein alter Eucharistie-Schrank. In dem einzigen Spitzbogenfenster hinter dem Altar sind noch Spuren des früheren Rundbogens zu erkennen. Alle sonstigen

Fenster sind viereckig und stammen aus späterer Zeit. In der Südwand noch ein älteres schlichtes Portal mit Stichbogen-Schluss. Der ehemalige Bretterthurm im Westen ist 1786 durch einen Ziegelfachwerkbau ersetzt worden. Er hat ein vierseitiges Pyramidendach.

Altaraufsatz. Der **Altaraufsatz** ist neu und 1853 mit einem Gemälde von **Gaston Lenthe** (Christus mit Kelch und Brod) geschmückt.

Kanzel. Die **Kanzel** stammt aus dem XVII. Jahrhundert. In ihren Füllungen die geschnitzten vier Evangelisten.

Predigerstuhl. Im **Predigerstuhl** befinden sich zwei alte gothische Schnitzfiguren, die hl. Maria mit dem Kinde und der hl. Johannes Evangelista.

Glocken. Im Thurm zwei **Glocken**. Die grössere (Dm. 1,08 m) ist laut Inschrift zur Zeit des Pastors **GOTTLOB FRIEDRICH WENZEL** im Jahre 1785 von **J. V. Schultz** in Rostock gegossen worden. Die kleinere (Dm. 1,00 m), hat die Inschrift:

SVM SIRA VOCH TĀMĒR

PRAOOR AXĀVDI DAVS ĀM .

Kein Giesserzeichen.

Kleinkunstwerke. **Kleinkunstwerke.** 1. 2. Silberner Kelch, laut Inschrift 1864 von **JOHANNA BÜHRING**, geb. **ZANDER**, gestiftet. Stadtzeichen fehlt. Meisterstempel: VOSS. Die zugehörige Patene hat laut Inschrift **HENRIETTE ZANDER**, geb. **MADAUSS**, 1864 gestiftet. Werkzeichen fehlen. — 3. Zinnerner Kelch mit der Inschrift: **JOCHIM HINRICH PETERS GIBT GOTT ZU EREN IN DER BARKOSCHEN KIRG.** Englisches Zinn. Initialen nicht zu erkennen. — 4. Noch ein zinnerner Kelch mit der Inschrift: **CLAVS KONEKE 1552.** Stempel verputzt. — 5. Zinnernes Krankengeräth. Inschrift: **BARKOW 1842.** Englisches Zinn mit den Meister-Initialen **C G** Patene und Ciborium ohne Werkzeichen. — 6. Neues Krankengeräth, von **Dr. C. Ernst-Berlin.** — 7. Ciborium von Neusilber, ohne Werkzeichen. — 8. Kanne von Neusilber, desgl. — 9. Messingene Taufschale in trefflicher Treibarbeit, vom Ende des XVI. Jahrhunderts. Auf dem Grunde der Schale die Darstellung der Taufe Christi, auf dem Rande umlaufende Verzierung mit Fruchtstücken u. s. w. — 10. Neue Taufschale, von **C. W. Kurtz**-Stuttgart. — 11. Zinnerne Flasche, vom Plauer Giesser **J. C. D.**, ohne Jahreszahl.

*

Frühere Kapelle. Im Dorfe Barkow ist die Rede von einer **früheren alten Kapelle**, die an der Südwestseite des Dorfes auf dem Felde des Hofes Barkow gestanden habe. Etwa 1830 sollen von dieser Kapelle noch Mauerreste übrig gewesen sein. Die Stelle wird ›Dorpstäd‹ genannt.

Das Kirchdorf Gnevsdorf.[1])

Geschichte des Dorfes.

Mittelalterliche Urkunden haben sich bis jetzt nicht gefunden. Dafür setzt das XVI. Jahrhundert mit einer Geschichte ein, welche für die damaligen weltlichen und kirchlichen Verhältnisse charakteristisch ist. Der Kirchherr von Gorgelin und Gnevsdorf, Friedrich Koval, hat sich des Todschlages an einem Amtsbruder oder anderen Priester, dessen Name nicht genannt wird, schuldig gemacht. Das scheint im Jahre 1507 oder kurz vorher geschehen zu sein. Er wird dadurch als Seelsorger unmöglich und weicht von seiner Pfarre. Aber ehe er fortkommt, machen sich verschiedene Männer auf und prügeln ihn gründlich durch. Diejenigen, welche unrechtmässig das wohl-verdiente Strafgericht vollziehen, sind der Vogt und der Bürgermeister von Plau, Heyne von Pentz und Nikolaus Leppin, sowie verschiedene Leute (layci) aus der Havelberger und Schweriner Diöcese. Und nun setzen, schon im Jahre 1507, die Herzöge Heinrich und Albrecht einen Vicerektor, den Johannes Rose, ein, der auch noch 1531 und 1534 als Inhaber des Kirchenlehns urkund-lich genannt wird. Der Vertriebene aber wendet sich nach Rom und erlangt thatsächlich von Papst Julius II. einen an den Probst von Magdeburg und an die Offizialen von Magdeburg und Halberstadt ergehenden Befehl vom 10. Mai 1509, datiert aus Ostia: über diejenigen, die den gen. Koval gemiss-handelt hätten, solange den Bann zu verhängen, bis diesem von jenen sein Recht geworden sei. Welchen Erfolg dies gehabt habe, erfahren wir nicht, können aber annehmen, dass sowohl der zuständige Bischof von Havelberg als auch die mecklenburgischen Herzöge, unbeschadet ihres Respektes vor der päpstlichen Kurie, der Sache die passende Wendung gegeben haben. Wenigstens ist aus dem Umstande, dass der im Jahre 1507 eingesetzte Vicerektor der Kirche noch 1531 und 1534 die Stelle einnimmt, der Schluss zu machen, dass sein unwürdiger Vorgänger durch den päpstlichen Erlass nicht wieder ins Amt gekommen ist. Es war eben die Zeit, in der die Reformation vor der Thür stand.[2])

Damals war Gorgelin das Hauptkirchdorf mit einer Mater-Kirche und Gnevsdorf das Filial-Kirchdorf. So noch im Visitationsprotokoll von 1534; aber in dem von 1541 ist von einer Kirche zu Gorgelin keine Rede mehr, und schon 1539 giebt es kein Dorf mehr, das diesen Namen hätte, wie das Landbederegister dieses Jahres ausweist, in welchem es heisst: Gorgelin ist ein wüst Feld, gehort dem Fürsten int Amt to Plawe und Lubz. Bruken de Retzower und hefft 35 Hoven.«[3]) Was für Gründe zum Eingehen von Dorf und Kirche geführt haben, ist unbekannt.

[1]) 7 km südlich von Plau. Dorf des Gněv: Kühnel. M. Jahrb. XLVI, S. 51.

[2]) Lisch, M. Jahrb. XXIII, S. 246. Ein in dieser Angelegenheit vom Bischof Johannes von Havelberg im Jahre 1511 geschriebener Brief ist bis jetzt nicht veröffentlicht: s. Akten im Gross-herzoglichen Archiv.

[3]) Vgl. Schildt, M. Jahrb. LVI, S. 166. Dazu Lisch, M. Jahrb. XIII, S. 408. XXIII, S. 170. 171.

1541 heisst der Pleban Johannes Mau (Mawe); er verwaltet die Kirchen zu Gnevsdorf und Retzow und ist auch 1558 noch im Amte. Von 1564 bis 1608 ist es Jochim Goldberg. Unter ihm kommt Ganzlin, das zu den ehemaligen Stepenitzer Klosterdörfern gehört und 1534 in Petrus Middach seinen eigenen Pastor hat, zur Pfarre von Gnevsdorf. Aber schon unter seinem Nachfolger Petrus Schleisius I. (1608—1638) wird es im Jahre 1620 zu Vietlübbe gelegt und bleibt auch zur Zeit seines gleichnamigen Sohnes Petrus Schleisius II. (1645—1655) und noch länger bei dieser Pfarre. Erst dem Nachfolger Paschasius Hane (1655—1684) gelingt es gegen 1667, Ganzlin wieder an seine Gnevsdorfer Pfarre zu bringen.[1]) Auf ihn folgt der Sohn Johannes Laurentius Hane (1684—1708). Nach dessen Tode wünscht die Bauernschaft von Ganzlin wieder in Vietlübbe eingepfarrt zu werden. Sie erreicht ihren Wunsch und bleibt nun — nachdem 1782 von anderer Seite der Gedanke einer Zurückschiebung nach Gnevsdorf wieder aufgetaucht, aber nicht zur That geworden ist, bis 1839 bei Vietlübbe, um in diesem Jahre wieder einmal zu Gnevsdorf zurückzukehren, indem dieses dafür sein altes Filialdorf Retzow an Vietlübbe giebt.[2])

Von 1709 an folgen in Gnevsdorf Kornelius Johansen († 1739), 1740 Johann Georg Bevers († 1777), 1778 Joh. Melchior Wille und 1791 Joh. Daniel Christoph Roloff († 1812). Ueber ihn und seine Nachfolger s. Walter a. a. O.

Zur Zeit des Petrus Slesius II. (genauer im Jahre 1649), giebt es noch dreizehn Bauern im Dorfe. Vorher waren deren fünfundzwanzig und ausserdem vier Kossaten. Doch im Jahre 1703 werden wieder einhundertfünf Beichtkinder gezählt.[3])

Kirche. **Kirche.** Die neue Kirche ist in den Jahren 1895/97 erbaut und am 28. Februar 1897 eingeweiht worden. Ihre Gewölbe werden (nach Art der alten Kirche zu Recknitz bei Güstrow) von einem einzigen Pfeiler getragen.

Altar. Auch der **Altaraufsatz** ist neu.

Alter Schnitz-Altar. Das Mittelstück des **alten Schnitzaltars,** welches die Kreuzigung mit den beiden Schächern enthält, ist in der Sakristei untergebracht. Ausserdem sind aus den Flügeln noch einige Heiligenfiguren erhalten geblieben.

Kanzel. Die **Kanzel** vom Jahre 1650 hat in den Füllungen die auf Holz gemalten vier Evangelisten. Unter dem Evangelisten Matthäus die Inschrift: **DIESEN PREDIGTSTUEL HAT HERR PETRUS SLESIUS PASTOR ALLHIE UND JÜRGEN BEHREND GOTT ZU EHREN MAHLEN LASSEN • ANNO 1650.** Unter dem Evangelisten Marcus das Bildniss einer Frau, darunter die Worte: **BARBARA DITMARS JUNGFRAU DES KLOSTERS ROSTOCK • AETATIS SUAE 25.** Unter dem Evangelisten Lucas das Bild eines Predigers im Ornat mit einem kleinen Kinde. Darunter die Inschrift: **PROPITIUS SALVATOR PECCATORI MIHI •**

[1]) Ueber Hane's Schicksale im Jahre 1658, als polnische und kurbrandenburgische Kriegsvölker das Amt Plau verwüsten, s. Lisch, M. Jahrb. XVII, S. 226.

[2]) S. Akten im Grossh. Archiv. Vgl. dazu Stuhr, Kirchenbücher, M. Jahrb. LX, S. 34.

[3]) Groth, M. Jahrb. VI, S. 141.

PETRUS SLESIUS • PLAVIA MEG • AETATIS SUAE 36.[1]) Unter dem Evangelisten Johannes das Bild einer Frau, darunter: MARGARETA DITMARS, PASTORIS UXOR • AETATIS SUAE 22. Neben dem Altar auf einem Eichenstamm ein mit Eisen beschlagener **Gotteskasten**.

Gottes-kasten.

Unter einem kleinen **Krucifixus**, wie er für Särgedeckel gefertigt zu werden pflegte, liest man die Inschrift: PASTOR CORNELIUS JOHANNSEN NATUS ANNO 1678, D • I • NOV • DENATUS ANNO 1739 D • XVIII APRIL AETATE 60 AN • 5 MENS • 2 HEPD • 3 DIES. — Unter einem anderen: CORNELIUS CHRISTIAN JOHANNSEN, GEB • 1710 D • 13 • OCT •, GEST • 1739 D • 13 • SEPTBR •

Krucifixus.

In der Kirche liegen zwei **Grabsteinplatten**, die des Amtshauptmanns GOTTFRIED CHRISTIAN LEMCKE, geb. 1734, gest. 1804, und die seines einzigen Kindes FRIEDRICH LEMCKE, geb. 1790, gest. 1794.

Grabstein-platten.

Im Thurm zwei **Glocken**. Die grösste (Dm. 1,00 m) ist 1861 von P. M. Hausbrandt in Wismar gegossen worden.[2]) Die kleinere (Dm. 0,72 m) hat die Inschrift: SOLI DEO GLORIA • ANNO 1697 • JOHANNES LAVRENTIVS HANE PASTOR IN GNEVSDORF RETZO ET GANZELIN • ERNST SIEBENBAVM AVS ROSTOCK HAT MICH GEGOSSEN.

Glocken.

Kleinkunstwerke. 1. 2. Silbervergoldeter Kelch mit der Inschrift: GNEVSDORF 1867. Von **Sy & Wagner**-Berlin. Dazu eine Patene. - 3. Silberne Oblatenschachtel, ohne Inschrift, auf dem Deckel ein erhabenes Kreuz, ähnlich dem an der Kupa des vorigen Kelches und auf der Patene. Von **Henniger**-Berlin. — 4. Silberne Weinkanne: GNEVSDORF 1873. Von **Sy & Wagner**-Berlin. — 5. Silbernes Krankengeräth von 1867. Von **Sy & Wagner**-Berlin. — 6. Ein messingenes Taufbecken von 1858. 7. Noch eine silberne Taufschüssel. Aus Hannover. — 8. Ein Schöpflöffel. Von **Assmann**-Lüdenscheid Berlin. — 9. 10. Zwei neue silberplattierte Bronzeleuchter. Von **Assmann**-Lüdenscheid/Berlin. — 11—13. Drei zinnerne Leuchter vom Plauer Giesser J. C. D. Inschrift des einen: PETER MICHELI und ILSE MARIA MICHELI 1731; des andern: AUGUST GRÄVE und CATHARINA MARIA SUSEMIEL VERWALTER ZU REPPENTIN 1731; des dritten: KASTEN • SCHRÖDER • 1731. 14. Ein kleiner Messingleuchter, ohne Inschrift.

Kleinkunst-werke.

[1]) Petrus Slesius II., s. o.

[2]) Die Inschrift der Vorgängerin lautete nach Inv. 1811: LAVET DEN HERRN MIT HELLEN CIMBELEN LAVET EN MIT WOLKLINGENDEN CIMBELEN • ANNO DOMINI 1604 • H • IOCHIM GOLTBERG PASTOR • M • GERDT BRENEKE FECIT WISMARI.

Alter Schlüssel aus Gorgehn im Grossherzogl. Museum, wahrscheinlich Kirchen-Schlüssel, gut 0.23 m lang.

Das Filial-Kirchdorf Ganzlin.[1])

Geschichte
des
Dorfes.

Wie Iwan von Below im Jahre 1346 das Bauerndorf Ganzlin an das Kloster Stepenitz verkauft, erzählt eine Urkunde vom 25. Mai dieses Jahres, und wie fast fünfzig Jahre später, nämlich den 5. Januar 1393, auf Grund eines Pfandvertrages zwischen dem Fürsten Lorenz von Werle und dem Eckhard von Dewitz auf Wredenhagen auch die Aufkünfte an »Bede, Hundekorn, Münzpfennigen, Burgdienst, Pflicht und Unpflicht« aus den in der Vogtei Plau liegenden Dörfern Damerow und Ganzlin an dasselbe Kloster Stepenitz bis auf Weiteres übergehen, berichtet eine andere noch nicht gedruckte Urkunde.[2]) Demgemäss gelangen auch die Klosterjungfrauen von Stepenitz in den Besitz des Ganzliner Patronats.[3]) Aber mit dem Verlust ihrer mecklenburgischen Begüterung geht auch das Patronat der Ganzliner Kirche in der zweiten Hälfte des XVI. Jahrhunderts an die mecklenburgischen Herzöge über. Der Wechsel der kirchlichen Verhältnisse bis zum Jahre 1839 ist oben bei Gnevsdorf dargestellt worden. Wie es 1643 im Dorfe aussah, entnehmen wir einem Protokoll vom 22. Juni d. J., das von Gustav Hempel im M. Jahrb. V B, S. 145, veröffentlicht ist: ›Gantzelin. Die Kirche ist in holtz gebawet, dz tach ist guth, der giebel von steinen, die wende von lehmen, ein New und ein Alt predigstuel, dz Altar vnnd andere stüle sint verwüstet, der thurm ist von holtz gebawet vnd bekleidet, iedoch mangeln etliche bretter, Im thurm sint zwo Klocken. — der Schultze alhier wohnhafft sagt, dass der Pastor zu Vietelübde, herr Mathäy Calander, alle Sonntage zu Gantzelin gepredigt, vnd auff die Aposteltage den Küster geschicket habe. der Silberne Kelch, dieser Kirchen angehörig, nebenst den Kirchenbüchern, wehre von den Chur Sächsischen weg geraubet, vnd etliche Bücher zu Plawe verkaufft worden etc. — Zu Gantzelin haben vor diesen 16 Bawleute vnd der Schultze gewonet, Jetzo aber ist nur der Schultze vnd dann ein Bawer darin wohnhaft.«[4])

Kirche.

Kirche. Die Kirche ist ein Fachwerkgebäude mit einem Chorschluss aus dem Achteck. Im Innern eine flache Bretterdecke. Der aus dem Westende des Daches herausgebaute Thurm hat einen achtseitigen Helm. Auf seiner Wetterfahne die Jahreszahl **1763**.

Altar.

Auf dem **Altar** ein kleiner gothischer Flügelschrein. In der Mitte die Annaselbdritt-Gruppe, links von ihr der hl. Georg, rechts eine weibliche Heilige

---

[1]) 9 km südlich von Plau. ›Ort des Gas'ela‹: Kühnel, M. Jahrb. XLVI, S. 47.
[2]) M. U.-B. 6653. Lisch, M. Jahrb. XVII, S. 126.
[3]) Visitationsprotokoll von 1534 im Grossh. Archiv.
[4]) Dazu stimmt die Angabe aus dem Jahre 1649 bei Groth, M. Jahrb. VI, S. 142. Ueber die alte Dorfstelle Zechlin (Zachlin) bei Ganzlin s. Schildt, M. Jahrb. LVI, S. 173.

mit Krone. Die **Altarschranken** sind laut Inschrift »gemacht und verehret« von **JOCHIM FRIEDRICH MICHAELS • 1677.**

Die **Kanzel** ist ohne Bedeutung.

Im Thurm zwei **Glocken.** Die grössere (Dm. 0,78 m) hat unter der Haube die Inschrift: **TO GANTZLIN ✠ SCHAL ICK IM DORPE JVMMER SIN ✠**

Altarschrein.

DARVM EIN KLINGEND SCHELLE ✠ SO SVMET TOR KERCKEN TO GHAN NICT LANG ✠ TO WO ICK TO KLINGEN ANFANG ✠ SO HEBBE GI SEGEN HIR VND DORT VO ✠ S(!) **✠ HOREN GADES HILLIGES WORT ✠ CHIM MICHGEL TIGES RETIKE • ANO • M • D • LXXIX ✠ P ✠ HER JOCHIM GOLDBERCH.**[1]) — Die zweite Glocke hat oben die Inschrift: **C • HEINTZE GOS MICH.** Im Felde: **NIKOLAS MÖLLER • PAS •** [2]) **HANS MICHAEL 1598 • JOACHIM FRIDERICH MICHAEL HAT VMBGISEN LASEN 1726.**

Kleinkunstwerke. 1. 2. Neusilberner Kelch auf rundem Fuss von 1874. Dazu eine Patene. — 3. 4. Zinnerner Kelch mit der Inschrift: **NICOLAVS**

[1]) Das **VO✠S** wird **VONS** sein sollen.
[2]) Pastor in Gnevsdorf. S. o. S. 616 und 617.

CHRISTIAN MVLLER · PASTOR V · MARIA SCHRÖDERS VEREHRET · ANNO 1717. Vom Parchimer Giesser **D M W 1703** (mit dem Bilde der Waage). Patene mit den Initialen der Stifterin: **M · S ·** Stempel wie beim Kelch. — 5. 6. Zinnerner Kelch: **GENTZLIN 1693.** Vom Güstrower Zinngiesser **BVSGL (BVSCH·).** Dazu eine Patene von demselben. - 7. Ciborium, neu. Von **Henniger**-Berlin. — 8. Kanne, neu. Von **Prüfer**-Berlin. — 9. 10. Zwei neuere Messingschalen. -- 11 -13. Drei zinnerne Altarleuchter. Inschrift des ersten: SELIGER KASTEN MICHAELIS VEREHRET DIESEN LEUCHTER DER GANTZ-LIENSCHEN KIRCHEN ANNO 1653 D · 6 · JANUARII; des zweiten: DIESEN LEUCHTER VEREHRET IN DER GANTZLIENSCHEN KIRCHEN ENGEL PRALO, SEEL · KASTEN MICHAELI WITTWE · 1653; des dritten: TEVES BEHEN HAT DIESEN LEVCHTER IN DER GENTZLIENSCHE KIRCHE VERERET 1656 · (am Schild: CLAUS SCHLEDE HAT IHM ÜMGIESSEN LASSEN · 1725). Alle drei vom Plauer Giesser **J. C. D.**

Das Filial-Kirchdorf Retzow.[1])

Geschichte des Dorfes.

Mittelalterliche Urkunden sind bis jetzt nicht auf uns gekommen, wenn man nicht jenes alte Register über die Königs- oder Kaiser-Bede aus der Ture dahin rechnen will, welches Lisch vermuthungsweise auf 1496 setzt. Aber aus diesem ersieht man nur, dass Retzow zu den Dörfern der Ture zählt.[2]) Aus dem Visitationsprotokoll von 1541/42 erfahren wir sodann, dass die Kirche im Dorfe eine Filia von der zu Gnevsdorf ist. Dies ist sie un-entwegt bis zum Jahre 1839 geblieben. Erst seit dieser Zeit gehört sie, in Folge eines Tausches mit der oft hin und her wechselnden Kirche zu Ganzlin, zur Kirche in Vietlübbe. S. o. S. 573 u. 616.

Im Jahre 1649 ist das Dorf, in welchem vorher vierundzwanzig Bauern und zwei Kossaten gewohnt haben, völlig wüst geworden und von Menschen ganz entblösst. Im Jahre 1703 zählt es wieder neunundvierzig Beichtkinder.[3])

Kirche.

Kirche. Die Kirche ist ein vierseitiger Fachwerkbau mit einem Thurm, dessen First mit dem der Kirche in einer Linie liegt. Im Innern eine flache Decke. Unmittelbar unter dieser die Fenster mit hoch einfallendem Licht.

Altar aufsatz.

Der **Altaraufsatz** ist ein Schnitzwerk im Geschmack der Renaissance aus der zweiten Hälfte des XVI. Jahrhunderts. In der Mitte als Haupt-darstellung das Abendmahl, jetzt weiss überstrichen. Oben Johannes und Maria am Kreuzes-Stamm.

Kanzel.

Aus derselben Zeit stammt die **Kanzel**; sie ist neu bemalt.

---

[1] 12 km südlich von Plau. Soviel wie Bekendorf (rêka - Fluss, rêčika Bach). Vgl. Kuhnel, M. Jahrb. XLVI, S. 110, der den Namen mit "Flussort" übersetzt.
[2]) M. Jahrb. X, S. 33.
[3] Groth, M. Jahrb. VI, S. 142.

Altaraufsatz der Kirche zu Retzow.

Gestühl.

Am **Kirchenstuhl** von **Hof Retzow** die Inschrift: **1667 ERBAUT DURCH VICKE SCHMIT UND DESSEN SOHN DIETRICH SCHMIT.**

Glasmalereien.

In den Fenstern der Nordseite eine Reihe mit Wappen und Unterschriften **bemalter Glasscheibchen** aus dem XVII. Jahrhundert: **MARIA SCHMIDE.N; 1665. — JOCHIM ESCHENBE PENSIONARIUS ZU CARB.OW}. — DIETRICH SCHMIT. — JOCHIM VON BARNEVITZ D · ZU HOF RVBIERGART U., FRITZHELM 1665. — OELGARD VON BARNEVITZ 1665. — FRIEDRICH VO.N, .B ARNEVITZ. — KON · R ATH · V..... AMBTMA.NN; RUBIERGART V · FRITZHELM 1665. — IDA GRVBEN · FRAW VO.N] BARNEVITZ 1665. -- ISCHE V · Ö.RTZEN FRA W' V.ON LEHSTEN 1665. — CHRISTIAN LOVYS HERTZOG ZU MECKLENBURG...... — J · MAGDALE.NA SI.BILLA VON BARNEVITZ. -- Das siebenschildige mecklenburgische Wappen. -- HANS FRIEDRICH [L[EH-STEN .... V · BARNEVITZ .... WARDO .... LITZ V · SATOW.** Darüber Wappen. **- VICKE SCHMIT SEHL ·** Darüber Wappen. — **J · OELGARD P ENTZEN PFAN DB'ESITZERIN DES AMTS ....** Darüber Wappen. — **H · HARTWIG .P ASSOW FÜRSTL · GEHEIMTER RATH SEL · 166 ·** Darüber Wappen. Ein anderes Fenster enthält Namen und Wappenreste der Herzogin **SOPHIE** zu Lübz.

Glocken.

Glocken. Die grösste Glocke (Dm. 0,92 m) ist laut Inschrift im Jahre 1864 zur Zeit des Pastors **A. SCHMIDT** von **P. M. Hausbrandt** in Wismar gegossen worden.[1] — Die zweite (Dm. 0,61 m) hat oben die Inschrift: **SOLI DEO GLORIA ANNO 1691.** Im Felde auf der einen Seite: **JOHANNES LAURENTIUS HANE PASTOR IN GNEVESDORFF GANZELIN ET RETZO.W' · JACOB MENSE VORSTEHER.** Auf der andern Seite: **CHRISTIAN VON BVLO.W}.**[2] Unten am Rande: **M · VITES SIEBENBAVM GOSS MICH IN SCHWERIN.**

Kleinkunstwerke.

Kleinkunstwerke. 1. 2. Silbervergoldeter Kelch auf rundem Fuss, mit Patene, beide laut Inschrift von **JOCHIM CHRISTIAN NÜSCHE** und **ANNA MARIA DUNKELMANS** $A\bar{O}$: 1724 geschenkt. Parchimscher Stadtstempel P, Meisterstempel E. 3. Silbervergoldete Oblatenschachtel. Oben auf dem Deckel in einer Sonne das Jesus-Monogramm $\overline{ihs}$. Ohne Werkzeichen. — 4. Silberne Weinkanne, neu, ohne Werkzeichen. — 5. Messingene Taufschale, neu, **1858.** 6. Aelteres Taufbecken von Messing, ohne Inschrift. — 7. 8. Zwei zinnerne Leuchter von 1804. Plauer Stempel:

[1] Die Vorgängerin hatte nach dem Inventar von 1811 eine Inschrift des Inhalts, dass sie unter der Regierung des Herzogs Christian Ludwig, unter der Pfandinhaberschaft des Amtes Lübz durch die Barnewitz'schen Erben und zur Zeit des Pastors Joh. Georg Bewer und des Juraten Andreas Michels im Jahre 1748 von G. D. Heintze gegossen worden sei.

[2] Pfandinhaber des Amtes Lübz. S. o. S. 528.

Das Kirchdorf Wendisch-Priborn.[1]

Geschichte des Dorfes.

Dass das Dorf Wendisch-Priborn seinen Namen nicht mit alturkundlichem Rechte führt, sondern, im Gegensatz zu dem erst im XVII. Jahrhundert eingegangenen, ganz in der Nähe, aber etwas weiter östlich, gelegenen Klein- oder Lüttken-Priborn, einstmals bloss Priborn und nachher auch Gross-Priborn geheissen wurde und somit in seinen Anfängen das eigentliche Deutsch-Priborn war, hat Schildt bereits ausführlich dargelegt.[2] Urkunden des früheren Mittel- alters haben sich freilich bis jetzt nicht beibringen lassen. Aber die älteste Nachricht, die wir über eine andere in nächster Nähe bei unserm Priborn gelegene Feldmark haben, nämlich die des schon im XV. Jahrhundert ein- gegangenen Gutes und Dorfes Loize (Loywitze), lässt erkennen, dass die von Flotow auf Stuer auch in dieser Gegend von früher Zeit her als Herrn von Grund und Boden festen Fuss gefasst hatten.[3] Mit ihnen aber auch die von Rohr, welche auf der noch näher an Priborn gelegenen märkischen Meyenburg erbgesessen waren. Denn schon aus dem Jahre 1502 giebt es Akten über Priborner Grenzstreitigkeiten zwischen beiden Theilen. Ausser ihnen aber haben damals auch die von Restorff auf Bolz, Radepohl, Mustin u. s. w. bedeutende Anrechte an Pflugdiensten, Hundekorn und Rauchhühnern aus Priborn, die sich auf elf Bauern vertheilen und die sie sich z. B. vorbehalten, als sie im Jahre 1606 ihre Güter Kritzow und Wessentin an die Herzogin Sophie in Lübz verkaufen. Fast drei Jahrzehnte später kommen sie dennoch an die Herzogin, doch giebt diese sie (1633/35) im Kauf gleich weiter an die von Flotow, welche dadurch ihren Antheil an Priborn ganz erheblich vergrössern.[4] Wie nun nachher von der Mitte des XVII. Jahrhunderts an in Folge misslicher Verhältnisse die von Flotow das eine und das andere Gehöft wieder ver- äussern, braucht hier im Einzelnen nicht verfolgt zu werden.[5] Andererseits verkaufen auch die von Rohr im Jahre 1709 fünf und eine halbe Hufe an den Landrath Joachim Dietrich von Plessen, welcher sie alsbald dem Herzog Friedrich Wilhelm für das Domanium überlässt. Damit scheiden denn diese

---

[1] 14 km südlich von Plau. »Die Pryborn« (Mitkämpfer): Kühnel, M. Jahrb. XLVI. S. 111.

[2] M. Jahrb. LVI, S. 187. 188.

[3] M. U.-B. 9171. 9537.

[4] S. Akten im Grossh. Archiv.

[5] Durch einen solchen Verkauf eines Gehöftes mit Kruggerechtigkeit im Jahre 1650 an Jochim Pralow, bei welchem der Verkäufer sich nur die Gerichtsbarkeit und das Rauchhuhn vor- behält, entsteht das erste »freiere Eigenthum« im Dorfe. In der Zeit von 1745—58 sitzt Hans Schult als »Freimann und Krüger« auf diesem Gehöft. 1766 und später hat es der »Frei- mann« Nikolaus Foysack im Besitz. 1800 erwirbt es die Altenhöfer Linie der von Flotow wieder zurück. Aber von 1815 an wird wieder ein Pralow Besitzer des damals bereits in den Lehns- verband des Dorfes getretenen Gehöftes.

Hufen aus dem ritterschaftlichen Amt aus und gehen an das landesherrliche Domanialamt Wredenhagen über, welches, unbeschadet der späteren Aufnahme dieser Hufen in den Lehnsverband des Dorfes im Jahre 1839, noch heute seine Steuern davon entgegennimmt.[1]) Eben so gehen fünf und eine halbe Hufe von den Rohr'schen Antheilen an die Käseliner Linie der von Flotow über, die später in den Antheil der Altenhöfer Linie inkorporiert werden.[2]) Damit behalten die von Rohr noch zehn Hufen im Dorfe, die in zwei Theile gehen: einen Theil von Langerwisch und einen Theil von Meyenburg. So kommt es, dass bis ins XIX. Jahrhundert hinein der Domanial-Antheil, der Flotow-Altenhöfer Antheil, die beiden Rohr'schen Antheile und (bis 1800) auch das Pralow-Foysack'sche Gehöft als gesonderte Rechts-Kompetenzen neben einander von Bestand bleiben.

Aber schon das Jahr 1801 bringt wesentliche Veränderungen mit sich.

Da geht mit landesherrlicher Genehmigung der eine Rohr'sche Antheil durch Kauf für 2000 Thaler Gold zu freiem Eigenthum an fünf von den Vätern her auf den Gehöften dieses Antheils sitzende Hauswirthe über, von denen es in den Akten heisst, dass sie die Leibeigenschaft schon seit langen Jahren abgekauft haben und als »Eigenthümer« ihre Gebäude aus eigenen Mitteln erhalten.[3]) Einer von ihnen (es ist Friedrich Ludwig Wegener) wird zum Lehnträger für sich und die übrigen vier ernannt. Amtlich heisst er später »Eigenthümer und Lehnschulze«. Der andere kleinere Rohr'sche Antheil[4]) wird 1802 von dem Grafen von Blumenthal auf Dambeck erworben und geht thatsächlich schon 1810 an den Justizrath F. H. C. Jargow über, der freilich den landesherrlichen Konsens nur mit Mühe und erst nachträglich im Jahre 1815 erlangt. Es sind zwei Gehöfte, die zu diesem Theile des Dorfes gehören. Als Jargow 1818 stirbt, da kaufen sich auch die Inhaber dieser beiden Stellen frei und werden als Lehnbauern der Führerschaft von Friedrich Ludwig Wegener zugetheilt.[5])

Inzwischen (es ist im Jahre 1810) verspüren auch die von Flotow auf Altenhof die Neigung, sich mit einem Theil ihrer Hauswirthe in ähnlicher Weise abzufinden. Sie erlangen 1814 den Konsens zur Veräusserung des inkorporierten Käselin'schen Antheiles, der vier Gehöfte umfasst.[6]) Als sie aber später ohne landesherrlichen Konsens die Sache fortsetzen, da stellt es sich im Jahre 1825 heraus, dass die Schmiede, zwei Kathen, eine Worth, das Schulze'sche, das Köhn'sche und zwei andere Gehöfte unbemerkt an fremde

---

[1]) Es sind die Hauswirthe Matthias Martens, Jochim Käthke, Jochim Garz, Jochim Wegener und Christian Schulz, dieser mit einer halben, der vorhergehende mit zwei Hufen, die andern mit je einer Hufe.

[2]) Zu ersehen aus Akten von 1774 und 1814.

[3]) Es sind die Hauswirthe Jochim Christian Wegener, Joh. Friedr. Kruse, Friedrich Ludwig Wegener, Joh. Christoph Käthke und Joh. Christian Trost.

[4] Auch mit einem Antheil in Ganzlin.

[5]) Es sind die Hauswirthe Hans Joachim Gerber und Christoph Trost.

[6]) Es sind die Hauswirthe Christoph Schulz, Jürgen Pralow, Christoph Lembke und Jürgen Lembke.

Käufer übergegangen sind und zum Theil sich bereits in dritter und vierter Hand befinden.[1])

Indessen kommt auch diese Angelegenheit langsam wieder zurecht. Der bisherige Altenhöfer Antheil tritt in den Lehnsverband des Dorfes ein, dieses erhält 1831 sein eigenes Patrimonialgericht, und mit dem Jahre 1839/40 verschwindet auch der gleichfalls in diesen Verband eingetretene Domanial-Antheil des Amtes Wredenhagen von seiner alten Stelle im Verzeichniss des Staatskalenders.[2]) Heute bilden einundzwanzig Eigenthümer mit einem Lehnträger an der Spitze den Bestand des ehemaligen Flotow-Rohr-Restorff'schen Kommunion-Dorfes

Das Kirchen-Patronat ist seit langen Zeiten an den Besitz von Altenhof geknüpft und daher bis heute in Flotow'schen Händen geblieben. So schon vom XVII. Jahrhundert her. Im XVI. Jahrhundert haben es die von Flotow gemeinschaftlich mit denen von Rohr, wie es im Visitationsprotokoll von 1541/42 zu lesen ist. Da nun damals ausser Darze auch das in der Priegnitz gelegene Meyenburg zur Kirche von (Wendisch-)Priborn gehört, die Priegnitz aber der Diöcese des Havelberger Bischofs zugewiesen ist, so untersteht auch der Priborner Pfarrsprengel der geistlichen Jurisdiktion von Havelberg.[3]) Wenn aber, wie noch heute, schon um 1541/42 der Pastor zu Stuer, welches nachgewiesenermassen zur Schweriner Diöcese gehört, auch die Cura der Kirche zu Wendisch-Priborn hat, so muss das auf besonderen Gründen beruhen, auf die wir bei Stuer im Amtsgerichtsbezirk Malchow eingehen werden. Nur soviel mag hier gesagt sein, dass noch in der zweiten Hälfte des XVII Jahrhunderts ein Pfarrsitz in Wendisch-Priborn vorhanden ist.

Kirche. Die Kirche ist ein vierseitiger, im Innern mit flacher Decke geschlossener Fachwerkbau, der nichts Bemerkenswerthes bietet. Im Westen ein hölzerner Thurm mit einem aus dem Viereck entwickelten Helm in Zwiebelform. In seiner Wetterfahne liest man **A K W · 1691**. | *Kirche.*

Altar und **Kanzel**, zu einem Körper verbunden, sind laut Inschrift eine Stiftung von **HANS WEGENER** aus dem Jahre **1670**. | *Altar und Kanzel.*

Am **Beichtstuhl** liest man die Inschrift: **GOTT ZV EHREN HAT MATTHIAS MARTENS DIESEN BEICHTSTVHL GEGEBEN : ANNO 1674 DEN 27 · MARTY · DIETLOF POREIBE ME FECIT.** | *Beichtstuhl.*

Ein von der Decke herunterhängender **Kronleuchter** von Messing hat an seiner Kugel die Inschrift: **ZUR EHRE GOTTES HABE ICH CHRISTOPHER STARCK HOFFSCHLAECHTER AUS QUÄDELNBORG DIESE KRONE DER KIRCHEN ZUR ZIERDE IN PRIBORN VEREHRET · GOTT BEWAHRE DIESELBE VOR ALLEN UNGLUECK ANNO 1708.** | *Kronleuchter.*

---

[1]) Zu dieser Zeit hat der Pensionär Kunitz ausser dem Foysack'schen Gehöft drei Bauerstellen gepachtet. 1834 sind drei Bauerstellen im Besitz des Gutsbesitzers Düssler-Jaebitz.

[2]) Damals sind es ein Dreiachtel-Hüfner, drei Dreiviertel-Hüfner, ein Achtel-Hüfner und ein Büdner.

[3] M. U.-B. 2016. Vgl. Wigger, Annalen. S 113. 133 Anmkg. 6.

Glocken.

Im Thurm hängen zwei **Glocken**. Die grössere (Dm. 0,90 m) hat die Inschrift: **MDCCXXVI GOS MICH C • HEINTZE VON BERLIN**. Im Felde auf der einen Seite: **SOLI DEO GLORIA • CHRISTOPHER HINRICH DELBRVCK • PAS. VORSTEHER NICLAVS HORSTMANN HANS TROST**; auf der andern Seite: **PATRONI : PASCHEN FRIEDERICH FLOTAV   CASPAR DIEDERICH FLOTAV AUGUSTIEN FRIEDERICH FLOTAV**, darunter das Flotow'sche Wappen. — Die kleinere (Dm. 0,67 m) hat die Inschrift: **ME FECIT NICLAS WIESE IN LVBECK • ANNO 1658.**

Kleinkunst-
werke.

Kleinkunstwerke. 1. Silbervergoldeter Kelch mit der Inschrift: **WEN- DISCH PRIBORN 1803 • MAGISTER LEUE PASTOR • LEMBCKE UND PRAHLOW KIRCHENVORSTEHER.** — 2. Silbervergoldete Patene, ohne Inschrift. Beide Stücke vom Güstrower Goldschmied **Heincke**. - 3. Zinnerne Oblaten- dose mit der Inschrift: **OBLATEN - DOSE DER KIRCHE ZU PRIBORN • 1805**. Von einem Plauer Zinngiesser. — 4. 5. Kanne und Ciborium von **F. W. Julius Assmann**-Lüdenscheid, Berlin. — 6. Neue Taufschale von Messing. Ohne Stempel. - 7. Zinnerner Kelch mit den neben- stehenden Stempeln. — 8. Zinnerne Patene, von dem Par- chimschen Giesser **C M 1670** (Kanne mit Vogel). — 9. 10. Zwei neue Altarleuchter ohne Inschrift. — 11. 12. Zwei zinnerne Leuchter, der eine von **HANS RÄHT** und **MARIA KRUSEN 1724** ge- stiftet, der andere ohne Inschrift, beide von einem Plauer Giesser.

Das Kirchdorf Dammwolde.[1]

Geschichte
des
Dorfes.

Um das Jahr 1332 hat die Stadt Freienstein in der Priegnitz Anrechte an dem Dorfe Danwolde, die in dem Vertrage der Fürsten von Werle am 5. Oktober d. J. über den Pfandbesitz in der Priegnitz eingehend gewürdigt werden.[2] Der Name des Dorfes kennzeichnet die deutsche Gründung ebenso wie der des in späterer Zeit eng damit verbundenen Nachbardorfes und Gutes Finken (ton Vinken, villa Vincke), das 1310 zum ersten Mal urkundlich ge- nannt wird und woran der Ritter Konrad Büne Anrechte hat, die er im Jahre 1331 mit Genehmigung des Havelberger Bischofes zu Nutz und Frommen der Kirche zu Nätebow verwendet.[3] Später, im XV. und XVI. Jahrhundert, finden wir dort die Familie von Priegnitz erbgesessen. Und zwar gehören mit Finken auch die Dörfer Dammwolde und Bütow zu deren Gebiet. Auf die von Prieg- nitz folgen 1620 die von Lepel; auf diese 1652 als Lepel'scher Gläubiger Joh. Sibrand von Secheln; nach dessen Tode 1662 als Lepel'sche Gläubigerin

[1] 17 km südsüdöstlich von Plau. Die ältere Schreibweise ist Danwolde.
[2] M. U.-B. 5358.
[3] M. U.-B. 3424. 5218.

die verwittwete Generalmajorin von Vieregge; darauf, schrittweise von 1679 an den Erwerb bewerkstelligend, die von Pritzbuer, die das Gut 1692 in ein Allod verwandeln; dann im Jahre 1720 der Kammerjunker Julius Ludwig von Pederstorff;[1) und endlich im Jahre 1760 die Herren von Blücher, die noch heute als Grafen auf Finken sitzen. Unter ihnen tritt 1766 eine Trennung zwischen Finken und Dammwolde ein. Friedr. Helm. Ludw. von Blücher verkauft das letztgenannte Bauerndorf an Friedr. Aug. von Flotow, der es 1791 an seinen Bruder, den Landrath Friedr. Aug. von Flotow, abtritt. 1797 folgt der schon oft genannte Kammerrath Hahn als Besitzer. Von 1805 haben es dessen Erben und nachher bis 1815 dessen Gläubiger. 1815 folgt Hartwig Gustav Düssler und 1851 kauft Johann Pogge das Dorf Dammwolde von den Geschwistern Düssler. Im Besitz der Familie Pogge ist Dammwolde auch heute noch. Doch war es eine Zeit lang, von 1856 bis 1869, an Julius Schmidt verkauft. S. Taufschale.

Bis zum Jahre 1708 sind Hauptkirche und Pfarrsitz in Finken, nicht in Dammwolde, das vom Mittelalter her nur eine zur Kirche in Finken gehörende Filial-Kapelle hat. Um 1535 treffen wir Martin Voss als Kirchherrn in Finken, dem der Patron Philipp von Priegnitz seine ganze Zuneigung geschenkt zu haben scheint. Martin Voss aber ist offenbar bereits ein leidenschaftlicher Verfechter der neuen Lehre. Indessen sein Bischof Busso von Havelberg versteht die Sache anders, er fasst sie seiner Pflicht gemäss wesentlich vom disciplinarischen Standpunkt ins Auge, macht kurzen Prozess mit ihm, lässt ihn aufheben und übergiebt ihn geistlicher Korrektion in Havelberg. Das End-Ergebniss ist nicht bekannt, aber die in dieser Angelegenheit erhalten gebliebenen Briefe beweisen, dass der Bischof von Havelberg den gesetzlichen Standpunkt für den allein massgebenden hielt und ihn mit ebensoviel Festigkeit wie Würde zu wahren wusste.[2)

Um 1541 heisst der Pastor Jochim Parentin. Aber die Geistlichen aus der zweiten Hälfte des XVI. Jahrhunderts kennen wir bis jetzt nicht. 1605 wird Paul Vettingk Pastor zu Finken, resigniert aber schon 1610. Ihm folgt 1611 ein Rektor aus Pritzwalk mit Namen Ezechiel Fricke, und diesem schon im Jahre 1613 der Pastor Matthias Pinnow, welcher den grössten Theil des dreissigjährigen Krieges durchlebt und 1638 vom Tode hingerafft wird.

Nach ihm tritt eine lange Vakanz ein. Man begreift das, wenn man erfährt, dass um 1649 in Finken gar keine Menschen mehr wohnen und in Dammwolde nur noch fünf Personen am Leben sind.[3) »In diesem Dorf (so heisst es in einem Protokoll von 1649) soll vor diesem eine Kapelle gewesen sein, so gantz niedergefallen vnd das Holz mit Gras bewachsen. Aufm Kirchhofe eine kleine Glocke.« Man weiss ferner, dass Pinnow's Sohn Tuchmacher` in Plau ist und dessen Schwester einen Schuster Hans Daneke in Malchow geheirathet hat. An diese beiden soll daher geschrieben werden, um

---

[1) Nicht schon 1712, wie bei Lehsten, der Adel Mecklenburgs, S. 194, zu lesen ist.
[2) Vgl. Lisch, M. Jahrb. XXVIII, S. 279—289.
[3) Groth, M. Jahrb. VI, S. 141.

etwas über die Pfarrregister zu erfahren. Endlich heisst es, die Kirche in Finken sei ein arg verkommener Holzbau, aber dem Pfarrhause sei noch zu helfen.[1])

Doch erst 1661 verlohnt es sich wieder, einen Pfarrer zu berufen. Es ist Johann Nikolaus Thonnaeus. Nach dessen Tode folgt 1687 Jakobus Riebe unter Pritzbuer'schem Patronat. Aber Uneinigkeiten zwischen ihm und dem Patronus Gustav von Pritzbuer führen zu einem Vergleich im Jahre 1708, in Folge dessen Pfarre und Küsterei nach Dammwolde verlegt werden. Von da an heisst es in den amtlichen Schriftstücken nicht mehr »Pastor von Finken und Dammwolde«, sondern »P. von Dammwolde und Finken«. 1712 wird Georg Pagenkopf dem Riebe substituiert und 1718 folgt Christian Friedr. Schönemann bis 1744. Nach zweijähriger Vakanz beruft der Landrath von Pederstorff den Johann Konrad Krückmann, der am 4. November 1746 solitarie präsentiert wird. Ihm folgt 1793 der Sohn Joh. Konrad Wolberich Krückmann, (÷ 1816). Ueber ihn und seine Nachfolger im XIX. Jahrhundert s. Walter a. a. O.

Ausser Finken ist auch die Kirche zu Massow, dem mittelalterlichen Verhältniss entsprechend, noch heute mit denen in Finken und Dammwolde als »vagierende Mutterkirche« verbunden.

Kirche.

Kirche. Die kleine Kirche ist ein Fachwerkbau und hat einen hölzernen Thurm mit einem zwiebelförmigen Helm. Im Innern eine flache Bretterdecke, die mit Blumen und Blättern bemalt ist. Auf einem Balken der Decke die eingeschnittene Jahreszahl **1619**.

Altar.

Altar. Ueber dem alten Altarbilde (Christus am Kreuz) hängt ein neueres, das angeblich von Fräulein **DÜSSLER** aus Jaëbetz gemalt ist. Es stellt den Heiland mit Maria und Martha dar. Oben im Altaraufsatz ein kleineres Bild mit der Geburt Jesu. An der Rückseite des Aufsatzes die Inschrift: **LUDEWIG JOACHIM PEDERSTORFF ALS PATRON CHRISTIAN FRIEDR · SCHÖNEMANN PASTOR MATHIES MALCHIEN MATHIES SCHULD ALS VORSTEHER ANNO 1736.**

Kanzel.

Ebenso findet man an der **Kanzel** die Jahreszahl **1736** verzeichnet, doch geht dies nur auf die Bemalung. Der **Predigtstuhl** selbst ist etwas älter.

Glas-malereien.

Erhalten sind ferner in den Fenstern noch einige kleine **Glasmalereien** aus früherer Zeit: so die Figur einer Fides mit der Unterschrift: **DER GLAUBE TYES SCHULT 1694**; die Gestalt des hl. Johannes Evangelista, darunter: **HANS SCHULT 1694**; und die Verkündigung des Engels an die Maria, darunter: **MARIA NAUEN 1671.**

Glocke.

Auf der einzigen **Glocke** (Dm. 0,61 m), welche der Thurm beherbergt, die wenig anmuthende Inschrift: »**GUSSSTAHL 1878**«.[2])

---

[1]) Akten im Grossh. Archiv.

[2]) Ihre Vorgängerin hatte die Inschrift: »**HELMUTH VON PEDERSTORFF PRÄSIDENT BEIM LAND- U. HOF-GERICHT. ANNO 1750.**«

Kleinkunstwerke. Die zinnernen Abendmahlsgeräthe der Kirche sind Kleinkunst-
ohne Bedeutung. Auf einem Krankenkelch steht eingraviert: **MATTIAS MAL-** werke.
CHIEN JUNIOR GOTT ZU EHREN DIESEN KELCH DER DAMWOLSCHEN KIR-
CHEN 1726. Eine ältere Messing-Taufschale hat die Inschrift: **CLAVS LANGE**
1671. Eine schwach vergoldete neuere Taufschale ist laut Inschrift der Kirche
1859 von **JULIUS SCHMIDT** als Patron der Kirche gestiftet. Jeder der vier
zinnernen Altarleuchter enthält die Inschrift **1735.**

Die wichtigsten vorgeschichtlichen Stellen

in den Amtsgerichtsbezirken Parchim, Lübz und Plau.

Amtsgerichtsbezirk Parchim. Parchim. Rings um die Stadt sind Amts-
eine Anzahl bronzezeitlicher und eisenzeitlicher Grabfelder bekannt geworden, gerichts-
die nur zum Theil bisher eine Untersuchung erfahren haben; vgl. u. a. Lisch, bezirk
Parchim.

Hausurne aus Kiekindemark (im Grossh. Museum).

M. Jahrb. XXXIII, S. 135. — Ueberhaupt gehört die Gegend um Parchim zu den allerergiebigsten an bronzezeitlichen Funden. Bekannt geworden und zum grössten Theile ausgebeutet sind Kegelgräber bei Wozinkel (vgl. M. Jahrb. XXXIII, S. 123), Darze (vgl. M. Jahrb. XXXVIII, S. 146), Stralendorf (vgl. Frid. Franc., S. 58), Zachow (vgl. M. Jahrb. XXXIII, S. 124), Suckow (vgl. Frid. Franc., S. 57, M. Jahrb. VIII B, S. 37), Kiekindemark (von hier die von Dr. Beyer, späterem Geh. Archivrath gefundene, vielbesprochene Hausurne. Vgl. M. Jahrb. II B, S. 109. III B, S. 59. XIV, S. 313. XXI, S. 247), Poltnitz (vgl. M. Jahrb. LXI, S. 219), Meierstorf (vgl. M. Jahrb V B, S. 45).

Severin und **Schlieven.** In der Nähe der Feldscheide, am Wege nach Domsühl, sind in den letzten Jahren Steinsetzungen und Urnenscherben ausgegraben. Hügel nicht vorhanden und auch nicht dagewesen. — Nahe der Schlievener Grenze sind oft Alterthümer aus der Steinzeit gefunden worden.

Grabhügel sind jetzt dort nicht mehr vorhanden, aber schon von Zink 1805 und in den nachfolgenden Jahren ausgegraben (Funde im Grossh. Museum).

Grebbin. Eine kleine Strecke südwestlich vom Dorfe die Reste eines alten Hünengrabes. Drei grosse Felsen mit einem gewaltigen Deckstein sind noch vorhanden. Die übrigen Steine sind angeblich schon vor dreissig Jahren fortgenommen. Auf einer anderen Stelle, ebenfalls südwestlich vom Dorfe, die Reste eines zweiten Hünengrabes. Auch hier noch drei grosse Felsen; einer von ihnen, der 1½ m vom Boden her aufragt, ist an einer Seite zu einer ebenen Fläche behauen.

Domsühl. Auf dem Felde der Büdnerei Nr. 4 zwei blossgelegte und zugleich zerstörte Hünengräber. Die Felsblöcke liegen nicht mehr als Grab-kammern da, sondern bilden einen Haufen. — Hundert Meter südlich davon, auf der Büdnerei Nr. 14, der Rest eines Hügelgrabes. — Auf dem Acker der Büdnerei Nr. 3, 1 km südöstlich vom Dorfe, ein grosses Hügelgrab. Aus ihm ragen sechs Felsen hervor, von denen drei einen Theil der Grabkammer bilden. — Achtzig Meter südlich von diesem Grabe, auf der Büdnerei Nr. 1, die Reste eines Grabes von 25 m Umkreis. Fünf Felsblöcke liegen auf dem abgestumpften Hügel, die ehemals die Grabkammer bildeten. — Südöstlich vom Dorfe, im Tannenwald, mehrere Reste von zerstörten Gräbern.

Slate-Siggelkower Forst. In der Slater und Siggelkower Forst (in der Richtung von Westen nach Osten, über die Siggelkow-Slater Strasse in spitzem Winkel hinweg) liegen annähernd hundert kegelförmige Erhöhungen. Die grössten haben 20 m, die kleinsten 8—12 m Durchmesser Nach Mittheilung von Augenzeugen sind früher aus vielen dieser Hügel grosse Steine zum Chausseebau ausgebrochen und bei dieser Gelegenheit Urnen und alte Stein- und Bronzegeräthe gefunden worden. Die Steine sollen in Kammern zusammen-gestellt gewesen sein. Mehrere Hügel sind heute noch unberührt. Die Form aller ist die eines Kegels, dessen Spitze abgetragen ist. Schon früher haben die Hügel bei Slate schöne Funde für die Schweriner Sammlung ergeben; vgl. Lisch. M. Jahrb. XXXIII, S. 129.

Siggelkow. Fast eine halbe Meile östlich vom Dorfe, am Hauptgraben, in der Nähe der Burower-Schleuse, ein altes Grab, wahrscheinlich ein Hünen-grab. In derselben Gegend, etwa 1000 m von dem ersten entfernt, nahe der Elde, ein zweites kleineres Grab von grossen Felsen.

Tessenow. Funde aus zahlreichen Kegelgräbern im Grossh. Museum. Beltz, M. Jahrb. XLVIII, S. 314.

Malow. Einen Kilometer nordöstlich vom Hofe ein Grabhügel, 30 m lang, 20 m breit, mit Spuren von Ausgrabungen. Höhe 1 m über dem Urboden. Grosse Felsblöcke finden sich nicht, dagegen viele kleinere Steine. Vier-hundert Meter südlich vom Dorf ein grösstentheils abgetragener Grabhügel mit einigen grossen Felsblöcken und vielen kleineren Steinen. Etwa 22 m lang, 20 m breit. 800—900 m südlich vom Dorfe ein runder Hügel von 12—14 m

Durchmesser und einem Meter Höhe. Vielleicht aber nur ein Steinhaufen. — In der Richtung von Malow nach Jarchow, ganz nahe der Jarchower Scheide, zwei kreisrunde Hügel von ³ ‹ m Erhebung. Auf dem südlichsten mehrere grosse, zum Theil aber gespaltene Blöcke. Anscheinend alte Kegelgräber.

Marnitz. Der Burgwall von Marnitz liegt an der nordöstlichen Seite des Dorfes und ist ganz von Wiesenniederungen umgeben. Die ursprüngliche Form ist jetzt zwar verwischt, aber doch noch zu erkennen. Auf dem fast kreisrunden inneren Theil (Dm. 80 m) ist jetzt der Hof Marnitz aufgebaut. Der 25 m breite Graben um diesen Theil ist auf der Ost-, Nord- und Westseite noch vorhanden. Um diesen Graben ging ein zweiter Wall, der bis zu seinen äusseren Grenzen einen Durchmesser von 160 m hatte. Auch hier ist die Südseite nicht mehr erkennbar.

Von einem zweiten vergessenen Wall in den Marnitzer Buchen, von dem schon Pastor Willebrand im M. Jahrb. XXIII, S. 303, berichtet hat, giebt Herr C. H. Tarnke folgende durch eine Profilzeichnung unterstützte Beschreibung:

»Die Lage des Burgwalles ist auf der Messtischplatte Marnitz nicht angegeben. Derselbe liegt in den Marnitzer Buchen an der Südkante der Messtischplatte; anliegendes Dreieck, mit der einen Spitze am oberen Ende des »I«, mit der andern am äussersten Ende des »Z« in dem Worte »Marnitz« in der untern Randbezeichnung »Grossherzogl. Forst Marnitz« trifft mit der dritten Spitze den Burgwall. Die Form ist ähnlich wie bei dem Walle zwischen Wulfsahl und Karrenzin. Der äussere Graben ist noch grösstentheils erhalten, nur an zwei Stellen meist eingeebnet. Die Tiefe beträgt durchschnittlich 70 cm und die Breite bis zum Walle 2,40 m. Der Wall hat eine Breite von 10,50 m bis 12 m. Der Durchmesser der innern umwallten Fläche beträgt von Süd nach Nord 42 m, von Ost nach West 40 m. Die Höhe des Walles beträgt, ohne die äussere Grabentiefe, 2,40—3,20 m. Im Innern liegt die umwallte Fläche nur durchschnittlich 0,80 m tiefer als die Wallhöhe. Auf dem Walle, im äussern Graben und im Innern stehen hohe Buchen, etwa 40 Stück, von 15—50 cm Durchmesser. Im Profil von Ost nach West würde es wie folgt sein. Die äussere Form ist fast kreisrund

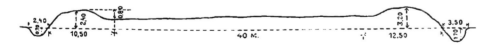

Amtsgerichtsbezirk Lübz. Lübz. Bei Bauhof Lübz sind zahlreiche Reste einer Ansiedlung aus wendischer Zeit angetroffen und von Herrn Voss junior geborgen worden — Für die Bronzezeit hat die Gegend um Lübz eine ganz besondere Bedeutung, indem hier die grössten und schönsten Funde aus der jüngeren Periode gemacht sind. Dahin gehören die Giesserfunde von Karbow (vgl. Beltz, M. Jahrb. LII, S 11) und Ruthen (vgl. Lisch, M. Jahrb. XXXIX, S. 127), die Depotfunde von Brook (vgl. Beltz, M. Jahrb. LXI, S. 221) und

Amtsgerichtsbezirk Lübz.

Granzin (vgl Beltz, M. Jahrb. XLVII, S. 288); ein interessanter Grabfund ist 1900 bei Lanken von Dr. Beltz gemacht (noch nicht veröffentlicht). Auch an Gräbern war die Gegend ungemein reich; leider sind diese bis in die neueste Zeit einer barbarischen Zerstörung ausgesetzt gewesen, und nur von einer kleinen Anzahl liegen sachgemässe Berichte oder Ausgrabungsergebnisse vor; so über Kegelgräber bei Vietlübbe (Frid. Franc., S. 71), Dammerow (Frid. Franc , S. 56), Sandkrug (M. Jahrb. XIX, S. 310), Karbow (M. Jahrb XXXVIII, S. 145), Kreien (M. Jahrb. LXI, S. 217).

Bobzin. Ein ausgedehntes wendisches Skelettgräberfeld in den Tannen ist 1894 von Dr. Beltz ausgegraben — In der Fahrenhorst ein niedriger wendischer Burgwall.

Kreien. In den Kreienschen Wiesen, dem Dorfe Burow gegenüber, liegt eine wallartige Erhöhung, im Volksmunde der Burgwall genannt. Die Umrisse sind heute durch Abpflügen etc. zerstört. Dem Vernehmen nach sollen dort früher Menschenknochen gefunden sein.

Vietlübbe. Auf dem Wege nach Plau, links auf der Hufe Nr. 13, ein grosses Hünengrab. Eine darin schon früher blossgelegte Grabkammer von Riesenfelsen ist jetzt grösstentheils zerstört. — Nördlich davon ein kleineres Hünengrab, fast kreisrund. Auch hier ist die alte Grabkammer zerstört. — Etwa 200 m weiter nach Norden ein drittes, noch wieder kleineres Grab mit ebenfalls blossgelegter und zerstörter Grabkammer. — Etwa 100 m nördlicher ein kreisrunder Hügel, aus dem früher grössere Steine herausgebrochen sein sollen.

Wilsen. Zwei Kilometer östlich vom Dorfe die Reste eines Hünengrabes. Einige Felsblöcke liegen noch da, die meisten sind im Laufe der Jahre fortgenommen worden.

✳ ✳ ✳

Amtsgerichtsbezirk Plau. Plau. Dreieinhalb Kilometer nordwestlich von Plau, noch auf Plauer Feldmark, aber in der Nähe von Plauerhagen, ein Hügel, der den Namen »Klöterpott« hat und wahrscheinlich ein Kegelgrab ist. Früher mit Gestrüpp bewachsen, jetzt unter dem Pfluge. Seine Höhe betrug noch im Jahre 1889 8 m, sein Umfang 150 m. Er gilt als Stelle eines alten Schlosses.

Drei Kilometer südlich von Plau, im Stadtholz, am östlichen Ufer des Burgsees ein Wall, der dem ganzen Holz den Namen »Burgwall« gegeben hat. Er liegt zu drei Vierteln auf festem Boden, sein viertes Viertel aber ist in den See hineingeschüttet. Fast kreisförmig. In seiner Mitte ein Raum von 25 bis 30 m Dm. Höhe der Böschung verschieden, von 5 bis 12 m, am niedrigsten am See, wo eine Art Eingang gewesen sein mag. Vgl. Lisch, M. Jahrb. XVII, S. 20 ff. Beltz, Karte IV zur Vorgesch. von M.

Amts-gerichts-bezirk Plau.

Auf dem Stadtgebiet, und zwar am Weinberge, wurde 1847 eine Grab-
stelle aus der ältesten Steinzeit frei gelegt, welche als Urvolkgrab eine weit-
gehende Berühmtheit erlangt hat. Vgl. Lisch, M. Jahrb. XII, S. 400. Urnenfelder befinden sich am Plau-Quetziner Wege, östlich von der Frohnerei, sowie
an der Reppentiner Scheide. Diese sind im Jahre 1900 von Dr. Beltz untersucht:
Funde der ältesten Eisenzeit im Grossh. Museum.

Karow. An der Grenze nach dem Werlefeld, 400 m nördlich von dem
Holzwärter, findet man drei Hügel in ausgeprägter Kegelgräberform, aus leichtem
Sande aufgeworfen. Von Osten nach Westen: das eine 7 10 m im Durchmesser haltend und 2 m hoch, das andere mit 14—16 m Durchmesser und 3 m
hoch, das dritte mit 7—10 m Durchmesser und 3 m hoch. Seitwärts von diesen
in einer Reihe liegenden Kegel, und zwar nach Osten hin, eine zum grössten
Theil anscheinend künstlich gebildete Erhöhung, welche die Form eines Burgwalles hat. Untersucht sind diese Hügel bisher nicht. Die drei Kegel könnten
auch aus einem ehemaligen Hügelrücken am Wiesenrande herausgearbeitet sein.
Zwischen dem zweiten und dritten Hügel der Rest eines vierten Kegels. Bis
in die siebziger Jahre standen hier Tannen, die damals abgeholzt wurden. —
Der im M. Jahrb. IX, S. 355 von Ritter erwähnte »Blocksberg« ist 1884 ausgegraben worden und hat eine Anzahl alter Bronzen ergeben, die jetzt im
Grossh. Museum sind.

Zarchlin. Leisten. Kuppentin. Zwischen Karow und Zarchlin, 2 km
westlich von Karow und 60 m südlich von der Südbahn, der Rest eines Kegels,
dessen Spitze der Felsen wegen, die zu Bauten benutzt sind, abgenommen ist.
Dieser Kegelstumpf hat 14—15 m im Durchmesser und ist etwa 1 m hoch.
Bisher nicht untersucht, im Volksmunde : Fuchsberg genannt. **Leisten.**
Zwei im M. Jahrb. IX, S. 355 erwähnte Hünengräber sind jetzt verschwunden.
— **Kuppentin.** Aus Hünengräbern und Kegelgräbern befinden sich Funde
im Grossherzogl. Museum; vgl. Ritter, M. Jahrb. X, S. 268 und 292 und Lisch,
M. Jahrb. XIX, S. 312. Die Gräber selbst sind nicht mehr nachzuweisen.

Quetzin. Von den ehemaligen Wallanlagen bei Quetzin ist heute leider
kaum noch etwas zu sehen. Vgl. Lisch, M. Jahrb. XVII, S. 23 ff. Beyer,
M. Jahrb. XXXII, S. 95. Beltz, Karte IV zur Vorgesch. von M.

Ganzlin. Die von Ritter, M. Jahrb. IX, S. 381 und 382, erwähnten
Gräber sind verschwunden. In der Nähe der Twietforter Försterei giebt es
noch mehrere Kegelgräber.

Wangelin. Zwei Kilometer westlich vom Dorfe, auf der Dorfweide, in
sandiger Gegend, zum Theil von Wiesen umgeben, die Spuren eines zerstörten
Walles, der vom Volksmunde »Schwedenschanze genannt wird. Alterthümer
nicht gefunden. — Zweihundert Meter westlich vom Dorf lag noch vor
40 Jahren der Wall der alten Burg Wangelin. Damals wurden Spuren von
Fundamenten gefunden. Seitdem aber ist das Land unter dem Pfluge.
Vgl. M. Jahrb. XIII, S. 409. Zweihundertfünfzig Meter weiter südlich der »kleine

Burgwall . Hier sind Eisengeräthe gefunden worden. Wall und Graben sind noch zu erkennen — Nördlich vom Dorf eine Reihe von kleinen Hügeln, die Kegelgräbern gleichen. Eine Untersuchung hat noch nicht stattgefunden.

Retzow und Damerow. An dem Wege von Retzow nach Vietlübbe, zur Linken, befanden sich früher drei Gruppen von Kegelgräbern, im Ganzen zwölf Hügel. Im Frühling 1891 wurde ein Grab aufgegraben, aber die darin gefundenen Knochen und Urnenscherben hat man leider nicht aufbewahrt. — Auf dem Wege von Retzow nach Damerow, an der Damerower Grenze, lagen dreizehn Hügel, davon zwei in länglich schmaler Form. Auf dem Damerower Felde selbst, unmittelbar neben diesen dreizehn Hügeln, gab es noch zwei von mittlerer Grösse und an dem Wege von Dorf Retzow nach Ganzlin, rechts vom Wege, einen runden Hügel, ähnlich denen an der Damerower Grenze. Vgl. Ritter, M. Jahrb. X, S. 278 und XI, S. 384 ff. Alle diese Hügel sind mit ebensoviel Mangel an Aufmerksamkeit wie Mangel an Verständniss beim Chausseebau im Jahre 1896 zerstört. Eine Untersuchung von Dr. Beltz im Herbst 1896 ergab nur noch eine kümmerliche Nachlese.

Denkstein des Demminer Bürgermeisters
Alexander von Harten
(in einem Gehölz bei Wolken).
Vgl. unter Nachträge.

Nachträge.

S. 11. 12. Die Sandsteintafel enthält nur die Siglen **G S M S G**, nicht auch die angegebene Deutung. Die Zeichnung des Prospektes liegt bei den Schwaaner Kirchenakten im Grossh. Archiv zu Schwerin. Ob er um 1580 oder 1590 — denn der Zeit des Herzogs Ulrich gehört er an — wirklich ausgeführt wurde, ist nicht nachzuweisen. Ebenso gut freilich wie Orgelpfeifen — und vielleicht noch besser — könnten auch Bilder in die leeren Flächen hinein gebracht und somit das Ganze zu einem Altar-Rahmen gemacht werden. So oder so: für den Kunstfreund bleibt die Zeichnung als charakteristischer, mit vielem Geschick gemachter Entwurf aus der eben angedeuteten Zeit von demselben Interesse wie ein danach ausgeführtes Werk.

S. 113. Die Kirche zu Berendshagen wird im Verzeichniss des Rostocker Archidiakonats aufgeführt: M. Jahrb. XXI, S. 22, Anmkg.

S. 124. Die zweite Glocke in Warnow wurde nicht 1882, sondern 1852 von **P. M. Hausbrandt**-Wismar gegossen. Bei dem ersten Leuchter liest Herr Pastor Bachmann nicht **MASIUS**. sondern **STASIUS**.

S. 133. In der Darnows, einem Gehölz bei Wolken, steht der Denkstein des am 27. Juni 1623, Morgens zwischen 5 und 6 Uhr, nebst seinem Kutscher Peter Virow von seinem treulosen Diener ermordeten Demminer Bürgermeisters Alexander von Harten. Der Stein steht jetzt wieder an seiner ursprünglichen Stelle, der Stelle des Mordes, von der er entfernt worden war, um auf Hof Wolken als Thürschwelle zu dienen. Vgl. Akten d. Komm. z. Erh. d. Denkm.

S. 203. Dass es sich im Jahre 1308 im Dom zu Güstrow um Bau-Projekte und im Besonderen um den Bau zweier Gewölbe handelt, bleibt von Bestand. Dabei spielt es für die Frage, auf die es ankommt, eine geringe Rolle, ob und wann und von wem die beiden Gewölbe, von denen die Rede ist, ausgeführt wurden. Wenn aber in der Urkunde 3248, Zeile 10 v. u., vouimus statt des unverständlichen nouimus gelesen wird, wie Techen vorschlägt und thatsächlich im Original auch steht, dann kommt Sinn in die Sache, nur ist das Gegentheil von dem der Fall, was Lisch in M. Jahrb. XXXV, S 179. 180 aus der Stelle herausgelesen hat: Fürst Heinrich führte die Gewölbe nicht aus, sondern nahm unter den gegebenen Verhältnissen sein Gelübde zurück und überliess die Ausführung der beiden genannten Gewölbe dem Domkapitel.

S. 357, Anmkg. 2. Umgekehrt: Kirch-Kogel ist gleich Gross- oder Deutsch-Kogel, Rum-Kogel ist gleich Wendisch- oder Klein-Kogel. Die Angabe bei Schildt, M. Jahrb. LVI, S. 195, ist irrig. Vgl. M. U.-B. 9989.

Druck:
Customized Business Services GmbH
im Auftrag der
KNV Zeitfracht GmbH
Ein Unternehmen der Zeitfracht - Gruppe
Ferdinand-Jühlke-Str. 7
99095 Erfurt